本书是国家社会科学基金青年项目"清代州县档案中的市场、商人与商业制度研究"（14CZS019）结项成果，获得"四川大学一流学科 区域历史与边疆学学科群"出版资助。

商旅安否

清代重庆的
商业制度

周 琳——著

社会科学文献出版社

SSAP

SOCIAL SCIENCES ACADEMIC PRESS (CHINA)

序　一

在 20 世纪 60 年代以前的国际中国社会经济史学界中，处于主流地位的理论是费正清的"冲击—回应"理论。20 世纪 60 年代末至 70 年代初，这个理论受到了美国年轻研究者的挑战。当时美国的侵越战争正日渐扩大和升级，在从事亚洲研究包括中国问题研究在内的年轻学者中引起极大的反响。以詹姆斯·佩克（James Peck）为代表的一批哈佛研究生，开始批评以费正清为代表的"哈佛学派"。他们对美国中国近现代史研究范式进行深刻的反思和批判，从而使美国的中国近现代史领域出现了很多新的研究趋势。之后，魏斐德（Frederick Wakeman）、史景迁（Jonathan Spence）、孔飞力（Philip Kuhn）、柏金斯（Dwight Perkins）、裴宜理（Elisabeth Perry）、周锡瑞（Joseph Esherick）、罗威廉（William Rowe）、黄宗智（Philip Huang）、柯文（Paul Cohen）、白馥兰（Francisca Bray）等当时较为年轻的学者以及比他们更年长一些的施坚雅（G. William Skinner）、牟复礼（Frederick Mote）等学者，分别在不同领域，从不同的角度，对"冲击—回应"理论进行了深入的批评，提出必须摆脱这种理论背后的西方中心论，对西方到来之前中国的实际情况进行深入的和实事求是的研究。这种新的中国史研究所要回答的中心问题，就是魏斐德所总结的："19 世纪中叶以前，中国内部真的没有出现自发的转变吗？1839 年鸦片战争以前，中国真的是停滞不前的吗？"①

---

① 胡龙春：《魏斐德：在中国发现历史——读〈中华帝制的衰落〉》，《中华读书报》2011 年 1 月 26 日，第 10 版。

为了回答这个问题，中外学者在过去半个多世纪中做了大量的工作，取得丰硕的成果。在这些成果的基础之上，以"加州学派"为代表的一批学者提出了"大分流"理论，把中国社会经济史研究推到了国际史坛的中心位置，引起了国际史坛长达二十年的大争论。这个争论的中心议题，就是为什么清代中国曾经是世界上最大的经济体，然而却未能同近代早期的西欧一样走上近代化的道路，相反自19世纪中期开始进入了长达一个多世纪的大衰退。

"大分流"争论涉及的问题甚多，但其中一个比较薄弱的方面，是对城市问题讨论不多。在社会经济史上，城市问题具有特殊的分量。马克思说："城市已经表明了人口、生产工具、资本、享受和需求的集中这个事实；而在乡村则是完全相反的情况：隔绝和分散。"[①] 列宁也说："城市是人民的经济、政治和精神生活的中心，是进步的主要动力。"[②] 清代处于中国从传统社会向近代社会转型的早期，而城市化是近代社会转型的核心问题之一。因此，要深入了解中国近代化的历史，必须把城市问题作为研究重点之一。

国际中国史学界对鸦片战争以前中国城市的研究，长期处在韦伯理论的支配之下。韦伯认为在中国，城市化并不像在欧洲大部分地区那样是经济变迁进程的自然结果，而主要是国家有意识地设计的。在整个中国城市史上，城市作为地方行政中心和军事驻防地的政治功能一直保持着十分重要的地位。这种政治控制也伸展到经济领域，"城市的繁荣并不主要有赖于市民在经济与政治冒险方面的进取精神，而更有赖于朝廷的管理职能"。韦伯没有完全忽视贸易，但他断然将城市的市场功能置于军事驻防功能之后。这种行政管理功能占据首要地位的直接结果，是城市里的政治自治从未得到发展。在重要的商业中心，由于完全缺乏建立在"契约性自治"原则之上的强制性法律，商业活动依赖从农村延伸来的人际依赖及其排他性。这种排他性被贯彻到所有集体活动领域中。他也认为虽然有一些社团，但这些社团本质上

---

① 《马克思恩格斯文集》第1卷，人民出版社，2009，第556页。
② 《列宁全集》第23卷，人民出版社，2017，第358页。

属于"前协会"性质,"不存在真正的'共同体'(社团),特别是在城市里,因为不存在纯粹是有意设计的协会或企业的经济和管理组织。这些东西几乎没有是纯粹在中国本土发源的。所有残存的公共活动都被当作是纯粹的个人事务去处理,当然,首先是通过血缘关系"。其结果是,即使中国能够存在严格意义上的城市阶层,每一单个的城市也不可能得以建立合法的城市共同体:"平常没有可以代表城市市民本身的联合协会,甚至连这种可能性的想法都完全没有。看不见任何由于城市人的特殊地位而产生的公民意识。"①

韦伯理论有其正确的一面。中国广土众民,历史悠久,在不同地区和时期,城市也有很大不同。到了明代,城市分化已经非常明显。先师傅衣凌先生把明清的中国城市分为"开封型城市"和"苏杭型城市",此外还有"新兴工商业市镇型城市"。② 其中的"开封型城市"在很大程度上就具有韦伯所说的那些特征。③ 事实上,不仅是明代的开封,包括汉唐长安、明清北京在内的其他很多城市,也或多或少拥有这些特征。④

然而,限于他从当时西方学界所能获得的关于中国的知识,韦伯基本上没有注意到傅衣凌先生所指出的另外两种中国的传统城市。和"开封型城市"不同,在"苏杭型城市"经济中,工商业占有很大分量,可以说是以工商业为主的城市。到了清代中期,"开封型城市"和"苏杭型城市"之间的差别仍然非常明显。例如,清代北京内外城实行不同的户籍制度。内城为八旗驻区,具有军政合一、兵民合一的独立户口编审体系;外城主要为汉人,并且驻有少量旗兵。京师八旗人口,康熙五十五年(1716)为68万人,占北京城乡总人口的1/3以上。⑤ 这些旗人都由国家财政供养,不事生业,不是经济人口。与之形成鲜明对照的是苏州。清代中期苏州府城人口100余万人,工业人口至少占了有劳动能力的成年居民总数的37.5%。如仅

---

① 〔美〕罗威廉:《汉口:一个中国城市的商业和社会(1796~1889)》,江溶、鲁西奇译,彭雨新、鲁西奇审校,中国人民大学出版社,2016,绪论第8页。
② 傅衣凌:《明清社会经济变迁论》,人民出版社,1989,第152~159页。
③ 这些特征详见傅衣凌《明清社会经济变迁论》,第152~159页。
④ 高寿仙:《明代北京城市人口数额研究》,《海淀走读大学学报》2003年第4期。
⑤ 侯仁之主编《北京城市历史地理》,北京燕山出版社,2000,第283、289页。

以成年男性居民计，则这个比例更要上升到 75%。① 府城内官员及其眷属、属员以及驻军的人数，总共约 6700 人，② 仅占府城人口的 0.67%。"新兴工商业市镇型城市"则更是因工商业而发展起来并依靠工商业为生的新型城市，③ 工商业人口所占的比重，比府城相应的比重更高。

对于"苏杭型城市"和"新兴工商业市镇型城市"的研究，在过去半个世纪中都取得了重要成就。对于"苏杭型城市"，从宋代临安到清代上海，研究成果不断推出。市镇研究也在 20 世纪八九十年代出现盛况。但是，总体来看，这些研究仍然存在一些问题。首先，研究的重点主要还是东部沿海地区的城市。内陆地区工商业城市的研究也取得重要成就，④ 但相对于沿海城市研究而言，还比较薄弱。其次，在现有的研究中，大部分是以"传统—现代"模式为出发点的，力图从"现代"的角度去看待"传统"，以发现"传统"中的"现代性"因素。这种研究取向是对传统的"中国停滞"论和"冲击—回应"理论的否定，对认识中国的实际情况具有重要意义。大多数"苏杭型城市"是后来的"口岸城市"的前身，它们在鸦片战争之前很久就已有相当发达的海外贸易，通过与海外的互动，程度不等地接受了外来影响。这一点，和中国内地城市有相当大的不同。上海城市史研究的先驱学者墨菲（Rhoads Murphey）将其 1953 年的著作命名为《上海：现代中国的钥匙》（*Shanghai: Key to Modern China*），认为上海是了解近代中国的钥匙。但是二十多年后，墨菲修正了自己的看法，认为上海是上海，中国是中国，上海并非了解中国的恰当钥匙。中国的广大内地拥有众多的城市，它们在鸦片战争之前与海外较为疏远，鸦片战争后很长一段时期内受外国的影响也仍然有限，因此"中国特色"相对而言更为"纯粹"。近几十年来，对于中国内地工商业城市史的研究取得了许多成果，特别是罗威廉的《汉口：

---

① 李伯重：《工业发展与城市变化：明中叶至清中叶的苏州》，《清史研究》2001 年第 3 期与 2002 年第 1、2 期。

② 王卫平：《明清江南地区城市史研究》，人民出版社，1999，第 63 页。

③ 傅衣凌：《明清社会经济变迁论》，第 152～159 页。参阅李伯重《工业发展与城市变化：明中叶至清中叶的苏州》，《清史研究》2001 年第 3 期与 2002 年第 1、2 期。

④ 定宜庄：《有关近年中国明清与近代城市史研究的几个问题》，中村圭尔、辛德勇主编《中日古代城市研究》，中国社会科学出版社，2004。

一个中国城市的商业和社会（1796～1889）》，代表了在此方面研究的最高水平，而对于内地其他工商业城市史的研究成果数量有限。在汉口之外的内地工商业城市中，重庆是一个特别值得重视的城市。同汉口一样，重庆是一个由工商业发展所造就的城市。到了清代中期，重庆已经发展成为西南地区的商业中心。在过去三十多年中，重庆城市史研究取得相当丰富的成果，但仍有很大的提升空间。[①] 本书作者在清代重庆社会经济史方面进行了深入的研究，使得本书是迄今为止关于清代重庆经济和市场最详尽的研究。

本书研究之所以取得成功，缘于作者在以下几个方面的努力。

1. 史料

吴承明先生说："史料是史学的根本，绝对尊重史料，言必有证，论从史出，这是我国史学的优良传统。治史者必须从治史料开始，不治史料而径谈历史者，非史学家。由于史料并非史实，必须经过考据、整理，庶几接近史实，方能使用。"[②] 傅斯年先生更加强调史学严谨必须完全以史料为依据："材料之内使他发现无遗，材料之外我们一点也不越过去说。"[③] 在众多种类和来源的史料中，档案是最重要者之一。有"客观主义史学之父"之称的兰克，深信"判定历史真相的最好办法就是利用原始资料，特别是档案材料"，[④] 因此古奇（George Peabody Gooch）指出："他不是第一个使用档案的人，但却是第一个善于使用档案的人。"[⑤] 对于社会经济史来说，档案更具有非凡的意义。

目前我国发现的体量最大、内容最丰富的清代县级衙门档案是清代《巴县档案》。在这套档案中，有大量与商业相关的案卷，是这套档案最独

---

① 已有成果如隗瀛涛主编的《重庆城市研究》（四川大学出版社，1989）和《近代重庆城市史》（四川大学出版社，1991），周勇主编的《重庆：一个内陆城市的崛起》（重庆出版社，1989），周勇等译编的《近代重庆经济与社会发展（1876～1949）》（四川大学出版社，1987）等。其中《近代重庆城市史》是通史性质的，被称为"新中国成立以来第一批研究中国近代城市史的学术专著"，其他几部则是研究重庆发展史的专题论文集或资料集。

② 吴承明：《中国经济史研究的方法论问题》，《中国经济史研究》1992年第1期。

③ 傅斯年：《史料论略及其他》，辽宁教育出版社，1997，第47页。

④ 〔美〕J. W. 汤普森：《历史著作史》下卷第3分册，谢德风译，商务印书馆，1996，第250页。

⑤ 〔英〕乔治·皮博迪·古奇：《十九世纪历史学与历史学家》（上），耿淡如译，商务印书馆，1997，第215页。

特的地方。本书作者在清代《巴县档案》的整理和利用方面进行了长达十余年的努力。在她开始本项研究的时候，从商业的角度来利用这套档案的研究者极少，她系统地发掘和研读了这套档案中各个时期与商业相关的案卷，从而为本书研究奠定了坚实的史料基础。

2. 研究方法

吴承明先生有言："即使做到所用史料尽都正确无误，仍然不能保证就可得出正确的结论。"① 刘子健先生则对用什么方法研究历史提出了很好的见解："余英时说'史无定法'，研究历史的题材不同，自然没有一成不变的方法，所以更妥贴地说应当是'史采佳法'，因题制宜。再更大胆地说是'因问求法'，如同科学家做实验一样不断尝试终可能走出一条路来。或许有人怀疑应当先有方法再寻问题。这不对，应先有问题意识，再去尝试并强调'学问'的'问'。"②

本书所欲解决的问题，是在西方到来之前，中国内地商业是怎么进行的。任何经济活动，都受某种制度的支配。诺斯说："经济制度的基本来源包括：正式的规定，如宪法、法律和法规；非正式的行为准则与规范；正式规定与非正式准则的执行情况和特点。这三个方面共同确定了市场乃至整个经济的表现特征。"③ 过去许多制度史研究都重在第一个方面，而对于第二、三方面，则注意较少。本书作者力图写出"活"的制度史，认为制度不只是正式的，更是流变的，而非僵硬的；是众人的创造，而非少数人的设计强加于大部分人；是为"复调"的，而非单一的。她也特别关注制度之外的政治、社会过程，认为离开了这个过程，不可能出现一个如此活跃、迅速发展的市场。秉持这样的理念，她"深潜"入数千份案卷之中，识别焦点问题，打捞重要的事实，将它们编织进由各种类型的规则、人群、行业、事件构成的"关系之网"。再将这些"关系之网"放入时代坐标之中。这样既能看到微观的局部，又能展现市场宏观变动的节奏，还能呈现人与经济、社

---

① 吴承明：《中国经济史研究的方法论问题》，《中国经济史研究》1992 年第 1 期；《论历史主义》，《中国经济史研究》1993 年第 2 期。
② 刘子健：《史学的方法、技术与危机》，《新史学》（台北）第 1 卷第 1 期，1990 年。
③ 〔美〕道格拉斯·诺斯：《经济制度有效演进之路》，《财经》2002 年第 7 期。

会、制度的交互作用。

　　作为一部社会经济史研究专著，本书在方法上，除了使用历史学方法之外，还恰当地运用了从社会学、经济学等社会科学学科借来的方法，使得本书对相关问题的研究确实做到了"史采佳法"。这一点，也是本书得以成功的关键之一。

3. 研究内容

　　要对制度进行"活"研究，就离不开在这个制度下进行相关活动的个人及其行为。这些个人和行为都是具体的，需要进行微观细腻的研究。本书依托大量的档案资料，因此将研究细化到某个人的经历、某个行业的盛衰，或某类商品的行情，从而避免了因研究视野过于宏观，而漏掉关键的过程或事件。在此基础之上，本书提出了一些新的观点。例如，应差、征厘并不是纯粹负面的行为，反而是维系官商关系、推进市场运行的关键；清代的重庆不存在工商业者参与的"自治"，也没有纯粹的"社会力量"，决定着这个市场和社会的最强势因素仍然是官府，但地方官府也从不是单纯地"抑商"或"害商"，而是在复杂的现实中做着多元化的选择。

　　由于使用了大量的第一手史料和正确的研究方法，本书通过对清代重庆的市场、商业和商人的研究，使得我们对清代社会经济史的认识更进了一步。在相当长的一段时期里，我们对于传统经济和市场的研究，被一种"二元论"的思维方式主宰。20世纪90年代前的许多研究者认为，中国传统经济和市场是停滞、落后、受到不公正对待的。90年代后，随着"传统经济再评价"，越来越多的研究者认为，至少明清时期一些地区的经济和市场是发展的、有活力的。然而本书的研究证明，上述认知都有对的地方，也有不对的地方。至少清代中后期重庆的经济和市场，是既有发展潜力，又面临着结构性的问题，既有相当多的机遇，又有不利的政策和社会环境。而且负面的环境之中，也可能反而蕴藏着某些发展的契机。所以研究者或许应该同等地接纳这两种认知，在对"结构过程"的系统性、动态化研究中，把这些看似矛盾的东西整合起来。这样我们就能够超越争议，让不同的学术发展阶段、不同的观点相互理解、相互助益。

　　本书作者在此项研究上，投入了十余年的光阴。她早年在清华大学攻读博士学位时就已开始了此项研究。为了获取第一手史料，她不仅长时间地"躲"在四川省档案馆里潜心研读《巴县档案》，而且到重庆等地进行实地考察，搜集地方资料和获取感性认识。为了提高自己在理论和方法上的眼界和能力，她努力学习社会学、经济学知识，并作为香港中文大学历史系的"国内优秀博士生访问计划"访问学者，在香港工作半年，进一步学习历史人类学的理论和方法。此外，她也积极吸收国际经济史学界的研究成果，翻译出版了科大卫（David Faure）的《近代中国商业的发展》（*China and Capitalism：A History of Business Enterprise in Modern China*）、王国斌（Roy Bin Wong）和罗森塔尔（Jean-Laurent Rosenthal）的《大分流之外：中国和欧洲经济变迁的政治》（*Before and Beyond Divergence：The Politics of Economic Change in China and Europe*）等重要经济史著作，并发表过多篇讨论经济史理论与方法的论文。

本书作者对此项研究的工作，始于她的博士论文《传统商业制度及其近代变迁——以清代中后期的重庆为中心》。该论文于2010年获"清华大学优秀博士论文"一等奖，2011年获第一届"思源优秀博士学位论文"优等奖，2012年获"全国百篇优秀博士学位论文"提名奖。之后，她以博士论文为基础申请了国家社科基金项目"清代州县档案中的市场、商人与商业制度"。经数年进一步深化研究，该项目顺利完成，通过结项鉴定，等级为"优秀"。本书即是该项目的最终研究成果。由此可见，本书从开始构思到最终完成，历时十余寒暑，倾注了作者的心血。本书的成功，表明一个青年学者成长的艰难过程，也是一位"以学术为志业"（韦伯语）的学者没有虚度一生中最好年华的明证。

罗威廉总结他那部关于清代汉口商业与社会的名著时说道："因为汉口拥有非同寻常的商业地位，其历史发展又有其它的特殊性，比如兴起较晚，它很少被看作是中国社会变迁研究的典型。人们更多地是因为其先进地位而关注其作用。正是这一特征引导我首先选择了汉口。我希望对罗兹·墨菲谨慎地使用的'作为变化中心的城市'这一概念做出验证，所以我放弃了受到中央政府强有力控制的北京、武昌之类的城市。同时，我希望将关注点放在那种迄今为止还只是较少地参与到'对西方做出回应'中去的地方，所以回避了那种完全的海岸城市，包括富有魅力的上海、广州或天津等。以下各章的讨论，将证明我选择汉口在这两方面都是有充足根据的，尽管任一方面都没有我所期望做到的那样清晰。"① 本书研究也出于同样的目的，而且获得了良好的成果。因此，这是一部成功的社会经济史研究专著。用时下时髦语言来说，本书可以说是一部"后浪推前浪"的著作。

最后，衷心祝贺本书的出版。

李伯重

2020 年 8 月于北京大学

---

① 〔美〕罗威廉：《汉口：一个中国城市的商业和社会（1796~1889）》，绪论第 16 页。

序　二

因为李伯重先生介绍，我与周琳大约 2008 年 3 月开始通信。她有志探究清代商人团体问题，并索取我于 1995 年 6 月在台大历史所提交的博士论文《商人团体与社会变迁：清代苏州的会馆公所与商会》，我即发去全文电子文件请她指教。2008 年 12 月底，周琳在四川省档案馆查读《巴县档案》时，再次给我一封电子邮件，她分享其发现同治年间江西八府客民在重庆城发起募款白银 5000 两重建 "万寿宫" 的一个有趣案卷，针对这群江西客商捐款究竟是 "摊派" 还是 "乐捐" 的疑问，我们以电邮交换意见，也自此开启我们透过《巴县档案》琢磨清代商人团体与市场制度的论学情谊。

2009 年 8 月，周琳仍在撰写博士学位论文，我有幸读到她寄来的其中有关 "中介贸易制度" 的一个章节。我对她以 "资料结合概念" 的认真态度印象深刻，特别是她探究晚清厘金制对牙行制度的影响，我认为是彭泽益之后较少学者触及的重要课题。我当时在信中也提供两个建议：第一，牙行制度在明清是个全国性现象，它既涉及商业制度变化，也和财政政策与法律结构有关。这个领域既有吴奇衍等前辈学者所做的官牙制研究，也有日本学者探究明末清初江南 "禁革行役" 的论著，如何以这些研究成果为对话基础并将重庆放在全国性脉络中做比较，应很值得认真考察。第二，清代城市各有不同的商业环境，"本地行帮" 与 "外来客商" 在各城市商业中介行业扮演角色似乎颇有差异，相对而论，外来客商在重庆城垄断中介牙行业务的现象似乎颇为特殊，与江南地区牙行多为本地人充任的情形颇不相同，值得更加注意。

第一次见到周琳是 2010 年的 5 月下旬。当时我正饱受椎间盘突出问题之苦，有幸得到桑兵先生以及商全与李佩桦介绍，我由台北飞赴北京，往昌平区一家医院接受王燮荣医师的小针刀治疗。当时我已先请熟悉昌平环境的张小也帮我张罗住宿与交通事宜。幸喜治疗颇有效果，感谢王医师这些我生命中的贵人帮助。当时因疗程需要，我延长了停留北京时间，乃趁便拜访北京一些师长与朋友，并约了周琳。5 月下旬某日我们两位笔友终于见面。那时周琳应是刚完成博士学位论文，我们见面几乎没有客套，很快便讨论起她的论文主题，以及《巴县档案》中"八省绅商"受川东道委派改善河运险滩工程等有趣案例，我们又立即沉浸在清代商人团体与商业制度的历史世界。

2011 年之后，我与周琳工作地点都有多次变动。我们有时相遇于成都查读《巴县档案》期间，有时是我在香港中文大学接待她与夫婿张宏伟，又或是我与内人耿暗到重庆与成都时相约两家出游。交往机会愈多，我也知晓周琳英译才华等更多学术强项，后来我即推介王国斌先生，并在其后见识到她的新译稿件，实际领略了周琳译事的一丝不苟以及她的译笔明快晓畅，最终出版《大分流之外：中国和欧洲经济变迁的政治》这一备受赞扬的好书，为明清与全球史译林再添佳作，我也私自与有荣焉。

如今有幸先睹这部书稿，我感到特别艳羡。大概自 1998 年开始，我即构思撰写《物质生活与法律秩序：清代前期重庆经济的制度变迁》，为此还颇兴奋地在当时任职的史语所报告了准备撰写此书的提纲。然而，十分惭愧，二十二年过去，自己只写了两三篇直接相关《巴县档案》的小文章，与心中理想的专书实在距离远甚。之所以完成不了自己的书稿，是可勉强提些理由，但毕竟都只是个人借口。以档案史料做研究，需要更多精力、耐性以及体力、眼力，想到周琳即将加入以《巴县档案》为关键史料撰成专书的作者行列，我确实满心羡慕。这部著作不仅史料论证扎实、征引论著丰富，而且问题意识明确，相信会成为相关研究领域的佳作。此书出版，我好似看到多年好友登上舞台做了主人公，真是十分欣喜！

　　此书强调兼重档案史料与田野访察，周琳有意运用历史人类学相关问题意识，并有志撰成"活"的制度史，既想写出清代商业发展过程的"社会关系之网"，也欲考掘清代重庆城的"城市气质"。这些主张都极令人赞同，也与现今明清史学发展趋势若合符节，可谓一部"预流"之作。

　　以下略谈此书自己最感兴趣的两方面议题，一是如何看待经济与行政/法律之间的复杂互动关系，二是如何进行更细致的历史比较。

　　本书主要透过三大群人物讨论清代重庆商业制度发展，分别是：官牙行与私牙，包含会馆与行帮在内的商人团体，以及脚夫群体。分析这三大群人物，总免不了要同时讨论"市场经济"与"行政/法律"的双重作用。以牙行为例，此词自唐代即见诸文献，学界将其视为中国经济史上一种重要中介商人，这类商人涉及各地商贸如何媒合买卖双方完成交易，故与市场经济密切关联。另一方面，牙行自唐宋以来逐渐成为政府核可设立的商业行政组织，明初甚至在《大明律·市廛》中立有对"官牙"的专门规范。降至18世纪，清政府又针对"牙帖"更新发放时效，以及究竟该由地方或中央何种层级衙门发放"牙帖"等典章制度，制定各项施行细则。这些细则不仅详载《户部则例》，更成为中央政府与某些省份改革牙行积欠客商债务问题的律例与"省例"相关内容。因而，牙行乃变成兼具全国"统一性法令"以及地方政府"补充性操作规定"的重要商业行政组织，具有明显的"行政/法律"性质。面对这样一种兼具市场经济与行政/法律"两重性"的商业与行政组织，若对其中任何一个侧面畸轻畸重，恐怕便难准确拿捏牙行全貌。

　　牙行兼具市场经济与行政/法律的两重性，还同时表现在不同时空环境。我很赞成周琳强调的"社会关系之网"，确实应将牙行放入特定空间、时间、行业乃至省籍、方言群甚至种族等不同"族群"脉络内。不过，在考虑社会关系网络影响不同行业牙行时，来自行政/法律的强制力固然重要，来自市场经济的作用也不容小觑。在牙行存在的不同城镇与行业里，客商、店家与牙行三方面交易者，会在价格搜寻、谈判议价以及契约执行等方面形成情势各有异同的市场"交易成本"问题，这些交易成本问题肯定会与行政/法律强制力一并影响牙行与社会关系网络的互动过程。至于牙行之外的会馆、行帮、脚夫等人群组织，也都不同程度地面对"市场经济"与"行政/法律"的双重作用。

周琳强调清代重庆出现由"以差驭商"到"以厘驭商"的制度变迁现象，并论证这种"既违背国法，又备受道德诟病"的制度，究竟如何"在事实上维系了"清代中后期的重庆市场，她强调"国家权力机构的决策和行为"是理解清代中国市场何以运行"相对脆弱"的关键。在我看来，这也可谓周琳同时考虑交易成本"市场经济"与"行政/法律"强制力双重作用之后所得出的重要结论。我多年来研读苏州、松江碑刻等资料，探究明末清初以降苏、松地方官府以"禁革行役、禁止把持"法令处理当时工商业纠纷，以及商人捐款参与"行帮"与"会馆、公所"等团体组织，两相比较，清代重庆城的牙行、行帮与会馆、公所相关事例，与苏州、松江相关史料呈现情况实在差异巨大。

如明崇祯四年（1631）《苏州府为永革布行承值当官碑》即已记录苏州知府颁下"永革铺行"禁令："民生之蠹□，行户承值，其一也。已奉圣旨，立石永禁。"因为颁下圣旨禁革"行户承值"，故而苏州地方官员将"从前团牌，随营销毁"，并规定"一切上司按临府县公务，取用各色□足额设原银两公费钱粮"，地方政府以此经费"照依时价平买"，故而"该房胥役供应，并不用铺行承值"。苏州知府为维持禁令而重申，日后"但有仍寻铺行、仍用团牌，口称官□□票借用"者，"许诸人首告，差役究，遣官听参"。① 尽管日后苏州仍然存在不同程度的"行户承值"办差现象，乃至民间也常出现假借"差务"或自称"小甲"名号以勒索商人钱财的弊端，但这些现象基本遭地方政府明令禁止。再如清乾隆四十六年（1781）苏州贩卖木材商人控告脚夫假借"小甲"名号强揽生意，长洲知县先做了基本调查："查一切牙行脚夫把持垄断，久奉禁革。况苏郡地方凡有生意行当，动称小甲，从中滋事需索，殊堪发指。"长洲知县接着做出重要澄清："凡有差务衙门借用木植，本不常有。如有需用，即着牙唤簰夫运送，于牙佣内着给饭食。再簰夫多系穷民，趁工过活，大约都在两汇揽运，缓急无难招

---

① 苏州历史博物馆等合编《明清苏州工商业碑刻集》，江苏人民出版社，1981，第53页。

集。" 长洲知县认为根本没必要赋予特定脚夫 "差务" 名色以垄断运送木材特权，因而重申禁令："奉批：木排小甲既无设立成案，自未便听地棍把持扰累。如详，严饬革除，勒碑永禁。"①

早自 20 世纪 80 年代学者整理与研究苏州工商业碑刻以来，类似洪焕椿下述看法，应该即是此领域学者的主流认识：苏州地方官禁革 "行户承值" 的实际功效，仍然是比较好的。② 需要澄清的是，清代苏州、松江当然也总会出现某些人物试图垄断市场的行为，但以我浅见所及，在既存史料里，明末清初以来的苏、松地方政府在禁止 "把持垄断" 方面可谓毫不含糊，这是一项基本经济政策，可谓是一种经济与法律领域的 "强势修辞"，更重要的是，苏松地区各行业商人似乎也都整体认可并且公开支持这项可以保护他们经济权益的政令。

可惜苏州未留下类似《巴县档案》这么丰富的诉讼与判决文书，但苏州、松江留下商业碑刻以及其中摘录司法文件自也不少，在学者相关研究成果中，一直很少见到类似《巴县档案》那种地方政府几乎完全肯定 "以差驭商" 或是 "以厘驭商" 正当性的现象。未来如何考察牙行、会馆、公所、行帮等组织对不同城镇商业制度实际造成作用的异同，这对学界全面理解明清商业制度与市场演化议题，应该仍颇为关键。

我想指出的第二层问题，是如何进行更细致的历史比较。无论出诸何种原因，我们治明清社会经济史的大多数学者，一般很难绕过各自脑海里的 "西方意象"。市场 "看不见之手" 与 "市民社会" 等命题，固然是很多明清史家视为理所当然的西方意象。但若细读波兰尼《巨变》（或译《大转型》）分析 18～19 世纪英国资本主义发展历程，拥护 "市场自由竞争" 以及保卫 "社会平等安全" 两派之间的舆论攻防，以及由此延伸并爆发的司法与立法斗争，真可谓烽火不断、历久弥新。然则，在所谓资本主义市场经济运作之下，何曾只有鼓励、支持市场自由竞争的单一主张与政策呢？再看资本主义的众多企业，按组织社会学 "制度学派" 的分析，企业于实际运

---

① 《明清苏州工商业碑刻集》，第 120 页。
② 洪焕椿：《明清史偶存》，南京大学出版社，1992，第 565 页。

作过程中，总是想方设法努力试图取得各种合法或是不那么合法的垄断权力，这根本即是所谓"自由企业"实际运作的常态。时至今日，欧美国家以"公平贸易"平衡"自由贸易"的事例依然屡见不鲜，以"社会公平"而限制"市场自由"，本来也是西方市场运作常态。然则，所谓市场"相对脆弱"的现象，其实并不是清代中国独有现象，重点可能在于政府乃至厂商在什么时候以什么理由对不利于自己理念的"自由竞争"提出限制范围与压制措施。

清代苏州、松江地方政府审理市场竞争相关讼案，一方面强调《大清律例》明载"禁止把持"的反对垄断、维持竞争立场，但另一方面主张经济事务不得因为过度竞争而危害"小民生计"，地方官常力在反对任何特权者"把持"垄断市场以及维持小民生计而支持"经济弱势者"垄断的两种立场之间进行权衡。放在西方司法实务的历史脉络中做考察，恐怕也并不存在某种"自由竞争市场"，也总是要在诸如市场有如"看不见之手"必须予以尊重之类的经济修辞，以及必须保障社会"公平、正义"，乃至必须禁止或加征课税外国商品以免冲击本国产业的"贸易保护主义"等政治与法律理念之间做平衡。更不用提这个再明白不过的事实：由 17 世纪初年以降的英、荷各国西印度公司、东印度公司，两百多年伴随着欧洲的市场经济发展，这些垄断性经济组织也不断蓬勃发展，乃至构成欧洲国家开展资本主义与帝国事业的某种"外包"经济与军事组织。所谓西方"现代资本主义"的发展，也绝非保护垄断与市场竞争之间的消长过程而已。

竞争与垄断，本来即是市场与层级组织之间不断互动的结果，史迹斑斑，真实世界何来纯粹的"自由竞争市场"？因而，探究清代市场"相对脆弱"这类问题，也值得酌采王国斌《转变的中国》、彭慕兰《大分流》以及历史社会学家蒂利共同倡议与落实的"互惠式比较"研究成果，将中、西历史的市场竞争与垄断问题，认真视作双方同时经历的复杂制度变迁过程，把自己心里那个不言自明的"西方意象"，由潜藏其中的"背景"角色，予以更公开与更细致的"前景化"。

无论重庆、苏州、松江乃至其他商业发展城镇的商业制度、商人团体与市场问题，明清制度经济史需要更多扎实个案与实质对话，与此同时，我们也需继续加强自身进行"互惠式比较"的更好素养与更多谨慎，才能把中国经济发展轨迹更有效地放进包括西方"现代资本主义"在内的人类历史经验里。本书为清代重庆市场与社会长期互动关系提供了一幅深度描绘的图景，为明清社会经济与法制史学界增添了一部扎实的个案研究，再次恭喜周琳出版此部佳著。

邱澎生

2020 年 8 月于上海交通大学

目 录
CONTENTS

一　明清时期经济与社会变迁——一个历久弥新的史学研究课题

揭示明清时期的经济和社会变迁，是海内外几代中国研究者不懈的追求。在中国，从 20 世纪 30 年代的社会史论战，[①] 到 50 年代至 80 年代对于"资本主义萌芽"的研究，[②] 再到近年来对于传统经济的再评价；[③] 在日本明清史学界，从二战前的"中国社会停滞论"，到近五十年来对于明清时期资本主义萌芽、商品生产、乡绅阶层、基层社会共同体、地域社会等问

---

①　关于社会史论战的内容与研究概况，请参见陈峰《民国史学的转折：中国社会史论战研究（1927～1937）》，山东大学出版社，2010；何刚《"革命"与"学术"的双重变奏——中国社会史论战研究 80 年》，《党史研究与教学》2011 年第 2 期。

②　中文学界对于资本主义萌芽问题的讨论，请参见仲伟民《资本主义萌芽问题研究的学术史回顾与反思》，《学术界》2003 年第 4 期；赵晓华《中国资本主义萌芽的学术研究与论争》，百花洲文艺出版社，2004。英语学界对于资本主义萌芽问题的讨论，请参见科大卫《中国的资本主义萌芽》，陈春声译，《中国经济史研究》2002 年第 1 期。

③　对于中国传统经济的再评价始于 1993 年，到 21 世纪初成为中国大陆学界普遍关注的问题，研究者对于这一问题的讨论集中反映在从 1993 年至 2005 年的数次学术研讨会中，详情参见叶茂《"论坛"关于中国传统经济再评价的三次讨论》，http://www.guoxue.com/jjyj/trgj/ztl.htm，最后访问日期：2020 年 7 月 7 日；石涛、毛阳光《"中国传统经济再评价"研讨会纪要》，《中国经济史研究》2002 年第 1 期；李军、刘洋、袁野《"中国传统经济再评价"第 2 次研讨会会议纪要》，《中国经济史研究》2002 年第 4 期；宋永娟、贾海燕《"中国传统经济再评价"第三次学术研讨会纪要》，《中国经济史研究》2004 年第 3 期；张安福《"中国传统经济再评价"第四次学术研讨会综述》，《中国经济史研究》2005 年第 1 期；李根蟠《"中国传统经济再评价"讨论和我的思考》，《中国史研究》2005 年增刊。

题的探讨；① 在欧美汉学界，从 20 世纪 70 年代末"中国中心观"的提出，②到 80 年代以来基于"公共领域"范式对于清代国家与社会关系的研究，③再到近年来"加州学派"对于明清社会经济的重新评价。④ 大量的研究成果表明，明清时期中国的经济和社会正经历巨大的变迁，这种变迁的表征、程度和性质还有待于进一步探究和呈现。本书就是在一个清代城市——重庆的历史时空之中，从商品经济的视角，探究其间一百五十余年的经济和社会变迁。

---

① 战后日本明清史研究的成果和趋势，请参见冯年臻《战后日本明清社会经济史研究述略》，《中国史研究动态》1983 年第 6 期；〔日〕渡边信一郎、宫泽知之、足立启二《日本关于中国前近代经济史的研究》，许檀译，《中国经济史研究》1987 年第 2 期；〔日〕森正夫《日本 80 年代以来明清研究的新潮流》，栾成显译，《中国史研究动态》1994 年第 4 期；常建华《日本八十年代以来的明清地域社会研究述评》，《中国社会经济史研究》1998 年第 2 期；高寿仙《关于日本明清社会经济史研究的学术回顾——以理论模式和问题意识嬗变为中心》，《中国经济史研究》2002 年第 1 期；王晓秋《1990 年以来以日文发表的清史研究成果综述》，国家清史编纂委员会编译组编《清史译丛》第 1 辑，中国人民大学出版社，2004，第 62～108 页；〔日〕岸本美绪《日本清史研究述评》、〔日〕夫马进《日本明清研究述评》，栾成显译，朱诚如、王天友编《明清论丛》第 5 辑，紫禁城出版社，2004。

② "中国中心观"的系统阐述，请参见〔美〕柯文《在中国发现历史——中国中心观在美国的兴起》，林同奇译，中华书局，2002。相关评析请参见罗志田《发现在中国的历史——关于中国近代史研究的一点反思》，《北京大学学报》（哲学社会科学版）2004 年第 5 期；夏明方《一部没有"近代"的中国近代史——从"柯文三论"看"中国中心观"的内在逻辑及其困境》，《近代史研究》2007 年第 1 期；夏明方《十八世纪中国的"现代性建构"——"中国中心观"主导下的清史研究反思》，《史林》2006 年第 6 期。

③ 基于"公共领域"范式对于中国历史的研究，请参见周琳《中国史视野中的"公共领域"》，《史学集刊》2009 年第 5 期。

④ 目前国内外学界讨论"加州学派"的代表性论著，包括 Philip C. C. Huang, "Development or Involution in Eighteenth Century Britain and China? A Review of Kenneth Pomeranz's *The Great Divergence*：*China，Europe，and the Making of the Modern World Economy*," *The Journal of Asian Studies*，Vol. 61，No. 2，2002；Kenneth Pomeranz, "Beyond the East-West Binary：Resituating Development Paths in the Eighteenth Century World," *The Journal of Asian Studies*，Vol. 61，No. 2，2002；James Lee，Cameron Campbell and Wang Feng, "Positive Checks and Chinese Checks?" *The Journal of Asian Studies*，Vol. 61，No. 2，2002；Robert Brenner and Christopher Isett, "England's Divergence from China's Yangzi Delta：Property Relations，Microeconomics，and Patterns of Development," *The Journal of Asian Studies*，Vol. 61，No. 2，2002；龙登高《中西经济史比较的新探索——兼谈加州学派在研究范式上的创新》，《江西师范大学学报》（哲学社会科学版）2004 年第 1 期；周琳《书写什么样的中国历史？——"加州学派"中国社会经济史研究述评》，《清华大学学报》2009 年第 1 期；何国卿、张湖东、张婷婷《"中西经济大分流：历史比较与分析"国际学术研讨会纪要》，《中国经济史研究》2012 年第 4 期；李伯重《"大分流"之后："加州学派"的二十年》，《读书》2019 年第 1 期。

（一）　商品经济——揭示明清时期中国经济社会变迁的重要线索

从 20 世纪中叶至今，中外学界已经取得的对于明清经济和社会的新认识，有相当大一部分来自对商品经济的研究。回顾过去的半个多世纪，明清商品经济研究大致沿着三条路径演进，每一条路径都发散出许多独特的研究领域，揭示出经济和社会变迁历程中不同层面的问题。

第一条研究路径由傅衣凌所开辟。一方面细致地描述各地市场的实况，尤其关注商业市镇；另一方面借鉴社会学的研究方法，特别关注商业活动中的人，探讨其流动过程、行为方式、组织方式、社会参与及不同阶层之间的关系等。①在这一视角下，商业不再仅仅是一种经济活动，而是一种既萌生于已有的社会结构，又引发种种社会变动的力量。由此生发出对商业市镇与商业社会的研究，反映出各重要市场节点的发育状况，以及商业化过程中社会的调适与躁动；对地域性商人集团（如徽商、晋商、闽浙海商等）的研究，反映出明清时期许多新的社会群体正依托商业崛起，它们数量可观，活动范围超越了传统的农村社区；对商人社会活动的研究，反映出商人正在积极地融入社会，而社会也非常需要商人的参与；对商人生活方式的研究，表明商人的生活绝不仅仅是"私人的"，而是影响着整个社会的消费时尚、文化品位、娱乐方式和思想观念。

第二条研究路径由施坚雅（G. William Skinner）所开辟，特点是借鉴地理学、人类学的方法将"中国"划分为以市场为纽带的九个大区，每个大区的基础是众多的"基层市场共同体"，绝大多数农村居民就生活在这样的共同体中，与市场发生密切的联系。②循着这条思路，研究者们对

---

① 傅衣凌研究明清商业史的代表作品包括：《明清时代商人及商业资本》，人民出版社，1956；《明代江南市民经济初探》，上海人民出版社，1957；《明清社会经济史论文集》，人民出版社，1982；《明清社会经济变迁论》，人民出版社，1989。

② 这即是在中国研究领域产生重大影响的"施坚雅模式"，系统阐述这一理论范式的作品为〔美〕施坚雅《十九世纪中国的地区城市化》《城市与地方体系层级》，施坚雅主编《中华帝国晚期的城市》，叶光庭等译，中华书局，2000，第 242～297、327～417 页；施坚雅《中国农村的市场和社会结构》，史建云、徐秀丽译，中国社会科学出版社，1998。除此之外，施坚雅还发表了一系列论文，对这一范式进行修正和扩充，如 G. William Skinner, "Chinese Peasants and the Closed Community: An Open and Shut Case," *Comparative Studies in Society and History*, Vol. 13, No. 3, 1971; G. William Skinner, "Presidential Address: The Structure of Chinese History," *The Journal of Asian Studies*, Vol. 44, No. 2, 1985。

于明清时期的中国市场进行了分区考察，每个区域内又细分为集镇、市镇、城市等不同的层级。横向上，各个不同层级的市场是怎样组织的？纵向上，各个不同的市场层级是怎样联系的？商品、资金、人力资源是如何流动的？目前，江南、华南、华北、西北、西南、华中等各个区域市场都有了相当数量的专题研究。另外，近年来十分引人瞩目的华北民间会社研究及华南庙宇、宗族、族群等研究都充分地考虑了商业和市场的因素，显示出商业和市场如何改变人们的身份，重塑社区的权力关系和交往方式。

第三条研究路径由吴承明所开辟，特点是借鉴经济学的概念和方法，对中国市场进行理论性解说，着重探讨市场的宏观模式、局部运行机制，并结合计量方法勾勒重要的市场区域、关键商品的运销情况和市场的周期性变化。[①] 在这一思路的影响下，近三十年来的商品经济研究特别关注大宗民生日用品（米、棉布、白银、商品性农作物等）的长距离贩运，透析出各级市场的容量、构成和变动趋势；对于新型商业运作方式（借贷、抵押、合伙、中介、行会等）的研究，体现出商业运作的复杂程度和商业制度的弹性与灵活性；而将商业放在宏观经济机制（如价格、经济周期、货币制度、赋税制度、国际贸易格局等）中进行观察，则使人们更充分地意识到商业作为一种经济因素，不仅植根于整个经济环境之中，同时也具有影响明清中国经济整体走势的能量。

由此可见，由于明清时期的商品经济将更广大的地理空间、更多的社会阶层、更复杂的商业运作包含在内，因此它已经成为当时中国社会经济变迁的重要线索。不加分析地美化和夸大商品经济的作用固然是危险的，但若能排除成见，全面地占有资料，谨慎地得出结论，应该可以从商品经济的发展中获取更多有关社会经济变迁的信息。

---

① 吴承明所著具有范式意义的文章主要有《论明代国内市场和商人资本》《论清代前期我国国内市场》《16 与 17 世纪的中国市场》《18 与 19 世纪上叶的中国市场》，见氏著《中国的现代化：市场与社会》，三联书店，2001。吴承明的相关论著目录请参见吴承明著，刘兰兮整理《经济史理论与实证：吴承明文集》，浙江大学出版社，2012，第423~430 页。

（二）清代重庆——城市商品经济研究的独特个案

从 20 世纪七八十年代开始，国内外学界越来越重视从城市的视角观察清代中国的商品经济。[①] 这些研究总体上表明，清代的城市容纳了更大的工业生产力，聚集了来自不同地区的商品，承载了数量可观的工商业人口，也给地方行政提出了新的挑战。因此，城市研究可以说为认识清代中国商品经济提供了重要的切入点。而清代重庆由于其独特的经济和社会发展历程，因此在这一类研究中体现出如下的个案意义。

第一，研究重庆的商业有助于完善学界对于清代国内市场体系的整体认识。近二十年来关于清代国内市场的研究认为，随着交通（尤其是河流运输）条件的改善，18 世纪中国的市场已经在相当大的程度上实现整合。[②] 重庆正是在这个背景下兴起的一座流通枢纽城市，它位于长江和嘉陵江的交汇

[①] 有关中国城市史研究的中文论著，请参见《近代天津城市史》编写组《中国城市史研究论著索引》（至 1987 年），《城市史研究》1988 年第 1 期；张利民《近代中国城市史论著索引（论文部分）》，《城市史研究》1996 年第 1 期；张利民《近代中国城市史论著索引（著作部分）》，《城市史研究》1997 年第 1 期；熊月之、张生《中国城市史研究综述（1986 ~ 2006）》，《史林》2008 年第 1 期。相关英文论著请参见〔美〕李·麦萨克《中国城市史英文出版论著目录（1990 ~ 1996 年）》，任云兰译，《城市史研究》1997 年第 1 期；〔美〕熊存瑞《近年来西方学术界对 1644 年以前中国古代城市史研究概述》，宋文峰译，《城市史研究》1997 年第 1 期；《近年来有关中国城市史英文学位论文目录》，任云兰译，《城市史研究》1997 年第 1 期；《近期中国城市史研究博士论文摘要》，贾锡萍译，《城市史研究》2000 年第 1 期；《近期中国城市史研究博士论文摘要（二）》，贾锡萍译，《城市史研究》2000 年第 2 期；熊存瑞《古代中国城市研究的新成果》，蔡云辉译，《城市史研究》2005 年第 1 期；史明正《西文中国城市史论著分类要目》，范瑛译，《城市史研究》2005 年第 1 期；卢汉超《美国的中国城市史研究》，《清华大学学报》（哲学社会科学版）2008 年第 1 期。相关日文论著请参见〔日〕贵志俊彦《日本中国城市史研究与评析》，汪寿松译，《城市史研究》1998 年第 1 期；〔日〕水羽信男《日本的中国近代城市史研究》，《历史研究》2004 年第 6 期。

[②] Wang Yeh-Chien, "Secular Trends of Rice Price in the Yangzi Delta, 1638 – 1935," in Tomas G. Rawski, Lillian M. Li, eds., *Chinese History in Economic Perspective*, Berkeley: University of California Press, 1992, pp. 38 – 53；吴承明：《论清代前期我国国内市场》，见氏著《中国的现代化：市场与社会》，第 144 ~ 166 页；许檀：《明清时期城乡市场网络体系的形成及意义》，《中国社会科学》2000 年第 3 期；李伯重：《十九世纪初期中国全国市场：规模与空间结构》，《浙江学刊》2010 年第 4 期；Carol H. Shiue, Wolfgang Keller, "Markets in China and Europe on the Eve of the Industrial Revolution," *The American Economic Review*, Vol. 97, No. 4, 2007；颜色、刘丛：《18 世纪中国南北方市场整合程度的比较——利用清代粮价数据的研究》，《经济研究》2011 年第 12 期。

处，拥有西南地区最便利的航运条件。沿长江东下可沟通华中地区和江浙地区，沿嘉陵江北上可连接陕西、甘肃等西部地区，在本书所考察的历史时段内，它已经发展成为长江上游乃至西南地区最大的商品贸易中心。[①] 然而，目前对于清代重庆商业和市场的研究无论是数量还是研究成果的整体水平，都远不及对长江中游和下游地区的研究。这个区域市场是怎样组织的？它通过哪些商品、哪些运销渠道、哪些商人群体与外部市场取得联系？外部市场（尤其是长江沿线市场）的变化如何影响到这个市场的运行？这一系列问题都尚未得到清晰的解答。本书研究的重心虽然是市场运作而不是市场本身，但也希望通过特定视角的观察去检视既有的研究和思考未来可能的研究路径。

第二，在本书所涉及的历史时段内，商业是重庆经济和社会生活的主体。在这个城市中，最重要的经济职能是商品运销，最有影响力的社会组织是商人团体，[②] 地方官府的财政开支越来越依赖商人上缴的税款和厘金，[③] 绝大多数城市居民的生计都与商业直接或间接相关（如商品零售、货物搬运、船运、贸易中介、手工业、服务业等）。[④] 透过商业的视角，我们可以看到各色各样的人物粉墨登场，体会到他们之间的合作、冲突和竞争，整个城市的经济和社会变迁也在这个过程中展现出来。

第三，清代的重庆是一个商业职能和政治职能并重的城市。它是长江上游最大的商品贸易中心，也是川东道、重庆府、巴县三级行政机构的驻节地，同时还是长江上游至关重要的军事驻防地。[⑤] 在这样的城市之中，商业

---

① 王笛：《跨出封闭的世界——长江上游区域社会研究（1644～1911）》，中华书局，1993；林成西：《清代乾嘉之际四川商业重心的东移》，《清史研究》1994 年第 3 期；许檀：《清代乾隆至道光年间的重庆商业》，《清史研究》1998 年第 3 期。

② 具体地说是清代重庆的"八省客长"，目前这方面最系统的研究成果是梁勇《移民、国家与地方权势——以清代巴县为例》，中华书局，2014。

③ 史玉华：《清代州县财政与基层社会：以巴县为个案》，经济日报出版社，2008。

④ 许檀根据乾隆、嘉庆年间的数据，估算当时定远厢、金紫坊、灵璧坊居民中工商业人口比重高达 80%。参见许檀《清代乾隆至道光年间的重庆商业》，《清史研究》1998 年第 3 期。

⑤ 在乾隆《巴县志》中，对于重庆的军事战略地位有这样的描述："重庆虽居腹里，不近边塞，实为东川扼要之区，自古必争之地……盖地处三江之汇，五路之冲，货殖丛集，舟楫鳞比，兼以石城天险，四面崭巅，进可战而退可守……且南控夜郎，北联阆汉，东塞扞关，西拱成都，全蜀赖以乂安，而奸宄无所施其觊觎。"参见乾隆《巴县志》卷 5《兵制》，第 9 页 a、第 10 页 b。

是否与地方行政机构的日常运作和军事需求产生某种程度的关联？商人群体与政治权力之间会形成一种怎样的关系？与汉口、佛山等行政层级较低，政治、军事职能相对弱化的商业城市相比，清代重庆的商业是否经历了一个不同的发展轨迹？都是值得探讨的问题。

第四，作为一个新兴的移民城市，清代重庆的社会变迁有其特殊性。此前的研究认为，"湖广填四川"的移民浪潮最晚持续到嘉庆年间。① 然而，重庆的情况却并非如此。在嘉庆以后，仍有大量的工商业移民进入这个城市，包括商人、随客货船只到来的纤夫与水手，以及周边市镇、乡村甚至滇黔等地来重庆谋生的人。这就使得清代重庆的人口流动十分频繁，人口构成相当复杂，不同来源的移民必然会形成不同的社会组织，体现出不同的行为方式、价值观和文化背景。在商业运行的大背景中，他们各自面临着怎样的机遇和挑战？为了谋求共存，他们怎样相互协调？这些都是非常值得探讨的问题。另外，作为一个清代初年刚刚兴起的城市，它没有根深蒂固的地方势力，也缺乏众所公认的惯例和习俗，权力的生成、社会的重建和商业的发展几乎同时进行。所以权力如何介入市场？新型的市场如何参与塑造一个新生的区域社会？都是这个特殊的城市向历史研究者提出的问题。

第五，《巴县档案》为研究清代重庆的商业与社会提供了非常翔实的资料。② 《巴县档案》是一部保存相当完整的清代县级地方历史档案，共 11.3 万卷，从乾隆十七年（1752）延伸到宣统三年（1911），包括大量的政府文告、诉讼案卷、行帮规程、商业契约、民间会社资料等，折射出的信息涉及商业运作的方方面面。尤其是大量的诉讼案卷，约有 88% 为全宗资料，其中保留了原被告的姓名、籍贯、年龄、事件始末，许多案卷还有详细的口供、调解

---

① 梁勇：《清代四川移民史研究的回顾与前瞻》，《西华师范大学学报》（哲学社会科学版）2011 年第 4 期。

② 《巴县档案》的编研情况和学界评价请参见赖惠敏《清代巴县县署档案：乾隆朝（1736～1795）司法类》，《近代中国史研究通讯》（台北）第 28 期，1999 年 9 月；Yasuhiko Karasawa, Bradly W. Reed, and Mathew Sommer, "Qing County Archives in Sichuan: An Update from the Field," *Late Imperial China*, Vol. 26, No. 2, 2005；邱澎生《十八世纪巴县档案：一件商业诉讼中的证据与权力问题》，刘铮云主编《明清档案文书》，台湾政治大学人文中心，2012，第 421～491 页。

人的禀状、原被告的结状、地方官的判词等。从这些案卷中，研究者可以清楚地捕捉商业运作在不同时期的变化，以及具体事件和人际关系对于制度安排的微妙影响。另外，《巴县档案》还具有很强的连贯性，自乾隆十七年之后，每个时期都可以找到相当数量的案卷，尤以光绪朝最为丰富。有些案件持续数年之久；有时同一个人、同一个商铺会出现在不同时期、不同缘由的案卷中，年代较晚的案卷有时也会援引年代较早的案卷。这样一来，就为我们提供了许多珍贵的线索，由此谨慎地复原一个发展变动的过程。

总而言之，清代的重庆就好像是一个"城市实验室"，而《巴县档案》则是由这个实验室生成的大量翔实的"实验数据"。本书即借助这些"实验数据"，探讨其市场、社会发展的内在机制。这些机制或许是时代赋予的，或许是源于区域的个性，又或者时代的脉络和区域的经验根本不能截然两分。

二　清代重庆历史研究的回顾①

改革开放以后，系统的中国城市史研究开始起步，重庆是最早得到全面研究的城市之一。② 在此过程中，隗瀛涛先生和他的研究团队做了至关重要的开拓工作。③ 在以《近代重庆城市史》为代表的一系列论著中，研究者们将

①　因篇幅有限，本节将重点回顾清代重庆城市社会经济史研究的成果。对于清代重庆周边乡村的研究成果，除与本书论题关系特别密切的之外，将不做专门叙述。

②　1986 年，国家社会科学基金会将近代中国城市史研究列入了国家社会科学"七五"期间重点科研项目。国家社会科学基金会中国近代史学科组先后将上海、天津、重庆、武汉四个近代城市研究列为重点课题。到 1992 年，关于这四个城市的专著相继出版。

③　1987 年 6 月，重庆史研究项目得到国家社会科学基金会的资助。1990 年，隗瀛涛和他的研究团队先后完成了阶段性成果：周勇、刘景修译编《近代重庆经济与社会发展（1876～1949）》，四川大学出版社，1987；隗瀛涛主编《重庆城市研究》，四川大学出版社，1989；周勇主编《重庆：一个内陆城市的崛起》，重庆出版社，1989；王笛《清代重庆移民、移民社会与城市发展》，《城市史研究》第 1 辑，天津教育出版社，1989，第 58～79 页；谢放《关于近代中国城市史研究的几个问题》《近代重庆城市兴起的原因初探》，《城市史研究》第 3 辑，天津教育出版社，1990。最终成果：隗瀛涛主编《近代重庆城市史》，四川大学出版社，1991。而此前出版的《重庆开埠史》和此后出版的《近代长江上游城乡关系研究》《重庆通史》，从内容和研究方法上看也属同一系列的研究。出版信息为：隗瀛涛、周勇《重庆开埠史》，重庆出版社，1983；隗瀛涛主编《近代长江上游城乡关系研究》，天地出版社，2003；周勇主编《重庆通史》，重庆出版社，2002。

"重庆开埠"作为这个城市从"传统"向"近代"转变的分水岭，从庞杂的历史文献中勾勒出这个转变的过程，所展现的内容包括商业、交通、工业、金融、人口、城市生活、城市建设、行政管理、城市文化等诸多方面。

在此之后，王笛的著作《跨出封闭的世界——长江上游区域社会研究（1644～1911）》又为清代重庆社会经济史研究注入了新的灵感。由于王笛曾经担任隗瀛涛团队的主要研究人员，因此这部著作的问题意识、研究方法和谋篇布局与此前的系列论著有明显的相似之处。但这部著作更加注重对年鉴学派治史方法和西方社会科学理论的借鉴，尤其是计量方法、生态视角和"中时段"的叙事节奏，在当时的史学界非常抢眼。这部著作的结论也与此前的研究有所不同。在王笛的笔下，清代前中期的长江上游社会（包括重庆）并不是全然封闭自足的，"传统"向"近代"转变的历程从更早的时期就已经开始。尽管这种变化有时缓慢得连当时人都感觉不到，但它毕竟发生并且影响了许多人的物质生活和精神世界。

对于清代重庆区域经济和社会的专题研究大约集中在五个方面：市场发育、商业制度与商人团体、司法与诉讼、社会生活与基层权力分割、地方行政与财政，下面逐一进行评述。

（一）市场发育

清代重庆究竟孕育了一个怎样的市场？这是研究这一区域社会经济史的学者无法回避的问题。目前的研究一致认为，清代重庆市场经历了关键的转型。但是关于这种转型究竟肇始于何时，如何渐次展开，最终将这个市场带向何处，不同的研究者却持不同的观点。

隗瀛涛和他的研究团队认为，在1891年开埠以前，重庆虽是川东地区的商业都会和长江上游商品集散中心，但其市场主要是为盆地内贸易服务，仍是一个"封闭和半封闭的封建性城市"。开埠以后，重庆才真正成为开放的、向近代化迈进的长江上游商贸中心。[①] 龙登高、许檀和林成西认为，早

[①]　隗瀛涛主编《近代长江上游城乡关系研究》，第143～169页；隗瀛涛主编《近代重庆城市史》，第96～114页。

在乾嘉道时期，重庆就已经凭借与国内其他地区的转口贸易突破了内向型的经济发展模式，崛起为长江上游和西南地区最大的流通枢纽城市。① 而日本学者山本进则对上述两种观点都持保留意见。他认为，一方面，清代中国的确以原料、粮食和手工业制品的地区性分工为基础形成了全国性市场，像四川这样重要的区域市场不可能是"封闭"的；但另一方面，四川也并未毫无保留地迎合国内市场。为了避免区域经济的依附化，四川从 18 世纪后半期就开始尝试输入替代，形成了一个具有独立性的"区域经济圈"。而清代的重庆，正是酝酿和上演此种双向进程的历史舞台。②

就具体的贸易门类而言，桐油、粮食、山货、药材、鸦片、猪鬃都有专门的研究。③ 从这些研究中可以看到清代重庆作为长江上游商品集散地的职能，但是这类研究总体而言数量稀少、选题分散，大多数还止步于对文字史料的描述，尚不足以对清代重庆市场的发展程度进行准确的评估。

（二）商业制度与商人团体

得益于《巴县档案》的开放，清代重庆的商业制度和商人团体更加清

---

① 林成西：《清代乾嘉之际四川商业重心的东移》，《清史研究》1994 年第 3 期；龙登高：《中国历史上区域市场的形成及发展——长江上游区域的个案研究》，《思想战线》1997 年第 6 期；许檀：《清代乾隆至道光年间的重庆商业》，《清史研究》1998 年第 3 期。

② 〔日〕山本进：《关于"清代市场"理论的一个考察》《明清商品生产的研究轨迹》，见氏著《清代社会经济史》，李继锋等译，山东画报出版社，2012；山本進「清代四川の地域経済」『明清時代の商人と国家』研文出版、2002。

③ 田永秀：《桐油贸易与万县城市近代化》，《文史杂志》2001 年第 1 期；张丽蓉：《长江流域桐油贸易格局与市场整合——以四川为中心》，《中国社会经济史研究》2003 年第 2 期；梁勇：《近代四川桐油外销与市场整合》，《重庆三峡学院学报》2004 年第 1 期；唐春生、丁双胜：《清代重庆地区的桐油业》，《重庆师范大学学报》2013 年第 3 期；谢放：《清前期四川粮食产量及外运量的估计问题》，《四川大学学报》（哲学社会科学版）1999 年第 6 期；邓亦兵：《清代前期内陆粮食运输量及其变化趋势——关于清代粮食运输研究之二》，《中国经济史研究》1994 年第 3 期；周邦君：《晚清四川鸦片贸易及其相关问题研究》，《成都理工大学学报》（社会科学版）2007 年第 1 期；向春凤：《重庆开埠前后四川的鸦片贸易》，《宜宾学院学报》2011 年第 2 期；陈岗：《清末民国洋行对四川猪鬃业的开发与经营》，《四川文理学院学报》（社会科学版）2009 年第 3 期；张学君：《清代四川酒业的几个问题》，《社会科学研究》2000 年第 3 期；严奇岩：《论近代四川的山货及山货经济》，《西南师范大学学报》（人文社会科学版）2005 年第 6 期；陈镜颖：《四川药材贸易研究——以 1891 年至 1949 年为主的考察》，硕士学位论文，四川大学，2007；周琳：《重庆开埠前川东地区的商品市场》，《西南大学学报》（社会科学版）2009 年第 4 期。

晰地从尘封的案卷中显现出来。但是至少到目前为止，研究者们在同一问题上的立场和视角还大异其趣。为了叙述方便，笔者将这一领域的研究结论分为三类，曲解或不确之处，还望学界先进批评指正。

第一类，乐观型。认为在清代的重庆，商业制度和与商业运作有关的司法实践已经出现了重要的、有意义的演变，商人团体在处理自身事务方面有了更多的自主性。但不同研究者的切入点与结论不尽相同。

一些学者特别关注商人团体的构成与影响力。王笛发表于 1996 年的论文首先提出，清代重庆的"八省会馆"和商会与地方官府密切合作，造就了一个介于"官"与"私"之间的"公共领域"，深刻地介入了这个城市的工商行政与市政管理。① 陈亚平也基本同意官民合作维系商业秩序的观点，但一度更倾向于用"第三领域"② 来界定这种管理机制，③ 在之后出版的专著中，又淡化"第三领域"的概念，代之以"国家与基层社会之间的多重复合联系""国家主导、民间治理"等描述性结论。④

另一些学者则更加关注商业制度及变动过程。如林秀静认为，乾隆至道光时期的重庆牙行已经能够灵活地因应重庆独特的商业、社会和司法环境，发展出适合买卖的市场秩序。⑤ 邱澎生对于乾隆至道光时期重庆船运纠纷的

---

① 王笛：《晚清长江上游地区公共领域的发展》，《历史研究》1996 年第 1 期。
② 在 1997 年于洛杉矶召开的"中国近现代史研究中的理论适用"研讨会中，黄宗智（Philip C. C. Huang）系统地阐述了"第三领域"的概念，详见黄宗智《中国的"公共领域"与"市民社会"？——国家与社会间的第三领域》，黄宗智主编《中国研究的范式问题讨论》，社会科学文献出版社，2003，第 260~285 页。黄宗智认为，"第三领域"是"公共领域"的一种特殊形态，是介于"国家"与"社会"之间，并在二者的交接、互动中形成与变迁的关键地带。王笛在描述晚清长江上游"公共领域"时，也特别强调士绅与国家之间的合作与冲突，是这一机制形成和扩张的基础。所以，王笛与黄宗智的观点实际上非常接近。
③ 在较早的研究成果中，陈亚平也将这种官民互动的机制称为"公共领域"。参见陈亚平《咸同时期的巴县"绅商"——以清代巴县档案为中心的考察》，章开沅、严昌洪主编《近代史学刊》第 4 辑，华中师范大学出版社，2007，第 1~11 页。后来则代之以"第三领域"。参见陈亚平《18~19 世纪的市场争夺：行帮、社会与国家——以巴县档案为中心的考察》，《清史研究》2007 年第 1 期；陈亚平《清代巴县的乡保、客长与"第三领域"——基于巴县档案史料的考察》，中南财经政法大学法律文化研究院编《中西法律传统》第 7 卷，北京大学出版社，2009，第 168~203 页；陈亚平《清代商人组织的概念分析——以 18~19 世纪重庆为例》，《清史研究》2009 年第 1 期。
④ 陈亚平：《寻求规则与秩序：18~19 世纪重庆商人组织的研究》，科学出版社，2014，第 280 页。
⑤ 林秀静：《清代中期重庆牙行组织的结构与演变》，硕士学位论文，台湾暨南国际大学，2005。

研究，也揭示出当时重庆船运业的整饬既不拘泥于粗疏划一的"国法"，也不完全依赖自生自发的"帮规"，而是依据不同的情况在二者之间灵活地选择，促使其相互调适或巧妙地糅合在一起。① 戴史翠（Maura Dykstra）基本认同邱澎生对于清代重庆商业制度的判断，但她的研究更加凸显此制度环境中人的选择。她剖析了商业纠纷处理过程中"协议"的生成过程，展现了人们追求"利益平衡"的共谋，并刻画了地方官府在商业讼案中自我约束、谨小慎微的一面。②

第二类，谨慎乐观型。认为清代重庆的商业制度环境确有明显改善，但是体制性的障碍仍然潜伏于其中。这方面的代表性作品是张渝的《清代中期重庆的商业规则与秩序：以巴县档案为中心的研究》一书。③ 作者在书中一方面揭示了乾隆至道光时期重庆地方官府构建商业秩序的努力、由商人自觉发起的行业自治，以及县级官府对于商业纠纷的灵活处置。另一方面明确地指出：在清代的地方行政体制之下，官府不可能持久不懈地维护商业秩序；在地方官府的强势介入之下，商人团体也没有足够的影响力来独立推动商业活动；在当时的法律体系之中，商业惯例、行规等并不能构成自足的民间习惯法。

第三类，悲观型。认为清代重庆的商业和商人久已被视为地方财源，故在得到官府扶植的同时，注定无法抵御日益贪婪的权力寻租。最早提出此论点的是台湾学者刘铮云。他在发表于2003年的论文中描述了乾隆至道光时期重庆牙帖承顶过程中的诸多乱象，并指出：地方官府之所以坐视甚至助长这些违规现象，乃是因为在雍正税制改革后必须以牙行的差务弥

---

① 邱澎生：《国法与帮规：清代前期重庆城的船运纠纷解决机制》，邱澎生、陈熙远编《明清法律运作中的权力与文化》，台北：中研院、联经出版事业股份有限公司，2009，第275~344页。

② 戴史翠：《帝国、知县、商人以及联系彼此的纽带：清代重庆的商业诉讼》，王希主编《中国和世界历史中的重庆——重庆史研究论文选编》，重庆大学出版社，2013，第166~180页；Maura Dykstra, "Beyond the Shadow of the Law: Firm Insovency, State Building, and the New Policy Bankruptcy Reform in Late Qing Chongqing," *Frontiers of History in China*, Vol. 8, No. 3, 2013。

③ 张渝：《清代中期重庆的商业规则与秩序：以巴县档案为中心的研究》，中国政法大学出版社，2010。

补萎缩的财源。① 范金民则进一步指出，在当时的重庆，承应差务的不仅是牙行，还包括几乎所有的工商铺户，而工商业者甘愿应付此种繁重的需索，是因为地方官府以承差为条件赋予他们垄断经营的权利。②

（三）　司法与诉讼

《巴县档案》中的数万份诉讼案卷，③ 使学者们犹如置身于清代重庆的诉讼和司法现场，展开全方位、细致入微的观察。

最早通过《巴县档案》研究法律秩序的是美国学者曾小萍（Madeleine Zelin）。她在发表于 1986 年的论文中以 120 件租佃纠纷案卷为素材，勾勒了乾隆至同治时期重庆的土地租佃制度。④ 在这篇文章中，读者可以感受到一个变动不居、错综复杂的土地租佃市场，各种规则日益细密、成熟，既包含理性的、商业化的运作，也存在显而易见的剥削与不平等。此外，作者还自始至终将土地租佃制度的各种细节放在清代重庆经济、社会变迁进程中理解，并提醒人们关注同一制度在不同历史时空中的不同面貌。在中国学界尚未摆脱意识形态话语，区域史研究尚在起步阶段的 20 世纪 80 年代，这样的研究取向无疑是极具前瞻性的。时隔三十年，凌鹏关于同治时期巴县土地租佃纠纷的研究，发现"主客关系"是同治时期巴县民众理解租佃关系的基本概念，这种认知模式源于清代巴县人口高度流动的社会现实。⑤ 凌鹏对于清代巴县"减租"的研究，揭示了"照

①　刘铮云：《官给私帖与牙行应差——关于清代牙行的几点观察》，《故宫学术季刊》（台北）第 21 卷第 2 期，2003 年。

②　范金民：《把持与应差：从巴县诉讼档案看清代重庆的商贸行为》，《历史研究》2009 年第 3 期。在范金民之前，刘君已经对清代巴县工商业者差役做了简要的梳理，但没有解释此种现象与地方财政、商业秩序之间的关系。参见刘君《清前期巴县城市工商业者差役初探》，《历史档案》1991 年第 2 期。

③　关于《巴县档案》中各朝案卷数量，请参见吴佩林《清代县域民事纠纷与法律秩序考察》，中华书局，2013，第 6～7 页。

④　Madeleine Zelin，"The Right of Tenants in Mid-Qing Sichuan：A Study of Land-related Lawsuits in the Baxian Archives，" *The Journal of Asian Studies*，Vol. 45，No. 3，1986，pp. 499－526.

⑤　凌鹏：《清代巴县农村的租佃实态——"抗租"、"骗租"与"主客关系"》，中国政法大学法律古籍整理研究所编《中国古代法律文献研究》第 10 辑，社会科学文献出版社，2016，第 367～394 页。

市纳租”的制度内涵。① 这两篇文章都提醒研究者要跳出对传统租佃关系绝对化的理解，在区域社会的脉络中寻找能统摄不同解释路径的概念或现象。

在曾小萍之后，美籍华裔学者黄宗智的研究令《巴县档案》的史料价值进一步为学界所知。他在 1996 年和 2001 年出版的两部著作中使用了 1760年至 1850 年的 308 件民事诉讼案卷，挑战了马克斯·韦伯（Max Weber）的“卡迪审判”说，提出中国清代民事法律拥有一种“实体理性”，即在道德和意识形态化的表达之下，用现实主义的、程序化的方式维护民众的合法权利。这种表达与实践之间既背离又抱合的状态，构成了清代民事法律的精髓。② 这一理论问世后，引发了法制史学界旷日持久的讨论。③ 但从社会经济史的角度来看，黄氏将乾嘉道时期的重庆视为一个“简单小农社会”，对于卷帙浩繁的商业讼案甚少关注和提及，一定程度上误读了当时重庆经济社会的真实面貌。

与黄宗智相反，范金民等在《明清商事纠纷与商业诉讼》一书中使用了大量乾嘉道时期巴县商业诉讼档案。④ 该书是笔者目前所见第一部系统研究明清商业纠纷与诉讼的著作。该书的资料充实，对案例的剖析非常细腻，结论也平实、稳健。王志强对于同治初年巴县钱债纠纷案件的研究，从诉讼程序的角度探讨中国传统的民事司法，提出行政与司法合一的官僚家长型体制，导致了大包大揽式的司法实践，使官府和司法官员不堪重负，必须尽可

---

① 凌鹏：《习俗、法规与社会——对清代巴县地区“减租”习俗的法律社会史研究》，《四川大学学报》（哲学社会科学版）2020 年第 1 期。

② Philip C. C. Huang, *Civil Justice in China: Representation and Practice in the Qing*, Stanford: Stanford University Press, 1996；中文版修订版为黄宗智《清代的法律、社会与文化：民法的表达与实践》，上海书店出版社，2007。Philip C. C. Huang, *Code, Custom, and Legal Practice in China*, Stanford: Stanford University Press, 2001；中文版为黄宗智《法典、习俗与司法实践：清代与民国的比较》，上海书店出版社，2007。

③ 从法制史角度对于黄氏著作的讨论，请参见寺田浩明《清代民事审判：性质及意义——日美两国学者之间的争论》，王亚新译，强世功、李光昱、孔庆平主编《北大法律评论》第 1卷第 2 辑，法律出版社，1999，第 603～617 页；林端《中国传统法律文化：“卡迪审判”或“第三领域”？——韦伯与黄宗智的比较》，中南财经政法大学法律文化研究院编《中西法律传统》第 6 卷，北京大学出版社，2008，第 425～453 页。

④ 范金民等：《明清商事纠纷与商业诉讼》，南京大学出版社，2007。

能减少受理案件，节约诉讼成本。①

　　清代重庆乃是一个充斥着暴力与争斗的城市，② 所以《巴县档案》也为研究清代地方刑事司法制度提供了不可多得的素材。廖斌与蒋铁初即透过相当数量的案卷，对清代四川地区的刑事司法制度进行了研究，得出了清代地方刑事司法制度与中央刑事司法制度共性多、个性少，清代中后期刑事司法的实践与立法渐趋背离的结论。③

　　在各类刑案中，与妇女有关的案件相当吸引学者的眼球。李清瑞关注到乾隆时期重庆猖獗的拐卖妇人案件，通过对 119 个案例的分析，展现了移民社会中动荡、脆弱的人际关系，涉案妇女危险而受限制的生活处境，以及国家立法与州县司法之间的落差。④ 苏成捷（Matthew H. Sommer）通过对乾隆至光绪年间重庆卖妻案件的研究，也发现州县长官对卖妻案件的裁定往往是实用主义的弹性手法，与大清律例的规定相差甚远。⑤ 但苏成捷也特别强调，这种现象的成因乃是清代司法体系的功能不足与管控乏力。⑥

　　除此之外，贾维斯（Quinn Doyle Javers）利用 350 个命案卷宗，剖析了

---

① 王志强：《非讼、好讼与国家司法模式——比较法视野下的清代巴县钱债案件》，吴佩林、蔡东洲主编《地方档案与文献研究》第 1 辑，社会科学文献出版社，2014。
② 滋贺秀三和夫马进在阅读《巴县档案》后，有一个共同的体会，即清代的重庆社会非常粗野，尤其是在同治以后，暴力行为在诉讼案卷中特别引人注目。参见〔日〕夫马进《中国诉讼社会史概论》，范愉译，中国政法大学法律古籍整理研究所编《中国古代法律文献研究》第 6 辑，社会科学文献出版社，2012，第 1 ~ 74 页。
③ 廖斌、蒋铁初：《清代四川地区刑事司法制度研究——以巴县司法档案为例》，中国政法大学出版社，2011。但令笔者感到疑惑的是，清代巴县的刑事司法实践是否足以反映当时地方刑事司法制度的一般情况。与主体章节条分缕析的论述相比较，本书的结论还显得单薄，有待拿捏更准确的分寸。
④ 李清瑞：《乾隆年间四川拐卖妇人案件的社会分析：以巴县档案为中心的研究（1752 ~ 1795）》，山西教育出版社，2011。
⑤ 苏成捷：《清代县衙的卖妻案件审判：以 272 件巴县、南部、宝坻县案子为例证》，林文凯译，邱澎生、陈熙远编《明清法律运作中的权力与文化》，第 345 ~ 396 页。早在 2000 年，苏成捷就利用《巴县档案》研究清代的性犯罪问题。参见 Matthew H. Sommer, *Sex*, *Law*, *and Society in Late Imperial China*, Stanford：Stanford University Press，2000。
⑥ 这一观点主要是针对此前学者对于清代司法审判制度的两种结论，即黄宗智的"依法审判说"和岸本美绪的"权衡说"。黄宗智的相关研究参见上文注释；岸本美绪的相关研究参见〔日〕岸本美绪《妻可卖否？明清时代的卖妻、典卖习俗》，李季桦译，陈秋坤主编《契约文书与社会生活》，中研院台湾史所筹备处，2001，第 225 ~ 264 页。

充斥于 19 世纪末重庆社会的多种暴力犯罪。① 除了对审判原则和诉讼技巧的观察，作者还利用一些看起来琐碎的诉讼细节勾勒这个过往社会的样貌。如利用当事人上呈的地图复原县级政府的权力空间，利用状纸中的谎言理解国家与社会之间的交流，利用证物单推测当事人的生活状况和社会角色等。虽然一些论证还有斟酌的空间，但其不拘一格的思维和生动的笔触却令读者难忘。与此相似的还有王大纲对乾隆朝中后期 550 件窃盗案的研究，除了揭示出乾隆朝中后期重庆经济走势与窃案形态之间的关联，也倾向于将县级官府对窃案弹性宽容的处理方式归因于法制建设的滞后和官方干预能力的局限。②

以上是针对司法或诉讼方面具体问题的研究，从宏观上探讨清代重庆司法和诉讼的作品目前还很少。吴吉远曾利用乾嘉道时期的部分《巴县档案》案例研究清代地方政府的司法职能。③ 但这项研究重在勾勒清代州县司法的一般情况，未特别关注巴县的特殊做法及其背后的运作逻辑。直至 2011 年，日本学者夫马进的研究才使人们得窥清代重庆"诉讼社会"的概貌。④ 在这篇论文中，夫马进和他的同事统计了现存《巴县档案》中各年的诉讼案卷数量，并对同治年间的诉讼案卷进行了更为精细的分类整理，展现出席卷巴县及其周边乡村的"诉讼战"，以及诱使人们"缠讼""渎讼"的法律和社会架构。夫马进还着力刻画了一位名叫何辉山的"健讼棍徒"，微观地展现了同治时期巴县民众对诉讼的态度，以及国家权力和地方社会对于司法权的争夺。⑤ 而伍跃对同治年间另一桩讼案的研究，则揭示出巴县衙门刻意制造

① Quinn Javers, *Conflict, Community, and the State in Late Imperial Sichuan: Making Local Justice*, New York: Routledge, 2019.
② 王大纲：《从窃案来看清代四川重庆的社会变迁（1757～1795）》，硕士学位论文，台湾暨南国际大学，2012。
③ 吴吉远：《清代地方政府的司法职能研究》，中国社会科学出版社，1998。
④ 夫馬進「中国訴社会史概論」夫馬進編『中国訴訟社会史の研究』京都大学学術出版会、2011。中文译本为〔日〕夫马进《中国诉讼社会史概论》，范愉译，《中国古代法律文献研究》第 6 辑，第 1～74 页。
⑤ 〔日〕夫马进：《清末巴县"健讼棍徒"何辉山与裁判式调解"凭团理剖"》，瞿艳丹译，《中国古代法律文献研究》第 10 辑，第 395～420 页。

诉讼，勒索涉案民众的秘密，① 也从特定的角度印证了夫马进提出的"诉讼社会论"。

（四）社会生活与基层权力分割

清代的重庆一直被视为一个"移民社会"。从 20 世纪 40 年代起，学者们就开始关注在大规模人口迁徙过程中，这个社会所形成的种种特质。这些研究成果大部分收录在梁勇关于清代四川移民史的综述性论文之中。② 在这篇论文中，作者将过去七十年的研究成果概括为两种取向——人口史方法下的移民史研究和区域史方法下的移民史研究，认为未来的研究还应更多地考虑"移民社会"自身的多样性。

从既有的研究成果和已发掘的史料来看，即使同在清代川省境内，平原地区和山区、丘陵区，水陆交通枢纽地带和腹地地带，城市和乡村，工商业城市和军事驻防、行政治所城市，在移民规模、移民构成、移民迁徙模式、移民潮起止时间、移民社会组建和治理等诸多方面都存在明显的差异。清代重庆作为集行政治所、军事要塞、水陆交通枢纽、商品集散市场于一体的城市，其移民社会自有不同于全川各地的独特面貌。然而到目前为止，以清代重庆城为重点的移民社会研究大致仅有如下几项。

1943 年，窦季良的著作《同乡组织之研究》出版。③ 该书用西方社会学的理论和概念，诠释清代至民国时期重庆会馆、公所、同乡会、八省客长等移民团体的兴衰历程，是目前笔者所见关于清代重庆移民社会最早的研究著作。但是因为作者事实上是将重庆同乡组织视为一种"标本"，所以更加注重用重庆同乡组织的具体表现来说明中国同乡组织的一

---

① 伍跃：《必也使有讼乎——巴县档案所见清末四川州县司法环境的一个侧面》，中国政法大学法律古籍整理研究所编《中国古代法律文献研究》第 7 辑，社会科学文献出版社，2013，第 380 ~ 410 页。

② 梁勇：《清代四川移民史研究的回顾与前瞻》，《西华师范大学学报》（哲学社会科学版）2011 年第 4 期。

③ 窦季良：《同乡组织之研究》，正中书局，1943。

般情况,① 并未刻意对重庆社会进行深入的刻画。

在此之后,许多研究论著都注意到移民对清代重庆社会的诸般影响。但直到近些年,这个移民社会的鲜明个性才逐渐显现出来。在此方面用力甚勤的学者是梁勇。在《移民、国家与地方权势——以清代巴县为例》一书中,他描绘了一个作为权力舞台的清代巴县社会,一批基层管理人员,如保长、客长、团正、学董,先后占据这个舞台的中心位置,这种多轨的、流动的、博弈式的权力构成,正是源自巴县商业口岸和移民社会的特殊历史情境。

行文至此,必须提及的是日本学者山田贤对清代云阳、合州移民社会的研究。② 虽然其论题不在本书设定的范围之内,但对于理解清代四川移民社会大有裨益。其研究的独辟蹊径之处在于:(1)以往的清代四川移民社会研究更加关注城市中的地缘组织(如会馆)或业缘组织(如行会),其研究却将乡村中的宗族、宗教组织(如白莲教、红灯教)置于讨论的中心,揭开了清代四川移民社会重要却至今较少被触及的一面;(2)不仅探讨移民社会的整合,也探讨这个社会的分裂,在"向心力"与"离心力"的交替之中,展现地域社会张力十足的变动轨迹;(3)不仅对各种社会组织进行结构功能分析,还从文化、宗教和心理层面再现移民的精神世界,使全书既生动,又充满人性关怀。

迄今为止,大多数研究者将清代重庆移民视为"湖广填四川"移民潮的一部分,而美国学者苏粹博(Judith Wyman)的研究视角却截然不同。③ 她指出,在"湖广填四川"终止之后,奔赴重庆的移民不仅未减少,反而日渐增加;在新到来的移民中,不但包括普通的汉族民众,还包括秘密社会成员、匪徒、游方术士、西方传教士、外国殖民者等,这令当时重庆的种族、宗教和文化

---

① 在该书"自序"中,作者写道:"在资料的选择上是以重庆市内的各省府县同乡组织的资料为主,而以其他各地的资料为补充。一方面是因重庆市的资料可以亲手整理,比较可靠,一方面也表示着资料的贫乏。将来倘能继续得到各地的多量资料,则以发见的例外,容或多有,修正补充,容俟异日。"

② 山田賢『移住民の秩序:清代四川地域社会史研究』名古屋大学出版会、1995;中文译本为〔日〕山田贤《移民的秩序——清代四川地域社会史研究》,曲建文译,中央编译出版社,2011。

③ Judith Wyman, "The Ambiguities of Chinese Antiforeignism: Chongqing, 1870 - 1900," *Late Imperial China*, Vol. 18, No. 2, 1998, pp. 86 - 122.

构成相当复杂；频繁的人口流动并没有让重庆成为一个来者不拒的城市，反而促使人们清晰地划出"本地人"（insider）与"外来者"（outsider）的界限。而 19 世纪中期日益严重的经济和社会问题，使得"本地人"与"外来者"的矛盾愈加凸显，最终以"排外""反洋"的形式爆发出来。

除了移民之外，清代重庆的其他社会群体也进入了研究者的视野。吕实强发表于 1972 年的《重庆教案》一文，深入剖析了绅士在两次打教事件中的行为与策略，并论及绅士、民众、官府之间的微妙关系。① 梁勇对清代重庆的绅粮、团正、学董、僧团、庙首、会首等地方势力进行了相当细致的研究，呈现出复杂多元的清代重庆城乡社会及其中暗流汹涌的权力渗透和转移过程。② 而白德瑞（Bradly W. Reed）对清代重庆"三费局"的研究则加入了对"公共领域"的探讨。他认为"三费局"并不代表一个正在形成中的"公共领域"，而是在士绅与地方官府之间的一个缓冲地带，它具有争取地方利益的诉求，但也成为一种非正式的行政机制，正是这一点使它难以发展成为一种士绅自治。③

（五）地方行政与财政

迄今为止，这方面的研究数量不多。但是基于《巴县档案》所提供的基层权力运作细部信息，已形成了颇为可观的研究方法和研究结论。

凌鹏以咸丰时期的木洞镇为例，探讨了地方治理的多重结构，讼述巡检司、团约、士绅、知县在地方治理中的不同作用，总结出"基于地方的教化治理模式"。④

---

① 吕实强：《重庆教案》，《中央研究院近代史研究所集刊》第 3 期下册，1972 年。
② 梁勇：《清末"庙产兴学"与乡村权势的转移——以巴县为中心》，《社会学研究》2008 年第 1 期；梁勇、周兴艳：《晚清公局与地方权力结构——以重庆为例》，《社会科学研究》2010 年第 6 期；梁勇：《团正与乡村社会的权力结构——以清代中期的巴县为例》，《中国农史》2011 年第 2 期；梁勇：《从〈巴县档案〉看清末"庙产兴学"与佛教团体的反应》，《宗教学研究》2011 年第 4 期。
③ Bradly W. Reed, "Gentry Activism in Nineteenth – Century Sichuan: The Three – Fees Bureau," *Late Imperial China*, Vol. 20, No. 2, 1999, pp. 119 – 123.
④ 凌鹏：《中国传统地方治理的复杂结构——以清代咸丰朝巴县档案为例》，《社会治理》2019 年第 2 期。

早在 1989 年，李荣忠就依据《巴县档案》梳理了清代巴县衙门的书吏和差役制度，尤其强调这一群体的冗滥与贪蠹。① 此后，白德瑞又从另一个角度描绘了巴县书吏与差役的世界。② 他承认这一群体中的很多人不具有合法的身份，而且普遍深陷于贪污滥权的行为模式。但是他更倾向于将这些行为视为体制的产物。在法律和儒家信条难以覆盖的领域，必须依赖这种"法外模式"（extra-statutory patterns）去解决一些现实的问题；而贪蠹的行为除了折射一个群体的道德败坏，更可以理解为一种现实主义的生存策略。除此之外作者还强调，这一群体在弄权寻租的同时，也在践行职业化、规范化的行为方式，努力使本群体"合法化"。而他们处理衙门日常事务的技巧，甚至某些寻租舞弊的行为，都是地方官府正常运作不可或缺的倚仗。另外，苟德仪对驻节在重庆的川东道进行了细致的研究，展现了川东道台在地方行政监督、司法、税收、文教、社会事务、对外事务等方面的角色，③ 并提醒研究者应重视对帝国行政层级中承上启下的中层官员的研究。

孙明对清末巴县局绅群体进行了考察，指出巴县利用"局绅"这个介于"官"和"绅"之间的群体，弥缝了乡场与城市、官与民、民众与县衙的关系，提出应该对"绅权""地方精英支配""自治"等概念进行重新思考。④

在地方财政方面，现有的研究结论存在很大的分歧。虽然研究者们都意识到太平天国战争引发了中央与地方财政关系的重整，但是对这个新格局的理解却各不相同。史玉华认为，咸同以后巴县地方政府虽然获得了一定的财权，却并没有形成独立的、制度化的地方财政，但是在州县府库中的确存在相当数量的财物，如家产一般供知县支配。⑤ 梁勇对巴县仓政的研究则认

---

① 李荣忠：《清代巴县衙门书吏与差役》，《历史档案》1989 年第 1 期。
② Bradly W. Reed, "Money and Justice: Clerks, Runners, and the Magistrate's Court in Late Imperial Sichuan," *Modern China*, Vol. 21, No. 3, 1995, pp. 345 – 382; Bradly W. Reed, *Talons and Teeth: County Clerks and Runners in the Qing Dynasty*, Stanford: Stanford University Press, 2000.
③ 苟德仪：《川东道台与地方政治》，中华书局，2011。
④ 孙明：《局绅的生涯与人生意态——以清末四川团练局绅为重点》，《北京大学学报》（哲学社会科学版）2018 年第 1 期。
⑤ 史玉华：《清代州县财政与基层社会——以巴县为例》，博士学位论文，上海师范大学，2005。

为，在赋税不断加征的过程中，州县财政得到了强化。① 山本进的研究则指出，由于督抚是这一轮财政改革的主导，加之四川经济已经出现了"自立化"的倾向，故真正得到加强的是省级财政。② 而何汉威的研究则认为，中央财权和各省财权并不是此消彼长的关系；晚清川省当局为中央财政做出了巨大的贡献，并没有明显的专擅迹象；但即便如此，中央政府也已很难对地方实施有效的监管。③

循着这一思路，一些研究者进而从财政改革这一角度来探讨清末新政时期国家建设的成败得失。白莎（Elisabeth Kaske）对晚清四川财政的研究，利用了部分《巴县档案》案卷，其结论是：1898 年以后的川省新政摧毁了国家与四川乡村精英之间的互惠关系，而铁路租股又使人数众多的四川民众成为铁路股东。所以当中央政府最终实行"铁路国有"政策时，整个四川的精英阶层失去了对国家的信任，直接引发了保路运动。④ 赖骏楠借助《巴县档案》，对清末四川经征局的研究指出，清末四川的财政统一问题，不仅是一个在"省"与"县"之间搭建桥梁的问题，还是一个"官"与"绅"之间权力重组的问题。清末四川经征局所折射的，其实是君主立宪政体被"强社会"俘获，导致国家建设遭遇结构性的阻力。⑤

（六）目前清代重庆史研究的几个问题

通过国内外研究者近三十年的努力，清代重庆的形象越来越清晰、

---

① 梁勇：《清代州县财政与仓政关系之演变——以四川为例》，《中国社会经济史研究》2008 年第 4 期。

② 山本進「清代後期四川における地方財政の形成」『明清時代の商人と国家』。

③ 何汉威：《晚清四川财政状况的转变》，《新亚学报》（香港）第 14 卷，1984 年；何汉威：《清末赋税基准的扩大及其局限——以杂税中的烟酒税和契税为例》，《中央研究院近代史研究所集刊》第 17 期下册，1988 年；何汉威：《清季中央与各省财政关系的反思》，《中央研究院历史语言研究所集刊》第 72 本第 3 分，2002 年。上述研究虽未专门讨论重庆的情况，但对于厘清重庆地方财政的脉络有重要的参考价值。

④ Elisabeth Kaske, "Taxation, Trust, and Government Debt: State-Elite Relations in Sichuan, 1850–1911," *Modern China*, Vol. 45, No. 3, 2019.

⑤ 赖骏楠：《清末四川财政的"集权"与"分权"之争：以经征局设立及其争议为切入点》，《学术月刊》2019 年第 8 期。

丰满。但重庆作为受学界关注较早且有丰富文献资源的城市，重庆史的研究无论是在内容上还是在方法论上都有继续延伸的空间。笔者将自己体会到的目前研究存在的问题总结如下，或可供学界同人在未来的研究中参酌。

第一，研究选题不平衡。

在上文述及的五个研究领域中，"司法与诉讼"无疑是最热门的一个。其研究方法更加成熟，研究课题更加多样，研究团队也更加国际化。这当然是因为《巴县档案》中保留了大量的诉讼案卷，法制史研究者更容易意识到这批文献的史料价值。但是问题在于，这些诉讼发生在清代重庆的历史时空之中，若没有对这个城市政治、经济、社会的深刻理解，很难精准地解读这些案卷。而法制史研究者大多出身于法学专业，使用《巴县档案》是为了解答一些法制史领域的宏观问题，并非深入剖析这个特定的地域。

因此，许多研究论著对于区域背景的铺陈流于千篇一律的套话。而研究者对这一地域的不实印象，更可能影响他对案卷的选取，最终影响整个研究的方向和结论。在对区域社会缺少深入了解的情况下，也很难确定哪些现象是这个区域特有的，哪些现象是具有普遍性的。因此，未来的清代重庆史研究必须在经济、政治和社会层面有所突破。而试图利用《巴县档案》探讨宏大历史问题的学者，也至少要从区域研究中了解该区域的个性和内在变迁脉络。这样一来，各个不同领域的研究才有可能互相激发、相得益彰。

第二，《巴县档案》研究"各自为政"。

目前，国内外学界致力于《巴县档案》研究的学者越来越多。然而仔细阅读现有的研究成果会发现，绝大部分的研究是在"各自为政"的状态下完成的。一个研究通常使用数十或数百个案卷，而这些案卷大多是研究者随机抄录或选取的。研究相同问题的学者，可能使用的是基本上没有重合的案卷。不同的研究论著连案卷号的标注方式都无法统一。目前，除了前文提及的夫马进的论文之外，还没有任何一项研究是基于对整套档案相关案卷的全面统计和分析。当然，这是因为《巴县档案》的篇幅太大，任何一个研究者都很难穷尽所有资料。对于只能短期调研的国外学者而言，要完整地搜集相关案卷更是难上加难。这势必会造成研究者自说自话、盲人摸象的情况。

要改变这种现状，只能通过研究者自觉的整合。比如加强学术交流，就典型的案卷展开研讨，通过网络和数据库实现资源共享等，务必使大家能够互相理解、互相启发。除此之外，计量方法的使用也非常必要。目前，计量方法已经被越来越多地运用到历史研究中。在处理司法、人口、教育等篇幅浩大的档案资料时，计量方法也体现出独特的优势。① 因此，今后的《巴县档案》研究完全可以尝试引入计量方法。虽然使用计量方法不可避免会损失一部分案卷的细节，但可以使研究者更清楚地把握长期的变化趋势，提炼分寸适宜的研究结论。若擅长计量研究的学者与擅长微观案例分析的学者能够协同合作，《巴县档案》研究必将提升至一个新的阶段。

第三，语言障碍尚有待突破。

目前，中文、英文和日文学界都参与到清代重庆的研究之中。研究团队的国际化自然有助于生成多元化的研究视角和研究方法，但目前研究者们还未能很好地突破语言障碍，充分了解和借鉴其他语言的研究成果。这一点从大多数研究成果的参考文献中就可见一斑。根据笔者的经验，许多非常有分量的英文或日文研究论著，在被翻译为中文之前，其具体的研究方法和研究结论并不为国内大部分研究者所熟悉。因此，未来的研究需要研究者们更加熟练地掌握语言工具并积极地参与学术成果的译介。

三　对于概念的解说

本节将解释"重庆"和"传统商业制度"两个基本概念，并阐述选择

---

① 孙圣民：《历史计量学五十年——经济学和史学范式的冲突、融合与发展》，《中国社会科学》2009 年第 4 期。

乾隆至宣统时期作为本书时间断限的原因，以对本书的时空断限和研究对象进行尽可能清晰的界定。

（一）"重庆"的称谓演变及其商业空间的拓展

本书虽然将研究的空间范围划定为"重庆"，但这只是为了叙述的前后一致和便于读者理解而选取的一个相对来说争议比较小的空间概念。实际上，在清人所撰写的方志、诗赋、时文和档案中，出现更频繁的是"巴县""巴渝""渝城""渝"，而很少使用"重庆"这个称谓。但是"重庆"作为地名又确实由来已久，到今天已经成为这个城市的正式名称。所以在此处就有必要简要地交代"重庆"的由来和因革，以及本书对于这个空间概念的定义。

民国《巴县志》中对于该地的名称演变有这样一段概括：

> 吾县自见载籍以来名凡三易，在刘宋以前曰江州，齐梁西魏曰垫江，由宇文周至于今曰巴县。以处形胜之地故，恒为州郡治，自秦至宇文周为巴郡，隋为渝州，复为巴郡，唐为渝州、为南平郡，宋为渝州、为恭州、为重庆府，元为重庆路，明清复为重庆府，州郡之长司柄于此。[1]

由此可见，由于地理位置至关重要，在相当长的历史时期内，该地一直有两个正式称谓并行使用，这两个称谓分别对应不同层级的行政治所。在本书所研究的清代乾隆至宣统时期，并行的两个正式称谓是"巴县"和"重庆"，前者对应县级行政治所，后者对应府级行政治所。至于为什么在清代的大部分时间里，人们在书面文体中更习惯于使用"巴县"，甚至并非正式称谓的"渝"，而不是"重庆"，可能涉及地方行政、城市发展、人们的日常习惯等诸多问题，笔者在此处难以一一阐明。但可以肯定的是，虽然"重庆"一词在清代前中期的历史文献中出现较少，但与这

---

[1]   民国《巴县志》卷 1《疆域上·沿革》，民国 28 年刻本，第 1 页 b。

个地区绝非毫无关联。

从 19 世纪 90 年代（大约是光绪朝中期）开始，"重庆"这个称谓使用得越来越频繁。尤其是 1927 年建市之后，"重庆"逐渐成为这个城市唯一的正式称谓，而"巴县"无论是从行政区划还是人们的日常用语中，都渐渐萎缩直至完全消失。[①] 民国以后的沿革与本书的论题关系不大，故在此从略。清末"重庆"一词使用渐多，大约与外国经济势力的进入有关，因为在笔者目前阅读到的与重庆开埠相关的条约和文件中，都是使用"重庆"一词，而 1891 年成立的海关也被命名为"重庆海关"。[②] 也正是从这一时期开始，"重庆"一词越来越多地出现于海关报告、官府文书、文人笔记、地方史志之中。所以其实是到了这一时期，所谓的"重庆"才真正地名至实归。

除了称谓的变化之外，在本书考察的历史时段内，重庆城的商业空间也发生了明显的拓展。[③] 具体的变动情况，请参见图 0 - 1。

在相当于今天重庆市的地理区域内，最明显的地形特征是：两江汇流，穿城而过，将这个区域划分为三个部分。居中的是东、南、北三面环水，西南与陆地相接的半岛，长江以南是南岸，嘉陵江以北是江北。在重庆开埠以前，这个城市与国内市场相联结的商业空间主要分布在半岛地区的重庆府城之内，更具体地说，是以重庆府署和巴县县署为中心，

---

① 自 1929 年重庆建市后，原巴县所辖的渝中半岛和南岸的大部分地区逐渐被分割。1949 年中华人民共和国建立后，仍然保留巴县，但行政区划已退缩到远离主城的南部郊区。1994 年 12 月，改巴县为重庆市巴南区，"巴县"作为一个行政区划的历史自此结束。

② 为什么外国人更倾向于使用"重庆"一词，在笔者目前所看到的资料中尚没有明确的解释。笔者的一个推测是，最先进入重庆的欧美人非常注意"县"（county）与"城市"（city）之间的区别，如在美国人威廉·埃德加·盖洛（William Edgar Geil）1903 年到达万县所写的游记中就这样解释"万县"的名称："'万'即'一万'之意，既是县名，也是城市的名称。"（参见〔美〕威廉·埃德加·盖洛《扬子江上的美国人——从上海经华中到缅甸的旅行记录》，晏奎、孟凡君、孙继成译，山东画报出版社，2008，第 92 页）由于"重庆"比"巴县"更适合作为一个城市的名称，所以他们更倾向于称这个城市为"重庆"。而随着外国经济势力的影响日益扩大，本地人也渐渐受到影响。但这仅是一种推测，还没有得到更多资料的支持，实际原因很可能更加复杂。

③ 这里的"商业空间"并不是指有商业贸易存在的地区，而是指以大规模的长距离转运贸易为主导，与外部市场存在密切关联的商业区域。

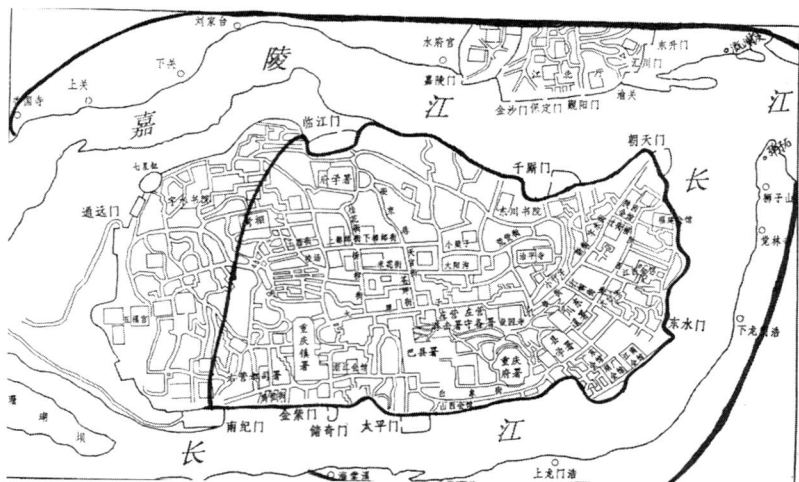

图 0-1　清代重庆城商业空间的变化

资料来源：根据隗瀛涛主编《近代重庆城市史》一书"卷首附图"改制。

以朝天、千厮、临江、南纪、金紫、储奇、太平、东水八门为外围的城市区域（即图 0-1 中用闭合的曲线所标示出的范围）。① 这外围八门都是货物装卸码头，② 经营长距离大宗贸易的牙行和铺户主要分布在这一区域，商人的会馆、公所，各业的行帮组织也大多聚集于此。在半岛之外，长江以南的南岸只有一些稀疏的村落，尚未形成有规模的街区。③ 江北原隶属于巴县，"至乾隆二十四年，以县治辽阔，分江北之义礼二甲及仁里上六甲，隶理民同知管辖"，④ 即升格为"江北厅"。江北厅虽然在道光时期就号称繁华，⑤ 但从《巴县档案》的相关案卷来看，其工商业主要是供应当地居民之所需，船运业主要经营与半岛之间小规模的客货运输。其在商业规模和贸易类型上与半岛地区有很大的区别，尚不能划入同一商

---

①　当时重庆府城的外围共有九门，除上述八门之外还有通远门。但因为通远门没有水运码头，而且在本书所研究的历史时段内基本上充当重庆城居民的归葬之地，商业活动很少，所以不能归入商业空间之中。

②　邓晓：《重庆老城码头研究》，《重庆社会科学》2007 年第 9 期。

③　隗瀛涛主编《近代重庆城市史》，第 459 页。

④　同治《巴县志》卷 1《建置沿革》。

⑤　道光《江北厅志》，《中国地方志集成·四川府县志辑 5》，巴蜀书社，1992，第 483~497 页。

业空间。

　　重庆开埠之后，这个城市的商业空间逐渐由半岛向南岸和江北的沿江地区拓展，新的商业空间在江北和南岸的沿江地区呈带状分布（即图 0-1 中用开放的曲线所标示出的范围）。表 0-1、0-2 是重庆开埠后设于南岸和江北的中外资商务机构和企业的大致情况。①

表 0-1　重庆开埠后设于南岸和江北的中资商务机构和企业

地点	名称	开办时间	选址	业务类型
南岸	森昌泰火柴厂	不详	王家沱	火柴生产
	幼稚染织厂	1904	觉林寺	织布
	富川织布厂	1904	呼归石	织布
	协利织布厂	1908	弹子石	织布
	不详	1906	五桂石	织布
	蜀眉丝厂	1908	界石乡	缫丝
	矿务四合公司	1899	不详	采矿
	富川制纸公司	1905	五桂石	造纸
	树畜公司	1907	广元坝	植树畜牧
	蚕桑公社	1907	广元坝	蚕桑生产
江北	丰裕火柴厂	1902	溉澜溪	火柴生产
	吉厚祥布厂	1900	沙湾	织布
	复原布厂	1905	簸箕石	织布
	福泰公	光绪末年	上关厢	织布
	戴川丝厂	1911	不详	缫丝
	江合公司	1908	不详	开矿
	鹿蒿玻璃厂	1903	刘家台	玻璃制造

　　资料来源：隗瀛涛、周勇《重庆开埠史》，第 85~116 页。

---

①　这两个表根据《重庆开埠史》一书的相关章节制成，但由于许多工厂和企业都没有详细记述其选址地点，因此当时开设于江北和南岸的中外资商务机构和企业实际上可能更多。

表 0 - 2　重庆开埠后设于南岸和江北的外资商务机构和企业

地点	名称	国别	开办时间	选址	业务类型
南岸	立德乐洋行猪鬃厂	英国	1896	龙门浩	洗制猪鬃
	有邻公司	日本	1902	王家沱日租界	火柴生产
	大阪洋行	日本	1902	王家沱日租界	不详
	又新丝厂	日本	1902	王家沱日租界	缫丝
	日清公司	日本	1902	王家沱日租界	汽船运输
	若林洋行	日本	1907	王家沱日租界	不详
江北	华英公司	英国	1904	不详	煤矿开采

资料来源：隗瀛涛、周勇《重庆开埠史》，第37、52~55、57~58页。

从表0-1、表0-2可以看出，重庆开埠后，新式的制造业如缫丝、织布、造纸、火柴制造、玻璃制造等都有向江北和南岸沿江地带转移的倾向，大约是由于这些地区地势开阔、地价低廉，比半岛地区更加适宜兴办新式工厂。此外，将新式工厂设于这一地带，还可以借助嘉陵江和长江便利的航运条件，与半岛商业中心区保持密切的人员和物资往来。另外，与江北相比，南岸的外资商务机构更多，这应该与重庆海关和王家沱日租界均设在南岸有关。因此，这一时期南岸的商业空间拓展应该比江北更快。

（二）选择乾隆至宣统时期作为本书时间断限的原因

选择乾隆至宣统时期作为本书的时间断限，主要基于三个方面的原因。

第一个方面是基于资料，即本书所依赖的核心文献——《巴县档案》，起始于乾隆十七年（1752），[①] 大致结束于宣统三年（1911）。[②]

第二个方面是基于清代重庆商业独特的发展历程。对于清代的重庆城来说，乾隆年间可以说是一个由动荡归于平静的时代。经过一个世纪的大规模移民和重建，这个城市的经济和社会生活已经走上正常轨道。[③] 在这种情况

---

① 杨林：《关于巴县档案起始时间》，《历史档案》1990年第3期。

② 目前可以查阅的《巴县档案》中还保留着一些民国初年的案卷，但数量很少，难以据此展开研究。

③ 王笛：《跨出封闭的世界——长江上游区域社会研究（1644~1911）》，第二章、第四章。

下，城市商业的大幕缓缓拉开。笔者在查阅资料的过程中也发现，许多在清代重庆商业生活中发挥过重要作用的制度和设施都创设于乾隆年间。因此，将乾隆时期作为本项研究的上限，并不会导致将清代重庆的商业发展历程拦腰截断。而将宣统时期（1909～1911）作为这项研究的下限，是因为辛亥革命之后，重庆及其周边地区迅速陷入军阀割据的局面，整个城市的政治和社会生态发生了急遽的变化；军阀之间抢夺地盘、划分势力范围的争斗，更使原有的商品流通和市场分布格局迅速扭曲。① 新形成的市场格局与清代市场之间的联系已经越来越少，很难放到同一个主题中进行探讨。

　　第三个方面是基于对清代重庆区域经济的社会进行贯通考察的想法。传统的以"五种生产方式"为主线的革命史观，将清代历史以道光二十年（1840）为界，划分为前后两段，前一段属于"封建社会末期"，后一段属于"半殖民地半封建社会"。"封建社会末期"往往被理解为一个"传统"的、同质的、自秦汉以降就很少发生变化的社会；"半殖民地半封建社会"则被理解为一个在外力的冲击下迅速改变的社会，这种改变包括国家地位、生产方式、阶级关系等各个层面。反映在史学研究领域，就出现了"明清史"与"近代史"之间严格的畛域划分。正如赵世瑜所说："无论事实如何，明清史的研究到 1840 年就戛然而止，而尽管晚清也是清代的一部分，近代史学者的研究也绝不理睬 1840 年以前中国究竟发生了什么事。"② 重庆区域社会经济史的研究也面临相似的问题。

　　近年来，一些学者尝试突破"1840 年"这个人为的历史界限，将"重庆开埠"作为区域经济社会变迁的分水岭。但是这种策略性的调整似乎还是不能解决所有问题。笔者在查阅资料的过程中发现，即使在重庆开埠以后，这个区域的经济和社会生活中还是存在许多介于"变"与"不变"之间的"过渡地带"。外国商人带来了"新的""西方化的"商业运作方式，

---

① 关于军阀割据时的四川经济与社会，可参见 Robert A. Kapp，"Szechwan and the Chinese Republic，1911－1938，" in *Provincial Militarism and Centrial Power*，*1911－1938*，New Haven and London：Yale University Press，1973。

② 赵世瑜：《明清史与近代史：一个社会史视角的反思》，《学术月刊》2005 年第 12 期。

但是不得不面对一个非常"传统"和"本土化"的商业空间。在这个空间之中，惯例、习俗、意识形态、社会关系网络等因素无不制约着商业的发展。只有对这一系列规则有深刻的了解并运用自如，才能有效地规避许多潜在的风险，保证商业的顺利运行。

以清代重庆相当普遍的"盗卖客货"现象为例。光绪年间，外国商人进入重庆市场时，常常被这一问题困扰。起初他们所能做的大约只是在官府立案，并通过外交途径向地方官府施加压力，以期尽快结案。但是从这种案件频频发生来看，这是一种治标不治本的办法。相比而言，中国商人在处理类似问题方面却有一些独特的优势，如寻找熟识（或同乡）的船帮和脚夫，凭借私人关系减小货物被盗的风险；或者将盗卖货物的各种惯用伎俩列入官府的示禁碑，对参与盗卖货物的各色人等起到警示和恫吓的作用；或者在行帮内部设立专门的经费，对受损的商人给予程度不等的赔偿；等等。①

由此可见，商业由"传统"向"近代化"的转型并不是一个置换的过程。即使是在重庆开埠之后，"变"与"不变"仍然纠结在一起。"变"固然是大势所趋，但在其中的迂回、妥协和相互牵制，却使商业生活的实态呈现出巨大的惯性。本书就是希望在一个足够长的历史时段内，将"变"与"不变"之间的逻辑尽可能地揭示出来。

（三）研究范围与章节安排

本书侧重于传统商业制度研究。所谓"传统商业制度"是指中国经济近代转型之前形成的一整套市场运行规则，它既可以是由法律和政策明文规定的，也可以是人们在商业活动中自发形成并广泛遵行的。它以强制性的方式调整着商业活动中各利益主体之间的关系，从而使商业活动在错综复杂的变动中体现出一定的秩序。

基于这一目的，本书选取了乾隆至宣统时期重庆的中介贸易制、八省客

---

① 《川东道札巴县据渝城各帮首事等议规恳请禁止船户盗买盗卖一案拟就告示饬张贴卷》（光绪廿三年正月至三月），四川省档案馆藏《巴县档案》缩微胶卷，案卷号：清 6 - 32 - 03642。以下省略藏地。

长制、行帮制做重点考察，原因如下。

第一，这些制度都是在西方政治和经济势力进入之前即已成形的，并针对这个市场的特定需要而改变，不仅反映了在"近代化"到来之前这个市场运作的方方面面，也体现了在"近代化"开始之后新的商业秩序与旧的商业秩序之间的融合、竞争与冲突。

第二，这三种制度各有特点。中介贸易制度以清代各级政府对中介贸易的法律规定和政策条文为最主要依据，有利于展现成文制度与商业实践之间相互影响、相互塑造的关系；八省客长制度将移民社会的组织原则糅合进城市商业管理之中，有助于展现清代重庆独特的社会结构和组织方式与商业运作之间的互动；行帮制度是相对独立地生发于工商业者内部的组织制度，它展现了工商业者对于这个城市商业秩序的规划，以及各个工商业者群体内部、不同的工商业者群体之间，工商业者群体与地方官府之间的关系。另外，这三种制度分别聚焦于城市商业活动不同的层面。中介贸易制和八省客长制关注介于普通工商业者和地方官府之间的"中间阶层"，行帮制则更加关注基层工商业者的活动，因此有助于将乾隆至宣统时期重庆商业活动中的各种角色尽可能地容纳进来，展现出他们不同的立场和实践。

第三，就笔者目前所阅读到的档案资料来看，清代重庆地方官府特别依赖这几种商业制度，在政府文告和行政司法实践中往往会反复援引和强调上述制度中的一种或几种。而民间的许多商业诉讼和商业纠纷或因对这些制度的偏离而产生，或依赖于这些制度而得到解决。因此，这几种制度可以说对于清代重庆市场秩序的形成至关重要。

本书的章节安排是这样的：绪论和第一章是第一部分，提出全书的核心问题、学术史背景、研究方法，并概括地介绍清代重庆的行政治理、贸易门类与社会样貌，为后面的章节做一个从事实、理论到学术史背景的铺垫；第二至四章是第二部分，探讨清代重庆中介贸易的发展历程，重在剖析中介贸易与市场的相互影响，以及中介贸易与地方关系、地方商业政策之间的关系；第五章和第六章是第三部分，探讨清代重庆八省组织的性质、八省客长如何介入商业活动、八省组织对市场秩序的影响，以及八省组织究竟是否具有"自治"性格；第七至十一章是第四部分，探讨清代重庆行帮如何形成和维系，并聚焦到一个特殊的行帮——脚夫帮，探讨其组织变化、暴力的行为方式和独特的产权规则，后两章其实是对"行帮制"更加具体化、个案化的呈现；最后是结论，从四个角度收束全书的论述。

四　"活"的制度史，何以可能？

十年前笔者开始此项研究的时候，正值中国古代史学界大力倡导"活"的制度史研究。其主张政治制度史不应是用描述性的研究，将制度变成静态的、孤立的条块，或者从中寻找某种"普遍规律"，而是要将其作为透视时代和历史深层结构的视角。因此要将制度置于长过程、大背景下，要关注制度运作过程中人的行为，要重视贯穿在制度中的各种关系，以及由此形成的制度张力，以期在鲜活的政治生活场景中，再现其制度蓬勃的生命力。[①] 正是出于对这种研究理念的认同，笔者选择了商业制度作为自己的研究方向。在此后多年的探索历程中，笔者越来越真切地感受到这种研究理念并不是中国古代史研究者的独自发明，新制度经济学[②]和近年来深刻影响中国社会经济史研究的历史人类学方法[③]，都有写"活"制度史的诉求。不同学科背景的研究者在表述方式和侧重点上固然有所不同，但对

---

① 邓小南：《走向"活"的制度史——以宋代官僚政治制度史研究为例的点滴思考》，《浙江学刊》2003 年第 3 期；邓小南：《祖宗之法：北宋前期政治述略》，三联书店，2006，第 2~8 页。

② 新制度经济学关注现实的经济世界，关注人们的关系与交互行动（即"交易费用"和"产权"的源头），关注经由各种途径、各种过程而形成的不同层面的规则，以及这些规则如何整合，如何与真实的经济世界相碰撞，关注制度赖以生发和运行的政治、社会过程。参见〔美〕道格拉斯·诺斯《新制度经济学及其发展》，路平、何玮译，《经济社会体制比较》2002 年第 5 期。

③ 主要依托"华南研究"而逐渐深化的历史人类学方法也特别注重制度研究，这种研究方法强调"结构过程"，其实就是承认制度的流变，以及制度与人的交互作用；还特别注重探讨"地方制度怎样与国家挂钩"，用另一种方式表述即是，经由不同途径形成的不同层面的制度如何联结、整合；此外，通过田野工作置身于历史场景去理解历史，其实就是拒绝将制度视为僵死的条块，而去探究它的真实生命历程。参见赵世瑜《结构过程·礼仪标识·逆推顺述——中国历史人类学研究的三个概念》，《清华大学学报》（哲学社会科学版）2018 年第 1 期。

于如何令制度史"活成一片",其实已经形成了一些共识。概括起来有如下四个方面。

（1）将制度视为流变的而不是僵硬的,探究其生发、演进、运行、衰竭、变革的过程。

（2）将制度视为众人的创造,而不是由少数人设计强加于大部分人,因此特别关注制度流变过程中人的观念、意识形态、行为与制度的交互作用。

（3）认为制度是"复调"的而不是单一的,注重揭示经由不同途径形成的不同层面、不同载体的制度如何联结、冲突、整合。

（4）关注制度之外宏观的政治和社会过程,将其视为制度生发的土壤和运行的舞台。

具体到这项研究,要怎样实现这样的诉求和愿景呢?

（一）用最笨的办法搜集材料

本项研究的过程,极其类似一个复杂的拼图游戏。既然我们认为在典章制度、法规政令之外还有一个宽广的制度世界,人们的行为、观念、惯例、习俗、合乎规定的做法、不合乎规定的做法、公堂之上的事实、公堂之外的事实都有可能构成"制度",而且这个"制度"从未停止流变与更新,那么就需要研究者将散落在史料中的大量细节找出来,并将这些细节"拼"成一个尽可能完整的图像。但是在普通的拼图游戏中,游戏者往往知道拼图块在什么地方,通常也知道自己将要拼成的图像是什么样子。而与"未知"对赌的历史研究者,永远不可能完全了解每一个"拼图块"究竟在什么地方,更不知道自己将要拼出一幅怎样的图像,也不能确信已经拼出来的图像究竟是不是真的完整。正因为如此,笔者第一天进入档案馆,就陷入了深深的焦虑。面对《巴县档案》11.3万卷的庞大体量,笔者知道需要的"拼图块"或许就隐藏在其中,却不知道从何下手。因此笔者给自己规定了如下工作纪律。

第一,尽量看整的案卷而不是截取出来的单个文书。从 20 世纪 80 年代起,四川省档案馆等机构就陆续组织人力对《巴县档案》进行精选和编纂,目前已正式出版的选本共有三部七册，①其中选取的是内容比较翔实，或者在当时影响较大的案例，为学术研究提供了很大的便利。但是在 20 世纪末出版的三册节选本收录的并不是完整的案例，而是某个案卷中一至两个信息量较大的文书，整个案件的来龙去脉被人为地隐匿。依赖这样的节选文书进行研究，极易"断章取义"。因此，笔者在多数情况下是将节选本作为线索的来源，通过其中透露的时间、人名、事件、关键词，从档案原件中去查找完整的案卷。这些案卷通常包括诉状、口供、结状、证人证词、调解人禀状、地方官判词、验伤记录、衙门差唤记录、契约、信函等。这些形式多样、内容丰富的文书提醒我们，即便是一个"鼠牙雀角"的细故纠纷，其线索和情节都有可能是复杂交错、旁逸斜出的，每一个细节都可能是有意义的。要深入某个问题的幽微层面，不仅要从大处着眼，还要尽可能不漏掉每一个蛛丝马迹。

第二，尽可能收集与研究主题相关的所有案卷。《巴县档案》卷帙浩繁，所呈现的事实千变万化，但这也会给资料搜集者带来很大的挑战。有时你会看到一些极其反常的案件，作为研究者当然会眼前一亮、穷追不舍，但最后发现不过是特殊情况下的个例；更多的时候，一个案子会牵出一些意料之外的线索，沿着这些线索追下去，会牵出一连串的案子，甚至会改变整个研究的重心。然而最令人不安的是，案例似乎永远都搜集不完。从本书的附录可以看到，任何一个主题所牵扯的案例少则数十，多则数百。常常在自己觉得案例已经够多的情况下，又出现一些新的案子，于是整个"拼图"又要重新调整。

在寻找案例的过程中，笔者常常想象自己是在一片混浊的水域中抓鱼。随着水流而来的鱼群中，不乏自己想要抓取的鱼类。抓的时间长了，甚至可以凭直觉去判断哪些水域、哪些礁石下躲藏着自己想要抓的鱼类。但笔者始

---

① 四川大学历史系、四川省档案馆编《清代乾嘉道巴县档案选编》（上），四川大学出版社，1989；四川大学历史系、四川省档案馆编《清代乾嘉道巴县档案选编》（下），四川大学出版社，1996；四川省档案馆编《清代巴县档案汇编·乾隆卷》，档案出版社，1991；四川省档案馆《清代巴县档案整理初编·司法卷》[乾隆朝（一）、乾隆朝（二）、嘉庆朝、道光朝]，西南交通大学出版社，2015、2018。

终不敢说自己已经抓够了，因为自己永远不知道有多少梦寐以求的鱼在湍流中与自己擦肩而过，再难相遇。

（二）用最怀疑的眼光分析材料

随着手头的案例逐渐增多，一个更加棘手的问题就是如何读懂它们。官方档案作为史料，长期以来被人诟病的一点即是其出于各种目的的"虚构"。桑兵曾指出：

> 档案中占最主要部分的官方文书，如果不善于解读，反而成为官样文章，使头脑不够复杂者误入歧途。[①]

然而《巴县档案》与一味玄虚造作的"官样文章"还有所不同。有时候，它的确是深文周纳，讳莫如深。如同治四年（1865）五月初四日，一名因参与殴斗被捕的脚夫被保释出狱。五月初五日，他就莫名其妙地"病死"了。知县得到禀报后，表示要亲带仵作去脚夫家验尸。脚夫的家人立即回禀说，因为"天气阳亢，尸臭水流"，他们五月初六日就已经把尸体掩埋了。于是，知县非常爽快地批准免验。[②] 稍有推理爱好的读者，就可以从这整件事快得令人来不及反应的节奏中嗅出谎言的味道，但是案卷中言之凿凿，相关的文书也一应俱全，完全无从推测其中的隐情。另外，案卷中大量浮夸的诉讼套语、诬告、翻供、相互抵牾的证词，也常常令研究者一头雾水，难辨真相。

州县档案毕竟由基层行政部门制作，既要记录层见错出的司法行政事务以备察考，又不用面对上级行政衙门严苛的审核，所以有时竟然也坦白得惊人。如在《大清律例》和地方政令中被严令禁止的铺户"当官""应值"现象，却在《巴县档案》的大量案卷中毫不避讳地展现和讨论，也成为本

---

① 桑兵：《治学的门径与取法——晚清民国研究的史料与史学》，社会科学文献出版社，2014，第106页。
② 《储奇坊川茶力夫廖锡九杨坤山等为争生意地界斗殴案》，《巴县档案》缩微胶卷，案卷号：清6－27－08586。

书后面章节重点探究的问题。类似的"不避讳"几乎在所有案件中都存在，甚至先前诉状中已经"死去"的人，在后面的诉状中又毫无征兆地"复活"，① 制作档案的胥吏竟然也不以为意，十分"诚实"地将两份诉状放在同一个卷宗之中。由此可见，官方档案中也保留着许多直白且有价值的信息，只是要把这些信息从烟幕和谎言中剥离出来并非易事。

那么怎样完成这个剥离的工作呢？首先要充分了解档案中的文书。如一份完整的卷宗的构成，档案中各种文书的制作过程、处理流程，制作文书的人的大致情况；各种戳记、印章的意义；档案编号所透露的信息；状纸的格式要求；诉讼文书中常见的套语、修辞术与诉讼策略，各种特殊的书写方式，疑难字的释读；等等。然而真正将这些知识变成可以娴熟使用的工具，还需要大量的档案阅读，在不断接触各类文书的过程中形成一些类似于条件反射的判断。如拿到一份诉状要先关注哪几个要素；哪些是一眼即可识别的扰乱性信息；哪些内容是一篇文书的要害，绝不可以放过；等等。

在此基础上，笔者摸索出一种"代入式"案卷分析法，即在了解案情缘由、各方诉求之后，综合考虑能够影响司法审判的各种因素（如档案文书制作，对当时司法实践的理解，地方社会的基本情况，此类事件涉及的地方惯例、习俗，正常情况下的人情事理等），去推测这个案子究竟会怎样解决。然后再通读整个案卷。如果最终的结果与未通读案卷时所做的推测基本相符，那么就证明自己对这个案卷的理解是大致可靠的；如果最终的结果与之前的推测大相径庭，那么就回过头去"复盘"整个司法审判的过程，看究竟是在哪个环节出现了"分岔"。而这个环节及之后发生的事情，极有可能就是理解这个案件的关键。下一步就是从这些关键点入手，看究竟是自己对整个案件的理解出了错误，还是一些意外情况的出现扰乱了司法审判的节奏。当然，也有一些案卷有意遮蔽了关键事实（如前文提到的脚夫离奇死亡案），所以不可能清晰地复盘。但至少可以说明，案卷中的哪些叙述是绝不可相信和

---

① 《下河首事胡元圃等禀五大兴借差霸收吞川帮船户差钱一案》，《巴县档案》缩微胶卷，案卷号：清 6 - 23 - 01010。

使用的。久而久之，这似乎成了笔者和自己的一项"推理游戏"。

　　总而言之，由于诉讼案卷的形成是一个复杂且充满秘辛的过程，因此研究者要用同样复杂的、不断质疑自己的态度去理解这些史料。他们最终会发现，要让这些档案"说话"，除了掌握各种相关知识外，还要让自己在某种程度上成为这个案件的参与者。

（三）　与理论的联结与对话

　　在搜集和解读资料的工作基本完成后，研究者所面临的下一个挑战就是如何驾驭这些纷繁的事实，于是理论的重要性凸显出来了。在处理理论与经验事实的关系方面，我经历了两个不同的阶段。

　　在研究的初期阶段，我掌握了一定数量的经验事实之后，开始迫切地寻找和阅读理论，因为我特别需要一些"模型"或"框架"性的东西来批量化地容纳和解释我所看到的那些经验事实，而且也期待着把"清代重庆商业制度"这一个案研究定位到一个更大的论域之中。基本上出于直觉，我选择了新制度经济学、历史人类学的"结构过程"方法、"国家与社会关系"作为重点关注的理论模型。现在回过头去看，大概是因为这些理论模型分别强调制度对于经济变迁的意义，制度的流变性、生命力、可塑造性和张力，以及一个社会中的不同领域如何各自发育并共同决定这个社会的走向。这些都是我从已经掌握的经验事实中隐约感知到的问题。在这一阶段，我充分感受到了理论对经验事实的"透视"、分类和化繁为简的功用，至少帮助我确定了每章的主题、核心问题和要使用的案卷范围。

　　随着研究的深入，我越来越多地发现既有理论不足以解释的经验事实。如新制度经济学对产权的阐释，通常建立在私有财产的前提之上。但是本书中所研究的行帮、脚夫帮派等，他们所构建的产权关系，就既包含私有产权，又包含"共有产权"。而且道光之后，共有产权越来越多地凌驾于私有产权之上。这种"共有产权"其实就是中国传统社会产权关系的独特性和复杂性之所在，也是中国传统社会的经验事实能够对新制度经济学的产权理论产生补益的地方。又如"国家与社会关系"研究模型，它假定有一个作为政治权力载体的"国家"，还有一个与政治权力界限比较分明、相对独立运行的"社会"，在"国家"和"社会"之间会发生合作、冲突、博弈的复杂互动。在清代的重庆，似乎也有一些日益成长、频繁参与民间事务的组织（如本书中所探讨的"八省客长""七门脚夫"等），但是如果深入观察就会发现，这些组织的存在状态是比较暧昧的。一方面，它们认定自己是某个社群的代表；但另一方面，它们也相当自觉地效力于地方官府，甚至变得越来越官僚化。在这样的情况下，"国家"和"社会"之间的界限就很难辨识。

黄宗智曾形象地描述理论的魅力与陷阱：

> 我自己的经验是理论读起来和用起来可以使人兴奋，但它也能使人堕落。它既可以使我们创造性地思考，也可以使人们机械地运用。它既可以为我们打开广阔的视野并提出重要的问题，也可以为我们提供唾手可得的现成答案并使人们将问题极其简单化。它既可以帮助我们连接信息和概念，也可以给我们加上一些站不住脚的命题。它既可以使我们与中国研究圈子之外的同行进行对话，也可以使人们接受一些不易察觉但力量巨大的意识形态的影响。它既可以使我们进行广泛的比较，也可以使我们的眼界局限于狭隘的西方中心或中国中心的观点。对理论的运用将像一次艰难的旅行，其中既充满了令人兴奋的可能性和报偿，也同样布满了陷阱和危险。[1]

这也正是我在整个研究过程中反复体验的。因此，从事实证研究的人们应该不断地自我省察，明晰理论与经验事实的效用边界，谨慎地促使二者相互联结、对话并彼此增益。

在进行此项研究的过程中我还发现，经由不同学科背景、不同思维路径形成的理论，有时是所见略同的。如前文中提到的中国古代史、历史人类学、新制度经济学极其接近的制度研究主张。在吸收和对比这些主张的过程

---

[1] 黄宗智：《学术理论与中国近现代史研究的四个陷阱和一个问题》，强世功译，黄宗智主编《中国研究的范式问题讨论》，第 102 ~ 103 页。

中，研究者会对支配着经验事实的隐性规则有更加多元、深入的理解，也能更清晰地对比不同认知体系的优长与缺欠。因此，我现在越来越相信"史必有法、史无定法、诸法相通"。

（四）将自己所有的经验注入此项研究

我之所以会选择这项研究，除了偶然发现《巴县档案》这个资料宝库外，还有基于个人经历的一些原因。作为一个重庆人，这个城市对我来说不仅是一个研究对象，更是"我之来处"的答案之所在。

20世纪90年代初，我家在重庆市南岸区上新街毗邻长江的地方。那时，偶尔会在铺着石板的老街上看到一些风格突兀的西式建筑，听长辈讲那是晚清时期的洋行。而更加魔幻的是，我居住的就是一栋谁也说不清楚来历的老建筑。那是一栋小楼，欧式拱门，青瓦白墙，镶嵌花砖，所有房间都铺着暗红色的木地板，甚至还有嵌入墙中的壁炉。虽然那时它已风雨飘摇，成为三教九流杂居的筒子楼，但仍显露出难以磨蚀的优雅和矜持。二十多年后，我才知道那是传教士马嘉礼于20世纪20年代修建的别墅。这栋小楼记录着我少年时代的成长与幻想，置身于那个像会客厅一样的大房间，我常常穿越到舞姿翩跹、衣香鬓影的另一个世界。从窗户望出去，可以看到长江上的轮船、落日，还有江对岸繁忙拥挤的朝天门码头。大概就是在那个时候，我知道这个城市的历史尽管面目模糊，却绝不简单。

或许正是因为这些草蛇灰线的前缘，当我十几年后看到《巴县档案》的案卷时，那里面的地名、方言、风格、人们的言行气质，在我眼前瞬间"活"了起来。后来，我越来越着迷于穿越在历史和现实之间去观察这个城市。我曾和同学们一起顶着烈日走遍上半城和下半城，也曾在临产之时溜出医院，去考察周边的老城门和历史街区，还曾在街头跟踪工作中的"棒棒"。虽然这并不是严格意义上的"田野调查"，但是它也的确让档案中记录下的这座城市和自己看到的这座城市发生了对话。有哪些东西是历经时间的磨洗保留下来的？有哪些东西是随着前一个历史"结构"的解体而消失的？这样的对比也会引出一些有趣的研究课题。比如本书关于脚夫的两章，就在很大程度上基于我对今日重庆"棒棒"和街头生活的观察。当我在档案中看到与脚夫有关的案卷时，觉得既熟悉又陌生。熟悉的是那种繁忙、喧嚣、弥漫着市井气和江湖气的生活场景，陌生的是脚夫高度组织化、暴力化的行为方式，以及勤于置产、精于制度设计的创业者姿态。正因为如此，笔者确信：脚夫群体是理解重庆历史的一个重要视角。

当然，在进行区域史研究的时候，过多地被个人经验或原乡情结牵系，未必是一件好事。因为我们要追求的不仅是地方历史的"重光"，还包括"在较根本的层面上，一个合乎学术规范的、有深度的、有对话能力的层面上，改变对整个中国历史的看法"。[①] 过多依赖个人经验，可能反而会使研究者陷入最难以破除的"所知障"。所以笔者也一直在不断地拿捏"地方经验"与"超地方研究格局"之间的分寸。望各位学术同人，不断地给笔者修正与激励。

---

① 陈春声：《从地方史到区域史——关于潮学研究课题与方法的思考》，《"区域社会史比较研究"中青年学者学术讨论会论文集》，太原，2004。

第一章　清代重庆的行政、市场与社会

重庆府

江与孙水会汉嘉，南下叙州会金沙。泸州南会黔泸水，都邑逐渐成繁华。

重庆北会西汉入，壮盛灏溔遂无涯。楚加不羹陵中国，秦并六王成一家。

名城危踞层岩上，鹰瞵鹗视雄三巴。巴人能文兼好武，深山今已无长蛇。

唐人分镇昧形势，梓州亦建东川牙。吴画嘉陵不画入江处，丹青虽妙奚足夸？

荆湖东控辟门户，子午北向通幽遐。东风连樯来估舶，春云被野蕃桑麻。

橘官盐井并充阜，万机织绵翻朝霞。请歌巴曲教渝舞，夜夜醉看巴江花。

——张之洞①

　　这是一首颇受称道的吟咏清代重庆的古体诗，生动而全面地再现了19世纪后期人们眼中的重庆，我们从中可以感受到这个城市的地形特征、行政地位、商品经济以及社会风貌。那么，清代的重庆究竟是一个怎样的城市？它经历了一个怎样的发展历程？本章即从行政治理、商品贸易和社会结构三个方面，对上述问题进行回答，并为后面章节的论述铺陈一个跨越百年的背景。

---

① 民国《巴县志》附《文征·下篇·诗》，第 22 页。

一　清代重庆的行政治理

在张之洞之前，清人便已经充分意识到重庆城在行政和军事方面至关重要的意义。在乾隆《巴县志》中即有这样的概括：

> 惟渝城会三江，冲五路，鞭长四百三十余里，俯瞰夔门，声息瞬应。而西玉垒，北剑阁，南邛崃、牂牁，左挟右带，控驭便捷。故渝州能守，可俾锦官风雨，坐安和会矣。①

> 巴县地方东连荆楚，南接牂牁，人烟稠密，水陆冲衢，实为川东巨镇，中权扼要之区。②

正因为占据如此险要的地理位置，清代的重庆成为川东道、重庆府、巴县三级行政机构的所在地。

根据苟德仪的研究，川东道的辖区、治所和职能在清代经历了大幅度的调整。顺治时期，川东地区共设置了"分守上下川东""分巡上东""分巡下东"三名道员。其中，分守上下川东道驻节涪州，分巡上东道驻节重庆，分巡下东道驻节达州。直到康熙六年（1667），清廷裁撤各省守巡道108名，整个川东三府（重庆、夔州、绥定）、二直隶州（忠州、西阳）、二直隶厅（石柱、太平）才整合为新的"川东道"，并长期以重庆为治所。③ 此后，乾隆三十二年（1767），清廷又为川东道加"兵备"衔。④光绪十七年（1891）重庆开埠后，清廷又赋予川东道监督海关的职能，故

---

① 乾隆《巴县志》卷1《疆域志·形胜》，第9页。
② 乾隆《巴县志》卷2《建置·城池》，第1页。
③ 苟德仪：《清代川东道的辖区与职能演变——兼论地方行政制度中道的性质》，《中国历史地理论丛》2008年第3期。
④ 王纲编《大清历朝实录四川史料》上卷，电子科技大学出版社，1991，第1139页，转引自苟德仪《清代川东道的辖区与职能演变——兼论地方行政制度中道的性质》，《中国历史地理论丛》2008年第3期。

又称"渝海关道"。① 从这一系列沿革中可以看到，川东道在清代四川地方
行政体系中的重要性逐渐凸显。而重庆城的战略地位也随之提升，城市功能
更加复杂化。

与川东道"合三为一"不同，重庆府的辖区在清代则出现了明显的收
缩。据民国《巴县志》记载，在顺治年间，重庆府"领州三县十七"，② 而
到乾隆元年（1736），则缩减为"厅一州二县十一"。③ 除安居县并入铜梁
县，武隆县并入涪州外，析出的州县共有 5 个，分别为忠州、黔江县、彭水
县、丰都县、垫江县。但是从表 1－1 的比较中不难发现，保留的厅州县与
析出的州县之间有着明显的差异。

表 1－1　清代重庆府所辖厅州县情况比较

名称		地丁钱粮数额	杂税数额	行政事务等级	行政区划等级
保留厅州县	江北厅	四千余两	无	无	简缺
	合州	四千九百余两	四十九两	冲繁难	要缺
	涪州	五千三百余两	五十五两	冲繁难	要缺
	巴县	一万七千余两	三百一十一两	冲繁难	要缺
	江津县	五千九百余两	四十八两	冲繁难	要缺
	定远县	六千两有奇	五十九两	冲	简缺
	璧山县	二千九百余两	二十二两	冲	简缺
	永川县	三千四百余两	五十三两	冲	简缺
	荣昌县	三千三百余两	七十九两	冲	简缺
	大足县	四千两有奇	二十二两	繁	简缺
	綦江县	二千六百余两	二十二两	无	简缺
	南川县	不详	不详	难	简缺
	长寿县	三千两有奇	四十三两	冲	简缺
	铜梁县	三千九百余两	二十九两	繁	简缺

---

① 周询记载："光绪十七年，开海关后，道员监督海关税务，故又称渝海关道。"参见周询
《蜀海丛谈》，巴蜀书社，1986，第 60 页。

② 当时重庆府所领州县分别为：合州、忠州、涪州、巴县、江津县、璧山县、永川县、荣昌
县、大足县、安居县、綦江县、南川县、长寿县、黔江县、铜梁县、定远县、丰都县、垫
江县、武隆县、彭水县。参见民国《巴县志》卷 1《疆域上·沿革》，第 39 页 a。

③ 当时重庆府所领厅州县分别为：江北厅、合州、涪州、巴县、江津县、璧山县、永川县、
荣昌县、大足县、綦江县、南川县、长寿县、铜梁县、定远县。参见民国《巴县志》卷 1
《疆域上·沿革》，第 40 页 b。

名称		地丁钱粮数额	杂税数额	行政事务等级	行政区划等级
析出州县	忠州	三千四百两	二十三两	繁难	中缺
	丰都县	二千四百余两	五十一两	无	简缺
	垫江县	三千四百余两	二十四两	繁难	中缺
	彭水县	二千五百余两	四十六两	难	简缺
	黔江县	七百余两	二十两	无	简缺

资料来源：周询《蜀海丛谈》，第 69、81~86、91~93 页。

　　由表 1-1 可知，到乾隆元年重庆府辖区基本划定时为止，保留在重庆府中的厅州县在行政事务等级上，大多占据"冲""繁"二字，其中合州、涪州、巴县、江津县还属于"要缺"，而析出的州县则大多占据"繁""难"二字，除忠州和垫江县为"中缺"外，其余都为"简缺"。[1]另外，析出州县所缴纳的赋税数额普遍较低，其中地丁钱粮额度最高的垫江县，也只承担三千四百余两，大约与永川县相当。而保留在重庆府的 14 个厅州县中，永川县的地丁钱粮额度只能算是中下水平。由此可见，经过乾隆元年的调整，保留在重庆府的厅州县占据更重要的地理位置，[2] 拥有更宽裕的地方财政，在国家行政体系中也居于更高的层级。周询也曾提到，清代重庆府"所属各厅州县皆称繁富，且当冲要"。所以，清代重庆府的收缩，实际上是精简了其管辖范围，使其成为川东地区最富庶、承担最重要的治理任

---

[1]　清代虽设置了府、州、县三级行政区划，但在各级行政区划中，还要划分更加细致的等级。具体的办法是，使用"冲、繁、疲、难"四项标准衡量府州县的行政事务。"冲"指地理位置重要；"繁"指经济事务繁多，人口密，赋役重；"疲"指民情疲玩，税粮滞纳过多；"难"指民风强悍，犯罪事件多。府州县行政事务所占的字数越多，其等第越高，反之，等第则越低。冲、繁、疲、难四字俱全的府州县称为"最要缺"或"要缺"，一字或无字的府州县称为"简缺"，具备三字（冲、繁、难；冲、疲、难；繁、疲、难）为"要缺"，具备两字（冲、繁；繁、难；繁、疲；疲、难；冲、难；冲、疲）为"要缺"或"中缺"。参见周询《蜀海丛谈》，第 117~118 页；赵秀玲《论清代知府制度》，《清史研究》1993 年第 2 期；史玉华《清代州县财政与基层社会》，博士学位论文，上海师范大学，2005，第 14 页。

[2]　保留在重庆府的 14 个厅州县都位于川东盆地中心的平行岭谷区，地势相对平坦，物产富庶；而析出的 5 个州县则全部位于川东盆地边缘的山地区，这一地区群山环绕、土地瘠薄，交通条件和农工商业的发展条件都较盆地中心地区相差甚远。

务的府级行政区。

巴县也是清代四川非常重要的一个县。周询在《蜀海丛谈》一书中提到："县城在嘉陵江与长江合流处，为阖省水陆枢纽。云、贵、陕、甘等省出入货物，亦多以此地为绾毂，商业之盛，甲于全川。通商以后，华洋杂处，交涉益繁。幅员既宽，人民殷庶，词讼亦较他邑为多。冠盖络绎，尤烦供亿。全蜀州县之繁剧，除成都、华阳外，即首推此邑。"① 民国《巴县志》中记载了雍正至光绪时期25名知县、1名县丞的主要政绩，具体情况见表1-2。②

表1-2 雍正至光绪时期历任巴县知县（县丞）

姓名	任职时间	主要政绩
王继曾	雍正四年	实心为政,不事矫激,公平丈量田亩
王忠武	乾隆七年	为治务在与民休息,听断精明
张松	乾隆十年	居心坦白,操守清廉,勤政恤民,不假刑服
张兑和	乾隆十五年	有治名
王尔鉴	乾隆十六年、二十年	以循廉著,课士捐助膏火,创修县志
应士龙	乾隆二十六年	以兴学育才为务,所至有声
段琪	乾隆二十八年	有政声
曾受一	乾隆三十八年	金川之役,不累民,不误公,供张悉办
徐鼎亨	乾隆四十四年	平粜仓米,赈济饥民,折狱平情,不轻鞭朴
吴桂	乾隆五十五年	片言折狱,民畏如神
叶文馥	嘉庆十四年	严刑峻法,以处豪黠
董淳	嘉庆十七年	勤于吏治,庭悬一锣,令诉冤者击之,闻声即出,立为分剖
吉恒	嘉庆二十年	劝捐赈灾,全活无算
蔡天藻	嘉庆二十三年	性廉洁,杜绝苞苴,能决大狱,任大事,不畏强御
李嘉祐	道光元年	勤循礼法,不市名誉

---

① 周询:《蜀海丛谈》,第83页。

② 需要说明的是,《巴县志》中的传记只记述政绩比较突出的巴县知县,而对于这些官员,也只记述他们在巴县任上最主要的作为。虽然不能完全地反映清代巴县知县的职责和工作,但有助于我们了解在不同的时期担任巴县知县的官员们面临的最主要任务是什么,他们最关心的问题是什么,也能够在一定程度上反映出巴县县衙在不同时期行政事务的变化及其在国家行政体系中地位的变化。

姓名	任职时间	主要政绩
刘衡	道光五年	裁汰胥吏，县(悬)钲于堂，以等诉者，闻声即为审理，决狱公平，无积案。延访士大夫，周知地方利害，次第兴革。同城武营，极与和衷。创立城乡义学，倡修试院，设置义冢。恤贫保富，正人心，端士习
吴占魁	道光八年	建观文书院，培修流栖所，增置义冢
高学濂	道光十年	奉身俭约，培植士类，劝修县学府学泮池及东川书院，捐俸设立义学。示民以树桑之法，修筑水堰，整饬育婴堂，增广养济院口食，完固城垣
区拔熙	道光十三年	勤于课士，整饬吏治，弥盗贼，培修字水书院、观文书院，设各乡义学，为育婴堂募集数千金
张嗣居	道光十八年	洁己爱民，改建府文庙
毛辉凤	道光二十一年	以积劳卒，判结前任积案，无冤抑，操守极严
李世彬	道光二十一年	有惠政，听讼使人尽其词，不事惨刻，民无冤抑
张秉堃	咸丰八年	折狱得情，咸丰九年御张李之乱，同治二年御林自清之乱，处理重庆教案、江北厅教案
邢锡晋	光绪十三年	执法严明
国璋	光绪七年、九年、二十一年	教民积谷，以备凶荒；倡议置水龙，以备火患；设立里长，调处民间纠纷；建住宿所以栖贫民、孤儿，设粥厂
沈秉堃	光绪二十四年	兴办团练，稽查户籍，以肃匪类；杀奸民粟炳林

资料来源：民国《巴县志》卷6《职官》、卷9《官师下》。

从表1-2可以看出，雍正至嘉庆时期，历任巴县知县大多以个人操守、振兴文教、严明执法、赈济灾荒、筹措军需而赢得政声。而道光至光绪时期，历任知县（或县丞）的工作负担明显加重，除了此前的各种事务之外，整饬吏治、基础建设、民间慈善、农副业生产、民众教育、社会治安、城市消防、对外交涉等，无不密切关注。由此可见，随着时代的变迁以及重庆城市的发展，巴县地方官的职责变得更加繁重和宽泛，而且更加面向基层社会的需要。这必然也会促使巴县行政地位的提升。

从咸丰朝开始，一系列新设置的机构陆续在重庆出现，不同程度地改变了这个城市的行政治理体系。大体上说，这些机构可以分为官督绅办机构、新设官僚机构、代议机构三种类型，下面分别叙述之。

第一类，官督绅办机构，即由官府倡办并监督，士绅负责管理，以处理地方财政或行政事务为主的机构。由于这些机构均以"局"命名，因此又可称为"地方公局"。① 在笔者目前所掌握的资料中，可以看到的较为重要的公局有以下几个。②

夫马局。周询在《蜀海丛谈》中提到："在光绪二年，丁文诚公宝桢未莅川督以前，川省各属，皆有夫马局之设，专供因公往来过境人员之支应。"③ 可见，夫马局的职责是协助官府迎来送往。重庆的夫马局大约组建于咸丰四年（1854），由八省客长负责管理。④ 其费用来自"渝城内外坊厢，各行铺户每月捐输厘金钱文"。⑤ 光绪二年（1876），四川总督丁宝桢鉴于夫马局"支用渐滥"的情况，"毅然将各属夫马局一律裁撤"，⑥ 重庆的夫马局也随之撤销。

厘金局。专门负责厘金的征收与递解，有"老厘局"与"新厘局"之分。老厘局成立于咸丰六年（1856）。当时为了筹措防堵太平军的军费，重庆"仿扬州抽办百货厘金，凡市埠买卖货品，按值每两抽取六厘，俱由牙行代收，月总其数交于局，局又汇解于川东道库"。新厘局成立于咸丰十年，目的是兴办防卫本城的团练与水师。其抽收办法是，加收百货和棉花厘金，即"于正厘六厘，积谷附加二厘之外，再抽九厘"，棉花"每包加征银一钱"；此外，还新设了出口货厘与船厘，在长江的唐家沱、回龙石和嘉陵江的香国寺陆续设卡征收。新厘局成立时，明确提出"商捐商办，不必禀

① 邱捷对晚清广东的地方公局进行了专门的研究，并将晚清广东的"公局"定义为"士绅在乡村地区的公局办事机构"。咸丰以后出现在重庆的以"局"命名的官督绅办机构，虽然并不是设置在乡村地区，但是在接受官府委任或监督、士绅分享行政权力、公同办事方面，与晚清广东的公局是非常相似的。所以，这些机构也可以称为"地方公局"。参见邱捷《晚清广东的"公局"——士绅控制乡村基层社会的权力机构》，《中山大学学报》（社会科学版）2005 年第 4 期。

② 由于地方公局大多是因事而设，因此在咸丰之后的巴县，先后出现的公局很多，如平滩局、积谷局、捐输局、斗息局等。但是这些公局可能在任务完成后即撤销，在《巴县档案》和巴县地方志中都没有详细的记载，所以本书也从略，只是挑选几个存在时间较长，对地方事务影响较大的公局予以叙述。

③ 周询：《蜀海丛谈》，第 159 页。

④ 咸丰五年，八省首事关允中等上呈巴县县衙的禀状中提到："去岁黔省贼匪扰乱，职奉札委县城隍庙设夫马局。"参见《八省首事关允中等具禀各坊保正曾洪兴等亏空夫马厘金钱文案》（咸丰五年六月），《巴县档案》缩微胶卷，案卷号：清 6 - 18 - 00905。

⑤ 《八省首事关允中等具禀各坊保正曾洪兴等亏空夫马厘金钱文案》（咸丰五年六月），《巴县档案》缩微胶卷，案卷号：清 6 - 18 - 00905。

⑥ 周询：《蜀海丛谈》，第 159 页。

咨立案"。所以其收入实际上是直接纳入巴县的地方财政，与老厘局收入"汇解于川东道库"迥然不同。光绪三十一年（1905），周克昌接办重庆厘局，周不仅"并两局更名重庆百货厘金总局"，也剥夺了地方士绅管理厘务的权力。从此，重庆厘金局纳入四川省的直接控制之下。①

保甲局。成立于咸丰十年（1860），负责筹办保甲团练经费。民国《巴县志》中提到，巴县保甲团练"道、府委候补令丞主办"，② "所需月饷由道库给发"。③ 但从咸丰十一年重庆商民敦促保甲局清算账目的诉讼案卷中可以看到，保甲局从设立之初即"札饬八省在局经理局务"，其经费的用途涵盖"所有制造枪炮、军装器械、锅帐并城工隘口炮台江防，暨文武员弁稽查保甲团练城门薪水，带勇局绅薪俸及九门三十三坊厢监正绅董联团照城伙食，查夜守卡牛烛，局勇口食，三十三坊厢教习分五大团，各操丁鞋脚，各城守炮房更房炭火烟茶灯油，各州县拨借军伙夫价，各委员出差夫马以及杂用"。④

三费局。成立于同治二年（1863），由巴县知县王臣福倡设。建立之初，其职责在于筹措杀人命案的验尸、缉捕、押解的费用。⑤ 自光绪三年（1877）夫马局裁撤之后，因公往来过境人员的差旅费用也由三费局支发。⑥ 光绪末年，三费局还承担了一部分地方自治的开支，"以数百金购买老街乐善堂焚毁旧址，建筑三里公所，就地开办镇乡警察及镇乡自治讲习所，招生训练"。⑦ 重庆的三费局一直维持到辛亥革命之后。白德瑞对重庆三费局的研究认为，这一机构的成立"不仅有效地解决了地方官员胥吏的生计问题，更为地方衙署的日常运作提供了稳定的财政来源"，它意味着"士绅与地方官府之间逐渐建立起一种更多基于合作而不是对抗的关系"。⑧

① 民国《巴县志》卷 4《赋役下·征榷》，第 1 页 a。
② 民国《巴县志》卷 15《军警·警察》，第 17 页 a、第 18 页 b。
③ 民国《巴县志》卷 17《自治·保甲团练》，第 19 页 b。
④ 《渝城廿三坊绅士商民等禀请饬保甲局清算历年来抽厘劝捐银两收支帐目以免缠讼一案》（咸丰十一年九月），《巴县档案》缩微胶卷，案卷号：清 6 - 18 - 00147。
⑤ 民国《巴县志》卷 17《自治·三费局》，第 9 页 a。
⑥ 周询：《蜀海丛谈》，第 161 页。
⑦ 民国《巴县志》卷 17《自治·三费局》，第 10 页 a。
⑧ Bradly W. Reed，"Gentry Activism in Nineteenth-Century Sichuan: The Three-Fees Bureau," *Late Imperial China*，Vol. 20，No. 2，1999，p. 123.

　　第二类，新设官僚机构，即由清廷或地方官府设置，委派官吏进行管理，并被正式纳入政府架构之中的机构。在晚清的重庆，这类机构主要包括以下几个。

　　商务总局，成立于光绪二十九年（1903）至光绪三十年，由四川总督锡良奏请设立，以候补川东道周克昌为总办。① 这一机构成立之后，最重要的一项任务即是劝办重庆商会。在光绪三十一年正月下旬的《四川官报》中，提到商务总局"分别先行委充（商会总理、协理），并择定三忠祠作为重庆商务总会会所……一切事宜悉遵照商部定章办理，兹拟定重庆商会章程十八条……详请咨部立案"。② 由此可见，清末的重庆商会至少在成立之初是受商务总局管辖。

　　警察局，于光绪三十一年奉清廷上谕设立。③ 设立之初，名为警察局，由"重庆知府为监督，巴县知县为坐办，负专责者为会办"。光绪三十二年，改为巡警总局，"分城、厢为东、西、外三路，各设正局一，每路设四分局"。宣统三年（1911），改巡警总局坐办为警务长，"受巡警道及地方官之指挥监督"，并设置水道警察和镇乡警察。④

　　劝学所。光绪三十二年，清廷学部要求全国各州县设立劝学所。⑤ 关于巴县劝学所设置的具体时间，笔者目前还没能找到确切的资料。但在光绪三十四年"巴县城乡学堂分类简表"中可以看到，此时巴县劝学所每年向全县的中学堂、高等小学堂、初等小学堂共计拨银7200两。⑥ 这说明，劝学所至少在此时已经成为巴县的教育行政机构。

　　经征局，成立于宣统元年，是附属于四川省经征总局之下的分局，主要负责将巴县的契税、地丁银、津贴、肉厘、油捐、酒捐解归藩库。在此之

---

① 民国《巴县志》卷13《商业》，第1页a。

② 《四川官报》光绪三十一年正月下旬。

③ 这一上谕因出洋考察五大臣被炸事件而下发，宣布成立全国警政的最高管理机构——巡警部，其中提到："巡警关系紧要，迭经谕令京师及各省一体举办，自应专设衙门，俾资统承，着即设立巡警部，其各省巡警，并着该部督饬办理。"转引自民国《巴县志》卷15《军警·警察》，第16页a。

④ 民国《巴县志》卷15《军警·警察》，第16页。

⑤ 刘福森：《劝学所探析》，硕士学位论文，河北师范大学，2008，第10页。

⑥ 《巴县城乡学堂分类简表》，《巴县档案》缩微胶卷，案卷号：清6-06-06391。

前，田房契税由州县官征收，契税盈余是州县公务费用的主要来源。经征局成立后，"地方官只负协察督催之责"，"各邑政权、财权遂截然分立"。①赖骏楠的研究认为，经征局的设立"为全省的财政体制统一和汲取能力提升做出了实质贡献"。②

劝业分所，隶属于通省劝业道的实业管理机构。宣统元年，四川通省劝业道设立劝业员养成所，学员共188人，毕业后分别回到各所在州县劝业分所担任劝业员。③巴县的劝业分所也大致成立于此时。根据敖天颖的研究，巴县劝业分所的劝业员曾广泛地参与劝办农业试验场、蚕桑传习所，组织各项赛会，调查并保护当地矿产等诸项事务。④

第三类，代议机构，即在清末自治运动中建立的"议行分立"的自治机构，分为"县参议会"和"城镇乡会"，均设立于宣统二年。

县参议会是从全县人口中选出议员59人，组成议会；参事员12人，组成参事会。"议会为代议机关，全县一切兴革事宜，由会议议决，交行政官吏执行"；"参事会为监督执行机关，督促官吏执行议会决议各案，常川住会，遇有碍难执行之事，以备官吏咨询"。⑤

城镇乡会是将全县属境划分为城区，以及7镇14乡，分别设置议事会和董事会，分别负责决议和执行。⑥

由于代议机关设置较晚，因此其实施的具体情况绩效尚不清楚。民国《巴县志》中提到，"凡地方事业，如慈善、救济、保安诸务，县人集资兴办，不求助于官司者，皆自治中事也"，⑦应该更侧重于讲地方自治希望达到的目标。

总而言之，在本书研究的时段内，重庆在地方行政体系中的意义与作用

---

① 周询：《蜀海丛谈》，第10页。
② 赖骏楠：《清末四川财政的"集权"与"分权"之争：以经征局设立及其争议为切入点》，《学术月刊》2019年第8期。
③ 王雪梅：《清末四川的劝业活动》，《四川师范大学学报》（社会科学版）1996年第1期。
④ 敖天颖：《清季劝业道及劝业员初探》，硕士学位论文，四川大学，2004，第68～72页。
⑤ 民国《巴县志》卷17《自治·县议参会》，第1页a。
⑥ 民国《巴县志》卷17《自治·城镇乡会》，第2页a、b。
⑦ 民国《巴县志》卷17《自治》，第1页b。

越来越为朝廷和各级官府所看重。大致上说，在咸丰以前，道、府、县是治理这个城市最主要的行政机构，变化主要体现在职能的添加和结构的优化；在咸丰至同治时期，随着地方事务更趋繁剧，在道、府、县三级行政机构之外又增设了由地方士绅管理的半官方机构；在光绪至宣统时期，半官方机构逐渐让位于新设立的官僚机构。这些机构大多与道、府、县平行，使朝廷和总督的权力直接延伸到这个城市。在这一过程中，这个城市经济、社会事务的组织方式都经历了复杂而深刻的变化。

二 清代重庆的商品贸易

20 世纪 90 年代，研究者就已从不同的角度关注清代重庆的大宗商品输出入贸易，并一致认为，从乾嘉时期开始，重庆就已凭借其优越的地理位置与发达的水运条件，与国内诸多地区建立起频繁的贸易联系，并发展成四川乃至整个长江上游地区最重要的商品集散地和交易中心。① 然而，对于这个市场在重庆开埠前后商品结构和贸易总量的变动趋势，至今尚未有贯通的研究。本节即选取了这个市场中较为重要且与后文的论述密切相关的几个长距离大宗贸易门类进行考察，以勾勒出孕育清代重庆商业制度的独特的市场环境。

（一）粮食贸易

这类贸易可以分为"米谷贸易"和"杂粮贸易"两大类，下面分别叙述之。

第一类，米谷贸易。

清初，由于移民的到来和垦荒政策的实施，四川的粮食生产迅速增加。至晚到雍正年间，四川就已经发展成中国一个新的粮食生产基地。② 对于清

---

① 林成西：《清代乾嘉之际四川商业重心的东移》，《清史研究》1994 年第 3 期；龙登高：《中国历史上区域市场的形成及发展——长江上游区域市场的个案研究》，《思想战线》1997 年第 6 期；许檀：《清代乾隆至道光年间的重庆商业》，《清史研究》1998 年第 3 期；郑维宽：《论清代重庆在川东经济中心地位的形成》，《西南师范大学学报》（哲学社会科学版）1998 年第 3 期。

② 周琳：《重庆开埠前川东地区的商品市场》，《西南大学学报》（社会科学版）2009 年第 4 期。

代川米外运的具体数量，学者们考证的结果各不相同。王笛根据乾隆年间四川人口、耕地、粮食总产量及消费量，估算出当时四川剩余的米粮"除去留作他途和运往滇黔外，每年能够沿江东下的大概有 150 万石"。[1] 邓亦兵根据夔关所征收的粮税数额断定，"乾隆时期，川粮外运年平均在 300 万石以上"。[2] 王业键等认为，雍正时期湖南每年输出米谷 500 万石以上，"四川的输出能力即使不超过这个数额，也不致低得很多"。[3] 而谢放则估算，雍乾时期川米外运量最多的时候，"每年 500 万～1000 万石也是有可能的"。[4] 另外，王纲全面辑录了《清实录》和嘉庆《四川通志》中关于川粮外运的记载，并提出从雍正四年至嘉庆十一年（1726～1806），川米流入的范围包括两湖、浙江、云南、贵州、西藏、陕西、甘肃、北京、山东、安徽、福建诸行政区。[5] 总而言之，无论上述哪一家的算法，都足以证明清代前中期川米外运的数量是极其可观的。

当然，这些粮食中的相当一部分属于"官买官运"或"官买商运"[6]，其调拨、购买、运输和发放等环节不同程度地为政府所左右。但是随着川米外运量的增加，政府也越来越倾向于以自由贸易的方式实现省际粮食调配，准许米商在四川的集市和官仓购买粮食，自行外运。乾隆皇帝还屡下诏旨，蠲免运粮船的关税，并禁止沿途税卡的官员拦阻粮船。[7] 这在很大程度上保证了清代四川米谷贸易的顺利进行。

---

① 王笛：《跨出封闭的世界——长江上游区域社会研究（1644～1911）》，第 207 页。

② 邓亦兵：《清代前期内陆粮食运输量及变化趋势——关于清代粮食运输研究之二》，《中国经济史研究》1994 年第 3 期。

③ 王业键、黄国枢：《十八世纪中国粮食供需的考察》，中研院近代史研究所编《近代中国农村经济史论文集》，台北：中研院近代史研究所，1989，第 279 页。

④ 谢放：《清前期四川粮食产量及外运量的估计问题》，《四川大学学报》（哲学社会科学版）1999 年第 6 期。

⑤ 王纲：《清代四川史》，成都科技大学出版社，1991，第 575～577 页。

⑥ "官买官运"即粮食的调拨、购买、转运、发放等程序，完全由四川地方官府或川粮输入地的官府组织进行；"官买商运"即由四川产粮州县准备好米谷，由商贩向官方购买，运往缺粮地区发售。

⑦ 《清实录》乾隆二年五月辛亥条载："但米谷为民食所资，与他货不同。请嗣后旧征米税船料各关，除丰登年岁照例征收外，倘偶遇水旱地方，其附近省分各关口，令该督抚将被灾情形具奏，请旨宽免。凡米谷船一到，即便放行。"参见《清实录》第 9 册，中华书局，1985 年影印本，第 764 页。

由于输入川米量最多的几个省份几乎都位于长江中下游，因此作为长江航道水路运输枢纽的重庆便成为出川米谷的"换船总运之所，所拨谷石数倍他邑，既备本境之用，兼资邻省之需"。① 位于长江航道上的夔关，也是重庆水路外运米谷必经的榷关。自乾隆十九年（1754）至乾隆四十五年（1780），该关每年平均征收粮税达 26248 两，约占其年税收正额的 1/3。② 可见，雍正至乾隆时期，重庆的米谷贸易确曾盛极一时。

第二类，杂粮贸易。

在清代的重庆市场上，"杂粮"应该是指除稻米之外的所有粮食种类。③ 从笔者所掌握的《巴县档案》案卷来看，清代重庆市场上的杂粮大多来自大小两河沿线的诸州县。④ 如道光十二年（1832），"有何双发由合州等处装运胡豆、菜子船靠金紫门河坝"；⑤ 又如道光二十年（1840），江津县民刘廷秀"运麦来渝发卖"。⑥ 而在当时，江津和合州分别是大河沿线和小河沿线最重要的粮食集散市场。⑦ 所以，这些粮食应该是产于大小河沿线诸州县，

① 乾隆《巴县志》卷3《赋役志·积贮》，第38页 a、b。
② 邓亦兵：《清代前期内陆粮食运输量及变化趋势——关于清代粮食运输研究之二》，《中国经济史研究》1994 年第 3 期。
③ 如道光三年（1823），开设杂粮牙行的商人陈廷尊在诉状中写道："蚁祖陈怀远自乾隆年间领帖开设杂粮行生理五十四年，蚁祖在前县陈主存有案据可查，各认差务，所有上下两河麻麦葫菀等项，归协盛公行代客出售。其种粮苞谷黄豆归蚁代客买卖，素无紊乱。"这说明在清代的重庆市场上，除稻米之外，几乎所有的粮食都属于杂粮行的经营范围。参见《南纪坊刘运顺具禀杨洪辉蓦违私顶私租杂粮行帖卷》，《巴县档案》缩微胶卷，案卷号：清 6 - 07 - 00561。
④ 在清代的重庆，"大河""小河""下河"是三个地理概念，"大河"泛指由重庆城上溯长江或长江诸支流的航道；"小河"是指重庆城北方包括嘉陵江在内的诸条长江支流航道；"下河"是指重庆城往湖北顺流而下的长江航道。邱澎生：《国法与帮规：清代前期重庆城的船运纠纷解决机制》，邱澎生、陈熙远编《明清法律运作中的权力与文化》，第 297 页。
⑤ 《道光十二年五月初九日刘开珠诉状》，《清代乾嘉道巴县档案选编》（上），第 380 页。
⑥ 《江津民刘廷秀具禀米粮行商刘文远等违规多取行用及把持市减给行价案》，《巴县档案》缩微胶卷，案卷号：清 6 - 07 - 00583。
⑦ 江津的白沙镇在清代已被称为四川四大重镇之一，由于水陆交通便利，江津本地和永川、贵州的货物都在该镇集散，尤以米谷、杂粮为大宗。参见刘子华《白沙历史沿革简述》，江津县政协文史资料委员会编《江津文史资料选辑》第 3 辑，1985，第 122～123 页。而合州则位于渠江、涪江和嘉陵江的交汇之处，由于三江航道通行条件不同，因此三江输往重庆的货物都不能直接运输，只能在合州换船转载，合州因而成为三江商货的集散中心。其中，又以粮食运销重庆为大宗。参见卿步元《解放前合川商业与金融业述要》，合川政协文史资料研究委员会编《合川文史资料选辑》第 10 辑，1993，第 10～12 页。

经江津、合州转运后来到重庆。而在道光二十九年（1849），杂粮行商刘文远也提到，有"无行无帖米滚数人，冒充行户，每在大小两河私相买卖"。① 这更印证了重庆市场的杂粮来自大小两河的判断。

从《巴县档案》来看，清代重庆市场上的杂粮也同样销往长江中下游各地。如道光四年（1824），王益美在诉状中称自己"在渝坐庄贩卖山货杂粮运楚，交伙收售"；② 又如道光十一年，船户范开科"装渝号李祥兴胡豆四百余石，载汉交卸"。③ 与此同时，集散在重庆市场的杂粮也销往四川境内其他州县。如嘉庆十年（1805），毛思贵"贩买麦子三十七石二斗，有船户向天估、文老七、谢老五载装前往叙州府"。④ 又如道光十二年，何双发称"自买杂粮于前月三十日雇舡装至金紫门外河坝发卖……有小河客江姓与蚁承买"。⑤

尽管在雍正至道光时期，重庆的米谷和杂粮输出一度非常兴盛，但是道光之后，这项贸易进入了一个急剧衰歇的阶段。在巴县的地方志中，再也没有关于粮食贸易的记载。笔者所查阅到的光绪二十年（1894）、二十五年、二十八年、三十一年重庆牙行的验帖记录，也不再出现从事粮食买卖的杂粮行。⑥ 这与王笛所提出的嘉道以后，四川"粮食日益紧张，因而输出越来越少，最后基本断绝"的结论大致吻合。⑦

但值得注意的是，在宣统年间，重庆的粮食输出又有短期的回升。据重庆海关调查报告记载：宣统二年，经重庆海关出口的豌豆为20499

---

① 《杂粮行户刘文远等禀恳出示严禁大小两河米贩沿江贩卖米谷等情案》，《巴县档案》缩微胶卷，案卷号：清6－07－00567。
② 《道光四年十二月十五日王益美告状》，《清代乾嘉道巴县档案选编》（上），第422页。
③ 《道光十一年十月初八日范开科禀状》，《清代乾嘉道巴县档案选编》（上），第379页。
④ 《湖北民毛思贵具告谢大顺等盗卖麦子故意将蚁船只搭漏希图船沉麦流等情》，《巴县档案》缩微胶卷，案卷号：清6－06－07605。
⑤ 《慈里二甲何双发告何大汉冒充牙行无帖取用勒要银两案》，《巴县档案》缩微胶卷，案卷号：清6－12－10163。
⑥ 参见《光绪二十年重庆各行牙帖姓名单》，四川大学历史文化学院藏《巴县档案》抄件，光财三，牙当29；《光绪二十五年巴县各牙行验帖卷》，《巴县档案》抄件，光财三，牙当18；《光绪二十八年重庆各门牙行验帖卷》，《巴县档案》抄件，光财三，牙当45；《光绪三十一年重庆各门牙行验帖卷》，《巴县档案》抄件，光财三，牙当46。重庆的米行从康熙五十年就因"行贿纳规，酿成参案"而被明令取缔。参见乾隆《巴县志》卷3《赋役志·课税》，第43页。
⑦ 王笛：《跨出封闭的世界——长江上游区域社会研究（1644～1911）》，第210～211页。

海关担，小麦为 8303 海关担；宣统三年，经重庆海关出口的小麦达到 148949 海关担。① 但此时粮食输出的数量已经不能和雍正、乾隆时期同日而语。

（二）棉货贸易

在清代的重庆市场上，棉货包括棉花、棉布和棉纱三个种类，下面分别叙述其贸易变动情况。

1. 棉花贸易

在清代，棉花已经成为四川人民制作衣被的主要原料，但是重庆所处的川东地区棉花产量极为有限。② 民国时期，吕平登在《四川农村经济》一书中列举了四川省棉产量较大的县共 31 个，其中位于川东经济区之内的仅有大足县，且年产量仅为 30 担，居于此 31 个产棉县的最末流。③ 即使川东每个州县均能达到这一标准，整个川东地区的棉产量也仅在年均 1000 担左右，余下部分只能依赖外地输入。这样一来，重庆又成为清代川东地区最重要的棉花集散市场。

清代重庆市场上的棉花有两个主要来源。一是来自湖广地区，经长江主航道运抵重庆的"广花"。清代的重庆活跃着大量的湖广棉花商人。至晚在乾隆五十八年（1793），湖广商人即组成了"丝棉行"，并在上清寺设置公所。④ 而在嘉庆六年八省客长上呈县衙的牙行清单中，全城 12 家棉花行均

---

① 《重庆海关 1910 年年度报告》《重庆海关 1911 年年度报告》，周勇、刘景修译编《近代重庆经济与社会发展（1876 ~ 1949）》，第 321、329 页。当时一海关担为 100 市斤，一石为 120 市斤，所以 20499 海关担为 2049900 市斤、17082.5 石；8303 海关担等于 830300 市斤、6919.2 石；148949 海关担等于 14894900 市斤、124124.1 石。关于海关担的换算，可以参照《重庆海关 1891 年年度报告》，其中提到"鸦片一担重 1050 两，合 6510/16 斤，巴县鸦片常年产量被估计为 2500 ~ 2600 担，合 1600 ~ 1700 海关担"。参照这些数据进行换算，重庆海关所使用的一海关担大约相当于 100 市斤。

② 本书中的"川东地区"是指嘉陵江下游地区和重庆以东，以万县为中心的东南长江流域一带，大致包括重庆府、绥定府、夔州府、酉阳州、忠州、石柱厅的地理范围。关于这一地区在何种意义上能够称为一个"经济区"，请参见周琳《重庆开埠前川东地区的市场体系》，硕士学位论文，吉林大学，2005。

③ 吕平登：《四川农村经济》，商务印书馆，1944，第 304 ~ 305 页。

④ 《乾隆五十八年三月丝棉行公地义冢碑序》，《清代乾嘉道巴县档案选编》（上），第 250 页。

为湖广商人开设。[1] 又如光绪五年（1879），白花帮与千厮门脚夫帮重新订立了脚力钱标准，其中明确提到"千厮门路远坎高，家乡广花加钱贰文"。[2] 这都说明，来自湖广地区的棉花在清代重庆棉货市场上曾大量行销。

另一个是产自陕南地区，经汉水、渠江、嘉陵江运抵重庆的"西花"。如嘉庆十九年（1814），太平门码头的湖南茶陵籍脚夫与陕西籍脚夫即因争背"西帮棉花布匹"而发生殴斗。[3] 又如光绪五年，棉花商浩敬等人在诉状中称："职员们系陕西人，来渝贩卖棉花生理。"[4] 但是相比而言，"西花"在清代重庆市场上所占的份额明显低于"广花"，因为汉水和渠江的货物运载量远远低于长江主航道。而位于嘉陵江和渠江交汇处的"西花"转运口岸——合州，"经营花行的只有几家，业务进行亦颇简单"。[5]

清代重庆的棉花贸易量经历了大幅度的变动。嘉庆九年（1804），棉花商唐仁和在诉状中提到"每日（朝天门）码头上下棉花四五百包不等"。[6] 依此计算，朝天门码头每年交易的棉花就达到 14.6 万～18.25 万包。以每包 100 公斤计，[7] 仅朝天门码头每年交易的棉花就达到 1460 万～1825 万公斤。[8] 英国领事禄福礼也曾在一份报告中提及，1886 年从长江航道运抵重庆

---

① 《嘉庆六年六月二十四日巴县牙行清单》，《清代乾嘉道巴县档案选编》（上），第 254～255 页。
② 《卖帮杜恒顺以脚夫不守旧规损人利己害人不浅协恳作主示禁各守旧规》，《巴县档案》缩微胶卷，案卷号：清 6-44-26196。
③ 《太平门夫头谭秉清告李德世等违断强背杂货等情卷》，《巴县档案》缩微胶卷，案卷号：清 6-06-07091。
④ 《浩大生永为买棉花银拖骗不给控万昌行一案》，《巴县档案》缩微胶卷，案卷号：清 6-44-26794。
⑤ 卿步元：《解放前合川商业与金融业述要》，《合川文史资料选辑》第 10 辑，第 10～12 页。
⑥ 《嘉庆九年十二月初一日唐仁和等禀状》，《清代乾嘉道巴县档案选编》（上），第 338 页。
⑦ 在这个案卷中，没有提到每包棉花的确切重量。而英国领事禄福礼在光绪十八年（1892）的一份报告中提到，当时华商用普通木船运往重庆的棉花为每包 200 斤。为了估算方便，本书也利用了这个数据。但不可否认的是，嘉庆时期和光绪时期的棉花包规格很可能是不一样的。因此，本书所计算出的数据只是为了大致上估计嘉庆时期清代重庆棉花贸易的数量级，很有可能是不准确的。参见《重庆海关 1891 年年度报告》，周勇、刘景修译编《近代重庆经济与社会发展（1876～1949）》，第 84 页。
⑧ 需要说明的是，这个数据并不是重庆全城每年交易的棉花总量。因为在当时的重庆，最大的棉花装卸码头并不是朝天门，而是千厮门。但关于千厮门的棉花交易数量，笔者目前尚未看到确切的数据。

的棉花达到 15 万包，① 以每包 100 公斤计，即为 1500 万公斤。而据重庆海关统计，在光绪三十四年（1908），由民船经厘金局运入重庆的棉花为 18.7 万海关担，② 约合 935 万公斤。从这些粗略计算的数据可以看出，从嘉庆初年至光绪末年，重庆的棉花贸易量出现了明显减少，而且这一变化大约开始于重庆开埠之后。重庆海关 1893 年的年度报告提到："本年经由海关进口的原棉数量再度下降，据报经厘局的进口数也同样减少"，"本城的棉花商行损失惨重，有几家已经破产"。③ 但是从《巴县档案》的案例来看，这个过程可能是渐进的。因为在光绪二十六年（1900），千厮门茶陵脚夫帮还将背运棉纱的"力轮"顶当给散夫左兴发等，本帮脚夫专门背运棉花，到了宣统二年（1910），才因"棉花入境减少"，极力要求将"力轮"收回。④

2. 棉布贸易

据徐新吾估算，1840 年，以全国总人口平均计算，每人每年消费土布约为 3 丈，折合标准土布 1.5 匹。⑤ 又据曹树基对清代四川人口的分府考订，嘉庆二十五年（1820），川东经济区的人口总数约为 760.3 万人。⑥ 由此可以推断，在 19 世纪中期，川东地区每年大约需要棉布 2281 万丈，约合标准土布 1140.5 万匹。⑦ 而在 19 世纪，全川的棉花年产量仅有 30 万～40 万石，⑧ 约合棉布 272.7 万～363.6 万匹，⑨ 还远远达不到川东一个地区的要求。如果再考虑到川东之外依靠重庆市场提供棉布的地区，供需之间的差距

---

① 《重庆海关 1891 年年度报告》，周勇、刘景修译编《近代重庆经济与社会发展（1876～1949）》，第 84 页。

② 《重庆海关 1908 年年度报告》，周勇、刘景修译编《近代重庆经济与社会发展（1876～1949）》，第 307 页。

③ 《重庆海关 1893 年年度报告》，周勇、刘景修译编《近代重庆经济与社会发展（1876～1949）》，第 193 页。

④ 《渝城千厮门力帮为争运棉纱互控案》，《巴县档案》抄件，宣财五，搬运 7。

⑤ 徐新吾主编《江南土布史》，上海社会科学院出版社，1992，第 299 页。

⑥ 曹树基：《中国人口史》第 5 卷《清时期》，复旦大学出版社，2001，第 286～294 页。

⑦ 19 世纪中期，川东地区的人均棉布消费量究竟是高于全国平均水平，还是低于全国平均水平，目前尚未有准确的估算。所以，本书在计算川东地区全年所需棉布数量时，只能以全国平均水平为依据，待学界对清代川东居民棉布消费量有更准确的估算后，再进行修正。

⑧ 游时敏：《四川近代贸易史料》，四川大学出版社，1990，第 184 页。

⑨ 游时敏记载，19 世纪四川本地织造的土布每匹需棉 11 斤，据此可以计算出四川省每年出产的棉所能织造的棉布数量。参见游时敏《四川近代贸易史料》，第 184 页。

就更大。于是，棉布成为重庆市场上又一个重要的贸易门类。

在咸丰以前，重庆市场上的棉布主要是国内生产的土布，大致有三个来源。一是来自湖广地区。如乾隆四十四年（1779），布贩陈致和即状告吴成观等"上游一带河中截买广船布条"。又如嘉庆十五年（1810），重庆城山货行和广货行因争夺棉花和棉布的专卖权而大兴讼端。山货行称："蒙恩辕主断令千厮门每年帮给广货行差银四十两，准蚁等山货行代卖楚布。"① 可见，"楚布"原是由专门经营湖广地区货品的"广货行"独家经营的，② 其来自湖广地区更是毋庸置疑。

二是来自陕西。如嘉庆十九年（1814），陕西商人关允中即在诉状中提到："民等西帮所运花布药材杂货等项来渝……"③ 这一部分棉布应是从陕南地区，经汉水、渠江、嘉陵江运抵重庆，与上文所述的"西花"相同。但这些棉布究竟是由陕西本地生产，还是由陕西商人在湖北襄阳一带收购，目前尚不清楚。

三是来自重庆本地及其附近州县。据说在鸦片战争前，重庆已经有一些专门纺织土布的手工机坊，"江北的刘家台、巴县的南岸和石桥铺等地，都是机坊比较集中的地区"，有些农民也"以织布为主要副业"。④ 而在道光二十年（1840），染房主周庆泰等也在诉状中提到，他们的店铺"各在广安州收买该地地产小白布，装回渝城，自染装运发售"。山本进的研究指出，为了避免区域经济过分依附于全国市场，18 世纪后半期四川本地的棉布生产逐渐抬头，形成了一种"输入替代"的格局。⑤ 这与上述史料的记载比较吻合。

---

① 《千厮门山货行与广货行争卖红白花和布匹互控案》，《巴县档案》缩微胶卷，案卷号：清 6 - 05 - 04886。
② 关于咸丰以前重庆市场上的"广货"的含义，请参见周琳《重庆开埠前川东地区的商品市场》，《西南大学学报》（社会科学版）2009 年第 4 期。
③ 《太平门夫头谭秉清告李德世等违断强背杂货等情卷》（嘉庆十九年七月），《巴县档案》缩微胶卷，案卷号：清 6 - 06 - 07091。
④ 卓德全、王仲鼎、周让伯：《洋布倾销和重庆布匹业的形成》，中国民主建国会重庆市委员会、重庆市工商业联合会文史资料工作委员会编《重庆工商史料》第 1 辑，重庆出版社，1982，第 186 页。
⑤ 山本进「清代四川の地域経済」『明清時代の商人と国家』。

　　咸丰以后，"洋布"逐渐进入了重庆的棉布市场。① 据深入了解清代重庆布匹贸易的人回忆，清代重庆洋布贸易的发展大约可以分为四个阶段。② 第一个阶段是咸同年间。这一时期，重庆市场上出现了 10 多家专营洋布的字号，但是由于太平天国战争阻断了商道，货源紧张，而且各字号的资本额较小，经营规模受到限制。第二个阶段是光绪初年。这一时期，重庆的洋布商号已经发展到 30 多家，布匹的种类有了明显的增加，销场有了明显的拓展。从事洋布中介贸易的"广货铺"应运而生，一般字号的资本额大多增长至白银 3000两左右。第三个阶段在光绪中期。此时，全城已经有 60 多家洋布商号，资本额平均在白银 6000 两左右。所销布匹的品种更加繁多，除英国货、印度货之外，日本货也渐有销路。第四个阶段在光宣年间。这一时期，涉足布匹业的字号已经增至 90 多家，大字号的资本额一般在白银万两以上。由于轮船被用于川江航运，克服了一直困扰着洋布贸易的运输难题，因此洋布的贩运和经销更趋旺盛。

　　关于咸丰以前重庆土布贸易的规模，由于没有确切的贸易统计数字，因此难以估计。而咸丰以后洋布贸易的规模，不同立场的人则有不同的描述。了解这一贸易的中国人认为，咸丰至宣统时期是洋布倾销重庆市场，逐渐排挤国产土布的时期，从事这一行业所获得的利润比其他行业丰厚得多。③ 关注这一贸易的外国人则认为，在重庆开埠以后，洋布贸易的发展并不特别令人满意，要开拓并占据这个市场绝非易事。1892 年至 1898 年重庆海关年度报告的撰写者不断抱怨："在一些经营布匹的商人看来，重庆的订货量几年来没有发生实质性的变化"；④ "完全有理由相信，外国纺织品永远只是供西部各省富户消费的奢侈品"；⑤ "布匹的消费量不太可能增长，尽管目前不令

---

① 需要说明的是，实际上，早在道光末期，洋布就已经进入重庆市场，只是数量很少，影响不大，故在此从略。参见卓德全、王仲鼎、周让伯《洋布倾销和重庆布匹业的形成》，《重庆工商史料》第 1 辑，第 188 页。

② 卓德全、王仲鼎、周让伯：《洋布倾销和重庆布匹业的形成》，《重庆工商史料》第 1 辑，第 190～195 页。

③ 卓德全、王仲鼎、周让伯：《洋布倾销和重庆布匹业的形成》，《重庆工商史料》第 1 辑，第 202～204 页。

④ 《重庆海关 1892 年年度报告》，周勇、刘景修译编《近代重庆经济与社会发展（1876～1949）》，第 171 页。

⑤ 《重庆海关 1893 年年度报告》，周勇、刘景修译编《近代重庆经济与社会发展（1876～1949）》，第 185 页。

人满意";① "当地人认为外国布匹是做工很次的料子"。② 那么，清代重庆的洋布贸易究竟处于什么样的状况呢？笔者根据重庆海关 1891 年至 1898 年的洋布贸易统计数据制成图 1 - 1，以便进行观察。

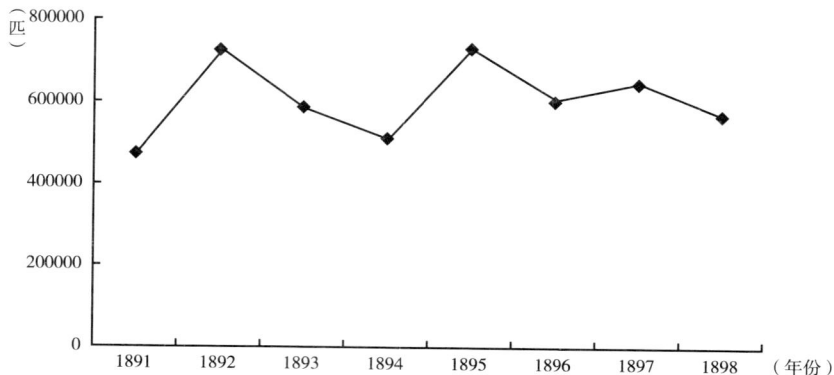

图 1 - 1　1891 ~ 1898 年重庆洋布进口总量变动趋势

　　资料来源：重庆海关 1891 ~ 1898 年年度报告，周勇、刘景修译编《近代重庆经济与社会发展（1876 ~ 1949）》，第 79 ~ 98、164 ~ 289 页。

　　从图 1 - 1 可以看出，在有确切海关贸易统计数据的 1891 年至 1898 年，重庆市场上的洋布进口总量基本上是保持平稳的，除 1891 年和 1894 年较低外，其余年份的进口总量均在 60 万匹左右。当时，重庆市场每年仍输入一定数量的湖广土布，1892 年的海关统计数据为 150 万码，约 102973 匹③。显而易见，与洋布的进口量相差极大。但是根据上文的估算，仅川东地区每年需要的棉布就达到 1140.5 万匹，相当于重庆洋布年进口总量的十几倍。如果考虑到重庆市场的洋布还要销售到川东以外的地区，这个差距更大。也就是说，当时川东及其周边许多地区的居民，穿用洋布仍然是非常有限的。所以，上文提到的中国人和外国人对于洋布贸易的描述，实际上从不同的角

---

① 《重庆海关 1897 年年度报告》，周勇、刘景修译编《近代重庆经济与社会发展（1876 ~ 1949）》，第 252 页。

② 《重庆海关 1898 年年度报告》，周勇、刘景修译编《近代重庆经济与社会发展（1876 ~ 1949）》，第 270 页。

③ 《重庆海关 1892 年年度报告》，周勇、刘景修译编《近代重庆经济与社会发展（1876 ~ 1949）》，第 175 页。

度反映了洋布贸易的真实状况。那么，在土布输入急剧收缩、洋布尚未普及的情况下，当地居民制作衣被的需求如何得到满足呢？这就涉及当时重庆棉货贸易的第三大类商品——棉纱。

3. 棉纱贸易

棉纱是织布的主要原料。光绪中期以前，重庆市场上的棉纱主要是农村家庭自纺的土纱。"那时，每当逢场之日，农妇们便将自纺土纱向棉花摊子易棉。"[①] 光绪中期以后，洋纱逐渐进入重庆市场。到目前为止，笔者所看到的关于重庆大规模进口洋纱最早的记录，是在1882～1890年宜昌海关年度报告中。该报告称，在这些年份中，重庆洋纱的进口量"从微不足道的地位一跃而成为四川进口洋货中最重要的一项"。[②] 笔者整理了重庆海关年度报告中关于重庆棉纱进口的数据，制成表1-3、图1-2，以反映从1890年至1898年重庆棉纱进口的种类、数量及其变动趋势。

表1-3　1890～1898年重庆棉纱进口量统计

单位：磅

年份 ＼ 种类	印度棉纱	英国棉纱	中国棉纱	日本棉纱
1890	13060867	357910	无进口	无进口
1891	12659167	117170	无进口	无进口
1892	17096667	82400	无进口	无进口
1893	10343067	17200	无进口	无进口
1894	16613067	63200	285200	无进口
1895	15275333	91333	540400	无进口
1896	22218133	4533	527600	800
1897	25118666	23600	4512823	1171333
1898	21390133	43200	6936332	1237866

① 卓德全、王仲鼎、周让伯：《洋布倾销和重庆布匹业的形成》，《重庆工商史料》第1辑，第186页。

② 《宜昌海关1882～1890年年度报告》，周勇、刘景修译编《近代重庆经济与社会发展（1876～1949）》，第75页。

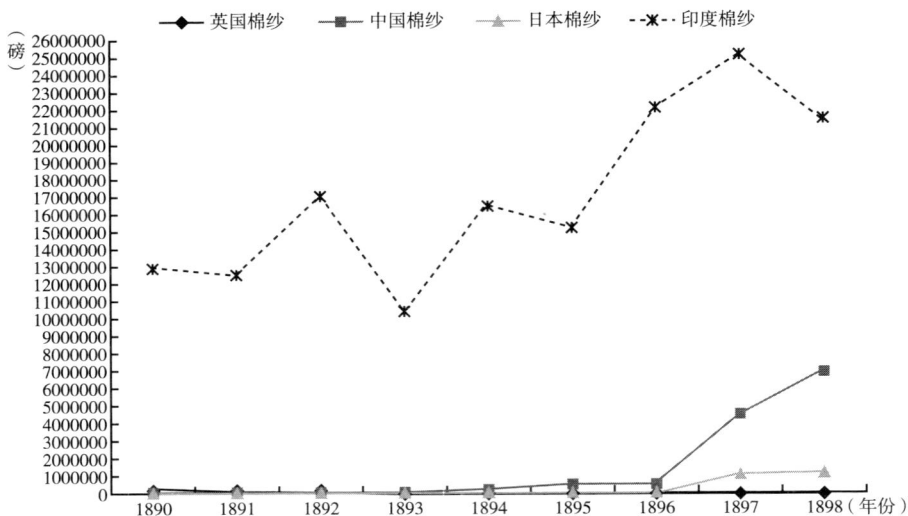

图 1－2　1890～1898 年输入重庆市场各国棉纱数量变动趋势

资料来源：重庆海关 1890～1898 年年度报告，周勇、刘景修译编《近代重庆经济与社会发展（1876～1949）》，第 164～289 页。

从表 1－3、图 1－2 可以看出，在 1890 年至 1898 年，印度棉纱在重庆市场上占据绝对优势；英国棉纱进入重庆市场最早，但是贸易量一直较小；日本棉纱的进口量和中国棉纱的输入量在 1897 年后明显增加，其中中国棉纱的增长势头尤其迅猛。从图 1－2 还可以看出，1896 年以后，中国棉纱和日本棉纱的市场需求都变得更加旺盛。

出现这种趋势的原因，可以归结为市场竞争的加剧和当地居民消费习惯的改变两个方面。

从表 1－3 可以看出，在 1895 年之前，重庆的棉纱市场几乎是印度棉纱和英国棉纱"一统天下"。当时，英国商人尤其看好印度棉纱的市场潜力。他们反复强调，"本地纺织者已意识到印度棉纱的价值"，①"印度棉纱目前易于站稳脚跟"。②尽管他们也注意到湖北和上海生产的棉纱已

---

① 《重庆海关 1893 年年度报告》，周勇、刘景修译编《近代重庆经济与社会发展（1876～1949）》，第 189 页。
② 《重庆海关 1895 年年度报告》，周勇、刘景修译编《近代重庆经济与社会发展（1876～1949）》，第 219 页。

经开始进入重庆市场，但是仍然非常自信地预言："不必担心这些产品会对印度和英国棉纱产生严重的竞争"；①"没有迹象表明中国棉纱会在很大程度上博得公众喜爱"。② 但是在 1897 年前后，情况就发生了明显的变化。英国人惊奇地意识到："中国的纱产量目前正迅速增长……也在寻求西部省份的销路。"③ 而在 1898 年，他们则非常失望地声称："中国棉纱正稳步逼近"，"这项贸易从孟买转到上海纱厂主的手中是决不能令人满意的"。④

这种形势的转换主要取决于各国棉纱质量和价格的变动。在 1895 年以前，印度棉纱在这两方面都占有绝对优势。重庆海关年度报告中提到，"用印度棉纱织出的布接近土布，因而更适合保守的中国人的口味"，⑤ 而且"原棉纺成纱后，加上成本就比进口纱贵"。⑥ 相比而言，中国棉纱和日本棉纱都各自存在问题。至少在 1895 年，中国棉纱还被英国人断定为"质地粗糙不均匀，且不耐磨，这些都使其没有资格参加竞争"；⑦ 而日本棉纱虽然"洁白而柔软"，却"价格过高"。⑧ 但是在 1898 年，情况却发生了明显的变化。上海棉纱的质量有了明显的改进，已经"含有 70% 的优等原棉"，而且同等质量每包价格较印度棉纱低 20 ~ 30 元。⑨ 湖北棉纱虽然质量不及上海

---

① 《重庆海关 1895 年年度报告》，周勇、刘景修译编《近代重庆经济与社会发展（1876 ~ 1949）》，第 219 页。

② 《重庆海关 1896 年年度报告》，周勇、刘景修译编《近代重庆经济与社会发展（1876 ~ 1949）》，第 235 页。

③ 《重庆海关 1897 年年度报告》，周勇、刘景修译编《近代重庆经济与社会发展（1876 ~ 1949）》，第 252 页。

④ 《重庆海关 1898 年年度报告》，周勇、刘景修译编《近代重庆经济与社会发展（1876 ~ 1949）》，第 270 页。

⑤ 《重庆海关 1891 年年度报告》，周勇、刘景修译编《近代重庆经济与社会发展（1876 ~ 1949）》，第 84 页。

⑥ 《重庆海关 1893 年年度报告》，周勇、刘景修译编《近代重庆经济与社会发展（1876 ~ 1949）》，第 76 页。

⑦ 《重庆海关 1895 年年度报告》，周勇、刘景修译编《近代重庆经济与社会发展（1876 ~ 1949）》，第 219 页。

⑧ 《重庆海关 1898 年年度报告》，周勇、刘景修译编《近代重庆经济与社会发展（1876 ~ 1949）》，第 271 页。

⑨ 《重庆海关 1898 年年度报告》，周勇、刘景修译编《近代重庆经济与社会发展（1876 ~ 1949）》，第 270 ~ 271 页。

棉纱，但生产程序也在改进。① 正因为如此，印度棉纱面临国产棉纱日益严峻的竞争。

　　由于棉纱质量和价格的变化，当地居民的消费习惯也发生了明显的变化。在洋纱引进之初，重庆居民对洋纱的使用大多限于"在用土纱织布时，用印纱作经"。② 但是到了1897年，重庆棉布"部分地甚至完全是用进口纱织的"。③ 而从表1-3可知，1897年正是印度棉纱、中国棉纱和日本棉纱输入量空前迅猛增长的一个年份。

　　关于1898年之后重庆的棉纱贸易，笔者目前尚未看到全面的统计数据，但是可以推断的是，之前出现的市场竞争加剧和当地居民对棉纱的依赖性增强这两个趋势都持续了下来。1906年，重庆海关称："棉布和棉纱的需求量一直很大……特别是棉纱，增长了36%。"④ 虽然没有确切的贸易数据，但是在一年之内贸易量增长36%，显然反映了重庆市场异常旺盛的棉纱需求。但是在这种增长之中，市场竞争的格局却发生了进一步的变化。首先，是印度棉纱的衰退。1908年，印度棉纱的提货量从353419海关担下降到296497海关担，⑤ 英国人沮丧地承认"从总体上说，印度棉纱已坚持不住"。⑥ 另外，还有日本棉纱的推进。1910年，其进口量从17621海关担增加到55605海关担，⑦ 因为"买主喜欢日本货的品种多样化"。⑧ 更加明显的是中国棉纱

① 《重庆海关1898年年度报告》，周勇、刘景修译编《近代重庆经济与社会发展（1876~1949）》，第271页。
② 《重庆海关1893年年度报告》，周勇、刘景修译编《近代重庆经济与社会发展（1876~1949）》，第189页。
③ 《重庆海关1897年年度报告》，周勇、刘景修译编《近代重庆经济与社会发展（1876~1949）》，第253页。
④ 《重庆海关1906年年度报告》，周勇、刘景修译编《近代重庆经济与社会发展（1876~1949）》，第292页。
⑤ 353419海关担大约相当于47121355磅，296497海关担大约相当于39531945磅，与1898年及之前的印纱进口数据相比，增加了1~2倍。
⑥ 《重庆海关1908年年度报告》，周勇、刘景修译编《近代重庆经济与社会发展（1876~1949）》，第305页。
⑦ 17621海关担大约相当于2349407磅，55605海关担大约相当于7413814磅，与1898年及之前的日纱进口数据相比，增加了1~6倍。
⑧ 《重庆海关1910年年度报告》，周勇、刘景修译编《近代重庆经济与社会发展（1876~1949）》，第320页。

的强势进逼。1908 年，尽管印度棉纱进口量锐减，英国人仍然认为"几年前认为本地产的棉纱将取代进口纱的观点，几乎无法证实"。[①] 但是到了1911 年，英国人终于放弃了先前的乐观态度，被迫承认"各种洋纱的进口量都继续下降，它们逐渐被土产棉纱所取代"。[②]

综上所述，由于重庆及其周边地带大多属于缺棉地区，因此在整个清代，其棉货市场表现出非常明显的依赖性。大致上说，是从完全依赖国内市场转变为越来越多地依赖国际市场。这一变化从咸丰时期初露端倪，在重庆开埠之后成为不可逆转的趋势。但是总的来说，这种变化并不是国产棉货节节败退、进口棉货步步紧逼的过程。从上文的论述可以看出：洋布、洋纱排挤国产棉花用了很长的时间；洋布虽然成功地排挤了国产棉布，但在市场上的普及程度并不特别高；洋纱的输入量虽然一度相当可观，但是最终面临国产棉纱严峻的竞争。由此可见，在清代的重庆棉货市场上，价格机制和当地居民的消费习惯仍然在一定程度上制约着洋货的输入，致使这个市场的结构尚没有经历急剧的突变。

（三）土特产贸易

土特产是清代重庆最大宗的贸易输出品，主要包括药材和山货两个大类。"山货"在不同时期、不同地区有着不同的含义。[③] 根据《四川省之山货》一书对清代四川山货种类的记述，[④] 笔者认为，清代重庆市场上的"山货"应该是指重庆及其周边地区所出产的畜产品和林产品，这些商品的生产大多依赖山地独特的气候和生态条件，销售时往往不经过加工或只经过比较粗糙的加工。而在本书所考察的时段，药材和山货的贸易又可以分为两个方面——国内贸易和国际贸易。

---

① 《重庆海关 1908 年年度报告》，周勇、刘景修译编《近代重庆经济与社会发展（1876 ~ 1949）》，第 305 页。
② 《重庆海关 1911 年年度报告》，周勇、刘景修译编《近代重庆经济与社会发展（1876 ~ 1949）》，第 328 页。
③ 人们对"山货"的不同界定，请参见严奇岩《近代四川山货开发研究》，硕士学位论文，西南师范大学，2004，第 4 ~ 6 页。
④ 重庆中国银行编《四川省之山货》上卷，中国银行总管理处经济研究室，1934，第 1 ~ 23 页。

国内贸易主要是通过"本地贩运商—牙行—外地收购商"的运销渠道完成的。乾隆十六年（1751），重庆共有山货牙帖55张，药材牙帖8张，占全城牙帖总数的39%。① 嘉庆六年（1801），重庆共有山货牙帖38张，药材牙帖11张，占全城牙帖总数的45%。据此推测，在清代中前期，山货和药材是重庆市场上的大宗贸易商品，而且在这段时期，其贸易量很可能呈上升之势。

然而在光绪时期的重庆牙行验帖记录中，却未再看到山货行的记录。原本由山货行经营的商品，有的已经独立成行（如笋子、干菜），② 有的则逐渐被药材行抢夺（如枳壳等）。③ 与此同时，药材行的贸易量却出现了明显的攀升。光绪二十五年至三十一年，重庆药材行的数量一直保持在23～24家，④ 相当于嘉庆初年的两倍有余。宣统元年，药材和干菜两行向县衙缴纳的更换商业执照费用就高达白银8000两。⑤ 除药材牙行之外，当时的重庆还出现了许多药材栈房和私人经纪，在同治十二年（1873），据说就已达

---

① 乾隆《巴县志》卷3《赋役志·课税》，第39页。

② 在嘉庆十四年贵州客商黎德茂的供状中，提到装运笋子来渝，投瑞泰山货行发卖［见《黎德茂等供状》，《清代乾嘉道巴县档案选编》（上），第363页］。而从光绪年间的牙行验帖记录中可以看到，光绪二十年（1894）重庆有笋子行5家，光绪二十五年、二十八年、三十一年重庆有笋子行4家（见《光绪二十年、二十五年、二十八年、三十一年重庆各门牙行验帖卷》，《巴县档案》抄件，光财三，牙当29，牙当18，牙当45，牙当46）。另外，干菜在最初应该也是由山货行经营的。如咸丰六年（1856），山货行主黄泰茂在诉状中称："情蚁等领山货部帖在治开行……凡山广花包珍味任客投行发售取用。"这说明产自山区的食品在当时是由山货行经营的。而在光绪二十五年重庆有干菜行6家，二十八年重庆有干菜行9家，三十一年重庆有干菜行6家（见《光绪二十五年、二十八年、三十一年重庆各门牙行验帖卷》，《巴县档案》抄件，光财三，牙当18，牙当45，牙当46）。

③ 光绪二十七年（1901），重庆山货帮的帮规中提到："枳壳、梅子、陈皮、楛子、杜仲、君子、故只等药为山货大宗，因帮规日渐废弛，货亦散漫难稽。"宣统二年，山货帮的诉状中又提到，熊荣泰等药材行"架公记牌名由山采买枳壳，运渝洒卖滥规，现仍源源贩卖"。可见，原本由山货行经营的一些贸易门类渐被药材行抢占。参见《宣统一至二年重庆药材帮关于买卖药材称斤的规定卷》（宣统元年至二年），《巴县档案》抄件，宣财二，手工业28。

④ 《光绪二十五年、二十八年、三十一年重庆各门牙行验帖卷》，《巴县档案》抄件，光财三，牙当18，牙当45，牙当46。

⑤ 《巴县签饬重庆药材干菜两行值年首事速将应帮闰差银申解及职商永昌号等具禀摊帮朱锭银改作学务款恳详省豁免等情卷》（宣统二年闰二月至六月），《巴县档案》缩微胶卷，案卷号：清6-54-01620。

到"经纪数千，老少万计"的规模。由此可见，在清代中后期，重庆的药材贸易和山货贸易有逐渐合并的趋向，而且在整个城市商业中的重要性也随之提升。

除此之外，用作染料的蓝靛也是土特产贸易的一项重要内容。在乾隆十六年和嘉庆六年，重庆靛行的数量一直保持在 8 家。乾隆至道光时期的重庆还形成了一个由靛行和贩靛客商共同组成的"九河靛帮"。道光九年（1829），该帮公产数额已达到"计抽厘金三千余金，合前收厘金约有六千余两"。① 可见，当时重庆城的蓝靛贸易量是非常可观的。光绪时期，重庆的蓝靛贸易似乎有所衰退，从光绪二十五年至三十一年，重庆靛行的数量一直保持在 3 家，但这项贸易仍然是当时重庆土特产贸易的一个组成部分。

重庆大规模出口土特产始于光绪十七年（1891）重庆开埠之后。其所出口的商品包括"普通商品"和"鸦片"两个大类。但是根据重庆海关1891～1898 年的贸易统计数据，当时重庆市场上每年输出的普通土特产商品总值远远不及洋货进口总值。具体情况见表 1－4。

表 1－4　1891～1898 年重庆普通土特产出口总值与洋货进口总值之比较

单位：英镑

年份	普通土特产出口总值	洋货进口总值	出口货值与进口货值的差距
1891	434057	1071970	637913
1892	564701	1579708	1015007
1893	627259	1189922	562663
1894	569163	963783	394620
1895	587714	1142838	555124
1896	579772	1318180	738408
1897	684074	1776586	1092512
1898	525261	1682980	1157719

资料来源：重庆海关 1891～1898 年年度报告，周勇、刘景修译编《近代重庆经济与社会发展（1876～1949）》，第 79～95、164～289 页。

---

① 《綦江县民周元顺等具禀卢俊荣等籍修补梅葛庙为名从中侵吞金事》（道光八年十二月），《巴县档案》缩微胶卷，案卷号：清 6－07－00591。

从表 1-4 可以看出，从 1891 年至 1898 年，重庆普通土特产年出口总值一直远远低于洋货年进口总值，差距最小的年份是 1894 年，大约为 39.5 万英镑，差距较大的年份为 1892 年、1897 年、1898 年，都在 100 万英镑以上。

那么，出口与进口之间如此巨大的差额由什么来弥补呢？答案就是鸦片。在重庆开埠之前，英国人即断言："食盐和鸦片是四川两大宗最重要的出产"，"（鸦片）销场已大为增广，其扩展希望几乎无限"。[①] 而在重庆开埠之后，重庆市场上鸦片的出口货值总体上几乎呈飙升之势。请参见图 1-3。

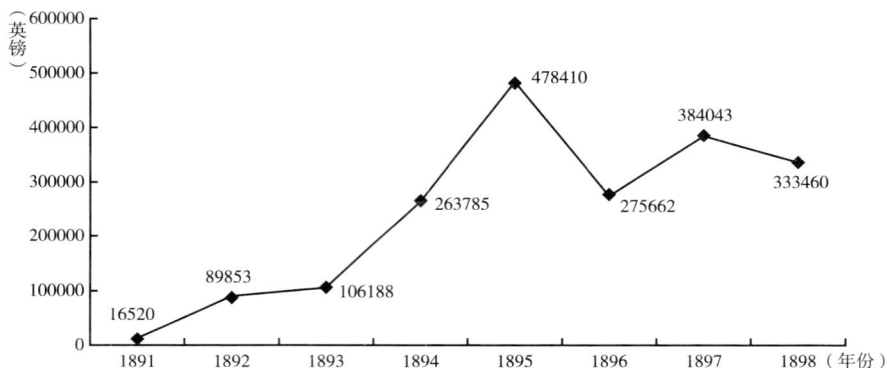

图 1-3　1891~1898 年重庆鸦片出口货值变动趋势

资料来源：重庆海关 1891~1898 年年度报告，周勇、刘景修译编《近代重庆经济与社会发展（1876~1949）》，第 79~95、164~289 页。

从图 1-3 可以看出，从 1891 年至 1895 年，重庆市场的鸦片出口货值增长了 20 多倍。尤其是在 1895 年，其出口货值达到 478410 英镑。在此之后，虽然有一些波动，但总体上保持 30 万英镑左右的年输出货值。

那么，鸦片输出贸易是否能够填补重庆市场上巨大的贸易逆差呢？请看图 1-4。

图 1-4 可以清晰地反映出，1891~1898 年重庆市场每年输出的鸦片货值远远比不上进出口贸易逆差值。1894 年以前，鸦片出口货值虽然一路飙升，但与贸易逆差值远不在一个数量级；在 1894 年和 1895 年，这两个数值

---

① 《开埠时期·概述》，周勇、刘景修译编《近代重庆经济与社会发展（1876~1949）》，第 45 页。

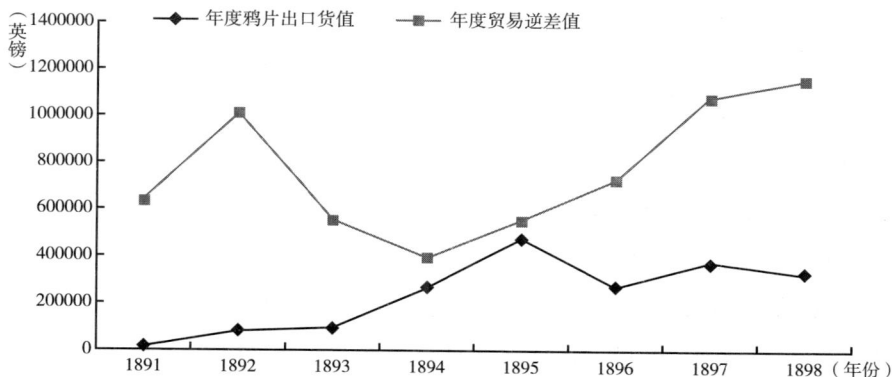

图 1-4　1891～1898 年重庆鸦片出口货值和贸易逆差值变动趋势

资料来源：重庆海关 1891～1898 年年度报告，周勇、刘景修译编《近代重庆经济与社会发展（1876～1949）》，第 79～95、164～289 页。

曾一度比较接近；但是在 1895 年以后，进出口贸易逆差值又逐年攀升，与鸦片出口货值之间很快拉开了巨大的差距。也就是说，在这一时期，鸦片输出从总体上说还是无法填补这个市场巨额的进出口贸易逆差。

在 1898 年之后，没有系统的土特产出口贸易数据，但是 1908 年重庆海关年度报告中提到：在 1904 年至 1908 年，各项土特产出口贸易的增长幅度都十分明显，与 1894 年至 1903 年相比，增长幅度分别为"皮货 265%，木耳 250%，山羊皮 235%，药材 72%，野丝 63%，大黄 62%，绵羊毛 45%，废茧 19%，药土 17%，猪鬃 15%，鸡鸭毛 15%，五倍子 10%，大麻 7%，乱丝头 4%"。[①] 这说明重庆市场仍然在不断增加土特产商品的输出量，以弥补进出口贸易的差额。

然而也正是从 1908 年开始，川督赵尔巽通饬各属，厉行禁烟。[②] 从此以后，重庆市场不得不输出更多的普通土特产。如 1909 年鸡鸭毛出口量创最高纪录，比 1908 年增加了 12%；[③] 1910 年，生黄丝出口从 4970 担增加到

① 《重庆海关 1908 年年度报告》，周勇、刘景修译编《近代重庆经济与社会发展（1876～1949）》，第 307 页。

② 王克强：《从赵尔巽档案看清末四川禁烟》，《清史研究》2003 年第 2 期。

③ 《重庆海关 1909 年年度报告》，周勇、刘景修译编《近代重庆经济与社会发展（1876～1949）》，第 314 页。

6395 担;① 1911 年，"官府和商人已尽了最大的努力来填补川省过去的大宗产品——土药消失引起的空白"。② 然而效果似乎不容乐观。正如英国人的观察："尽管一般出口贸易逐年增长，无法找到能够填补烟土空缺的突然而巨大的发展。"③

综上所述，清代重庆的土特产输出贸易是一个既针对国内市场，又针对国际市场的贸易门类。相比而言，国内贸易发展得比较平稳。尽管内部结构的调整幅度很大，但始终在国内市场上保持明显的优势，而在国际贸易方面则显得相当被动。为了填补这个市场巨额的进出口贸易逆差，一度形成了鸦片与普通商品并驾齐驱的贸易结构。但即便如此，仍然无法使这个市场的进出口贸易实现平衡，反而使土特产输出越来越受制于国际市场。

从本节的论述可以看出，除粮食贸易之外，清代重庆最主要的贸易门类都逐渐分化为国内贸易和国际贸易两个层面。但值得注意的是，无论是棉货输入还是土特产输出，都体现出国内贸易和国际贸易的竞争或共存。在棉货贸易方面，竞争的动力来自国内市场不断提高的生产能力。在土特产贸易方面，共存的前提是四川省土特产品的传统优势。因此，尽管清代重庆的商品贸易面临国际市场的严峻挑战，但胜负仍然未见分晓。

三 清代重庆的工商业移民

陈孔立对"移民社会"的概念做了如下界定：所谓"移民社会"，指的是那些以外来移民为主要成分的社会，它是一个过渡形态的社会，逐渐从移民社会转化为定居社会。此外，陈氏还提出了识别移民社会的三条标准：第一，以外来移民为主体，而不是以当地世居住民为主体；第二，移民自己组

---

① 《重庆海关 1910 年年度报告》，周勇、刘景修译编《近代重庆经济与社会发展（1876～1949）》，第 321 页。
② 《重庆海关 1911 年年度报告》，周勇、刘景修译编《近代重庆经济与社会发展（1876～1949）》，第 328 页。
③ 《重庆海关 1909 年年度报告》，周勇、刘景修译编《近代重庆经济与社会发展（1876～1949）》，第 312 页。

成一个社会，与当地世居住民有联系但不混同；第三，经过若干年代，移民的后裔取代移民成为社会的主体，该社会就逐渐变为定居社会。①

以此标准衡量，清代的重庆算得上是一个比较典型的移民社会。在目前已有的研究成果中，大多将清代重庆的移民社会放在整个清代四川的移民社会中进行考察。但是，作为一个正在崛起的长江上游最重要的工商业城市，重庆的移民构成、迁徙方式和组织方式显然与四川省其他地区有所不同。所以，本书主要依据目前在研究重庆移民史时很少利用的《巴县档案》，从工商业者的流动规模和内部构成两个方面，来探讨清代重庆移民社会的基本样貌。

（一）以往学者对清代工商业移民的研究

蓝勇等学者对清代四川人口的研究指出，在明末清初的战争中，重庆及其周边各县是全川人口损耗最严重的地区，世居居民的残存也最少，仅占册载人口数的5%左右。② 但是在清朝前期的一百多年内，重庆人口恢复却非常迅速。据康熙《四川总志》记载，当时重庆城内仅有数百户人家。③ 到嘉庆十七年（1812），巴县的册载人口总数已达到218779人，在全川155个厅州县和边防卫所之中高居第18位。④

在这些新增加的人口中，工商业者占了相当大的比重。根据许檀的估算，嘉庆十八年（1813），重庆的金紫、灵璧二坊的居民中，从事工商业的比重为78.3%；乾隆三十八年（1773），定远厢的居民中，从事工商业的比重更是高达94.3%。⑤ 除了坐贾之外，当时的重庆城还吸引了大量的行商。据乾隆《巴县志》记载，当时的重庆已是"三江总汇，水陆冲衢，商贾云

① 陈孔立：《清代台湾移民社会研究》，九州出版社，2003，第14~15页。
② 蓝勇：《清代四川土著和移民分布的地理特征研究》，《中国历史地理论丛》1995年第2期；蓝勇等编著《巴渝历史沿革》，重庆出版社，2004，第112页。
③ 转引自蓝勇等编著《巴渝历史沿革》，第116页。
④ 嘉庆十七年全川各厅州县及卫所的人口统计数字，请参见李世平《四川人口史》，四川大学出版社，1987，第168~174页。该书作者认为，咸丰年间的四川人口统计数字存在夸大的问题，实际的人口数可能并不及此。但是，这一统计数据足以证明，重庆已经由清初四川人口最稀少的地区变成人口相对稠密的地区。
⑤ 许檀：《清代乾隆至道光年间的重庆商业》，《清史研究》1998年第3期。

屯，百货萃聚"，① "吴楚闽粤滇黔秦豫之贸迁来者，九门舟集如蚁"。② 道光元年（1821）巴县县衙的一则告示中也提到："渝城系三江总汇，上通云南贵州，下通湖广陕西，每日经过客商络绎不绝。"③ 另外，受雇于客货船只的纤夫和水手，是当时重庆流动人口的又一个重要来源。在当时长江及其各支流航道上，"上下数千里贫民无业者充募水手，大艘四五十人，小亦不下二三十人"。④ 而据嘉庆时人严如煜计算："重庆所至上水船每日以十船为率，是水手来七八百人；所开下水船每日亦以十船为率，是水手去三四百人。以十日总计，河岸之逗留不能行者常三四千人，月计万余。"⑤

由此可见，在清代的重庆，兴盛之中的城市工商业造就了一个数量庞大、流动频繁的外来工商业者群体。笔者在本书附录 A 中罗列了目前所收集的《巴县档案》中与外来工商业者有关的案卷，希望借助这些资料更加详尽地考察这一群体在不同时期的流动规模和内部构成。

（二）清代重庆外来工商业者的流动规模

我们可以通过表 1 - 5 对附录 A 中不同类型的案卷数量进行统计，从而比较重庆外来工商业者在各个时期的流动规模。

表 1 - 5　乾隆至宣统时期《巴县档案》中与外来工商业者相关案卷数量统计

单位：个

	乾隆	嘉庆	道光	咸丰	同治	光绪	宣统
与个体工商业者相关的案卷数	5	20	15	0	0	4	0
与在帮工商业者相关的案卷数	0	6	9	3	1	9	3
经营方式不详的案卷数	1	2	2	0	0	0	0
案卷总数	6	28	26	3	1	13	3

资料来源：附录 A。

---

① 乾隆《巴县志》卷 10《风土志·习俗》，第 14 页。
② 乾隆《巴县志》卷 2《建置志·坊厢》，第 23 页。
③ 《道光元年巴县告示》，《清代乾嘉道巴县档案选编》（上），第 409 页。
④ 乾隆《巴县志》卷 3《赋役志·盐法》，第 49 页。
⑤ 严如煜：《三省边防备览》卷 5《水道》，道光十年庚寅来鹿堂刊本，第 15 页 a。

从表 1 - 5 可以看出，以案卷的总数论，嘉庆和道光时期占了绝对多数，约为全部案卷数的 68%。所以我们有理由推断，嘉庆和道光时期是外来工商业者在重庆活动的一个高峰期。

乾隆时期的案卷数共有 6 个，这可能是因为年代越早的案卷散佚和损毁越多。[①] 自乾隆二十二年（1757）至乾隆六十年（1795）的 39 年，能够查找到的案卷远远少于嘉庆时期（25 年）和道光时期（30 年），说明乾隆时期重庆外来工商业者的数量和商业活动应该少于嘉庆和道光时期。另外，从涉案工商业者的经营方式来看，乾隆时期的 6 个案例除 1 例情况不详之外，其余 5 例都是个体行商或个体铺户。而在嘉庆时期的案卷中则可以看到形成行帮的外来工商业者，尤其是编号为"嘉 20"、"嘉 21"和"嘉 25"的 3 个案卷，都涉及湖南茶陵籍的脚夫。从案卷的内容来看，其组织已经有相当的规模。而在道光时期的案卷中，有组织的外来工商业者出现得更加频繁，而且此类组织也已扩大到脚夫帮、船帮、靛帮、锡帮、广扣帮等。这也可以说明从乾隆时期到道光时期，外来工商业者在重庆的数量和商业活动都有日益增加的趋势。

从表 1 - 5 来看，咸丰和同治时期《巴县档案》中与外来工商业者相关的案卷非常少，出现这种情况可能有两个原因：一是经过乾隆至道光一百多年的发展，相当一部分外来工商业者已经本地化。在乾隆至道光时期的案卷中，许多当事人明确强调自己原来的籍贯，并清楚地交代其祖先或其本人来重庆谋生的具体时间。[②] 但是在咸丰和同治时期的案卷中，这种情况就明显减少。另一个原因是笔者所收集的资料在各个时期存在不平衡。在目前可供查阅的巴县档案中，除四川省档案馆开放利用的部分之外，乾隆至道光时期的案卷还可以通过《清代巴县档案汇编·乾隆卷》和《清代乾嘉道巴县档

---

① 根据刘君的研究，清代《巴县档案》同样是越晚的年代保存下来的案卷越多。乾嘉道三朝档案总计不到 35000 卷，咸同光宣四朝档案则有 78000 多卷。而在乾嘉道三朝档案中，又以乾隆朝的数量最少。参见刘君《清代巴县档案编研工作概述》，《历史档案》1995 年第 2 期。

② 如案卷"乾 5"中三楚会首欧鹏飞称"缘蚁等籍隶三楚，来渝营贸多年"；又如案卷"嘉 7"中方曰贵的供状："小的湖广茶陵人，祖父来城开生花铺生理。"等等。由于后面还要就这一问题做专门的论述，故此处暂时从略。

案选编》（上、下册）获取，光绪和宣统时期的案卷四川大学也有收藏。这就使得笔者所收集的咸丰、同治二朝的资料，在数量和内容的涵盖面上均不及其他五朝。所以，我们不能仅因为案卷数量有限，就得出咸丰、同治时期进入重庆的外来工商业者大幅度减少的结论。

从目前可以利用的有关这个时期的 4 个案卷来看，其中所涉及的外来工商业者都是有组织的船户和码头脚夫。尤其是案卷"咸2"中记载，咸丰九年（1859）九月，酉阳州兵丁在陆路截获形迹可疑的湖南茶陵州旅客共 60 人。在有口供的 35 人之中，有 34 人都是从茶陵原籍赴重庆各铺行谋生的，并且其中有 20 人明确供认，他们的父亲、兄弟、叔伯、姻亲、乡邻等已经在重庆充当码头脚夫或从事棉花、牛胶、烟草、食糖、干菜等各种贸易。根据这个案卷可以推测，在当时的重庆城内，应该活跃着一个湖南茶陵籍工商业者群体，其不仅数量可观，而且不断有新成员加入。由此可见，尽管咸丰、同治时期重庆的一部分外来工商业者有本地化的倾向，但这个群体仍然不断有新鲜血液注入，只是限于目前的资料，我们还很难确切地描述这种流动的规模。

表 1-5 显示，光绪和宣统时期的案卷共有 16 个，① 在数量上明显多于乾隆时期和咸同时期。但是由于光宣时期保留下来的案卷较其他时期更丰富，因此不能贸然判断这一时期重庆的外来工商业者有增多的趋势，必须结合这些外来工商业者的经营方式来进行印证。在这 16 个案件之中，有 12 个涉及行帮组织。与前几个时期案卷中的行帮组织相比，这一时期涉案行帮的经营门类更加多样化，包括船帮、脚夫帮、白花帮、药材帮、药栈帮、丝绸杂货帮、绸帮、锡帮、糖帮，以及由绵州、三台、射洪等八邑商人组成的"八帮"。另外从这些案卷中可以看出，这些行帮大多已经形成大规模的组织，并从事着大额的贸易。如案卷"光11"中，由成都商人组成的丝绸杂货帮"不下数百家"；案卷"光2"中，全义药行倒塌，亏欠外地药帮货款"一万五千余金"；案卷"光12"中，由绵州等地商人组成的"八帮"，"在治城各贸棉纱、药材、匹头、水丝等号"，"相国寺厘金畅旺，皆由住渝八

---

① 由于宣统时期只有 3 年，且仅有 3 个案卷，很难独立反映出某种显著的变动趋势，因此本书将其与光绪时期合并在一起进行考察。

帮各货行销所致"。由此可以推测，在光绪和宣统时期，重庆的外来工商业者无论是在数量方面还是在经营活动方面，都有进一步扩大的迹象。

以往对清代四川移民史的研究认为，清初外省移民大规模入川的浪潮到雍正五年（1727）便基本结束了，移民社会开始了"本地化"的发展进程。[①] 但是从档案资料所提供的证据来看，在川东的新兴工商业城市——重庆，外来工商业者的大规模流入始终未曾停止。根据本书的不完全统计，这种流动在乾隆年间尚处于发轫期，及至嘉庆、道光年间形成了一个高峰，咸丰、同治年间势头有所放缓，但似乎仍保持着相当的数量和活性，而到了光绪和宣统时期，外来工商业者群体的数量和活动又有进一步增加的趋势。

（三）清代重庆外来工商业者的内部构成

这一部分将继续以附录 A 所收录的 80 个案卷为基础，对乾隆至宣统时期重庆外来工商业者的籍贯进行统计（见表 1-6），进而分析这一群体的内部构成。

表 1-6　乾隆至宣统时期重庆外来工商业者籍贯统计

时期	湖广	江西	浙江	福建	江苏	广东	陕西	贵州	大河	小河	下河	不详
乾隆	1						1		1	3		
嘉庆	12	3	2	1	2	1	4	2	5	1		1
道光	7	4		1		2	2		4	2	1	4
咸丰	2										1	
同治									1		1	
光宣	2						4	2	5	2		1

注：（1）在表 1-6 中，四川省以外的地区按省份罗列。但由于在许多案卷中，湖南人和湖北人将自己的籍贯统称为"湖广"，很难进行更加细致的辨别，因此此表也采用了"湖广"的分类。（2）在附录 A 所罗列的案卷中，有许多外来工商业者来自四川省内其他厅州县。由于涉及的地名很多，如果一一罗列，必然显得十分杂乱，不利于观察特定时期内的大致趋势，因此根据当时人的习惯性称谓，对于四川省内的各厅州县采取了"大河"、"小河"和"下河"的划分方法。（3）由于宣统时期只有 3 年，且仅有 3 个案卷，很难独立反映某种显著的变动趋势，因此将光绪时期和宣统时期合并为"光宣时期"。（4）有一些案卷中涉及来自不同地区的外来工商业者，如案卷"嘉5"，在这种情况下，将所涉及的每一个地区都视为一个案例。

资料来源：附录 A。

---

① 李世平：《四川人口史》，第 159 页；梁勇：《清代四川的土清丈与移民社会的发展》，《天府新论》2008 年第 3 期。

从表 1-6 可以看出，除山西外，清代重庆官民所惯称的"八省"在这些案卷中都得到了体现，所以我们不妨将这个群体称为"七省"工商业者。[1] 从案卷的数量上看，乾隆时期，有关"七省"工商业者的案卷仅有 2 个。当然，这可能是因为当时重庆"七省"工商业者的数量和活动还比较有限，也可能是因为资料的损毁和散佚，我们只能接触到零碎片面的线索。

但是到了嘉庆和道光时期，关于"七省"工商业者的案卷则明显增多。在嘉庆时期达到 25 例，占该时期案卷总数的 74%；在道光时期达到 16 例，占该时期案卷总数的 59%。这说明在这两个时期，"七省"工商业者在重庆商界已经显现出明显的优势。

咸丰和同治时期由于资料不完整，因此很难从表中的数据看出重庆"七省"工商业者活动的详细情况。但值得注意的是，即便是在只有 4 个案卷的情况下，关于湖广籍工商业者的案卷就占了 2 个（案卷"咸 2""咸 3"）。尤其是在案卷"咸 2"之中，涉及一个相当庞大的湖南茶陵籍工商业者群体（具体情况在上文中已经提及）。这说明在咸丰和同治时期，"七省"工商业者在重庆的活动可能仍是相当活跃的。

然而到了光宣时期，情况发生了一些变化。与"七省"工商业者相关的案例只有 6 个，而且仅集中在湖广和陕西两个地区。与此同时，涉及大河沿线和小河沿线地区的案例则占了更大的比重。更值得强调的是，在乾隆至同治时期，也有一些涉及大河、小河沿线地区的案例。从这些案卷中可以看出，来自这两个地区的工商业者主要是船户（如案卷"嘉 8""道 23""咸 1""同 1"）和蓝靛贩运商（如案卷"嘉 3""嘉 18""嘉 19""道 4""道 9""道 14"）。而在光宣时期，大小河沿线客商的经营范围和影响力则明显扩大。如案卷"光 12"反映出，小河沿线客商组成的"八帮"，"在治城各

---

[1] 民国学者窦季良的著作中提到，清代重庆的山西商人大多经营当铺、钱庄和票号，在清代重庆的外地客商群体中是财力最雄厚的。参见窦季良《同乡组织之研究》，第 32 页。但因为本书主要考察清代重庆的手工业、运输业和商业贸易，所以笔者暂无余力对《巴县档案》中与金融业相关的案卷进行系统的收集。但是湖广、江西等"七省"的情况，应该能够大致反映出"八省"移民在清代重庆的活动和境遇。

贸棉纱、药材、匹头、水丝等号","相国寺厘金畅旺,皆由住渝八帮各货行销所致"。又如案卷"光1"中,大河沿线嘉定、叙府、泸州等地客商组成的白花帮,在光绪五年与朝天门、千厮门码头脚夫帮的纠纷中,最终成功地迫使历来蛮横剽悍的脚夫帮认错妥协。[①] 由此可见,光宣时期,"七省"工商业者在重庆的活动有衰退的迹象,而来自大小河沿线的工商业者群体则显现出蒸蒸日上的发展势头。

总而言之,清代重庆的外来工商业者除来自当时人们所惯称的"八省"之外,还来自贵州、大河、小河、下河等多个地区。从上文对湖广等七省工商业者籍贯的考察来看,乾隆时期,这一群体在重庆商界已经崭露头角,但其数量和活动似乎还比较有限;嘉庆和道光时期,其商业活动越来越活跃,与来自其他地区的工商业者群体相比,已经显现出明显的优势;咸丰和同治时期的情况并不清晰,但其活动可能仍是非常引人瞩目的;光宣时期,这一群体的活动有衰退的迹象,大河、小河沿线的工商业者群体的经营范围和影响力则有日渐扩大的趋势。

本节对清代重庆的工商业移民进行考察,希望说明两个方面的问题。

其一,工商业的发展带来人口聚集,使得清代重庆的城市人口增长与当时川省的其他地区迥然有别。以往的移民史研究习惯于将清代重庆的人口变动归于"湖广填四川"的移民浪潮,但本书希望能够证明:清代重庆的外来移民在数量、内部构成、迁徙时间、变动趋势等诸多方面,都与"湖广填四川"有着显著的差异。

其二,《巴县档案》为研究清代重庆商业提供了许多细致入微的资料,若能全面地对其进行整理和研究,将极大地丰富和修正我们对于清代长江上游商业发展的认识。由于研究条件所限,本书只是依据笔者目前所掌握的非常有限的《巴县档案》资料做了一个非常细浅的研究,得出的结论自然是

---

① 相关内容原文摘录如下:"千厮门正街广帮夫头阳思忠、龙登第、陈定禄、李青云等,今认到白花买帮全位值年老年台前,情因身等用人不慎,以致散夫背运花包每索加钱,稍不遂意,将花曝露,近来以来,有愚鲁无知,触怒客号,已非一次。是以投明值年,将身散夫邓长等具控在案差唤,身知情亏,再三央请陈大老爷焕章邀同各值年在公所祈情免究。甘立承认字据,以后仍遵前议,仿照八省起花章程……"

相当不精确的。今后若能依托研究团队，在大样本的基础上进行精细的计量研究，当能得出更加可信的结论。

本章从行政、市场和社会生活三个方面对清代重庆进行了考察，得出的初步结论是：在这一历史时期内，重庆在行政治理上受到越来越多的重视，在商业贸易上面对国内市场和国际市场的双重挑战，在社会构成上处处体现移民社会的特征。清代重庆的商业运作即在这样的背景下逐渐铺开。这些特征如何影响到这个市场的商品结构、商业组织和官商关系？如何塑造着清代重庆的商业制度？这正是本书后面的章节致力于解答的问题。

第二章 "便商"抑或"害商"

——从中介贸易纠纷看乾隆至道光时期重庆的官立牙行

　　如何评价中国历史上的经济制度，乃是学术界长期聚讼不已的话题。在相当长的时间里，因深受"西方中心论"的影响，人们普遍对这一问题持低迷、悲观的论调。① 如邱澎生指出，"在许多人心目中，明清中国即是一个在经济与法律上没有重要变化的'传统社会'"。② 近年来，随着中外学界对"西方中心论"的全面反思，越来越多的研究揭示出中国传统时代的经济制度并非停滞低效、故步自封。尤其是明清时期，许多有意义的变迁在悄然进行。然而，要真正超越旧有的学术范式，建立准确、公允的历史认知，还需对更多课题进行细致、深入的实证研究。

　　本章的研究对象是乾隆至道光时期重庆的"官牙制"。"官牙"乃是由政府授权开设的牙行。自中唐"市制"解体之后，官牙除充当贸易中介之外，更成为协助各级官府进行市场管理的重要媒介。③ 透过这种制度，最易感知各级官府对商业的态度及现实作为，也有助于评估特定历史条件下商业的外部环境。但是，现有的研究对于清代"官牙制"的看法却存在明显的

① 在过去一个多世纪中，"西方中心论"如何深刻地影响欧美汉学家和中国历史研究者书写中国历史的方式，参见〔美〕柯文《在中国发现历史——中国中心观在美国的兴起》，林同奇译，中华书局，1993；〔加〕卜正民《资本主义与中国的近（现）代历史书写》，李荣泰译，〔加〕卜正民、〔加〕格力高利·布鲁主编《中国与历史资本主义——汉学知识的系谱学》，古伟瀛等译，新星出版社，2005，第132～194页。

② 邱澎生：《当法律遇上经济——明清中国的商业法律》，台北：五南图书出版股份有限公司，2008，第1页。

③ 邱澎生：《当法律遇上经济——明清中国的商业法律》，第20～26页。

分歧。①

20 世纪 50～80 年代的研究，对官牙的总体评价是负面的。刘重日、左云鹏、吴奇衍、曼素恩（Susan Mann）等学者均认为，清代创设的官立牙行体系，主要是为了替官府监管市场或征收商税，对商品贸易本身反而造成诸多危害。② 20 世纪 80 年代后期，一些研究者开始承认牙人、牙行利弊兼有的属性，樊树志和陈忠平的研究即很有代表性。③ 而比较晚近的研究，更倾向于强调官牙制渐趋合理的制度结构及其改善商业运作制度环境的意义。邱澎生提出，官牙制的实施表明，"政府对市场的法律规范已由经常性的'干预'市场，逐渐转变为选择性的'管制'市场"，也有助于"保持'两平交易'的市场秩序"。④ 胡铁球也认为："'官牙制'的推行实际上暗含着对官营贸易体系架构效果的否定，……揭开了商业大规模民营化的序幕。"⑤

上述争论与破除"西方中心论"背景之下，对中国传统时代经济制度重新评价的趋势不谋而合。争论的焦点，大致可以概括为"害商"与"便商"之争（虽然各位论者的观点并非如此绝对）。但是上述研究成果大多是对清代官牙制提出一个总括性的结论，这不免使人疑惑。因为"清代中国"并非一个同质的研究单位，同样的制度面对不同的地域、人群和历史时段必定显现出不同的效果。为了检验既有的认识，弥合研究者之间的分歧，今后的研究或许可以更多地以区域为单位，在一个具体而相对微观的历史进程中观察官牙制多元的面貌及其与经济、社会之间的复杂互动。

因此，本章的研究将限于乾隆至道光时期的重庆。这一时期，重庆正崛起为长江上游最重要的流通枢纽，官牙制对其商业发展和社会生活都有着不

① 对于清代牙人、牙行的研究，参见刘爱新《网络化市场中介：近代广西经纪业（1885～1956年）》，博士学位论文，厦门大学；林红状《明清及近代牙行研究综述》，《历史教学》（高校版）2008年第24期。
② 刘重日、左云鹏：《对"牙人"、"牙行"的初步探讨》，《文史哲》1957年第8期；吴奇衍：《清代前期牙行制试述》，中国社会科学院历史研究所清史研究室编《清史论丛》第6辑，中华书局，1985，第26～52页；Susan Mann, *Local Merchants and the Chinese Bureaucracy 1750 – 1950*, Stanford：Stanford University Press, 1987, pp.40 – 43。
③ 陈忠平：《明清时期江南市镇的牙人与牙行》，《中国经济史研究》1987年第2期；樊树志：《明清江南市镇的实态分析——以苏州府嘉定县为中心》，《学术研究》1988年第1期。
④ 邱澎生：《当法律遇上经济——明清中国的商业法律》，第38、43页。
⑤ 胡铁球：《"歇家牙行"经营模式的形成与演变》，《历史研究》2007年第3期。

容忽视的影响。此外，在清代《巴县档案》中，大量商业讼案都将官立牙行牵涉其中，为研究官牙制的运行实态提供了不可多得的素材。下文将对当时重庆市场上最常见的三类中介贸易纠纷进行考察，旨在回答一个核心问题：官牙制的意义究竟是"便商"还是"害商"，抑或是其他更加复杂的评判？这既是理解当时重庆市场的关键，也是对前辈学者相关讨论的反思与回应。

一 清代重庆的官立牙行——数量变动与所涉纠纷类型

清代重庆的官立牙行存在时间长、涉及商业门类广，其发展情况殊难以简短篇幅概括，因此本节选择牙帖为主要的观察线索。作为官府授予牙人的经营许可和纳税凭证，牙帖最直观地反映了官立牙行数量和经营范围的变化；另外，在"定额牙帖制"[①] 下，从中央到地方的各级官府均主张对牙帖实行严格监管，所以保存下来的资料和数据相对比较翔实。

关于清代重庆牙帖的数量和种类，目前保留下来的比较确切的记载分属乾隆、嘉庆和光绪三个时期，具体内容见表 2 - 1。

表 2 - 1 乾隆、嘉庆、光绪时期重庆牙帖数量及种类统计

单位：张

时间	帖数	牙帖种类及每种张数	资料来源
乾隆十六年（1751）	150	山货（55）、广货（20）、杂粮（12）、药材（8）、青靛（8）、竹木（6）、锅铁（7）、布（4）、瓷器（3）、纱缎（1）、广货布匹（1）、姜麻（2）、油（3）、油麻（1）、酒（3）、猪（2）、纸（1）、丝（2）、西货（2）、毛货（2）、大红（2）、杉板（2）、广鱼（1）、铜铅（1）、典当（1）	乾隆《巴县志》卷3《赋役志》

---

① "定额牙帖制"是清代中央政府对官牙一以贯之的管理政策。要求对牙帖进行严格监管，牙帖的发放、注销、顶补须向府（或直隶州）、布政司和户部层层申报备案。具体规定参见雍正十一年（1733）上谕："着直省督抚饬令各该藩司因地制宜，着为定额，报部存案，不许有司任意增添。嗣后止将额内退帖顶补之处查明换给，再有新开集场应设牙行者，酌定名数给发，亦报部存案。"乾隆四年（1739）上谕予以重申："着该部即通行各省督抚，该地方果有新开集场应设牙行者，由府州核实详司，给发牙帖。如非新开集场而朦混清添者，即行题参，从重议处。"参见曹仁虎等奉敕撰《皇朝文献通考》卷32《市籴考一》，上海图书集成局铅印本，1901，第24、31 页。

续表

时间	帖数	牙帖种类及每种张数	资料来源
嘉庆六年（1801）	109	山货(38)、棉花(12)、药材(11)、靛(8)、布(5)、锅铁(5)、烟(4)、麻(3)、糖(3)、酒(3)、毛货(3)、丝(2)、瓷器(2)、油(2)、花板(2)、猪(2)、纸(1)、纱缎(1)、杂粮(1)、铜铅(1)	《嘉庆六年六月廿四日巴县牙行清单》，《清代乾嘉道巴县档案选编》（上），第253～256页
光绪二十五年(1899)	66	棉花(17)、药材(24)、干菜(6)、笋子(4)、烟(3)、铜铅(1)、靛(3)、麻(1)、油(2)、堆店(5)	《光绪廿五年巴县各牙行验帖卷》，《巴县档案》抄件，光财三，牙当18
光绪三十一年(1905)	68	药材(24)、棉花(17)、丝(2)、麻(2)、油(2)、干菜(6)、笋子(4)、烟(3)、靛(3)、堆店(5)	《光绪卅一年重庆各门牙行验帖卷》，《巴县档案》抄件，光财三，牙当46

注：关于光绪年间的牙帖数量，目前保留下来的《巴县档案》中有两套数据，一套是"牙行验帖姓名数目单"，另一套是"光绪各年牙当课税簿"。这两套数据差距非常大，前者所记载的牙行数量大约是后者的两倍。但考虑到牙税的数额很小，而且上交藩库，对于县衙收入并无帮助，所以"牙当课税簿"的准确性值得怀疑。而验帖则是由县衙自行决定，收取的费用充作县衙的办公经费，所以对牙帖的数量统计应该比较完整。而且光绪年间重庆牙行的验帖费在10两白银左右，牙行若能支付这笔费用，应当是处于正常营业之中。所以本表采用了"牙行验帖姓名数目单"中的数据。

从表2-1可以看出，在这150多年中，重庆牙帖的总数和种类都大幅减少。到光绪年间，保留下来的牙帖大多属长距离大宗贸易，包括从外地输入的大宗商品（如棉花等），以及大量输出的本地商品（如药材、笋子、靛等）。一些生产和销售范围主要限于本地市场的商品（如锅铁、酒、猪、纸），则不再领取官授牙帖。值得注意的是，在牙帖总数和种类大幅度减少的情况下，仍有一些商品的牙帖数量明显增加。如棉花，乾隆年间并无专帖，嘉庆年间已有牙帖12张，光绪年间更增至17张；又如药材，乾隆年间只有牙帖8张，嘉庆年间增至11张，光绪年间则增至24张。由此可见，这一时期重庆牙帖的变动趋势是：总体减少，局部增加；针对短途贸易的减少，针对长距离大宗贸易的增加。但是在清代重庆商品贸易持续拓展的情况下，官立牙行的数量和经营门类为什么反而大幅度减少？在清代中央政府严格限制牙帖变动的情况下，重庆官立牙行的构成又因何发生如此明显的变化呢?① 从下文对乾隆至道光时期三类中介贸易纠纷的考察中，或可略见端倪。

本章所使用的中介贸易纠纷案例共51个，详情参见附录B。这些案件根据情节可分为三大类，分别是牙行拖欠或侵吞财物类纠纷、货不投行类纠纷、支应差务类纠纷。根据涉案双方的不同可分为七大类，分别是牙行与地方官府、牙行与外地客商、牙行与本地铺户、牙行与行帮、牙行与牙行、牙行与其他、私牙与其主顾。下面首先根据第二种分类，将51个案例列入表2-2，再根据第一种分类，进行具体的分析。

表 2 - 2　乾隆至道光时期重庆中介贸易纠纷详情

讼案类型	编号	案件数
牙行与地方官府	乾6、嘉1、嘉2、嘉6、道29	5
牙行与外地客商	乾2、乾3、乾5、嘉9、嘉13、嘉14、嘉15、嘉16、嘉18、道1、道4、道5、道6、道10、道11、道13、道14、道18、道19、道21、道27	21
牙行与本地铺户	乾1、嘉5、（嘉7、嘉8）、嘉12、嘉17、道12、道15、（道16、道17）、道20、（道22、道23、道26）、道24、道25、道28	13
牙行与行帮	嘉19、嘉20、道3、道8	4
牙行与牙行	嘉3、（嘉4、嘉10、嘉11）、道2	3
牙行与其他	乾4、道20、道29	3
私牙与其主顾	道7、道9	2

注：有些案卷在《巴县档案》中彼此独立，诉讼时间也有差异，但其诉讼缘由和涉案各方基本上没有改变，因此在本表中合并为一个案件。具体为："嘉7""嘉8"合并为一，"道22""道23""道26"合并为一，"嘉4""嘉10""嘉11"合并为一，"道16""道17"合并为一。

资料来源：附录B。

二　商旅得便?——对 "牙行拖欠或侵吞财物类纠纷" 和 "货不投行类纠纷" 的考察

在《巴县档案》中，无论是商人、牙人还是地方官员，都常常强调官

---

① 山本进的研究为这个问题提供了一个答案，即嘉道时期，四川经济出现了一种"自立化倾向"，对外来商品形成明显的抵制，致使一些牙行因经营状况恶化而倒闭。参见山本进『明清时代の商人と国家』19～34页。但是笔者认为这种情况主要存在于棉花、棉布贸易之中，重庆中介贸易整体格局的变化，还涉及更加复杂的原因。

牙制应具有"便商""通商""安商旅"的职能。① 转换成现代语汇，大约相当于"维持良性的市场秩序"。但是本节所涉及的两类纠纷，均被认为是对市场秩序的公然破坏。"牙行拖欠或侵吞财物类纠纷"是牙行侵害商人利益的行为自不待言；"货不投行类纠纷"则相反，牙行变成了受害者（至少表面看来是如此）。那么，官牙制究竟能否维持一种良性的市场秩序？下面将详细分析之。

（一）牙行拖欠或侵吞财物类纠纷

在关于清代牙人、牙行的研究中，商牙债务问题受到较多的关注。② 在表 2 - 2 收录的 51 个案例中，由牙行拖欠或侵吞货款而引发的纠纷共 16 件，其中 11 件发生在牙行与外地客商之间，③ 5 件发生在牙行与本地铺户之间。④ 在收录的商人状告牙行的 22 个案件中，此类纠纷所占比例高达 70% 以上。由此可以推断，这类纠纷在当时的重庆市场上比较多见。

首先，从拖欠或侵吞的金额来看，本地铺户在这类案件中的损失往往较外地客商更大。牙行侵欠外地客商的货款，多在白银数十两至数百两，最高额度为案卷"嘉 16"中的 722 两；而牙行侵欠本地铺户的款项，则动辄白银数千两至数万两。如案卷"嘉 8"中的大昌花行，拖欠铺户货款 50000 余两；案卷"道 24"中的舒方廷花行"共该客账十万余金"。

之所以出现这样的情况，大约是因为这一时期外地客商与牙行进行不太频繁的小额贸易，而且大多是现银交易。如案卷"嘉 14"中，贵州客商黎德茂投瑞泰行发卖竹笋 11 包，自嘉庆九年（1804）至十四年只交易

---

① 道光十二年（1832），湖陕客商状告行户张宏生时提到："是以公陈仁恩赏讯锄刁，以安商旅……"参见《朝天坊熊恒广以把持货物不容另售事控张宏生等》，《巴县档案》缩微胶卷，案卷号：清 6 - 12 - 10161。嘉庆六年"公信磁行"建立时，镌碑记载："今蒙大宪剪除牙弊，商贾流通……"参见《嘉庆六年五月浙江会馆碑文》，《清代乾嘉道巴县档案选编》（上），第 251 页。案卷"嘉 11"中，重庆府告示明确指出："买卖设立牙行，原为通商便民起见……"

② 邱澎生：《当法律遇上经济——明清中国的商业法律》，第 209 ~ 225 页。

③ 分别是"乾 3""乾 5""嘉 9""嘉 13""嘉 14""嘉 16""道 4""道 5""道 6""道 18""道 19"。

④ 分别是"嘉 5"、（"嘉 7""嘉 8"）、"嘉 12"、"道 20"、"道 24"。

一次；案卷"嘉9"中，贵州客商秦玉顺投德丰行发卖竹笋9包，自嘉庆
九年至十一年只交易两次。相比较而言，本地铺户往往交易频繁、交易量
大，并且常常允许牙行赊欠货款。如案卷"道24"中，舒方廷花行与铺
户的交易"均系按期兑还"，这就容易造成多次贸易的欠款累积起来，形
成可观的数额。

那么外地客商与本地铺户谁能更主动地追讨被牙行侵欠的财物呢？表
2-2收录的案例显示，外地客商在与牙行发生欠款纠纷时，往往处于十分
孤立和弱势的地位。

首先，外地客商多是只身来到重庆，人地两生，很容易受到牙行的挟
制。如案卷"乾3"中，叙府客商杨东来向行户①王芳兰讨还货款，王不仅
"一文不给"，反而"坐视不耳，反肆凶横，凌辱赌控"。又如案卷"道5"
中，陕西客商傅如松追讨货款时，行户陈玉亭也是"反肆凶横……大言估
骗赌告不畏"。这些牙人之所以如此凶蛮强横，应该是倚仗其在本地的势力
和人际关系。傅如松在诉状中称陈玉亭为"殷实豪衿"，指控其"仗衿为
符，卷银吞肥，诓骗不与"。虽然"豪衿"这类模式化的诉状用语可能是为
赢得诉讼而使用的修辞策略，难免夸大其词，但行户在本地社会中相对于外
地客商的优势应是毋庸置疑的。

其次，多数外地客商在商品售出后必须返回原籍，致使无人催收货
款。如案卷"嘉9"中，德丰行欠客商秦玉顺货银451两，行主李德丰本
与秦玉顺达成协议，代其偿还周恒顺银71两5钱，可是秦玉顺返回贵州
之后，李德丰却拖延不还，以致周恒顺将秦玉顺的货物扣押，引起诉讼。
又如案卷"嘉14"中，瑞泰行欠客商黎德茂货银63两3钱，但在此后五
年中，黎德茂只有三次机会亲赴重庆催收货款，第一次是在嘉庆十年，第
二次和第三次就已到了嘉庆十三年和十四年。于是，这笔欠款就成为难以
清偿的陈年旧账。

与孤立弱势的外地客商不同，本地铺户有条件为追讨欠款而形成利益同
盟。如案卷"嘉5"中，裕兴花行拖欠各铺货款总计29700余两，引起铺户

---

① "行户"指开设牙行的人，《巴县档案》原文中如此指称，故本书也使用这一称谓。

陈大丰等联名控告，县衙遂将行主金海望收押在案；又如案卷"嘉8"中，大昌花行拖欠铺户货款 50000 余两，在众债难偿的情况下，行主郑殿飓邀权登甲入伙共同经营。而在权登甲接手之前，"客帮跟同书立合约"。可见，铺户出于追回欠款的目的，密切关注着牙行的经营。他们的集体行动形成了不容忽视的压力，使牙行在还款问题上不敢过于敷衍和强横。

另外，本地铺户还可以利用信息灵通的优势，尽可能地避免财货被牙行侵欠。如案卷"道24"中，花帮首人魏丹庭与宁远行两任行主都交往甚深。虽然此后宁远行还是拖欠了花帮 5000 余两白银的货款，但是花帮对宁远行"现银多金""局掣支匮"的种种隐情也非常了解，所以很快将行主舒方廷扭送官府。由于案卷散佚，此案的审理结果不得而知，但是铺户及时的行动和对宁远行的深刻了解，显然有助于减少其损失。

总而言之，同是遭受牙行的侵害，不同商人群体的应对方式是不同的。那么，这种差异在多大程度上影响到案件的最终结果呢？后面还将专门论证。

（二）货不投行类纠纷

"货不投行"即货物不投入指定的官立牙行发售。在表 2 - 2 收录的案例中，由此引发的纠纷共有 16 件，分别发生在牙行与外地客商之间[1]、牙行与本地铺户之间[2]、牙行与牙行之间[3]、官立牙行与私人经纪之间[4]。

上述案例显示，造成当时重庆市场"货不投行"的原因主要有两个：一是在某些贸易门类中，官立牙行没有得到商人的信赖与认可；二是市场的变化削弱了部分牙行对商品运销管道的掌控。下面将分别解析之。

1. 商牙关系与"货不投行"

前人关于清代牙人、牙行的研究已经注意到，要保障牙行的经营，除了官府的许可之外，地方社会的支持也必不可少。如邱澎生指出，明清华北和

---

[1]　分别为"嘉15""道1""道10""道11""道13""道14""道21"。
[2]　分别为"道12""道25""道28"。
[3]　分别为"嘉3"、（"嘉4""嘉10""嘉11"）、"道2"。
[4]　分别为"嘉18""道14""道29"。

江南的牙行"背后通常还有本地豪强或乡族的支持"。① 陈忠平也认为"充任牙人……需要有一定的社会关系、社会地位及社会阅历"。② 清代重庆的官立牙行，同样面临着这样的问题。

　　清代重庆的社会结构有其特殊之处，最显著的一点在于，它是一个在废墟之上建立起来的移民社会。乾隆至道光时期，正是外来工商业者大量涌入并空前活跃的一个阶段。在这样的社会中，移民群体是重要的经济活动单位，也是相对独立的利益共同体。嘉庆六年（1801）对全城牙行的清查显示，城内几乎所有的牙行都与移民群体有着或多或少的关系。因为所有的109张牙帖分别被自称江西、湖广、福建、江南、陕西、广东和四川保宁籍的商人领取，无一家行户以本地居民自居。③ 而且几乎所有牙行经营的商品，都是其行主"原籍"大量出产的商品。如棉花由湖广籍行户经营，药材由江西籍行户经营等。当然，行户的真实籍贯或许与其所申报的并不全然一致。因为在牙行换帖承充的过程中，很难保证经营权无一例外地转移到同籍商人手中。但是绝大多数行户声称他们来自此种商品的产地恰恰更能说明，这些牙行的经营必须依赖来自这些地区的移民群体。

　　嘉庆六年浙江会馆的一则碑文提供了移民群体支撑牙行的一个实例。这则碑文提到：

　　　　公信磁行嘉庆三年众客公举请领承充，以避独行病商之弊。凡磁货投行发售，俱属梓里，挂平经手仍照旧规外，本行厘金减半。本客粗磁每子三厘，细磁每只一分六厘，照数归公，以资行用。或有差徭杂费，归行承办，以公项内每年帮给银二百两，免其侵移客本之患。④

---

① 邱澎生：《当法律遇上经济——明清中国的商业法律》，第31~32页。
② 陈忠平：《明清时期江南市镇的牙人与牙行》，《中国经济史研究》1987年第2期。
③ 《嘉庆六年六月二十四日巴县牙行清单》，《清代乾嘉道巴县档案选编》（上），第253~256页。
④ 《嘉庆六年五月浙江会馆碑文》，《清代乾嘉道巴县档案选编》（上），第251页。

据此可以推测，此前浙江湖州府和宁波府的商人来重庆贩卖瓷器，遭到外省移民所开牙行的刁难。于是浙江商人协同努力，终于争取到另设一家瓷器行的官方许可。这家新设的"公信磁行"主要为"俱属梓里"的浙江商人服务，本籍商人在缴纳中介费①的时候，可以享受比较优惠的待遇。牙行若承担差务，浙江会馆"每年帮给银二百两"。

因此在当时的重庆，一个牙行若不能与经营该种商品的移民群体保持良好的关系，就极有可能被货不投行的问题困扰。案卷"嘉15"和"嘉18"就是典型的例证。"嘉15"是行户张志德、李星聚状告黄合顺"包揽江西客磁器私卖与邓顺发"，"嘉18"是李星聚告江西客商余正兴"惯在较场等□□□张志德磁行图记蒙弊往来客民，发售磁货"。值得注意的是，这两个案例都涉及江西籍瓷器商。江西是清代国内最重要的瓷器产地，②清代中期重庆市场上的瓷器也越来越多地来自江西，③但是瓷器牙帖却被浙江人和湖广人掌握。④于是在《巴县档案》中，瓷器不投行发售的诉讼开始增多。

客商不愿将瓷器投入别省人所开牙行的原因大概有两个：一是中介费昂贵。上引"浙江会馆碑文"中提到，浙江商人之所以竭力申办"公信磁行"，就是因为之前瓷器贸易"被楚蠢霸占独行，违例控害"。而"公信磁行"设立后也规定，非浙江籍商人"无论粗细磁器，正疏外，仍归厘金，每子六厘"，这个数额是浙江籍商人所缴数额的一倍。

二是移民行户的商业信用很难保证。中介贸易与普通贸易不同，普通贸易有资本、商品、铺面，即使经营不善，商人也不敢轻易放弃；而中介贸易所收售的都不是经营者自己的商品，理论上说对经营者的约束力更小。加之行户大多是外地移民，在经营不善的情况下一走了之是常见的情况。嘉庆六

---

① 这里的"中介费"不仅是牙用钱，还包括"厘金"。这是民间集资的一种方式，与咸丰年间的官办厘金不同。从上引碑文来看，浙江会馆向瓷商抽收的厘金，是为了给该移民群体置办公产。

② 吴承明：《论清代前期我国国内市场》，见氏著《中国的现代化：市场与社会》，第148页。

③ 许檀：《清代前期流通格局的变化》，《清史研究》1999年第3期。

④ 《嘉庆六年六月二十四日巴县牙行清单》中，瓷器牙帖所有者一是湖广省王协和，一是江南省陈公信，"嘉15"的原告张志德是湖广人，"嘉18"的原告李星聚是浙江人。

年，重庆知府对此问题就明确提出了担忧：

> 今查渝城各行户，大率俱系外省民人领帖开设者，虽有殷实之户，并有以些小本资装饰齐整门面，有意哄骗客商货物，任意花销者甚多。及至亏空客本，则潜回原籍，名曰放筏。异乡孤客，一旦亏本折资，以致控官守候，甚至流落无归。种种贻害，实堪发指。①

这说明移民社会的特殊情况，使清代中期重庆牙行的商业信用较差。因此，外地客商大多倾向于借助同乡关系开展贸易活动。因为同乡之间往往存在更加深刻的了解，以及彼此勾连的人际关系，为客商的财货安全提供了相对多一些的保障。

由此可见，“货不投行”在很多情况下，其实是对交易成本的衡量。客商拒绝将货物投入与本移民群体关系疏远的牙行，不仅是出于“桑梓之谊”的考虑，也是为了尽可能地避免贸易风险。

2. 市场变动与“货不投行”

根据笔者目前所掌握的数据，由市场变动造成的“货不投行”可以分为两种情况。

第一，因商品运销渠道变化引发的“货不投行”。

此类情况的典型是生丝贸易。在案卷“道 1”中，丝行户蒋缙侯提到一个现象：“近因奸贩装运山丝来渝，竟不照前规例投行发售，多有私相交易，每于黄夜乘人不觉，送货入铺，规避行用。”由此产生的疑问是：丝行户经营多种丝货，为什么特别强调山丝的私下交易难以遏制呢？根据嘉庆六年重庆牙行清单，全城仅有两家丝行，行主的籍贯都是四川保宁。这不难理解，因为当时保宁一带是全川主要的生丝产地，尤其盛产水丝。② 所以，该行户经营的相当一部分丝货应该是从保宁及附近地区沿嘉陵江水道运来。丝行则应位于重庆府城北端，靠近嘉陵江的千厮门或朝天门码头。而山丝是一

① 《八省客长禀状》，《清代乾嘉道巴县档案选编》（上），第 252 ~ 253 页。

② 《阆中县志》记载：“本邑之水丝匀净细腻，则较胜焉。”参见咸丰《阆中县志》卷 3《物产》，咸丰元年刻本。

种新出现的商品，毗邻重庆的綦江是当时全国著名的山丝产地，綦江山蚕"二月中上山，四月中丝已上市"，① 而案卷"道1"撰写于五月初三日，更证明行户所说的山丝来自綦江。但是綦江位于重庆府城以南，从该地运输货物到重庆是从长江南岸过江，首先到达南纪门码头。② 而南纪门距朝天门和千厮门较远，所以行户要同时掌握水丝和山丝的运输与交易情况，应该非常困难。

铜铅贸易中也出现了类似的情况。乾隆十四年（1749），清廷疏通金沙江航道后，重庆成为滇铜黔铅输京的重要中转站。③ 京运铜铅运过重庆府城后，需在打鱼湾码头盘验过秤，重新雇募船只和水手。而对于沿长江上驶重庆的商船来说，打鱼湾也是必经之路，这就为商运铜铅冒充官运铜铅提供了机会。案例"道12"和"道25"都属此类情况。④

上述案例在嘉道时期频发其实并非偶然。清代重庆市场从康熙年间重建，到此时已历经100多年，许多结构性变化开始显现出来。尤其是在这一时期，重庆凭借其在长江航运上的优势地位一跃成为长江上游最重要的商业和货物集散中心。与此同时，重庆市场急剧扩充。⑤ 在一些贸易门类中，原本相对固定的商品种类，如今明显增加；原本为牙行所了解和掌控的运销管道，如今变得更加复杂和多样；原本为牙行所熟悉的经营群体，如今也不同程度地发生改变。于是，一部分商品绕开官立牙行进行贸易便成为可能。

第二，由城乡市场隔阂引发的"货不投行"。

---

① 道光《綦江县志》卷10《物产》，道光六年刻本。

② 邓晓：《重庆老城码头研究》，《重庆社会科学》2007年第9期。

③ 张永海、刘君：《清代川江铜铅运输简论》，《历史档案》1988年第1期；邱澎生：《十八世纪滇铜市场中的官商关系与利益观念》，《中央研究院历史语言研究所集刊》第72本第1分，2001年3月；蓝勇：《清代滇铜京运线路考释》，《历史研究》2006年第3期。

④ 案卷"道12"提到："奸徒假借过江名色，竟敢先在渝城与买客预订价值后，运铜铅来渝在于河干私相授受，买卖客商多不投行交易。"

⑤ 据林成西统计，嘉庆年间，设在长江航道上的夔关、渝关的税收总额，占全川7个税关税收总额的79.54%。参见林成西《清代乾嘉之际四川商业重心的东移》，《清史研究》1994年第3期。龙登高等学者的研究，也展现了当时重庆市场蒸蒸日上的发展势头。参见龙登高《中国历史上区域市场的形成及发展——长江上游区域的个案研究》，《思想战线》1997年第6期；许檀《清代乾隆至道光年间的重庆商业》，《清史研究》1998年第3期；郑维宽《论清代重庆在川东中心地位的形成》，《西南师范大学学报》（哲学社会科学版）1998年第3期。

　　陈忠平的研究指出，在明清江南绸、丝、布的商业活动中，"形成了层次不同，但互相联结的牙业网络组织"。较大的牙行设立在城市或市镇之中，直接代客买卖；较小的牙行深入农村，为大牙行拉拢货源。① 而清代的重庆却不具备这种联结城乡的牙业网络，原因也在于其独特的市场结构。

　　许檀的研究指出，明清时期，随着国内贸易的日趋兴盛，在长江、沿海和运河三条水道上，崛起了一批"流通枢纽城市"，其主要职能是进行转运贸易，沟通全国各区域市场。重庆就是当时"长江上游最大的流通枢纽城市，其流通所及不仅可达四川本省各府以及相邻的湘鄂陕豫，云贵、西藏等省，而且远及江浙闽广"。② 这样的变化使当时的重庆市场更加注重面向全国市场的贸易，与其腹地的贸易反而居于相对次要地位，城乡市场的联系也显得比较薄弱。

　　刘秀生指出，清代许多"牙行在产地市场扮演主要角色，是商品收购机制的组成部分"。③ 但是在清代中期的重庆，牙行却很少赴产地市场收购商品。当然，周边地区出产的商品在进入市场的过程中也需要得到牙人的协助。如綦江山丝上市的季节，"邑中子弟……有领而带为收丝者"。④ 但是这些牙人似乎均为"私牙"，至今未有任何资料显示其与重庆的官牙有直接联系。因此，官立牙行若想收购周边地区出产的商品，大多只能通过在城市近郊拦截水道的办法。如案卷"道13"中，酒行"系造大船二只，湾泊千厮门麻柳湾河坝开设，大小两河运来之酒投行发卖"。案卷"道10"中，杂粮商何双发所雇船只驶抵金紫门时，立即遇到"彼处河坝经纪刘大汉等十余人"。这样的方式付出的成本不小，效果却似乎并不理想。

　　前面提到，乾隆至光绪时期，重庆官立牙行的结构发生了显著变化：针对短途贸易的减少，针对长距离大宗贸易的增加。当时重庆市场"重外地轻腹地"的贸易结构，以及重庆牙行未能建立起联结城乡的牙业网络，应

---

① 陈忠平：《明清时期江南市镇的牙人与牙行》，《中国经济史研究》1987 年第 2 期。
② 许檀：《明清时期城乡市场网络体系的形成及意义》，《中国社会科学》2000 年第 3 期。
③ 刘秀生：《清代牙行与产地市场》，《北京商学院学报》1991 年第 2 期。
④ 道光《綦江县志》卷 10《物产》。

该是出现此变化非常重要的原因。需要说明的是，从笔者目前掌握的资料来看，在清代中期的重庆市场，货不投行问题还只是发生在部分商业门类之中，整个市场仍然需要官牙制维持基本的交易秩序。

（三）清代"市廛律"针对上述两类纠纷的条文及意义

这一部分对律文的考察依据乾隆五年《大清律例》①，因为其既是清律的定型，又是以后纂修条例的依据。终清之世，清廷始终未对其进行修订。② 对例文的选取主要依据清末律学家薛允升的著作《读例存疑》。③ 因为该书刊行于光绪三十年（1904），清政府的定期修例活动已经结束，不再进行大幅度的增删和改易。④ 薛允升对例文的搜集和考订也十分详尽、精炼，所以此书一直被后世的清律研究者奉为圭臬。⑤

在上述两部著作中，针对"牙行拖欠或侵吞财物类纠纷"和"货不投行类纠纷"的"市廛律"条目摘录见表 2－3。

表 2－3　清代"市廛律"中与此两类案件相关的条文

所属篇目	内容	修订时间	针对	编号
户律·市廛·私充牙行埠头律	凡城市乡村诸色牙行，及船（之）埠头，并选有抵业人户充应，官给印信文簿，附写（逐月所至）客商船户住贯姓名、路引字号、物货数目，每月赴官查照。（其来历引货，若不由官选）私充者，杖六十，所得牙钱入官。官牙、埠头容隐者，笞五十，（各）革去	仍明律，顺治三年添入小注	货不投行类纠纷	律 1
户律·市廛·私充牙行埠头律	凡客店，每月置店簿一本，在内赴兵马司，在外赴有司署押讫，逐日附写到店客商姓名、人数、起程月日，各赴所司查照。如有客商病死，所遗财物，别无家人亲属者，官为见数，移召其父兄、子弟，或已故之人嫡妻，识认给还；一年后，无识认者，入官	系明令，乾隆五年改定	货不投行类纠纷	例 1

---

① 《大清律例》，田涛、郑秦点校，法律出版社，1999。
② 《大清律例》，田涛、郑秦点校，"点校说明"。
③ 薛允升著述，黄静嘉编校《读例存疑重刊本》，台北：成文出版社有限公司，1970。
④ 苏亦工：《明清律典与条例》，中国政法大学出版社，2000，第 201 页。
⑤ 孙家红：《〈大清律例〉百年研究综述》，《法律文献信息与研究》2008 年第 1 期；华友根：《薛允升的律学研究及其影响》，《政治与法律》1999 年第 3 期。

所属篇目	内容	修订时间	针对	编号
户律·市廛·私充牙行埠头律	凡在京各牙行领帖开张,照五年编审例,清查换帖。若有棍徒顶冒朋充,巧立名色,霸开总行,逼勒商人不许别投,拖欠客本,久占累商者,问罪枷号一个月,发附近充军。地方官通同徇私者,一并议处	康熙四十五年定例,咸丰二年改定	货不投行类纠纷、牙行拖欠或侵吞财物类纠纷	例2
户律·市廛·私充牙行埠头律	京城一切无帖铺户,如有私分地界,不令旁人附近开张;及将地界议价若干,方许承顶;至发卖酒斤等项货物车户,设立名牌,独自霸揽,不令他人揽运,违禁把持者,枷号两个月,杖一百	雍正十三年定例	货不投行类纠纷	例3
户律·市廛·私充牙行埠头律	各处关口地方,有土棍人等,开立写船保载等行,合伙朋充,盘踞上下;遇有重载雇觅小船起剥,辄敢恃强代揽,勒索使用,以致扰累客商者,该管地方官查拿,照牙行无籍之徒强邀截客货例,枷号一个月,杖八十	雍正十三年定例,乾隆二十一年增定	货不投行类纠纷	例4
户律·市廛·私充牙行埠头律	各衙门胥役,有更名捏姓兼充牙行者,照更名重役例,杖一百,革退。如有诓骗客货,累商久候,照棍徒顶冒朋充霸开总行例,枷号一个月,发附近充军。若该地方官失于觉察,及有意徇纵,交部分别议处;受财故纵,以枉法从重论	乾隆五年定例,咸丰二年改定	货不投行类纠纷、牙行拖欠或侵吞财物类纠纷	例5
户律·市廛·把持行市律	各处客商辐辏去处,若牙行及无籍之徒强邀截客货者,不令有无诓赊货物,问罪,俱枷号一个月。如有诓赊货物,仍追比完足发落。若追比年久,无从赔还,累死客商者,发附近充军	前明问刑条例,雍正三年改定	货不投行类纠纷、牙行拖欠或侵吞财物类纠纷	例6
户律·市廛·把持行市律	内府人员家人,及王贝勒贝子公大臣官员家人,领本生意,霸占要地关津,倚势欺陵,不令商民贸易者,事发,将倚势欺陵之人,拟斩监候。如民人借贷王以下大臣官员银两,指名贸易,霸占要地关津,恃强贻累地方者,亦照此例治罪。又内府人员家人及王以下大臣官员家人,指名倚势,网收市利,挟制有司,干预词讼,肆行非法。该主遣去者,本犯枷号三个月,鞭一百;本犯私去者,照光棍例治罪;王贝勒贝子公失察者,俱交与该衙门照例议处;管理家务官,革职;大臣官员失察者,亦俱革职。不行察拿之该地方文武官,交该部议处	康熙六年定例,雍正三年修改,乾隆五年改定	货不投行类纠纷	例7

续表

所属篇目	内容	修订时间	针对	编号
户律·市廛·把持行市律	牙行侵欠控追之案,审系设计诓骗,侵吞入己者,照诓骗本律计赃治罪;一百二十两以上,问拟满流,追赃给主;若系分散客店,牙行并无中饱者,一千两以下,照例勒追,一年不完,依负欠私债律治罪;一千两以上,监禁严追,一年不完,于负欠私债律上加三等,杖九十。所欠之银,仍追给主。承追之员,按月册报巡道稽查,逾限不给者,巡道按册提比。如怠忽从事,拖延累商者,该巡道据实揭参,照事件迟延例论处。有意徇纵者,照徇情例,降二级调用;如有受财故纵者,计赃从重,以枉法论	乾隆二十三年定例	牙行拖欠或侵吞财物类纠纷	例8
户律·市廛·把持行市律	大小衙门公私所需货物,务照市价公平交易,不得充用牙行,纵役私取。即有差办,必须秉公提取,毋许借端需索。如有纵役失察,交部分别议处。其衙役照牙行及无籍之徒用强邀截客货者,不论有无诓赊货物例,枷号一个月,杖八十;如赃至三十五两者,照枉法赃问拟,所得赃私货物,分别给主入官	乾隆元年定例	货不投行类纠纷、牙行拖欠或侵吞财物类纠纷	例9

注：为了行文简洁,本表所收律例条文均设置了一个编号,由一个汉字和一个数字组成。该条文若为律文,则简称为"律";若为例文,则简称为"例"。数字代表该条文在本表中的次序。

　　从上述律例条文来看,解决商牙钱债纠纷和督促货物投行发售,似乎并不是清代立法者最关心的问题。具体分析如下。

　　第一,律1和例1是"货物投行发售"最直接的法律依据,[①] 但有明显差异。律1要求所有牙行、埠头每月向官府汇报往来客商的人数、姓名、籍贯、路引字号、货物数目;但例1则不再要求牙行、埠头遵循这一规定,只是针对附带从事中介业务的客店,而且要求申报的信息简化为"客商姓名、人数、起程月日"。前辈学者的研究指出,清代乾隆年间正式确立了"以例置律"的原则,在司法实践中"例"较之"律"具有优位性。[②] 那么,从

---

① 这两则条文沿袭自《大明律》"私充牙行埠头条"。王肯堂对此条的解释是："官为（牙行）出给印信文簿,遇有客货到彼住卖,其各牙行、埠头即将文簿附写客商船户住贯姓名、路引字号、物货数目,每月赴官查照。则客商有所察,而无越关之弊;物货有所稽,而无匿税之弊。"参见王肯堂《王仪部先生笺释》卷10《户律·市廛》,北京出版社,1997,第425页。这说明立法者要求所有商人向官府缴纳相应的税款,而达到这一目的的前提就是使所有货物投入指定的官立牙行发售。

② 邱澎生：《当法律遇上经济——明清中国的商业法律》,第38、43页。

律 1 到例 1 的转变应该可以说明，对于投入官立牙行发售的商品，官府的掌控力度正在减弱。

第二，例 2、例 3、例 4、例 5、例 6、例 7、例 9 都是针对货物不能正常投行发售的情况，但其制裁的对象并不是规避官立牙行的商人，而是"用强邀截客货"的牙行、"土棍"、"无籍之徒"，或"顶冒朋充"官牙的"无帖铺户""衙门胥役""官员家人"。换句话说，这七条针对"货不投行"的重要例文中，立法者并未将本章所涉及的"货不投行"情况作为防范的重点。

第三，例 2、例 5、例 6、例 8、例 9 都明确提出对"牙行侵欠财物"的罚则，例 8 的规定尤其细致和具体。但是薛允升的考订指出了上述例文中的诸多漏洞。如例 6 没有明确追赃的期限；① 例 8 明确规定了追赃的期限和惩罚的力度，但是与相关的"给主赃"罚则不一致，而且"依限追赃"的规定并不现实；② 例 9 比照"枉法赃"制定，但也与"枉法赃"的罚则有出入，规定欠严密。③

综上所述，清代律例条文中虽有诸多严禁牙行侵欠商人财物、保障货物正常投行发售的规定，但其现实针对性和可操作性究竟有多少，还需要更多研究的印证。④ 要"依法"解决上述两类商牙纠纷，似乎并非易事。那么在现实的诉讼中，官府究竟怎样处理上述两类案件呢？

---

① 原文是："然追赃均有限期，年久无偿，亦与例不符，似应将年久改为限满。私债究与官款不同，如何立限，似应酌定。"薛允升著述，黄静嘉编校《读例存疑重刊本》卷 17《户律·市廛》，第 411 页。

② 原文是："给主赃本系监追一年，后已改为半年，此处亦应修改画一。依限追赃，分别议处之例，久已不行，虽库款亦然，不应此条独严。"薛允升著述，黄静嘉编校《读例存疑重刊本》卷 17《户律·市廛》，第 412 页。

③ 原文是："枉法赃三十两，应杖八十，徒二年，此枷号一个月，杖八十，以旗人折枷之法计之，似即系徒二年之罪。惟至三十五两，即照枉法问拟实徒，义何所取？且此等赃亦与枉法不同，设赃仅止十两、二十两，同一枷杖，又觉无所区别。"薛允升著述，黄静嘉编校《读例存疑重刊本》卷 17《户律·市廛》，第 413 页。

④ 邱澎生的研究认为，16～18 世纪市廛律例的变化，有助于客商解决和防止债务纠纷，保持"两平交易"的市场秩序（参见《由市廛律例演变看政府对市场的法律规范》《8 世纪商业法律中的债负与过失论述》，邱澎生《当法律遇上经济——明清中国的商业法律》，第 30～38、217～225 页）。这与本节的结论不一致。上述两篇论文与本章在观察视角、评判标准、论题范围上存在诸多差异。其中涉及的问题较为复杂，请允许笔者另做深入讨论。但即便如此，邱澎生的研究与笔者的研究还是揭示出一些对方未能关注的问题，可以相互补充、校正。故在此敬引，供读者参阅和比对。

（四）官府处理上述两类纠纷的方式

从笔者目前掌握的案例来看，当时的重庆地方官府面对这两类纠纷，一般采取消极、敷衍的态度，即在原则上支持利益受侵害的一方，但大多数情况下不会投入较多的人力、物力进行认真的追究。

这一倾向尤为明显地表现在牙行侵欠外地客商财物的案件中。表 2 - 2 收录了 11 个相关案例，只有"嘉 14"中，县衙对拖欠货银的瑞泰行采取了"押班追缴"的措施。① 因此，外地客商基本上不可能通过司法途径追回被牙行侵欠的财物。他们有的长期滞留重庆，屡讨不果，如"嘉 16"中的朱清顺滞留 6 个月，"道 5"中的傅如松滞留 8 个月；有的为追讨欠款数次往返于原籍和重庆之间，但收效甚微，如"嘉 9"中的秦玉顺，"嘉 14"中的黎德茂。

在"货不投行类纠纷"中也是如此。如果牙行已经拿获人赃，官府会顺势做出支持牙行的判决。如案卷"道 14"中，油行户将私贩油斤的客商和货栈主扭送县衙，知县立即做出"断令蚁（客商）等自将桐油四十八篓结领，投行照市价发卖"的判决。但是，如果行户在报告此类问题时没有明确的目标，官府往往只会贴出一则写着公式化辞令的告示。如案卷"道 14"中所载：

> 为此，仰□□油贩以及新到卖油之人，并河岸栈房等人知悉，嗣后贩运油斤到渝，务须投行发卖，勿得串同附近油贩以及各栈房拦截私卖，冀图渔利，以致课税虚悬。自示之后，倘再不遵示禁，仍前私相交易，许该行户等指名具禀，本县以凭拿究，各宜凛遵勿违。

这种大而化之的官方辞令究竟能起到多大的震慑作用，的确令人怀疑。

---

① 需说明的是，这 11 个案例大多选自《清代巴县档案汇编·乾隆卷》和《清代乾嘉道巴县档案选编》（上），这两本书所辑并不是完整的案卷，而是讼案中一个或几个关键的诉状。因此，这批案例中究竟有多少获得了追赔的判决很难确定，只能根据书中所提供的内容暂下结论。

但是如果原告对官府施加较大的压力,官府的态度可能会更加积极一些,这类情况大多出现在牙行侵欠本地铺户财物的案件中。因为这类案件所牵涉的铺户动辄达几十家,而且铺户往往采取集体控告的策略,官府通常不敢怠慢。如案卷"嘉5"中,县衙接到铺户的联名诉状之后,立即对裕兴行行主金海望"审讯押追";案卷"嘉8"中,马乾一等铺户控告大昌花行侵欠货款,县衙立即收押行主郑殿飓等人,"控追讼累,由县到府"。这显然比较符合"例8"中"一千两以上,监禁严追"的规定。所以在这类案件中,欠款被追回的可能性更大一些。如案卷"嘉5"中,牙行和铺户即最终达成协议:"各号银两,现还□成,余银俟伊行贸赚利偿还。"

但即便在这种情况下,官府有时也无力促成纠纷的最终解决,"嘉8"就是明显的例证。在此案中,铺户委托关永中等赴江津追讨货款,却遭到陈德胜的阻挠。陈是大昌花行在江津最大的债务人。他"不但抗银不缴,更敢倡率已经认还之梁复昌等多人亦抗不还",致使追讨货款的事情陷入僵局。虽然巴县县衙接连下达数道"追讨牌",仍无济于事。

更值得注意的是,在极个别的案件中,官府甚至会采取与律例条文背道而驰的处理方式。如案例"道18"中,靛行户席卷靛商黄仕顺等人的货款潜逃。黄仕顺等为了追讨损失,拦截了买靛商人的船只,被告到官府。巴县知县的批示是:"行户刘惠侯该欠黄仕顺等靛价银两与尔等无涉,现据黄仕顺等□□已当查示谕并批示,不得阻拦矣。着即装载开行,如果黄仕顺等再向阻止滋事,另案唤究。"这明显拒绝了黄仕顺等人追赔欠款的"合法"要求。

相比较而言,嘉庆三年(1798)至十二年,鱼行户赵扬玉与山货行户之间因货不投行而引发的纠纷,是一个更加极端的案例。这个案件的起因是,山货行户抢夺了鱼行户的货源,致使鱼行户提起诉讼。这本是一个再普通不过的案件,官府完全可以根据制度规定将鱼货的经营权断归鱼行户,然后迅速结案。但事实是,经过赵扬玉长达十年的上控,鱼货经营权最终还是判归鱼行和山货行共有。这个案件全程贯穿着两个明显矛盾的现象:赵扬玉越是强调他有经营鱼货的唯一合法资格,官府越是不允许他排斥其他竞争者;赵扬玉越是希望通过诉讼获得一个满意的处理结果,官府越是做出对他不利的判决。那么，究竟是什么因素影响了官府的判决？笔者认为主要在于两个方面。

第一，赵扬玉扰乱社会秩序的行为。从案卷"嘉4"和"嘉11"的记载可以看出，赵扬玉为了争夺鱼货的经营权，可以说不择手段，由此引发的激烈冲突至少有三次。第一次冲突发生在嘉庆三年，当一批鱼货运到重庆时，赵扬玉"到船自称此货归伊独行"，致使双方发生冲突。知县的判决是"鱼归蚁（赵扬玉）行发卖，山货行不得争夺"，这是倾向于赵扬玉的。第二次冲突发生在嘉庆五年（1800），赵扬玉"于大佛寺河泊设立巡船，贿买痞棍亡命之徒充当巡差，红印查验，拦河邀截，强起客货"，致使"客民邱德顺、吴显、叶法存、谢元、高全、周大盛、袁干、曾森泰、郭渭、金简、富茂、李元昭、陈正宇等纷纷控告"。仅从这一长串原告姓名中就可以看出，赵扬玉的所作所为激起了鱼商的公愤，而官府对此案的态度也发生了彻底的改变。石知府"将扬玉责嘴五十，并将拦江截抢鱼货之叶大沛等枷禁"，并做出了"在任一日，不容蚁（赵扬玉）设行一日"的判决。第三次冲突发生在嘉庆十二年（1807），又一批鱼货运到重庆，出于抵制赵扬玉的目的，所有行户"均称遭扬玉控累十有余载，不肯起鱼"，以至急于出售货物的鱼商又将赵扬玉告到官府，最后知县做出了"如有鱼货任客自投，毋许□行争截滋事端"的最终裁决。

从这三次冲突来看，鱼货归谁经营显然不是官府最关心的问题，既可将其判给鱼行独有，也可将其判给鱼行和山货行共有，是否拥有官授牙帖也不是判案的关键。相反，审理此案的各级官员都非常强调"禁止垄断"。如石知府即提出："切渝城烟火万家，鱼菜所用甚多，断无归尔一行垄断之理。"（见案卷"嘉4"）但问题是，当时全城的鱼帖只有一张，说明赵扬玉独占鱼货中介贸易是符合官牙制规定的。那么官府为什么不允许他独占呢？

将这个案件与其他货不投行类纠纷相比较，有助于看清问题的实质。在普通的此类纠纷中，大多是原被告一对一的诉讼，基本不涉及刑事犯罪的情节。但是在这个案件中，赵扬玉的对手却是所有经营鱼货的牙行和外地鱼商。更值得注意的是，赵扬玉还使用了暴力手段。一旦其暴力行为干犯众怒，官府必定做出对他不利的判决，甚至施以严厉的惩戒（如被石知府"责嘴五十"）。在山货行户和外地鱼商的诉状中，也几乎不提赵扬玉的官牙身份，而是特别强调他致使客商"本空而命亦危，万难苟活"的情节。可见，这个事实对赵扬玉非常不利。从上述诸般迹象可以判断，官府所关注的实际上是统治秩序。科大卫指出："在清代的地方官府中，将商业纠纷附着于刑事案件的情况比比皆是。"① 这个案件看起来也是如此，山货行户和外地鱼商准确地把握了地方官员对统治秩序的重视，在赵扬玉刑事犯罪和扰乱统治秩序的行为上大做文章，最后赢得了诉讼的胜利。而案例"道18"中，靛商黄仕顺等追赔货款的请求最终没有得到许可，大概也是出于同样的原因。

在这个案件中，影响官府判决的第二个因素是赵扬玉越级上控、缠讼不休的做法。自嘉庆三年至十二年，此案至少经过了六位官员的审理，分别是：嘉庆三年巴县知县、嘉庆四年四川布政使、嘉庆五年重庆知府、嘉庆六年巴县知县、嘉庆十二年重庆知府、嘉庆十二年巴县知县。从判决结果来看，越是在诉讼初期接手此案的官员，越倾向于做出对赵扬玉有利的判决。如嘉庆四年四川布政使的判语，就明确支持赵扬玉的要求：

> 今赵扬玉顶充燕孙谋故帖鱼行，奉部复准在案，凡有鱼货应归赵扬玉行内发卖，别行不得私截，杨鼎丰陈隆泰等既充山货行，则有山货，则不得归赵扬玉行内发卖，方为公允，未便以燕孙谋违例异地开行于前，率断任客投行，致起邀截争夺衅端。②

但是嘉庆五年，石知府骤然改变布政使的判决，做出了"在任一日，不容蚁设行一日"的判决，此后审理此案的官员基本都维持这个判决。另外，对整个诉讼过程介入较少的高级官员（如布政使），越倾向于做出支持赵扬玉的判决；而长期经手此案的基层官员（如知府、知县），越倾向于压制赵扬玉的要求。

官府的这种态度应该与其"息讼"的立场有关。邓建鹏指出，清代的

---

① David Faure, "The Local Official in Commercial Litigation in Early Nineteenth-century China," *University of Tokyo Journal of Law and Politics*, Vol. 1, 2004, p. 148.

② 见案卷"嘉11"。

地方官府由于人力、物力比较有限，因此对于只涉及私人利益的民事讼案一般采取回避和因循的态度。① 在这个案件的审理过程中，后任官员倾向于维持与前任官员大致相同的审判结果，应该是为了尽可能地防止事态复杂化，防止案件屡审不决而牵动上级官府，甚至影响京察考绩的结果。因此，承审官员压制赵扬玉的要求，目的不仅是使其知难而退，更是惩戒这种损害地方官府声威、扰乱统治秩序的行为。

综上所述，乾隆至道光时期重庆地方官府对"牙行拖欠或侵吞财物类纠纷"和"货不投行类纠纷"的处理方式，基本上印证了前面对于《大清律例》相关条文的分析结论：要"依法"解决这两类中介贸易纠纷，的确并非易事。官府在面对此类案件时，首先会在执法的成本和收益之间进行衡量。如果需要投入较多的人力、物力，即便是"合法"的要求也很难得到满足；相比而言，案件影响较大、波及面较广（即执法收益较大）时，得到妥善处理的可能性比较大。此外，统治秩序是一个不可逾越的底线，一旦出现扰乱统治秩序的情况，无论要求是否"合法"，都会被断然压制。

如果说乾隆至道光时期重庆的"官牙制"既不足以约束官牙的不法行为，也不足以保障官牙的经营特权，那么维持这种制度的意义何在呢？下面探讨的一类纠纷将有助于解答这一问题。

三　差务何以浩繁——对"支应差务类纠纷"的考察

"差务"是地方官府为维持日常用度和处理公务而向辖区民众征收的钱财、货物和劳役。山本进指出，乾隆年间，巴县开始普遍地对工商业者征收差务；白莲教起事后，这种征收变得更加沉重、频繁，且有定额化的趋势。② 刘铮云也注意到乾隆至道光时期重庆牙行应承官府差务的现象。③ 在

---

① 邓建鹏：《健讼与息讼——中国传统诉讼文化的矛盾解析》，许章润主编《清华法学》第 4 辑，清华大学出版社，2004，第 184～185 页。

② 山本进『明清时代の商人と国家』58～61 页。

③ 刘铮云：《官给私帖与牙行应差——关于清代牙行的几点观察》，《故宫学术季刊》（台北）第 21 卷第 2 期，2003 年。

表 2-2 收录的案件中，以支应差务为主要内容的共有 12 个,[1] 分别发生在牙行与地方官府之间、牙行与外地客商之间、牙行与本地铺户之间、牙行与牙行之间。

在《把持与应差：从巴县诉讼档案看清代重庆的商贸行为》（以下简称《把持与应差》）一文中，范金民深刻地揭示了乾隆至嘉庆时期，重庆市场上围绕着承办差务而形成的官商关系。[2] 概括起来有以下三点：（1）乾隆至嘉庆时期，重庆所有的牙行、铺户、匠作加工业、生活服务业、运输业都要承担相应的差务；（2）这一时期，重庆工商铺户的差务负担普遍非常沉重；（3）这种做法之所以长期维持，是因为重庆地方官府以承差为条件，赋予工商铺户相应的权利，主要包括保障应差行户铺商的经营范围、强制一切商品投入应差牙行进行交易、支持差务范围内的垄断行为。

《把持与应差》一文详尽地揭示出隐藏在清代中期重庆商贸行为背后的利益交换关系，这也正是清代重庆地方官府长期维持"官牙制"的奥秘之所在。但在这篇论文的结尾，作者根据长期以来对江南市场的研究经验，指出了一个发人深省的现象：清代中期重庆市场上以承应差务换取工商业经营权利的做法，并不是普遍存在的情况，至少在当时的江南地区，工商业者承差的额度、方式和其中所体现的官商关系就大不相同。[3] 所以，这一部分即从"牙行应差"的角度，对清代中期的重庆和江南进行比较，从而探讨重庆官立牙行所面对的独特的制度环境。

（一）差务的种类与支应方式

《把持与应差》一文指出，清代中期重庆工商业者向官府承担的差务主要包括三类：地方官府差务、军务要务大差、朝廷与地方的不时

---

[1] 分别为"乾 2""乾 6""嘉 1""嘉 2""嘉 6""道 16""道 17""道 22""道 23""道 26""道 28""道 29"。

[2] 范金民：《把持与应差：从巴县诉讼档案看清代重庆的商贸行为》，《历史研究》2009 年第 3 期。

[3] 范金民：《把持与应差：从巴县诉讼档案看清代重庆的商贸行为》，《历史研究》2009 年第 3 期。

之需。① 这与笔者的观察一致，不再赘述。

牙行支应差务主要通过三种途径。

一是直接使用本牙行代理的货物，应差完毕后按市价向委托商支付货款。如案卷"嘉1"中，县学东文场修缮工程中，木行"负欠客本共约银三百余金"。这种方式一般用于临时性的、紧急的差务，如修缮、救灾、军需物资调拨等。

二是采办本牙行并不代理的货物，采办完毕后由官府向牙行支付货价。如案卷"乾6"中，丝行承办的彩绸、色绫和白绸都是向绸号购买。官府支付的价格是，彩绸"每纳一两给价银一钱二分"，白绸每两八分。这种方式起初是应付一些紧急的需求，之后逐渐成为常规。如该案卷中，色绫的采办始于乾隆四十六年（1781），至乾隆五十四年才正式废止。

三是由行户向委托其买卖货物的商人征收一定数额的"帮差钱"，作为支应差务的费用。如案卷"道22"中，贩卖土布"一匹帮给行户差钱一文"。这种方式既可以支应临时性的差务，也可以支应经常性的差务。

（二）承应差务与重庆"官牙制"的运作——兼与江南的比较

在明末清初的江南，牙行承差的做法常常遭到官府明令禁止。② 乾隆至道光时期，类似的禁令已不多见。③ 这应该可以说明，经过百余年的时间，此类现象已得到较有效的扼制。范金民等对此有这样的解释："'当官'、应值，是官府基于任土作贡的封建赋役原则强加给商业铺户的额外负担，在明

---

① 范金民：《把持与应差：从巴县诉讼档案看清代重庆的商贸行为》，《历史研究》2009 年第 3 期。

② 相关案例参见范金民等《明清商事纠纷与商业诉讼》，第 294～314 页；山本进『明清时代の商人と国家』58～61 页。

③ 一个典型案例发生在乾隆四十六年苏州府长洲县。该县木行小甲以办差为名，勒索木商张太生等。为此长洲知县刊刻碑文，强调"嗣后凡有差务衙门借用木植，即着牙唤簟夫运送，于牙用内酌给饭食。倘禁革之后，顾顺源等敢从中唆耸各簟夫，多索运钱，计图暗地抽分，许牙户指名控县，立提重责，并枷号两汇示众"。这说明，牙行应差的现象在当时江南部分行业中仍然存在，但也受到较严格的监管。参见《长洲县永革木簟小甲滋事需索碑》，《明清苏州工商业碑刻集》，第 120 页。

代早期或明末清初国家和地方财政艰窘时，名正言顺、合理合法，但等到国家和地方财政好转，官府或明或暗仍行不辍，必然引起商业铺户的控诉。"① 但《把持与应差》一文恰恰证明，就是在国家和地方财政渐趋好转的时期，重庆官立牙行所承应的差务却越来越繁重。那么，应该怎样理解这种现象呢？

笔者认为，造成这种情况的重要原因在于，与其江南的同行相比，清代中期的重庆牙行更易为官府所掌控。下面将对江南和重庆的情况分别讨论。

1. 江南——庞大、复杂、不易掌控的中介贸易体系

目前已有的研究显示，清代中期的江南市场和重庆市场在整个国内市场体系中的地位存在明显的落差。整个明清时期，江南都是全国市场的核心区，也是当时全国"大多数大宗商品的长途贸易的终点"。② 而重庆则是经历了明清易代战争的巨大破坏之后，新近崛起的一座商业城市，其贸易辐射范围明显小于江南，大致包括云贵、西藏、湘鄂陕豫、江浙闽广等地。③ 相应的，其贸易量也远不及江南。兹以粮食和木材贸易为例，部分地展现这两个市场发展程度的悬殊。

嘉庆以前，粮食是重庆市场最重要的输出品之一。④ 据学者估算，清代四川粮食贸易最兴盛的时候，每年通过重庆外运的米谷可能有 150 万~1000 万石。而杨建庭根据浒墅关所征粮税估算，乾隆年间，由长江运抵苏州的稻米最高可达每年 2000 万石，豆类每年 200 万~300 万石。⑤ 可见，江南市场的粮食贸易至少是重庆市场的 2 倍。木材也是当时这两个市场的大宗商品。重庆外运的木材大多经过渝关，江南的木材大部分来自九江关。据廖声丰估算，乾隆八年（1743）至五十七年，渝关平均每年征收木税 5630 两，九江关每年征收木税 80000 两以上，⑥ 差距高达十数倍。由此可见，尽管清代中

---

① 范金民等：《明清商事纠纷与商业诉讼》，第 314 页。
② 李伯重：《十九世纪初期中国全国市场：规模与空间结构》，《浙江学刊》2010 年第 4 期。
③ 许檀：《明清时期城乡市场网络体系的形成及意义》，《中国社会科学》2000 年第 3 期。
④ 据方志记载，重庆是当时出川粮食的"换船总运之所"。参见乾隆《巴县志》卷 3《积贮》。
⑤ 杨建庭：《税关与商品流通——乾隆时期江苏税关研究》，博士学位论文，南开大学，2009，第 99 页。
⑥ 廖声丰：《清代常关与区域经济》，博士学位论文，上海师范大学，2006，第 105、108 页。

期重庆市场已成为国内市场体系重要的环节，但在辐射范围和贸易量等方面，仍不可与江南市场同日而语。这种差异也导致了两地截然不同的中介贸易格局。

江南贸易的兴盛，催生了数量众多的牙行。据统计：乾隆年间，苏州府所属9县共有牙行4513户，松江府10县共有牙行3637户。[①] 这些牙行不仅致力于城镇中介贸易，更将经营触角伸向周边乡村。如市镇绸行之下，有"领机户投卖行家"的"绸领头"；丝行之下有"专买乡丝"的"乡丝行"，有"招乡丝代为之售"的"小领头"，还有将卖丝人"领至行家，说合买卖"的"船户"。[②] 在此之外，还有相当多分散游离的中介贸易者，称为"白拉"。[③] 因此可以推断，清代中期江南的中介贸易是一个规模庞大、城乡联结的体系。

这一体系并不是清代新近出现的，根据现有研究，明代中后期的江南就已经存在一个庞大的中介贸易体系。[④] 乾隆《钦定户部则例》显示，浙江全省的额设牙帖数为9962张，苏州藩司所属各地的额设牙帖数更是高达14224张，[⑤] 在全国各省区中名列前茅。造成这种情况的主要原因，应该是清代初年的江南地方官府，不得不将已经存在的数量众多的牙人、牙行纳入新设立的官牙体系。但即便如此，仍有许多牙人、牙行是不被官牙制认可的。除上文提到的"白拉"之外，一些颇具规模和实力的牙行也属无帖私开。[⑥] 由此可见，因为江南牙业体系所涉及的市场层面非常复杂，

---

① 方行：《清代前期江南的劳动力市场》，《中国经济史研究》2004年第3期。
② 方行：《清代前期江南的劳动力市场》，《中国经济史研究》2004年第3期。
③ 雍正元年（1723）吴县纱缎业所刊碑文中提到："无印帖而非经纪者，亦通融而为此行之业。遂生一辈□□□□之徒，往往□□□□力口辩，盘踞于往来要道之所，拉□织□，用强揶卖⋯⋯"参见《吴县纱缎业行规约碑》，《明清苏州工商业碑刻集》，第14页。
④ 傅衣凌的研究较早地发掘出牙人、牙行在明代江南市镇大量存在的证据，并指出明清时期"江南市镇的繁荣，大部分以居间的商业为主"。参见傅衣凌《明清时代江南市镇经济的分析》，《历史教学》1964年第5期。此后，陈忠平和樊树志对明代江南市镇的牙人、牙行进行了更加详尽的刻画。参见陈忠平《明清时期江南市镇的牙人与牙行》，《中国经济史研究》1987年第2期；樊树志《明清江南市镇探微》，复旦大学出版社，1990，第165～171、208～212页。
⑤ 转引自楼茜《明清江南地区的牙人与牙行》，硕士学位论文，华东师范大学，2008，第37页。
⑥ 陈忠平：《明清时期江南市镇的牙人与牙行》，《中国经济史研究》1987年第2期；樊树志：《明清江南市镇的实态分析——以苏州府嘉定县为中心》，《学术研究》1988年第1期。

囊括的人员非常多，仅凭地方官府有限的行政力量，很难对其进行有效的监管。

在这样的情况下，如果赋予牙行承担差务的责任，很容易引起官府无法控制的敲诈和勒索。山本进对清代江南牙行的研究提供了这方面的丰富案例。[①] 这些案例足以说明，在中介贸易体系过于庞杂的情况下，官府很难对牙人、牙行的违规行为进行有效的防范和约束。为了杜绝勒索和舞弊，最节省治理成本的做法就是禁止牙行当官、应值。

2. 重庆——小规模、集中、易于监管的中介贸易体系

清代中期重庆的中介贸易格局，与上述情况有很大差异。最根本之处在于，它并不是一个充分竞争的经济领域。《把持与应差》一文证实，清代重庆的官立牙行，实际上就是地方官府所培植的一个贸易垄断集团，应差则是牙行为获取这种特权地位所付出的成本。[②] 那么这种利益交换关系是怎样形成的？为什么它偏偏如此明显地存在于清代中期的重庆呢？笔者认为上述问题的根源在于，重庆始终保持着一个小规模、集中、易于监管的中介贸易体系。

重庆的官牙制是在明清易代战争之后区域经济崩溃的背景下建立的。[③] 因为商业正处于恢复阶段，所以最初设置的牙帖数只有150张，每年缴纳税银188两5钱，[④] 只相当于苏州府一个中上等县的水平。[⑤] 并且如前文所述，当时的重庆并没有形成一个城乡联结的中介贸易网络，这就为地方官府监管牙行提供了便利。表2-4罗列了乾隆时期重庆地方官府对牙行进行监管的5个案例。

---

① 山本进『明清时代の商人と国家』194~208页。

② 范金民：《把持与应差：从巴县诉讼档案看清代重庆的商贸行为》，《历史研究》2009年第3期。

③ 清初四川经济的崩溃，请参见王笛《跨出封闭的世界——长江上游区域社会研究（1644~1911）》，第52~53页。

④ 乾隆《巴县志》卷3《赋役志》。

⑤ 道光年间苏州府9县每年缴纳的牙税数额依次是：吴县328.5两，元和275两，长洲194两，吴江135.4两，震泽119.8两，昆山103两，昭文91.2两，常熟87.9两，新阳50.7两（参见楼茜《明清江南地区的牙人与牙行》，硕士学位论文，华东师范大学，2008，第31页）。重庆的牙税银数额与排名第三的长洲县最接近。

表 2 - 4　乾隆时期重庆地方官府对牙行的监管情况

案卷名称	时间	牙帖种类	初次领帖时间	案卷内容	出处
陈朱氏等呈缴顶补牙帖一案⑤	乾隆四十二年	山货	乾隆二十七年	经官府顶补牙帖	选编，第 361 ~ 362 页
巴县详请顶补牙帖申文三则	乾隆四十二年	水、芝麻、山货	乾隆二十三年、乾隆二十七年、乾隆三十四年	经官府顶补牙帖	汇编，第 263 ~ 264 页
重庆府札	乾隆四十五年	铁锅、山货	不详	纠正县衙顶补牙帖名单的错讹	汇编，第 265 页
巴县呈造牙户洪星瑞年貌、籍贯清册	乾隆四十七年	山货	不详	经官府顶补牙帖	汇编，第 265 页
巴县申文	乾隆五十八年	油	乾隆三十二年	经官府顶补牙帖	汇编，第 267 页

在表 2 - 4 的 5 个案例中，牙帖的变动都正式向官府申报。比较几个案卷中的"牙帖变更时间"和"初次领帖时间"，最大的跨度为 26 年，最小的为 8 年，基本上符合一个商铺正常的经营周期。官府处理此类情况时也十分细致和慎重。乾隆四十五年（1780）的案例中，重庆府对于县衙申文中的文字错讹都给予了详细的指正，②以避免胥吏或牙人蒙混舞弊。

除此之外，重庆地方官府还通过一些措施对牙行实施管控。笔者所掌握的案例中反映出如下情况。

第一，提高承充牙行的成本。在本章所研究的时段，商人更换和顶补牙帖需要支付相当可观的费用。如嘉庆元年（1796），鱼行户赵扬玉"费银数千金设行纳课"（"嘉 11"）；道光三年（1823），靛行户谭志隆"更帖一切使费，共享银八百余两"；③ 嘉庆十四年（1809），李本忠等"共凑银肆千一

① 此案例包括从《乾隆四十一年七月二十九日陈朱氏禀状》至《乾隆四十七年七月冯联飞等互结》6 个案卷，因为都针对同一张牙帖，且时间也完全相同，所以将其合并为一个案例，并重新命名。
② 原文为："因文内铁锅行刘振功、冯灿章讹写锅铁行，山货行刘简易讹锅铁行，其冯灿章冯字讹写作马字，实属错误。今奉驳查，理合查明详□□□□给帖等情。"
③ 《道光三年十一月初九日谭志隆诉状》，《清代乾嘉道巴县档案选编》（上），第 351 页。

百两，给张志德顶充磁器行"（"嘉 17"）。

第二，严格控制牙行的数量。清代重庆中介贸易领域，有一种特殊的经营方式，称为"挂平"，即允许私人经纪附着在官立牙行之下承接业务，但是不授予牙帖。[1] 如案卷"嘉 1"中的陈正书即"在木行挂平帮办"。

"挂平"的存在可以从两个方面理解。一方面，无帖牙人能够公开地参与中介贸易，大多是由于最初设置的官立牙行数量过少，在一些贸易增长迅速的领域，很快出现了官牙应接不暇的局面，不得不借"挂平"以分担业务。乾隆五十六年（1791）布行上呈县衙的禀状中即提到："嗣因货丛任重，始招挂平帮帖。"[2] 另一方面，这些无帖牙人接受"挂平"的身份，而没有如江南市场那样，形成大批私人经纪和私立牙行，说明重庆地方官府的管控是严格而有效的。

第三，取缔经营不善的牙行。嘉庆六年（1801），重庆知府清查全城牙行时就强调："如现有冒名顶替私充牙行，其家道本非殷实者，即系有心拖骗客货之人，亦即据实具禀，分别追帖另募。"[3] 案卷"嘉 17"中，瓷器行户张志德就因"任意花销以致生意清淡"而被县衙"追帖缴销以息讼端"。

上述三种措施可以概括为同一宗旨，即制定严格的准入制度，防止官牙体系的混乱与膨胀。刘铮云的研究指出，雍正年间税制改革后，许多州县衙门为了弥补自主财源的损失，不顾州县衙门不得颁给牙帖的禁令，滥发牙帖，形成"官给私帖"的乱象。[4] 然而从前面的论述来看，乾隆至道光时期的重庆却有所不同，当地官府拓展财源的办法不是一味增加牙行数量，而是努力维持一个规模小、实力强、易于监管的官牙体系。这也可以在一定程度上解释前面所提到的一个矛盾现象，即在重庆商业迅猛发展的乾隆至道光时期，官立牙行的数量不仅没有增加，反而在种类和数量方面均有

---

[1] 乾隆《巴县志》中提到："领帖者曰行户，帮帖者曰挂平。"参见乾隆《巴县志》卷 3《课税》。

[2] 《乾隆五十六年巴县告示》，《清代乾嘉道巴县档案选编》（上），第 344 页。

[3] 《嘉庆六年六月二十四日八省客长禀状》，《清代乾嘉道巴县档案选编》（上），第 253 页。

[4] 刘铮云：《官给私帖与牙行应差——关于清代牙行的几点观察》，《故宫学术季刊》（台北）第 21 卷第 2 期，2003 年。

减少的趋势。①

对于牙行的承差过程，重庆地方官府的监控措施也比较严格。笔者目前所掌握的案例显示出以下三点。

第一，努力杜绝捏造差务、勒征差费。如案卷"道29"中，杂粮行户刘文远称"应承道府江北恩辕驿马料豆并春秋祭祀及日月食差务"，希望县衙设法制止"无帖奸徒沿河连路买卖，不给行用"的情况，但县衙的答复却是：

> 查县属各行所当差徭，闻得向各铺敛派而仍于衙门中领价，且所发官价较民买更贵，是徒有当差之名，并非该行户独任其责。此种积弊亟应清查，确尔杂粮行究竟支应何项差使，因何既收行用又领官价，其中有无从中侵蚀之弊，着开具清单，另呈核夺。

在这个案件中，承审官员并没有因行户声称承担差务就支持他的要求，而是进行了一番调查，发现实际情况与其所述不符。而且从承审官员要求行户开具差务清单来看，县衙很有可能保留着牙行承差的文字记录，以防止其借差舞弊。

第二，禁止牙行随心所欲地征收差费。此方面的典型案例是"道26"。在这个案件中，布行户康维新要求向土布商家征收差费，而县衙也迫切希望借此增加财政收入。② 但即便如此，县衙还是允许土布铺户和康维新进行协商。这次协商从道光二十年一直持续到道光二十二年。虽然康维新最终达到了包收差费的目的，但这种结果并不是官府或牙行单方面决定的。

第三，如果牙行在承差的过程中破坏了商业规程，基本上也是不被允许的。《把持与应差》一文列举了与此相关的两个案例：一是大小河两帮水果

---

① 前面提到，这一时期棉花、药材等少数商品门类的牙帖数量有所增加，但现有的材料未能显示这些新增的牙帖究竟是州县颁发的"私帖"，还是布政使司颁发的"官帖"。即使是州县颁发的私帖，其数量也非常少，州县滥发牙帖的情况在当时的重庆应不突出。

② 这一点在案卷中多有体现，如县衙接到康维新的诉状之后，马上召集行户和土布商人进行协商，还委派八省客长协助议定征收额度，当商谈陷入僵局时做出批示："现在差务将至，尔等不事踊跃，犹敢讦告纷纷……"焦急催促的态度溢于言表。

行户为争夺卖货地段而引发的诉讼；二是江西客商聂广茂等人与铜铅行就点锡买卖问题而引发的纠纷。[①] 在这两个案例中，行户的行为都在一定程度上破坏了现有的商业规程，所以其把持贸易、征收差费的要求并没有完全得到官府的认可。

综上所述，清代中期重庆官牙体系的特殊性在于，它不仅是商品贸易的中介者，更切实地充当着地方官府和民间商人群体之间的中介者。官府扶植它成为一个垄断集团的同时，又尽可能地对它实施监管和控制。因此，在重庆官府需要征调民间财货时，官牙就成为一个可靠的管道。这正是清代中期重庆地方官府维持"官牙制"的最深层意图，也是重庆牙行差务较其他地区尤为浩繁的根本原因。

结论："便商"与"抑商"的动态平衡

本章选取了清代中期重庆市场上常见的三类牙业纠纷进行考察。回到本章开篇所提出的问题："官牙制"的意义究竟是什么？本章的研究可以提供如下四点解答。

第一，就制度设计而言，清代重庆"官牙制"的宗旨并非"便商"。前人关于重庆牙行应差问题的研究已经证实，清代重庆地方官府建立并维持这样一个中介贸易体系，更多的是出于扩充财源的考虑。本章对于《大清律例》相关条文的分析也展现出，在"商牙钱债纠纷"和"货物投行发售"问题上，当时的法律规定很难应对日益复杂的现实情况。地方官府在处理中介贸易纠纷的过程中，对执法成本、社会秩序、财政收入的关注，也往往冲淡了对法律条文和社会公正的持守，于是就出现了官牙侵欠商人财物、勒索差费、垄断市场等种种"害商"的现象。而"支应差务类纠纷"则反映出，在长达百余年的时间里，重庆地方官府一直用一种既违背国法，又增加商人负担的方式来处理一类重要的商业事务。所以在制度设计层面，"便商"并

---

① 范金民：《把持与应差：从巴县诉讼档案看清代重庆的商贸行为》，《历史研究》2009 年第 3 期。

不是"官牙制"最主要的考虑，这也无疑纵容和鼓励了有碍良性市场秩序
的行为模式。

第二，乾隆至道光时期重庆市场的变化，迫使"官牙制"向着"便
商"的方向调适。毋庸置疑，清代重庆的官立牙行是地方官府培植起来的
一个享有特权的垄断阶层。但是这种"特权"并非万能，本章对于"货
不投行类纠纷"的考察就显示出，乾隆至道光时期重庆市场的发展，不断
地冲击着它的藩篱。一些商人群体可以在规避官立牙行的情况下找到更便
捷、可靠的交易途径。于是官立牙行要在这个市场站稳脚跟，仍需不同程
度地融入地方社会，适应市场变化，提供有质量的交易服务。从这个视角
来看，清代重庆官立牙行确有"便商"的意义。但这种结果并非主要来
自制度本身，而是更多地来自市场与权力的互动，来自制度运行过程中人
们对它的改造与重塑。

第三，"便商"与"害商"的共存，并不妨碍清代中期的重庆市场围绕
"官牙制"形成一种动态平衡的格局。此种格局可用图 2-1 表示。

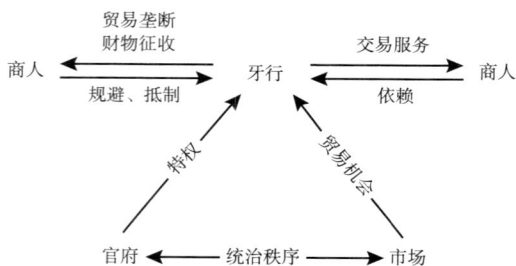

图 2-1 清代中期重庆市场的动态平衡格局

从图 2-1 可以看出，官府和市场是牙行赖以存在的两大基础。官府授
予牙行特权，致使牙行易出现贸易垄断、财物征收等"害商"行为；但与
此同时，市场竞争的加剧和贸易机会的增加，使得从事"便商"的交易服
务也成为牙行生存和发展的必需。"便商"与"害商"就犹如天平两端的砝
码，牙行往往根据特定的情势在两者之间增减权衡。

但是这种"平衡"是易变的，因为它的前提是官府和市场对于牙行施
加比较对等的影响。然而从本章的论述中可以看到，乾隆至道光时期的重

庆，官立牙行的行为更多地取决于官府的要求，[①] 市场之所以能够对牙行形成一定的影响，很大程度上也是得益于官府对统治秩序的关注。[②] 所以，当外部条件变化促使官府改变与市场的关系时，原有的平衡格局就很难维持。咸丰以后重庆官牙体系的两次重组就是这方面的明证。关于这个问题，接下来的两章将有详细论述。

第四，决定一种制度的，除了其固有的属性与宗旨之外，还包括其运行的整个过程。本章所展现的清代中期重庆"官牙制"，其实容纳了许多对立的现象，如权力与市场、"便商"与"害商"、制度设计"意图之内的结果"与"意图之外的结果"。归根结底是因为在这一制度运行的过程中，人们不断地改变和塑造它，其自身也不断地根据新的情况重整与调适，因此时时都是多元而变化的。若从这一视角展开更多的实证研究，学界对于"官牙制"的争论和分歧或许会减少。

---

① 具体内容参看对"支应差务类纠纷"的分析。
② 具体内容参看对"货不投行类纠纷"的分析。

第三章　征厘与垄断

——咸丰至光绪时期重庆官立牙行

本章的研究对象是中国经济史上两种颇具重要性的机制——厘金与牙行,[①] 但所提出的问题与前人有所不同。

第一,本章旨在探讨厘金制度对特定商人群体的意义。就目前已有的研究成果而言,厘金制度毫无疑问是声名狼藉的。[②] 然而前人对厘金制度的研究,多利用中央或省级行政机构的文书档案、地方志,或高级官员的文集、奏议,探讨厘金制度的设计、厘金征收数额等问题。这样的研究展现了厘金制度的宏观样貌,却难以反映基层官员、商民对厘金制度的切身感受。另外,宏观的研究往往将"商人"刻画成一个与征厘机构相对立的抽象群体。然而事实上,厘金制度下的"商人"同样有着各自不同的角色与立场。本

---

①　因本章所关注的厘金征收问题,涉及的大多是官立牙行,所以若不做特别说明,所指"牙行"即官立牙行。

②　过去一个多世纪中外学界对于厘金制度的研究成果,请参见陈锋《20世纪的晚清财政史研究》,《近代史研究》2004年第1期;廖声丰、胡晓红《近年来厘金制度研究综述》,《大庆师范学院学报》2009年第2期。在不同时期的代表性作品中,研究者大多站在否定的立场,痛陈厘金制度的弊害。如1917年问世的关于厘金最早的研究专著,称厘金制度是"病民病国最大之弊政"。参见王振先《中国厘金问题》,商务印书馆,1925,第115页。罗玉东严谨客观地考证厘金制度的脉络,但仍指出厘金"侵蚀税收""私索商民"的弊端。参见罗玉东《中国厘金史》上册,商务印书馆,1936,第125~131页。何烈认为:"当军务减少的时候,厘金却转而害多利少,浸至变成了腐蚀满清财政的一种恶税。"参见何烈《清咸、同时期的财政》,台湾编译馆中华丛书编审委员会,1981,第379页。郑备军认为厘金制度是"社会经济的祸害"。参见郑备军《中国近代厘金制度研究》,中国财政经济出版社,2004,第234页。

章就是依据《巴县档案》中的诉讼档案，观察基层官员和民众如何看待、应对甚至主动利用厘金制度，进而反思制度研究的方法论。

　　第二，本章希望展现晚清重庆官立牙行攫取市场垄断权的过程。第二章已经证明：乾隆至道光年间，重庆官立牙行在承办官府"差务"的过程中，已经显现出垄断市场的意图和行为。那么在咸丰以后，情况又发生了何种变化呢？另外，此前的清代经济史研究曾关注一些垄断商人群体，如盐商、票商、边贸商、外贸行商等，但这些均为有组织的、实力雄厚的、经营跨区甚至跨国贸易的商人集团，而本章要论证的则是分散（或仅有松散组织）的、实力平平的官立牙行，怎样在晚清重庆市场上确立贸易垄断地位。这既不同于学界对清代牙行的既有认识，[①] 或许也能为研究中国历史上的市场垄断力量提供一个新的线索。此外，本章的背景是内忧外患日甚一日的晚清咸丰至光绪时期。在财政负担的逼迫之下，地方官府与商人的关系发生了怎样的变化？这些变化如何影响到晚清经济改革？也是本章关注的问题。本章所引案卷，除有特殊说明的，其余均来自附录 D。

一　厘金抽收与官立牙行的新角色

　　清代的重庆，由官府倡办的厘金征收开始于咸丰六年（1856）。[②] 当时正值清军与太平军激战，四川被定为"协济省"，每年调拨协饷银1800000 余两，[③] 自咸丰元年至咸丰四年底，共向广西、湖南、湖北、贵州、云南、陕西、山西、江苏、甘肃等省调拨饷银 3324000 余两。[④] 重庆及其周边地区也处于扰攘动荡之中，武装反清事件连绵不息，[⑤] 围剿判乱给

[①]　对于牙行和牙人的既有研究，请参见本书第二章。

[②]　傅衣凌指出，厘金并不是晚清官僚机构的创举，而是仿自由来已久的行会抽厘与"一文愿"的成员互助鸠资方式（参见傅衣凌《清末厘金制起源新论》，氏著《明清社会经济史论文集》，人民出版社，1982，第 280 页）。

[③]　吴康零主编《四川通史》第 6 册，四川大学出版社，1994，第 15 页。

[④]　吴昌稳：《从受协到承协——咸丰年间四川财政地位的转换》，《历史教学》2008 年第16 期。

[⑤]　咸丰年间，对重庆及其周边地区影响较大的武装反清力量是贵州杨隆喜军与云南李永和、蓝朝鼎军。具体情况请参见民国《巴县志》卷 21《事纪下》。

重庆府和巴县带来沉重的财政压力。在这样的情况下，巴县于咸丰六年抽收百货厘金。① 至宣统三年，先后设置的抽收机构见表 3 - 1 所示。

表 3 - 1　咸丰六年至宣统三年重庆百货厘金抽收详情

设置时间	机构	创办者	抽收办法	抽收比率	用途	资料来源
咸丰六年	老厘局	县委绅商	由牙行代收，月总其数交于局	市埠买卖货品每两抽取六厘	汇解于川东道库接济军饷	民国《巴县志》卷 4《赋役·征榷》
咸丰八年	积谷局（附老厘局）	川东道委绅商	各行店总抽分，赴积谷局缴纳	每货银一两另抽二厘，每白花一包另抽二分	买市斗谷三万石，以备荒歉	案卷"咸1"
咸丰十年	新厘局	县委绅商	于回龙石、香国寺、唐家沱设卡征收	每货银一两再抽九厘，棉花每包加征银一钱。另抽出口货厘，船厘百分之二	团练城防，筹办积谷，设立水会，开办粥厂，兴办水师	民国《巴县志》卷 4《赋役·征榷》；案卷"光23"
光绪三十一年	重庆百货厘金总局	省委周克昌	不详	加抽陆运厘金，①其余不详	不详	民国《巴县志》卷 4《赋役·征榷》

　　资料来源：民国《巴县志》卷 4《赋役·征榷》；《重庆府札饬巴县抽取厘金以备采买积储及巴县示谕卷》，咸丰八年五月，《巴县档案》缩微胶卷，案卷号：清 6 - 18 - 00916；《八省职事代光灿等禀恳将保甲存改为保甲积谷水会军装局状》，光绪三十一年七月，《巴县档案》缩微胶卷，案卷号：清 6 - 31 - 01042。

　　由表 3 - 1 可见，百货厘金创办后，重庆官立牙行承担起征收厘金的职责。直到光绪三十一年整饬厘务，重庆百货厘金的重要组成部分——老厘，主要由官立牙行经办。

---

① 咸丰至光绪时期，重庆抽收的厘金种类较多，包括盐厘、百货厘、洋药厘、船厘、肉厘、酒厘等，其中"百货厘金"与本章所要探讨的牙行关系最大。因此在本章中若不做特别说明，"厘金"即是指"百货厘金"。

② 笔者所见的一则档案显示，在光绪三十年，巴县就已经开始征收陆运厘金。原文为："兹定于三月十一日一律抽收旱挑百货。"参见案卷"光21"。

　　咸同光时期的老厘实征数额没有明确的记载，只能根据零星线索做大致估算。咸丰八年（1858）筹办川东积谷时，所定的抽分办法是"于六厘之外另抽二厘"，"白花每包抽银七分"。而川东道对商人的示谕中则提到："查厘金局现有抽收章程，每货银一两抽取六厘，兹拟于六厘之外另抽二厘，交积谷局采买，约每年可抽得一万四五千金。"[1] 依此推算，若不计棉花厘金，筹办积谷前，重庆老厘每年的抽收数额为银 42000 ~ 45000 两；筹办积谷后，重庆老厘每年的抽收数额为银 56000 ~ 60000 两。而棉花是重庆输入货品的大宗，若将这一部分厘金计算在内，数额应更为可观。光绪元年（1875），重庆商民在揭发保甲局绅的贪污行为时也提到，老厘局"每年收厘银捌玖万两柒捌万两四五万两不等"，[2] 这个范围与通过积谷厘金推算出来的数额基本吻合。所以即使按照最保守的估计，咸同时期重庆每年依赖牙行抽收的老厘银也可至 50000 两。光绪中后期，由于商人避征和局员贪污，老厘收入锐减。据川东道的访查，光绪十七年（1891）收数仅 30100 余两，光绪三十年（1904）11 个月收数仅 34300 余两。[3] 但即便如此，仍大致相当于巴县县衙一年的财政开支。[4]

　　上述事实意味着，咸丰至光绪时期，重庆官立牙行与官府之间通过代收厘金建立起一种新的合作关系。[5] 那么这种合作关系建立后，牙行的处境、行为方式，以及重庆城的商业秩序究竟发生了何种变化？下面将详细论述之。

---

[1] 案卷"咸1"。

[2] 案卷"光1"。

[3] 案卷"光20"。

[4] 据史玉华统计，巴县县衙一年的额定财政开支为银 3895 两 5 钱，无经费预算和报销来源的财政开支难以逐年统计，但仅光绪二十八年（1902）即为银 22777.34 两。据此估算，巴县县衙常年财政开支应在银 30000 两左右。参见史玉华《清代州县财政与基层社会——以巴县为个案》，博士学位论文，上海师范大学，2005。

[5] 在此之前，牙行与官府的关系主要靠承办"差务"来维持，即牙行提供钱财、货物和劳役，以保障地方官府的日常用度和处理公务之所需。关于清代重庆牙行承差的具体情况，请参见刘君《清前期巴县城市工商业者差役初探》，《历史档案》1991 年第 2 期；山本进『明清时代の商人と国家』58 ~ 61 頁；范金民《把持与应差：从巴县诉讼档案看清代重庆的商贸行为》，《历史研究》2009 年第 3 期。

二　变化之一——牙行的棘手任务

从笔者目前所搜集的案卷来看，得到代收厘金的特许之后，牙行的经营并未就此踏入坦途，反而变得愈加复杂难行。因为官府对厘金的需求是迫切且繁重的，但赖以抽厘的货物却并不会因官府的一纸政令而自动流入牙行。为了阻截和控制货源，牙行使用的手段不断升级，但成本也越来越高。牙行稽查客货的方式，大致可以概括为以下三个层次。

第一层次，等待已入城货物投行，即基本不干预货物的运输过程，待货物入城后自行投入牙行，按货值抽厘。对于设在城内的牙行而言，这是最常规也是成本最低的一种方式。在咸丰、同治时期的案卷中，对于牙行征厘的记载大多如此，光绪时期仍时有所见。

咸丰九年重庆药厘局告示："查渝城近年办理百货抽厘，亦系设有专局，其章程令各行店公举殷实商人经理，发给局票以为信守，由行报局，由局转申，如有弊端，随时惩究。"①

同治三年丝行户诉状："近因军务浩繁，奉旨抽厘，饬行店等各领循环号簿，卖去货银，照数登记，纳厘若干，按月呈缴。"②

光绪十三年丝行户禀状："所纳厘金，落行店后即由售卖，即由行店报局，按月算缴。"③

光绪三十年麻行户禀状："先年凡客商贩麻船抵渝岸，起运入行，照斤多寡报厘，如数赴局完厘，不得偷漏。"④

光绪十一年糖行户禀状："咸丰六年，前宪设局抽厘，资助军饷，给发循环印簿，凡客商贩糖包来渝发售，必须入民等之行登簿抽厘，按月缴局。"⑤

---

①　案卷"咸2"。
②　案卷"同1"。
③　案卷"光7"。
④　案卷"光22"。
⑤　案卷"光6"。

　　但是同时期的许多案例也显示，这种"等客投行"的做法常常是行不通的。行户不可能真正以逸待劳，而是利用各种渠道密切关注着城内货物的流向。如同治八年（1869），靛行户罗天锡等向老厘局报告，甘义和"贩靛一十七篓来城，又不入行"，企图"漏厘骗用"。① 同治十二年，贵州客商戴祥泰等将角梧十背卖给私人经纪，"经药行岳义兴查获"。② 光绪二十二年（1896），老厘局获得"渝城贸民胡佐臣具报，裕和源漏厘丝发即绸缎三十余箱"。③

　　为了尽可能地将货物拢入牙行，行户甚至建立起规模不等的信息网络。如同治三年（1864），丝行户张来仪状告客商邓金顺偷漏厘金。而张来仪之所以得知这一情况，是因为"本月二十九，金顺丝卖蔡复茂线店，因为银色口角，适遇店雇工张荣轩路遇撞见，向伊问及……"④ 其中张荣轩很可能就是受雇于丝行，专门负责打探交易信息的。在同一个案卷中，另一丝行的雇工张义成则明确提到："凡丝来渝定要投行出售，庶免偷漏厘金，行户王万顺等呈恳王主赏示审呈……雇蚁寻查无怠。"还有一些实力较强的牙行组织，则已经形成了轮流负责的稽查制度。如光绪十五年（1889），荣泰店雇工柯善轩私下向广东商人出售梧子24包，被药材行帮"司月首事查获卖票"。⑤ 而稽查厘金即是"司月首事"的重要职责。⑥

　　从上述案件可以看到，为了规避厘金，许多商人并不会主动地将货物送入牙行。而无帖经纪、栈房的存在，更使得漏厘的货物有了销售渠道。为了有效地控制货源，牙行必须采取更加主动的方式，与商人和无帖中介周旋。

---

① 案卷"同2"。
② 案卷"同5"。
③ 案卷"光14"。
④ 案卷"同1"。
⑤ 案卷"光8"。
⑥ 光绪六年制定的《药帮整顿厘金章程》，即规定了设置"司月首事"以稽查厘金。原文为："请由行帮公保行首一人，客帮公保客长一人，赴局报明存案，或半年一换，或年满更换，轮流经理"；"若有以多报少，贵价贱报者，许客长行首查明禀报，由官讯问。如果属实，即以偷漏厘金论从重示罚，仍照章给奖呈报之人。如卖客知情即将货物充赏，行栈买客包庇，即将包庇者照所漏之数加二十倍示罚，以儆效尤"。参见案卷"光2"。

　　第二层次，于城门处阻截货物，即在货物入城前，商人先赴牙行承报货物的种类和货值，领取牙行开具的厘票，各城门厘务司验票后方可放货入城，简单地说就是"先报厘再入城"。这种做法实行于光绪时期。

　　光绪六年《药帮整顿厘金章程》："派行首六人在药帮公所设立号簿，凡南帮远来贸易，无论大商小客，入行买卖，但须先行通知公所，给与公票图记，不拘卖入何行。银数多寡，稍有不敷，均责成公所值年认赔。"①

　　光绪十一年糖行户禀状："如糖来渝，只准进朝天、千厮、太平三门，用民等起票报厘以杜偷漏之弊。"②

　　光绪十三年丝行户禀状："凡属贩油来渝，先在城内油行扯票，然后各门厘务司验明行票放入，落行售后，按月算缴。"③

　　与"等客投行"的做法相比，这种方式阻断了货物在城内私下交易的机会，使城中的无帖中介失去了相当多的货源。发生在光绪二十年的一个案例，即是此方面的明证。④此案卷记载，三月十七日，贵州丝商胡洪章来到重庆城内一家丝行，"称贩有净丝壹千陆百余两来渝出售，着雇工周锡三运丝在后未拢"。但是次日周锡三与胡洪章会面之时，货物却已被无帖经纪李恒山在南纪门外拦截，强行卖与一娄姓商人。得知此情况后，冯大兴等六名丝行主立即联名控告李恒山，案件由老厘局上呈川东兵备道。最后，李恒山被"枷号河干示众三日"。由此可见，"先报厘再入城"的办法填补了城内稽查的漏洞，增加了商人和无帖中介违规交易的成本，使牙行更加有效地掌控了货源。

　　然而即便如此，漏厘事件仍防不胜防，因为虽然城门被封锁，秘密的交易渠道仍然存在。最常见的就是在城外监管松懈的码头、江岸销售。如光绪十一年糖行户禀报："近来伊等或业前借过江名目，沿河两岸佃房改包转桶，或船装原包直抵江北买卖，私相交易，对手提载，意图漏厘。或私寄城

---

①　案卷"光2"。
②　案卷"光6"。
③　案卷"光7"。
④　案卷"光12"。

外觅主卖成。"① 又如光绪三十年麻行户提到："兹有奸商，办麻船运下游一带过江，并不进城归行转售，计图免完纳厘。"② 前面提到的"李恒山漏厘案"，也是一个在码头私下交易的例子。

　　除此之外，更加胆大的商人还将货物蒙混夹带入城销售。如光绪十九年丝行户称："有装成篾包混行入城串通私售。"③ 又如光绪十一年糖行户状告客商"串通夫头乘早挨晚，于别门抬混入城交货"。④ 光绪二十五年，水银、朱砂贸易中也有"捆贩闯关直入"的情况。⑤

　　还有一些较为谨慎老练的商人，则以店铺采购原料的名义将货物运入城中销售。因为在当时的重庆，一些店铺拥有采买原料不必赴牙行报厘的许可，⑥ 这就为希图规避厘金的商人提供了机会。光绪十九年丝行户的诉状中就提及，商人们"勾通铺户作房出头挺背，诈称出庄各处买回，不惟赖骗民等行用，公局厘金悉行偷漏"。⑦ 而一些糖商也是"糖未到渝，勾通买主俟到之时诈称自买自销或原包提载，不照旧章上厘"。⑧

　　鉴于这样的情况，牙行必须将手伸得更长，才能够完成厘金抽收的任务。于是，牙行的对策又升级到了下一个层次。

　　第三层次，于码头处清查货源，即在货物刚抵达码头还未卸载的时候，就在脚夫、船主或巡河差役的协助下，清查其种类、数量和去向。在笔者所查阅的案卷中，此类记载有如下三条。

　　同治十二年八省执事禀状："嗣后凡有药货到渝抵于河干时，特由码头力夫先行赴局报明数目花名，起于某行起于某栈，仍由收货处所出具收单缴局存查。如已落行栈，不将收票缴局，则将力夫责惩。倘有搬负别处，应由

---

① 案卷"光 6"。
② 案卷"光 22"。
③ 案卷"光 11"。
④ 案卷"光 6"。
⑤ 案卷"光 15"。
⑥ 同治八年靛行户与染房的一桩讼案中，染房主就提到："职自行贩买靛斤回店，前任张主现存有示，原听职等之便，示粘朗凭。"参见案卷"同 2"。
⑦ 案卷"光 11"。
⑧ 案卷"光 6"。

前出收单之人往局更正，以便完厘时有所查对。"①

光绪六年药行禀状："凡药货到渝，由厘局发给循环印簿，交各门码头力夫。于货抵河干时，由码头力夫即在簿内注明某日某客某药花名件数，起于某行某栈，仍于收货处所出具所单，逐日缴局。如已落行栈，不将收票缴局，即将力夫责惩。有搬负别所，应由前出票之人往局更正，以便查对。"②

光绪三十年麻行纳厘规章："绥定帮涪州洋渡溪各属州县青麻船至渝北两岸各处码头，向由河差巡司协同行户在舟问明板主，装运何号，捆子多少，或提或起，当时登明局簿，以杜偷漏。是日由行出连二串票交与驳船提载，驳船帮以行票一张送局完厘，以一张交板主存执。"③

上述做法的意图就在于，使牙行的触角延伸到原本稽查松懈的码头和货船上。在商人和无帖中介还来不及私下交易的时候，就使货物落入牙行的控制之中。虽然此举也包含着官府监督牙行的用意，但的确有助于将违规交易扼杀在源头，使牙行相对于商人和无帖中介而言占据主动。可是这种稽查方式因为需要脚夫、船夫和巡河差役的配合，所以成本相当高。在光绪六年制定的《药帮整顿厘金章程》中就有这样一条规定：

> 客长行首力夫宜筹公费以专责成也。厘局章程向以客号买卖远近期限不一，必归行店先行垫缴，每两厘银准九折缴局。经纪所售南帮之货概系现银，不必垫缴，应收实银，请照九折缴局，所余之银即作为客长行首伙食杂用力夫纸笔之资，以资办公。④

也就是说，在动用脚夫等第三方力量清查货源之前，官府一直将所抽厘银的一成作为回扣付给牙行。但是在此之后，这一成的厘银却变成了第三方协查力量的佣金。也正因为如此，真正表示愿意采用这种稽查方式的牙行非常少，据笔者目前所见，只有药行和麻行。而事实上，药行因为实力雄厚、交

① 案卷"同5"。
② 案卷"光2"。
③ 案卷"光22"。
④ 案卷"光2"。

易量大，且一直面临严重的漏厘问题，所以确实使用了此种稽查方式，① 而麻行则很可能只是虚应故事而已。因为虽然在前面所引"麻行纳厘规章"中，的确提出了动用巡河差役协助行户查厘，但是就在四个月之后，行户黄懋斋侵吞厘银的情况即被商人揭发，而老厘局却显然对此一无所知。② 如果巡河差役真的曾协助查厘，那么老厘局和行户应同时掌握麻的交易数量，以及应纳厘金的数额。但是老厘局直到商人举报后才得知麻厘被行户侵吞，这就只有两种可能：一是巡河差役并没有协助查厘；二是巡河差役与行户通同作弊，瞒报厘金。由此可见，真正能够与第三方力量有效合作的牙行，其实是少之又少。

另外，脚夫、船夫、巡河差役等也并非中立、无私的第三方力量。在"黄懋斋漏厘"案中，他们与牙行通同作弊的嫌疑已经很大。而下面的四个案件则说明，他们为了自身的利益，也随时可能背弃与牙行的合作。③ 这四个案件发生在光绪十六年五月至十一月，案发相当密集，情节也惊人的相似，均为新厘局香国寺厘卡控告磁器口揽载帮船夫"拆散包捆货物，借称零星挑负漏厘"。但船夫们也无一例外地声称自己揽载的为不足 80 斤的零星货物，未达到抽厘的标准，④ 并反控香国寺厘卡"恶蠹朦弊控禀，不容放

---

① 从目前保留下来的清代重庆牙行验帖记录可见，从乾隆十六年至光绪三十一年，重庆绝大多数贸易门类的牙帖数量大幅减少，而药材的牙帖数量却显著增加，乾隆年间只有牙帖 8 张，嘉庆年间增至 11 张，光绪年间更陡增至 24 张（参见本书第二章）。另外，王笛也认为，清代的重庆是川中最重要的药材集散市场，"省内及陕甘、滇黔、西藏等省区部分药材出口汇集于此，另外，湘、鄂、赣、粤等省药材行销西南各省者皆以重庆为分配地"（参见王笛《跨出封闭的世界——长江上游区域社会研究（1644～1911）》，第 251 页）。由此可见，药材牙行是清代中后期重庆城内业务最繁忙、实力最雄厚的牙行。而从笔者目前所查阅的案卷来看，同治至光绪年间，重庆药材牙行就一直被严重的漏厘问题困扰。所以在同治十二年，八省客长最早提出了使用脚力协助查厘的建议（参见案卷"同 4"）。而光绪六年也出现了真实的案例，即药材行户陈泰来等控告宁永新"支伊雇郭瀛洲叠向码头力夫拦阻，一切货物不许至公所报明"（参见案卷"光 2"）。这说明，药行确实动用了脚夫等第三方力量协助清查厘金。

② 老厘局在案卷中陈述道："敝局报册，该行至二十九年正月起至三十年五月底止，共完过两次厘银，叁拾肆两捌捌钱零陆厘，实短报厘银壹百捌拾叁两肆钱贰分肆厘。"参见案卷"光 22"。

③ 案卷"光 16"。

④ 成立于咸丰九年的重庆新厘局，负责抽取出城货物的厘金。但在光绪三十一年整饬厘务前，新厘局三卡只抽收成包成捆大件货物的厘金，而普通百姓挑负的货物，"不及八十斤者，不能上厘，若至八十斤及八十斤以上，每挑纳厘钱叁拾文"（案卷"光 16"）。

行"，"借故稽延，沿岸滋闹不休"。可是在证据确凿、官府施压的情况下，还是有船夫最终承认所运货物"均未完纳厘金，小的亦有疏忽"。这就说明，船夫、脚夫、巡河差役等并非公正可靠的"第三方力量"，他们既可以协同牙行、厘局清查厘金，也可以帮助商人偷漏厘金，选择前者还是后者，关键看哪一边的回报更大。

或许正是因为"第三方力量"的难以驾驭，个别行户甚至提出了亲赴码头清查货源的设想。如光绪三十年麻行户即建议：

> 行户每年在局承领印簿一本，在各码头查明所拢之货，分别照验，当时登簿，照录完厘，以杜偷弊。其印簿不得多给，如篇页缮完，准其赴局续添，以便稽查。至于归行转售之货，仍以先行登簿，责令行户完厘销帐而免弊端。[①]

但是因为资料的缺乏，这种设想究竟有没有付诸实施，实施效果如何，现在都已不得而知。

综上所述，征缴厘金并不是一个易于完成的任务。乾嘉道时期，牙行虽然也承担官府的差务需索，但从已有的研究来看，大多数牙行尚未如此急切而直接地控制货源。一些牙行虽然也曾在城内安插眼线、在码头强截货物，但官府并不鼓励这种做法，更不会允许牙行为此动用地方行政资源。若个别牙行阻截货源的行为引起严重纠纷，行主还会受到官府的责惩。[②] 所以牙行稽查手段的升级，除了说明地方官府对其支持力度加大，也反映出牙行日常经营所面临的难度和压力明显较抽收厘金以前增加了。[③] 那么，牙行为何要付出如此高昂的成本为官府效力呢？下面回答这一问题。

---

① 案卷"光22"。

② 具体案例请参见本书第二章。

③ 要证明此观点，更加直接的方式是比较承差时期牙行向官府缴纳财物的具体数额，以及代收厘金时期牙行的纳厘数额。但是在笔者目前所掌握的案卷中，这两类数据都稀少且不成系统，而且大部分数据是在诉讼过程中由行户自己提供的，难免有夸大不实之嫌。所以笔者最终放弃了这一比较，希望后来的研究者能够掌握更加丰富、系统的数据，准确地计量清代重庆牙行在不同时期的负担程度。

三　变化之二——牙行新的利益空间

诸多案卷显示，官府在督促牙行收缴厘金的同时，也回馈给牙行可观的利益。

首先，代收厘金巩固了牙行的贸易垄断特权。此前的研究已经证明，乾隆至道光时期的重庆牙行，事实上是地方官府培植起来的一个贸易垄断集团。此种特权地位的维系，主要依靠牙行向官府提供的"差务"。然而在咸丰六年之后，"厘金"逐渐取代"差务"成为垄断贸易的依据。

在越来越多的讼案中，"代收厘金"成为逼客投行最有力的证据。如同治三年，丝行户张来顺等将抢夺其货源的私人经纪和栈房告到官府。他们在诉状中写道："近因军务浩繁，兴设厘局以助军糈，有等奸商希图漏厘，不落行店过秤，歇住客栈串通栈主私立平秤，收取行用，窥避厘金，阻挠军饷，职当差无着，厘金诡漏，实堪痛切。"[①] 在这段状词中，张来顺几乎没提此前常被行户援引作为合法经营权依据的差务，也仿佛不太在意自家生意的得失，而是将无帖中介的买卖活动与偷漏厘金联系起来，再将偷漏厘金与阻挠军饷联系起来，似乎更关心的是官府的财源。但这种迂回的策略恰恰触及官府最敏感的神经，很快便得到"严禁贩私奸商不投行私串过秤发卖漏税"和"饬差查拿奸商"的示谕。

在另一些讼案中，行户既提及支应官府差务的一面，也提及缴纳厘金的一面，但前者显然是一带而过，后者才是各方争执的重点。如光绪十五年，药材行户因私自销售榾子而状告胡腾蛟，诉状中写道：

> 职员们山货行帮请帖纳课，应渝城差务甚大，兼之省垣围差，均要职员们行帮认给银两，屡遭栈帮同经纪人等无帖无差，希图漏厘取用，哄惑买卖客商，概不进行，恁他垄落擅卖，受害不少。[②]

---

① 案卷"同1"。
② 案卷"光8"。

在这段状词中，药材行户对于胡腾蛟的指控是既"无差"，又"漏厘"。但是在这个案件的审理过程中，"漏厘"显然是各方最关注的问题。原告强调被告"私卖古刚栈内梧子二十四包，值银七八百金"，"取用漏厘"，被告则指责原告"妄供拿获私卖漏厘移害于人"，而官府则非常关心这样一笔交易究竟应该上纳多少厘金，给予多重的惩罚。最后审理的结果是，胡腾蛟"实漏厘银二两六钱四分七厘……饬令照章加罚十倍"。

在一些自知胜算不大的讼案中，牙行还会非常有技巧地利用厘金作为求胜的砝码。如光绪十一年七月，糖行向川东道递交禀状，要求实行更严格的厘金稽查方法，防止糖商与无帖中介私下交易。在不到半个月的时间里，川东道就批准了这个建议，并责成巴县知县出示晓谕，要求相关商户一体遵行。① 从表面上看，这个案子平淡无奇，但仔细分析整个案卷就会发现，糖行的胜利来得有些反常。

第一，并非所有的贩糖商人都必须通过牙行抽收厘金，本城的糖铺一直都有自行收购、自行赴局纳厘的许可。这一点在糖铺随后的诉状中被反复强调。②

第二，糖商不将货物投入牙行，并非单纯为了规避厘金，而是因为不堪糖行的勒索。糖铺的诉状中就提到，"原议白糖每包抽厘一钱二分，橘糖减半……后每包加成厘银二钱……突竟每包勒加抽厘银至四钱六分"，还历数了糖行侵害客商的种种行为。

第三，糖行与糖商之间的矛盾由来已久。从糖行的禀状中看，双方在同治四年、同治十一年、光绪七年至少已为"货不投行"的问题发生过三次诉讼，孰是孰非并不是那么截然分明。

综上所述，一个头脑清醒、熟谙地方商情的官员，一般不会仅凭糖行的一面之词就对其有求必应。但此案中的川东道却这样做了，而他的批词也透露了其中的隐情：

---

① 案卷"光6"。
② 原文为："生等本城糖铺，历系零星小贸，自贩自销，从未入行觅主出售。咸丰年间，前道宪王设局抽厘助饷，定立章程，百货有大庄归行、零星自行赴局纳厘之条。"

> 现值海防需饷，亟宜认真整顿，以期涓滴归公，岂容稍有偷漏。况糖厘一项，系属大宗，凡在渝改包转桶或佃房寄存或对手提载，均应一体照章纳厘，不准借过江名色希图偷漏，仰候出示严禁……

原来，此案发生之时正值朝廷筹集海防经费，地方官府对于任何财源都不愿轻易放过。糖行看准了这个难得的机会将旧案重提，不仅一举战胜了老对手，更进一步巩固了自己的贸易垄断权。

其次，对于一些牙行而言，争夺垄断权并不是他们唯一的目标，他们看重的还有随垄断而来的营私舞弊、上下其手的机会。在前面提到的糖行与糖商的诉讼案卷中，糖商历数了糖行盘剥商人的五大罪状：

> 一、糖包抵岸，先投行报包完厘。伊等任意勒掯，加上三倍之多，不敢违拗。若无行造厘票，不准起糖，威胁侵吞，天人怨恨。
>
> 二、糖拢每逢洪水之际，投行报厘，该行扭怩，卡不给票，多方勒索，并纵行班呵吓夫头，不准起运，致舡久靠失事，并糖化折秤，故多折本。
>
> 三、该行等多假当道权柄，绝小贸生路。擅造厘票，私设巡差，各门河干日夜巡查，闻风捕影，擅作威福，俨然又立一局，动辄禀道送局究办，恐吓愚朴，无不切齿。
>
> 四、糖包执票起运进城，支使行班把持，每包外索钱二十四文，尤不足意，尚在加索。
>
> 五、该行以大庄行伙之弊窦，移罪零星小贸之糖铺，张冠李戴，借厘朦示，借示加厘，勒抽病民，实难聊生。

尽管在诉讼文书中，一方对另一方的指控难免有夸大失实之嫌，但上述诸条数据明确、情节具体，而且还涉及一些很容易调查清楚的情况（如巡差、夫头等）。因此可以推知，这段叙述有相当程度的可信性。

由此可以推断，牙行在获得贸易垄断权的同时，实际上还获得了一个相当大的自主活动空间。他们可以擅自抬高抽厘比例、额外勒索钱财、胁迫刁难商人等。尽管这些行为都是法律、政令所不允许的，但至少就本案来看，并没有一个监管力量对其加以制止。反而是当商人不愿就范时，牙行就抬出贸易垄断权来兴起诉讼，甚至影响司法。

值得一提的是，除了本案中的糖之外，笔者还发现一些商品的抽厘比例在若干年后也提高了。如咸丰八年川东道规定的百货厘金抽收比例为每两 8 厘，但光绪三十四年丝货的抽收比例为每两 1 分 2 厘，① 光绪十八年药材的抽收比例为每包 1 分；② 咸丰八年棉花抽收比例为每包 7 分，光绪二十七年的抽收比例则为每包 1 钱 4 分，③ 整整涨了一倍。当然，提高抽厘比例可能涉及许多复杂的原因，但牙行的操纵应该不能排除。由此可见，在监管力度不够、司法缺乏独立的情况下，垄断极易使无特权者遭受侵害。

除了侵害普通商人之外，牙行还欺瞒官府，下面一个案例即为明证。光绪三十年四月，庆泰麻行行主向老厘局委员痛陈商人偷漏厘金之弊害，并提出严查货物的建议，得到老厘局委员和巴县知县的共同许可。④ 然而就在四个月之后，瑞昌祥等三家商号举报该行短报厘金。核查的结果也确实如此，该麻行"从光绪二十九年正月起至三十年五月底止，共完过两次厘银三十四两八钱零六厘，实短报厘银一百八十三两四钱二分四厘"。也就是说，牙行打着官府的旗号垄断客货，但由此带来的收益却大多数进入了私囊。这样的情况在其他中介机构中也存在。如光绪十一年糖商指出："常睹厘金榜式，与生等所上大相悬殊，其收多报少，侵蚀可知。"⑤ 光绪六年药行指控药栈："总计一月所收，不过以三四成交永新上纳，永新又将各栈所交之数仅以二三成赴局完纳厘金。"⑥ 这就说明，尽管牙行仰赖官府获得贸易垄断权，可是一旦获得了这种权力，牙行更加关注的则是为自己牟利，而不是为官府效力。

---

① 案卷"光 24"。
② 案卷"光 10"。
③ 案卷"光 17"。
④ 巴县知县与老厘局委员会衔出示晓谕："嗣后凡有贩麻来渝，务须归行出售，完纳老厘，以重厘务而裕饷源。"参见案卷"光 22"。
⑤ 案卷"光 6"。
⑥ 案卷"光 3"。

　　事实上，对于牙行在代收厘金中的一些牟利举动，官府不仅了解，而且长期容忍。如同治九年，四川布政使委派余守瀹到重庆整饬厘务，[①]余采取的一项重要措施是要求牙行将代收的厘银全部上交，而且规定缴纳库平银色。此项措施公布后，立即引起了行户的愤怒。据川东道所述："该行户等即于三月初二、三日先后停秤不贸。"而行户的罢市又造成了众多力夫、水手失业，于是群情激愤的商民"于初四早即将新设厘局打毁"。为什么一项看起来并无不妥的规定会引发如此严重的后果呢？原来在此之前，重庆牙行缴纳厘银时普遍扣除一成作为佣金，而且使用的是较低的渝平银色。[②] 这是牙行与官府之间长期以来达成的默契。所以当这一规则骤然改变时，行户顿觉自己的利益严重受损。而为了平息这一事端，就连川东道也不得不"躬亲竭力开导，一切仍照旧章办理，以释其疑"。

　　由此可见，牙行为抽收厘金付出高昂的成本，其实是为了获取厘金背后的可观利益。抽收厘金的过程既帮助牙行坐稳了市场垄断者的位子，又使牙行滋生出腐败、欺诈的倾向。那么在牙行越来越难以掌控的情况下，地方官府为什么还要在厘金抽收这样的重大问题上倚重于他们呢？

四　无法舍弃的合作对象

　　其实在光绪中后期，重庆地方官府的确曾尝试使另一些群体（如巡

---

① 案卷"同3"。

② 光绪年间，重庆市场上流通着种类繁多的生银，以成色和重量确定价值。据民国《巴县志》记载："成色足者曰老票，劣者曰套槽，最通行者曰新票。商旅交易，色足则申水，次则折水。折之法，十作九四或九六；申之法，九六作十或九八。其重量亦不一制，城乡各别。公家既有库平，同业复有帮平，汇兑于省外，则又有上海规元、湘平、沙平之分。交易时，必先计较平与色，始泯彼此之争。"（参见民国《巴县志》卷3《赋役·银钱》）在当时的重庆市场上，"库平"和"渝平"是两种最常见的生银称量标准，其兑换价格各个时期不同，兑换时还要考虑银色的差异，具体的兑换方法笔者目前尚未清楚考证。但据重庆海关税务司好博逊光绪十八年的报告，渝平银100两可兑库平银98.11两（参见周勇、刘景修译编《近代重庆经济与社会发展（1876～1949）》，第67页）；据光绪二十七年刘裕丰等人的报告，渝平银100两可兑库平银95.89两。由此可以推测，渝平银的价值较库平银低。因此，若要以库平银缴纳厘金，牙行必须付出生银兑换的成本。

河差役、脚夫、力夫、包税人、栈房、私人经纪等）介入厘金抽收，以牵制或取代牙行，但是效果似乎并不理想。巡河差役、脚夫、力夫的舞弊行为，前面已有叙述，此部分着重论述包税人、栈房、私人经纪的不可靠。

光绪二十七年（1901），刘裕丰等人在上呈巴县知县的禀状中写道："职等应代收缴老厘，补完厘项。原认具押岸银贰两作信，如收不齐，认先垫缴，其余经费，请以前付报关行代收九扣之数转付。"① 这是笔者目前看到的案卷中，对厘金包税人最明确的记录。包税人与牙行最大的不同就在于，牙行是"先征厘再缴厘"，而包税人则是"先缴厘再征厘"。对于官府而言，这种方式不仅保证了征收数额，还能得到更多的周转资金。但是包税人在付出数千两的资金垫缴厘银后，必然急于收回成本，于是贪污与勒索便无可避免，下面一个案例或可为证。

光绪二十七年，老厘局向巴县知县反映了 11 家牙行拖欠厘银的情况，知县随即传行主来衙讯问。出人意料的是，11 位行主均称他们所缴纳的厘金是由名叫金秀峰、冯春熙的两个人经收，并指控两人"素性奸诡，浮收肥己，鲸吞有数万金之家"。② 结合上一个案件，我们有理由推断，金秀峰和冯春熙的身份应该就是厘金包税人。因为第一，他们代替牙行缴纳厘金，这符合上一个案卷中对厘金包税人的叙述；第二，本案卷中提到，金、冯二人在光绪二十七年八月已被辞退，而上一个案卷中包税人刘裕丰等也提到，光绪二十七年六月，由于更换老厘局委员，"谕令职等辞退"。所以，金秀峰和冯春熙应该就是厘金包税人。无独有偶，在另一个案件中，金秀峰又出现了。这个案件发生在光绪二十一年，老厘局向 17 家白花行追收拖欠的厘金，而行主们则供称，所欠厘银已"兑交厘局司事金秀峰。他有事耽搁，未将大票发交"。③ 这句供词虽然委婉，但还是很容易读出金秀峰贪污浮收的嫌疑。

或许正是因为包税人的行为不端，所以老厘局正式任命包税人的时间只

---

① 案卷"光 18"。
② 案卷"光 19"。
③ 案卷"光 13"。

有 6 个月，① 虽然其实际存在的时间可能更长。

除了包税人以外，栈房、私人经纪同样不可信任。栈房、经纪都是从事中介贸易的商家，但与牙行不同的是，他们绝大多数未领取官授牙帖。因与牙行存在竞争关系，所以官府历来视其为牵制甚至替代牙行的力量，这一点在药材贸易中尤其明显。同治十二年，八省客长受知县委托调查偷漏药材厘金的问题，② 其在回复知县的禀状中提到："行户领有循环印簿，栈房有自会厘金。"这就说明，当时的药材栈房已经介入了厘金征收。除此之外，八省客长还提出了一个让栈房与牙行互相稽查的建议：

> 栈房不可漫无稽查，行户亦未可过于听信。……仍应于行栈各收票由局派执事同行查栈，同栈查行，其货物卖时照价完厘，并不照收票饬其垫完厘金也。若有以多报以少贵价贱报者（原文如此——引者注），许该行栈互相稽查票报。……行栈人等知厘金万难包庇而又恐互相查对，必不敢以身试法。

后来这一建议的确得以实行。光绪六年，当药行与药栈再次为厘金收缴的问题发生诉讼时，双方各自推举出一人，核查对方的纳厘情况。③

但是依靠栈房和私人经纪抽收厘金，同样存在明显的弊端。从下面一个案例中即可窥知端倪。④

光绪二十五年十二月，巴县县衙收到老厘局移送的两份禀状，要求兴办天冬银砂公所，以整饬天冬、水银、朱砂贸易中的偷漏厘金行为。从署名上看，这两份禀状分别由贵州客商和本地天冬帮复兴会首事起草。鉴于天冬、银砂贸易漏厘严重的情况，老厘局委员和巴县知县当月即批准了这项建议，要求商人"贩运天冬来渝，一经拢岸，即赴储奇门内天冬公所将所贩货物若干，

---

① 原文为："从光绪二十一年正月初一日起，先行示谕，随详督宪暨总厘金局立案。嗣奉督宪批令现任道宪查明禀复，当沐现任道宪体查实情，详令职等接续试办……延至六月初，更换老厘局员赖，仁宪会办老厘局务，谕令职等辞退。"参见案卷"光 18"。

② 案卷"同 4"。

③ 案卷"光 2"。

④ 案卷"光 15"。

注立循环簿据，然后起入公所内堆店，由首事过秤代售，赴局完纳老厘"。

然而就在当月二十五日，县衙又接到一份由客商谢双和等人联名呈递的诉状，指控此前兴办天冬公所的建议，其实是由私人经纪李玉林等策划的一场骗局。公所开办之后，只会便利他们"刁难卡掯"，"借公敛钱"。巴县知县驳回了这张诉状。但在近一年后，天冬帮复兴会首事彭兴顺等人又向县衙呈递诉状，称私人经纪郭生泰等冒充他们的名义开办银砂公所。为查明实情，知县委托八省客长、七团里正进行调查。结果确如彭兴顺等人所言，"陈祥泰等且无其人，生泰实系不肖经纪……杨华葵、周正清实系帮外之人"。见此情形，巴县知县只能"立将公所查禁，并将前给告示撤销"。

在这个案件中，各方说辞不一，但基本可以认定的是，私人经纪在想方设法地垄断厘金征收，而地方官府从一开始就被骗了。这个案件还可以说明，利用私人经纪抽收厘金其实存在很大的风险。当然，私人经纪的介入能够保证官府的厘金收入，在天冬、水银等没有设置牙行的贸易门类效果尤其显著。但是与前面提到的包税人相比，栈房和私人经纪不仅同样贪污害商，而且能够把此类事情做得更具迷惑性，原因如下。

一方面，他们熟知此类贸易的情况，所以比较容易取得官府的信任。在本案李玉林等人的禀状中，就非常具体地陈述了商人偷漏厘金的情况，包括商人怎样闯关过卡，怎样与药铺私下交易，栈房怎样侵吞厘金等。[①] 当承办官员卒读至此时，想必已经十分忧虑，而且基本能够判断这份禀状是出自内行之手，并非虚构捏造。紧接着，禀状起草者又提供了建立天冬公所这样非常可行的建议。于是，老厘局委员和巴县知县都非常迅速地批准了这个动议。在他们为此撰写的公文中，甚至流露出对呈禀者的赞赏。[②]

---

① 原文为："凡负贩来渝者，多被奸徒阻拦，巧者可捆贩闯关，拙者诸多窒碍"；"有怙恶不悛之辈，仍须串通奸贩，货拢码头时预在城垣内外弊窦各药栈药铺隐瞒私售，每每瞒庄滥规，希图漏厘"；"有老成忠朴之贩来渝，误宿各栈。发卖原由栈主与经纪作成，交易伊同买客照数先扣厘金，称与首等帮代为完厘。各贩均体恩惠，并未遗漏丝毫，殊伊等不缴天良，罔体至德，每多舞弊鲸吞，遗漏不少"。

② 巴县知县在给老厘局的移文中提到："首事职员等所禀，系为整顿厘务起见，情尚可嘉，自应准如所请。"巴县知县与老厘局委员会衔出示的晓谕中也提到："该职等所禀自属因公起见，甚属可嘉，应如所请。"

另一方面，他们在本行业中的人脉关系，一定程度上掩盖了其舞弊行为。如本案中，虽然复兴会首事彭兴顺等人最终揭发了私人经纪冒名开办公所之事，但已经是在天冬公所开办近一年后。彭兴顺等人对此的解释是："情去秋首等以除弊整厘禀恳老厘局主移辕会衔出示，沐准未示，首等随均远赴黔鄂等省采买天冬来渝，今夏五始沐发出会衔告示，首等远出未知。"这一说辞明显不符合逻辑。第一，联名控告的商人有 16 人之多，不大可能在同一时间全部赴外地采办货物；第二，开办银砂公所毕竟是公开且关系商人切身利益之事，即使商人在外地办货，应该也能通过各种信息渠道得知此事。因此笔者推测，彭兴顺等人其实参与了兴办银砂公所，但后来遭到私人经纪郭生泰等人的排挤，基于愤恨才提起诉讼。也就是说，在私人经纪策划的这场垄断争夺战中，天冬帮商人很可能在最初起到了掩护和辅助的作用。

综上所述，同治、光绪时期，重庆地方官府试图扶植新的力量介入厘金抽收，但总的来说并不成功。而任用牙行虽有营私漏厘、欺上瞒下之虞，但相比而言仍是一个风险比较小的选择。具体原因如下。

第一，本章所考察的咸丰至光绪时期，是重庆官立牙行淘汰和重组的重要阶段。经历此番变动保留下来的牙行，大多是实力较强的。

作为官府授予牙人的经营许可和纳税凭证，牙帖最直观地反映了官立牙行数量和经营范围的变化。① 笔者在《巴县档案》中找到了乾隆、嘉庆、光绪三个时期比较详细的重庆牙行验帖记录，具体内容见本书第二章表 2 - 1。

在乾隆十六年至光绪三十一年的这 150 多年中，重庆牙帖的总数和种类都大幅减少，光绪时期的牙帖数量还不及乾隆时期的 1/2。其实在嘉庆、道光时期，官立牙行倒闭就已屡见不鲜。如道光二十年，布行户康维新禀称："情渝城布行五家……因贸败差繁，倒塌四行，蚁一行勉应。"② 又如嘉庆六

---

① 清代中央政府使用"定额牙帖制"对官立牙行进行管理，要求对牙帖进行严格监管，牙帖的发放、注销、顶补须向府（或直隶州）、布政司和户部层层申报。具体规定请参见第二章。

② 案卷"道 2"。

年开设的宏生山货行，于道光三年、道光四年、道光六年、道光十一年四次倒闭。① 嘉道时期牙行的倒闭，常常是由于行主商业信用较差，并不完全是自身经营的原因。② 而咸同光时期倒闭的牙行，则有相当一部分属于优胜劣汰。兹以药材牙行为例进行说明。药材是少有的牙帖数量不减反增的商品，而且增幅相当明显。但是在咸丰至光绪时期，药行倒闭也是最严重的。据药商谢宝树所说，仅咸丰年间，重庆药行就"倒行四十七家"。③ 而药栈主宁永新等也曾提到："渝城药帮自抽厘助饷，一时行户徒增，延数十年，歇行之民充作经纪与行户为难。"④ 试想，此时的重庆已不再是鱼龙混杂、秩序混乱的初期移民社会，缺乏资本和信用的人充当行户的可能性大大减小。而药材又是贸易量有保障的商品，行户一般不会轻易放弃这项生意。所以这一时期倒闭的药材牙行，自身经营不善的可能性更大。

第二，牙行集中于少数重要的贸易领域，便于官府对其进行监管。

光绪十六年，老厘局委员在一份公文中写下这样一段耐人寻味的话：

> 阜局概系上月报厘，下月收银。报厘之时，或红单或墨票，均不拘定。所来之人如不认识，必饬局差往询根底，始能放心。若不往询，诚恐人情险诈，遇有嫌疑，难保将无作有，捏数诳报。现当整顿之际，来局之人不认识者较前更多，亟应设法厘剔，以照核实。⑤

这段话透露了一个非常重要但所有厘金章程都避而不谈的问题，即厘金征收在一定程度上依赖信用和人脉关系。这一点在前面所提的"天冬公所案"中也有所体现。在这个案件中，县衙和老厘局都被希图垄断厘金征收的私人经纪欺骗。但是据此反推，如果经手此案的官员对禀请开办天冬公所的人有所了解，大概就不会如此轻易地令其得逞。由此可见，在身份识别和信息管

---

① 案卷"道1"。

② 嘉道时期的行户，多是来渝不久的外地移民。本人在重庆扎根未深，商业信用也较差。常有将财货哄骗到手，本人一走了之的情况。具体论述请参见本书第二章。

③ 案卷"光4"。

④ 案卷"光2"。

⑤ 案卷"光9"。

理技术较为粗疏的传统时代，信用和人脉关系是制度运行不可或缺的保障。

　　在此方面，牙行的优势是明显的。此前的研究已经证明，至晚在乾嘉道时期，重庆牙行就已经通过"承应差务"，与官府建立起稳定的合作关系。这种关系有着两方面的意义：一方面，重庆的官牙关系比其他许多地区都更加密切；另一方面，重庆牙行更容易接受官府的监管。① 乾嘉道时期如此，咸同光时期亦然。下面仍以药材贸易为例来说明。

　　笔者在查阅档案时发现，同治十二年、光绪六年、光绪九年，药材牙行、栈房和私人经纪为争夺厘金征收权，兴起了三次波及全行业的诉讼。然而诉讼的结果却是药行渐占上风，药栈、经纪步步退守。兹录案卷相关原文如下，以供对比。

　　同治十二年八省客长调解结果："任客投店，所有零星货件许客自兑，准栈主经纪代售，以所得辛费三分之一帮行。栈主经收自会厘金，赴局完纳。倘经纪倒塌，问栈主赔还。"②

　　光绪六年重订厘金章程："药栈向有伙食堆租之利，故不准代售客货，亦不准串同经纪卖客偷漏厘课。倘有偷漏，禀官究治；（经纪）倘有擅卖正庄客货，一经人货并获，公同议罚。今请援照省城厘局章程，查系漏厘者罚客货十分之三，药栈议罚三十分，经纪议罚十倍。如未漏厘仅只违规擅卖正庄者，客货罚十分之一，药栈经纪均罚十分之三。"③

　　光绪九年巴县知县批词："开行请帖纳课，代客买卖。开栈只准堆货歇客，不得干预买卖，判然两途，不容混弊。据禀刘天宝范三元公张□□□开设药栈，擅卖大庄客货，实属违例射利诡名，私充牙行。仰八省首事确切查明，妥为理落。饬令□示照禀堆货歇客，不准影射牙行，代客买卖，如违定予将栈查封，勒令请帖改行，纳课完厘，以符定制。"④

　　从上述引文可以看出，同治十二年，官府尚允许药栈接卖小宗客货，并自行完纳厘金；而到了光绪六年，药栈还必须代替经纪缴纳厘金，但接

① 相关论证参见本书第二章。
② 案卷"光4"。
③ 案卷"光2"。
④ 案卷"光5"。

卖客货的权利被取消了，而且如果涉及偷漏厘金情事，药栈和经纪都要遭受严厉的处罚；光绪九年，虽然经过激烈的诉讼，但官府对药栈的限制仍然没有改变。

除了胜负立判的诉讼结果，从上述案件审理的诸多细节中，也处处可见承审官员厚此薄彼的态度。如在光绪六年的诉讼中，药栈和药商都不遗余力地控诉牙行的违规行为，如"遇货则吃秤戴帽，兑银则短平减色，忠朴则拖疲揢卡，贵物则私纵偷窃"，"以帖课挟制把持，损人利己，一网打尽，只图绝人衣食"，等等。另外还提出由商人、药栈代替牙行征收厘金，① 甚至做出了"行之期年，厘不加旺，治生等以其罔之罪"的承诺。知县的批示却是："诚如所请，骎骎乎直欲以栈灭行，实属安心搀越，有违定例，断难更张。"而形成对照的是，当牙行指控药栈"两月约卖货银二万余金，并未报局完厘"时，川东道立即连下几道批文，要求"老厘局委员速即查明，勒令照数补完"。虽然后来川东道也承认此事"查无实据，暂免深究"，但仍坚称"似亦非尽无因"。从这些细节中，可见地方官员对牙行的偏袒，以及对药栈、私人经纪的不信任已经不言而喻。而地方官府与牙行长达百余年的合作关系，无疑是造成这种差别的重要原因。

然而偏袒并不意味着纵容，地方官府仍然会想方设法整饬牙行的贪渎行为，如鼓励民众参与稽查②、使用更加规范的票据③、积极处理中介贸易纠纷、协助制订行业规程等④。而咸同光时期牙行数量的锐减，更方便了官府

---

① 药商提出："甘愿各出银两，交当商生息，以作上每年帖课之需。（原文如此——引者注）至于厘金，仿照前宪定章，仍饬各门力夫于起货时将字号包数或起行栈赴局报明注簿，每月按簿核对，免致错落。生等又于客商中选举公正数人经理，另立卖货号簿一本，一日一查对，月终一报局。不须另发薪水，只以厘九折之数提给，则无侵吞瞒漏之弊。"

② 光绪十六年老厘局发表的整顿厘务告示中宣布："以后无论行栈客帮，如货已出售，隐厘不报，希图偷漏，凡属军民人等探知的确，即行来局兴报，定即按照向章加十倍示罚。所罚之银亦照章以四成赏给举报漏厘之人，以一成赏给本局差上，以五成随同正厘解充军饷。言出法随，决无宽贷。"参见案卷"光9"。

③ 光绪十六年，老厘局规定，牙行当月所收厘金可以延至下月初一一并缴纳，但必须使用"报厘弇票"，即"每日报厘将弇票粘连报单之首，如买卖即注未贸字样，票仍缴局。如此分别，只要粘有弇票即为行□有着之厘，银仍归下月汇缴"。这样一来，既使厘银数目更加清楚，也免去了牙行每日缴厘的烦琐。参见案卷"光9"。

④ 这一部分内容涉及咸丰至光绪时期重庆市场秩序的重大变动，需要用大量案例进行证明，此处暂且从略，具体可参见本书第六章。

对牙行的监管。

综上所述，在抽收厘金的过程中，牙行虽然有诸多贪渎害商的行为，但是在咸丰至光绪时期的重庆，他们仍是官府最可信赖的市场力量。于是，一个既精于市场运作又劣迹斑斑的商人群体，与一个既急于获取财源又有一定控驭能力的地方官府走到了一起，形成了一种密切而微妙的互惠关系。

结论："亲历者"视角中的晚清重庆官立牙行

本章讲述了晚清重庆牙行通过代收厘金而强化贸易垄断权的故事，这个故事引发了笔者两个方面的思考。

第一，制度研究应更多地加入"亲历者"的视角。在前面的叙述中，读者可能会发现一个颇为吊诡的事实，即在晚清重庆中介贸易商人看来，因"侵商害民"而备受历史学家诟病的厘金制度，似乎并没有那么难以接受。不仅如此，他们还非常主动地参与到厘金制度之中。为了协助官府抽收厘金，官立牙行不惜付出高昂的稽查成本；无帖的栈房和私人经纪也千方百计地谋求挤入厘金征收的行列。从他们的视角来看，厘金抽收更多地意味着垄断贸易、扩大市场影响力的机会。[①] 而后来的事实也证明，牙行承担厘金征收任务的49年，是清代重庆中介贸易最规范的一段时期。而光绪三十一年省厘金局收回厘金征收权之后，许多牙行顿时陷入困境，整个城市的中介贸易也为恶性竞争所侵蚀。当然，指出这一问题并不是为了给厘金制度翻案，而是希望说明制度研究不能缺少一种"亲历者"的视角。

所谓"亲历者"视角，特别关注特定个人或群体的经验，就如本章只聚焦于数十家牙行在厘金征收过程中的境遇。这种视角当然无法完整地反映制度的全貌，如重庆牙行参与厘金征收，而武汉、北京、上海的牙行却未必如此。但是这种视角的优势在于：一方面，它能够让一些在"大叙事"中

① 徐毅对于咸丰朝上海厘务的研究也揭示出，沪上厘金制度的实施极大地有赖于商人的合作和参与，而商人在此过程中也积极地谋取自身利益，与本章叙述的情况非常相似。徐毅：《晚清上海的厘金制度与地方社会——以咸丰朝为背景》，《中国社会科学院研究生院学报》2007年第6期。

被埋没的个人或群体发出自己的声音，细腻地展现他们在特定制度下的行为、选择和境遇，而这些经验又往往呈现出一些以往被人们忽视的情势与考量；另一方面，它将制度实施过程中的种种混乱、尝试和不确定展现出来，使研究者不会仅凭历史的"后见之明"和特定的理论架构得出简单、武断的结论。正如柯文（Paul A. Cohen）所说：

> 参与"历史事件"的个人事先对整个事件发展进程并无清晰的预见。他们不知道局势会如何演变，会有什么样的结果。这种模糊性对他们的意识有非常大的影响，致使他们以根本不同于历史学家事后回顾和叙述历史的方式来理解和认识他们自身的经历。[①]

当然，能否进入"亲历者"的视角，在很大程度上取决于史料。回顾过去近一个世纪对厘金问题的研究我们不难发现，研究者们使用的史料大多是中央或省级行政机构的文书档案、各级政府机构编纂的政书、省级地方志、高级官员的文集和奏议等。这些史料的作者许多曾参与厘金政策的制订和实施，从广义上也可算是厘金制度的"亲历者"，但是他们大多很少接触厘金征收过程中最琐碎、最实际的环节。因此，他们所记录的情况往往并不具体、直接。而本章所利用的县级诉讼档案，则非常详尽地展现了基层厘金征收中的各种势力、关系、冲突和不为上级机构所知的潜规则，非常便于研究者设身处地地理解当事人的处境与抉择。目前，越来越多的清代、民国司法档案得到发掘，应能为"亲历者"视角的制度史研究提供丰富的素材。

但是"亲历者"视角难免会使研究者陷入一种"当局者迷"的困惑，所以它必须与宏观的、模糊个体取向的研究相辅而行。当亲历者的经验过于特殊、狭隘时，及时从中跳出以审视全局；当"局外人"的视角因缺乏对个体的理解而走向简单、武断时，用多元化的个体经验提醒研究者保持谦虚与谨慎。更贴近历史原貌的制度史研究，应该是在这两种取向之间的对话与

---

① 〔美〕柯文：《历史三调：作为事件、经历和神话的义和团》，杜继东译，江苏人民出版社，2000，第48页。

平衡。

第二，重新思考晚清经济改革与政府的经济角色。学界已有的对于清代垄断商人群体的研究，大多关注有组织的、实力雄厚的、经营跨区甚至跨国贸易的商人集团。[①] 而本章所展现的则是分散的（或仅有松散组织的）、实力平平的牙人如何攫取和巩固垄断市场的权力。在清代各地方市场上，这类看似平凡无奇实则深刻影响市场秩序的垄断商人群体或许是普遍存在的，只是其构成和活动尚未得到充分的揭示。然而不论是此前的研究还是本章的叙述，都刻画出清代垄断商人群体相似的命运。

首先，他们的垄断地位主要来自政治权力的扶植，因此他们虽然会或多或少地玩弄贪蠹舞弊、上下其手的伎俩，但总体来说是相当驯服的。杨联陞曾透过对中国传统政府商业"统制"政策的分析，得出传统商人"所依赖于社会秩序的投资与利益之处太多。或许他们太软弱、太胆怯或是太精明，而不会去做一个叛徒"的结论。[②] 这对于垄断商人群体而言尤其贴切。包括本书在内的许多研究已经证明，对于政府各种或急或缓的需求，垄断商人通常襄助甚多。因此，承认带有垄断色彩的商业门类对于经济和财政的助益，应当并无不妥。而且在这个领域内，政府和商人已经积累了许多合作经验。此种合作不仅能使商人在一定程度上实现自身的诉求，也能够使政府得到处

---

① 主要包括盐商、票商、边贸商、外贸行商等。关于清代盐商的研究，参见何亚莉《二十世纪中国古代盐业史研究综述》，《盐业史研究》2004 年第 2 期；吴海波《二十世纪以来明清盐商研究综述》，《盐业史研究》2007 年第 4 期。关于票商和边贸商的研究，主要包含在晋商研究之中，参见刘建生等《晋商研究述评》，《山西大学学报》（哲学社会科学版）2004年第 6 期；王璋《近十年晋商研究综述》，《中国城市经济》2011 年第 15 期。此外还包括米镇波《清代中俄恰克图边境贸易》，南开大学出版社，2003；米镇波《清代西北边境地区中俄贸易：从道光朝到宣统朝》，天津社会科学院出版社，2005；〔苏〕米·约·斯拉德科夫斯基《俄国各民族与中国贸易经济关系史（1917 年以前）》，宿丰林译，社会科学文献出版社，2008；〔俄〕阿·科尔萨克《俄中商贸关系史述》，米镇波译，社会科学文献出版社，2010；赖惠敏《从高朴案看乾隆朝的内务府与商人》，《新史学》（台北）第 13 卷第 1期，2003 年 3 月；赖惠敏《山西常氏在恰克图的茶叶贸易》，《史学集刊》2012 年第 6 期。关于外贸行商的研究，参见冷东《20 世纪以来十三行研究评析》，《中国史研究动态》2012年第 3 期；代表性专著为 Paul A. Van Dyke, *Merchants of Canton and Macao, Politics and Strategies in Eighteenth-Century Chinese Trade*, Hong Kong: Hong Kong University Press, 2011；陈国栋《清代前期的粤海关与十三行》，广东人民出版社，2014。

② 杨联陞：《传统中国政府对城市商人的统制》，段昌国译，费正清主编《中国思想与制度论集》，台北：联经出版事业公司，1981，第 402 页。

理商业事务的训练。

所以透过历史的"后见之明"，很自然地会看到，清政府若要进行任何经济改革，必须妥善地处理与这类既重要又成熟且驯服的商人群体的关系。以往对于晚清经济政策的研究，多是关注其中"更新"或"西化"的层面，较少关注传统工商业，而带有垄断性质的工商业更是被视为"封建"、"落后"、亟待除之的典型。然而从现实的角度而言，给这些产业和商人群体以生存的空间，使之和缓、渐进地发生改变，或许是更加明智的做法。

遗憾的是，清政府并没有这样做。无论是前面提到的盐商、票商、边贸商、外贸行商，还是本章所关注的官牙，都未逃脱在激烈的经济变革中被政府疏远甚至抛弃的命运。这正是下一章要讲述的故事。

第四章　"官牙制"的末路

——重庆开埠前后中介贸易领域的竞争与分化

第二章、第三章主要探讨清代重庆官立牙行与地方官府的关系，由于内容多且复杂，因此未能完整地呈现官立牙行在整个市场中的角色与位置，也没有深入讨论开埠后市场的结构性变化对于整个官立牙行体系的影响。因此，本章继续考察咸丰六年（1856）至重庆开埠（1891）这一时期重庆官立牙行的变化，以及重庆开埠后官牙关系的重整和中介贸易领域的新一轮竞争与分化，既是对第二章、第三章的一个补充，同时也希望展现在全球化和近代化的进程中中国区域市场的显著变化，以及中国本土商人群体的命运。

一　代收厘金对牙行常规经营的意义

第三章讲述了咸丰六年至重庆开埠这一时期官立牙行通过代收厘金成为市场垄断者的过程。但是"垄断"毕竟是脱离市场自发运行机制的行为。除了垄断之外，牙行还要从事迎合市场机制的、常规性的经营活动。然而牙行常规的经营活动，也在代收厘金的过程中被深刻地改变了。下面对"代收厘金的牙行"和"不代收厘金的牙行"的常规经营活动进行对比，以揭示此间的差异。

（一）代收厘金的牙行出现了联合的趋势

乾隆至嘉庆时期，绝大多数牙行的经营和对外交涉活动都是孤立进行的。而承担代收厘金的任务以后，越来越多的牙行以联合的姿态出现。

据笔者目前所收集的案卷，牙行的联合主要集中在几个经营门类，如棉花、药材、山货、丝、靛等，通常表现为三种形式：第一种形式是同业行户为某个特定的目的（如诉讼、清查厘金等）而形成的联合。如咸丰六年，棉花行户夏福源、杨永泰、洪远、周鼎丰共同状告偷漏厘金的无帖花栈和私人经纪。[①] 因为这种联合通常有很强的针对性，所以往往是暂时的，而且大多只是涉及同一行业中的一部分行户。第二种形式是同业的所有行户结成行帮。如咸丰六年，朝天门和千厮门的所有棉花行户就已经组成行帮；[②] 光绪十五年（1889），山货行和广货行也已组成行帮。[③] 这些行帮有比较严密的组织和明确的规章制度，因此往往是长期的、稳定的联合。第三种形式是异业行户的联合。这往往是为了与官府交涉，或是应对与所有行户利益密切相关的突发事件，最典型的事例即是同治九年（1870）为抵制省厘金局委员余守潍整饬厘务而进行的罢市。[④]

这一时期牙行的联合行动一般集中在四个方面。

第一，代表整个行帮，对损害本帮利益的群体或个人提起诉讼。这方面的具体事例在前面已多有涉及，故此处不再赘述。

第二，整理帮规。这主要是在同业牙行之间相互确认经营资格，订立统一的行为规范。其中，以棉花帮和药材帮的帮规最为详细，而且根据贸易情况的变化不断进行调整。本书摘录了这两个行帮从嘉庆至光绪时期的四份帮规，放在附录 E 中，以供读者参考。其详细内容在后面会做具体的分析。

第三，置办公产，以筹集帮内整规、祀神、诉讼、抚恤帮众等各种集体活动的开支。如棉花行帮在嘉庆二十二年（1817）就已筹款建立八省

---

① 《行户夏福源等禀恳严禁买卖况换花费不入行公议私称过吊致厘金失漏及巴县示谕一案》（咸丰六年五月），《巴县档案》缩微胶卷，案卷号：清 6－18－00908。

② 《白花行户汪聚源等具禀黄泰茂违示搀越隐漏厘金案》（咸丰六年九月），《巴县档案》缩微胶卷，案卷号：清 6－18－00909。

③ 《山广乾芳药材首事王日升以私漏凭获事具告胡腾蛟一案》（光绪十五年十月），《巴县档案》缩微胶卷，案卷号：清 6－44－26891。

④ 《渝城商民不遵委员抽厘新章力夫游民打毁厘局及巴县奉札查拿卷》（同治九年），《巴县档案》缩微胶卷，案卷号：清 6－23－00885。

公所，咸丰元年（1851）又"公议上行入帮出银一百五十两，以作行帮历年整规之费"；① 光绪年间的南阳药栈帮，新开者必"上庄银二十两正"，"每年兴立财神药王王爷三会祀神，治酌演戏各用均在帮费内提办"，"凡上庄及出力之人，每逢会期将死者姓名填入亡人碑化□烧包，以垂永远"。② 光绪六年，药材行帮与栈帮发生诉讼，"拖累客栈两帮共用费一千余金无偿"。③

第四，轮流管理帮内事务。如光绪十五年，荣泰店雇工柯善轩私下向广东商人出售棓子24包，被山货帮"司月首事查获卖票"。④ 这里的"司月首事"应该就是由各牙行推举出轮流管理帮内事务的负责人。

对于牙行来说，建立不同形式的联合，对其生存和发展有三个方面的助益。第一，有助于借助公权力处理一些牙行自身难以解决的问题，并增强与官府交涉的力度。

在牙行形成联合之前，官府对于牙业讼案常常消极应对，敷衍了事，这一点在上一章中已有论述。但是当牙行承担了代收厘金的任务且以联合的姿态出现时，官府的态度则明显变得更加积极而明确。在咸丰年间围绕棉花行帮的三次纠纷中，这一点表现得十分明显。

第一次纠纷发生在咸丰元年，起因是棉花行帮与购花商人在收银成色上产生分歧。这一案件由川东道亲自审理，审理的结果是"凡属买卖花包，悉归行民们吊秤，各收各用"。⑤

第二次纠纷发生在咸丰六年五月，起因是棉花行户夏福源等状告无帖花栈阻截货源。当月，巴县衙门就发下告示，"示仰各花行栈人等知悉，嗣后

---

① 《白花行户汪聚源等具禀黄泰茂违示搀越隐漏厘金案》（咸丰六年九月），《巴县档案》缩微胶卷，案卷号：清6-18-00909。

② 《黄亿隆与刘天宝各开栈药材生贸之纠纷互控一案》（光绪九年二月），《巴县档案》缩微胶卷，案卷号：清6-44-26400。

③ 《黄亿隆与刘天宝各开栈药材生贸之纠纷互控一案》（光绪九年二月），《巴县档案》缩微胶卷，案卷号：清6-44-26400。

④ 《山广乾芳药材首事王日升以私漏凭获事具告胡腾蛟一案》（光绪十五年十月），《巴县档案》缩微胶卷，案卷号：清6-44-26891。

⑤ 《白花行户汪聚源等具禀黄泰茂违示搀越隐漏厘金案》（咸丰六年九月），《巴县档案》缩微胶卷，案卷号：清6-18-00909。

尔等买卖花包，务须公用行秤较准，不得擅用私秤……倘敢不遵，并有欺隐瞒漏等情，准行户人等指名具禀"。①

第三次纠纷发生在咸丰六年九月，起因与第二次纠纷相似，这次官府不仅做出了"查汪聚源等向系代客买卖，相安已久，所有白花自应归汪聚源等，亦不得纷纷争竞"的判决，而且在棉花行户汪聚源的请示下，同意将此次判决结果"出示镌碑以垂久远而息争端"。②

从这三次纠纷的解决来看，官府的判决都下达得非常迅速，而且态度十分明确，还先后使用了颁发告示、镌碑定案等方式。与上一章中官府对于牙业讼案的处理方式相比，这一系列判决的可操作性和约束力都明显增强。

此外，牙行的联合还有助于增强与官府交涉的力度，维护自身利益。如同治九年，重庆行户为抵制省厘金局委员余守潍整饬厘务而集体罢市，给地方官府带来了巨大的压力。为了缓解行户的抵触情绪，地方官府不得不采取极力安抚的态度，由川东道"躬亲竭力开导，一切仍照旧章办理，以释其疑，务令早为开秤，照常贸易"。③ 又如咸丰十一年，由于保甲局绅的贪赃行为，重庆二十三坊行帮客商共同敦促保甲局公布清算历年来收支账目。在这个案卷中，列名在禀状之中的夏福源、杨永泰、洪远等都是开设棉花行的行户，④ 因此也应当有牙行组织参与其中。而在这种压力之下，重庆知府勒令保甲局将"糊封簿本与局中流水帐簿一并交出，传齐原禀之二十三坊陈桂林等眼同逐一会算明晰，以释群疑"。⑤ 可见，成功的联合使行户在面对地方官府时拥有了一定的发言权。

---

① 《行户夏福源等禀恳严禁买卖况换花费不入行公议私称过吊致厘金失漏及巴县示谕一案》（咸丰六年五月），《巴县档案》缩微胶卷，案卷号：清 6 - 18 - 00908。

② 《白花行户汪聚源等具禀黄泰茂违示搀越隐漏厘金案》（咸丰六年九月），《巴县档案》缩微胶卷，案卷号：清 6 - 18 - 00909。

③ 《渝城商民不遵委员抽厘新章力夫游民打毁厘局及巴县奉札查拿卷》（同治九年），《巴县档案》缩微胶卷，案卷号：清 6 - 23 - 00885。

④ 这三位行户的姓名出现在嘉庆六年的一桩牙业诉案中，请参见《行户夏福源等禀恳严禁买卖况换花费不入行公议私称过吊致厘金失漏及巴县示谕一案》（咸丰六年五月），《巴县档案》缩微胶卷，案卷号：清 6 - 18 - 00908。

⑤ 《渝城廿三坊绅士商民等禀请饬保甲局清算历年来抽厘劝捐银两收支帐目以免缠讼一案》（咸丰十一年九月），《巴县档案》缩微胶卷，案卷号：清 6 - 18 - 00147。

　　反之，若不能实现成功的联合，则行户自相排挤，使官府有机可乘。如光绪元年至光绪四年，油行户周万发、谢永益、周辅廷、黄锦斋、伍炳昌等相互指控对方不遵守规定，以故帖开设牙行。这场纠纷持续了三年之久，但最终没有一家行户获得胜利，反而是巴县县衙趁牙行相互讦控之际，加重了对所有油行户的厘金征收，即"饬令三家油行具认每大篓油上厘金银壹钱"。① 最后，行户遭受了经济上和名誉上的双重损失。

　　第二，建立成功的联合有助于牙行在商业活动中占据主动。

　　这一时期，牙行面临着一个复杂的商业环境。栈房、私人经纪、本地行帮、外地客商等，都与牙行处于不断变化的合作与竞争关系之中，而牙行的联合则有助于其在这种利益博弈中占据主动。关于牙行与栈房和私人经纪的关系，在第三章中已有专门的探讨，在此仅举两个案例，以说明牙行的联合对于应对外地客商和本地行帮的意义。

　　第一个案例发生在同治十二年，因私人经纪郑兴成将綦江客商的梧子卖给鼎新祥药铺，被杨万利、岳义兴等四名行户告到官府。在这个案卷中，有两张署名为綦江客商戴祥泰的诉状非常值得注意。在第一张诉状中，戴祥泰提到："义兴等欺蚁等异乡孤弱，以众暴寡，恃棍刁□，先法制人，预捏搪塞，借厘掩咎，架瞒漏厘控兴成……"这显然是在为私人经纪开脱，指责牙行垄断客货的行为。可是在第二张诉状中，戴祥泰的态度却迅速软化。首先，他否认前一张诉状出于自己之手，提出"否何经纪向怀兴李双盛杨三泰等无故出头，帮同郑兴成私窃我等姓名，以借厘搕索等情互控在案"。接着，他又以十分谦卑的态度寻求牙行的谅解，并甘愿接受处罚。原文如下：

　　　　我等远客无知，本小利微，焉能受此拖累。是以情凭待邻及保正陈□柏□裕泰等再三恳求各宝行，念祥泰等无辜受牵，凭众将我等角梧退还，并饬令郑兴成缴足厘金。认各宝行用银五钱正外，班力钱壹千文，

────────────

① 《朝天坊周万发等因滥规漏厘税控明兴发一案》（光绪元年十一月），《巴县档案》缩微胶卷，案卷号：清6-44-26016。

遵示息讼。角梧四包经祥泰四人如手新收，用钱力钱经药帮司月如手新收。日后恐有翻异，有鼎新祥宝号及二位保正承耽，以后讼事不与祥泰等相涉。①

在这个案件中，戴祥泰的翻供意味深长。尤其是第二张状纸，字里行间透露出对牙行的畏惧和希望摆脱讼事的急迫。虽然我们已经无法得知在这两张状纸之间发生了些什么，但是第一张状纸应该不太可能是被人盗用了姓名，而第二张状纸则很有可能是四个行户通过街邻、官府或其他途径向戴祥泰等客商施加了巨大的压力。由此可见，牙行的联合对于制约外地客商是相当有效的。

如果说外地客商是一个相对孤立、更容易受到挟制的群体，那么本地行帮显然不那么容易就范。但从下面的纠纷中可以看出，牙行联合同样也能与势力庞大的本地行帮抗衡。这一纠纷缘起于同治元年三月，一方是重庆阖城六十余家染房，另一方是"建帮靛行"②。染房主罗德意等在诉状中写道：

> 缘民等开设染布作坊，应办各衙门差务，所染布匹自买本省土产蓝靛供用，及外来客商任其投行分买。今建帮靛行改变旧章，独霸□为远来之靛，不由客作主，擅私议价，包买包卖，不许卖与本城染房，染房亦不许入行买靛，勒同靛帮分买，每包额外索银四钱之多。③

从上面的叙述中可以看出，染房购靛原本是不需要经过牙行的，但建帮牙行为了垄断蓝靛贸易，竟然采取集体行动切断了染房的货源。这一案件经巴县知县判决的结果是："如有自贩靛斤，亦听其便，不得恣存垄断，恃强

① 《巴县据药行杨万利等禀请示谕严禁查拿药材不投行买卖私相交易希图漏厘卷》（同治十二年），《巴县档案》缩微胶卷，案卷号：清 6 - 23 - 00904。
② 此处的"建帮靛行"没有做具体的说明，但笔者推测可能是指原籍在嘉定府犍为县的牙商所形成的组织。因为在清代，嘉定府是四川省主要的蓝靛产地，所以由原籍嘉定府的牙商主持重庆的蓝靛中介贸易也是非常有可能的。
③ 《巴县据禀示谕买卖靛斤务须任客投行分买如有自行贩运亦听其便严禁恣存垄断恃强阻滞额外需索案》（同治元年三月），《巴县档案》缩微胶卷，案卷号：清 6 - 23 - 00944。

阻滞……"① 从表面上看，这一判决再次确认了染房自行收购蓝靛的权利，对于"建帮靛行"并未给予支持。但是到了同治八年九月，双方再次为蓝靛收购发生纠纷时，染房主朱永泰却禀称："情职开立永泰正染房，向来自用靛斤或在行购买，或自行贩买赴局完厘。"② 从这句叙述可以看出，同治元年的纠纷虽然确认了染房自行购靛的权利，但是在这七年之中，染房所收购的一部分蓝靛还是逐渐落入了"建帮靛行"的控制之中。而且同治八年的案卷显示，靛行户的联合似乎有更加紧密的趋势。据染房主朱永泰供称："今八月初二日，职至行买靛，各行现存有靛，吐称无靛不卖与职"，"不得已自行贩买，……初二日辰刻起靛，行帮天锡行德兴行大兴行德益行天泰行统领数十人将职靛窃去十包"。③ 由此可见，染房原料购买、贩运的各个环节，实际上都在五家靛行的掌握之中。一旦蓝靛落入染房之手，行户们就会采取集体行动给予阻挠，目的就是更大限度地控制染房的货源。由于资料的散佚，这一案件最终的审理结果我们已不得而知。但从这两份案卷所显示的细节可以看出，在这七年之中，蓝靛牙行实际上是步步紧逼，而染房在原材料采购方面则越来越多地受制于牙行。以五家牙行对抗六十余家染房，再次说明了成功的联合对于牙行经营的意义。

第三，建立成功的联合还有助于牙行形成统一的行为规范，以维护正常的商业秩序。

笔者在查阅《巴县档案》的过程中发现，在本章所研究的这一时期，针对牙行违规行为的诉讼明显减少。其中一个非常重要的原因可能就是，牙行的行为已经在很大程度上受到了帮规的约束。附录 E 摘录了嘉庆至光绪时期的四份帮规，从中我们可以看到清代重庆牙业行帮行为规范不断完善的过程，以及各行帮对其成员行为的具体要求。

首先，这四份帮规的订立者有很大的区别。《嘉庆十六年白花行规》实

---

① 《巴县据禀示谕买卖靛斤务须任客投行分买如有自行贩运亦听其便严禁意存垄断恃强阻滞额外需索案》（同治元年三月），《巴县档案》缩微胶卷，案卷号：清 6 - 23 - 00944。

② 《渝城厘金局移请传诚本城行户罗天锡等禀甘义和等故违前断贩靛来城又不入行私卖以及朱永泰瞒漏厘金一案》（同治八年九月），《巴县档案》缩微胶卷，案卷号：清 6 - 23 - 00933。

③ 《渝城厘金局移请传诚本城行户罗天锡等禀甘义和等故违前断贩靛来城又不入行私卖以及朱永泰瞒漏厘金一案》（同治八年九月），《巴县档案》缩微胶卷，案卷号：清 6 - 23 - 00933。

际上是一则地方官府的禁令，因为其中赫然写着"倘敢不遵，一经本府查出或被告发，定照把持行市例究不贷，各宜凛遵"。而道光、咸丰和光绪年间的三份行规，则是由牙业行帮自觉订立的章程，其间的区别在于，《光绪九年南阳药栈帮永定章程条规》是"爰集阖帮妥议"，而《道光二十二年白花行规》和《咸丰元年白花行规》是"凭八省客长西黄两帮值年买卖客商公议成规"。这就说明，牙业行帮自我规范的能力在日益增强，而其帮规的制订不仅要征得帮内成员的同意，在一些情况下，还需要得到主持地方商务的头面人物和买卖客商的共同认可。通过这样的途径制订的帮规显然具有更大的公信力，也能更好地平衡各种利益关系。

其次，这四份帮规所反映的行帮组织的严密程度不同。《嘉庆十六年白花行规》其实是针对"渝城三牌坊太平朝天千厮山广两行以及买卖客商人等"，还看不出来"白花帮"的明确划分。而《道光二十二年白花行规》和《咸丰元年白花行规》都指明由"朝天千厮白花行公立"，说明"白花帮"给自身设置的边界越来越清晰。而且道光、咸丰和光绪年间的三份帮规，都要求本帮成员缴纳"入帮银"，数额分别是 100 两、150 两和 20 两。这笔数目不菲的上庄银两，不仅将一些实力较弱的牙行或栈房拒于行帮之外，更强化了行帮成员之间的利益纽带，从而使其能够更加自觉地接受帮规的约束。

另外，从牙行（或栈房）自觉订立的三份帮规中可以看出，其目的都是遏止此前存在的一些违规行为，避免行帮及其成员受到更大的损失。如《道光二十二年白花行规》明确指出："近因日久弊生，习焉不察，竟有以行规为具文，任竟废弛，第恐紊乱规款，耽误客事，是以请凭八省客长会同西黄两帮值年买卖客商，重整旧规。"《光绪九年南阳药栈帮永定章程条规》更是提到栈帮因行规紊乱而遭受两次惨重损失：第一次是"同治十二年因外帮各客号卖货，被行帮以偷漏厘金朦禀株我药栈在内，各受累数十金不等"；第二次是"光绪六年行帮朦禀庄主……激客帮上控……由此拖累客栈两帮共用费一千余金无偿"。正是为了避免这样的情况再次发生，所以栈帮"爰集阖帮妥议章程八条，以垂久远"。

对比道光、咸丰和光绪时期的三份行规也可以看出，其具体规定大多集中在三个方面：（1）严格成员资格，避免滥竽充数；[1]（2）统一量具，防止行户任意增减斤两，扰乱市场秩序；[2]（3）禁止垄断把持，既不允许帮外人等插手贸易，也不允许帮内成员相互争夺。[3]而在《光绪九年南阳药栈帮永定章程条规》中，还特别增加了保障客货安全的条款。[4]很明显，这些规定所涉及的都是最容易引起纠纷的情况。而更值得注意的是，制定年代越晚的帮规，对于违规行为的限制办法就越严密。以"统一量具"这一问题为例，《道光二十二年白花行规》中只提到"未经请领公秤之行，断不许用行主私制之秤吊花"；而在《咸丰元年白花行规》中，这方面的相关规定就扩充到四条之多，其内容不仅包括严禁白花牙行使用私秤，还涉及由公所给行秤编号，领秤牙行每月二十六日赴公所校秤，以花易货或以货易花者不得使用私秤，花店不得使用私秤等更加细密的规定。我们有理由相信，这些规定对于牙行和栈房的经营活动起到了实质性的规范作用。

（二）不承担征厘任务的牙行易陷入经营困境

在不承担征厘任务的行业中，中介贸易者的行为却日益朝向背离规范、通同牟利，这方面最明显的例子是猪行。

就清代重庆的中介贸易而言，生猪是一个非常特殊的商品门类。首先，它是一种与本地民生日用密切相关的商品。在上一章论述"货不投行类纠纷"时已经提到，这类商品的特点是：一方面，其在重庆周边的许多乡村都有出产，因此货源非常分散；另一方面，其在本地市场中拥有众多的销售渠道，因此也是最不容易为牙行所控制的商品门类。同治元年，屠帮首事杜良臣曾具体地陈述了重庆猪行控制货源的难度。

---

[1] 《道光二十二年白花行规》第 2 条；《咸丰元年白花行规》第 1 条；《光绪九年南阳药栈帮永定章程条规》第 1 条。

[2] 《道光二十二年白花行规》第 1、4 条；《咸丰元年白花行规》第 2、3、5、6 条；《光绪九年南阳药栈帮永定章程条规》第 3 条。

[3] 《道光二十二年白花行规》第 3 条；《咸丰元年白花行规》第 4 条；《光绪九年南阳药栈帮永定章程条规》第 2 条。

[4] 《光绪九年南阳药栈帮永定章程条规》第 5、7 条。

　　缘因近来黔滇两省并无猪只来渝，惟有长涪邻水涞滩各处地方出货甚讵，每遭射利之徒希图江北无厘无行，且可少邀抬力之资，均各办往该处发卖，屠户亦幸价便宜，故各踊跃赴买。四乡间有喂户槽坊豢养，亦屡被渝城各案户自备银两前往接买，并未落行落市。兼之附近之崇文镇海棠溪、老场、黄葛渡、弹子石、观音礤等处屠户亦往各场接买，宰肉挑渝出售。即或有运至渝城者，亦不投行上市，沿街逐户接买，彼此各有所图。积弊愈深，民等禁之不可，欲查不能。①

　　另外，当时重庆周边的各乡村场市也活跃着许多专门截买生猪的私人经纪（俗称"猪偏耳"），巴县县衙虽然屡次下达禁令，但仍然无法禁绝。② 所以，巴县在咸丰年间曾委托猪行户抽收肉厘，但大约几年后即以失败告终，③ 难以控制货源应该是一个非常重要的原因。但是猪只在地方官府每年的春秋祭祀中又是必不可少的。据光绪年间的猪行户游金纯所述，当时的猪行每年向官府提供的祭祀差猪有百余只。④ 正因为如此，在咸丰之后官立牙行大量倒闭的不利境况之下，猪行却生存了下来，而且成了一个只承担差务不缴纳厘金的特殊牙行。

　　阅读光绪时期关于重庆猪行户的案卷可以发现，他们的抱怨非常之多。如光绪二十年，猪行户游永全向巴县县衙禀称："惨民请帖费累多金，因屠

---

① 《巴县签传猪行户屠帮值年杜良臣等查明渝城肉案情形漏厘弊窦及屠帮首事禀悬示禁卷》（同治元年七月），《巴县档案》缩微胶卷，案卷号：清6-32-00962。
② 具体情况请参见《光绪十五年至三十一年巴县禁止鹿角场猪经纪把持生猪买卖告示》，《巴县档案》抄件，光财二，行帮116；《光绪二十五年巴县禁止猪偏耳告示》，《巴县档案》抄件，光财二，行帮112。
③ 一般认为，四川省抽收肉厘是从光绪初年丁宝桢任四川总督时开始，但从《巴县档案》中可以看到，实际上早在咸丰年间，巴县地方官府就进行了抽收肉厘的尝试。如同治元年，巴县县衙曾委托屠帮首事杜良臣等"将漏厘弊窦并如何设法收厘据实禀明"［参见《巴县签传猪行户屠帮值年杜良臣等查明渝城肉案情形漏厘弊窦及屠帮首事禀悬示禁卷》（同治元年七月），《巴县档案》缩微胶卷，案卷号：清6-32-00962］，说明当时巴县已经抽收肉厘。而猪行户游永全也曾提到，"咸丰六年复兴官厘，每只猪入行按数抽厘缴局，因无厘抽，将簿缴销"［参见《行户游永全等具禀猪不落行有差无贸悬示各场猪市经纪照章认差帮给以供春秋祭祀等情》（光绪六年至二十年），《巴县档案》缩微胶卷，案卷号：清6-32-03631］，说明咸丰年间巴县的肉厘是由猪行户代收的，但在抽收之后不久即宣告停止。
④ 《光绪三十二年重庆猪行户专案》，《巴县档案》抄件，光财二，行帮127。

帮猪贩四乡采买，随来宰卖，不落民行，有差无贸。连年以来，若遇春秋等祭，民实典卖罄尽，负债实深，债逼盈门，全家绝食难生。"① 又如光绪三十三年，猪行户游金纯、游万发同禀："惨民等行户开贸历久，衣无二件，裤无二条，全家煮粥为炊，当卖负债无付，挪贷无门……"② 而在一番抱怨之后，他们往往会提出一个筹措差费的方法。如游永全即提出："协恳作主立饬各场客约传谕猪市经纪，按名具认，务使经纪等酌量帮给，以济民等差务。"③ 而游金纯和游光宗的提议则是："札委张爷会首事暨肉厘局首事每只加抽钱十文，由肉厘局收厘时代收，每月民领一次，以供全年差用。"④

　　但是从其他人的叙述之中我们又会发现，猪行户的实际境况似乎并不像他们自己所描述的那样窘迫。如光绪三十三年，瘦猪帮经纪胡万发等即向官府禀报了一个行户从未提及的情况："情瘦猪经纪轮股，民等以银顶贸，或三十五十，数目多寡不等，均交行户承领，年逢春秋祭典，每人应差猪一只，遵规领价采买无紊。"⑤ 由这一叙述可知，猪行户应差的开销实际上至少有三个来源：一是经纪所缴纳的轮股银，二是经纪所认交的差猪，三是官府所偿付的差务价银。所以，行户对于自身差务繁重、生活困窘的抱怨应该有不实之词。

　　事实上，情况更加复杂。如游永全"使经纪酌量帮给"的提议得到官府的许可后，他立即赴各乡村场市收取帮差费用，但同时也招来了一片指责。歇马场首人周大伦即禀称："正等连乡各场均遭永全等借差诈搕，怨声载道。乡民由此畏害，均不上场卖猪，□里各场均已停市，无猪出卖，场分冷落，地方丘墟。正等睹此情形，恐酿巨变，查询其故皆由永全等借差害民。"⑥ 而瘦猪帮经纪胡万发等也揭发道："殊今行户游万发、游金纯借公营

① 《行户游永全等具禀猪不落行有差无贸恳示各场猪市经纪照章认差帮给以供春秋祭祀等情》（光绪六年至二十年），《巴县档案》缩微胶卷，案卷号：清6-32-03631。
② 《光绪三十二年重庆猪行户专案》，《巴县档案》抄件，光财二，行帮127。
③ 《行户游永全等具禀猪不落行有差无贸恳示各场猪市经纪照章认差帮给以供春秋祭祀等情》（光绪六年至二十年），《巴县档案》缩微胶卷，案卷号：清6-32-03631。
④ 《光绪三十二年重庆猪行户专案》，《巴县档案》抄件，光财二，行帮127。
⑤ 《光绪三十二年重庆猪行户专案》，《巴县档案》抄件，光财二，行帮127。
⑥ 《行户游永全等具禀猪不落行有差无贸恳示各场猪市经纪照章认差帮给以供春秋祭祀等情》（光绪六年至二十年），《巴县档案》缩微胶卷，案卷号：清6-32-03631。

私，民给差猪以大易小渔利，置有田业可查。坚称赤贫……今春祭，伊称未领差价，不给民钱。"① 对于这些指控，虽然行户都做出了相应的辩解，但是在前后相隔十三年的两个案卷中看到如此相似的情况，我们有理由相信，光绪年间猪行户的确曾以差务为名行牟利之实。

不仅如此，清代中后期的重庆猪行也是一个利益纷争的焦点，其间的矛盾既复杂又尖锐，尤以光绪三十三年最为明显。在这半年多的时间里，重庆猪行户先后更换了两次，而每更换一次总会引发一些新的纠纷。

第一次更换行户开始于光绪三十三年二月，起因是瘦猪帮经纪胡万发等20人联名控告行户游万发、游金纯向其索取祭祀差猪，却分文不给。② 而行户游万发、游金纯则称，由于近来猪行生意萧条，因此无银可给。而经纪们平日在市场上坑骗猪贩，也是目前猪行生意萧条的一个重要原因。③ 这次诉讼的结果是，行户游万发等主动提出"从此辞退，求作主另行招募承充"，而经纪立即联名保荐符厚卿接任。所以，显然是经纪暂时占了上风。

但符厚卿接任行户后，并没有收拾局面的能力。三月二十一日和四月初一日，符厚卿先后两次状告前任行户游万发、游金纯，称他们为新任行户的经营和应差设置了种种障碍：一是将猪行店房出售，致使猪贩无行可投；④ 二是在暗中干预猪行贸易，"阻收差钱，百计笼络，明辞暗霸"。⑤ 而当时正值新任川东道履任，仪门祭祀亟须行户提供猪只，在符厚卿束手无策的情况下，县衙差役只得央请前任行户游万发等代为办理。⑥ 经过此次纠葛，符厚卿执意辞去行户之职，瘦猪帮经纪胡万发等人于当年四月再次联名保举郑泗芳接任。⑦

然而在郑泗芳接任之后，情况变得更加复杂。当年九月，郑泗芳向官府

---

① 《光绪三十二年重庆猪行户专案》，《巴县档案》抄件，光财二，行帮127。
② 《光绪三十二年重庆猪行户专案》，《巴县档案》抄件，光财二，行帮127。
③ 原文是："经纪在市，不遵行规，另外抬价，黑价以售，致售猪之人才不上市，因此无有生意，害小的们挪垫当卖，皆在应差。"参见《光绪三十二年重庆猪行户专案》，《巴县档案》抄件，光财二，行帮127。
④ 《光绪三十二年重庆猪行户专案》，《巴县档案》抄件，光财二，行帮127。
⑤ 《光绪三十二年重庆猪行户专案》，《巴县档案》抄件，光财二，行帮127。
⑥ 《光绪三十二年重庆猪行户专案》，《巴县档案》抄件，光财二，行帮127。
⑦ 《光绪三十二年重庆猪行户专案》，《巴县档案》抄件，光财二，行帮127。

呈递了一纸诉状,其中不仅指控前任行户游万发等继续干预生猪贸易,使猪行无法正常营业,同时更将矛头指向了保举他充当行户的瘦猪帮经纪,称他们与前任行户游万发等相互勾结,扰乱市场秩序,并逃避差务。① 此后,郑泗芳不仅与前任行户相互攻讦,更与私人经纪势成水火。在笔者目前所查阅到的案卷之中,这三方之间的矛盾始终没有得到调和。

总的来说,在猪行利益纷争的过程中,自始至终贯穿的线索就是私人经纪与行户之间的控制与反控制。起先是瘦猪帮经纪不满行户游万发等人的苛索而联名上告,致使符厚卿取代游万发。而在符厚卿接充之后,经纪们发现其势单力薄不足以倚仗,又极力促成以郑泗芳取代符厚卿。但郑泗芳又是一个极其强势的人,当他表现出操纵经纪群体的意图时,双方的矛盾更是一触即发。

笔者认为,清代中后期重庆猪行的运作之所以如此混乱,主要是基于两个方面的原因。

第一,差务的不可量化性,给猪行户和经纪的违规行为大开方便之门。从前面的论述中可以看到,在咸丰六年实行厘金抽收后,缴纳厘金的牙行运作明显趋于规范化。其中一个很重要的原因在于,厘金抽收使牙行对于官府所承担的义务有了可量化的标准,如"每货银一两抽取六厘""白花每包抽银七分"等。为了使这种量化标准得到切实的贯彻,还发展出一些技术性的辅助手段,其中至关重要的就是公秤和厘金印簿。从前面的论述中可以看到,公秤使所有的同业牙行都有了相同的计量标准,而厘金印簿则提供了交易数量和缴纳厘金数量的明确记录。当商人、牙行或官府中的任何一方对于货物斤两、价格、交易数量和厘金数量产生疑问时,都可以使用这两种技术手段进行核对。所以,尽管在厘金抽收之后,牙行克扣斤两、偷漏厘金、以多报少的情况仍然时有发生,但从机制上讲,中介贸易变得更加透明了。

而生猪贸易则不同,因为官府对于差猪的征取并不是根据其贸易量的大

---

① 原文是:"原有经纪系万发前招无业流痞,名廿一股,伊父子数股,弟侄数股,余皆戚友,羽翼踞为世业,每猪入市,捏买抬卖,拖衔拐骗,无所不至,名为偏耳,实则虎狼,致使猪只不愿来市……前办祭差,经纪每有临差逃匿,差过复贸,差悉民垫。"《光绪三十二年重庆猪行户专案》,《巴县档案》抄件,光财二,行帮127。

小，而是根据祭祀的需要，而且这种需要往往具有很大的偶然性和变动性。① 所以对于地方官府来说，既难以制定一套严密的技术手段来确定征收的比例，也不需要掌握生猪贸易的实际情况，只要在祭祀活动举行之前向行户下达具体的征收数量即可。而正是由于缺乏必要的监督机制和技术保障机制，在当时的生猪中介贸易之中，计量标准和价格标准都非常混乱，用钱的计算并不是根据猪的具体重量，而是笼统地划分几个档次，譬如"肥猪""瘦猪"或"大猪""中猪""小猪"。如猪行户郑泗芳即提到："小的承认肥瘦猪市行户，每售肥猪壹只，系行户收卖客钱五十文，经纪收买客钱三十文，瘦猪则买卖二家各取钱三十八文。"② 又如光绪三年的义兴场猪市规定："凡来市买卖分为上中下三等，每只大猪取钱六十，中猪取钱四十，小猪取钱二十。"③ 另外，生猪收购的价格同样也是由经纪肆意定夺。如光绪二十五年巴县的一则告示中即提到："（猪）一牵入市，被偏耳估夺过手，恁伊发卖，口吐哑迷，为永字钱、咸百钱、雍佰、肆百、三比等口号，不令人知多少。"④ 因此，官府也不知道行户实际的经营情况，所以往往是行户一发出生意萧条、差务繁重的抱怨，官府就允许其通过其他途径征收应差费用，而行户则会乘机以应差之名行敛财之实。

第二，生猪业行户与私人经纪的相互依附，决定了二者之间的关系既无法决裂，又无法调和。

与其他的商品门类相比，生猪贸易中行户和经纪的关系十分特殊。首先，行户并没有极力地取缔或压制经纪，而是煞费苦心地在经纪群体中培植可以为自己所用的势力。如郑泗芳提到，当时的瘦猪帮经纪"系万发前招无业流痞，名廿一股，伊父子数股，弟侄数股，余皆戚友，羽翼踞为世

---

① 从相关案卷来看，当时需要使用猪的祭祀主要有三种：一是春秋祭典，二是祈晴祷雨，三是地方官员的任职仪式。在这三种祭祀中，只有春秋祭典是常规性的，其祭祀时间和需用猪的数量每年都大致相同。而后两种祭祀则具有很大的偶然性，祭祀的时间、次数和所需猪的数量都根据具体的情况而定。所以，地方官府对于祭礼差猪的征取具有很大的偶然性和变动性。

② 《光绪三十二年重庆猪行户专案》，《巴县档案》抄件，光财二，行帮127。

③ 《光绪三年巴县规定义兴场猪牙佣钱告示卷》，《巴县档案》抄件，光财三，牙当62。

④ 《光绪二十五年巴县禁止猪偏耳告示》，《巴县档案》抄件，光财二，行帮112。

业"。① 虽然从郑泗芳攻击前任行户和瘦猪帮经纪的立场来看，这句话可能有夸张之处，但瘦猪帮经纪中的一部分曾依附于行户游万发应该是不争的事实。而且在案卷中出现的几位肥猪帮经纪，如游积堂、游伟卿、游扬生很可能都是游万发的同族。而郑泗芳在接任之后，屡次提出"另招殷实（经纪）五六人，好则留用，否则逐换"，② 其实也是郑泗芳企图用自己的势力取代游万发的势力。事实上，在每次行户更替的过程中，也的确是经纪的态度起到了至关重要的作用。所以，行户对经纪是既防范又倚仗。从私人经纪的角度来看，情况也是如此。在行户企图控制和剥夺其既得利益时，他们总是要进行积极的反抗，但无论怎样反抗，最后他们仍然要选择并依附于一名行户。正如肥猪帮经纪游积堂所说："猪行户即是经纪之领首。"③ 这种关系显然不同于药行和药栈（包括私人经纪）之间相对独立、平等竞争的关系。

从上面的论述中可以看到，是否代收厘金，也深刻地影响到中介贸易者的常规经营活动。正是由于代收厘金，牙行和货栈在与官府的交涉和与同业的竞争之中拥有相对自主的立场。也正是基于对厘金的考虑，官府才会动用公权力规范牙行、货栈的行为，并允许其形成规模更大的同业联盟，为其提供更积极的司法、行政服务。而对于只应承差务不缴纳厘金的牙行来说，由于并不能向官府提供持续的、可观的利益，因此官府对于行户和私人经纪双方的诉求都不会过于重视。如在上述猪行户与私人经纪的争斗之中，官府大部分时间只是扮演了一个旁观者的角色，既无法援引该行业内任何可供借鉴的先例，也没有提出任何有建设性的处理意见。在这种情况下，行户与经纪只能相互依附，行户借助经纪控制贸易，经纪依赖行户求得生存。但是，行户和经纪的利益归根结底又是不同的，所以当任何一方的行为触及对方的底线时，新一轮的争斗必然开始。而在这种周而复始的控制与反控制之中，只有利益的转移，却没有规则的确立，只有暂时的同盟，却没有制度化的组织。

由此可见，代收厘金为清代重庆的中介贸易带来了一个为期三十余年的相对健康、有序的发展期。

---

① 《光绪三十二年重庆猪行户专案》，《巴县档案》抄件，光财二，行帮127。
② 《光绪三十二年重庆猪行户专案》，《巴县档案》抄件，光财二，行帮127。
③ 《光绪三十二年重庆猪行户专案》，《巴县档案》抄件，光财二，行帮127。

二　厘金整饬与官牙关系的疏离

根据罗玉东的研究，厘金税制自创设之日起就存在诸多弊端，在咸丰、同治时期，以私设滥设厘卡最为显著；在光绪时期，中饱私囊的情况则愈演愈烈。[①] 为了清除厘金征收的弊端，从咸丰九年至光绪二十五年，清廷共 26 次发下上谕或派出官员，督促各省整饬厘务。[②] 除此之外，清廷还实施"裁厘统捐""裁厘加税""开征印花税"等措施，以替代弊窦丛生的厘金制度。[③]

咸丰至光绪时期，重庆新老厘局的问题也层出不穷，现将笔者目前所掌握的情况摘录如下：

> 咸丰十一年九月，重庆廿三坊绅商联名控告保甲局执事程益轩等：今春局士辞退，遂有程益轩、傅益、张先昭、徐彝纯等素行无赖，查系供给厨役倖脱缧囚罔利市侩，敢继段方伯后尘，自忘形秽，钻入局中，乘便营利，因蓄为利，鲸吞虎踞，引类呼群，每食嘉希优伶侑酒，借近官僚而骇俗，假办军务以徼功，家中院宇焕然维新，出行则驷马高车，

①　罗玉东：《中国厘金史》上册，第 41~42 页。

②　具体的时间分别是咸丰九年三月、咸丰十一年十月、同治元年七月、同治元年九月、同治二年正月、同治七年七月、同治八年二月、同治十年十二月、同治十一年八月、同治十二年二月、同治十三年二月、光绪元年正月、光绪四年八月、光绪五年二月、光绪七年闰七月、光绪八年十一月、光绪九年正月、光绪十年三月、光绪十一年六月、光绪十二年七月、光绪十五年七月、光绪十九年十一月、光绪二十年六月、光绪二十一年闰五月、光绪二十一年十一月、光绪二十五年四月。参见罗玉东《中国厘金史》上册，第 33~52 页。

③　"裁厘加税"是《辛丑条约》签订后，清政府与英、美、日等国商约谈判的重要内容，但由于清政府对于厘金的依赖，以及列强间意见不一致，这一条款最终没能得到真正实施。作为"裁厘加税"的准备，"裁厘统捐"曾在江西、广西、湖北、新疆、甘肃、奉天、吉林等省试行，但是远未达到预期效果。印花税曾在光绪三十三年至三十四年于各省试办，但刚试行即遭到普遍的反对。关于上述问题的详细论述，请参见王翔《从"裁厘认捐"到"裁厘加税"——清末民初江苏商民的两次重要斗争》，《近代史研究》1988 年第 3 期；马敏《清末江苏资产阶级裁厘认捐活动述略》，《马敏自选集》，华中理工大学出版社，1999；杨华山《论晚清"裁厘统捐"与"裁厘认捐"的尝试及夭折》，《史学月刊》2004 年第 2 期；王立璋、顾旭娥《晚清时期"裁厘加税"问题的历史考察》，《兰州学刊》2007 年第 7 期。

勇丁作仆，塞途呵喊，道路侧目，啧有烦言。[①]

同治八年川东道照会：渝城设立保甲局，向抽百货厘金以作经费，昔年军务旁午，局费尚觉宽裕，如近来地方肃清，局费转形支绌，屡向道库借银支用，虽由厘金不旺，亦由糜费过多。[②]

光绪元年，重庆商民控告保甲局执事金含章等侵吞经费：查含章每月管理支发报销壹千叁百余两，均系江宗源手届期送含章坐宅支发，每月浮冒银贰百余两，即此一款，每年含章已浮吞银贰千余两，其余以银换钱，刻减勇丁，控名空领，浮报火药各□□吞不下三四千金。

光绪三十年督宪重庆厘金改章委员办理告示：重庆新老厘局三卡近年以来日形短绌，每年只收银十一二万两，商货并未减少，厘金竟未加多，皆由新厘只抽船货，不抽旱挑，三卡巡丁任意卖放，间有以船货改作旱挑，为三卡巡获，即加重罚，所罚银概入私囊。船货已多不实，罚款又复侵吞，兼有递票钱二百四十文，点关钱二百文，划子钱一百文，种种需索，不一而足。老厘专收进关之货，已完若干，出口若干，并不将凭单移送新厘局查考。[③]

光绪三十年厘金总局整顿重庆新老厘告示：重庆新老厘局所过货物隐漏夹带积弊已深，若不设法整顿，厘金难望起色。查老厘进关之货每多隐瞒……至广货药材暨广杂货，每于箱包之中任意夹带大呢绸缎，以重报轻，希图偷漏影射。[④]

从上述材料可以看出，在这段时间内，重庆新老厘局的弊病主要在于局绅的

---

① 《渝城廿三坊绅士商民等禀请饬保甲局清算历年来抽厘劝捐银两收支帐目以免缠讼一案》（咸丰十一年九月），《巴县档案》缩微胶卷，案卷号：清6-18-00147。
② 《奉道宪札委员前往保甲局调簿勾稽每月收支厘金若干何款可支可裁妥议禀复卷》（同治八年九月），《巴县档案》缩微胶卷，案卷号：清6-23-00928。
③ 《督宪重庆厘金委员办理告示》，《四川官报》光绪三十年三月上旬。
④ 《厘金总局整顿重庆新老厘告示》，《四川官报》光绪三十年四月下旬。

贪污中饱和征收过程中的偷漏苛索。但是仔细对比这几则材料可以发现，不同时期不同立场的叙述者所强调的问题各不相同，相关政府机构和官员的态度也有明显的差异。

光绪初年以前，揭露厘金局弊病的主要是普通商民，所针对的是局绅的中饱行为，而负责处理此类案件的大多只限于分管知府或道员。由于仍然依赖局绅征收厘金，因此他们对于局绅的过犯往往给予明显的迁就和回护。如在咸丰十一年商民控告程益轩等人的案件中，重庆知府就曾发下专札对牵头的数名绅民予以斥责："兹复据禀前情，查核呈内姓名仅陈桂林与何应绶等十人，兹阅来禀复添列十余人出头，种渎任意封薄，希图恃众把持，殊不成事。而首先列名之陈□三等六人并未出过厘金，尤为不应干预。至局中用项有无侵吞浮冒，来春刊本普给自可逐一查对，倘有不实无结指名禀究，何得聚集多人纷嚣滋事。"① 又如同治九年，省厘金总局派委员整饬重庆厘务之时，川东道即禀称"职道于奉批之后，遵即督分局绅士将一切浮费核实酌减，约计每年已节省银钱一万有奇"，② 为局绅开脱的意图十分明显。

但是在光绪末年的材料中，省厘金局却由幕后跃至台前。在其所发布的告示中，特别强调厘金征收的具体数量以及征收过程中的种种问题，而且以十分严厉的态度对局绅进行警告："查八省首事闻多好义急公之人，务当开导良民各宜踊跃输将，勿得串同弊混，倘有造言阻挠，定即查拿严办。"③ 由此可见，此时的省厘金局已经越来越直接地介入重庆的厘金征收事务之中，对于局绅的信任和依赖也明显淡化。

随之而来的就是厘金征收权的转移。光绪二十八年，八省客长在呈交巴县知县的禀状中已经提到："现在新厘已非职等经理……老厘局中上有委员督办，下有司事白益亭等监收，职等形同赘设。"这说明省厘金局已经开始

① 《渝城廿三坊绅士商民等禀请饬保甲局清算历年来抽厘劝捐银两收支帐目以免缠讼一案》（咸丰十一年九月），《巴县档案》缩微胶卷，案卷号：清6-18-00147。
② 《渝城商民不遵委员抽厘新章力夫游民打毁厘局及巴县奉札查拿卷》（同治九年），《巴县档案》缩微胶卷，案卷号：清6-23-00885。
③ 《督宪重庆厘金委员办理告示》，《四川官报》光绪三十年三月上旬。

剥夺重庆新老厘局局绅的权力。① 光绪二十九年，省厘金局委派朱锡莹、陈象离等四人接办老厘局所属香国寺、唐家沱、回龙石三分卡，② 局绅失去了对于老厘局的控制权。光绪三十一年，省厘金局委任周克昌为重庆新老厘局总办，"并两局更名为重庆百货厘金总局"。③ 自此，重庆的厘金征收完全被省厘金局掌控。在地方绅商失势的同时，曾协助绅商进行厘金征收的牙行和栈房也被排除在厘金征收之外。光绪三十年四月颁布的《四川厘金划一章程》中明确规定："客货到时，应令亲赴局卡完纳厘金，不准行户、船户代为上纳"，"行店包缴包收，永远革除。如再有此弊，定行封闭包揽行店，并重加惩办"。④

　　厘金局之所以如此急切地夺取局绅和牙行的厘金征收权，除了防范贪污中饱之外，更重要的原因是为了应付因举办新政而日益增加的财政支出。据周询统计，乾隆中期，四川全省每年财政支出仅为银 120 万两，⑤ 而到宣统三年，全省每年财政支出已经高达银 1700 万两，⑥ 是前者的十倍有余。尤其是在光绪二十七年实行新政后，各项开支急剧增加，仅编练新军一项，全年所需经费就达银 150 万两。⑦ 在这种情况下，省级地方官府开始取消州县一级的代理，直接插手厘金征收事务。

　　那么，在失去了代收厘金的委任之后，牙行和栈房又将面临怎样的命运呢？下面两个案例可以为我们提供一些线索。

　　第一个案例发生在宣统元年，重庆药材、干菜两业共 20 家牙行联名向巴县县衙呈递禀状，其中提到在光绪三十三年五月，这 20 家牙行曾与怡厚长栈房发生诉讼。当时正值巴县会同商务总局办理拖舶，亟须筹款。于是，巴县知县令涉讼牙行将牙帖全部缴销，总共凑银 8000 两上交县衙，作为办

---

① 《八省首事汤廷玉等禀请辞职卷》（光绪二十四年至二十七年），《巴县档案》缩微胶卷，案卷号：清 6 - 33 - 04611。

② 《四川通省厘金局委员接办渝城老厘局所属分卡厘务文》（光绪二十九年十二月），《巴县档案》缩微胶卷，案卷号：清 6 - 33 - 04591。

③ 民国《巴县志》卷 4《赋役下·征榷》。

④ 《四川厘金划一章程》，《四川官报》光绪三十年四月下旬。

⑤ 周询：《蜀海丛谈》，第 26 页。

⑥ 周询：《蜀海丛谈》，第 29 页。

⑦ 周询：《蜀海丛谈》，第 41 页。

理拖舶的经费。同时，县衙为其颁发营业执照，执照上载明"所有从前一切陋规悉予豁免"。但是不到两年，省提学司又通过巴县县衙向这 20 家牙行催收"闱费"①。行户们在禀状中质疑了官府这种出尔反尔的做法，并提出豁免差费的请求。② 但是，知县批复的结果仍然是"着即按签照缴，所请之处碍难准行"。③

　　第二个案例发生在宣统三年。该年正值新任巴县知县段荣嘉赴任，要求牙行缴纳验帖费，作为开办工会的经费。于是药材行和棉花行相继呈递禀状，要求予以减免。药行在禀状中极力地陈述了牙行不堪重负的情形："照从前职等循规之见，每迁一任则行家必得循规纳验费一次，其实求全力保护，前者历任父台遇职等生意外溢，保全者恒多。今恩主拨提作款，设年迁数任，岂不一年纳验费数次耶？职等衣食之计已难以支持，职等无幸，何堪遭此缠累？"④ 由于资料不完整，该案件的最终处理结果已无法得知。但是从目前所能看到的案卷来看，巴县县衙并没有同意行户们的请求。

　　从上面两个案例可以看出，在失去了厘金征收的委任之后，牙行由协助地方官府开拓财源的商业机构变为官府苛索征敛的直接对象。地方官府

---

① "闱费"是指筹办科举考试所需的费用。该案卷中提到"该商等每科摊帮科场银原碇〔锭〕银二百五十两"，实际上是这 20 家牙行在领取营业执照以前，向官府承担的一项固定的差务。另外，该案卷中还提到"今沐票催闱差以作学堂经费"，说明在宣统元年，科举虽然已经被废除，但是这项差务款却被移作筹办学堂的经费，所以仍然要向此前认缴这笔款项的牙行摊派。参见《巴县签饬重庆药材干菜两行值年首事速将应帮闱差银申解及职商永昌号等具禀摊帮朱锭银改作学务款恳详省豁免等情卷》（宣统元年闰二月至六月），《巴县档案》缩微胶卷，案卷号：清 6 - 54 - 01620。

② 原文是："盖渝城开行不止干菜一帮，独令职等更换执照，缴银八千之巨，似觉偏枯。况执照注明一切豁免，何此闱费仍令缴纳。职等近年贸事大受亏折，前缴巨款出之借贷，迄今尚未清还，何堪重累。是特协恳移请劝业道宪转咨提学司体恤，准予豁免，实为德便，伏乞。"《巴县签饬重庆药材干菜两行值年首事速将应帮闱差银申解及职商永昌号等具禀摊帮朱锭银改作学务款恳详省豁免等情卷》（宣统元年闰二月至六月），《巴县档案》缩微胶卷，案卷号：清 6 - 54 - 01620。

③ 《巴县签饬重庆药材干菜两行值年首事速将应帮闱差银申解及职商永昌号等具禀摊帮朱锭银改作学务款恳详省豁免等情卷》（宣统元年闰二月至六月），《巴县档案》缩微胶卷，案卷号：清 6 - 54 - 01620。

④ 《药帮职商熊永泰行等及花帮职商罗万安等为再恳免验费禀巴县》（宣统三年六月），《巴县档案》抄件，宣财二，商会 3。

与牙商之间的互惠合作基本已经不复存在,新的官牙关系体现出明显的紧张和疏离。

三　新的竞争者与货源的分流

在清末重庆中介贸易领域,新的竞争者主要包括四个群体,分别是经纪和栈房、洋行、大商号、公司。在本章的前半部分和第三章中,已经对经纪和栈房的情况进行了叙述,所以本节对后三类竞争者进行重点考察。

(一)洋行

本节中的"洋行"是指重庆开埠以后,外国资本在该地开设的贸易商行或代理行号,欧美人多称"公司",日本人多称"株式会社"。①据不完全统计,1890~1911年,英、法、美、德、日五国外商先后在重庆设立的洋行达51家。②

与中国本土商人相比,洋商和洋行存在两个方面的优势。一是与华商自由贸易的权利。道光二十三年《中英五口通商章程》规定:"英商卸货后自投商贾,无论与何人交易,听从其便。"而这一权利后来又扩展到其他国家的商人,这就等于允许外国商人可以在通商口岸自主地进行商品的运输和销售,而无须通过牙行的中介。洋商和洋行的第二个优势在于,享有比较优惠的子口税待遇。咸丰八年《中英天津条约》规定:"英商运入中国的货物,或从中国运出的土货,除缴纳一次5%的进出口关税外,在内地只须于所经的第一关(常关)缴纳2.5%的子口税,即可通行全国,不另缴税。"这一规定此后也同样适用于其他国家的商人,有助于规避货

---

① 这一定义主要参考高海燕《近代外国在华洋行、银行与中国钱庄》,《社会科学辑刊》2003年第2期。在这篇文章中,作者还提到"洋行"一词最初是指"经营对外贸易管理的我国商业牙行,也称洋货行"。但由于清代的重庆不存在这样的商业机构,因此本书的研究并不包括这个意义上的"洋行"。

② 隗瀛涛、周勇:《重庆开埠史》,第55页。

物运销途中各税关厘卡的苛重需索，降低长距离贸易的运营成本。① 正是凭借上述两种特权，各洋行纷纷利用重庆市场进行倾销商品和掠夺原料的活动，而这两种活动都对牙行的生存构成了严重的威胁。

在洋行所销售的进口商品中，对牙行冲击比较大的是洋布和洋纱。本书第一章对于清代重庆商品贸易的研究表明，从光绪初年开始，洋布和洋纱大量输入重庆市场。1891～1895 年，重庆市场每年输入的洋布在 60 万匹左右，而重庆的棉纱市场几乎是印度棉纱和英国棉纱"一统天下"，这使得重庆的棉花中介贸易受到巨大的冲击。光绪十七年，重庆老厘局发往巴县的移文中即一再强调因洋布、洋纱畅行而花厘锐减：

> 查本局老厘，向来绅商开办之初，专恃棉花为第一大宗。彼时洋布尚未畅行，棉花销数较之近今何止倍蓰，以故百货率皆以值百抽一为准，棉花则只按包抽取，然所抽之数虽较百货为少，而全年银数竟致逾于百货，故向来本局最旺之年，亦曾在四五万两上下。嗣后因洋布畅行，棉花之销路遂促。近日洋棉纱又复畅行，棉花之销路更促，棉花既衰，致将百货多方整顿，终觉无大起色。②

由于老厘是责成牙行征收，因此棉花厘金的锐减直接反映出重庆花行业务的衰退。而重庆海关 1893 年的年度报告中也提到，当年棉花的输入量急剧下降，致使重庆城内的花行损失惨重，有几家已经破产。③ 但是从光绪年间重庆牙行的验帖记录中可以看出，光绪二十年至光绪三十一年，重庆的花行始终保持在 15～17 家。可见，洋布和洋纱的行销未能完全摧垮重庆原有

---

① 在《中英天津条约》签订后，子口税制度的具体实施办法不断加以修订、调整，但基本的规定大致保持不变。另外，由于各省的厘金征收办法和额度差异较大，因此并不是所有省份的子口税率都较厘金征收更为优惠。但是有一些材料证明，清末四川的厘金征收确实较子口税为重，致使许多华洋商人趋子口而避厘金。参见戴一峰《论晚清的子口税与厘金》，《中国社会经济史研究》1993 年第 4 期。

② 《渝城老厘局以洋票运渝棉花应援案完厘移巴县文》，转引自鲁子健《清代四川财政史料》（下），第 631 页。

③ 《重庆海关 1893 年年度报告》，周勇、刘景修译编《近代重庆经济与社会发展（1876～1949）》，第 193 页。

的棉花中介贸易。

　　然而在洋行进驻重庆市场之后，土特产中介贸易遭到了更加沉重的打击。从本书第一章对于清代重庆商品贸易的研究中可以看到，清代重庆的土特产贸易主要包括药材和山货两大门类。在1891年重庆开埠之后，土特产是重庆市场最大宗的输出品。在有明确贸易统计数据可考的1891年至1898年，重庆市场上除鸦片之外的普通土特产年出口总值基本维持在500000英镑以上。在光绪三十四年四川禁烟之后，重庆普通土特产的输出贸易又经历了一个急剧的增长阶段。

　　清末重庆土特产的大量输出，除了依靠原有的国内贸易渠道之外，洋行的介入是一个更加重要的原因。由于山货和药材在重庆周边地区出产丰富、价格低廉，而且大多可以用作工业原料的军用物资，因此在重庆开埠后不久，各国洋行就相继投入这项贸易之中。他们极力控制商品收购、运输、加工和销售的各个环节，打破了以往"本地贩运商—牙行（或栈房）—外地收购商"的运销模式。而洋行之所以能够做到这一点，除了仰赖"自由贸易"的特权之外，还取决于其所拥有的三个方面的优势，这在日商新利洋行的事例中得到了集中的反映。

　　第一个优势在于其人员众多，网点密集。在新利洋行业务的鼎盛期，每年都派大量的雇员到边远山区收购山货，曾一次开设了48个分庄，仅派赴川西各县收购土产的职工就达六七十人，凡热闹城乡的山货市场都为其所控制。①

　　第二个优势在于迅捷高效的信息传递。新利洋行规定，每个分庄必须于每旬的一、六两日，将各地的山货行情报告总行，并由总行复写寄给有关分庄，以便于各分庄以最快的速度、最优惠的价格收购货品。②

　　第三个优势在于其拥有自行运输的能力。如新利洋行在川西所收之羊毛，在江津所收之棕丝，在嘉定、宜宾所收之茧巴、丝筋，均由其自行运到

　　① 杨灿雪、杨质彬、夏荫枬、李若愚：《在洋行垄断下的山货业（一八九〇年——一九二一年）》，《重庆工商史料》第1辑，第39、42页。
　　② 杨灿雪、杨质彬、夏荫枬、李若愚：《在洋行垄断下的山货业（一八九〇年——一九二一年）》，《重庆工商史料》第1辑，第42页。

重庆并转载出口。①

在以往的山货运销模式之中，货品的收购主要依赖本地贩运商，行情的涨落在很大程度上受牙行左右，外销的渠道则由外地收购商控制。然而以日商新利为代表的洋行显然是利用所享有的条约特权，将这三个环节合为一体。因此在土特产贸易方面，洋行很快就拥有了本地牙行所无法企及的优势。

综上所述，洋行在倾销商品方面挤压了重庆的花行，在掠夺原料方面又严重地冲击了重庆的山货行。而在重庆开埠之前，花行和山货行一直充当着重庆官立牙行的主体。所以我们有理由断定，洋行的出现在很大程度上改变了重庆原有的中介贸易格局。

（二）大商号

清代中后期，实力雄厚的大商号相继在重庆商界崛起，并越来越明显地表现出冲破牙行制约的倾向。如光绪二十五年，天顺祥商号曾受川东道的委托，办理赈灾积谷。川东道下发巴县的札饬中提到：

> 云南商号天顺祥管事李正荣、陈炳熙等向能好义急公，身家殷实，上年川东赈务，该商号自行其善，捐资甚巨，今拟于赈余项下筹拨库平银拾万两发交省城天顺祥商号承领，责成汇银，在资州、泸州、重庆府三处附近丰收谷多州县尽数买谷，札饬地方官出示。该商买谷系为积储备荒，不得拦阻遏籴，以及设词阻运等事。②

这则材料表明，在筹集赈灾米谷的过程中，天顺祥不仅要赴各州县购买米谷，还要负责将所收购的米谷转运到官府指定的仓库。这说明该商号已经具备独立赴产区进行商品收购并对所收购商品进行长距离转运的能力。虽然

---

① 杨灿雪、杨质彬、夏荫枬、李若愚：《在洋行垄断下的山货业（一八九〇年——一九二一年）》，《重庆工商史料》第 1 辑，第 42 页。

② 《川东道重庆府札饬巴县办理川东水旱灾赈济及委天顺祥代办赈济谷卷》（光绪二十五年至二十六年），《巴县档案》缩微胶卷，案卷号：清 6-34-06564。

赈灾积谷并不是商品，但采购和转运的过程所需的人力、物力却是大致相同的。

在布匹贸易中，拥有这种能力的商号也比比皆是。在《天津条约》确立子口税制度后，洋布就享有了行销全国免纳厘金的待遇。而咸丰十一年汉口正式开埠后，更为洋布输入重庆市场提供了极大的便利。由于洋布无须缴纳厘金，又未曾正式归入任何牙行的经营范围之中，因此重庆的洋布贸易从一开始就脱离了牙行的管制。这主要体现在两个方面。

第一，布匹字号①可以自主地进行洋布的长距离贩运。早在道光末年，重庆经营苏广杂货的商号就到广州和湘潭购进洋布，带回重庆试销。② 在咸丰、同治时期，重庆布匹字号主要是赴汉口进货，③ 而从光绪初年开始，则越来越多地赴上海进货。④ 一个比较明显的例证是，光绪十九年，重庆爆发余栋臣反教起义，大批布匹商人担心形势恶化，将从上海进口的洋布搁置在沙市、宜昌一带，导致重庆布匹市场货源紧张。⑤ 这充分说明，在这一时期，独立收购货物而不是依赖外地贩运商的供应，在重庆布匹业中已经相当普遍。

第二，布匹字号可以自主地从事洋布的批发贸易。当时，向字号大量购进布匹的主要是广货铺和大布店。每天早晨，字号、广货铺和布店的上街先生都会在一两家固定的茶馆碰头，了解行情。中午，下家（买方）的上街先生便到上家（卖方）讲生意。如有成交，下家即将进货的数量、花色、价格写成"议票"，注明付款日期，交由上家执存。到了下午，上家的上街先生去下家，查看下家的营业情况，以及货品的数量和花色，了解哪种货呆滞，哪种货吊缺，以作为下次进货时的参考。⑥ 从这个过程可以看出，布匹

---

① 从现有的材料推测，"字号"应该特指从事洋布长距离贩运和批发业务的商家。

② 卓德全、王仲鼎、周让伯：《洋布倾销和重庆布匹业的形成》，《重庆工商史料》第 1 辑，第 188 页。

③ 卓德全、王仲鼎、周让伯：《洋布倾销和重庆布匹业的形成》，《重庆工商史料》第 1 辑，第 188 页。

④ 卓德全、王仲鼎、周让伯：《洋布倾销和重庆布匹业的形成》，《重庆工商史料》第 1 辑，第 192 页。

⑤ 蔡鹤年、陈诗可等：《"汤亘万"的发家史》，《重庆工商史料》第 3 辑，重庆出版社，1984，第 42 页。

⑥ 卓德全、王仲鼎、周让伯：《洋布倾销和重庆布匹业的形成》，《重庆工商史料》第 1 辑，第 189 页。

字号可以与买家面对面地接触，自主地选择买家，并决定商品销售的种类、数量和价格，这与此前贩运商将货物投入牙行，买家与卖家两不相见，全凭牙行定夺的模式已经完全不同。

由此可见，在咸丰以后，重庆越来越多的商号已经有了独立进行商品收购、贩运和销售的能力，对于牙行贸易中介职能的需求越来越小。而洋布贸易作为一开始就独立于牙行控制之外的一个领域，自然为这类商号提供了发展的契机。所以自咸丰至宣统年间，重庆的商业资本迅速向布匹贸易领域集中：咸同年间重庆的布匹字号有 10 多家，光绪初年达到 30 多家，光绪中期增至 60 多家，光绪末年宣统初年更达到 90 多家。[①] 而经营布匹贸易也成为清末重庆富商崛起的一个重要途径。[②]

与此同时，不享受子口税待遇的土货商号也采取曲折迂回的策略努力摆脱牙行的控制，山货贸易就是一个实例。在 19 世纪末 20 世纪初，重庆的一些山货商号也已具备了独立组织货源和运销的能力。如开设于光绪三十年的聚福长山货号，已经深入叙府、南充、泸州、内江等产区收购牛羊皮，但是"由于买办阶级的捉弄和封建反动势力的层层讹诈勒索，营业始终不振"。[③] 这里的"封建反动势力"显然包括试图控制山货中介贸易的本地牙行和栈房。所以，当享有自由贸易特权的洋商和洋行进入重庆后，相当一部分的本地山货商号向其寻求庇护，以分享其独立进行商品收购、运输和销售的权利。其中对重庆山货贸易影响较大的包括依附于日商的聚福长山货号，依附于英商的祥和庆山货号和同茂丰山货号。

这些商号寻求庇护的途径大致相似，即先由中国商人组建一个商号，筹集足够的启动资金建立完整的人事班底。接下来由外国商人代替该商号在本国政府注册，于是一个本地商号摇身一变成为外国商行。在该商号正式投入贸易之后，每年还要付给外国商人一定数额的"挂旗费"或者给予其他形

---

① 卓德全、王仲鼎、周让伯：《洋布倾销和重庆布匹业的形成》，《重庆工商史料》第 1 辑，第 191～194 页。

② 卓德全、王仲鼎、周让伯：《洋布倾销和重庆布匹业的形成》，《重庆工商史料》第 1 辑，第 202 页。

③ 蔡鹤年、陈诗可等：《"汤百万"的发家史》，《重庆工商史料》第 3 辑，第 46 页

式的回报。而这种"改头换面"的做法，的确给商号的经营带来了极大的便利。如此前经营屡屡受挫的聚福长山货号在挂上日本旗后，业务发展异常顺畅。① 反过来，本土商号也的确为洋行的原料掠夺效力甚多。如祥和庆山货号经营期间，熟猪鬃的收购量达到每月二三百担，甚至四五百担，还开拓了鸭毛、桔子、羊毛、麝香、牛羊皮、野牲杂皮、山丝、白蜡等十余种货物的出口贸易。② 聚福长山货号经营期间，日商几乎垄断了全川的羊皮贸易。③

总而言之，在清代中后期的重庆，无论是在洋货贸易领域还是土货贸易领域，有能力独立组织货物收购和运销的大商号都已经纷纷崛起。由于它们从事的贸易门类与进出口密切相关，并在早期的经营活动中与新辟的通商口岸建立起初步的联系，因此往往成为洋行庇护和扶植的对象。其摆脱牙行控制，独立地开展贸易活动的条件已基本成熟。

（三）公司

光绪二十九年，在"振兴工商"的指导思想之下，清政府正式颁布《公司律》。④ 但是在此之前，由中国商人自行出资创办的"公司"就已经在重庆出现，如创办于光绪十九年的聚昌自来火公司，创办于光绪二十三年的重庆玻璃公司，创办于光绪二十五年的重庆南岸矿务四合公司，创办于光绪二十七年的锱水公司。⑤ 对于当时的商人来说，创办公司除了有利于筹集生产资金外，还能够获得保障垄断经营的专利权。⑥ 如锱水公司请准专利二

---

① 蔡鹤年、陈诗可等：《"汤百万"的发家史》，《重庆工商史料》第3辑，第46页。
② 杨灿雪、杨质彬、夏荫枬、李若愚：《在洋行垄断下的山货业（一八九〇年——一九二一年）》，《重庆工商史料》第1辑，第36页。
③ 蔡鹤年、陈诗可等：《"汤百万"的发家史》，《重庆工商史料》第3辑，第49页。
④ 关于清末"振兴工商"的思想和措施，参见李陈顺妍《晚清的重商主义》，《中央研究院近代史研究所集刊》第3期上册，1972年；王尔敏《商战观念与重商思想》，《中国近代思想史论》，台北：华世出版社，1977；郑起东《清末"振兴工商"研究》，《近代史研究》1988年第3期。
⑤ 隗瀛涛、周勇：《重庆开埠史》，第213～217页。
⑥ 师呐的研究指出，中国近代股份制企业中的专利制不同于近代西方意义上的专利制，其本质并不是保护知识产权，而是一种借助官府的力量垄断生产经营的经济现象。参见师呐《略论中国近代股份制企业中的专利制》，《广西教育学院学报》2004年第4期。

十九年，① 烛川电灯公司请准专利三十年，② 而重庆玻璃公司虽未获准专利，却在长达四年的时间里垄断重庆的玻璃贸易。③ 这些公司主要经营新式工商业，但也有一部分从事传统工商业中与出口密切相关的贸易门类。而正是在后一类公司中，官府和商人也开始尝试着以公司的垄断机制抵制牙行，成立于光绪三十四年的重庆丝业保商公所就是一个典型的例子。

《重庆丝业保商公所章程》中对该机构的性质和资金来源没有做明确的说明，但由于其隶属于成都丝业保商总公所，而成都丝业保商总公所又被称为"丝业保商公司"，④ 是由四川省商务总局筹款兴办的，⑤ 因此重庆丝业保商公所在本质上也应该属于官办公司。

从筹办重庆丝业保商公所的往来公文中可以看出，四川省商务总局设立该机构就是为了消除牙行扰乱市场秩序的积弊。如光绪三十三年，川东商务局的移文中写道："渝城丝行勒掯商贩，偷漏厘金，弊病甚多，虽经屡示革撤，犹复阳奉阴违，似应设法整顿，仿照成都设立丝业保商分所，为之保护维持，裨益良非浅鲜。"⑥ 而在重庆丝业保商公所还未正式立案之时，四川省商务总局就饬令巴县县衙将"张正兴等行店向有弊病及所收行用移请川东商务总局，饬由该县严行查禁，先去商害"。⑦ 于是，光绪三十三年九月，张正兴等五家丝行被勒令停业，所存牙帖全部缴销。⑧

与牙行相比，丝业保商公所的贸易方式有两个特征：一是将原来分散于

---

① 隗瀛涛、周勇：《重庆开埠史》，第 115 页。
② 隗瀛涛、周勇：《重庆开埠史》，第 102 页。
③ 隗瀛涛、周勇：《重庆开埠史》，第 105 页。
④ 参见《重庆丝业保商公所章程》，《光绪三十三年至三十四年重庆丝业保商公所成立案》，《巴县档案》抄件，光财二，匣头 12。
⑤ 《重庆丝业保商公所章程》中提到："本公司由商务总局详奉总督部堂批准筹款兴办，与他项商业公司不同"，"本公司由商务总局预筹本银二万两，发交公司按月八厘行息，以后如有不敷仍由商务总局筹备。"《重庆丝业保商公所章程》，《光绪三十三年至三十四年重庆丝业保商公所成立案》，《巴县档案》抄件，光财二，匣头 12。
⑥ 参见《重庆丝业保商公所章程》，《光绪三十三年至三十四年重庆丝业保商公所成立案》，《巴县档案》抄件，光财二，匣头 12。
⑦ 参见《重庆丝业保商公所章程》，《光绪三十三年至三十四年重庆丝业保商公所成立案》，《巴县档案》抄件，光财二，匣头 12。
⑧ 参见《重庆丝业保商公所章程》，《光绪三十三年至三十四年重庆丝业保商公所成立案》，《巴县档案》抄件，光财二，匣头 12。

各行店的生丝中介贸易统归于丝业保商公所。《重庆丝业保商公所章程》第一章第八条明确规定："各路丝商运丝来渝，必先到本公所报明姓名货件，无论存寄本公所及他客栈店，均须由本公所经手。而自由觅主交易者亦必由本公所过秤，不得私自买卖。"① 从这方面来看，丝业保商公所的职能与牙行是相同的；但是另一方面，丝业保商公所极力宣称要革除牙行的种种弊端，建立一种透明、公平的市场交易秩序。其具体措施包括开设丝市陈列货品②、设置公秤及公平③、以公所司事取代私人经纪④、买卖双方当面交易⑤等。

但是，从此后的一些材料来看，丝业保商公所并没有实现其公开宣称的目标。如1911年四川实业部撤销丝业保商公所的公告中称：

> 成都从前设有丝行，聚集经纪，代客交易，不肖之徒从中舞弊，商民怨之。旧商务局乃讬名除弊，改丝行为公司，继又改公所，目的所注在抽公费，不惟旧弊未除，而抑勒刁难之弊较前更多。各处丝斤在产地业经负担公益捐，到省发售复肩此非厘非税之征取，而且名曰保商，弊端滋甚。⑥

---

① 《光绪三十三年九月重庆丝业保商公所章程》，《巴县档案》抄件，光财二，商会1。
② 《重庆丝业保商公所章程》第一章第七条："重庆向无丝市，此后拟于本公所就近设一丝市，……凡买卖两家可到丝市直接议价。"第三章第四条："无论远近丝商，先到本公所将自己带来之细丝若干、粗丝苦干报明登簿，一遇丝市，无论丝之好歹贵贱，均要登市陈列，不可听奸商愚弄将好丝藏匿。"《光绪三十三年九月重庆丝业保商公所章程》，《巴县档案》抄件，光财二，商会1。
③ 《重庆丝业保商公所章程》第一章第十条："本公所应为制备公秤公平各壹具，以备丝商之用，其砝码仍照旧例，以从习惯。"参见《光绪三十三年九月重庆丝业保商公所章程》，《巴县档案》抄件，光财二，商会1。
④ 《重庆丝业保商公所章程》第三章第八条："查从前两家多不见面，概由行户把持，及买卖成交，每将价银尾数拖骗，以后由本公所司事作合，务同买卖两家至公所填票……"《光绪三十三年九月重庆丝业保商公所章程》，《巴县档案》抄件，光财二，商会1。
⑤ 《重庆丝业保商公所章程》第三章第九条："无论大庄小贩，买卖两家必须见面，丝之好歹，当面挑剔……"《光绪三十三年九月重庆丝业保商公所章程》，《巴县档案》抄件，光财二，商会1。
⑥ 《中华民国军政府四川实业部关于撤销丝业保商公所的公告》，四川大学历史系编《四川大学历史系档案资料选辑丛刊——1760~1937年四川商业》第3册，未刊本。

这则材料说明，丝业保商公所只不过是用公司的垄断取代了牙行的垄断。它的出现并没有造就一个透明、公平的市场秩序，反而使重庆中介贸易的又一个组成部分遭受了灭顶之灾。

结论：官牙的边缘化与市场的分化

通过本章的叙述可以看到，19世纪末20世纪初，原本在本地市场拥有贸易垄断权且经营情况一度得到改善的重庆官立牙行，骤然面临处处被排挤和取代的窘境。随着官府日益强化对财政的控制，牙行和栈房最终被排斥在厘金征收事务之外。而在业务领域，拥有特权的洋行根本无须受制于牙行和栈房，资财雄厚的本地商号千方百计地摆脱牙行和栈房，而拥有垄断权的公司则极力地打压牙行和栈房。这样一来，牙行和栈房既失去了赖以牟取商业利润的中介业务，又失去了赖以与官商人等周旋的政治庇护。于是，在过去一百多年中深刻影响着重庆商业秩序的"官牙制"受到致命的打击。

在牙行之外，整个重庆的市场秩序也经历了巨大的变化，体现出日益明显的分化与割裂，可以从三个层面进行理解。

第一个层面是以洋商和洋行为主导，以经营进出口贸易为主。《剑桥中国晚清史》的编者认为，19世纪末20世纪初，洋行和洋商对中国进出口贸易的控制是浅层的。"如果说在华的洋行逐渐变成了设在香港和上海为当时已有的中国商业体系服务的代理商，也许并不算夸大其词"，"出口方面的情况与此相似，但有迹象表明外国人参与的程度稍大"。[1] 但本书的研究并不支持这种观点。在开埠之后的重庆，尽管洋商和洋行并不能直接掌控所有的进出口贸易，但他们的出现造就了一个新的商品结构，并带来了一系列的条约特权。依靠这些特权，可以有效地规避传统市场机制和地方政府加诸商业之上的种种障碍。此外，在他们寻找代理人的过程中，的确发现并催化了新的市场力量。所以在19世纪末20世纪初的重庆，一个以经营进出口贸易

---

[1] 〔美〕费正清、刘广京编《剑桥中国晚清史（1800～1911年）》下卷，中国社会科学出版社，2006，第68页。

为主的市场层面已经渐渐分离出来。洋商和洋行实实在在地塑造着这个市场，而绝不仅仅是中国已有的商业体系的代理人。

第二个层面是由各级官府主导，致力于发展近代工商业和出口贸易。这一层面的市场受到国家"重商"政策的支撑，享有一些优先发展的权利。但是从本章的研究来看，它在一些情况下并没有起到振兴商业的目的，反而成为一部分人垄断市场、侵吞利润的依据。所以这一层面的市场究竟能够在多大程度上带来近代化的因素，还有待于进一步的研究。

第三个层面是以本地中小商人为主，经营传统工商业。本章主要的研究对象——牙行和栈房即大多属于这一层面。它们曾是这个市场体系的中坚力量，但是在 19 世纪末 20 世纪初，既受到重庆开埠后新的贸易结构的冲击，又不能享受政府"重商"政策所带来的种种优惠待遇，所以日益面临着被边缘化的命运。然而，牺牲传统商人群体似乎并不能使这个市场成功地向近代化转型，本书后面的章节会通过对其他商业制度和商人群体的观察，反复地证明这一点。由此引申，所谓经济改革的要义似乎并不在于改弦更张的幅度够不够大，而是要谨慎地处理已有的各种关系，根据实际情况善用适宜、稳健的方法，不管是新的还是旧的，"西化"的还是"传统"的。

第五章　出省任事

—— 清代重庆的八省客长与八省组织

20 世纪末，美国汉学家罗威廉（William T. Rowe）关于清代汉口的研究相继问世，[①] 使人们看到了清代商业城市蓬勃生长的历程，以及深度参与城市生活的、极具活力的城市商人组织。罗威廉在其著作中多次提到清代重庆的八省客长和八省组织，并将其视为"早期的、非正式的自治组织"。[②] 许多研究者（包括笔者本人）正是循着这条线索，回到《巴县档案》中对八省客长和八省组织进行重新审视。

在清代的重庆，"八省"的确是一种独特的社会组织，它是来自湖广、江西、浙江、江南、广东、福建、陕西、山西八个省份的移民群体各自推选出"客长"作为代表而形成的一个联合组织，被推举出来代表本省的人，被称为"八省客长"。八省客长在处理各类经济、社会事务时，逐渐形成了较为固定的组织结构、遴选标准、职责范围和处理各种事务的原则，这就构成了对清代重庆市场影响甚深的"八省客长制度"。

目前已有的研究成果普遍认同八省客长在清代重庆城市建设与公共事务

① William T. Rowe, *Hankow: Commerce and Society in a Chinese City, 1796 – 1889*, Stanford: Stanford University Press, 1984; William T. Rowe, *Hankow: Conflict and Community in a Chinese City, 1796 – 1895*, Stanford: Stanford University Press, 1989. 中译本为〔美〕罗威廉《汉口：一个中国城市的商业和社会（1796~1889）》，江溶、鲁西奇译，中国人民大学出版社，2005；〔美〕罗威廉《汉口：一个中国城市的冲突和社区（1796~1895）》，鲁西奇、罗杜芳译，中国人民大学出版社，2008。

② 〔美〕罗威廉：《汉口：一个中国城市的商业和社会（1796~1889）》，第 402~404 页。

管理方面举足轻重的作用。① 本章梳理了八省组织的发展历程及其参与商业活动的渐进过程，为第六、第七两章的专题研究做一个铺垫。本章的案卷编号与附录 F 一致。

一　八省组织的发展历程

这一部分从组织结构、遴选程序、职责范围三个方面，追溯八省组织的发展历程。

（一）组织结构

光绪二十四年（1898）八省客长上呈巴县知县的禀状中这样追溯八省组织的由来：

> 窃思八省之设起自雍正年间，渝城遭乱之后，人民稀少。渐有各省人民来此商贸，日久聚居，遂有交涉事件。以各省风气不同，至多扞格。虽有司驾驭，实难洞悉民隐。是以乾隆年间，各省先后设立会馆。渝城遂为客帮码头，疏通商情，始有八省首士名目。选派各省中老成公正名望素孚之人，公举充当。遇有事出，妥为调停，以安商旅。②

从这则材料来看，八省组织的雏形出现于雍正年间，比较完整的组织形成于乾隆年间。然而根据笔者目前所掌握的材料，这个过程持续的时间可能更长。

第一，八省组织名称和范围的固定化大约在嘉庆初期最终完成。

从《巴县档案》的相关案卷来看，在乾隆中期以前，重庆商民内部可

---

① 目前学界对于八省客长具有代表性的研究，请参见窦季良《同乡组织之研究》；王笛《晚清长江上游地区公共领域的发展》，《历史研究》1996 年第 1 期；梁勇《移民、国家与地方权势——以清代巴县为例》；陈亚平《清代巴县的乡保客长与地方秩序——以巴县档案为中心的考察》，《太原师范学院学报》2007 年第 5 期；张渝《清代中期重庆的商业规则与秩序：以巴县档案为中心的研究》，中国政法大学出版社，2010。

② 见案卷"光 17"。

能还没有形成"八省客长"的概念。如案卷"乾1"中龚三福的诉状提到："渝城丝线帮于乾隆年间，经本省同江南、江西、湖广、贵州五省客长议立章程。"值得注意的是，这里的"五省"还包括贵州，但在八省组织正式确立之后，却并不包含贵州。另外案卷"乾3"中也提到，乾隆二十八年（1763）锡行户和贩锡客商发生纠纷时，"批委七省客长李宾子、温成彩们同各行户公议"。从"五省客长""七省客长"这样的称谓中可以推测，在乾隆中期以前，来自不同地区的移民群体已经开始摸索建立合作关系。但是这种合作并没有固定的形式，参与的移民群体也往往会随着现实情况而发生变动。

就笔者查阅资料之所见，最早以"八省"名义进行的一次活动发生于乾隆三十六年（1771）。据案卷"嘉16"记载，这一年"八省客长禀前仲主，设立夫头，管理散夫背运客货，杜绝透逃，并应办客衙差事"。但是这个案卷之中，并没有明确交代"八省"究竟所指为何。直到嘉庆六年（1801）重庆知府要求八省客长对全城牙行进行彻底的清查，在为此下发的札饬中，才完整地罗列出湖广、江西、福建、广东、浙江、江南、陕西、山西八个省份，[1] 这与此后人们所熟悉的"八省"范围完全一致。此时，八省组织的名称和范围已经完全确定。这个过程从雍正时期开始，到嘉庆初期才最终完成，经过了70~80年的时间。

八省组织名称和范围的固定化说明，在当时重庆诸多移民群体的竞争与共处之中，最终有八个移民群体崭露头角，并建立起长期的、制度化的合作关系。直到光绪二十一年（1895）云贵公所设立之时，仍明确规定"渝城如江、浙、闽、广、楚、豫、山、陕八省会馆，同乡人众，遇有地方公务，八省首事均出为襄办……（云贵）公所首事永不得援以为例，出预地方公件"。[2] 这说明即使在近一个世纪后，来自其他地区的移民群体，仍然无法对八省合作的权力分配格局形成挑战。

第二，组织结构的固定化大约在同治年间最终完成。

---

[1] 见案卷"嘉3"。
[2] 《川东道札巴县云贵两省官幕绅商捐资建立云贵公所议定条规十五则应查照准予立案卷》，《巴县档案》抄件，光社会，帮会3。

从乾隆、嘉庆时期的案卷中可以看出，当时八省组织的构成是比较随意的。有时其成员远远不足八人。如案卷"乾5"中，客长们以"八省"的名义调处布行与布铺之间的纠纷，但署名的客长只有田文灿、翰鼎扬二人；又如案卷"嘉3"中，八省客长向知府汇报清查牙行的情况，列名具禀的客长虽有八人，但其中没有山西客长。这说明当时"八省"中的一些省份或许没有常设的客长，即便设有客长，也没有固定地参与八省组织的事务。有的时候也会出现一省客长由多人充当的情况。如案卷"嘉3"中完整地记载了嘉庆六年各省客长的姓名，除陕西、山西两省客长仅由一人充当之外，其余六省客长都同时由两人充当。① 在另一些案卷中，甚至出现四人同时充当一省客长的情况。如案卷"嘉5"记载，嘉庆七年湖广客长出面为楚黄机房制定工价章程，其中同时列名的就有韩晓亭、孙鲁堂、李盛才、陈能远四人。但在道光以后的案卷中，八省客长统一行动的情况越来越普遍，而且基本是每省客长由一人充当。

八省组织结构的固定化还体现在"总名制度"上。所谓"总名"，就是用一个固定的名称指代某省客长，无论何人担任客长之职，在办理公事和签署文书时都统一使用这一名称。② 就笔者目前所查阅的资料来看，八省客长首次集体使用总名是在同治五年向粥厂募捐的清单之中。③ 在没有年代更早的资料的情况下，这可以视为"总名制度"确立的标志。"总名制度"的实施，意味着八省组织逐渐具有了更多的非人格化特征，也是八省组织结构固定化过程中至关重要的一步。

（二）遴选程序

在本章所考察的时期（乾隆至宣统），八省客长的遴选程序体现出越来

---

① 当时各省客长的确切姓名如下：江西客长陈仪彩、何康远；湖广客长韩晓亭、李成才；浙江客长李定安、冯雅南；福建客长韩素融、周仰春；陕西客长潘同兴；广东客长彭宗华、黄昌利；江南客长蒋裕胜、郑德新；山西客长僧济普。

② "楚宝善"指代湖广客长，"洪豫章"指代江西客长，"闽聚福"指代福建客长，"广业堂"指代广东客长，"宁兴安"指代浙江客长，"江安"指代江南客长，"关允中"指代陕西客长，"晋安泰"指代山西客长。

③ 见案卷"同7"。

越规范化、体制化的趋势。

梁勇和陈亚平的研究认为，八省客长是"受官府委任、差遣，奉命承办地方公务"。① 但是这两位学者的论文中，并没有举出八省客长接受官府委任的具体事例。而从笔者目前所查阅的资料来看，在光绪以前，八省客长可能从来没有接受过官府的委任，基本上都是同乡群体内部自行推举产生。如咸丰时期的江宗海"治商有声誉，被推为两湖客长"；② 同治时期的程益轩"同乡举伊充当江南馆客长"。③ 正因为如此，有时官府也很难确认某人八省客长身份的真伪。如案卷"同1"中，船户王承祖告发湖广客长胡元圃"在籍无聊，来渝开充禹王宫客长，借公图渔"。胡元圃则辩称："会馆之客长乃一乡之仰望，系属乡众公举，焉能冒充？"胡元圃的这句状词可以从正反两个角度进行分析：从正向分析，它证明直到同治年间，湖广客长还是经过同乡公举产生；由此逆推，如果湖广客长曾接受官府的委任，那么为了验证胡元圃身份的真伪，只需让他出具县衙的"具认状"即可，而无须双方对簿公堂。

到了光绪时期，官府开始越来越多地介入八省客长的遴选。案卷"光11"中记载，光绪十一年，川东道向福建客长陈美英下发了一道委任专札，其中写道：

> 按八省各给札委以专责成，为此札仰福建省首事职员陈美英知悉，所有该省首事承办该省及各局公事，在在均关紧要。自奉札后，务须查照此次定章，振刷精神，认真办理。……至各省应签首士，勿庸仍蹈陋习，自行出省。下届堪以何人接办，务集本省绅商公议，就通省中查有公正练达者，即饬前首士具结举报，上保下接。仍须七省首士公同具结，请委给札，方许接充入局办事，以召慎重而免争竞。倘敢奉行不

① 梁勇：《清代四川客长制研究》，《史学月刊》2007年第3期；陈亚平：《清代巴县的乡保客长与地方秩序——以巴县档案史料为中心的考察》，《太原师范学院学报》2007年第5期。

② 民国《巴县志》卷10《人物列传中之下·清迄民国》。

③ 案卷名称不详（同治五年），《巴县档案》缩微胶卷，案卷号：清6-16-00667。

力，故违定章，疏忽从事，定干查究。切切凛遵，此札。

从这段材料中可以看出，此时的地方官府已经制定了一个新的八省客长遴选程序：第一步由本省绅商共同推举合适人选；第二步由现任客长向官府提出申请；第三步由七省首士共同联名具结认可；第四步由官府下发委任专札。这意味着在这一时期，八省客长的遴选程序已经变得越来越规范，也越来越符合官府的要求。

（三）职责范围

从附录 F 所收案例来看，乾隆至道光时期，八省客长的职责有三个特征。

第一，以处理商业事务为主。在附录 F 中，发生在乾隆至道光时期的案例共有 39 个。其中，反映八省客长参与商业活动的共有 36 个，而反映八省客长参与社会活动的则只有 3 个（分别是案例"乾 2""乾 6""道 3"）。而在这 3 个案例中，也明显地体现出八省客长对于参与社会事务力不从心。如案卷"乾 6"中，为了预防火灾，八省客长希望各铺户在门前设立消防水桶。但是八省客长并没有直接向铺户发出这一呼吁，而是请求县衙代为传达，原因在于："街坊公事，原属厢长所管，民等虽有其心，呼之不应。"这就说明，由于社会活动能力比较有限，这一时期的八省客长还没有将社会事务视为自己主要的职责范围。

第二，所处理的商业事务大多不直接涉及官府的利益。在这一时期，八省客长也负责在官府和商人之间进行利益协调。如清查牙行，或督促船帮、布铺和锡商向官府缴纳应差费用等。[1] 但总的来说，这样的案例并不多。在大多数情况下，八省客长所处理的都是商人群体内部的问题，如制订行帮规程、清算账目、调处商业纠纷等。

第三，常常被官府交派各种临时性工作，但基本是非强制性的。在这一时期，八省客长接受官府交派事务的例子很多，如案例"嘉 5"中受知县之

---

① 见案卷"嘉 3""嘉 7""嘉 8""道 10""道 12""道 14""道 15""道 17"。

托为楚黄机房制订工价标准，案例"嘉3"中奉知府之命清查全城牙行，案例"嘉14"中出面调处棉花行户与茶陵脚夫的纠纷等。但是这些工作大多是临时协助的性质，若问题不能成功解决，八省客长可以主动要求退出。如案例"嘉14"中，当双方"争执不能允协时"，八省客长即选择了"粘呈原辞缴委禀复"。当八省客长不愿承担处理这些事务的责任时，也可以巧妙地加以回避。如案例"嘉3"中，知府要求客长为本省行户做担保，八省客长即回禀道："民等再四图维，实无良策。"这实际上是一种委婉的拒绝。

咸丰至光绪时期，八省客长的职责有了明显的扩充，表现为两点。

第一，在商业事务之外，开始广泛地介入政治和社会事务。从附录F中收录的案例可以看出，咸丰至光绪时期，八省客长参与商业事务的案例明显减少。在这一时期的31个案例中，涉及商业事务的有14个。^① 这与乾隆至道光时期以处理商业事务为主的情况已经大不相同。与此同时，八省客长对于政治和社会事务的关注与日俱增。通过附录F可以看出，八省客长在这一时期参与了开办粥厂（案卷"同7""光5""光6""光9"）、疏浚长江险滩（案卷"同3""同4"）、管理善堂（案卷"光13"）、筹措夫马厘金（案卷"咸1"）、筹集保甲经费（案卷"光19"）、劝办捐输（案卷"同8"）等活动。

在参与社会事务的过程中，一些能力卓著的客长还成为地方社会举足轻重的人物，其代表就是咸丰时期的湖广客长江宗海。下面是民国《巴县志》中对此人的记述：

> 宗海治商有声誉，被推为两湖客长。太平军兴，蜀接湘鄂，亦汲汲谋防堵，宗海以客长奉令督办川东团练。于时，茶陵州人者以骁悍名，又宗海乡人，宗海乃遣人招募茶陵健儿五百，而身自训练之，号曰茶勇。当事者因令宗海领之，于是茶勇之名，赫然震川东。未几，果有张五麻子之乱，贼陷永川，进犯重庆，民大骇。时承平久，官吏悾怯无策画，徒知闭城门，撤附郭民舍以自扰而已，无敢言击贼者。宗海独请率

---

① 见案卷"咸2""同1""同2""同5""同6""光1""光4""光7""光8""光10""光12""光15""光16""光18"。

练勇出与贼决死战，当事者壮而许之。贼薄老关口，闻有备，竟还。重庆得屹然无事者，宗海之力居多。其后，办保甲以清内奸，加新厘以裕饷源，官督商办，约军务平即停征，皆宗海策也。咸丰八年，当道请办积谷，抽取粮捐、厘金、房租，约可得仓谷若干石，以备兵荒，集士绅商议而底于成，宗海与有力焉。及年六十，人欲寿之，宗海不乐，以其称觞之资，设粥厂于城西之给孤寺，以每年十一月起，两月为期。初办时，有骤食过量而死者，皆曰粥有毒，民大哗。宗海亲赴粥厂，立取粥啜之，群疑顿释。又请设斗息局，以裕粥厂经费。①

从上述记载可以看出，作为湖广客长的江宗海一方面在本省移民中有很强的号召力，甚至可以令同乡人众以死效命；另一方面在商界也有崇高的声望，可以充分调集商人的财力和物力，支持八省组织的活动。此外，他还深得城中百姓的信任与爱戴，面对突生的变故，他具有稳定大局的能力。这与前面所提连呼吁设置消防水桶都需求助于官府的八省客长，已经完全不可同日而语。

光绪十二年，福建绅商对于八省客长的职责有这样的概括：

出省客长由各省信心签报，原以经管局务银钱，责有攸归。次则以历各商行号规条，允孚众望。且军需乐输差徭派支，一省尤需一唱百和。公家赖以襄助，一省实有责成。②

这段文字明显更加强调八省客长的社会职能，而其经济职能则被放在次要位置。这反映了当时人们对于八省客长职能的新认识，与本章的观察也非常一致。

第二，长期参与地方公局的事务，并有职业化的倾向。"公局"是出现于晚清时期的一种独特的机构。邱捷将晚清广东的公局定义为士绅在乡村地区的公同办事机构，③ 但重庆的情况却有所不同。根据笔者目前所掌握的资

---

① 民国《巴县志》卷10《人物列传中之下·清迄民国》。

② 参见案卷"光11"。

③ 邱捷：《晚清广东的"公局"——士绅控制乡村基层社会的权力机构》，《中山大学学报》（社会科学版）2005年第4期。

料，晚清重庆的公局可以概括为由地方官府设置，士绅负责管理，以处理地方财政和行政事务为主的机构。根据梁勇的研究，八省客长主要参与了夫马局、保甲局、厘金局的管理。① 而根据案卷"同8"的记载，同治九年至十三年，八省客长还曾参与捐输局的事务。八省客长在参与局务的同时，也领取由公局发给的薪水。在案卷"光11"中，福建客长陈美英交代，这笔薪水为每年"银壹百贰拾两"，可以说是一笔不菲的数额。正因为如此，福建"五州县同乡觊觎此银，分轮争出，屡兴讼端"。由此可见，在参与局务之后，八省客长在某种意义上已经越来越像地方公局的雇员。

由上文的叙述可知，从乾隆至光绪时期，八省组织的发展大致贯穿着两条线索，第一条线索是外在形式上的。大致上说，第一个阶段是乾隆至嘉庆时期，这一时期该组织的名称和范围尚未固定，组织结构比较松散，很难贯彻明晰的遴选标准和严格的遴选程序，职责范围也相对狭窄，因此可以称为初创期；第二个阶段是道光时期，这一阶段的特征并不明显，大致上是在前一阶段的基础上趋于完善，因此可以称为巩固期；第三个阶段是咸丰至光绪时期，这一时期出现了许多具有转折意义的变化，八省逐渐形成了更为规范化的组织结构，涌现出一批精明强干的核心人物，遴选程序也明显趋于严格，并承担起更多的政治、经济和社会职责，因此可以称为变革期。

第二条线索是实质上的，它反映出八省组织与地方官府之间相互渗透的过程。总的来说，在咸丰以前，八省组织保持着更多的民间特质：各移民群体可以比较自主地决定其组织形态和遴选规则，也可以在相对宽松的要求下与官府进行有限度的合作。而在咸丰以后，八省组织的性质却显得越来越暧昧。它的领导核心仍然来自民间，但其任免过程越来越多地受到官府的控制；它的职责仍然是面对重庆的各移民群体，但越来越明显地服务于地方官府的财政利益和行政治理。

下面我们转换到商业和市场的视角，进一步观察八省客长介入商业事务的渐进过程，看是否能够与上述结论相互印证。

① 梁勇：《清代重庆八省会馆初探》，《重庆社会科学》2006 年第 10 期；梁勇：《重庆教案与八省客长：一个区域史的视角》，《社会科学研究》2007 年第 1 期。

二 八省客长参与商业活动的渐进过程

在以往的研究论著中，八省客长参与商业活动的事实得到了普遍的重视。窦季良的著作中提到了八省客长曾主持"订各帮规则"；[①] 陈亚平的研究非常细致地考察了八省客长在商业纠纷调处中所扮演的角色；[②] 梁勇的著作则以丰富的案例说明了八省客长调解商业纠纷、制订商品交易规则、维持正常经济秩序的三方面职能。[③] 参考上述学者的研究结论，再结合笔者所掌握的资料，本节将八省客长的商业活动划分为三大类，分别是制订与修改商业规程、调处商业纠纷、监督与稽核经营活动。表 5-1 中具体地罗列了每一大类所包括的案卷。

表 5-1 八省客长的商业活动概况

案件类型	案卷编号	数量（个）
制订与修改商业规程	乾1、乾3、乾4、乾5、嘉2、嘉4、嘉5、嘉7、嘉8、嘉9、嘉10、道8、道9、道10、（道11、道12、道13、道14、道15）、道16、道17、咸2、同2、同5、光1、光4、光7、光10、光12、光15、光16、光18	28
调处商业纠纷	乾3、乾5、嘉1、嘉2、嘉5、嘉6、嘉11、嘉12、嘉13、嘉14、嘉15、嘉16、道1、道4、道10、道16、道17、咸2、光9、光12	20
监督与稽核经营活动	嘉3、嘉6、嘉13、道2、道4、道5、道6、道7、同6、光7、宣1	11

注：1. 本表将八省客长的商业职能划分为三大类，原因之一是为了论证的方便。实际上，八省客长所参与的许多商业事务，都是多种职能的综合。因此在本表中，同一个案卷可能会分属于不同的类型。具体地说，既属于"制订与修改商业规程"类，又属于"调处商业纠纷"类的案卷有"乾3""乾5""嘉2""嘉5""道10""道16""道17""咸2""光12"；既属于"调处商业纠纷"类，又属于"监督与稽核经营活动"类的案卷包括"嘉6""嘉13""道4"。

2. 在"制订与修改商业规程"一栏中，共收录了32个案卷，但"道11""道12""道13""道14""道15"不仅围绕同一件事情，而且发生在同一年，所以本属于同一个案件，只是在今人进行资料汇编的时候，将其分别罗列而已。但在本书中，仍然将其视为同一个案件。

资料来源：附录 F。

---

① 窦季良：《同乡组织之研究》，第77页。
② 陈亚平：《18~19世纪的市场争夺：行帮、社会与国家——以巴县档案为中心的考察》，《清史研究》2007年第2期。
③ 梁勇：《移民、国家与地方权势——以清代巴县为例》，第189~193页。

（一）制订与修改商业规程

从表5-1来看，制订与修改商业规程是八省客长最重要的一项商业活动，与其相关的案卷有32个之多。而仅就乾隆至道光时期来看，八省客长的这项职能似乎还没有得到完全的体现。表5-2搜集了乾隆至道光时期的13份行帮规程，从中我们可以看出，当时是什么人主导和参与了商业规程的制订。

表5-2　乾隆至道光时期重庆行帮规程及其制订方式

时间	行帮规程全称	制订方式	资料来源
乾隆年间	弹新花铺公议单	同众公立	选编，第238~239页
乾隆二十年	阄术公规	邀同行酌议	选编，第233页
嘉庆元年	胰染绸绫布匹头绳红坊众艺师友等公议章程	邀集同人等重整理行规	选编，第236~237页
嘉庆六年	靛行行规	不详	选编，第237~238页
嘉庆六年	浙江会馆碑文	磁商齐集公所，从长酌议	选编，第251页
嘉庆七年	楚黄机房永定章程	湖广客长韩晓亭协助制订	选编，第241~242页
道光年间	杂粮行规	请凭客帮，爰集同人公议	选编，第246页
道光十五年	乡城公议割猪章程	齐集酌议	选编，第233~234页
道光二十一年	广扣帮公议章程	爰集同人，演戏永定章程	选编，第242~243页
道光二十二年	永生帮顾绣老板师友公议条规	邀集老板、司友、学徒妥议	选编，第234~235页
道光二十九年	渝城男工顾绣老板师友公议条规	同众公议	选编，第235~236页
道光三十年	冰橘糖房规条	邀集同人，重整旧规	选编，第245~246页
不详	烟帮担子公议章程	爰集同人酌议订证	选编，第244~245页

表5-2所收录的虽然只是当时重庆行帮规程的一小部分，但是包括瓷器、杂粮、烟、靛、纽扣、丝织、制棉、制糖等多个商业和手工业经营门类，因此仍然能够反映各行帮在制订规程时较为常见的做法。在这13份行帮规程之中，仅有嘉庆六年的《浙江会馆碑文》和嘉庆七年的《楚黄机房

永定章程》是在本省客长的协助下制订的，其余大多采取"同行酌议"或"同众公议"的方式。这说明当时重庆的各行帮规程，仍然有相当一部分是由本行业人众自行议定的。

　　然而也正是从道光时期开始，这些行帮规程面临越来越多的质疑。如从表5–2中可以看到，道光十五年，重庆割猪业即共同议定了《乡城公议割猪章程》，并呈报县衙备案。但是在道光二十三年，割猪匠人练龙贵和牟廷顺仍然围绕着行规问题而兴起了诉讼。此案的诉状中提到，牟廷顺等人指责练龙贵违反了行规，而练龙贵则理直气壮地辩白"情蚁割猪手艺，向无程规"，① 而在知县的最终判决中也确认"割猪手艺不许兴公定规"。② 可见，道光十五年的《乡城公议割猪章程》实际上并没有得到割猪匠人的认可和遵守，也没有成为官府判决此类案件的依据。

　　另一个类似的案件发生在道光二十二年。这个案件的起因是纽扣铺户何文林购进两箱泸州黑纽扣，被同帮铺户黄裕成发觉后，以"违悖帮规"为理由将纽扣收缴。被告黄裕成在诉状之中指出，按照纽扣铺户和作坊议定的帮规，叙府、泸州等地的纽扣不能在重庆城内发售，③ 所以这两箱纽扣理应收缴。而原告方何文林则认为，尽管目前帮内有这样的规定，但实际上是道光九年黄裕成、李元魁等人"私设章程，暗窃各号之名，伪立合约"，④ 所以根本不能成为黄裕成等人收缴纽扣的理由。当然，我们也无法判断禁止贩卖叙府、泸州纽扣的规定是否属于"私设章程"。但是一份签有各铺户名号的合约可以被指为伪造则说明，由同行议定的商业规则在真实性和公信力方面很容易受到质疑，因此严重地影响了其法律效力。也正因为如此，巴县知县对这个案件的判决推翻了黄裕成的说法，认为"渝

---

① 《道光二十三年九月初七日练龙贵诉状》，《清代乾嘉道巴县档案选编》（上），第234页。
② 《道光二十三年九月初七日练龙贵诉状》，《清代乾嘉道巴县档案选编》（上），第234页。
③ 《道光二十二年八月二十三日黄裕成等禀状》，《清代乾嘉道巴县档案选编》（上），第244页。
④ 《道光二十二年八月二十三日谢永兴禀状》，《清代乾嘉道巴县档案选编》（上），第243～244页。

城各帮，除有差务者，不准违规参越外，其余并无帮规之说"。① 这里的"并无帮规"的真实含义并不是指纽扣帮内部没有已经形成的规则，而是指这些规则还没有得到同行和官府的充分认可。

因此从道光时期开始，重庆各种商业规程的制订开始越来越多地依赖于八省客长。从表 5 - 1 所罗列的案卷可以看出，经过八省客长订立的商业规程大多属于以下四种情况：（1）涉及大宗的商品贸易（如案卷"乾 4""乾 5""嘉 2""嘉 10""道 10""咸 2""同 5""光 4""光 12"）；（2）涉及大规模的行帮组织（如案卷"乾 1""乾 4""嘉 5""嘉 7""嘉 8""嘉 9""道 9""道 11""道 12""道 13""道 14""道 15""道 16""光 4""光 16"）；（3）涉及不同籍贯工商业者的权利和利益划分的情况（如案卷"光 10"）；（4）涉及与官府打交道的问题（如案卷"道 8""同 2"）。因为在这些情况下，商业规程的制订需要依赖一个既相对独立于各个行帮和工商业组织之外，又有能力与各个商业群体进行沟通和协调，既对商业运作各个程序较为熟悉，又与官府有较多联系的社会力量。而八省客长则恰好符合这样几个条件，所以在制订和修改商业规程方面越来越多地为工商业者和各行帮所倚重。

（二）调处商业纠纷

乾隆时期，各省客长作为商业纠纷的调处者还没有被人们普遍接受。一个比较典型的案例是"乾 3"，这个案件发生在乾隆二十八年（1763），由于锡行户胡秀章等私自改变行秤和货款银色，引发了外地贩锡客商、本地打锡铺户、锡行户三方之间的纠纷。巴县县衙委派客长温成彩、李宾子等会同行户进行调处，但是效果很不理想。尤其是在打锡铺户刘起龙的诉状中，对于客长的调处方式表现出强烈的抗议，如"客长温成彩等不按旧制，反将银水议高三色，秤头议少五斤"，"讼棍李宾子神力舞弊，塌延不结"等。尤其令人惊讶的是，经过几轮调处，刘起龙直接将客长李宾子列入被告。

---

① 《道光二十二年八月二十三日黄裕成等禀状》，《清代乾嘉道巴县档案选编》（上），第244 页。

而李宾子对这一情况的解释是："只因小的说他不该事滋，他就把小的混告的。"当然，纠纷当事人对于具体的调处结果提出异议，这是非常正常的情况，但是将参与纠纷调处的客长称为"讼棍"并一同告到官府，这是非常令人惊讶的。这说明，一方面客长还没有获得为工商业者所普遍认可的调处资格，在纠纷当事人看来，客长非但不是地方司法体系毋庸置疑的维护者，在特定的情况下反而会成为其破坏者；另一方面，客长还没有赢得进行纠纷调处所必不可少的威望和公信力。有时只因为客长提出了不利于当事人的处理意见，当事人就拒不接受，甚至对客长本人进行攻击。

在此后的案卷中，八省客长在纠纷调处中遭遇的质疑和对抗则明显减少。当然，调处失败的情况也时有出现，如案例"嘉13"和"光9"，但其原因都是双方的利益和要求确实不能达成妥协，而不是对八省客长本人或其组织的不服从。在个别的案件中，当事人也会对八省客长的处理方式表示不满。如案卷"道4"中八省客长为九河靛帮调帮公产纠纷时，也有帮众指出"象钦畏咎，贿串八省客长朦禀""客长傅载文虽秉公正，畏缩不前"等徇私舞弊现象，但是这都限于对具体的人和事的质疑，而不是从根本上否定八省客长参与纠纷调处的资格。而且总的来说，表5-1所收录的八省客长参与纠纷调处的案例中，仍然是成功多于失败。

当然，在八省客长之外，约邻、同业、牙行、宗族、七门夫头、衙门胥吏等社会力量①也常常参与商业纠纷的调处。但是从笔者目前所掌握的案卷来看，这种调处在威慑力、约束力、公信力三个方面都存在问题。

在上述社会力量参与商业纠纷调处的案例中，威慑力不足的情况频频出现。如在道光二十四年，广扣帮铺户莫信成等与川扣帮铺户姚金贵等因违规制售广扣而发生纠纷，官府委托行户周晴川等进行调处。但据周晴川的叙

---

① 这里的"社会力量"是指以非官方的身份出现在调处过程之中，并与纠纷双方都保持着一定的社会联系的组织或个人。本书中还会使用到"普通社会力量"一词，这是指除八省客长之外参与纠纷调处的社会力量。使用"普通"来进行界定，是为了与同样作为社会力量的八省客长相区别。

述："蚁等尚未邀理，金贵主唆川帮司友龙元兴、贺正升等聚众寻凶，蚁等畏祸不敢言公。"① 这说明，在调处者对纠纷双方没有足够威慑力的情况下，调处可能根本无从展开。另一个类似的案例是"嘉11"。在这个案件中，王瑞丰、刘起宗与秦海因争夺中和店的棉花拨运权而发生纠纷。双方在对簿公堂之前，曾委托约邻出面进行调处。据王瑞丰所述，在调处的过程中"讵党人多势众，凶不容开口，命张万春立笔写□□货，稍不容允，刻即殴杀"；而秦海的供词则是"约邻等劝蚁弱不敌强，将中和站生理派作三股……书立合约各执"。虽然双方的说法相互矛盾，显然有不实之词，但是能将这样的理由作为呈堂证词则说明，在普通社会力量参与商业纠纷调处的过程中，即使调处程序得以启动，也很容易受到强势一方的胁制，从而做出对弱势一方不利的处理决定。

另外，调处决定的约束力不足也是一个普遍存在的现象。如案例"嘉15"记载，嘉庆十八年，棉花行户罗大丰与茶陵籍脚夫陈秀伦等因脚力钱而发生纠纷，县衙委托约邻何光裕、陈文斗等介入进行调处。调处的结果是，将原来的夫头撤销，由约邻共同推举陈庆远、倪金朝等十人充当新任夫头。脚夫帮当时接受了这个处理决定，但是在半个月后却又突然改变态度，"聚党帖请七门夫头集至伊等茶陵公所，不许背运，动称打杀"。又如道光十五年，牛皮行户孔茂公与牛皮铺户陈宏盛因分摊差务费而发生纠纷，邀请乡约康正元等进行调处。双方达成的协议是，将差务费平均分为四股，孔茂公承担其中的一股。然而康正元在上呈县衙的禀状中却提到："维时茂公应允各去，连日复邀，茂公数次抗不拢场还银，无从妥议章程。"② 这两个案例说明，在当事人采取暴力抵制或消极拖延的情况下，普通社会力量所做出的调处决定往往成为一纸空文。

在普通社会力量参与纠纷调处的过程中，公信力不足也是一个突出的问题，这常常体现在人们对于调处者身份的质疑。一种情况是调处人

---

① 《本城莫信成告姚金贵违规私造广扣理反凶伤案》（道光二十四年十一月），《巴县档案》缩微胶卷，案卷号：清6-12-10601。

② 《朝天坊韩永盛等与行户孔茂公以挂牌发卖牛皮牛胶暗中承认军务包装火药互控案》（道光十五年三月），《巴县档案》缩微胶卷，案卷号：清6-12-10247。

可能使用了伪造的身份。如在道光二十四年广扣帮与川扣帮的纠纷之中，行户周晴川和梁万发参与了调处。但是川帮铺户贺正升等则声称，这两位调处人其实并不是真正的行户，而是被县衙裁革的衙役。他们的原名是周洪、梁祥，因受广帮铺户莫信成的贿赂而假冒行户，企图在调处的过程中祖护广帮铺户。① 而另一种情况则是当事人可能窃用了他人的姓名，捏造调处的事实。如道光十八年，阳秀明为了赎回先前当出的脚力生意而与阳启发兄弟发生纠纷。在双方相持不下的情况下，阳秀明将阳启发兄弟告到县衙，知县判令双方投凭约邻和族人进行调处。但是几个月之后，阳秀明再次到县衙状告阳启发兄弟，理由是阳启发兄弟不服从约邻和族人的调处，依然霸占原属于阳秀明的脚力生意。② 然而阳氏宗族首人阳林祥的禀状中，却声称阳秀明在得到官府的判决后"并未投鸣蚁等本族及约坊知觉……未投伊等讲理，窃名作证"。③ 虽然我们无法判断在这两个案件中是否真正有冒名或窃名的情况发生，但是在缺乏有效的途径进行身份认证的情况下，一旦涉案各方对于调处人身份的真实性提出怀疑，整个调处过程的公信力必然会随之大打折扣。

　　相比较而言，八省客长能够在更大的程度上规避上述问题。作为同乡组织的首人，他们中的大多数至少在本籍民众内部拥有较高的威望；作为与官府有较多联系并常常接受官府委托的调处人，他们的处理决定总体来说对纠纷双方有更强的约束力；作为移民群体共同推选的代表，他们的身份因已获得普遍的认定而不易遭到质疑。所以在本节所考察的这一时段，官府和普通商民在处理商业纠纷时体现出越来越多地依赖于八省客长的趋势。

　　在一些案例中，人们在发生商业纠纷后往往直接求助于八省客长。如案

---

① 原文是："信成等串贿恩辕革役周洪、梁祥，更名周晴川、梁万发，假充行户，握委在手，借此图嚼勒要。"参见《本城莫信成告姚金贵违规私造广扣理反凶伤案》（道光二十四年十一月），《巴县档案》缩微胶卷，案卷号：清 6 - 12 - 10601。

② 原文是："蚁又凭族众并投乡约谭兴盛坊长杨仕龙□读批示，点明钱文，理令取赎，遭□□弟兄仍然肆横，不体批示，不收钱文，愈加揩赎霸做，众皆莫何，只得再叩。赏准唤讯究赎，沾恩伏乞。"参见《千斯坊阳秀明告阳启发霸做民行脚力生意期满不交一案》（道光十八年十月），《巴县档案》缩微胶卷，案卷号：清 6 - 12 - 10380。

③ 《千斯坊阳秀明告阳启发霸做民行脚力生意期满不交一案》（道光十八年十月），《巴县档案》缩微胶卷，案卷号：清 6 - 12 - 10380。

卷"嘉1"中，杂货铺户夏正顺与外来客商马天育因兑付货银发生纠纷，即直接"经众徐协豫、陈仁昌等在八省公建圆通寺理说"；又如案卷"咸2"中，白花行户汪聚源等与干菜行户黄泰茂等因收购货物而发生纠纷，双方首先"投凭八省客长理论"，在各执一词、互不让步的情况下，"无奈才来具禀案下的"。

在另一些案例中，虽然原被告双方已经对簿公堂，但主动要求官府委派八省客长介入进行调处。如案卷"嘉14"中，行户叶恒裕等因遭茶陵脚夫帮勒索脚力钱而告到官府。双方在公堂上经历几轮交锋之后，脚夫帮的彭龙云等主动提出"禀恳饬委客长协同择举公正能干之人承充夫头，以专责成，以杜弊端，以免滋祸"。

还有一些案例表明，在普通社会力量调处失败的情况下，八省客长却能够成功地使双方达成协议，此方面典型的案例是"嘉12"。在这个案例中，拨船户王瑞丰、刘起宗等与秦海因争夺中和店的棉花拨运权而发生纠纷。从三方的诉状中可以看到，嘉庆十六年六月至七月，原被告双方至少经历了两次调处，参与调处的包括小甲、约邻以及乡约金洪泰等，[①] 但双方的争端始终没有得到平息。最后县衙委托八省客长出面进行调处，到该年十月的时候，终于取得了"两无争竞，彼此允悦，不愿终讼"的结果。

由此可见，随着时间的推移和商业纠纷的复杂化，八省客长在商业纠纷调处方面的优势越来越明显地体现出来。

（三）监督与稽核经营活动

在监督与稽核经营活动方面，八省组织的态度也经历了由顾虑迟疑到积极参与的转变，其行动力度明显趋于增强。

就笔者目前所掌握的资料来看，八省组织与商业监督最早的案例是"嘉3"，具体时间是嘉庆六年。在这个案例中，重庆知府委派八省客长清查全城牙行。重庆知府下发的专札中，对八省客长提出了三点要求：一是

---

① 王瑞丰的诉状中提到，秦海"阻不容生等拨装，迫徙同甥经投小甲约□□集理"。中和店店主方中和的诉状中提到，"本月二十五恩讯谕令乡约金洪泰秉公妥议，齐集县庙"。

造具重庆城内现有牙行和行户的详细名单；二是客长分别为本省行户联名具保；三是深入调查各牙行的资本和经营情况，甄别有可能拖骗客货的行户，并禀报官府。① 但是从八省客长回复重庆知府的禀状中可知，其只完成了第一点要求。对于尚未完成的其余两项任务，八省客长做出了这样的解释：

> 民等虽属同省，俱系别府别县之人，大半素不相识，未能详晰周知。即如宪谕所云，有以些小资本（原文如此——引者注），装饰齐整行面者，如此行户亦属不少。但目前并无哄骗实据，未便指其一定亏空客本之人。民等再四图维，实无良策。

从这段辩白中可以看出，客长们对于承担监督和稽核的职责有两方面的顾虑：一是无法认识和了解与自己同籍的行户，二是无从调查行户真实的经营情况。乍看起来，这两个理由似乎都在情理之中，但是与此后的案卷对比即可发现，这两重障碍对于八省组织来说其实并不是无法克服的。

从案卷"道4""道5""道6"中可以看出，道光八年至道光九年，八省客长受托清查九河靛帮的厘金。这个案件涉及该帮的许多贩运商（案卷中称为"山客"）、行户和铺户，其间的关系错综复杂，② 但从案卷的叙述来看，八省客长对他们的情况都比较了解，并且展开了较为深入的调查。值得强调的是，九河靛帮的帮众大多来自大河沿线地区，与八省客长并不同籍。③ 这

---

① 原文是："谕到该等，确查渝城有帖行户，共有若干，某人系何省民人，开设何行。其无帖开行之家共有几家，所开何行，为人是否信实，家道充足与否。尔等系属同乡，自必深知底里，着就本省客长联名具保，方准开设。倘有拐骗放筏，亏空客本，着落具保之客长分赔。如现有冒名顶替私访允牙行，其家道本非殷实者，即系有心拖骗客货之人，亦即据实具禀，分别追帖另募，庶得商贩流通，可免奸徒设骗，兴讼互控之端。"

② 仅在案卷中出现的靛帮人众就包括：在重庆开设靛行的王成、杨清杰，靛帮前任首事唐象钦，靛帮现任首事卢俊荣，此前负责为靛帮清算账目的刘三美，此前控告唐象钦的山客刘长兴，在此案中控告卢俊荣的山客周元顺、池瑞芳等。

③ 在笔者目前所看到的文献资料中，并没有明确交代"九河"的地理范围，但是在一些涉及九河靛帮的案卷中，所提到的帮众原籍几乎全部位于重庆以上的长江及其支流沿线地区，而这些地区在清代确实都盛产蓝靛。所以笔者推测，九河靛帮的帮众大多来自大河沿线地区。

说明，与嘉庆六年清查牙行的案例相比，此时的八省客长已经能够超越籍贯和同乡的界限，广泛地了解和接触来自各个地区的商人群体，并对其商业经营活动进行监督与稽核。

到了同治年间，八省客长更是以前所未有的积极性介入商业活动的监督与稽核之中，典型的案例是"同6"。这个案卷收录了八省客长在同治十二年上呈巴县县衙的一份禀状。在这份禀状中，八省客长详细地叙述了当时重庆药行和药栈抢夺货源的情况：

> 情渝中药行药栈开设多年，任客投店，不相缪辖，从前西淮土广各帮商贩货物落栈然后投行发卖，近因外来客商本小利微，运货来渝，投行投栈不一，或自行兑货，或倩纪觅卖，在行则照纳行用，在栈则给予辛费，至按货捐厘，每多不实。始而扶同徇隐，继则瞒多报少。种种弊端各不相下，以致纷纷呈控。

在这段叙述之后，八省客长又一针见血地揭示了这一情况的实质，即"行户欲将栈货尽归于行，借厘金而专行用，栈房欲将店作行，借代售而包厘金，此彼此挟私奸控之实情也"。这说明，八省客长对于重庆药材业的经营内幕有着非常准确的了解。在此基础上，八省客长还制定了非常缜密的操作方法，以遏制药材销售过程中的种种弊端。这套操作方法在药材贩运商、码头脚夫、药行、药栈、采买商等各个销售环节之间建立起相互监督、相互牵制的关系，最后统辖于八省客长所控制的厘金局之下。[①] 从此处可以看出，此时的八省客长已经有相当可行的手段，对于重庆最大宗的商品贸易领

---

① 原文是："栈房不可漫无稽查，行户也未可过于听信，嗣后凡有药货到渝抵于河干时，特由码头力夫先行赴局报明数目花名，起于某行起于某栈，仍由收货处所出具收单缴局存查。如已落行栈，不将收票缴局，则将力夫重惩。倘有搬负别所，应由前出收单之人往局更正，以便完厘时有所查对。仍应于行栈各收票由局派执事同行查栈，同栈查行。其货物卖时照价完厘，并不照收票饬其垫完厘金也。若有以多报少贵价贱报者，许该行栈互相稽查禀报。或偷漏实，即以偷漏之数追奖呈报之人。如卖客知情，即交货物充公充赏；如行栈包庇，即将包庇者从严惩治。倘有不安本分纠合把持，应请严惩，以儆效尤。"

域进行细致的监控。这与嘉庆六年奉命清查牙行时"再四图维，实无良策"的情况相比，已经完全不可同日而语。

此后，八省客长介入商业监督和稽查的案例时有所见，比较典型的是光绪十二年禀请县衙设立公估局并监督银钱交易的案例。该案例在梁勇的著作中已有详细的交代，[①] 此处不再赘述。

从上述案例可以推断，自嘉庆至光绪年间，八省客长对自身职能的认识发生了很大的转变：从将自身活动严格地限定于同乡团体内部，到广泛介入各个商业群体、各个贸易领域的事务；从满怀顾虑迟疑，到主动承担责任。与此同时，八省客长也掌握了进行商业监控所必不可少的公共资源与技术手段。于是，一个凌驾于商业活动之上，并对其进行监督与稽核的机制逐渐形成，而八省客长则充当着其中的灵魂。

本节所讨论的变迁主要发生在乾隆至道光时期，从这数十年的过程中，可以看到八省组织在处理商业事务方面经验的积累、威望的提升以及主动性的增强。具体地说，乾隆至嘉庆时期是八省客长尝试参与商业活动的阶段，在这一阶段，八省客长参与商业事务还面临一些制度上和技术手段上的障碍，甚至时常受到各方的质疑。而在道光年间以后，八省客长逐渐在越来越多的商业事务上发挥主导作用，并为重庆地方官府和各商业群体所普遍仰赖。这与前面所观察到的八省组织从"初创期"到"巩固期"的阶段性特征是比较吻合的。

结论：对八省组织性质的再思考

回顾 70 年来关于清代重庆八省组织的相关研究不难发现，人们对于八省组织性质的界定，有一个相当突兀的转变。窦季良出版于 1946 年的著作中罗列了八省组织的诸多功能，如同乡互助、社区建设、神道象征、商业互助等，但只是将其界定为"同乡组织"，并未特别强调其处理商业事

---

① 参见梁勇《移民、国家与地方权势——以清代巴县为例》，第 192 ~ 193 页。

务的职能。① 而 20 世纪末，当研究者们从尘封已久的史料中发现这个组织的时候，却极为一致地将其界定为以商业活动为主要目的的组织，即"商人组织"、"商人团体"或"商业组织"。②

近 30 年来，对于商人组织的研究一直是经济史的热点问题。③ 然而对于什么是"商人组织"或"商人团体"，却并没有形成共识。邱澎生曾提出一个"商人团体"的操作性概念，包括三个要点：（1）由非血缘关系的商人组成；（2）由实际经商的商人捐款创立和维持；（3）不是真正共财合股的经商组织。④ 若以这三条标准来衡量，清代重庆的八省组织大概只符合最后一条。

第一，八省组织的成员是各省商民，所谓"商民"，就是不仅有"商"，而且有"民"（在本书中即是清代重庆的城市居民）。究竟是"商"多还是"民"多，根据目前可获取的史料，根本没有办法判断。而且即便是八省商民的代表"八省客长"，身份也是相当复杂。既有像江宗海那样"治商有声誉"的成功商人，也有像胡元圃那样"在籍无聊，来渝开充禹王宫客长"的身份不明之人，还有像陈美英那样领取官府薪水的受雇之人。20 世纪初

---

① 窦季良的确提到八省组织的"商业互助"职能，而且提到"可以想见商业上的互助，在同乡商民之间是有着何等需要，就因为当时的同乡组织大都是以同乡商人为主体，商业上的互助是他们的切身利害，不有同乡组合，不惟不足以对抗土著行商，亦无以与他帮竞利"（窦季良：《同乡组织之研究》，第 71 页）。但是整本书中专门讨论商业问题的仅此一处，大约一页的篇幅，说明窦季良至少不认为处理商业事务是八省组织最突出、最关乎其本质的功能。

② 罗威廉将八省组织视为"行会组织"，比罗威廉更早关注八省组织的清水泰次认为它是"行会组织"，今堀诚二则将它定性为"商业资本汇聚起来征服城市的行商组织"（参见〔美〕罗威廉《汉口：一个中国城市的商业和社会（1796~1889）》，第 402~403 页）；陈亚平在《寻求规则与秩序：18~19 世纪重庆商人组织的研究》一书中，将"八省会馆""八省首事"都视为重点考察的"商人组织"或"商人社团"（参见陈亚平《寻求规则与秩序：18~19 世纪重庆商人组织的研究》，第五章）；笔者也曾将八省客长视作商人组织〔周琳：《城市商人团体与商业秩序——以清代重庆八省客长调处商业纠纷的活动为中心》，《南京大学学报》（哲学·人文科学·社会科学版）2011 年第 2 期〕。

③ 邱澎生将不同时期中外学者对于清代商人团体的研究，概括为五个主要议题：一是会馆公所与欧洲中古"基尔特"的比较研究；二是商人团体内部人际组成的纽带关系；三是商人团体与市场结构、经济发展间的相关性；四是商人团体和凝塑"都市社区"意识的问题；五是商人团体和社会结构变迁间的关系。相关研究成果参见邱澎生《商人团体与社会变迁：清代苏州的会馆公所与商会》，博士学位论文，台湾大学，1995，第 4~10 页。

④ 邱澎生：《商人团体与社会变迁：清代苏州的会馆公所与商会》，博士学位论文，台湾大学，1995，第 4 页。

旅居重庆的窦季良也留意到八省会首的多重身份：

> 事实上，商民为了商务和政府官事的关系，常与官府打交涉。其负责交涉的商首没有相当显荣的头衔，也不"体统"。另一方面，会馆的会首除有了荣显的官衔可以出入官府，在保证同乡的利益上也确实得到便利。事实的需要如此。这种事实的需要，与会馆会首被选的资格颇有关系。重庆旧年的八省会馆首事人大多数是有"功名"或官衔的，所以称做"八省绅首"或"八省绅商"。①

由此可见，就算商人在八省组织中至关重要，但并不是八省组织的排他性成员。而且即便是一个经商之人，也可能拥有多重的身份标签，他甚至会刻意地用其他的身份标签来虚化他的商人身份。

第二，八省组织是否由商人捐款来维持，也是存在疑问的。陈亚平提到，八省组织先后建立了多处办公场所，包括圆通寺、过街楼、城隍庙、长安寺。② 但是圆通寺和城隍庙的八省公所究竟由谁兴办、由谁维持，以及维持了多长时间，都杳不可考。而长安寺的八省公所，则是由八省首事鼓动民众通过掀起教案的方式从法国传教士手中夺回，也并不是由商人捐款创立和维持。③ 只有过街楼的八省公所，可能是由白花帮出资兴设，并协助白花帮维护贸易规程。④ 所以，八省组织的维持和日常事务究竟与商人有多深的关联，其实也很难确定。

由此可见，不加分别地将"八省"界定为"商人组织"或"商人团体"，其实存在逻辑上的漏洞。"八省"只能说是一个集合了相当数量的商人，以处理商业事务为一部分职责，并且经验颇为丰富的组织。

这样的概念辨析并不是咬文嚼字，也不是否定商业和商人在清代重庆社

---

① 窦季良：《同乡组织之研究》，第 28 页。
② 陈亚平：《寻求规则与秩序：18～19 世纪重庆商人组织的研究》，第 180～183 页。
③ 陈亚平：《寻求规则与秩序：18～19 世纪重庆商人组织的研究》，第 180～183 页；梁勇：《重庆教案与八省客长：一个区域史的视角》，《社会科学研究》2007 年第 1 期。
④ 《白花行户汪聚源等具禀黄泰茂违示搀越隐漏厘金案》，《巴县档案》缩微胶卷，案卷号：清 6－04－00909。

会中的影响力，而是为了说明，一些基于当代人思维方式的概念其实很难描述传统社会的现象。如"商人团体"，它隐含的意思是：有一群以"商人"为身份标识的人，组成了一个具有相对独立性的以襄助商业发展为主旨的组织。而从八省组织的个案中我们可以看到，在传统时代的中国，商业的发展和商人的成长，并不必然导致这个社会中截然分离出来一部分人，他们以"商人"为独特的身份标识，拥有专属的属性、特殊的立场和组织。也就是说，商业和商人在特定的时间段中可能是不动声色地涵泳在原有的社会结构中。这样的个案告诉历史研究者：第一，在中国传统社会中，"商人"未必是那么有效的身份标签，在进行研究时，必须谨慎地使用和辨析；第二，商人和商业仍然是改变经济和社会的力量，但是这种力量与传统社会的纠葛可能比我们想象得更深，它们成长的过程可能是与既有社会结构既共生又分化，既缠结又对抗的状态。

第六章　秩序何以可能？

————八省客长参与商业活动的经验

　　本章从制订与修改商业规程、调处商业纠纷两个方面，具体地展现八省客长参与商业活动的细节与经验。① 希望回答的问题是：第一，八省客长以怎样的方式参与和处理商业事务，此种处理商业事务的经验怎样与特定的区域社会相关联；第二，八省客长制度是否能够帮助清代重庆的市场形成某种秩序，这种秩序中隐含着哪些值得讨论的经验和问题。本章所援引的《巴县档案》案卷与附录 F 一致。

一　八省客长制订与修改商业规程的活动

　　从表 5 - 1 所收录的案卷来看，乾隆中期至光绪末期，八省客长一直参与制订与修改商业规程的活动。这些商业规程所涉及的商品交易包括棉花、棉布、药材、生丝、丝织品、蓝靛、瓷器、铜铅、锡、油、酒等诸多门类，所针对的工商业者包括外地客商、本地铺户、官牙行户、私人经纪、手工业工匠、手工业作坊、码头脚夫、船帮等各个类型。由此产生的问题是：这些商业规程是依据怎样的原则制订出来的？在商业发展的现实需求发生变化的

① 本书第五章将八省客长的商业职能分为三个方面，除了制订与修改商业规程、调处商业纠纷之外，还包括监督与稽核经营活动。但是监督与稽核经营活动方面的案卷比较少，很难据此复原一个既连贯又有变迁的过程。因此，本章集中探讨八省客长在"制订与修改商业规程"与"调处商业纠纷"两个方面的活动。

情况下，商业规程应怎样修改和完善？清代重庆的地方官府又是怎样看待和利用由八省客长制订与修改的商业规程？下面对这些问题逐一进行探讨。

（一） 制订商业规程的原则——公开协商

八省客长制订商业规程的活动大多体现了公开协商的原则。在表 5 - 1 所收录的 28 个案例中，有 16 个案例明确交代了协商的情节。①

有一些案例涉及各省客长内部的协商。如"乾 1"中提到，丝线帮最初的章程，即是由"本省"（具体为何省不详）客长与江南、江西、湖广、贵州四省客长共同制订。又如在"道 17"中，当贩锡客商与铜铅牙行因点锡贸易而发生纠纷时，重庆知府即"传八省首事郑迎初、何瀛清等八人齐集详讯"。

更常见的情况是八省客长召集相关的工商业者共同协商。如案例"乾 3"中，打锡铺户质疑铜铅行的行秤和银色，于是巴县"批委客长行户会同买卖各客公议，银色九八，秤每斤拾捌两五钱"；案例"咸 2"中也提到，咸丰六年重庆白花行所遵循的规程是由"西黄两帮值年与八省客长公议"；案例"光 12"中，丝行户与贵州丝商因行秤不准而发生纠纷，八省客长即"协同买卖各帮并丝行店人等齐集府庙，将行秤五杆眼同较量"；又如案例"光 16"中，为了给大河沿线 7 个船帮制订帮费征收办法，八省客长要求"每帮公议一人或二人，由该首事等具禀来案听候"。

在个别案例中，一些具有见证和协调能力的社会力量也参与了协商。如案例"光 10"中提到，朝天门西南两帮脚夫于光绪十二年重新订立条规，参与此次议定的除了八省客长以及两帮夫头之外，还包括监正罗和顺、保正何雅堂，以及一些未在案卷中署名的"街邻"。

由此可见，在绝大多数情况下，制订商业规程并非八省客长的排他性专利，而是由八省客长协同相关的商业活动主体和社会力量共同完成。但是由于八省客长在移民群体中的特殊地位并得到官府的委托，因此其在这个过程

---

① 这些案例包括"乾 1""乾 3""乾 5""嘉 2""嘉 4""嘉 5""嘉 9""嘉 10""道 10""道 16""道 17""咸 2""同 2""光 10""光 15""光 16"。

中往往发挥不可替代的组织、主持和协调的作用。

正是由于广泛地吸纳了相关的工商业者和社会力量，由八省客长参与制订的商业规程，往往充分考虑到商业运作的实际情况，具有很强的针对性和可操作性。

案卷"嘉8"中原文收录了嘉庆九年（1804）八省客长为大河船帮制定的差务费用征收条规。非常值得注意的是，该章程中针对各个船帮的具体征收办法都不相同，有的主要依据船只的大小和型号规制征收差费，① 有的主要依据所装载的货物种类和数量征收差费，② 有的则只依据船只的实际载重量征收差费。③ 这显然说明，在八省客长制订这项规程之前，已经通过船户对各船帮的船只、货物和运输线路有了非常清晰的了解，所以制定出来的章程具有明显的针对性。又如在案例"嘉2"中，八省客长会同靛商、靛行共同制定的贸易规程，对于蓝靛贸易中公秤的型制、称量的方式、每包货物的分量、货款的银色、付款的方式、折扣的数额都给予了非常精确的规定。④

正是有赖于这种既细致又贴近现实情况的规章制度，当违规行为出现时，才更有可能被人们及时发现和纠正。如在案例"乾3"中，八省客长为锡行订立的章程是"银色九八，秤每斤十捌两五钱"。当贩锡客商与锡行户因称量标准和货款银色而发生纠纷时，八省客长立即依据这个标准，对全城铜铅行的十杆行秤统一进行校验，结果发现有五杆存在不同程度的误差，尤其是豫大行胡以信所制的行秤竟然加重12斤之多。于是，官府立即下令"另置十八两准秤，照依砝码校对给发，胡以信私制大秤及各行不准之秤销毁"。

另外，参与者的多元化也使商业规程的制订成为多方利益的妥协与平

---

① 如对于夔丰帮的规定："大船每次收钱八百文，中船每次收钱五百文，小船每次收钱三百文，五板拖篷船每次收钱二百文。"

② 如对于嘉定帮的规定："装棉花赴嘉定船，每□□差费银三分，杂货药材每件收银二分，广布每卷收银一分□厘，磁器每子收银五厘，装下丹巴每件收银一分五厘。"

③ 如对于湘乡帮的规定："湘乡帮船只装载若干石，每石收钱五千六百文。"

④ 原文是："颁发铁制正秤称吊靛斤，撒手离锤，每篓除皮十八斤，每百斤加十斤，其银仍照旧规、九八色银过验，九折扣兑。该行户等不得压秤扯锤，银色低兑，至靛客人也不得以泥渣脚靛糊墙夹底。"

衡。案卷"嘉11"中提到，嘉庆十五年，千厮门山货行与三牌坊广货行因为争卖棉花而发生诉讼。巴县县衙在状纸的批词中写道："仰八省客民秉公查处，务使两得平允，各不相争。"这实际上概括了八省客长在制订和修改商业规程的过程中所遵循的一项重要原则。

案卷"乾5"中记载，乾隆五十六年，开设布行的刘顺昌、吴德顺等状告重庆城内各布铺。原因是当时重庆的许多布铺曾协助布行收购和销售布匹，并向布行缴纳一定数额的帮差费用（这种交易方式也被称为"挂平"）。但是在得到这一委托之后，布铺往往协助客商偷漏用钱，也并不向客商开具作为凭证的三联照票。[①] 这样一来，客商纷纷将货物投入布铺，致使牙行的贸易大受冲击。因此，牙行提出了两点要求：一是布铺恢复使用三联照票，二是提高布铺所缴纳的帮差费用。[②] 对于布铺和客商来说，第二点要求基本可以满足，第一点要求却很难接受。于是，八省客长权衡双方的利益，得出了一个折中的处理办法。一方面，"各店平上不必帮帖银两，只论经手卖布若干，每布一卷旧例取用二钱，其二钱内抽取二分帮帖行户，以资国课差徭"，这就等于提高了布铺的帮差费用；另一方面，充分考虑布铺和客商的要求，废止三联照票的使用，只是规定今后销售的布匹需加盖"行名图记，以杜漏卖之弊"。

又如案卷"道17"中记载，锡铺户聂广茂等与铜铅行户彭辅仁等因点锡贸易而发生诉讼。聂广茂等认为，在铜铅行的行帖中并没有明确记载"点锡"这一项，所以点锡买卖不必经过牙行的中介。而行商彭辅仁等则提出，虽然行帖上没有载明，但是点锡划归铜铅行收购和发卖是从乾隆年间就被同行认可的，所以聂广茂等铺户所收购的点锡应该向牙行缴纳差务费用。在处理这

---

① 根据乾隆《巴县志》记载，三联照票是乾隆十六年巴县县衙向各牙行颁发的一种票据，此票"骑缝钤印，编例字号，发给各行。若遇交易，将货与价数注明票内，约期清还。其票一截给买客，一截给卖客，一存行户之手，买者与卖者见面，行户不得高下其手矣，符票而后兑银，行户不得私收其价矣"。由此可见，三联照票实际上是一种收购货物和缴纳用钱的凭证。在不开具三联照票的情况下，布铺很有可能减免了客商应该缴纳的中介费用。参见乾隆《巴县志》卷3《赋役志·课税》，第41页。

② 原文是："伏乞仁恩赏准客议，仍用三联照票，严饬布铺人等归行挂平帮帖，私相买布，恳恩示禁，俾国课有赖，不致掣肘赔累。"

个案件的过程中，八省客长同样均衡地考虑了双方的利益和要求。一方面确认"点锡一项，归行过秤，每包取辛力银一钱六分，支应差务，历年已久，并无异言，可见于商民尚无不便，似未便因聂广茂等挟私争讼，遽行改意"，这就等于支持铜铅行收取差务费用的要求；另一方面，指出"聂广茂等开铺营业，自买自卖，究与外来贩客不同，过秤之费量为酌减，似稍允当。断令嗣后锡铺自买自卖者，过秤银减去六分"，这则意味着给予了锡铺户一定的优惠。

（二） 制订商业规程的原则——调适新旧，谨慎权衡

当现实的商业运作发生改变的时候，八省客长会本着调适新旧、谨慎权衡的原则，对商业规程做进一步的完善和修改，其具体的处理方式可以概括为两个方面。

一方面，在旧的规程无法满足商业运作的需求时，八省客长会及时地对其进行调整和改动。有些时候，这种改动的幅度甚至相当大。

如案卷"嘉11"中记载，从乾隆五十年（1785）开始，千厮门山货行与三牌坊广货行之间一直执行着一个协议，即山货行可以代卖本属广货行经营的棉布，但必须每年交给广货行40两帮差银作为补偿；同时，广货行不得代卖由山货行经营的棉花。但是到了嘉庆中期，这一协议对双方的约束力越来越小。先是在嘉庆十三年（1808），广货行开始违议收售棉花，引发了讼端。接下来在嘉庆十五年，广货行再次插手棉花贸易，致使山货行拒绝向广货行缴纳每年40两的帮差银，双方再次对簿公堂。从表面上看，这只是两类牙行在棉花贸易方面的竞争，可是相关的案例显示，这种竞争很有可能是这一时期重庆棉花输入量明显增加所致。如案卷"嘉15"记载，嘉庆十八年，千厮坊棉花行状告茶陵脚夫帮勒索背花脚价，其在诉状中明确交代："近来广花云集，花行堆放不下，添设栈房数处，囤积客花。"而案卷"咸2"中则提到，嘉庆二十二年，重庆设立了统管棉花贸易的"花帮公所"。① 在这种情况下，要将广货行完全排斥在棉花贸易之外可能越来越困难。于

---

① 原文是："职等在千厮、朝天两门开白花行，代客买卖，自嘉庆二十二年建立花帮公所以来，悉照旧规入帮领秤，春秋整理，逐月两较……"

是，八省客长最终做出了"任客投行，彼此不得把持争竞"的决定。这就等于一方面承认了广货行参与棉花贸易的权利，另一方面取消了山货行此前每年向广货行支付的 40 两帮差银。对于山货行和广货行来说，这都是至关重要的规程变更。

又如案卷"乾 5"中，布行与布铺之间也曾订立了协议：布行允许布铺参与布匹中介贸易，但条件是布铺必须每年向布行缴纳一定数额的"帮帖费"；此外，布铺还应向客商开具作为交易凭证的三联照票，以便布行掌握布匹交易的具体数额。但是到了乾隆五十六年，这种规定越来越不能适应布匹贸易的现实情况。首先，这一时期各布铺的经营状况发生了很大的变化。对于生意兴隆的铺户来说，早先订立的帮帖费数额已经显得微不足道；而对于生意萧条的铺户来说，这一数额或许又超出了他们所能承受的限度。① 另外，为了逃避牙行的监管，布铺与客商也越来越不愿意使用三联照票。② 而八省客长在处理这一问题时，也采取了非常现实的态度。他们既清楚地认识到原有的帮帖费定额已经脱离了铺户的实际经营状况，所以主张将帮帖费从定额征收变为按比例征收，即"每布一卷旧例取用二钱，其二钱内抽取二分帮帖行户，以资国课差徭"；又明确地承认恢复三联照票的使用已经不可能，所以只是规定今后销售的布匹需加盖"行名图记，以杜漏卖之弊"。显而易见，在这个案例中，布匹贸易的规则也发生了很大幅度的调整。

另一方面，在修改商业规程的过程中，八省客长也是不断地在维持旧规与订立新规之间寻求平衡。

一般说来，在旧的商业规程尚能支撑之时，八省客长和案件的当事人往往倾向于维持与重申原有的规定。例如，案卷"嘉 2"中提到，自乾隆三十六年（1771）起，靛帮就针对靛斤的称量和付款的方式形成了定规，即"给发铁制较准正秤，撒手离锤，每篓除皮十八斤，每百斤加十斤，其□□银色九八过验，每两九折扣兑"。然而从嘉庆四年开始，"银色倍低，秤斤

---

① 原文是："缘各布店均带挂平生意，在店在行不一，内有集□□身势难两任。然各平上帮帖有数，而年更月改，各平生意，一倍至十，其间苦乐不均。"

② 原文是："今渝城各布铺玩法者众，竞（竟）不遵用三联照票，恃结客心，拦铺私贸。"

不一,彼此紊乱行规"的情况越来越多。于是,嘉庆六年,知县委托八省客长会同靛行和九河靛商整理行规。但是从该案卷中可以看出,靛行和靛商都不愿意改变原有的规定,他们一方提出"援照旧规",一方提出"恳立旧规"。所以,八省客长也很快地做出了"嗣后务须遵照旧规"的决定,并禀报县衙。

另外,案卷"道16"中记载,楚黄机房曾在八省客长的主持下,制定了"每钱一千合银六钱六分"的工价标准。到了道光二十六年,工匠熊在富等提出了提高工价的要求,并以停工相威胁。但是从整个案卷来看,这个要求似乎只是一部分工匠的意愿。如工匠张宗华在证词中即明确表示,他们可以接受现行的工价标准,而且并不愿意随从熊在富等停工滋事。[①] 这就说明,在当时楚黄机房内部虽然有不满的声音,但是原有的工价标准仍然能够维持劳资关系的基本稳定。所以八省客长在处理这一事件时,仍然做出了维持旧规的决定,而且强调"不论银钱贵贱,照直此合算,永定章程"。

即使在旧的商业规程必须发生改变的情况下,也很少是全盘的更新,而是修改不适应商业运作现状的部分,尽量保留尚属可行的部分。例如,案卷"乾5"中记载,修改后的布匹贸易规程废除了三联照票的使用,将布铺所承担的帮帖费由按定额征收改为按比例征收,但是在确定征收比例的时候,仍然援引了"每布一卷取用二钱"的旧例。案卷"嘉5"中交代了楚黄机房旧有规程的三个方面:一是工价银色"原系九二色为准";二是招收学徒"仍其开机房者自便";三是每年三皇会期,工匠"各归各坊敬神,不得蜂聚药王庙内"。嘉庆七年修改后的章程中,只是在"工匠意欲增强银色"的压力之下,将工价银色由"九二色"提高为"九四色",其余两个方面都保持不变。案卷"嘉10"中提到,山货行每年向广货行支付的40两帮差银被取消,广货行不得参与棉花贸易的旧规被废除,但是在棉花的称量标准方面,仍然强调"行秤亦令照旧钉用","凭八省依照旧制逐一较准"。

---

① 原文是:"因汪正兴等以协恳恩委事禀恳委议工价,批委八省在府庙协议,蚁等均已允议。惟熊上元等不遵,并要蚁等停工,随从伊等滋祸。蚁等系靠手工活生,从未停工。"

在个别案件中，还涉及一些没有旧规可循的新情况，则尽量援引与之相关的规定。例如，案卷"道10"中，广货行户康维新提出，近来重庆各布铺大量收购和销售土布，应该按照一定的比例向这些铺户征收差务费用。①但是这一主张立即遭到了布铺的强烈反对，其中最有力的理由就是："康维新应差原有伊行旧规，应宜照旧办理"，"若蚁等铺应帮差，何不派帮于先年而劝帮于今日"。也就是说，土布原不属于广货行的贸易范围，所以广货行没有资格要求土布商贩承担帮差费用。而且即使土布铺户参与帮办差务，也没有具体的规定可循。这种情况可以说是给处理这一案件的八省客长出了一道难题：一方面，在财政紧缩的情况下，巴县县衙显然迫切希望从新增的土布贸易中获取一定数额的应差费用；②但是另一方面，如何抽取这笔费用又的确没有定规可循。于是八省客长决定，今后按照"广布"帮差的成规向土布商贩征收差务费用，③即"每布一匹取钱一文"，"向卖布之人抽取"。

从笔者目前所掌握的案卷来看，八省客长之所以如此重视已经形成的商业规程，主要有两个原因。

第一，沿袭旧规往往是解决商业纠纷最便捷的途径。这一点从不同案件的结案速度中可以得到反映。如在案卷"嘉2"中，靛帮通过恢复旧规的方

---

① 原文是："现今土布铺文定祥等开设成行，每布一匹敛钱四文，未知何用。禀恳添唤文定祥到案讯究帮办，不致误公。"

② 关于清代巴县财政紧缩的情况，在本书第三章中已经论及，此处不再赘述。而在本案卷的叙述中，也的确可以感受到当时巴县县衙差务负担的繁重，以及扩大差务费来源的迫切需求。如康维新的合伙人陶献廷在诉状中提到："近因差务浩繁，难以办理，致恩辕工书萧静亭等于今二月廿四以抗差不理禀维新，株蚁于陶老大在案。"这说明，行户康维新之所以要求土布商贩提供差务费用，是因为已经承受了来自官府的办差压力。另外，在广货行与布铺在往来诉状中为如何承担差务费用而争执不下时，巴县知县写下了这样的批词："现在差务将至，尔等不事踊跃，犹敢讦告纷纷，姑候添唤陶献廷到案讯究。"从这里可以看出，巴县知县当时最关心的问题并不是布铺是否有责任承担这笔帮差费用，而是如何在尽可能短的时间内筹集到这笔费用。正是因为官府的这种态度，所以向日益兴盛的土布贸易抽取应差费用是在所难免的。

③ 这里的"广布"是指由湖广地区输入重庆市场的布匹，属于"广货"的范围，因此历来由广货行经营。"土布"是指由重庆周边地区生产，并送到重庆市场销售的布匹。关于清代重庆"广货"贸易的情况，请参见周琳《重庆开埠前川东地区的商品市场》，《西南大学学报》（社会科学版）2009年第4期。

式解决了行规紊乱的问题。从此案卷的原文中可以看到：三月十八日，八省客长召集客商和行户重新议定章程；三月二十四日，八省客长将协商的结果呈报县衙；四月初七日，巴县县衙张贴告示，公布该案件的处理结果。也就是说，这个案件的彻底解决前后只用了 20 天的时间。但是在制订新规的情况下，案件处理的周期则明显拉长。如在案卷"道 17"中，贩锡客商与铜铅行户针对点锡的帮差费问题发生了纠纷。该案于道光二十七年六月经巴县初审，但由于审理结果难以为客商所接受，因此上控到重庆府，接着由重庆府发回巴县重审，直至道光二十八年九月，才议定了"嗣后锡铺自买自卖者，过秤银减去六分"的新章程，其间已经过了 15 个月之久。而案卷"道 10"则记录了一个更加旷日持久的案件。在这个案件中，广货行与布铺就土布的帮差问题展开诉讼。由于双方的分歧很大，而且的确没有相应的旧规可循，因此双方就布铺是否应该承担差务费，以及承担多大额度的差务费展开了一轮又一轮的讨价还价。这个案件从道光二十年二月一直持续到道光二十二年才达成了最后的协议，耗时长达两年之久。将上述三个案例进行对比不难看出，沿用旧的商业规程往往能明显地缩短案件处理的时间，节省人力、物力的投入。

第二，在一定程度上沿用旧规更容易为当事各方所接受。从前面所引用的案例可以看出，任何一项新的商业规程的颁布，都意味着利益关系的重新界定和商业操作方式的显著调整。如在案卷"乾 5"中，布行必须废止使用已久的三联照票，而布铺则要承担一个更高的差费征收比例；在案卷"嘉 10"中，广货行不得不放弃了每年由山货行付给的 40 两帮差银，而山货行则失去了对棉花贸易的垄断经营权；又如在案卷"道 17"中，贩锡客商最终接受了乾隆年间制定的点锡帮差办法，而铜铅行则不得不在称量方式上做出一定的让步。

因此，怎样把握这种调整的技巧和分寸而使各方更容易接受，是八省客长所必须考虑的问题。而解决这一问题的一个有效方法就是援引旧规。如在案卷"道 17"中，面对贩锡客商不认可点锡帮差办法的情况，八省客长指出："查点锡一项，归行过秤，每包取辛力银一钱六分，支应差务，历年已久，并无异言，可见于商民并无不便，似未便因聂广茂等挟私争讼，遽行改意。"这就等于用商业运作的惯例论证了执行该规程的可能性和必要性，从而使客商最终接受了这一差费征收办法。又如在案卷"道10"中，当广货行户康维新提出向土布商贩征差务费时，八省客长就明确提出了"无例不兴"的担忧，最终还是参照广布的差费征收比例订立了土布的差费征收比例。这样做既使这种新的差费征收办法有了比较充分的依据，又确保了布铺基本上可以承担。因为在此前收售广布的贸易中，他们也曾按此比例缴纳差务费。

由此可见，一定程度上沿用旧规，实际上是使商业规程的变动尽可能地保持在一个恰当而有分寸的范围之内，从而使案件的当事人在情理上、操作方式上、心理上都更加容易接受。

（三）制订与修改商业规程过程中八省客长与官府之间微妙的关系

首先，八省客长制订与修改商业规程的活动常常与地方官府的利益息息相关。从表5-1所收录的案例来看，八省客长所设计的许多商业规程都直接关系到地方官府的差务征派和财政收入。① 尤其在道光以后，这一类型的案例有明显增加的趋势。

其次，地方官府往往会以强制性的方式支持由八省客长制订和修改的商业规程。在表5-1所收录的28个相关案例中，明确记载得到官府支持的共有16个，具体情况如表6-1所示。

表6-1　地方官府对于八省客长制订和修改的商业规程的支持

编号	规程名称或简要内容	官府给予支持的方式
乾4	朝天厢码头设立夫头	(1)出示晓谕,严令各行站铺店遵守;(2)赏给夫头执照
乾5	布铺贸易和帮差办法	出示晓谕,严令各布铺及客商遵守
嘉2	蓝靛交易办法	出示晓谕,令行户及客商遵守
嘉4	磁器交易规程	共勤其志,勒之碑铭,永矢弗替
嘉5	楚黄机房工价及办会章程	合行出示晓谕,为此,示仰□□楚黄机房及工匠人等知悉

---

① 这样的案例包括"乾5""嘉7""嘉8""道8""道10""道11""道12""道13""道14""道15""道17""咸2""同2""同5""光1""光10""光15""光16""光18"。

续表

编号	规程名称或简要内容	官府给予支持的方式
嘉 9	朝天门脚夫背运章程	八省客长公议章程禀报,请示谕竖碑
嘉 11	棉花交易规程	(1)各具切结备案;(2)镌碑立石,一体遵示办理,以垂永远而泯争端
道 8	胶帮应差章程	八省酌议,重镌规程板
道 9	川茶两帮背运章程	禀复立案
道 10	土布贸易帮差办法	(1)两造等公同赴案具结;(2)以凭立案;(3)出示通知
道 16	楚黄机房工价、招徒及办会章程	出示晓谕,为此示仰渝城楚黄机房及工匠人等知悉
咸 2	棉花交易规程	(1)出示镌碑以垂久远而息争端;(2)合行出示晓谕,为此示仰渝城三牌坊太平朝天千厮山广两行以及买卖客商人等知悉
光 4	千厮门起花章程	(1)赏示立案,以垂永远而安商旅;(2)(夫头)特立认字一纸,书与十大买帮,永远存据
光 10	朝天门脚夫帮条规	准据禀出示晓谕粘附
光 12	生丝贸易规程	准如禀办理
光 16	大河船行章程	出示晓谕

资料来源：附录 F。

　　从表 6-1 可以看出，地方官府可以通过多种方式对八省客长所制订的商业规程给予支持，包括立案、具结、镌碑、镌板、颁发执照、张贴文告等。而且从这些案例中可以看到，一旦八省客长提出了处理意见，官府的反映大多是迅速而积极的。如在案卷"嘉 2"中，八省客长于三月二十四日呈报了重新商议后的蓝靛交易办法，四月初七日县衙即张贴告示给予确认；又如在案卷"光 10"中，朝天门西南两帮夫头将公议条规呈报县衙后，知县的批词是："所定章程既系先年经八省客长公议，准据禀出示晓谕。"当然在个别案例中，知县对于八省客长呈报的商业规程也提出了不同的意见。如案卷"光 16"中，针对八省客长制订的《大河船行章程》，知县即提出：一方面，船行首事的伙食钱应酌情降低；另一方面，船行一切开支应使用成色较高的制钱。① 又如在案卷"光18"中，八省客长提出向烟馆征收捐税作为团练经费，而巴县知县则在批词中明确写道，"查渝城抽费烟馆练团，早经□文禁革，未便再议"，给予了断然的否定。但总的来说，在制订与修改商业规程方面，地方官府对于八省客长是非常信赖和倚重的。

再次，在制订与修改商业规程的过程中，官府的需求通常会得到优先考虑。比较常见的做法有以下三种。

第一种做法：在有明确的法律依据的情况下，诉诸相关的法律条文。如在案卷"乾5"中，八省客长要求经营"挂平"业务的布铺停止与客商之间的私下交易，每卷布匹向客商收取用钱二钱，"其二钱内抽取二分帮帖行户，以资国课差徭"。这显然可以对应到《大清律例》中"官给（牙行）印信文簿，附写（逐月所至）客商船户住贯姓名、路引字号、物货数目，每月赴官查照"的相关条文，② 同时也符合官牙制"客商有所觉察，而无越关之弊；货物有所稽，而无匿税之弊"的立意。③

第二种做法：在法律依据不够充分的情况下，极力寻找现行的商业惯例作为事实依据。如在案卷"道17"中，锡商聂广茂等与铜铅行户彭辅仁等就点锡是否应投行发售并缴纳帮差银的问题发生诉讼。锡商认为，点锡不投铜铅行发售的理由是很充分的，因为在巴县县衙所颁发的铜铅牙帖中，并没有记载"点锡"这一项。但是从两任知县对于此案的审理结果来看，县衙显然希望从点锡贸易中抽取帮差银两。④ 在这种官府意愿与法律规定不相符合的情况下，八省客长立即求助于商业惯例，他们提出："查点锡一项，归

---

① 原文是："查核所议章程尚属妥协，惟首事薪水每月已有钱三千文，伙食一项可以从俭，应改为每人每月给钱一千五百文，即自本月为始，一律照支。至行钱既收好钱，凡一切支用皆须好钱，不准以沙毛充数。候添入条款，一并出示晓谕。"

② 《大清律例》，田涛、郑秦点校，第373页。

③ 王肯堂：《王仪部先生笺释》卷10《户律·市廛》，第425页。

④ 客商聂广茂的诉状中提到，此前有余姓和朱姓两任知县审理过这一案件。余知县的处理过程大约是："吊行帖查阅，并无点锡字样，断令仍照旧规，听客自便结案。彭辅仁复呈顶约，以差难赔累具词复禀，余主批令八省首事理明，胡起风等祖复在县，伊等不甘，才起控府。"这说明余知县最初对双方并没有明显的偏向，但是当铜铅行户彭辅仁将这一问题与差务的征收相联系时，余知县立即做出了对锡商不利的判决。而朱知县的处理过程更加简单，他"并不跟究彭辅仁，反将伊广茂掌责"。这说明朱知县也希望能够从点锡贸易中抽取帮差银两。

行过秤，支应差务，历年已久，并无异言，可见于商民并无不便，似未便因聂广茂等挟私争讼，遽行改意。"这样一来，在官府扩大差费来源的意图之下，原本未载于牙帖的点锡被纳入铜铅行的经营范围。

第三种做法：在法律依据和事实依据都不充分的情况下，诉诸相关贸易领域的成例。如在案卷"道10"中，广货行户康维新要求土布商贩向牙行缴纳用钱作为差务费。实际上，这个要求缺乏有力的依据。从法律上讲，清廷曾于康熙四十三年（1704）和雍正十一年（1733）两次颁下上谕，严禁牙行把持普通百姓的小额零星贸易并征收用钱。[①] 而布铺的诉状中也强调，他们所从事的土布买卖正是这样一种不应该征收用钱的贸易。如"蚁等各铺……兼卖土布，向系乡贩挑渝收买，历无行庄，及各处贩渝投站自售，均肩捆上街，任客买卖，从何敛钱"；"各铺……兼卖土布，增配门市以零开丈尺，并非成行代客买卖可比"。另外从商业运作的现实来看，在乾隆至道光年间，"广货"大约只包括来自湖广及其周边地区的商品。[②] 而本案中的土布则是来自重庆周边各地，而且"历无行庄"，显然从来不属于广货行的经营范围，也没有既定的差费征收办法。所以，广货行的要求就显得不合情理。但是在这一案例中，官府拓展差费来源的需求也是十分迫切的。于是，八省客长提出，按照广布的帮差办法向土布商贩收差费。广布与土布同属于布匹类商品，也长期由广货行经营。这样一来，由广货行代为经营土布贸易并征收差费就不会显得过于牵强，而土布商贩也最终接受了这样一种安排。

总而言之，在制订与修改商业规程的过程中，八省客长会努力地寻找各种依据，以确保商人满足官府的需求。

最后，在特定的情况下，八省客长也会在制订与修改商业规程的过程中协助工商业者抵制官府的需索和监管。如案卷"嘉7"和"嘉8"记载，嘉庆九年（1804），八省客长曾根据路程的远近、船只的大小、装载货物的种

① 康熙四十三年上谕的原文是："贸易货物，设立牙行，例给官帖，使平准物价。乃地方棍徒于瓜果蔬菜等物亦设立牙行名色，勒捐官民，请令部查税课定例，一切私设牙行尽行革除，如所请从之。"雍正十一年上谕的原文是："地方光棍……持帖至集任意勒索，不论货物大小精粗，皆视卖之盈缩，为抽分之多寡，名曰牙帖税。少即龃龉，即行驱逐，不容陈设于街道，此积弊也。"参见曹仁虎等奉敕撰《皇朝文献通考》卷32《市籴考一》。
② 周琳：《重庆开埠前川东地区的商品市场》，《西南大学学报》（社会科学版）2009年第4期。

类和数量，为三河船帮和大河船帮制订详细的差务条规。案卷"道12"中解释了制订这两则条规的真正原因，即"渝城船帮靠岸，每遇大小差徭，毫无章程，纷纷封船，无论客帮已雇未雇，上载未上，藉索难堪，酿祸不息，客商船帮，受累无底"。而嘉庆八年巴县的一则告示中也提到"查河差役小甲，借差封船为名，因此磕（搕）索船户，图分肥囊，扰累难堪，似此故违禁令，殊堪痛恨"。① 由此可见，制订差务条规的一个重要意图，就是将各船帮的差务负担固定下来，以防止官府和胥吏无限度的需索。正如案卷"道12"所说："若不明定章程，必多勒索之弊。"但是从案卷"道11""道12""道13""道14""道15"中可以看出，这样一些规定并没有从根本上杜绝官府的勒索。到了道光二十五年（1845），三河船帮已经是"负账数千金，揹利未偿"。因此，八省客长在案卷"道13"中重申了各船帮的差务费征收办法。

另外，邱澎生的研究还发现，道光十五年，小河四帮船户曾要求官府更清楚地划分"差役"与"和雇"的界限，试图借以降低政府和军队积欠运价不还的概率。② 在案卷"道11"，即道光二十五年四月二十八日八省客长上呈巴县县衙的禀状中，这一诉求得到了明确的体现。更加意味深长的是，在道光二十六年巴县的一则告示中，提到了船帮会首借征收差费舞弊渔利的情况。③ 但是在案卷"道13"中，八省客长则禀称："嘉庆八年，民等八省禀请各宪设立三河船帮会首，经办差务，议定章程，抽取船户厘金，以作差费，自始至今，并无借索船户。"可见，其为船帮会首回护的意图是十分明显的。

由此可见，在制订与修改商业规程的过程中，八省客长仍然有可能与工

---

① 参见《嘉庆八年四月初一日巴县告示》（嘉庆八年四月），《清代乾嘉道巴县档案选编》（上），第402页。
② 邱澎生：《国法与帮规：清代前期重庆城的船运纠纷解决机制》，邱澎生、陈熙远编《明清法律运作中的权力与文化》，第304页。
③ 原文是："今查得各帮口有多年已革已故之人而别人冒名顶充者，有人一人兼充二三役把持码头者，有虚悬帮名竟无人支应者，每遇重大差事，则互相推诿，其实暗中渔利，弊端不可胜言，殊堪痛恨。"参见《大小河各船帮举签认充会首承办差务卷》（道光二十六年五月），《巴县档案》缩微胶卷，案卷号：清6-07-00822。

商业者持基本相同的立场。但这应该是比较特殊的情况。以本章所探讨的船帮为例:第一,这是一个非常庞大的工商业者群体,而且对于维持当时重庆的商业运作至关重要,所以他们的声音和诉求应该更容易得到官府和八省客长的关注;第二,从上述案例中可以看到,从嘉庆到道光时期,官府和胥吏对于船帮的需索的确达到了相当严重的程度,如果不采取措施给予抵制,必将严重地影响重庆城内正常的商业秩序;第三,上述案卷中也提到,当时重庆各船帮尽管已经负债累累,还是基本上满足了官府的差务需求,所以他们与官府之间的利益冲突应该只是程度上的,而不是根本上的。

从本节的讨论中可以看出,在乾隆至光绪年间的重庆,八省客长在制订与修改商业规程方面发挥了举足轻重的作用。本节所引用的案卷反映出以下三个结论。

第一,商业规程的制订是一个多方参与和协商的过程,八省客长主要是充当组织者、主持者和协调者的角色。正因为如此,经八省客长参与制订的商业规程,往往能体现出多元的利益和诉求,而且比较贴合商业运作的现实情况。

第二,商业规程的修改是一个谨慎而渐进的过程。八省客长参与修改的商业规程,很少有彻底的改头换面,而更多的是在援引旧规与创设新规之间寻求平衡。这样做是为了确保在尽可能简便的程序,尽可能少的人力、物力投入,尽可能小的变动幅度之下,实现商业规程的调整和更新。

第三,在八省客长制订与修改商业规程的过程中,官府的态度和利益取向仍然是一个至关重要的影响因素。一方面,官府的支持确保了这些商业规程得以顺利地贯彻和实施;另一方面,官府的差务征派和财政需求也直接地体现在这些商业规程之中。因此,八省客长在制订与修改商业规程的过程中,总是不断地平衡工商业者群体的诉求和地方官的利益。

二　八省客长调处商业纠纷的活动

本书第五章已经证明,从嘉庆、道光时期开始,八省客长在商业纠纷调处方面的优势日益显现。从附录 F 所收录的案例来看,其调处的范围广泛地涉及铜铅、棉布、杂货、蓝靛、山货、广货、棉花、药材、生丝、船运、搬运、丝织等多个工商业门类，囊括了当时重庆从业者最多的服务行业和最重要的大宗商品贸易。下面对这些案例的调处类型进行划分，比较其调处的效果，归纳这些案例的基本特征，并探讨这些纠纷在调处过程中所贯穿的原则。

（一）调处类型

笔者阅读所及的学术论著，对于中国古代民事调处的类型有着不同的划分方法。按照调处人的不同，大致可以划分为民间调处、官批民调、官府调处三大类；① 按照调处因素是否进入诉讼程序的标准，又可以划分为诉讼内调处、诉讼外调处两大类。② 在本章中，因为主要讨论由八省客长所参与的商业纠纷调处，所以更倾向于采用后一种分类方法。

根据荀颖的定义，"诉讼外调处"即是在诉讼受理之前，基层社会中的乡正、里正、族长、乡邻等进行的调处；"诉讼内调处"是指在诉讼受理之后发生的带有调解因素的结案方式。③ 但是从附录 F 收录的案例来看，这两种调处可能穿插在同一个案件的不同阶段。如在案例"嘉 6"中，生花铺与熟花铺于嘉庆六年因会产分配问题产生纠纷，在双方尚未对簿公堂的情况下，"经客长剖罚首人置酒演戏"，这一阶段的调处相当于诉讼外调处；但纠纷并没有就此平息，十月初一日，生花铺将熟花铺状告到县衙，知县委托"八省客长查办具复"，于是由八省客长主持的调处又转变为诉讼内调处；在此次诉讼结束之后，双方仍然争执不休。所以在嘉庆七年正月，"王世荣与客长等复又劝和，仍令治酒演戏寝事，永敦和好"，这又是一次诉讼外调处；但是到嘉庆七年十月，生花铺再次提起诉讼，知县"批着八省客长遵

---

① 参见潘宇《中国古代民事调解制度的文化解析》，《北华大学学报》（社会科学版）2008 年第 2 期；刘艳芳《我国古代调解制度解析》，《安徽大学学报》（哲学社会科学版）2006 年第 2 期；梁凤荣《论我国古代传统的司法调解制度》，《河南大学学报》（社会科学版）2001 年第 4 期。

② 参见胡谦《清代民事纠纷的民间调处研究》，博士学位论文，中国政法大学，2007；荀颖《清代州县诉讼内调解模式探析》，硕士学位论文，西南政法大学，2009。

③ 荀颖：《清代州县诉讼内调解模式探析》，硕士学位论文，西南政法大学，2009。

照前谕速行议剖禀复",于是出现了第二次诉讼内调处。因此,本书将这一类调处称为"内外穿插型调处"。表 6 - 2 是八省客长参与这三类调处的具体情况。

表 6 - 2　八省客长参与调处的商业纠纷及其类型

类型	案卷号
诉讼外调处	嘉 1、道 16
诉讼内调处	乾 5、嘉 2、嘉 5、嘉 11、嘉 13、嘉 14、嘉 15、道 1、道 4、道 10、道 17、光 8
内外穿插型调处	乾 3、嘉 6、嘉 12、咸 2、光 12

资料来源:附录 F。

从表 6 - 2 所收录的案例可以看出,在不同类型的纠纷调处之中,八省客长的身份是不同的。在"诉讼外调处"以及"内外穿插型调处"的诉讼外阶段,八省客长往往是以民间的或私人的身份出现。他们参与纠纷调处的原因大致可归纳为以下三点。

第一,在社会上有较高的威望。如在案例"嘉 1"中,当杂货商夏正顺与马天育发生纠纷时,来到"八省公建圆通寺理说"。在这个案件中,八省客长虽然没有直接参与纠纷调处,但正是因为他们在各类社会事务中有一定的发言权,所以由他们主持兴建的圆通寺才能成为人们解决纠纷时一个可以选择的场所。①

第二,熟悉商业事务并长期参与其组织和管理。如在案例"咸 2"中,开设山货行的黄泰茂私自收买棉花,被白花行的汪聚源等发现,双方直接"投凭八省客长理论"。而这个案卷也明确交代,当事双方之所以请求八省客长出面调处,是因为从嘉庆二十二年起,重庆就兴建了一个专门管理棉花交易的"八省公所"。仅从这个公所的名称来看,就与八省组织有着十分密切的关联。而且无论是山货行户还是白花行户的状词,都提到当时重庆的棉

---

① 值得说明的是,从笔者目前查阅过的《巴县档案》案卷来看,再也没有出现在圆通寺解决各类经济或社会事务的案例。而且在清代各个时期编修的巴县地方志中,也没有关于圆通寺的记载。因此,尽管圆通寺在这个案例中充当了纠纷调处的公共空间,但是还不能据此断定圆通寺以及兴建圆通寺的八省组织参与构建了某种民间纠纷调处机制。

花交易主要由八省客长主持。① 因此对于纠纷双方而言，八省客长的调处意见应该更能切中纠纷的症结。

第三，与纠纷当事人有较为深厚的私人关系。这方面的典型案例是"嘉6"。前面提到，这个案件先后经历了两次诉讼外调处和两次诉讼内调处。非常值得注意的是，在当事人的诉状中，对于两次诉讼内调处的记述是"八省客长查办具复"和"批着八省客长遵照前谕速行议剖禀复"；而对于两次诉讼外调处的记述则是"经客长剖罚首人置酒演戏"和"王世荣与客长等复又劝和"。为什么前两条记载中强调"八省"二字，后两条记载中却没有？这说明参与诉讼外调处的"客长"大概只是当事人所在省份的客长，因为与双方都有同乡关系，所以成为纠纷的调处者。

而在"诉讼内调处"和"内外穿插型调处"的诉讼内阶段，八省客长则是以半官方的身份出现。他们所参与的调处活动也体现出三方面的特征。

第一，接受地方官府的委托介入调处。在表6-2所收录的案例中，此类情况比比皆是。如在案例"乾5"中，"批仰八省客长公议"；在案例"嘉2"中，"批仰八省客长协同行户等议复夺"；在案例"嘉6"中，"札谕八省客长公所与小的同曾义和详剖"；在案例"道4"中，"刘主饬委八省妥议"；等等。这都说明，八省客长实际上是代替官府进行调处。

第二，在调处的过程中，主要遵循地方官府的意图。在上述许多案例中，官府在委托八省客长进行调处之前，实际上就已为此纠纷的处理定下了基调。如在案例"嘉11"中，知县委派八省客长调处广货行与山货行的纠纷时，即要求"务使两得平允，各不相争"；又如在案例"道1"中，知县在委托八省客长调处川帮脚夫与茶帮脚夫之间的冲突时，也明确批示"饬令照断生理，勿任恃横争衅干咎"；而在八省客长调处之后的回禀中，案例"嘉11"中的纠纷双方达成了"仍照向例任客投行，彼此不得把持争竞"

---

① 白花行户的诉状中提到："自嘉庆二十二年修立八省公所，并道光十七年整理程规，凭西黄两帮值年与八省客长公议，以前故秤概废不用，行民们各行较准针秤二把，由公所发给，每月二十六齐集公所较秤两次，以外山广各行未入花帮，不入八省较秤，历久无紊。"山货行户的诉状中也提到："行民们在渝太平门开设山广杂货行生理，均凭八省客长定秤，任客投行发卖。"

的共识。在案例"道1"中，两帮脚夫也立下"自后属守旧规，不致争竞滋事"的甘结，都与官府先前定下的目标十分吻合。

此外更值得注意的是，即使地方官府只是表现出某种倾向或态度，八省客长也会努力使调处结果朝此方向靠拢。如在案例"道10"中，广货行户康维新向官府提出向土布铺户征收差务费的主张，遭到土布铺户的强烈抵制。在委托八省客长进行调处之前，知县就对该案件做出了这样的批词："现在差务将至，尔等不事踊跃，犹敢讦告纷纷……"这句批词虽然没有明确的指示或要求，却明显地流露出县衙增加差费征收的迫切愿望。于是在接下来的调处中，八省客长对于土布铺户的态度既草率，又有失公正，以至招来了许多抱怨。如：

> 岂维新计串八省，以上中下三等按价值抽钱帮差等语，袒复差唤，似此借差勒派，理法难容。
>
> 恩委之下，维新邀约十六在县庙理论，是期蚁等协至，仅康维新、陶献廷在，彼八省并未睹面……切蚁等均系守分贸民，八省并未集议，亦未睹面，从何出言不逊？

上述第一则材料反映出，八省客长实际上是与原告康维新串通起来，急切地迫使土布铺户接受征收差费的要求；第二则材料则反映出，在双方僵持不下的情况下，八省客长甚至采取了回避、拖延、纵容原告捏造事实的方式。结合知县的态度可以推断，八省客长之所以做出这样的举动，实际上是为了迎合知县在批词之中的诸般暗示。

第三，在调处结束后，将处理意见或初步结果呈报官府，由官府定夺。如在案例"嘉2"中，八省客长李定安等在调处靛帮纠纷之后，向知县做了如下禀报："民等遵委公议，两愿遵照旧规，铁制正秤，撒手离锤，每篓除皮十八斤，每百斤加十斤，九八色银过验，九折扣兑，禀恳赏示以定程规。客等妥议禀复，赏示永定章程，客等均沾，伏乞。"又如在案例"道1"中，八省客长孙鲁堂等调处了川帮脚夫与茶帮脚夫的纠纷后，立即向县衙"粘结缴委，禀复仁天核夺，俯准销案"。从这些字句中可以看出，尽管在绝大多数案例中，官府都认可了八省客长的处理决定和结案请求，但最终的裁决权始终是由官府掌握。

综上所述，八省客长既可能以民间的或私人的身份，凭借其社会威望和商业管理经验调处商业纠纷，也可能以半官方的、组织化的身份，在官府的委托和授意之下调处商业纠纷。但是从表 6 - 2 所收录的相关案例来看，后一种情况远远多于前一种情况。这说明尽管八省客长的社会活动能力和商业管理经验在商业纠纷调处的过程中必不可少，但他们之所以能够经常性地、制度性地参与这一活动，可能更多地取决于八省组织与地方官府之间的关系。当然，本章中所搜集的案例是非常有限的，也不能排除有许多商业纠纷尚未进入诉讼程序，就在八省客长的调处之下得以平息，使得我们无法看到关于这些纠纷的记载。所以，有必要从不同类型案件的调处效果中对上述结论进行验证。

（二）调处效果

在表 6 - 2 所收录的 5 个"内外穿插型调处"案例中，有 3 个案例在诉讼内阶段经八省客长的调处得到了成功的解决。[①] 在该表所收录的 12 个"诉讼内调处"案例中，由八省客长介入并成功地平息纠纷的共有 7 例。[②]其中案例"乾 5""嘉 2""嘉 5""嘉 11""道 10"，官府还以"出示晓谕"或"镌碑立石"的方式对调处结果进行公布，并强制相关人等严格遵守。在没有得到平息的 5 个案例之中，"道 17"的情况比较特殊。在这个案件中，锡商与铜铅行因点锡是否应归铜铅行买卖而发生了纠纷，八省客长受知县委派介入调处，但并没有成功。后来这个案件由县衙上控到府衙，又由府衙发回到县衙复审。但是在辗转复审的过程中，无论是知府还是知县，都非常重视八省客长所提出的"点锡归行过秤应差，系乾隆年间公议章程，并非彭辅仁等私设，若不归行，则差务无人承应"的调处意见。最后，知府根据这一意见做出了点锡应归铜铅行买卖的判决。这说明，当八省客长以半

---

① 分别是案例"嘉 6""嘉 12""光 12"。
② 分别是案例"乾 5""嘉 2""嘉 5""嘉 11""嘉 13""道 1""道 10"。

官方的身份介入商业纠纷调处时，其调处意见更容易被纠纷双方采纳，也更容易得到地方官府各种形式的认可与支持。

相比之下，在"诉讼外调处"案例中以及"内外穿插型调处"案例的诉讼外阶段，调处效果就明显地打了折扣。在表 6－2 所收录的两个"诉讼外调处"案例中，"嘉 1"八省客长没有直接参与，而"道 16"则明确记载以失败告终。① 另外，在 5 个"内外穿插型调处"案例中，八省客长参与了诉讼外调处的分别是案例"乾 3""嘉 6""咸 2"，仍是没有一例获得成功。当然，在层出不穷的商业纠纷之中，调处失败的情况并不罕见。但重要的是，这些案例中明显地反映出八省客长的调处决定常常对于纠纷双方缺乏基本的约束力。如案例"乾 3"提到，乾隆年间，锡商因不满铜铅行私自增加锡秤的砝码，而"请客长各行面较准"。但是不久之后，锡行又无视先前的调处决定而继续使用大秤。又如在案例"嘉 6"中，帝主会与财神会发生会产纠纷，客长"剖令帝主会首人治酒演戏"，双方暂时停止了争执。但是仅过了数月，帝主会的方曰贵就因此事再次向县衙提起诉讼。在此次诉讼告一段落后，客长又在双方之间进行调停，希望"永敦和好"。可是不到一个月，方曰贵等人又挑起了讼端。② 这从另一个侧面反映出，当八省客长没有得到官府的委派和明确支持时，其调处商业纠纷的能力可能并不十分突出。

（三）　所调处案件的基本特征

笔者根据目前所掌握的案例总结出，八省客长参与调处的商业纠纷大约有三点特征。

第一，这些案件绝大多数并不是情节轻微的"细故"。在前人的研究

---

① 原文是："二十四经凭八省在府庙理议章程，未妥。"

② 原文是："因去年蚁等帝主会首人收钱不公，经客长等剖罚首人置酒演戏，有方曰贵借此诈索，不遂十月初一控以欺吞公项等□□□□□□□，八省客长查办具复，迨后客长韩晓亭集理数次，伊等生花铺人众俱无异议，客长等活质。惟曰贵人横不由剖，致客长等缴委差唤，蚁等诉明在卷，李公公冗未讯。今正王世荣同客长等复又劝和，仍令治酒演戏寝事，永敦和好，二月内曰贵乘世荣远外，串罗文俸捏控，左堂蔡主审讯，将伊责备结案，前月二十六仁恩荣任，又与文俸架以贿嘱，稳吞事控案。"

中，往往认为以调处方式解决的案件是一些情节轻微、不值得对簿公堂的案件，① 一言以蔽之，即是所谓"细故"。但是表6-2所收录的案例却并非如此，它们往往牵扯到当时重庆某一个大宗商品贸易门类或某一个势力强大的行帮。如"乾3""道17"关系到所有的锡铺、锡商和铜铅行；"乾5""道10"关系到所有的布行、布铺和棉布客商；"嘉2""道4"关系到整个靛帮；"嘉5""道16"关系到全城所有的丝织机房和工匠；"嘉11""咸2"关系到所有的广货行、山货行以及全城的棉花贸易；"嘉13"关系到全城的瓷器贸易；"嘉14""嘉15"关系到所有的花行和整个茶陵脚夫帮；"道1"关系到整个茶陵脚夫帮和整个四川脚夫帮；"光8"关系到全城所有的药材牙行和栈房；"光12"关系到全城所有的丝行和丝店。由此可以推断，对于当时的重庆地方官府来说，妥善地处理这些案件是十分必要的，因为它们很可能影响到整个城市的商业秩序。

第二，这些案件往往超出了地方官府的处理能力。从表6-2所收录的案例来看，地方官府在处理这类案件时，体现出两个方面的限制。一方面是人力、财力的限制，也就是说，地方官府不可能对每一个案件进行及时、细致的处理。许多案件一进入诉讼程序，就会长期拖延不结。如案例"乾3"从乾隆二十七年九月拖延到乾隆二十八年十一月，案例"嘉6"从嘉庆六年拖延到嘉庆七年十一月，案例"道10"从道光二十年拖延到道光二十二年，案例"道17"从道光二十七年六月拖延到道光二十八年九月。案例"嘉6"中明确地提到，"蚁等诉明在卷，李公公冗未讯"。另一方面是处理商业事务经验的限制。在表6-2所收录的案例中，有许多都涉及十分精细的行业规程或惯例，如秤头、银色、哪种商品应归哪一牙行销售、用钱和差务费的征收比例、工价标准等，这些情况应该是受理案件的地方官很难准确掌握的。另外，还有一些案例涉及随着城市工商业发展而出现的一些新情况。如案例"乾5"中广布挂平贸易的增加、三联照票的废弃，又如案例"道10"中土布贸易量的增加等。这些情况都是没有先例的，地方官很难独自做出妥善的处理决定。由此可见，对于地方官府来说，许多商业纠纷并非不值得审

---

① 刘艳芳：《我国古代调解制度解析》，《安徽大学学报》（哲学社会科学版）2006年第2期。

讯，而是无法单纯通过审讯来解决。

第三，这些案例大多涉及外来工商业者。在表6-2所收录的19个案例中，有14个都明确记载涉及外来工商业者。① 他们在重庆往往缺乏宗族、邻里、亲朋等社会关系，于是在面对商业纠纷时，可能会出现两种相反的倾向：一是尽量避免发生诉讼。正如案例"乾3"中云南贩锡客商所说："缘异地孤客，不愿滋讼。"在这种情况下，他们常常选择作为移民群体领袖的客长出面进行调处。二是在无人可以求助的情况下，直接上诉到官府。如"嘉13"中湖广瓷器商刘新盛等为了追讨借贷给张志德的银两，在未经调处的情况下直接上控到县衙。在这种情况下，官府也大多会委派与移民群体关系密切的八省客长作为调处人。

（四）八省客长调处商业纠纷的原则

八省客长调处商业纠纷大约遵循以下五点原则。

第一，言必有据。这里所谓的"据"除了事实证据之外，还包括商业活动中所遵循的规则。根据表6-2所收录的案例进行归纳，这些规则主要包括四个方面。

（1）商业惯例，即在国家制定法之外，针对特定的工商业经营门类，由工商业者或地方官府创制并长期遵循的行为规范。根据表6-2所列案例，其具体形式表现为以下几种。

行业规程。这几乎在每个案例中都可以看到。如案卷"嘉5"中楚黄机房在湖广客长协助下订立的规章："工价银两遵照九四足兑，不得低毛一二抵塞，招徒听其自便，每年三皇会期，仍照向例，各归各坊敬神，不得聚集药王庙内滋事。"

同行公议。这类行为规范是由同行工商业者自行协商制定的，未必有系

---

① 具体地说，案例"乾3"涉及云南贩锡客商；案例"嘉1"涉及成都杂货商；案例"嘉2""道4"涉及九河靛商；案例"嘉5""道16"涉及湖广机房主和工匠；案例"嘉6"涉及湖广弹花工匠；案例"嘉13"涉及湖广瓷器商；案例"嘉14""嘉15""道1"涉及湖南茶陵脚夫；案例"道17"涉及江西锡商；案例"光8"涉及南阳药材商；案例"光12"涉及贵州丝商。

统的、成文的表述，但为同行所熟知和遵守。如案卷"嘉14"中茶陵脚夫提到，他们的脚力钱是由"行客议规，每包棉花给蚁等上坡脚力纹银三分二厘，内除拨船银一分，又出城外夫头银二厘，城外脚夫负货入行，每包去钱十三四文不等……"

官府晓谕，即官府以张贴布告的形式公布商业案件的处理结果，并作为今后处理类似案件的准则。在案例"乾5""嘉2""嘉5""道10"中都可以看到这样的做法。比较典型的表述如"道10"中："自示之后，务遵八省妥议程规，不得把持乱规。倘敢故违，许该行户等指名具禀，本县以凭唤案究惩，决不姑宽……"

官府讯断，即将经手官员对某一案件的审判结果作为今后处理类似案件的依据。如案例"嘉16"中，茶帮脚夫与川帮脚夫因争背客货发生纠纷，茶帮脚夫提到："嘉庆十三年……前温主讯明，将李德世等责惩，伊等只背西客棉花布匹，余货不得争夺，朱断结状在卷。"所以尽管此次纠纷发生时已经事隔六年，知县仍然判令："此案经前任讯断……章程久定，未便更张……饬令永照旧章，各背各货。"

勒石镌碑，即将特定案件的处理结果镌刻在石碑上，作为今后处理类似纠纷的依据。如案卷"咸2"中提到，棉花贸易以嘉庆二十二年"公所刊立示碑为断"。

地方性办法，即根据本地商业发展的特定需要而创设的商业经营办法。如案卷"乾5"中所提到的"三联照票"，即是乾隆十六年巴县县衙为杜绝牙商弄虚作假而向行户颁发的一种特殊的销售凭证。

（2）国家制定法，即中央和地方政府正式颁行的各种法律规则。表6－2所收录的案例中，明确援引国家制定法的有三处。第一处在案卷"嘉1"中，杂货商夏正顺和马天育因偿付货银而发生纠纷，到八省公建圆通寺进行调处，得到的调处意见是："行商坐贾□□□行主是问，买卖两客从无授受之理。"第二处在案卷"道17"中，铜铅行要求锡商聂广茂等将点锡投入铜铅行发售，聂广茂则以"吊行帖查阅，并无点锡字样"为理由拒绝了这一要求。第三处在案卷"光8"中，药材牙行和药材栈房因争夺货源而发生冲突，巴县知县的批词是："开行请帖纳课代客买卖，开栈只准堆货歇客，不得干预买卖，判然两途，不容弊混。据禀刘天宝范三元公张□□□开设药栈，擅卖大庄客货，实属违例射利诡名，私充牙行。"这些说法显然都是依据《大清律例》中对于"官牙制"的相关规定。①

（3）契约。如在案卷"嘉12"中，王瑞丰等与秦海等争夺中和店的棉花拨运权，秦海提出："有陈文明作成蚁船装运中和起进拨出棉花，蚁立认约给中和为凭。"又如在案卷"光8"中，作为纠纷双方的药材牙行和药材栈房曾"两帮和好，书立和约各执"。

（4）票据。如案卷"乾5"中提到的"三联照票"；又如在案卷"嘉1"中调处人提出："该客既称面会，当立会票同会何人，若无票无证，碍难违规向取。"

第二，利益均衡。援引成规，尊重证据更多地适用于产权清晰、是非曲直较易辨明的情况。但是在现实的商业纠纷案例之中，却常常出现双方都不能提出"优势证据"的"两可地带"。在这种情况下，八省客长的调处更倾向于遵循利益均衡的原则。

如在案例"嘉12"中，两帮拨船户为争夺中和店的棉花拨运权而发生诉讼。以王瑞丰为首的"十八股"提出了三点具有说服力的证据：（1）朝天门的棉花历来是由他们负责拨运，秦海不曾参与；②（2）朝天门拨运棉花是依据既定的章程，而不是依据拨船户与店主之间的私下协定；③（3）他们所经营的拨船曾承担繁重的官府差务，理应得到官府的保护。④ 有鉴于此，八省客长最后做出了"（棉花拨运）生理仍归旧例十八股，日后两造不得紊规混装"的调处决定。

值得注意的是，尽管这一调处结果总的来说对王瑞丰一方有利，但也并

---

① 清代法律对于"官牙制"的具体规定，参见附录D。
② 原文是："生等拨舡在朝天门码头承当差务，拨装客货，父作子述，历来无紊"；"朝天门码头秦海向来只推小舡，并无拨舡，既无拨舡，何有生意"。
③ 原文是："渝行站货物，生等承拨数辈，历定章程，未有赴行出立认约，痞类计穷，借造抵赖。"
④ 原文是："生等载粮民籍，与侄王濬外甥刘祖泽数辈码头拨舡生理，承认文武衙门迎官接送银哨马夫日行差徭，朱票成捆。自昔年金川台塆苗教匪乱□□□，生等拨装直送巫山抵止，并无工食赏耗，苦生等负□□□卖田，偿还一半，碑案可查。全望拨装备朝天门□□□山货等项，微取水脚，半填差价，半活家口。"

没有完全满足其所提出的"新旧行站及一切客货□归生等拨船拨装，局外不得侵越"的要求，而是提出了"至于杂货件，听从客商自便，不归十八股装运"的补充意见。这是因为，在以往的事实和相关的章程之中，并没有明确规定杂货拨运权的归属。所以，提出"听从客商自便"实际上是照顾了纠纷中劣势一方的利益，从而使调处结果更能为双方所接受，减小再次发生此类纠纷的概率。苏力在解读海瑞的司法经验时，概括出"在经济资产的两可案件中，无法明晰的产权应配置给经济资产缺乏的人"的原则，[1]八省客长对本案的调处正是这一原则应用于现实的例证。

第三，灵活变通。从本章所收录的案例来看，这种调处原则适用于两种情况。

第一种情况是因现实的商业运作发生变化，原有的规则难以维系时。如案例"乾5"中提到了乾隆五十六年以前重庆布匹贸易的经营方式，即在外地布匹大量运进重庆市场的情况下，牙行允许布铺承担一部分布匹中介贸易，称为"挂平"。但是作为补偿，布铺必须向牙行缴纳固定数额的"帮帖银"。另外在每笔交易完成之后，布铺应向客商开具作为销售凭证的"三联照票"。但是随着各布铺的经营状况发生变化，此前规定的帮帖银数额已越来越不符合实际的经营情况。而且由于案卷中未曾说明的原因，布铺和客商也越来越逃避使用"三联照票"。[2] 在这种情况下，终于引发了乾隆五十六年布行与布铺之间的诉讼。八省客长在调处此次纠纷时，非常现实地承认了"各平生意，一倍至十，其间苦乐不均"，以及三联照票"客不愿用"的情况，灵活地提出取消三联照票，并建议将帮帖银由按定额征收改为按比例征收，[3] 最终平息了双方的纠纷。

第二种情况是规则仍然存在，但当事人无力遵行时。如在案例"嘉13"中，张志德开设瓷器牙行，共向同乡李本忠等借银4100两。后来由于张志

---

① 苏力：《"海瑞定理"的经济学解读》，《中国社会科学》2006 年第 6 期。

② 原文是："今渝城各布铺玩法者众，竞（竟）不遵用三联照票，恃结客心，拦铺私贸，而行内挂平，又有名无实。"

③ 原文是："今三面公议，各店平上不必帮帖银两，只论经手卖布若干，每布一卷旧例取用二钱，其二钱内抽取二分帮帖行户，以资国课差徭；三联照票虽属旧例，客不愿用，未尝因有联票□归账也，仰恳仁恩赏示严禁，以杜漏弊。"

德经营不善，李本忠等于嘉庆十六年向其讨还所借银两。但张志德牙行中剩余的银两只够偿付李本忠、吕嘉会、邓天贵的借款，刘新盛的850两借款则无力偿还。在八省客长的调处之下，李本忠等人同意代替张志德偿还这笔欠款。① 显而易见，无论是于法还是于理，张志德的欠款都应该由他本人偿还，李本忠等人作为债权人反而代替债务人张志德偿还欠款，这种情况是非常特殊的。案卷原文对此的解释是"李本忠等恐将来受累"。其实所谓的"将来受累"，应该是指因为刘新盛的欠款没有得到清偿而引发更长期的纠纷。这样的调处显然是将平息争端放在首位，虽然在一定程度上与法规和情理不合。

第四，道德教化与社会正义。一些学者认为，清代的民事纠纷调处普遍遵循道德教化的原则与方法。② 但是在八省客长调处商业纠纷的过程中，这种考虑所占的权重往往是不确定的。如果当事人能提出比较确凿的证据，伦理道德方面的优势在一定程度上会推动调处的进程。如在案例"嘉12"中，原告王瑞丰再三强调自己生员的身份，并屡次提及被告秦海等"七人均是流痞"，"前任温马两主案鳞可稽"等。所以在王瑞丰提出明显优势的证据时，八省客长立即做出了对王瑞丰一方比较有利的调处决定。然而，当纠纷牵扯的范围较大，双方各有依据时，道德教化方面的理由就显得很没有说服力。如案例"光8"中，八省客长针对药行所提出的取缔药栈的要求，③ 提出药栈的私人经纪大多是"药行歇业之人"，如果不准其从事贸易，将"有违道宪体恤之意"。这种调处意见显然体现了儒家伦理中的"均平"意识，但是最终没有得到药行的认同，以至此次调处以失败而告终。④ 由此可见，

---

① 原文是："批饬八省客长清算，张志德仅扣还李本忠、吕嘉会、邓天贵三号银两，而刘新盛名下尚欠捌百伍拾两无力扣还。李本忠等恐将来受累，愿将刘新盛应扣银两捌百伍拾两代为认还。"

② 刘敏：《论传统调解制度及其创造性转化——一种法文化学分析》，《社会科学研究》1999年第1期；刘艳芳：《我国古代调解制度解析》，《安徽大学学报》（哲学社会科学版）2006年第2期；胡谦：《清代民事纠纷的民间调处研究》，博士学位论文，中国政法大学，2007。

③ 原文是："职等为整饬课厘起见，只得叩恩作主，赏唤刘天宝、范三元公等请帖改行，纳课完厘，以符定制，责有攸归，实为公便。"

④ 原文是："两造各执一词，碍难理剖，为此据实禀复，仰乞仁恩作主，各贸生业行栈咸感，伏乞。"

在本章所考察的案例中，无论是纠纷中的各方，还是作为调处者的八省客长，更加注重的是现实利益的分配和正常商业秩序的维护。

第五，官府优先。与前四个原则不同，这一个原则是没有附加条件的。为了增加官府的财政利益，可以打破长期以来的商业惯例。如案例"道10"中记载，为了扩大官府的差费征收，八省客长断令从向来不缴纳差务费用的土布贸易中征收"每布一匹取钱一文"的差务费。为了保证官府的差务征派，也可以绕开法律的明文规定。如案卷"道17"中，八省客长在铜铅行帖并无"点锡"一项的情况下，要求锡商向铜铅行缴纳支应差务的费用。范金民对于清代重庆差务制度的研究指出，在支应官府差务的名义下，一些违背国家法令政策的商贸行为（如把持垄断）得到了重庆地方官府的许可。本章对于商业纠纷调处的研究，也得出了相似的结论。在商业纠纷调处的过程中，官府的利益和要求通常拥有排除其他一切法令和规则的效力，决定着调处的方向和结果。

另外值得强调的是，本章中所涉及的大多数商业纠纷调处，并不是上述某一个原则独立运作的结果，而是多项原则交错运用、彼此支撑，最后形成一个决策的过程。

如案例"光12"中，贵州丝商与丝行因丝斤称量的问题发生纠纷。行户张玉懋等声称贵州丝商参与这次纠纷是受到了无帖栈房的唆使，于是便以"上漏厘金，下骗行用"将贵州丝商和栈房告到厘金局，得到的结果是"沐恩会衔出示严禁"。显而易见，这个调处决定所依据的是《大清律例》中对于"官牙制"的相关规定，以及清政府于咸丰年间颁布的厘金制度。但是在此之后，纠纷并没有平息，于是官府委托八省客长出面进行调处。在这一轮调处的过程中，八省客长主要诉诸商业惯例。如"邀集买卖各行两帮人等在于府城隍庙眼同较量平准"（类似于"同行公议"）；"以壹百壹拾壹两为一百两，实与先年行规定例分两符合"（援引行业规程）；"饬订称工匠于称上钉錾，注明本年月日遵示较定，勿得增减字样，以归划一"（与"勒石镌碑"的做法相似）。但是我们也看到，这些商业惯例实际上是为了配合上一轮调处所做出的"出示严禁"的决定，使其变得切实可操作，并为同行所普遍了解与认可。在遵循规则的同时，这一轮调处也比较周全地平衡了双方的利益诉求。如校准行秤，实际上是确认了丝行在生丝中介贸易方面排他性的合法资格。但"以壹百壹拾壹两为一百两"却限制了丝行随意压低斤两、欺行霸市的行为，① 隐含着对外地客商的保护。总而言之，这样的调处决定实际上是上述多种调处原则形成的合力的结果。

本节的研究反映出，随着城市工商业的日益发展，清代重庆的商业纠纷已经明显区别于普通的民事纠纷。它们常常将大量的工商业者卷入其中，引发了商业规则的大幅度调整，并与地方官府的经济利益和财政收入息息相关。因此，也要求得到官府和社会及时、有效的回应，并使当事人的权利责任关系得到尽可能明确的界定。这无疑对当时的官府和地方社会提出了更高的要求：如何以有限的人力、物力解决层出不穷的纠纷案件？如何更加专业地处理其中那些细致的技术性问题？如何在国家法律、民间惯例和客观现实之间寻求平衡？如何得到这些不同籍贯、不同行业的工商业者的信任？这些都是非常现实的问题。

在这种情况下，八省客长在商业纠纷调处方面的优势日益凸显。他们拥有移民社会中的特殊地位、处理商业事务的丰富经验，以及与地方官府之间的良性合作关系。他们能够根据案件的具体情况选择适当的调处策略，能够在案件当事人之间进行有效的沟通和斡旋，也恰如其分地在案件当事人之间或案件当事人与官府之间进行权利和利益的微妙分割。正因为如此，许多商业纠纷在八省客长的调处之下得到了妥善的解决。值得强调的是，至少在本章所收录的大多数商业纠纷调处案例之中，八省客长扮演着执行者、组织者的角色，但并不是调处活动的主导者。在许多案件中，他们参与调处是为了配合官府的要求，调处的结果常常受制于官府的意图，调处的效力也更多地取决于官府的授权和明确支持。

结论：八省客长在商业事务中的经验与障碍

回到本章开篇提出的问题：第一，八省客长以怎样的方式参与和处理商

---

① 案卷"光 12"中对丝行的此类行为有详细的叙述："惟黔丝使用大秤，每百两丝勒加拾贰两起，至卖客朴懦者，勒加拾五陆两不等。如不允加，即串掯不买。"

业事务？此种处理商业事务的经验怎样与特定的区域社会相关联？第二，八省客长制度是否能够帮助清代重庆的市场形成某种秩序？这种秩序中隐含着哪些值得讨论的经验和问题？

从本章所援引的案例来看，八省客长处理商业事务的经验可以概括为"平衡"二字。具体地说，包括三个方面的平衡。

第一，各种利益主体之间的平衡。在八省客长处理商业事务的过程中，"和谐"与"公允"是非常重要的目标。因此，他们倾向于使用一种公开、透明的办事程序，在纠纷双方势均力敌的情况下，极力促成双方共同妥协；在纠纷双方力量悬殊的情况下，鼓励优势一方出让一部分权利或利益；即使在优先满足官府需求的情况下，也常常会有限度地考虑民间工商业者的立场。

第二，新情况与旧格局之间的平衡。从本章所援引的案例可以看出，八省客长并不拒绝变革，但是非常注意把握变革的分寸。他们重视旧格局中那些可操作性强、为人们所普遍接受的因素，并以此来淡化变革带给人们的冲击和反差。正因为如此，清代重庆商业生活的种种变化可以在平缓的节奏中有序展开。

第三，各种市场规则之间的平衡。在面对成文法、惯例、契约、票据、情理等多种商业规则的时候，八省客长通常表现出一种实用主义的态度。对于一个问题的解决，可以选择某种最适宜的商业规则，也可以是多种商业规则有条件地糅合。在任何一种商业规则都不足以涵盖所有商业实践的情况下，这无疑是一种非常有效的技巧。

总而言之，八省客长的商业实践处处体现出一种柔性的原则，以调和不同的利益诉求，缩短旧识与新知之间的差距，并融合各种操作方式的长处。但是这种做法要求实施者对于商业发展的过去和现在，对于其外在的特征和潜藏的逻辑必须有非常准确的把握，而这也正是八省客长在商业实践方面的明显优势。

此种经验在以下三个方面与清代重庆的社会现实相关联。

第一，一个以移民为主的市场，往往会在其商业制度中加入地域的原则。在八省客长这样一种商业制度中，所有有优势的移民群体都能够拥有自己的代表。在移民工商业者频繁迁徙的情况下,它依然稳定地存在;在移民工商业者缺乏家族、邻里、乡党等社会纽带的情况下,它可以提供解决问题的有效途径。它不能保证每个移民群体的利益都得到无差别的对待,但是它维持了一个稳定、合作、互利的权力分配格局。

第二,商业发展的新局面需要一种高效、专业的管理机制。在清代的重庆,城市商业的发展带来了层出不穷的商业事务。为了维持城市正常的商业秩序,这些问题必须得到及时而有效的解决,但是其繁重和复杂的程度却超过了此前的任何一个时期。于是就客观上需要一批新的商业管理者,他们以处理商业事务为专职,对于应对商业运作中各种复杂的情况积累了丰富的经验,在社会中具有普遍认可的权威和公信力,能在各个商业活动主体之间进行有效的协调。

第三,一个日益重视商业的地方官府,需要一种既面向民间又面向官方的市场控制渠道。对于清代重庆的地方官府来说,市场既是其行政治理的对象,也是其财政收入的来源。因此,维持市场的繁荣稳定是其利益之所在。但是在人力、物力和经验有限的情况下,官府不可能独自实现这一目标。于是,利用民间社会自生自发的机制,并对其加以改进和约束成为更加便捷的途径。

总而言之,八省客长制度满足了工商业者、官府和市场本身的多重需要。当然,在不同的历史时期,在每个具体的案例之中,上述因素的影响程度是各不相同的。所以我们看到的八省客长制度既有一个总体的发展趋势,又有灵活多样的变化。

由此可见,八省客长的确能够帮助清代重庆的区域市场形成秩序。这个秩序可以从两个方面进行解析。

一方面,在本章所考察的这个时期,重庆的商业秩序是由多元的规则构成的。这些规则包括国家制定法、契约、票据、商业惯例、官府的行政命令,以及人们对于公平和正义的理念等。在现实的商业运作中,这些规则往往是相互支援、相互补充的,一个决策的形成,常常是它们交错使用形成的合力的结果。本章所引用的一些商业纠纷调处案例就提供了这方面的例证。

　　另一方面，这一套规则体系存在结构性的问题，那就是"潜规则"①。在八省客长制订与修改商业规程、调处商业纠纷的过程中，明显地体现出"官府优先"的做法，这就是一种"潜规则"。虽然当时没有任何一条法律和商业惯例规定官府可以借纠纷调处攫取经济利益，可是一旦官府表现出这样的意愿，所有的法律条文、商业惯例、道德规范统统不再适用。这当然印证了第五章的结论："八省"并不是一个纯粹的"商人组织"，八省客长也不会随时立场鲜明地站在商人这一边。但是问题论述到这里还不够，我们还必须看到，这种"潜规则"蕴含着侵蚀整个规则体系的因素，尤其是在官府对于工商业的索取增加时，必然导致整个规则体系的混乱。

　　当前，"法律多元论"已经成为人们研究中国法律的一个范式。② 这一理论揭示了中国历史上，在国家律例条文之外，还存在一套内生于社会生活的秩序，为人们所普遍认可与依赖。这套秩序往往被称为"民间法"（或"习惯法""非国家法"）。本章对于清代重庆商业纠纷调处的考察，也印证了民间法或非正式制度对于商业运作的种种影响。但问题在于，笔者目前阅读所及的关于中国传统社会法律多元问题的论著，往往将所有从民间生发的规则都视为"民间法"，并十分强调民间法自我调适和整合的机制。③ 然而，本章的研究所展现的问题是，怎样在"民间法"或"习惯法"的框架内看待"潜规则"。因为如果将它视为"法"的一部分，它在现实运作中却常常侵蚀和扰动着整个法律和规则的体系，而且显然违背了法作为"世俗社会

---

①　从事法律专业的学者对于"潜规则"的定义是："隐藏在正式规则背后的另一套约定俗成的、无文字形态的规则；这些规则并不名正言顺，甚至有悖于一个时代的价值判断，但却因涉及到每个人的切身利益，而为大家心照不宣并默默遵循。"参见唐莹莹、陈星言《从法律的视角看"潜规则"》，《法律适用》2005 年第 5 期。

②　"法律多元论"及其对中国学界的影响，请参见张钧《法律多元理论及其在中国的新发展》，《法学评论》2010 年第 4 期。

③　如苏力提出："作为内生于社会的制度，可以说它们凝结了有关特定社会和环境特征、人的自然禀赋和人与人冲突及其解决的信息，是反复博弈后形成的人们在日常生活中必须遵循的'定式'。"参见苏力《二十世纪中国的现代化和法治》，《法学研究》1998 年第 1 期。梁治平提出："作为'小传统'的习惯法从来都不是自主和自足的，事实上，它是在与包括国家法在内的其它知识传统和社会制度的长期相互作用中逐渐形成的。"参见梁治平《清代习惯法：社会与国家》，中国政法大学出版社，1996。

之公正、合理的安排"这一基本理念。[①] 但如果不将它视为"法"的一部分，它又实实在在地影响着人们的交往和行为。进而言之，在目前学界大力发掘法律"本土资源"的时候，我们又应当以怎样的态度去对待法的"传统"？

---

① 梁治平：《变迁中的传统：法不等于法律》，《读书》1993 年第 8 期。

第七章　"行"与"帮"

——小字眼背后的大差异

在乾隆至宣统时期的重庆，工商业者往往以"行"[①] 或 "帮"的形式组成经营相同业务、拥有数额不等的公共产业、共同议定本行业规章制度、共同履行对官府义务、共同与其他社会群体展开交涉的组织。因此，这里将这种制度称为"行帮制"。

本章从最基本的 "行""帮" 概念谈起，梳理在清代不同时期重庆 "行"与"帮" 的数量变动趋势，具体说明"行"与"帮" 在内部结构和组织原则上的差异，以及这两类工商业组织所折射的市场运行状态。

由 "行" 到 "帮"——清代重庆行帮制发展的总体趋势

"行" 与 "帮" 都是清代重庆工商业者对自身组织的称谓。在前人的研究中，"行" 往往等同于"行会"，"帮" 则大多被视为在异地经营的工商业者组成的同业组织。[②] 但是从清代重庆的个案来看，"行" 与 "帮" 却有

---

① 也称"铺""会""坊""房"等，由于这几个称谓常常混用，而"行"的出现频率最高，所以本章在涉及以此类称谓指代的同业组织时，统称"行"。

② 如全汉昇在《中国行会制度史》中将 "帮" 等同于"客帮"，认为是 "同业者跑到他乡经商或劳动时，为着应付当地土著的压迫而保护自家的利益计，遂组织成 '帮'"。参见全汉昇《中国行会制度史》，食货出版社，1978，第 100 ~ 101 页。邱澎生的博士学位论文中提到了苏州的商帮，是由于 "苏州商业的发达引来愈益众多的商人在此经营商业活动"。参见邱澎生《商人团体与社会变迁：清代苏州的会馆、公所与商会》，博士学位论文，台湾大学，1995，第 92 页。

着特殊的内涵，它们分别适应于不同的市场发展阶段和工商业者构成。附录G 收录了笔者目前所掌握的《巴县档案》中与行帮制有关的所有案卷，我们在此基础上对不同时期"行"与"帮"的案卷数量进行对比（见表7－1），以探讨其变动的趋势。

表7－1 不同时期关于"行"与"帮"的案卷数量对比

单位：个

时期	关于"行"的案卷数	关于"帮"的案卷数	总计
乾隆	2	0	2
嘉庆	8[1]	16	24
道光	18[2]	22	40
咸丰	0	4	4
同治	0	3	3
光绪	1[3]	28	29
宣统	0	18	18

注：[1] 分别是案卷"嘉1""嘉2""嘉4""嘉10""嘉11""嘉19""嘉24""嘉25"。
[2] 分别是案卷"道4""道6""道9""道11""道12""道13""道15""道22""道23""道26""道30""道34""道35""道36""道37""道38""道39""道40"。
[3] 案卷"光8"。
资料来源：附录G。

从表7－1中可以看出，在嘉庆、道光时期，以"行"自称的同业组织虽然较"帮"略少，但仍占了相当的比例；但到了咸丰和同治时期，所有案卷中的同业组织都自称"帮"。当然，由于笔者所掌握的关于这两个时期的案卷比较少，因此表中数据所反映的情况可能并不准确。但是到了光绪和宣统时期，在案例比较充足的情况下，"帮"远远多于"行"，这就说明从乾隆至宣统时期，重庆的"行"呈日益减少的趋势，而"帮"则逐渐成为工商业者的主要组织形式。下面具体分析"行"与"帮"各自的特征，以便探讨其内部构成和组织原则的差异。

（一）"行"的特征

附录G中关于"行"的案卷共有29个，表7－2汇总了可以提取出具体信息的其中25个案卷的基本情况，以便进行对比和总结。

表 7-2　乾隆至光绪时期重庆"行"的基本情况

案卷编号	行业类型	设行时间	行业规模	从业者籍贯
乾 1	割猪	不详	不详	不详
乾 2	制丝	数十年	不详	湖广
嘉 1	弹花	不详	不详	不详
嘉 2	胰染绸绫等	兴会百多余年	不详	湖广
嘉 4	弹花	早于乾隆二十九年	不详	湖广
嘉 10	打铜	不详	渝城仅止五家	不详
嘉 11	卖豆腐	不详	阖城共五十余家	不详
嘉 19	弹花	议定章程,历今已久	共十家	不详
嘉 24	染房	不详	不详	不详
嘉 25	制皮	成规十余年	不详	不详
道 4	制板箱	始于乾隆年间	不详	不详
道 6	制桶	不详	不详	不详
道 9	磨房	乾隆十二年以前	三十余家	陕西
道 12	染房	不详	共有五十四家	不详
道 13	割猪	不详	不详	不详
道 15	打铜锁	不详	不详	不详
道 22	制贩纽扣	不详	不详	不详
道 26	打铜	自乾隆年间来渝	不详	不详
道 30	泥水手艺	前人设规	不详	不详
道 35	制金银首饰	来治地百有余年	不详	江西
道 36	茶担	嘉庆年间集议章规	三十七家为率	不详
道 38	顾绣	向无条规	不详	不详
道 39	冰橘糖房	前辈师友创会事、议规条	不详	不详
道 40	制板箱	道光二年议定条规	渝仅有七家	不详
光 8	浇烛	不详	不下千余人	不详

资料来源：附录 G。

从表 7-2 的案例中可以概括出"行"的四点特征。

第一，基本上由手工业作坊和工匠组成。这 25 个案卷无一例外都属于这种情况。这些行业的共同点是，其原材料的获取以及商品、劳务的输出等，大多可以在本地市场内完成。如案卷"道 6"中，制桶匠人徐双发这样描述他的业务："蚁在渝开铺，与各场乡民糟房做柏木黄桶发卖生理，又有乡民自买木料来铺倩做，给蚁费用工价。"又如案卷"道 9"中，磨房主王三兴等也提到："小的们自祖父们原在渝开设磨房，推面发卖西南面馆生理。"当然，也有个别行业或铺户在一定程度上依赖于外地的货源。如案卷"道 22"中，纽扣铺主谢永兴供称："情蚁在渝开设纽扣铺，本城作房造打纽扣，不敷出售，在叙府、泸州买扣发卖。"又如案卷"道 26"中，铜纽扣铺即购买外地客商的铜页作为原料。但是，这往往会招来本地同行的抵制。如案卷"道 22"中，当谢永兴从泸州购进两箱黑纽扣之后，同行黄裕成等立即将其货物扣押，并要求其缴纳罚银。① 又如案卷"道 26"中，当本地铜页铺得知铜纽扣铺购买外地客商的铜页时，立即指控"开纽扣铺之陈德昌等计串各处贩页之人，暗欲乱贱蚁等生意"。这样一来，外地的货源和销售市场势必受到限制，而这些手工业作坊的经营范围和业务规模也大多会保持相对固定。

第二，大多有比较长的历史渊源。在这 25 个案卷中，有 14 个明确提到了本行业组织的历史。除顾绣行声称"向无条规"之外，其余 13 个"行"均有短则十余年，长则数十年甚至上百年的历史。这说明，这些行业在相当长的一段时间之内，组织保持着相对稳定，规章制度基本上得到同行的遵行，大体上呈现出平稳发展的状态。

第三，行业规模普遍较小。这些手工业"行"规模大的有 30～50 家，规模小的则只有几家。当然，从案卷"光 8"中可以看到，光绪十一年重庆的浇烛业有"不下千余人"，似乎是一个例外。但是在光绪年

① 原文是："本月十六，（黄裕成等）窥蚁在泸运买罗合泰纽扣两箱来渝，尤敢聚众将信货估搬藏匿，吼称违禁私贩，勒蚁出银受罚，否则充公。"

间，重庆城区和附郭乡场的总人口数应当在 50 万人以上，① 而蜡烛又是当时民众的生活必需品，两相对比之下，浇烛业的从业人数也就并不显得多了。

第四，从业者的籍贯比较单纯。在这 25 个案卷中，只有 5 个案卷明确提到了该行从业者的籍贯。这说明在绝大多数案例中，从业者的籍贯构成并不复杂，没有明显地影响到"行"的组织和发展。而在明确提到从业者籍贯的 5 个案例中也可以看到，在这些"行"中，从业者的籍贯构成是相当单一的。如案卷"乾 3"中提到："今上清寺系我楚省丝行之一公所也。" 又如在案卷"嘉 2"中，胰染绸绫业的人众也称该行"起自立禹王庙（即湖广会馆）"。而这一"行"在订立行规时，也是"公请各铺户老板至禹主庙公议"。这说明，乾隆末期重庆的制丝业和嘉庆初期重庆的胰染绸绫业，主要是由来自湖广地区的工匠和铺户组成。而即使在道光末期的一些"行"中，同乡与同业还是高度重合的。如案卷"道35"记载，在道光二十八年，金银首饰行将作坊主钟如意告到官府，原因是该行的匠人和学徒以江西籍为主，而钟如意违规招收了福建籍的学徒。②

综上所述，清代重庆的"行"是一种强调自我约束的同业组织，它的业务范围、组织规模和人员构成呈现出小规模、少变动、结构简单的状态，比较适合需求有限、竞争相对和缓、与区域外市场联系较少的行业。

---

① 据民国《巴县志》记载，清末巴县的户口档册"大率循例造册，经国变，档案亦鲜存者"。这说明，清代光绪年间巴县人口的实际数量已很难考证。但是该书中还提到，1930 年，巴县警察局对全县户口进行了一次清理，"计十六万一千三百零二户，男女八十三万六千二百十四丁口"。依这个数据推测，光绪十一年，重庆城区和附郭乡场的人口应该在 50 万人以上。参见民国《巴县志》卷 4《赋役上·户口》，第 440 页。

② 原文是："情蚁等籍隶江西，自祖辈来治地开设金银手饰手艺，各捐庄银，定立程规。同省乡谊学徒庄银二两，收招异省学徒银四两，至今百有余年无紊。祸由去岁钟如意招收福建民籍林映桂在伊铺学徒，谎称系乡谊，只给庄银二两。今系蚁等值年，查实如意隐藏减上庄银，率乱程规情由。"这说明，金银首饰行虽然不排斥外省成员加入，但对其从业资格设置了更多的限制，最终是为了保证江西籍工匠和铺户的主导地位。

（二）"帮"的特征

在乾隆至宣统时期的重庆，"帮"的类型大约有船帮、商帮、手工业帮、脚力帮四种。下面逐一分析这四种"帮"的特征。

1. 船帮

船帮是由驾驶木船、从事长距离客货运输的船户和船工组成的同业组织。从附录 G 收录的案例来看，其特征大致可以归纳为以下三点。

第一，内部构成复杂，而且处于不断变动之中。邱澎生在《国法与帮规：清代前期重庆城的船运纠纷解决机制》一文中详细地介绍了清代重庆船帮复杂的划分方式。作者注意到了以"'大河''下河''小河'为船帮划分标准的所谓'三河船帮'"，并认为"在'三河船帮'之外，仍有更多其他船帮名称并列于巴县档案公文书"。[①] 但笔者认为，尽管"三河船帮"与"其他船帮"分别在官府立案，但它们之间并不是并列关系，而是附属关系，即将"大河"、"小河"和"下河"作为三个统辖单位，凡有新的船帮立案，即根据其船只的航行路线，将其划归到相应的单位之中。因为在《巴县档案》中，凡提到"三河"时，大都会具体地罗列涉及哪些船帮。如案卷"道 8"中大河帮会首王廷贵等提到，在道光六年，"大河帮"包括长宁、叙府、嘉定、金堂、綦江、泸州、江津、合江八个小帮。而案卷"同 3"中也记载道，同治六年，下河帮分为"涪长两邑一帮、忠丰石三邑一帮、夔府六属外搭湖南澧州共为一帮、归州内外两帮、宜昌府一帮、荆汉合为一帮、庙帮、辰州府一帮、盐川两帮"。由此可见，清代重庆的长途船运业已经形成了一种由"三河"统辖，各支流船队附属的"帮中有帮"的格局。

但是，"三河"下辖的各船帮并不是一成不变的。表 7－3 罗列了不同时期"三河船帮"的内部构成，以便于观察其中的变化。

---

① 邱澎生：《国法与帮规：清代前期重庆城的船运纠纷解决机制》，邱澎生、陈熙远编《明清法律运作中的权力与文化》，第 297 页。

表7-3　嘉庆至光绪时期重庆"三河船帮"的内部构成

时间	大河船帮	小河船帮	下河船帮	案卷编号
嘉庆九年	嘉定帮、叙府帮、金堂帮、泸富帮、合江帮、江津帮、綦江帮、长宁帮、犍富帮、长涪帮、忠丰帮、夔丰帮、湖北归州峡外、湖北归州峡内、宜昌黄陵庙、宜昌帮、辰帮、宝庆帮、湘乡帮	不详	不详	嘉9
道光六年	长宁帮、叙府帮、嘉定帮、金堂帮、綦江帮、泸州帮、江津帮、合江帮	不详	不详	道8
道光二十五年	不详	长庆帮、兴顺帮、顺庆帮、中江绵竹帮、遂宁帮、合州帮、渠河帮	长涪帮、忠丰帮、夔丰帮、湖北归州峡外、湖北归州峡内、宜昌黄陵庙、宜昌帮、辰帮、宝庆帮、湘乡帮	道29
同治六年	不详	不详	涪长帮、忠丰石帮、夔府澧州帮、归州峡内帮、归州峡外帮、宜昌帮、荆汉帮、庙帮、辰州帮、盐帮、川帮	同3
光绪九年	嘉定帮、江津帮、綦江帮、泸富帮、金内帮、叙府帮、犍富帮	保宁帮、渠河帮、遂宁帮、合州帮	长寿帮、涪忠帮、夔丰帮、庙帮、宜昌帮、归州帮、辰州帮	光7

资料来源：附录 G。

从表7-3可以看出，嘉庆至光绪时期，"三河"下辖各船帮的名称和数量都发生了明显的变化。在嘉庆时期，"三河"的区分可能还比较模糊，因为在"大河船帮"中明显地包括了地理范围上应属于"下河"的船队，如长涪帮、忠丰帮等。但在此之后，这种情况不再出现，各船帮严格按照航行路线划分其归属。另外，"三河组织"变化还体现在其下属船帮的新旧更替。有些船帮曾设立，后来却消失，如"下河船帮"中的宝庆帮、湘乡帮；有些船帮起初未设，后来却兴起，如"小河船帮"中的保宁帮、渠河帮；有些船帮曾一度不见于记载，后来却又出现，如"大河船帮"中的犍富帮；还有一些原本可能只是分散的船队，后来则成为正式的"帮"，如"下河船帮"中的"湖北归州峡内"和"湖北归州峡外",在光绪年间成为"归州帮"。

第二,帮中成员来去不定、孤立分散,易受恶势力侵害。由于从事长距离客货运输,因此船帮在所有同业组织中具有最大的流动性。如案卷"嘉13"中提到,嘉庆十一年正月,大河船帮派出五只木船送湖北奏销委员至夔州,其中由船户张云龙驾驶的一只直到四月才返回重庆。而与船户相比,船工的流动性更大。在案卷"嘉17"中,纤夫王在贵供认:"蚁弟兄二人与外甥杨友元同路帮人推船营生,今九月廿四日在宜昌府有板主陈文明雇请弟兄与友元拉船上渝……"这实际上反映了当时相当一部分船工的生存状态,即在船只出发之前受雇于船主,到达目的地后下船另寻雇主。据嘉庆时人严如煜估算:"重庆所至上水船每日以十船为率,是水手来七八百人;所开下水船每日以十船为率,是水手去三四百人。以十日总计,河岸之逗留不能行者常三四千人,月计万余。"① 由此可见,船帮所面对的是一个庞大的、流徙不定的从业者群体,既难以掌握其确切的身份和数量,更无法控制其来去的节律。

漂泊不定的水上生活使单个船户显得格外分散和孤立,于是在当时通往重庆的各条水路上,出现了一些专门以侵害船户为生的恶势力。案卷"道1"中记载了这样一个案例,道光元年,外地船户黄崇喜赴德兴栈讨要船钱后,正准备驾船返回时,突然遭到一群当地人的毒打。其兄黄崇贵在诉状中描述了当时的情景:

> 不法恶痞李加谟统率无聊不知姓名痞徒十余人执持铁尺,平将蚁弟扭上河岸,不由分说朋将崇喜掔击倒地凶殴,左眼、头颅、两肋、两腿脚受伤,当吐鲜血,昏卧在地,幸张有吉、李廷富等解救,打落弟崇喜所收水脚银二十五两六钱……痞等尤复称言总要将弟殴毙等语。

根据船帮会首邹元玉的证词,这群人正是一支长期为害船户的本地恶势力,

---

①　严如煜:《三省边防备览》卷5《水道》,道光十年庚寅来鹿堂刊本。

因其不法行为曾遭到船帮前任会首黄崇贵的阻止而怀恨在心，故以殴打其弟黄崇喜作为报复。①

又如案卷"光4"记载，光绪八年，叙府船帮首事刘正顺控告船户罗万兴不向船帮缴纳差钱。而罗万兴却辩称，他之所以做出这样的违规之举，实是出于无奈："有王三才、李狗唆主小的抗差不上，分文不给。如有私行上差，恐后三才查出，禀控拖累，以致小的才将船放行，故未出钱。"而船帮首事刘正顺的诉状中反映出，挑起这一事端的王三才和李狗也是长期盘踞江上、为害船户的首恶：

> 李狗本属两姓，又名黎洪顺，光绪五年串赖敦厚胡旭初等在江津所属江口棺材壕借凿滩为符，估索船户钱文。蒙恩在江津任内饬差拘究，逃案未获，卷在江津可查。今正月聚众凶阻舒双兴等，以滥差霸凶扭控，沐委厅主讯饬取保，候恩回辕再行复讯。兹蒙恩主讯明赏拘王三才、李狗到案严究，兹三才等尤支党痞翁马儿、翁苗子等现在东华观聚议，吼称仍在沿河聚众敛钱，煽惑船户，抗不认差。如有事件，有伊承担。

由此可见，在本章所研究的历史时期，三河船户面临着一个非常不安全的运营环境。正因为如此，单个的船户才迫切地要求结成船帮，以共同对抗危害其同业的不法行为。

第三，在屡屡受到外来侵害的同时，船帮本身也滋生了许多不安定因素。一方面是船帮内部的纷争和殴斗。案卷"嘉17"即提供了一个典型的例证。这个案件发生在嘉庆十四年（1809），船户陈文明所雇用的纤夫王在

---

① 原文是："有李嘉谟，乃系素不守法痞棍，窝养党痞。李家毛、帅邦富、李家撞、李福、王玉、吴老七、范拜子、陈牯牛、陈家寅、李二蛮、李二痞等，专于船帮之内钻捕风影、诈搒良朴为生，于嘉庆十九年诈搒李时荣不遂，凶伤时荣，具控理民有案。讵料痞等搒为惯尤，去春乘有船上帮陈新奎、王道昌雇工水手病故，嘉谟等朋知统党凶诈，押搒陈新奎钱二十千文，押搒王道昌钱三十千文，凭陈万源等过交时，黄崇贵承充值年首人，查知理斥，痞等怀忿，屡次寻凶不遂，于本月十五日乘崇贵之弟黄崇喜船泊临江门码头，痞等朋殴崇喜受伤。"

贵等打伤该船的纤夫头项朝贵、王胖子。① 在双方对簿公堂的时候，王在贵供出了这一案件的前因后果。原来在三个月前，王在贵兄弟和其外甥杨友元一起在宜昌受雇于船主陈文明，在船上驶重庆的途中，王在贵等人屡次与纤夫头项朝贵发生冲突，原因是"项朝贵淫恶居心，沿途设法鸡奸友元"。而当船驶到重庆附近的大佛寺时，项朝贵再一次"乘友元熟睡，窃行欺奸"。于是王在贵等上岸纠合许占魁、周永兴等与项朝贵殴斗，致使项朝贵、王胖子受伤。

这个案件的细节有诸多值得推敲之处：首先，作为船主的陈文明和作为纤夫头的项朝贵并不能对船工形成有效的约束。因为王在贵等人是在沿途雇用的，既不与船主和夫头相识，也并非长期受雇于该船，因此他们之间的约束关系显得相当脆弱，矛盾一触即发。其次，船工是一个极易卷入暴力事件的群体。从这个案件中可以看出，所有的船工都是从事体力劳动的单身男性，所以在发生冲突时极易诉诸暴力。王在贵的诉状中提到这样一个细节，当项朝贵最后一次侵犯杨友元未遂时，"船上众水手不服忿怒，朝贵当即斥殴，系蚁（王在贵）喝散"。从"忿怒""斥殴""喝散"这些字眼中可以看出，船工之间通行的是一种强者原则，语言的威吓与肢体的冲突是最常用的解纷途径。最后，船只行驶过程中相对封闭的环境，客观上纵容了各种不轨行为的存在。在这个案件中，王在贵等人受雇于陈文明是在九月二十四日，但是双方殴斗和最终上控江北理民府却发生在十一月十五日，中间隔了差不多两个月。在这两个月中，双方屡次交恶，却没有爆发激烈的冲突。② 这可能是因为在船只上驶重庆的途中，王在贵等人既无处告官，也无法寻找熟识的人相助，所以只好隐忍项朝贵的不轨行为。当船只驶近重庆，项朝贵再次图谋不轨时，王在贵等人才一面上岸纠合熟识的人殴打项朝贵，一面将项朝贵告到江北理民府，使整个事件有了最终的解决。如果这个案件的纠纷

---

① 原文是："本月十五日晚时分，船至恩治大佛寺，殊王在贵预先上岸，纠约痞棍许占魁、□（周）永兴等多人，乘项朝贵、王胖子等在岸拉纤，恶等各持木棍打伤项朝贵两膀两脚两腿胸膛，打伤王胖子两膀后肋两□等处，周身伤鳞，有肿可验。"

② 王在贵提到："不料纤夫头项朝贵淫恶居心，沿途设法鸡奸友元，不从已非一次。"这说明在该船上驶重庆的途中，双方已经多次发生冲突，但一直没有引发恶性的殴斗事件。

双方不是处于这种特殊的环境之下，其矛盾何时爆发，或者以怎样的方式爆发，可能会大不相同。

总而言之，松散的人身关系、弱肉强食的行业潜规则和与外界相对隔绝的运输过程，都使得矛盾和冲突在船帮中潜滋暗长。

另一方面，船帮还常常威胁客货的安全。在《巴县档案》中，船户和船工盗卖客货的案件不胜枚举。如在案卷"光1"中，白花帮首事关允中等向官府痛陈了船户盗卖本帮客货的情况：

> 自去年十月迄今，船帮故智复萌，仍又盗货当卖。每一家多者三四十包，少亦一二十包。一经查票，非弃船逃扬即敌讼抵赖，甚至人与船货俱无踪影，一包无着，税厘悉吞。合计数月以来，帮内受害不下数十号，盗花不下三千余包，疾首痛心，无门告诉。禀不胜禀，追不胜追，难以缕述。

而案卷"光24"中，更是有花帮、药帮、匹头帮、布帮、麻帮、糖帮、瓷帮等联名向川东道呈递禀状，要求遏制船户盗卖客货的歪风。在这种情况下，一些船帮也努力改善经营、提高信誉。如在光绪三十三年（1907），"大河"沿线的金内帮成立了一个以保障客货安全为宗旨的"金内帮揽载公所"，规定由驻渝殷实商号李培基等出面承接揽载业务，并要求帮中每四名船户连环互保，一人出现盗卖客货的情况，其余三人共同赔还，还承诺所有被盗卖的货物，都由公所负责追赔。① 但是，这种情况在笔者所看到的案卷中仅此一例，而且实施的具体效果也不得而知。

2. 商帮

商帮是由经营大宗商品贸易的商人组成的同业组织。在乾隆至宣统时期的重庆，商帮大约体现出三个方面的特点。

第一，出现较晚，绝大部分在咸丰以后才陆续形成。在附录G中，涉

---

① 参见案卷"光26"。原文是："特自请渝帮及金内帮殷实商号李培基等承认各号揽载之事，先由民帮各出四人连环保结，交与承揽之人，一人有事，三人摊偿，再由揽载之人转向客号承耽……凡经公所揽载之货，船户如有堆当盗卖，均归公所照数。"

及商帮的案例共有 19 个，其中道光年间 2 个，① 咸丰年间 1 个，② 同治年间 1 个，③ 光绪年间 12 个，④ 宣统年间 3 个。⑤ 由此可见，重庆商帮大约是在清代中后期才陆续兴起。而具体地说，咸丰年间应该是商帮成长的关键时期，因为案卷"咸 2"中涉及了清代重庆最大的商帮之一——白花帮。尽管据该案卷记载，白花帮在嘉庆二十二年就已经成立，⑥ 但是在咸丰以前的《巴县档案》中，笔者还没有看到有关白花帮活动的明确记载。而且发生在咸丰六年的案例"咸 2"中还提到："即本年五月，行民们行内抽取白花厘金帮助军饷。恩主给有示谕，开设花栈，买卖二家不得面议成交自用私秤，及以货易花，以花易货，各归各行过秤收用，如有遗漏，惟行民们是问。"这说明，咸丰六年抽收厘金使地方官府的财政收入更加依赖于大宗商品贸易，并使一批商人获得了为官府所支持的专卖权，这是促使商帮成长的很有利的条件。因此，将咸丰时期定为清代重庆商帮的成长期是符合实际情况的。

第二，构成复杂。在当时许多商帮的经营中，都包含着不同的商业活动。如靛帮中分为"行户"和"山客"，"山客"从事收购业务，"行户"从事中介贸易；⑦ 白花帮中分为"买帮"和"卖帮"，"卖帮"将棉花从产地贩运到重庆，"买帮"则在重庆购进棉花并分发到各地销售；⑧ 药材贸易中分为"行帮"、"栈帮"和"客帮"，"行帮"由开牙行的中介商组成，"栈帮"由开栈房的中介商组成，"客帮"由外地贩运药材的客商组成；⑨ 毡房帮中分为"内帮"和"外帮"，"内帮"是在重庆本地经营毛毡贸易的

---

① 案卷"道 10""道 18"。
② 案卷"咸 2"。
③ 案卷"同 2"。
④ 案卷"光 1""光 2""光 3""光 5""光 6""光 11""光 13""光 15""光 17""光 23""光 25""光 27"。
⑤ 案卷"宣 8""宣 12""宣 18"。
⑥ 白花帮汪聚源在诉状中提到："职等在朝天、千厮两门开白花行，代客买卖，自嘉庆二十二年花帮公所成立以来，悉照旧规入帮领秤。"由此可见，白花帮的组织由来已久。
⑦ 参见案卷"道 18"。
⑧ 参见案卷"光 2"。
⑨ 参见案卷"光 4"。

商家，"外帮"是来自外地的毛毡商人。① 由此可见，商帮实际上是通过这样一种组织，将从事商品贸易各个环节的商人整合在一起。

正是由于包含各种类型的商人群体，因此商帮内部的实力对比往往是变动不居的。有些商帮曾显赫一时却中道衰落。如白花帮在咸丰年间曾是重庆城实力最雄厚的商帮，在咸丰八年川东道抽取厘金筹办积谷时，白花帮的抽取比例高于其他所有商帮。② 但是到重庆开埠以后，随着棉纱的大量涌入，白花帮的衰落十分明显。宣统三年白花帮上呈巴县知县的禀状中提到："职等白花行帮自棉纱抵消以来，行业自见衰微，迄今尤甚，直成一落千丈。现虽贸有十家，满年生意十减七八。奄奄一息，仅免饿殍。"③ 其境况确乎相当艰难。与此相反，有些商帮曾默默无闻，却随着市场的变动而突然崛起。如案卷"光25"中记载，光绪二十八年，以肖元丰为首的一批商人以"八帮"的名义向巴县县衙呈递禀状。在此前的案卷中，从来没有关于这个商帮的记载。然而此时，该帮已是"悉在治城各贸棉纱、药材、匹头、水丝等号……相国寺厘金畅旺，皆由举等住渝八帮各货行销所致"。很明显，这是一个正在崛起的、实力不容小觑的商帮。

另外，商帮成员的籍贯也呈现出多元化的趋势。有些商帮是由同一籍贯的商人组成，如西帮商人来自山西、陕西二省，糖帮商人尽数来自内江。有些商帮则整合了多个地域的商人，如案卷"光6"中的府绸帮，就是以贵州遵义和桐梓两地的商人为主，"江西、浙江贩贵州府绸者亦愿入帮抽厘"。又如案卷"光25"中的"八帮"，即包含棉州、射洪、三台、合州等八个地区的商人。在光绪、宣统时期，重庆本地商人在一些商帮中也逐渐占有了一席之地。如案卷"光23"中涉及光绪二十二年重庆丝绿帮商人霸市的事件，其起因就是该帮内的本地商人郭金镒、刘级三借充当里正之机，禁止成

---

① 参见案卷"光15"。

② 咸丰八年，川东道在下发巴县的札饬中提到："渝城以白花生意为最大，富商大贾毕集，于此出资较为容易，本道此次办理积谷，拟于白花帮劝谕多抽取。"参见《重庆府札饬巴县抽取厘金以备采买积储及巴县示谕卷》（咸丰八年五月），《巴县档案》缩微胶卷，案卷号：清6-18-00916。

③ 参见案卷"宣18"。

都丝绦商人入城销售。①

第三，极力争夺商品贸易的专营权，却越来越难以做到。全汉昇指出："商业行会欲本行的利益增进，必须独占本业，并排除一切障碍。"② 但是从清代重庆的商帮来看，尽管很多都有"独占本业"的迫切愿望，但要真正实现却非常困难。

一方面，许多商帮面临外部的竞争，最典型的例子就是白花帮。从案卷"咸2"中可以看到，白花帮正式成立于嘉庆二十二年，在白花帮历次订立的规程之中，都明确规定"外帮不许挽越，贻误客事"。③ 但是从案卷"咸2"白花行与山广杂货行的诉讼中可以看出，直到咸丰六年，山广杂货行仍然不断地介入棉花贸易，白花帮要独占棉花贸易是很困难的。

另一方面，即使同行之间，分裂和竞争往往也在所难免，最典型的例子就是药材贸易。从案卷"光3"和"光5"中可以看到，光绪时期的重庆药材业已经分为"行帮"、"栈帮"和"客帮"。在案卷"光5"中，"行帮"要求取缔药栈的贸易权，使"各栈只堆货宿食，不准擅卖客货"；而"栈帮"则提出药栈"应得代客买卖"。在案卷"光3"中，"客帮"又因受到药材牙行的欺压而强烈要求取缔牙行，由客商自行贸易。④ 但是终清一世，重庆的药行、药栈和药商中的任何一方，都没能实现独占市场的愿望。

在案卷"光23"中，重庆知府针对丝绦帮商人欺行霸市的事件做出了这样的评论：

> 是倘一行如此而别行效尤，不独购买成都各物发卖铺户停贸□□□□，其有各省各国入渝之货仍照级三等聚众阻止，势必酿成巨

---

① 原文是："现在刘级三、郭金镒二者，原系丝绦帮匠人，今则稍有微资，贿串局绅，□充本城里正，前月聚伊□□□工匠百余人，在于级三所管之佑生公所扎营，禁革成都帮贩卖，□□□□在各街搜拿酿祸之处，笔所难罄，几有霸市之势。"

② 全汉昇：《中国行会制度史》，第163页。

③ 参见附录E中《道光二十二年白花行规》《咸丰元年白花行规》。

④ 原文是："生等家虽不丰，不忍帮众受害，甘愿各出银两，交当商生息，以作上每年帖课之需。至于厘金，仿照前宪定章，仍饬各门力夫于起货时将字号包数或起行栈赴局报明注簿，每月按簿核对，免致错落。"

祸。□□□特口岸萧条，遗误何堪设想？

这充分体现出当时重庆商品市场的多元性，而这样的市场显然不是某个商帮所能独占的。

3. 手工业帮

手工业帮是由手工作坊主和工匠组成的同业组织。在附录 G 中，涉及手工业帮的案卷共有 12 个，其中道光年间 5 个[①]，光绪年间 4 个[②]，宣统年间 3 个[③]。从数量上看，不仅非常少，而且各个时期并没有明显的差别。另外，从这些手工业帮所从事的业务类型、组织规模和组织方式来看，绝大多数与前面所考察的"行"相似。从本章所收录的案例来看，其由"行"转变为"帮"的原因大约有以下几个。

第一，为了区别不同的技术和工艺流程。如案卷"道 25"中，川扣帮制造的是"本地纽扣"，广扣帮制造的是"广帮扣子"；又如案卷"光 16"中，制桶工匠分为"白披桶帮"和"糊桶帮"，其分工是白披桶帮"只准制造"，糊桶帮"接买过手裱糊完好，转售客号"。

第二，为了区分经营范围，防止恶性竞争。如案卷"道 20"中记载了广扣帮于道光二十一年订立的一份帮规，其中提到了制订这份规程的原因：

> ……及今分来渝城，仍照原郡精工制作，花费千金不敢□涉欺假，更蒙商客光顾，四远售销，已及十载。近有射利之徒，伪造假货，冒充我等名色，四乡发售，及使鱼目混珠，碔砆乱玉，非诚信之□。若不议定行规，杜除弊窦，将见欺诈相尚，爰无底止。

这说明为了防范不正当竞争，广扣帮从一开始就竭力地从组织上区别于本地纽扣匠人。而就在四年后，也就是道光二十五年时，本地纽扣铺中即出现了违规制造广扣的情况。当双方对簿公堂时，川扣帮匠人辩称："民等钮扣作

---

① 案卷"道 20""道 21""道 28""道 33""道 34"。
② 案卷"光 16""光 20""光 21""光 28"。
③ 案卷"宣 6""宣 10""宣 16"。

房铺户素无川广之分。"而广扣帮则始终坚持"各做各帮，不得混乱"。① 由此可见，对于广扣匠人来说，以"帮"的名义与本地同行划清界限，最主要的目的是保护优势产品，防止同业恶性竞争。

第三，为了持守特殊的宗教信仰。这一点在永生帮顾绣匠人的案例中体现得最为明显。道光二十二年永生帮的公议条规中提到："予等系钦崇上天主宰，自宜谨遵十诫，严禁虚伪神诞，敛钱演戏之事。"② 这说明永生帮匠人是一个信仰天主教的特殊群体，他们很难认同本行业其他组织的行为方式。正因为如此，永生帮制定了一些特殊的规条，以强化对本帮成员的约束。如"永生帮我行老板、师友、学徒不准在三皇会入会，违者查出，凭众革除帮外"，"永生帮我行师友不准在三皇会众名下做艺，不得私出会钱，违者查出，不许入帮"等。此外，永生帮还将本帮的大部分收入直接捐入天主教真原堂，这与其他行帮组织敛钱自用的情况有很大的不同。由此可见，出于天主教信仰的缘故，永生帮的顾绣匠人形成了独特的行为方式。为了持守信仰，也为了避免与其他行业组织发生冲突，他们不得不以"帮"的形式与同行之间筑起一个严格的壁垒。

但值得注意的是，手工业帮也并非只能容纳资本薄弱、技术传统、人员构成单一的作房、铺户和工匠。如案卷"光28"就记载了一个非常例外的情况，有必要在这里进行专门的分析。该案卷是光绪三十三年毛葛巾帮向官府申请立案的记载。这个手工业帮的发起者是一家名为"振华公司"的新式企业，其技术和设备均来自日本，但是在试办一段时间后，其创办者廖坤三选择了让这家企业加入毛葛巾帮，而不是依照新颁布的《大清商律》注册并申请专利。在廖坤三上呈巴县县衙的禀状中提到了做出这一选择的原因：

　　毛巾人所必需之货，多织畅销，于厘金亦有起色。不请专利，以广众财而谋公益。国计民生，两有裨益。留学日本工匠于二十九年学成回

① 参见案卷"道25"。
② 参见案卷"道21"。

渝，职购买织毛巾机器运渝，照样制造，二十余架。开设昌华公司，现改振华，精工织造，货色比较东西洋无异。畅销获利，外洋之货无客贩办来渝。近因年久，学徒出师工匠甚多，兼之吾民素志步人后程，趋利之心更甚。开设多家，织造取巧，贱价滥市。尤有奸滑工匠，买水湿霉滥洋纱织造，欺骗远商，抵制好货不能行销，负职创办购机雇工远学辛苦。

从这段叙述可以看出，虽然廖坤三一再强调创设毛葛巾帮"广众财""谋公益""增厘金"等方面的意义，但更重要的原因显然是，在新的法律体系和企业制度尚未完善的情况下，近代化的企业在市场中有可能难以抵御恶性竞争的困扰，显得非常孤立和脆弱。他们选择加入传统的手工业行帮，实际上是为了使自身融入主导该行业的组织架构和经营规则之中，从而得到同业的认可和必要的保护。由此可见，尽管清代重庆的手工业帮与其他几种类型的"帮"相比，在资金、技术、市场和人员构成方面显得比较单薄，但是它仍然能够支持精细化的技术流程，协调多元化的从业者群体，甚至还能容纳近代化的技术和企业。

4. 脚力帮

这是在长距离大宗贸易拓展的背景下，形成于道光年间的脚夫行业组织，从业人数众多，竞争特别激烈，吸纳同乡人众作为成员。其最大的特点是处理内外事务都十分依赖集团化的暴力，就连地方官府也很难有效地约束那些势力强大的脚夫帮派。

综上所述，清代重庆的工商业"帮"，绝不仅是工商业者在异乡经营时"为了应付当地土著的压迫而保护自家"的策略，更是一种因应市场发展而形成的工商业组织机制。① 从前面的分析中可以看到，虽然各种"帮"形

---

① 值得说明的是，在清代的重庆，"帮"成为工商业者的主要组织形式，可能还与当地移民社会的特殊背景有一定的关系。因为在当时人们的语言习惯中，"帮"往往代表着一种更加紧密甚至更加彪悍的社会组织，这正符合了移民工商业者要求内部团结、共同谋求利益的诉求。但是因为没有可靠的材料证明这一点，所以只能作为一个猜测暂且写下来供读者参考。

成的原因错综复杂，但是与长距离大宗贸易相关的行业，越是市场体量大、竞争激烈、技术流程精细的行业，越容易孕育出成长势头强劲的"帮"。这些"帮"大多具有复杂的组织结构、多元化的人员构成，许多"帮"还发展出集团化、暴力化的行为方式。而集团化和暴力化的行为方式，很大程度上也是在越来越复杂的市场环境、越来越严酷的行业竞争中逐渐形塑起来的。

结论："行"与"帮"的差异

本章探讨了清代重庆工商业组织的命名方式，试图深入挖掘"行"和"帮"这两个字眼中隐含的人们对于工商业组织的不同认知。与本书其他章节讨论的问题相比，这个问题显得比较"虚"，而且很容易得出错误的结论。因为人们为一个事物命名的时候，内在的逻辑是很微妙、复杂的，可能会牵扯到人们的语言习惯、思维习惯、宗教信仰、社会心理，有的时候带着几分随意，甚至有的时候就是出于某种集体无意识。所以，要把如此超验的、感性的现象，用定性化的、条分缕析的语言表达出来，一定无法避免隔靴搔痒、顾此失彼的问题。

即便如此，我们还是可以从目前掌握的材料中提取出"行"与"帮"的一些差异（见表 7-4）。

表 7-4 "行"与"帮"的比较

	行	帮
规模	较小	较大
市场环境	与区域外市场联系较少，竞争相对和缓	更多服务于长距离大宗贸易，竞争较为激烈
组织结构	小规模，少变动，结构简单	结构相对复杂，有集团化倾向，更多地经历转变和分化
行为方式	自我约束	外向化甚至暴力化
行业特征	存在时间较长	相对新兴的行业

　　由此可见，即使人们在为一个行业组织命名的时候不会像学者那样严谨、较真，即使许多行帮的命名会受到某些特殊因素的影响，但是总的说来，这些用来标识行业组织的小字眼还是透露出不一样的信息。总结起来有以下三点：（1）"行"与"帮"是有差别的工商业者组织机制；（2）"行"与"帮"的共存反映出清代重庆市场的不同层面和多样化的生态；（3）由"行"到"帮"的变化，折射出升级的市场环境、日益精细化的手工业制造技术、复杂化的贸易运作过程，以及多元化的工商业者构成。

第八章　有生命的制度

——对行帮规程的近距离观察

　　本章将聚焦于《巴县档案》中的行帮规程纠纷，理解清代重庆各类行帮的经营和行为规则究竟是如何制订、修改，又如何与现实的商业世界发生关联的。乍看起来，这似乎是一个与今人生活毫不搭界的论题，但是正如社会学家埃里克森（Robert C. Ellickson）所说："世界偏僻角落的事件可以说明有关社会生活组织的中心问题。"① 清代重庆数量众多、内容翔实的行帮规程，以及工商业者、民众围绕着行帮规程的复杂互动，使我们不仅可以了解制度运行的细节，还可以近距离地体察其内在的生命力。从这个意义上讲，我们借助清代重庆的行帮规程，逼近了现代社会科学最关注的问题：制度是什么？制度如何影响经济绩效？有效的制度是如何生成的？

　　从附录 G 收录的案例可以看到，人们围绕着行帮规程的各种纠纷，大多是为了三个目的——制订规程、修改规程、反复论证规程的效力。因此，本章从制订与修改行帮规程的原因、制订与修改行帮规程的途径，以及行帮规程的效力三个方面展开观察。

---

① 〔美〕罗伯特·C. 埃里克森：《无需法律的秩序——邻人如何解决纠纷》，苏力译，中国政法大学出版社，2003，第 1 页。

一 制订与修改行帮规程的原因

从附录 G 所收录的案例来看，制订与修改行帮规程大多是出于三种原因，下面分别叙述之。

（一）防范或遏制扰乱行业秩序的现象

为了防范或遏制扰乱行业秩序的现象，行帮所采取的措施大致可分为三类。

第一类，预设可能会出现的扰乱行业秩序的现象，并制订相应的规章制度予以防范。如案卷"道 38"中，男工顾绣行即在"公议条规"中提出："渝城百艺均立有章程，惟我行向无条规……今拟各条款，永为定例，凡我同人务遵恪守，同归划一，庶不致混乱耳。"

第二类，是针对已经出现的扰乱行业秩序的现象，制订相应的规章制度进行补救。如案卷"道 20"《广扣帮公议章程》中提到，在道光二十一年，广扣帮的经营屡屡受到假冒伪劣商品的冲击，"近有射利之徒，伪造假货，冒充我等名色，四乡发售，及使鱼目混珠，碔砆乱玉"。为此，广扣帮提出："若不议定行规，杜除弊窦，将见欺诈相尚，爰无底止。"

第三类，是在已经制订行帮规程后，仍然出现了扰乱行业秩序的现象。行帮成员通过重整帮规予以整治，或是重申原有的规程，或是在一定程度上修改原有的规程。如案卷"道 21"《永生帮顾绣老板师友公议条规》中提到："前予等顾绣老板、司友、学徒，向于乾隆年间议有旧规，嗣因日久混乱，罔昭画一。今特于道光二十二年邀集妥议，重整帮规……"又如案卷"道 39"《冰橘糖房规条》中提到："我等冰橘糖房前辈师友，创会事、议规条、买田产，可谓尽美矣又尽善也。无如日□□□□□□□心性不齐，贤愚各异，非败坏会事，即违背条规，日积日下……"

重申原有规程的典型案例是"道 2"。这起纠纷发生在千厮门的川帮脚

夫和茶帮脚夫之间，起因是茶帮脚夫抢背铺户唐三元的棉花和钱包，引起了
川帮脚夫的不满。因为两帮之间原有的约定是："蚁（川帮力夫）背运各铺
家棉花钱包行李货物，茶陵州人等背运行站棉花。"经过诉讼，这个案件最
终的审理结果是："花行花栈客货棉花等件，均遵前宪断案，谕令茶帮力夫
背运……其棉花铺与别铺户除背棉花外，举凡货物等件以及行李钱包等件，
遵示任客雇请川帮力夫背运。"将这一审理结果与两帮原有的协议相对照，
可以发现基本上是相同的。

　　但是事实上，行帮不可能一劳永逸地制订并维护其规程，而必须在不断
的重申中使其得到明确。如案卷"咸2"中，白花帮商人提到了其行帮中长
期实行的"公秤制度"，即"行民们各行较准针秤二把，由公所发给，每月
二、十六齐集公所较秤两次，以外山广各行未入花帮，不入公所较秤"。但
是，就是这样一项简单的规章，在这个案卷中至少被反复重申了四次：第一
次是在嘉庆二十二年建立花帮公所之时；① 第二次是在道光二十二年帮内出
现了较严重的违规现象之时；② 第三次是在咸丰元年白花买帮和卖帮发生诉
讼之时；③ 第四次是在咸丰六年白花行户汪聚源等与山货行户黄泰茂等因争
卖棉花而发生诉讼之时。值得注意的是，虽然都是同样的"公秤制度"，但
白花帮对这一制度的每次重申都采用了不同的手段，针对不同的对象。这说
明维持帮规比制订帮规难度更大。

　　除了重申原有的规程，行帮有时不得不迁就已经出现的违规情况，
而对行帮规程做一定的变通。在这方面，案卷"嘉23"是一个典型的例
子。这个案例记载了太平门西帮脚夫和南帮脚夫争夺业务范围的过程。
西帮脚夫在诉状中称，在乾隆三十六年（1771）太平门码头设置夫头之

---

① 原文是："自嘉庆二十二年建立花帮公所以来，悉照旧规入帮领秤，春秋整理，逐月两较，
俱遵嘉庆十四年前任叶主示碑铸定铁制对针为准。外帮别行西黄值年从未给发花秤，原与
山货各行各分畛域。"

② 《道光二十二年白花行规》中提到"近因日久弊生，习焉不察，竟有以行规为具文，任竟
废弛"的现象，于是在此次整理行规时，白花帮的"公秤制度"得到了重申。其具体的内
容是："凡渝城专卖白花之行已凭八省领取较准公秤者，听客自便，至未经请领公秤之行，
断不许用行主私制之秤吊花，至乱行规，违者议罚。"

③ 案卷中对于此次重申规程的叙述是："咸丰元年，买卖各帮为整理花行规银色构讼，经曹
道宪大人断结有案，凡属买卖兑换花包悉归行民们吊秤，各收各用。"

初，本是西帮脚夫背运西帮商人的货物，南帮脚夫背运南帮商人的货物。后来南帮脚夫逐渐插手西帮脚夫的业务，引发了双方的诉讼。知县判令：西帮商人和南帮商人的杂货都归南帮脚夫背运，两帮商人的棉花和布匹则全归西帮脚夫背运。但在此之后，两帮脚夫之间又发生了争背货物的事件，再次引起诉讼，知县基本上维持原来的审理结果，但判令如果运载棉花和布匹的船只附带少量杂货，可以归西帮脚夫背运。① 到了嘉庆十九年（1814），两帮脚夫再次因为争背货物而发生诉讼，知县判令：西帮脚夫只能背西帮商人的棉花和布匹，其余货物不能插手。② 从中可以看出，两帮脚夫的业务范围随着争背客货事件而不断发生调整，而且往往是越敢于破坏既定行帮规程的一方，越有可能影响新的行帮规程的制订。当然，在双方对簿公堂的情况下，西帮脚夫所叙述的情况有可能并不完全真实。但他们能将这样一个过程写在上呈县衙的诉状之中，说明这种迁就违规现象而对行帮规程做调整的情况，在当时是比较常见的。

（二） 出现原有行帮规程不能解决的问题

原有行帮规程不能解决的问题，大约可以分为两种情况。

第一种情况，是在原有的行帮规程中存在漏洞。案卷"道14"即属于此类案例。这个案件发生在道光十五年，拨船帮的谭仕顺等人状告临江门码头船户王正常、何宗太，原因是当时重庆的拨船主要集中在储奇门、金紫门、太平门、朝天门、千厮门五个码头，东水门和临江门两处没有拨船，所以当谭仕顺等人的拨船受雇到临江门装运麦子的时候，受到了临江门船户何宗太、王正常的阻拦，于是引发了诉讼。

在这个案件中，拨船帮规程的漏洞是很明显的：一方面，何宗太等人的

---

① 原文是："情乾隆三十六年，八省客长禀前仲主，议定南帮脚夫背运南帮山广杂货花布等物，蚁等背运西帮山广杂货花布等物，立规无紊。后因南脚夫谭秉清仗伊人多，估背蚁等西帮杂货，控经温主讯断，西南两帮杂货归秉清等运，两帮花布归蚁等背运，岂秉清仗蚁健讼，又互控叶主，仍照温主讯断，尤断花布船随带些微杂物，亦归蚁背运结案。"

② 原文是："查此案经前任讯断，西帮棉花布匹准令张明德等背运，余货不得侵夺结案。章程久定，未便更张，本县前断饬令永照旧章，各背各货，毫无偏袒，不得复生异议，致起争端。"

船只未加入拨船帮，所以不能与拨船帮争夺业务；但是另一方面，临江门确实从来没有设置过拨船，而拨船户谭仕顺等也拿不出任何支持他们在临江门拨装货物的依据。所以，即使在知县判令拨船帮可以装运这批麦子之后，拨船户刘永宁等仍然要求官府进一步确认拨船帮对于临江门货物的拨运权，目的是防止"将来争拨客货，祸延无底"。

　　第二种情况，是市场格局的变化引发了一些始料不及的问题。这方面的典型例证是"嘉21"。在这个案件中，从事棉花中介贸易的行户状告脚夫帮勒索脚价。而造成脚夫勒索的直接原因，是嘉庆十八年重庆棉花输入量的急剧增加。正如案卷中所说："近来广花云集，花行堆放不下，添设栈房数处，囤积客花。被背夫等不照行户下花远近脚价收取，每于栈货多索，而客商又不能加增脚价，悉累行户贴赔。"因此，行户强烈要求脚力帮重新议定脚力价格，并"另立下货夫头照管客货，以专责成，以杜偷窃"。另外，"宣13"也是一个类似的案例。这个案件发生在宣统二年，诉讼双方是千厮门背运棉花的脚夫（案卷中称为"花牌"）和背运杂货的脚夫（案卷中称为"力轮"）。起因就是，在"花牌"和"力轮"兴设之初，输入重庆市场的棉花多、棉纱少，所以棉纱被归入杂货之列，归"力轮"背运；可是到了宣统年间，却出现了棉花少、棉纱多的情况，所以"花牌"脚夫迫切地希望通过诉讼重整行规，使其能够介入棉纱背运业务。①

（三）共同承担本行业的差务

　　这一点在船帮的案例中体现得最为明显。在笔者目前所查阅的《巴县档案》中，最早的关于船帮的记载出现在嘉庆八年（1803）。而在这一年的

---

①　需要说明的是，在这一案卷中，诉讼双方对于千厮门力帮的内部划分有着不同的说法。背运杂货的脚夫声称，千厮门的力帮向来有"花牌"和"力轮"的区分，他们自己属于"力轮"，背运棉花的脚夫属于"花牌"。但是背运棉花的脚夫否认这种说法，提出千厮门的货物背运业务起初是由他们包揽的，后来由于货物过多，才将杂货背运权租赁出去。因此，他们称自己为"大轮"，背运杂货的脚夫为"小轮"。在没有更多资料加以印证的情况下，我们难以判断哪一方的说法更加真实。但可以肯定的是，在当时的千厮门，脚夫帮确实分成了两个群体，一个以背运棉花为主，一个以背运杂货为主。为了叙述方便，笔者也采用了"花牌""力轮"的称谓，但并不意味着笔者支持背运杂货的脚夫的说法。

两个案卷中，都明显地体现出船帮组建与应承官府差务之间的关系。首先，案卷"嘉5"中提到："小河船户公举船首陈正礼、王元惠承充船首，办理小河差事。"这说明办理差务至少是小河船帮形成的一个重要原因。另外，案卷"嘉6"中记载，由于查河差役刘文兴勒索大小两河过往船只，重庆知府将"刘文兴责惩，枷号河干示众"，同时又规定"小河差务归小河承办，至朝天门至。大河及下河差务，仍归大河、下河船户承办，大河、下河各举头人公办，不得推诿违误"。从这段记载可以推测，在此之前，大河沿线和下河沿线的船户可能也处于比较涣散的状态，是应承差务促使了这两条水道上统一的船帮组织的形成。另外，与当时重庆的其他行帮相比，船帮的规程也非常特别。就笔者目前所看到的而言，其内容无一例外是关于差务费征收的规定，几乎很少涉及船帮的运输业务。① 由此可见，船帮的组建和规程的制订在很大程度上是与应承差务相关联的。

除了船帮之外，其他行帮的规程也会受到差务的影响。如案卷"嘉1"中收录了嘉庆年间弹新花铺的公议规程，其引言部分如下：

> 窃闻交易贵乎公平，章程宜乎永守，盖渝城弹花铺薄业经营，蝇头微利，买卖虽小，其理则同，苟不恪守成规，赔累终无止息。于四十六年因差务难当，幸我朋侪晰呈邑侯，准给示禁勒石章程，照值时价，沐恩至极，示已遍谕。近有差勒买肥，己身当两役，折本难堪，每值不害不已，何故自贱，乃尔今至五十一年公议协同禀明府宪，蒙恩金批既经巴县出有示禁，如道差内再敢短价勒卖，许即扭禀，以凭查究。历来章程已就渝城花铺新旧两分，各应差务，程规勿得紊滥，不得阳奉阴违，自甘受罚。

从这段叙述中可以看出，从乾隆四十六年至该案卷写成的年代，弹新花铺先后制订了两份规程。第一份规程是由于"差务难当"，因此请求知县"示禁勒石"；第二份规程是由于差役"短价勒卖"，因此请求知府

"蒙恩金批"。可见，制订这两份规程的主要目的是明确弹新花铺对于官府的差务责任。而同样值得注意的是，规程中还涉及一些其他的规定，如"买卖价秤必须公平，不许高抬短缩，公议砝码""手工花每斤工银三分，做棉絮工银四分""棉絮带纸二张以包风扬折耗，衣花每斤带纸一张"等。这些规定纯粹针对弹新花铺的业务，与差务并无直接关系。这说明与官府交涉差务责任的过程，也给弹新花铺同行提供了相互接触、整顿业务规程的机会。另外，同行共同承担差务在客观上也要求各铺户在业务经营上相互协调。由此可见，差务并不仅是官府与行帮之间"索取与付出"的双向关系，在特定的情况下，也可以成为行帮完善其组织和规程的动力。

综上所述，行帮规程的制订和修改是一个动态的过程。一份行之有效的行帮规程往往要经过制订、重申、修改、增补等诸多阶段。制订仅仅是起点，重申是为了抵制执行中的种种偏差，修改和增补则是因应现实情况而做出的调整和变通。另外，行帮规程的制订和修改并不仅是行帮的内部事务，在许多情况下，它也是行帮与官府之间的一种协议，包含对业务和差务的双重考虑。

二　制订与修改行帮规程的途径

从附录 G 所收录的案例来看，制订与修改行帮规程大约可以通过以下五种途径。

（一）公议

即公同商议。具体地说，可以分为三种情况。

第一种情况是由从事这一行业的所有人公同商议。[①] 如案卷"道15"中，打铜锁匠人供认他们所在的行帮于道光十五年"邀集客师、工匠、铺

---

① 反映这种情况的案卷包括"乾1""嘉2""道4""道15""道20""道21""道25""道37""道39"。

家，治酒演戏，立有程规"；又如案卷"道21"《永生帮顾绣老板师友公议条规》中提到，该帮的"顾绣老板、司友、学徒，向于乾隆年间议有旧规"。

第二种情况是在获得官府认可的前提下，由从事该行业的所有人公同商议。如案卷"嘉1"中，弹花铺匠人称他们的行帮近来常常受到不法差役的勒索，所以他们将这种情况禀明知府，"蒙恩金批，既经巴县出有示禁，如道差内再敢短价勒卖，许即扭禀，以凭查究"。正是因为有了这样一道批示，弹花匠人才重新议定了《渝城弹新花铺公议单》。更值得注意的是案例"道4"。这个案卷中收录了一份道光元年板箱铺客师人等公议的规程。但是在道光二年工匠罗光宗与铺主张万顺的诉讼中，这份规程被官府否认。① 于是，铺主余祥发等又请求巴县县衙以出示晓谕的方式，为其行帮确立了一份规程，而这份规程的内容与前先的同行"公议"是完全相同的。②

第三种情况是在具有半官方身份的八省客长组织下，由同行公同商议。③ 如案卷"咸2"中，白花帮即"请凭八省客长会同西黄两帮值年买卖客商，重整旧规"。又如案卷"嘉9"中，大河船帮的差务章程名义上是由"八省局绅公议"而成，但是在这个章程中，对于每个船帮的船只大小、船只类型、载货种类，甚至水道情况等都有非常详细的描述。如：

> 綦江帮大船每次收钱一千二百文，中船每次收钱□百文，小船每次收钱一百文。如遇兵差，装棉花赴綦江，船每包收银一分五厘。綦江河小水浅，一切大船货船不□□綦供，倘綦江船只装别帮货物，照本帮常规，加收一□以供差费。

---

① 原文是："不料近年遭不法工匠罗光宗、李大海等计图把持垄断独霸不遂，纠众立会，私议条规，尤敢捏控，案下，沐恩讯责结案。"从这段叙述中可以看出，县衙实际上否认了道光元年板箱铺规程的合法性。
② 余祥发禀状中称："案已断明，蚁等本不该再行呈渎，但恐各铺户工匠人等，良莠不一，日久渐生异议，是以协恳出示晓谕，俾蚁等永远遵行，以杜讼累。"
③ 反映这种情况的案卷包括"嘉7""嘉9""嘉16""道14""咸2"。

这说明，在八省客长议定这份章程的时候，一定让各帮船户不同程度地参与了进来，以细致地咨询他们的情况和意见。

（二）司法程序

在当时的司法程序中，对于行帮规程的制订和修改影响最大的当数"定案"。在《巴县档案》的诉讼案卷中，"定案"是一个使用频率较高的词，通常是指由地方官府做出明确的处理决定，并可以为日后类似案件的处理提供依据的案例。在行帮规程纠纷中，人们也常常援引以前的定案。具体地说，有以下两种情况。

第一种情况，待决纠纷的情节和所涉及的各方与定案基本上相同。如案卷"嘉16"中，朝天门索帮脚夫池洪才在诉状中写道：

> 蚁等充朝天门夫头，承管散夫背运客货花包银钱广货药材杂货行李等项，应办差务，至抬夫等止抬糖油两项，并无差事应办。曾经八省客长公议章程票报请谕竖碑，迨因违规霸搬，控前葛主讯断，照前旧规有案，并沐温主赏示条规，蚁等管领散夫，遇背各货发给签筹，挨次轮流，以免漏遗，告示现凭，历来无异。本月初六有新泰店给票令蚁等领夫背运客货川芎一百二十五包，图票呈审。突遭抬夫岑教顺、龙安云、彭元清等伏恃恶棍欺朴，胆违旧规，统众拥上舡，霸夺搬运。

这段叙述中提到了两个案件：第一个是扛帮脚夫岑教顺等抢夺川芎125包的案件，也是有待在此次诉讼中解决的案件；第二个是扛帮脚夫在若干年前抢夺索帮脚夫业务的案件，这个案件即可以视为定案。将这两个案件进行对比，会发现其情节和所涉及的纠纷各方几乎是相同的。另外，案卷"光8"中，挑担贩卖蜡烛的魏周氏、杨松茂等控告油烛铺主阚炳南等抢夺其货物。阅读该案卷会发现，在此前一年，双方曾出于同样的原因而对簿公堂。可见，这也是一个待决纠纷与定案基本上相同的例子。

在这种情况下，官府通常会不折不扣地照搬定案的处理决定。如案卷"嘉16"中提到，在先前索帮和扛帮发生纠纷后，官府做出了"重货归伊等（扛帮）抬运，店货归蚁等背运"的判决。而在此次纠纷之中，由于每包川芎的重量达200余斤，大约达到了"重货"的标准，因此官府判令"应归抬夫抬运"。案卷"光8"中的情况大致相同，由于知县在先前已经做出了"断令每年腊月廿日以后准杨松茂胡洪与杨洪顺三人挑担上街发卖十日，平日不准滥规"的审理决定，因此当双方再次发生纠纷时，知县判令"照去年定案，腊月二十以后方准担子上街"。这种"同样问题同样处理"的解决方式，实际上使行帮规程在反复出现的案件中得到不断重申。

第二种情况，待决纠纷的情节或所涉及各方与定案有所不同。如案卷"道40"中记载，道光三十年，板箱铺主张永顺等与工匠王德全等发生纠纷，起因是工匠不许铺主多招学徒，并且不向铺主缴纳每月500文的伙食钱。铺主张永顺的诉状中提到道光二年的一个定案。这个案件同样发生在板箱铺主与工匠之间，起因是"工匠罗光宗等纠众立会，私议条规"。从字面上看，"纠众立会，私议条规"与"不认火食，不许招徒"的情况并不相同，但是原告方和官府很快从这两个不同的情节中提炼出了一个实质性的问题，即"垄断把持"。如原告张永顺在诉状中反复强调："德全等纠众把持，不认火食，不许招徒，恁伊垄断独霸，蚁等不允，德全等叠次寻祸滋非，害蚁等生贸断绝。"而知县在庭讯的过程中，也"申饬德全不应把持滥规"。这样一来，待决纠纷与定案之间就实现了原则上的沟通，而官府先前对于成案的处理办法也就能够很自然地适用于待决纠纷了。这等于是将"严禁垄断把持"这一抽象的行帮规程不断具体化，并通过情节各不相同的案件拓展其适用的范围。

在上述两种情况中，定案只是在细节上影响了行帮规程的制订和修改。而在另一些情况下，定案甚至成为制订或修改行帮规程的关键。这在药材行帮的案例中得到了最明显的体现。案卷"光3"中记载，光绪六年，药材牙商陈泰来等扣留了外地客商周万义的5包当归，理由是周万义没有按"官牙制"的规定将这批药材投入牙行发售，而是私自将其卖给药材栈房。由此，激起了药商和药栈联合控告药材牙行。药栈主的联名诉状中提到了同治十二年的一个定案。这个案件仍然是药商和药栈联合起诉药材牙行的垄断行为。川东道的审理决定是："任客投店，所有零星货件许客自兑，准栈主经纪代售，以所得辛费三分之一帮行。栈主经收自会厘金，赴局完纳。"这就意味着在案件审理的过程中，药材行帮的规程发生了至关重要的改变，中介贸易不再由牙行全权垄断，而是由牙行、药栈和经纪共同分享。从案卷"光3"的记载来看，这个规程一直执行了七年，直到光绪六年药商、药栈与药行之间新一轮诉讼的出现。而光绪六年的这次诉讼又成了一个定案，因为它进一步明确了药栈与药行之间相互稽查业务的方式，以及各自向官府征缴厘金的办法。① 在这次诉讼中，药材行帮的规程又得到了重要的补充和完善。

然而应该说明的是，尽管"定案"是官民双方处理规程纠纷的重要依据，也为制订和修改行帮规程提供了契机，却仍然不能对纠纷各方形成绝对有效的约束，违反或歪曲定案的事例也屡见不鲜。有些当事人在案件审理完毕、出具甘结后拒不执行。如案卷"光8"中，杨松茂等烛贩在光绪十年的诉讼中已经承认"每年腊月廿日以后挑担上街发卖十日，平日不准滥规"，但是在光绪十一年四月又"添雇多人，挑担卖烛"。有些当事人在出具甘结后又屡屡上控。如案卷"宣17"中提到，光绪二十九年，五门拨船帮控告船户唐吉臣违规拨装货物。唐吉臣当时表示"俯首认错，不敢仍蹈前辙"，但是此后却屡次翻控，直到宣统二年，已是"官经两任，讯至四堂"，双方却仍然在这个问题上反复纠缠。有些当事人为了达到自己的目的，还会故意歪曲定案的审理结果。如案卷"嘉23"中，西帮脚夫和南帮脚夫因争背货物发生冲突。西帮脚夫提出，在前先的定案中，前任温知县已经允许"西南两帮杂货归谭秉清等背运，两帮花布归蚁等背运"。而南帮脚夫谭秉清等却坚决否认这种说法，指出在温知县的判决中，只允许西帮"背西客棉花

---

① 案卷"光5"中提到了这个案件。原文是："光绪六年，行帮朦禀庄主，请示药尽入行，栈帮只准堆店饭食，不准对手买卖，自会纳厘估抬，□□□□□等货又株裕源店在案，激客帮上控。督辕批□□□□行栈各札委一人互查，本帮另请妥人收缴厘金，发领循环印簿。"

布匹，余货不得争夺"。从这两种截然不同的叙述中可以看出，双方可能都隐瞒了定案中对自己不利的情节，甚至有可能歪曲或编造了前任知县对此案的处理决定。由此可见，诉讼虽然具有不容置疑的法律效力，却并不是一劳永逸地制订或修改行帮规程的途径。

（三）官府的公开承认

从附录 G 所收录的案卷来看，地方官府对于行帮规程的公开承认大约有两种方式。

第一种方式是公告，主要包括示谕和镌碑。"示谕"即是用张贴告示的方式，使行帮规程为众人所知晓。有的示谕是地方官府主动发布的。如在案卷"嘉 6"中，为了杜绝查河差役"磕（搕）索船户，图分肥囊，扰累难堪"的不法行为，重庆府发布了一则标题为"为严禁借差勒索，以安行旅事"的告示，规定了大河、小河、下河各船帮的差务承担方式。但是在绝大部分案例中，是由行帮向地方官府提出请求后，地方官府视具体情况发布示谕。如案卷"道 4"中，板箱行的规程在工匠罗光宗与铺主张万顺的诉讼中得到了明确，① 板箱铺主余祥发等立即向县衙提出："但恐各铺工匠人等，良莠不一，日久渐生异议，是以协恳出示晓谕。"而县衙也于一个月之后发布了相关示谕，其中不仅抄录了板箱铺新订规程的内容，还明确写道："仰合邑板箱铺户及工匠人等知悉，自示之后，尔等务须遵照断定章程，永远奉行，倘敢故违断案，另行异议，一经告发，定行从严惩究，决不姑宽，各宜凛遵勿违。"

但是在官府对案情有新判断的情况下，也有撤销示谕的情况。如案卷"道 26"中，铜页铺和铜纽扣铺因贩卖铜页而发生诉讼。铜页铺要求"各处贩卖铜页来渝发卖，抽取厘金以备应差"，并请求巴县县衙以发布示谕的形式给予支持。巴县县衙最初同意了这一请求，但就在示谕即将公布的时候，铜纽扣铺和负责进行调处的约邻纷纷指控铜页铺企图"垄断把持"。最后，

---

① 具体内容是："凡有新开板箱铺者，出钱四千八百文，新招徒弟一名者，出银一两二钱，□入鲁班公会之内，以为焚献之资。"

巴县县衙做出了将铜页铺"已请告示掣（撤）销"的决定。

"镌碑"是在取得官府许可的前提下，将行帮规程锥刻在石碑之上，以强调行帮规程久远弗替。由于其作用和刊立的过程与"示谕"非常相似，所以就不再赘述。

官府公开承认行帮规程的第二种方式是向行帮或其成员授予专属的凭证，如执照、腰牌、公秤等。从笔者目前所查阅的案卷来看，执照和腰牌主要是发给脚力帮夫头或船帮首事。案卷"乾2"中收录了乾隆三十六年巴县县衙颁发的一张夫头执照，其内容如下：

> 为给照事：
>
> 　　本年五月初八日，据朝天门码头徐殿杨、陈大善认充夫头前来，合行给照。为此，照给陈大善、徐殿杨收执。嗣后每遇客船装货抵岸，务须经理散夫背运货物，交割明白。仍不时稽查外来无籍之人，毋许混行抢背客货。倘有恃横滋事者，许即扭禀本县，以凭法宪。尔等亦不得勒索偏枯，致干察究不贷。毋违，须至执照者。

嘉庆十六年，盐船帮首人在赴县衙领取腰牌时也写下了这样的保证："以后需船差务过境，协同合帮集办，不得违误躲闪。稍有妄违，蚁自甘坐罪。"[1] 由这两则材料可以看出，巴县县衙向夫头颁发执照，是为了维持朝天门码头的客货秩序并稽查治安；向船帮首事颁发腰牌，是为了确保船帮能够及时地应承官府的差务。可见，执照和腰牌实际上相当于一种委任证明，它赋予了被委任者代表官府处理行帮事务的权力，也规定了他们行使职能的具体方式。

公秤主要是发给手工业和商业行帮。在这些行帮中，称量标准往往是其规程最核心的部分，也是最容易引发纠纷的问题。由官府颁发公秤，有助于有效地解决由此而产生的争议。如案卷"道9"中，烧饼铺状告磨房称面短斤少两，但磨房声称他们称面的秤是乾隆年间县衙发给的，"每斤只有十五

---

① 《嘉庆十六年十二月三十日王大兴认状》，《清代乾嘉道巴县档案选编》（上），第407页。

两二钱"。而负责审理这一案件的官员也提出让磨房主王三兴等"查找旧案，再行复讯，如无陈案，以后每斤名（疑为'只'——引者注）以十六两天平为度"。而最后，王三兴等人果然拿出了乾隆年间颁发的公秤，"均有巴县正堂及重庆正堂各字样"。于是，官府很快做出了"未便更改加增……仍照旧制"的处理决定。而烧饼铺虽然对磨房的面秤仍有疑问，也只得表示"情愿具结，各安生业"。

（四）暴力冲突

前面已经提到，在船帮和脚力帮中，暴力冲突是解决问题和分割利益的一项潜规则。船帮中的暴力冲突可以挑战地方官府制订的船帮差务规程；脚力帮中的暴力冲突可以重新界定各帮的业务范围，还可以迫使客户在规程问题上向脚力帮妥协。脚力帮和船帮的暴力行为有其特殊性，笔者在第十章中做了专门分析，这里只讨论手工业和商业行帮内的暴力行为。

在手工业和商业行帮中，以暴力冲突改变行帮规程的例子并不少见，"光16"就是一个典型的案例。这个案件于光绪十五年发生在白披桶帮和糊桶帮之间。在此之前，两帮的业务范围有明确的划分，大致是"白桶铺只准制造，糊桶铺接买过手裱糊完好，转售客号。牌名只准顶打，并无增添，每千桶上货厘三两三钱，承认文武各衙门暨试院大巡一切差务"。但是自从陈柏轩充任白披桶帮首人后，情况就发生了变化。如"捏打成规，联廿一家为一家，伊一人经理"；"结无赖工匠为心腹，厚添工价，私立规模，不准招徒学习，有外来司友入帮者先上庄银四十串始准帮工"；"违规私造披桶数千，暗地分肥"；等等。而陈柏轩之所以敢如此藐视旧有的行帮规程，最重要的原因在于以暴力作为后盾。帮众江全美等人的诉状中，详细地描述了陈柏轩所指使的每次暴行：

> 白披桶帮之吴永泰、邓广兴、王天德贵均受其害，遭伊支人毒打数次。
>
> 糊桶帮之何渔溪被伊捏词诬控搕索铜钱十串，系生等过交得钱后，又支匠痞周二大耶、山东秦二哥即国成、黄八大耶即双喜、何喳吧等由

道门口街殴至县辕，渔溪因伤病故。

……黄双喜先扭生江溶发辫拖地，秦国成、周二等拳足交加，生国霖见受伤命悬，力为拖救，痞等以国霖禀案，有名赵吵吵又统多人仍先扭发辫凶殴在地，幸原差石玉街邻唐朝波刘祥顺等死救得生。

由此可见，在清代重庆的行帮之中，许多时候，掌握暴力手段的人更有可能影响和改变行帮规程，尽管这往往违背了法律或道义的准则。

（五）契约

岸本美绪认为，在明清时期人们的语言习惯中，"契"是指"当事者相互合意而达到的约定"，[①]"契约"或"契据"则是"日常生活中种种约定及记载约定的文书的泛指"。[②] 在笔者所查阅到的制订和修改行帮规程的案例中，出现了两种契约文书。

第一种，认约（或允单），即纠纷实现和解时，由过失方出具的包含悔过和保证双重意义的契约文书。案卷"道33"中收录了道光二十七年烟贩向烟铺开具的一则允单，详细内容如下：

烟铺行规章程允单

盖渝城买卖有生易之别，同行货物有贵贱之分，惟吾烟铺□□，历有章程，向无作房烟担子上街。近因射利之辈违前旧规，新兴作房烟担沿街发售，自贱生易。今各铺户呈控县主差唤究讯，兹吾等伏思紊乱行规情殊理亏，只得央恳八省乡绅邀合各铺户齐集府庙，理剖明晰，仍照旧章。吾等上街之人自愿将各烟担收回，另寻街道开铺买卖，所有倩工挑担今已一体歇业，嗣后不得紊乱行规。如有不遵，仍有挑担沿街发卖烟斤，凭众照前议规公罚。今将各牌□□于后，各书允字为准，是以

[①] 〔日〕岸本美绪：《明清契约文书》，〔日〕滋贺秀三等著，王亚新、梁治平编《明清时期的民事审判与民间契约》，法律出版社，1998，第281页。

[②] 〔日〕岸本美绪：《明清契约文书》，〔日〕滋贺秀三等著，王亚新、梁治平编《明清时期的民事审判与民间契约》，第282页。

为序。

　　一议开铺之家不得自卖烟斤与上街担子及自行挑烟担上街，如违罚戏三台，油一百斤，府庙焚献。

　　一议嗣后买卖恁客投店，不许私行提篮端盖沿街发卖零烟，如有包送烟斤等弊，协同照议公罚。

从这段文字可以看出，这既是一则表示悔过和保证的契约，同时也是烟行新制订的一份规程。可见，在这个案例中，缔结契约的过程与制订行帮规程的过程几乎是重合的。但与普通行帮规程不同的是，这份规程从订立之初就具有明确的针对性。另外，这份规程自始至终以破坏规程者的第一人称进行叙述，应该也是为了增强日后对于此类人员的约束力。

　　与制订或修改行帮规程有关的第二种契约文书是卖约，即卖主表示在接受买价的前提下，把不动产的所有权利让渡给买主的书面保证。在案卷"宣17"中即出现了这样一则契约。这个案件发生在宣统二年，五门拨船帮状告夏聚庆在没有加入该帮的情况下私自拨装货物。而夏聚庆则呈出了光绪二十九年购买陆源发驳船轮股的文约，其中明确写道："自卖之后，族戚帮中已在未在人等，均无异言称说，亦不得另生枝节，借故滋端。倘有阻滞，概有源发一力承耽。"尽管五门拨船帮强烈质疑这则卖约的真实性，[①]但是负责审理这一案件的官员提出："夏聚庆买卢（陆？）源发所卖蔡文元轮子，系从熊周氏卖出，各约均注顺江拨载，横江灵柩，自不能禁其拨货。"而且一位霍姓知县还曾判令拨船"备银三百五十两连船付给（夏聚庆）"。这说明，地方官府对于这则卖约的效力还是相当重视的，即使在当事人行为违背行帮规程的情况下，仍然想办法确保契约的履行。

　　需要说明的是，在笔者目前所查阅的案卷中，尽管发现了以契约影响行帮规程的情况，但是这类案例的数量非常有限。契约究竟能在多大

---

①　五门拨船帮在诉状中极力证明这份文约的不合逻辑之处，原文是："案经两载，讯经四堂，夏姓乃出头扛夯，造约朦混。谓伊与陆姓买船去银叁伍拾两，此情果实，何以先不出头，听凭唐吉臣一再具结？"

程度上影响行帮规程的制订与修改，还需要从更多的材料中得到确切的结论。

综上所述，行帮规程的制订和修改实际上是一个非常灵活的过程。它包括地方官府、行帮成员、客长约邻等各种各样的社会角色，采用了司法、行政、民间惯例、行帮潜规则等多种不同的手段；它既包括系统的、条分缕析的书面规定，也包括在各种成文或不成文的载体中进行细枝末节的补充与修改；它可以在公堂上以针锋相对的形式进行讨价还价，也可以在公堂之外以协商的方式完成，还可以在行帮聚会中一团和气地议定。总而言之，行帮规程的制订和修改，就是行帮成员动用他们所能掌握的各种社会资源，利用他们所能想到的各种方式，在不同时间与场合反复上演的一个过程。

三　行帮规程的效力

在关于清代重庆行帮的诉讼案卷中，常常会出现已经订立的行帮规程不被承认的情况。提出否定意见的有时是行帮成员，有时是地方官府。前者如案卷"道22"中，纽扣铺主谢永兴指控："道光九年，遭匠艺李元魁、黄裕成等私设章程，暗窃各号之名，伪立合约，禁绝叙府、泸州等地纽扣，不准来渝销售。"后者则如案卷"道23"中，巴县知县在堂谕中明令："割猪手艺不许兴会定规，每逢会期各自敬神。"个别的时候，行帮之外的其他人也会质疑行帮规程。如案卷"道25"中，川帮纽扣铺就极力否认广帮纽扣铺的规程，提出："民等纽扣作房铺户素无川广之分，而莫信成远来孤客，竟敢私聚多人，勒索多金……"由此引发我们思考：究竟怎样的行帮规程才能够被认为是有效的？在判断行帮规程的效力时，官民人等各自有着怎样的行为和考虑？

总的来说，人们在质疑行帮规程效力的时候，最常用的一个理由就是"把持垄断"。下面是对三个案卷中相关叙述的摘录：

不料近年遭不法工匠罗光宗、李大海等计图把持垄断独霸不遂，纠众立会，私议条规，尤敢捏控案下，沐恩讯责结案。①

切朝廷码头背运货物人人可任，而千厮门独遭若辈纠党把持，非伊茶陵州人即行驱逐，不许别人入帮背运，真有蛮无法。②

切蚁等穷民，以力卖钱，原未入伊等规条之内，何得垄断独登？③

上述三段叙述分别涉及"把持垄断"最常见的三种情况：案例"道4"——私设行规，扰乱本行帮；案例"嘉21"——无视行帮规程适用的界限，强加于人；案例"嘉19"——恃强凌弱。下面要论证的是：为什么这三种情况会引起人们对于行帮规程效力的质疑？在这三种情况下，人们分别采用了什么样的方式以修复或重建行帮规程的效力？

（一）私设行规

从笔者目前所查阅的案卷来看，通常被人们视为"私设行规"的大约有两类案例。

第一类案例是行帮规程没有得到行帮成员的共同认可。如案卷"道37"中，烟铺主江松亭和匠师叶新英等发生诉讼。叶新英等声称"江松亭与卢悦来暗串一局，不照旧规，滥招学徒"。但是同行的简恒泰等则指出，叶新英等人所说的"行规"实际上只是"私议"，所有的烟铺"论招学徒只看生理大小，大铺多招，小铺少招，原无定数的道理"。由此可见，这份规程在行帮内部已经引起了分歧。

第二类案例是行帮规程基本上得到了行帮成员的认可，但是没有向地方官府申报立案。案卷"道23"就是一个这样的例子。这起诉讼于道光二十三年发生在割猪匠人练龙贵与牟廷顺之间。练龙贵在诉状中提到，他因帮助李洪顺割猪，被牟廷顺等人指责为紊乱行规，并"勒罚钱五千"。为了证明自己的无辜，练龙贵在诉状的开头极力强调："情蚁割猪手艺，向无规程。"但非常矛盾的是，《巴县档案》中又的确收录了乾隆二十年

---

① 案卷"道4"。
② 案卷"嘉21"。
③ 案卷"嘉19"。

和道光十五年割猪业公议的两份规程。① 这说明，在长达八十多年的时间中，重庆割猪业制订了行帮规程，而且应该是得到了大多数同行的认可，只是有可能并没有向地方官府申报立案。②

当遇到这样的问题时，地方官府大约会视具体情况采取三种态度。

如果行帮内没有发生诉讼纠纷，该行帮的经营也不与地方官府的利益直接相关，地方官府大多会采取听之任之的态度。如从案卷"乾1"和"道13"中可以看到，割猪业的行帮规程从乾隆至道光时期一直存在，虽然并没有正式地申报立案，却似乎也没有明显地受到地方官府的干涉。

如果行帮内发生了纠纷，但该行帮的经营不与地方官府的利益直接相关，地方官府往往会断然地否认该行帮规程的效力，并对企图垄断把持者给予象征性的警告或制裁。如在上述案卷"道37"和"道23"中，烟草业和割猪业都是承担差务较少的行业。所以在案卷"道37"中，知县判令叶新英等"呈出私议行单"，并明确规定"烟铺学徒或用或不用，仍照旧规，多少随其招收，不得勒定额数"；在案卷"道23"中，知县明令"割猪手艺不许兴会定规，每逢会期各自敬神"。

如果行帮内发生了诉讼纠纷，且该行帮的经营与地方官府的利益直接相关，地方官府在否定私议的规程外，还会督促该行帮制订新的章程。案卷"道30"中的泥水行就是这样一个行帮，其负责"应办各衙差务，及大宪临渝差徭"。道光二十五年，泥水匠头余德沛等与泥水匠师段永清等因工价问

---

① 分别是案卷"乾1"《阉术公规》和案卷"道13"《乡城公议割猪章程》。

② 需要说明的是，由于笔者是在《清代乾嘉道巴县档案选编》（上）中查到的这两份规程，该书中又没有注明这两份规程是在什么时间、什么样的情况下被收入《巴县档案》，但总的来说，出现在《巴县档案》中的原因大概有两种：一是由行帮呈禀给官府，作为其立案的依据；二是由案例"道23"中的被告牟廷顺上呈给官府，作为割猪业历来就有行帮规程的证据。而据笔者推测，后一种原因的可能性更大，因为在这两份割猪业规程中，都只是提到"邀同行酌议"或"齐集酌议"，完全没有提到要向官府申报立案。另外，在《清代乾嘉道巴县档案选编》一书中，这两份章程是与练龙贵和牟廷顺的诉状编排在一起的。所以，很有可能它们原来就属于同一个案卷，被同时收录进了这本书中。如果这几则材料属于同一个案卷，唯一的解释就是被案例"道23"中的当事人作为呈堂证供。

题发生了诉讼，段永清等被指控私设行规。① 在知县的审判结果中，不仅再次明确了泥水行日后的工价标准，而且判令"两造另请告示，以杜争端，永定章程"。这无疑是希望利用官府公开示谕的方式，使泥水行的规程获得更确切的效力，从而保证该行帮能够继续向官府提供差务。

（二）无视行帮规程，强加于人

在这类案例中，受到侵害的一方有可能是其他行帮。如案卷"道9"中，磨房铺主与烧饼铺主之间展开了一场诉讼，原因是烧饼铺"于今三月内平空聚集多人，在五福宫敛钱设会，逼勒蚁（磨房主）等每年出钱二三千给棍等获利作会"。可见，这是烧饼铺主制定了本行的"上庄银"制度，并强迫磨房主接受。另外，在这类案例中，受到侵害的也可能是行帮之外的个体工商业者。如案卷"嘉21"记载了千厮门茶帮脚夫与棉花行户叶恒裕之间的一起纠纷。叶恒裕在诉状中提到："蚁等领帖开行，凡客货起下脚价系照远近多寡给钱，历有一定成规，抄单呈电。近设花栈，起力守旧无紊，□于下力遭茶陵州一党强暴力夫私设牌轮把持背运，恣意□□，如不遂欲，即刁蹬留难，名曰抬营……"可见，这个案例中脚力帮单方面修改了与客货运输有关的规程，并强加给客户。

在这种情况下，地方官府也会视案件的具体情节采取三种不同的处理方式。

当现有的行帮规程或诉讼定案可以提供明确的解决方案时，地方官府首先会诉诸这些现成的规定。如案卷"道9"中，当磨房主与烧饼铺主就面秤大小争执不下时，磨房主呈出了乾隆年间地方官府颁发的公秤，"均有巴县正堂及重庆正堂字样，每斤只有十五两二钱"。知县立即判定，今后的面秤仍然"每斤以十五两二钱为度"。烧饼铺主尽管对这一结果并不满意，但也不得不表示"情愿具结，各安生业"。又如案卷"嘉16"中，朝天门索帮脚夫状告扛帮脚夫侵犯其业务范围，而知县在两张诉状后的批示分别是

---

① 原文是："今年六月间，做艺匠司段永清等，违前议规，率众多人与小的们争论构讼。前蒙审断，做艺之人，每日民活工价钱六十文，承办差务每名工价钱二千文。这段永清们恃刁违断，不分老幼，串匠多人，挑担上街意欲罢市。"

"仍照旧规背运，毋庸琐事妄渎"，以及"花包应否背运，自有一定成规，如果彭万达等日后争背滋事，当可□恳查究，毋庸再渎"。这说明，出于维护既成的工商业经营格局以及节省行政资源的目的，地方官府往往倾向于维护已有的行帮规程的效力。

　　然而，当现有的行帮规程已经不能有效地解决纠纷时，地方官府往往会根据双方的实力对比来判定一份行帮规程的效力。

　　在案件事关重大，双方又势均力敌的情况下，官府会尽量做出一个公允的判定。如案卷"光3"中，药材客商谢宝树等和药材栈主殷明星等联名控告药材牙行，称其无视药栈帮遵行已久的"对客自会"的规程，[①]并篡改已有的药材交易规定，"私议六条，朦县出示，并私设分局，立秤巡捕"。由于这个案件关系到当时重庆最重要的贸易门类——药材，而且双方的诉讼阵容都非常强大，因此地方官府对这一案件的处理比较谨慎。如川东道在下发巴县的札饬中就明确指示："查核究竟该行现议章程果否专利把持，应否仍旧，并以后如何严查厘金，以杜侵吞之处，候分饬巴县厘局确切查明，妥议复夺。"后来，药材栈房"对客自会"的规程的确得到了进一步的确认，而药材牙行和栈房之间也制订了一个更加细密的相互纠查的办法。[②]由此可见，在纠纷有可能影响到整个城市的商业秩序的时候，官府会尽量从公允和有利于商业发展的角度判定一份行帮规程的效力。

　　在双方的实力有明显的高下之分时，官府往往会更加偏向实力较强的一方。如在案卷"嘉23"中，太平门的西帮脚夫张明德等与南帮脚夫谭秉清等因争背货物而发生纠纷，纠纷的核心问题就在于：在太平门卸载的杂货究竟应该归哪一帮脚夫背运？在诉讼的过程中，双方都拿出了一些定案作为本

---

① 原文是："任客投店，所有零星货件许客自兑，准栈主经纪代售，以所得辛费三分之一帮行。栈主经收自会厘金，赴局完纳。倘经纪倒塌，问栈主赔还，行栈互查。"

② 这一内容请参见《保甲厘金各局执事金含章等禀请示谕药行药栈投行发卖货按照价完厘以免讼端不断卷》（同治十二年六月），《巴县档案》缩微胶卷，案卷号：清6-23-00829。

帮可以背运这批货物的证据。① 可见，在前任地方官的讯断中，既有支持西帮脚夫的，也有支持南帮脚夫的。但是，巴县知县最终的审理结果是"西帮棉花布匹准令张明德等背运，余货不得侵夺"，显然是站在了南帮脚夫的一边。而从这个案卷中可以看出，太平门南帮脚夫的实力较西帮脚夫更强，② 这可能是促使知县做出如此判定的最重要原因。因为即使审判结果令西帮脚夫不满，南帮脚夫也能通过诉讼外的手段将这种反对情绪压制下去。

（三）恃强凌弱

在这里，"强"和"弱"主要是根据社会上通行的道德标准加以判定，是相对而言的。如工匠相对于雇主是"弱"的一方，平民相对于富户是"弱"的一方，鳏寡孤独者相对于普通人是"弱"的一方，等等。

在面对由这种情况引起的行帮规程纠纷时，地方官府往往首先会采取"扶弱抑强"的原则。如案卷"嘉11"中，卖豆腐的商贩因争执行帮规程而发生了诉讼。以邹思权为首的一方强行向所有商贩"每年勒要入行银二两"，并"不许于十字路口摆摊发卖，踊塞街道"；而以杨高太为首的另一方则坚决反对，他们一方面指责邹思权等人是"豪棍"，另一方面极力地渲染自己的贫弱，如"切豆腐小贸早遮晚阴，贫窘莫策，遭恶立行霸索，又无牙帖，有干法纪，岂容抬价病民，阻绝贫贸，苦民难生"。正因为如此，巴县知县很快就否定了邹思权所说"规程"的效力，做出了"今后遇有摆摊卖豆腐或开铺发卖，任随各便，不得齐行把持"的判决。

---

① 西帮脚夫诉状原文是："情乾隆三十六年，八省客长禀前仲主，议定南帮脚夫背运南帮山广杂货花布等物，蚁等背运西帮山广杂货花布等物，立规无紊。后因南脚夫谭秉清仗伊人多，估背蚁等西帮杂货，控经温主讯断，西南两帮杂货归秉清等背运，两帮花布归蚁等背运，岂秉清仗蚁健讼，又互控叶主，仍照温主讯断，尤断花布船随带些微杂物，亦归蚁背运结案。"南帮脚夫诉状原文是："有陕西脚夫李德世等只背西帮棉花布匹，并不应差，程规以定，历无紊乱。嘉庆十三年，李德世等统众来码头估背客货行凶，以估背肆凶控前温主，讯明将李德世等责惩，伊等只背西客棉花布匹，余货不得争夺，朱断结状在卷。十六年，恶等复行争夺，蚁以违断乱规控前叶主，亦沐断明，德世等只背西客棉花布匹，据案。恶等藐断统凶，殴蚁受伤，蚁以违案统伤控前吴主，十七年三月讯将伊等刑责，仍照前断。"
② 西帮商人关允中在诉状中提到："南脚夫估背六省，西脚夫仅背山陕二省。"可见，太平门南帮脚夫的实力较西帮脚夫更强。

在一些更加复杂的行帮规程纠纷中，即使不能单纯地使用"扶弱抑强"的原则，官府仍然会有意识地加入这方面的考虑。如在案卷"宣17"中，五门拨船帮状告富商夏聚庆违反拨船帮的规程，擅自拨运东水门的货物。这个案件从光绪二十九年一直纠缠到宣统二年，情节非常复杂。但是在整个诉讼过程中，五门拨船帮也极力地渲染其帮众和夏聚庆之间的贫富差距，如：

> 民等窃闻王子犯法与庶民同罪，夏姓虽大商，不应妄夺平民生业。民等帮内百余家，一家有数口，皆靠此生活。其中鳏寡孤独无所不有。今夏姓恃豪，民等莫何，无衣无食，情迫万状。伊既夺绝生活，民等只得将妻室儿女老幼大小一并搬至伊宅。求伊日赏口食，以度残生。

由此可见，拨船帮不仅将"鳏寡孤独无所不有"作为反衬夏聚庆的恶行并博得官府同情的手段，更将"妻室儿女老幼大小一并搬至伊宅"作为威胁夏聚庆和地方官府的一种暗示。而负责审理这一案件的巴县知县也在批词中写道："查夏聚庆为渝埠富商，不应与穷民争此小利。"这说明，虽然这个案件并不单纯是"恃强凌弱"的问题，但是对于经手这一案件的官员来说，"扶弱抑强"仍然是一个不得不考虑的因素。

正因为如此，利用弱势群体告状成为当时人的一种策略。如案卷"道12"中，孀妇刘龚氏状告染房主黄德成违反"开设铺房，必须隔离三十家之外"的行帮规程。但黄德成却说，这实际上是染房主罗广发等希望排挤他的店铺，才"唆使孀妇刘龚氏以欺灭乱规捏控"。又如案卷"光8"中，游街烛贩与浇烛铺发生了诉讼，烛贩一方的诉状即是由一位名叫魏周氏的孀妇上呈县衙，其中写道："奈年荒市寒，氏等家贫亲老，束手待毙，氏等常卖碍违恩断，不卖则无活生，亲泣子啼，号饥难安，辗转莫策，只得典卖微资，意月卖两日以度残喘。"但是地方官府在面对这种情况时，仍然会做出自主而务实的判断。如案卷"光8"中，尽管魏周氏的诉状描述了一种非常凄惨的处境，但是游街烛贩扰乱行业秩序的确已经成为一个非常严重的问题。所以，巴县知县非常准确地判断出，魏周氏的状词只是烛贩的一种诉讼策略。在该案件最终的审理中，巴县知县不仅再次确认了游街烛贩"腊月二十以后方准担子上街"的行帮规程，而且将魏周氏"掌责示惩"。

综上所述，在清代的重庆，一份行之有效的行帮规程，实际上意味着行帮内部、地方官府，以及与行帮有关的所有工商业者之间利益与实力的平衡。如果各方的实力对比发生了微妙的变化，或者任何一方的利益得不到妥善的对待，行帮规程的效力就会受到威胁和质疑。在诉讼案卷中，往往体现为"把持"与"反把持"的争论。而确认或否认行帮规程效力的过程，实际上就是官民双方不断权衡利弊、调整利益分配格局的过程。在这个过程中，既有对公平的追求，也有对利益的计较，还有对社会正义的考虑，只是需要根据具体情况的差异，把握不同的分寸。

结论：人与制度的生命力

透过本章的叙述，读者一定能够感受到，这些细密的、变动不居的、充满了算计的行帮规程，其实是经过了复杂的过程、反复的讨价还价才得以形成。从某种意义上讲，这些行帮规程（或者引申为"制度"）正是人自身的投射。

第一，它来自人的欲求。从前面援引的案例可以看到，置身于市场之中，人的欲求是相当复杂的。当市场结构改变的时候，当局部市场亟待被填补的时候，当新的市场力量出现的时候，当市场竞争者的力量对比发生改变的时候，人们就产生了对于规则的新预期。有些人希望创立新的规则，有些人希望维持旧的规则，有些人则不愿被既有的规则束缚而努力地打破它，这些起心动念都孕育着新的制度格局。有些人虽然并不直接参与市场竞争，但是他们的欲求也会成为规则制订或修改的契机。比如前面提到的地方官员和八省客长，他们的期望可能是维持地方秩序，也可能是找人承担官府差务。但是在工商业者的眼中，这些期望恰恰提供了进行新一轮制度设计的机会。所以从本章所列的几个案例中我们可以看到，官府向行帮索取的时候，也正是行帮与官府就规程问题讨价还价的时候。

当然，人的欲求也是多种多样的，有的是合理的、合法的，有的则既不合理也不合法；有的是为了市场的公平和效率，有的则只是为了贪欲和抢夺。但是在催生新的制度结构方面，这些欲求又似乎没有什么高下优劣之分。比如，"扶弱抑强"是一个非常正义的欲求，但是在现实中，它会纵容那些被贴上"弱者"标签的人玩弄司法，破坏市场秩序（如案件"光8"）；又如官府向工商业者索取财物，这不仅违法，也有违廉洁爱民的政治伦理，但是恰恰因为官府向行帮索取差务，使许多行帮的规程得到地方司法机构的认可，也使许多行帮有了制订和修改规程的机会。第四章也已证明，正因为地方官府向工商业者征收厘金，重庆城的中介贸易才进入了更加健康、有序的三十余年发展期。

所以，欲求只是制度的一个起点，制度最终走向何处，还取决于其历时性的发展。正如苏力所说："制度实际发生的作用和意义并不因起源的神圣而增加，也不因起源的卑贱而减少。"①

第二，它既促发又依赖人的行动力。从本章的案例可以看到，任何一个规程的产生都不是一件容易的事，它涉及有关各方精细的利益权衡和频繁的讨价还价。任何一个新的规程制定出来，都只是提供了一个讨价还价的起点。所以我们看到，维持规程比制订规程要难得多，每当一个新的规程制定出来，都会面临质疑、挑战和破坏。为了维持既有规程的效力，人们采取了许多创造性的办法，比如同行公议、官府立案、示谕、镌碑、订立契约、颁发执照、设置公秤、诉诸权威，甚至诉诸暴力。但即便如此，也没有一个规程能够恒久不变，而越敢于破坏既有规程的人或团体，越有可能影响和左右新的规程。任何规程在制订、修改过程中，都没有绝对的公平，只有不断的平衡。

所以，人们对制度稳定性的追求和制度本身的流变性，往往会在现实生活中制造诸多的紧张和冲突。在与制度对话的过程中，人似乎是注定会输的那一方。但现实生活的丰富性和无限可能性，恰恰就是在这个过程中呈现出

---

① 苏力：《制度是如何形成的》，北京大学出版社，2007，第52页。

来的。清代重庆的行帮正是处于这样一种变动不居的制度环境中，所以他们从不期待制订一份规程就能一劳永逸，而是要付出大量的行动与形形色色的人合作、冲突、协商。而历史学家也只有深刻地领悟人与制度的动态关系，才能写出"活"的历史。

第三，它嵌入人的全部生活。本书的研究对象之一是"市场"，但是若仔细阅读本章涉及的案卷，会发现其实并没有一个纯粹的被称为"市场"的空间。人们的许多市场行为都是在日常生活的场景中进行的。比如行帮规程的制订和修改，可能是在喝酒演戏之中完成，可能是在司法诉讼之中敲定，也可能是在某种宗教仪式下达成，甚至有可能是在街头殴斗之中实现。而参与这个过程的，不仅是行帮成员，还包括行帮的竞争者、相关行业的从业者、地方官员、八省客长、街邻、保正、亲属、宗族成员等。

卡尔·波兰尼（Karl Polany）指出："原则上，人类的经济是浸没（submerged）在他的社会关系之中的。"① 所以，社会生活有多丰富，行帮规程就有多复杂；社会生活蕴含多少可能性，行帮规程就存在多大的变数。

第四，它证明了人的局限性。从本章援引的案例可以看出，人们总是在与自己的"短视"做斗争。乾隆年间制订的规程，到嘉庆年间就不适用了，因为市场结构发生了变化，或者市场竞争者的力量对比发生了变化，这些都是制订这份规程的人未曾预料到的，类似的情况不胜枚举。在大多数情况下，行帮、地方官府、八省客长、约保乡邻不可能单方面地制订或修改一份规程，而必须依靠各方的协商、合作与相互制约；一份行之有效的规程，也大多要糅合国家法律、地方政令、商业惯行、社会习俗，甚至不能明说的"潜规则"。

由此可见，人的局限性决定了任何一份行帮规程都不可能拥有全知全能的"上帝视角"，而注定处于一个不断试错、亡羊补牢的状态。作为研究者

---

① 〔英〕卡尔·波兰尼：《大转型：我们时代的政治与经济起源》，冯钢、刘阳译，浙江人民出版社，2007，第 39～40 页。

回看这段历史时，也总会有种顾此失彼、跟不上节奏的无力感。

综上所述，制度是有生命的，它的生命就来自创造它和被它支配的人。从某种意义上说，研究制度就是研究人性，研究人在纷繁、流变的生活中如何竭尽全力将一些东西提炼和固定下来，却又一次次地失败、放弃，转身投入下一次追寻的过程。行帮的存在，则是使这种追寻变成一种集体行为，使每个人不必付出巨大的交易成本去面对整个市场和社会。而行帮对其成员的约束和限制，大概正是这种庇护的代价吧！

第九章　产何以存

——基于行帮公产纠纷的观察

时至今日，产权已成为分析经济制度与经济绩效的重要范式。[①] 在过去半个多世纪中，中国经济史研究者也在努力勾勒中国历史上产权制度的面貌及其在经济、社会变迁中所扮演的角色，然而已有的结论却存在巨大的差异。正如曾小萍所概括，20 世纪 80 年代以前，基于法典、行政规则和官箴书的研究普遍认为，帝制晚期的中国法律并不关注产权问题，以致形成了"断裂和易变的财产体系，很难建立起一个大规模商业经济的基础，更难以鼓励工业投资"；[②] 而自 20 世纪 80 年代以来，随着大量基层司法档案被用于历史研究，人们逐渐注意到，传统中国的产权体制其实也蕴含着一整套复杂、有效的运作机制。[③] 可见，要准确地评估中国历史上的

---

① 目前对于产权理论的系统研究多见于经济学、法学和社会学。欧美学界探讨产权问题的重要文献，参见 E. G. 菲吕博腾、S. 配杰威齐《产权与经济理论：近期文献的一个综述》，〔美〕R. 科斯等《财产权利与制度变迁——产权学派与新制度学派译文集》，刘守英等译，上海三联书店，1991，第 201～248 页；Louis De Alessi《产权理论的发展》，〔德〕埃瑞克·G. 菲吕博顿等编《新制度经济学》，孙经纬译，上海财经大学出版社，1998，第 53～66 页。研究中国产权问题的重要文献，参见欧中坦（Jonathan Okco）《消失的隐喻——对运用西方法学学术知识研究早期近代中国契约与产权的分析》，〔美〕曾小萍等编《早期近代中国的契约与产权》，李超等译，浙江大学出版社，2011，第 171～179 页；张小军《复合产权：一个实质论和资本体系的视角——山西介休洪山泉的历史水权个案研究》，《社会学研究》2007 年第 4 期。
② 曾小萍：《对战前中国产权的评论》，〔美〕曾小萍等编《早期近代中国的契约与产权》，第 18 页。
③ 〔美〕曾小萍：《对战前中国产权的评论》，〔美〕曾小萍等编《早期近代中国的契约与产权》，第 17～34 页。

产权制度，还需对更多课题进行细致、深入的实证研究。

本章重点探讨清代重庆行帮的公产纠纷，以及在此过程中折射出的产权关系。促使笔者关注这一问题的原因有两点。

第一，希望深入探究清代工商业组织的公产状况。"公产"是清代重要的产权机制，① 但以往的研究大多关注宗族、义庄、慈善会社、寺庙、书院的公产，对于工商业组织的公产的探讨多流于表面。② 然而在一个商品经济蓬勃发展的时代，由工商业者参与缔造的产权关系一定拥有独特的面貌，且对经济、社会发展影响至深。而近年来不断被发掘的清代基层司法档案，也为研究工商业组织公产提供了翔实可靠的资料。清代《巴县档案》中就保存了大量与行帮公产相关的案例，呈现出耐人追索的产权关系。因此，本章希望借助这批案例细致地探究清代工商业组织的公产是否能够得到保护。

第二，观察清代工商业组织在政治和司法实践中的实际处境。就清代工商业组织的政治和法律地位而言，此前的研究存在一个明显的矛盾：20 世纪 90 年代以前，中国学者的研究主要是在"行会"框架下进行，③ 并普遍认为清代行会实际上是专制统治的工具，对政治权力的依附是其赖以生存的

---

① 本章将公产界定为："由特定的社会群体（如血缘、业缘、地缘、学缘或宗教团体）自行置办，为群体成员共同所有、使用或受益的财产。"它本质上是一种民间共同财产，不同于现代行政法意义上的"公产"。邱澎生列举了清代会馆、公所碑刻中包含"公产"一词的语句。参见邱澎生《由公产到法人——清代苏州、上海商人团体的制度变迁》，《法制史研究》（台北）第 10 期，2006 年 12 月。可见，"公产"是清代人们对于特定财产占有、支配方式的描述。

② 以往的研究大多只提及清代工商业组织积累一定数额的公产，用于维持日常开销，兴办各类事业，但这类资产究竟如何运作、产权关系如何确立等问题却少有论及。笔者目前阅读所及最深入的研究成果是邱澎生《由公产到法人——清代苏州、上海商人团体的制度变迁》，《法制史研究》（台北）第 10 期，2006 年 12 月；邱澎生《会馆、公所与郊之比较：由商人公产检视清代中国市场制度的多样性》，林玉茹主编《比较视野下的台湾商业传统》，台北：中研院台史所，2012。夫马进的研究揭示了工商业组织公产与地方慈善事业的关系，参见〔日〕夫马进《中国善会善堂史研究》，伍跃等译，商务印书馆，2005。

③ 在这一框架下，研究者主要关注行、帮、会馆、公所、同业公会等组织（主要研究成果参见朱英《中国行会史研究的回顾与展望》，《历史研究》2003 年第 2 期），虽然这些组织能否被称为"行会"历来存在争论。近年来，越来越多的研究者也以"商人团体""工商业组织"等概念代替"行会"，但这些研究背后的问题意识是一脉相承的。

前提；① 而 20 世纪 80 年代以后的国外汉学研究，却越来越强调清代工商业组织的自治性格及其与地方官府之间的权力竞争。② 笔者认为，造成这种分歧的原因除了意识形态的影响和研究对象的区域差异之外，还在于研究者们所使用的范式不同。前一类研究可称为"专制主义范式"，即认为"专制主义"主导一切，个体在这个宏观的制度框架中没有太多主动施加影响的可能；后一类研究可称为"多元主义范式"，即更关注个体的选择和行为，以及由此衍生的非正式制度和人际关系网络。然而这两种范式都不能圆满地解释许多历史现象，而清代重庆行帮公产纠纷为这两种研究范式的对话提供了一个很好的案例。一方面，《巴县档案》中此类案例相当丰富，跨越从乾隆至宣统的各个时期，各类行帮都曾卷入其中，这就使研究者可以在一个相对长的时段中，依据丰富的案例提炼其背后的宏观制度框架和关系模式；另一方面，诉讼案卷提供了许多商业纠纷细致入微的情节，使研究者可以理解每件事究竟是怎样做成的，以及在此过程中个体行为对制度的动态影响。希望通过本项研究，我们能够更准确地评估清代重庆行帮究竟是专制制度的附庸还是自主的市场力量。

一 清代重庆行帮公产概况

本章的主体史料是清代《巴县档案》中与行帮公产相关的 70 个案件，其名称、出处和编号请参见附录 H。根据这些案卷所提供的信息，清代重庆行帮公产可以分为动产、不动产两大类，下面分别叙述之。

---

① 朱英：《中国行会史研究的回顾与展望》，《历史研究》2003 年第 2 期。
② 此方面的先驱性研究成果是 R. Keith Schoppa, *Chinese Elites and Political Change*：*Zhejiang Province in the Early Twentieth Century*，Cambridge，Massachusetts：Harvard University Press，1982；Mary Backus Rankin，*Elite Activism and Political Transformation in China Zhejiang Province*，*1865 - 1911*，Stanford：Stanford University Press，1986；Susan Mann，*Local Merchants and Chinese Bureaucracy*，*1750 - 1950*，Stanford：Stanford University Press，1987；〔美〕罗威廉《汉口：一个中国城市的商业和社会（1796~1889）》。此后，越来越多的研究开始采用这种范式。

·（一）动产

"动产"主要指货币形式的行帮公产，最常见的管理机制是"会"。因其性质与后来的"基金会"相似，下面统称为"基金会"。清代重庆的行帮基金会分为"常设"与"临时"两类，呈现出以下特点。

第一，其参与者是因业缘关系而组织到一起的行帮成员，但具体地说，又有不同的组织方式。多数情况下，同一行帮的所有成员组成一个"会"。如案卷"道3"中，板箱铺匠人罗光宗提到："这本城开设箱子铺的有三十多家，历来小的同众铺内作工做箱板子的匠人立有章程，每年做会。"又如案卷"道23"中，印书匠人杨长应等提到："情蚁等均在渝城帮书铺印书手艺生理，原有文昌会，议有规程，多年无异。"少数案例中，同一行帮内从事不同经营的人分别加入不同的"会"。如案卷"道18"中，丝线帮铺主们称："蚁等开设丝线作房，俱系学徒出身，兴设财神会，所有帮工周牛等兴设葛仙会。"当行帮内部发生分化时，"会"也可能重组。如案卷"道19"中，打草纸工匠追述："蚁等截打草纸工匠，乾隆年间议分为两党帮工，各兴蔡伦会。"又如案卷"嘉4"中，弹棉花行分为"生花铺"和"熟花铺"，其"会"的设置和会产分配也随之发生了变动。

第二，加入常设性基金会是行帮对其成员的一种强制性要求。如嘉庆元年《胰染绸绫布匹头绳红坊众艺师友等公议章程》的第一条就载明："每人抽取厘金钱五百文，不得推诿。倘有扭拗不遵派出厘金钱者，反为滥行规之人，凭众革出，不许入行做艺……"① 即便个别成员因宗教信仰不愿参加行帮的祀神活动，也必须缴纳入会银钱。如案卷"道25"中，信奉天主教的茶炊业主张万元因"不上庄银，不应差务，亦不祀神"，被事实上驱逐出行。这与当时许多以柔性、自愿的原则筹集经费的民间会社有显著区别。②

---

① 案卷"嘉2"。

② 当时民间的合会、善会也以集资为重要活动。但是合会大多是以亲邻情义为纽带，受邀之人未必一定参加。如李金铮指出："为了保证请会之成功，会首除了考虑会员的经济能力外，还要考虑与会员之间的密切程度，一般会选择亲友邻里。"（李金铮《民国乡村借贷关系研究——以长江中下游地区为中心》，人民出版社，2003，第277页）善会更是大多本着自愿的原则。如夫马进指出，明清时期的同善会，其会费"是由会友们自愿地、根据自己的经济能力捐献的，绝不是强迫一律的措施"（〔日〕夫马进《中国善会善堂史研究》，第94页）。

由于有稳定的资金挹注，许多常设的行帮基金会得以持久存在。如案卷"嘉2"中，胰染绸绫匠人指出，该行帮"先起自立禹王庙，兴会百多余年"。即使在行帮发展受挫的时候，基金会仍在勉力维持。如案卷"光3"提到，咸丰四年，由于贵州地方局势动荡，绸帮内来自遵义、桐梓等地的商人纷纷撤离。在这种情况下，绸帮将剩余的会银数十两托付给留守重庆的余兴顺。同治十年，地方局势平定后，先前撤离的绸商陆续返回重庆。此时，交给余兴顺管理的会银已增值到1400余两。尽管银钱增值的细节是余兴顺自己的叙述，可能有夸张之处，但可以肯定的是，即使经历了十七年的中衰，绸帮设立的基金会仍在发挥着积累和管理公产的作用。

　　第三，临时性基金会通常采用"合会"的形式，往往是为了筹集各类应急款项，会员自愿参加，目的达到后即告解散。如案卷"宣7"中，米帮兴建"米亭公所"欠下白银1000余两，于是米帮首事就邀集本帮部分成员组成了一个"千两银会"，具体收支情况见表9-1。

表9-1　米帮"千两银会"收支详情

单位：两

会期 ＼ 得会先后	米帮首事	刘洪盛	陈敬堂	陈敬堂	蔺吉堂等	胡元泰等	何万元等	张云升等	陈敬堂	刘洪盛	米帮首事
1期（1873）	(1000)	145	135	125	115	105	95	85	75	65	55
2期（1874）	170	(1025)	135	125	115	105	95	85	75	65	55
3期（1875）	170	170	(1060)	125	115	105	95	85	75	65	55
4期（1876）	170	170	160	(500)							
5期（1877）	170	170	160		(500)						
6期（1878）	170	170	160			(500)					
7期（1879）	170	170	160				(500)				
8期（1880）	170	170	160					(500)			
9期（1881）	170	170	160						(500)		
10期（1882）	170	170	160							(500)	
11期（1883）	170	170	160								(500)
缴款数	1700	1675	1550	375	345	315	285	255	225	195	165
盈亏	−700	−650	−490	+125	+155	+185	+215	+245	+275	+305	+335

　　注：表中货币为银。

从表 9-1 可知，在十年之内，米帮首事邀会共支出白银 1865 两，获得利息 335 两，筹集资金 1000 两。所以，邀会的成本为 530 两，平均每年 53 两。这样一来，既能缓解行帮的财务压力，又为普通会员提供了相对可靠的金融渠道。

第四，常设性基金会旨在服务于行帮的共同利益。在案卷"宣 3"中，屠帮成员明确地陈述了他们选择会首的标准：

> 先年帮众兴设卖帮庆祝一会，原议人众事繁，良莠不齐，易起觊觎之心，故签首事必择殷实诚朴阖帮钦服者。一签十年，期满请凭九门帮众将每年账目算清，始能另签下班接管。如有侵吞，自认赔还。

由此可以看出，行帮基金会的会首是由行帮成员轮流充当的。他们的角色原则上是服务性的，而不是得利性的。在支配行帮资金方面，他们与普通行帮成员并没有本质的区别。而普通行帮成员除老弱病残或亡故之外，通常也不能以个人名义借支会金。这种服务于特定群体、责权明晰、拥有监督机制、允许成员平等参与的财务管理体制，在已知的明清民间会社中显得较为独特。① 具体地说，会金多被用于应付组织日常开销、保险和联谊三个方面，下面分别举例说明之。

行帮日常开销的重要项目是向地方官府提供钱财、货物、劳役所产生的费用。在案卷"嘉 12"中，牛皮铺主陈大顺等提到，"牛皮铺一户各自捐银三十两，交公举殷实值年首人归总生息堆积，如遇军需，即以此生息堆积之项添垫"；在案卷"道 5"中，园桶铺匠人也提到，该行内"新添一人上街入会，出钱一千二百文，交入蚁等以作鲁祖会费用，应办文武各

① 现有的研究基本认为，合会更多地服务于个人利益，人们参与合会多是为了解决自己或家庭的资金需求，合会会规的设定是为了确定会员支配会金的先后和数额。参见梁治平《清代习惯法：社会与国家》，第 114～118 页；徐畅《"合会"述论》，《近代史研究》1998 年第 2 期。而善会则主要服务于社会公益，包括救生、掩骼、恤嫠、恤贫、育婴、施药、施棺等，夫马进将之称为"善举体系"。参见〔日〕夫马进《中国善会善堂史研究》，第 126～175 页。除此之外，香会、文会、祭祀会、逸乐会等也不同程度地号召成员集资，但是资金募集、管理和使用的细节还未得到细致的揭示。

衙差务"。除此之外，土木建设、清偿债务、诉讼等也在在需要行帮经费的支持。如在案卷"嘉4"中即提到，弹花铺"乾隆二十九年起会，生熟花铺捐资放利作会，置造湖广公所等件"；又如案卷"嘉11"中，染房业规定"凡新开染房先上庄银五十两以填前翻微烂贼窃客布之帐"；另外，案卷"光2"中，南阳药栈帮与药材牙行发生诉讼，"共用费一千余金无偿"，于是"添议各栈每包帮费银二分，以作每年还账祀神及查厘人工口食公用"。

保险即是为帮中的贫弱成员提供最基本的生活保障。如案卷"道16"中，川北各河船帮"虑船夫每至迈病故时无济，设新兴会，每人至渝一次，取厘金钱一文，积贮济遇病身故之需"；又如案卷"道3"中，板箱业规定"若有匠人新开板箱铺，一家出钱四千八百文入会，日后会内有同行匠人物故，会内出钱二千四百文以作费用"。

联谊则是通过敬神、演戏或摆酒的方式，增进同行之间的联系。如案卷"嘉4"中，弹花铺"每年三月一会，九月一会，演戏治酒"；又如案卷"宣3"中，屠帮济米会每年专设"济米银两以作神费演戏之需"。

夫马进认为"明末清初是中国历史上少见的结会结社的时代"，[①] 此时兴起的各类会社为后来的民间组织提供了丰富的经验。而清代重庆行帮基金会也明显地杂糅了同时期各类民间会社的元素。其集资的功能颇似合会、钱会，扶弱济困的功能颇似善堂、善会，联谊、敬神的功能又颇似庙会、神会、逸乐会等。[②] 但与上述民间会社不同的是，行帮基金会比较稳定地依托着一个城市工商业门类，其资金来源和受益范围都有明确的限定，也有形式上堪称严格的管理制度，成为一种独特的清代民间会社。

（二）不动产

从笔者目前所掌握的案卷来看，行帮不动产包括以下四个方面的内容。

---

① 〔日〕夫马进：《中国善会善堂史研究》，第161页。
② 明清时期各种民间会社的研究成果，请参见陈宝良《中国的社与会》，浙江人民出版社，1996。

第一，房产。如案卷"光3"记载，绸帮于道光十六年"买金紫门内坐房全院"，又于同治十年"买新牌坊张荣山栈房铺面"。又如案卷"宣7"记载，米帮于同治年间"修一米亭公所，共用叁千余金"。还有些行帮的房产似与同乡组织有密切关联，如案卷"嘉4"提到，自乾隆二十九年起，"生熟花铺捐资放利作会，置造湖广公所等件"。①

第二，地产。行帮购置地产往往是为了给其经营活动提供便利。如案卷"宣5"中提到，夹江花帮在道光年间因"川河滩险，商船失事，晒花无地，复于城外购置晒坝一区"。在案卷"道6"中，湘乡船帮与宝庆船帮即因争夺东水门码头的铺房地基而发生纠纷。宝庆帮提出，这块地皮是由"宝帮公置铺基，修建码头，利船靠泊，自有红契为凭，界址井然"；而湘乡帮则提出，这块地皮有一部分应归湘乡帮所有，因为其中"连界石壁上，有天湘帮字样"。可见行帮已经使用契约、碑刻等方式确认和保护自己的地产。

第三，庙产。行帮出资修建庙宇的目的各不相同：有的主要是为了给本行帮提供一个办公和议事的场所，如靛帮在道光年间曾花费数千两白银兴建梅葛庙，就主要是供靛帮九河会首在其中"经理商客买卖生意"；② 有的则是为了保障货物运输安全，如案卷"光5"中，合州帮集资在城南九龙滩修建王爷庙，原因就是"如其（庙）败坏，滩势愈险，若庙辉煌，滩浪必平"；还有的是为了给本帮中的孤贫者提供栖身之所，如案卷"道2"中，纤夫金朝相等募资修建王爷庙，即称是为了"凡遇老弱无力在庙供食"。

第四，田产。目前此类情况仅见于案卷"宣3"，在这个案例中，九门屠帮"储积万余金，买田房，招佃耕……每年收田谷七十石，约售银一百五"。

另外，还有一部分行帮的公产没有独立的形态，而是附着于其他社会组织之中。如案卷"道14"中，永生帮顾绣匠人全部信奉天主教，而永生帮的许多款项也是交由天主教真原堂管理。另外也有民间善堂协助管理行帮公

①　乾隆年间刊印的《巴县志》中，提到当时重庆城内建有禹王庙，"在东水门内，即湖广会馆"。参见乾隆《巴县志》卷2《建置·寺观》，第65页。道光二十六年《重修楚庙碑记》中也提到"我省向无会馆，只有一夏禹王庙……"转引自窦季良《同乡组织研究》，第67页。生熟花铺都在城内营业，所以他们捐资建立的"湖广公所"，很有可能就是禹王庙的一部分。

②　《道光十八年黄仕顺等诉状》，《清代乾嘉道巴县档案选编》（上），第358页。

产的案例。如案卷"光4"中，大河船帮中的綦江帮因欠下巨额债务，向同
善堂借款还债，又请同善堂作保，向吴开文等人借款，前后共计白银 3000
余两。于是，同善堂每年"派人同本帮（綦江帮）会首经收，抽还众债"。
这个案例的耐人寻味之处还在于，善堂深刻介入了行帮公产的运作，但其角
色却颇像股东，而不似此前学者基于江南经验所描述的情况。①

二 公堂之外的故事——对调解过程的考察

前辈学者的研究，充分展现了调解在中国传统法律实践中至关重要的意
义，但是对于调解的运作机制及其与审判的关系，却有着不同的理解。从
20 世纪初直至现在，许多学者认为，中国古代的调解和法律处于一种"二
元结构"，各自遵循着不同的规则。② 20 世纪 80 年代，滋贺秀三对此质疑，
主张中国古代的法律和调解并非如此扞格不入，真实的审判过程常常带有强
烈的调解色彩，"情""理"是调解和法律所共享的规则。③ 20 世纪 90 年
代，黄宗智进一步提出修正观点，认为中国古代的法律和调解既非各行其
道，亦非合而为一，而是"一个既背离而又抱合的统一体"。④ 上述观点尽

---

① 此前的研究已经注意到善会、善堂对工商业组织公产的影响。夫马进认为，清代杭州等城
市的行会慷慨地向善堂提供捐助，是为了得到国家权力的庇护（参见〔日〕夫马进《中国
善会善堂史研究》，第 418～532 页）；邱澎生指出，苏州善会、善堂的存在，为公馆、公所
管理公产、争取立案提供了重要的经验（参见邱澎生《会馆、公所与郊之比较：由商人公
产检视清代中国市场制度的多样性》，林玉茹主编《比较视野下的台湾商业传统》，
第 136～139 页）。但是据笔者目前所看到的案例，清代重庆行帮很少直接与善会、善堂发
生关联。笔者目前所掌握的行帮公产纠纷案例，除"光4"外，都未涉及善会、善堂。工
商业者虽然也出资办善，但基本是由八省组织代理，并非由行帮直接出面（参见窦季良
《同乡组织之研究》，第 76～80 页）。因此，明清善会、善堂与工商业组织的关系或许比我
们看到的情况更加复杂，不同区域有着显著的差异。
② 如瞿同祖提出，中国古代的调解主要依据习惯进行，"习惯和各人民团体中的准则对人民的关系
远较法律为重要"。参见《瞿同祖法学论著集》，中国政法大学出版社，1998，第 409 页。季卫东
认为，中国传统社会的各种地方共同体为调解设置了规范与边界，法律很难渗透，"民间调解中
回避官府的色彩十分浓厚"。参见季卫东《调解制度的法律发展机制》，强世功编《调解、法制
与现代性：中国调解制度研究》，中国法制出版社，2001，第 12～16 页。
③ 〔日〕滋贺秀三：《清代诉讼制度之民事法源的概括性考察——情、理、法》，〔日〕滋贺秀
三等著，王亚新、梁治平编《明清时期的民事审判与民间契约》，第 19～53 页。
④ 黄宗智：《清代的法律、社会与文化：民法的表达与实践》，"重版代序"。

管存在分歧，但基本上认为在清代民事纠纷的解决过程中，调解比诉讼更加有效。然而这些研究大多关注乡村社会，即社会构成比较稳定、社会变迁相对平缓，有较完备的习俗、惯例的历史时空，而对于商业化程度较高、人口流动频繁、社会构成复杂的城市社区则较少涉及。[①] 因此，清代重庆行帮公产案例当能为我们探讨调解的本质和实效提供有意义的事实。

在本章所考察的 70 个公产纠纷案例中，明确交代有调解情节的有 33 个，具体情况如表 9 - 2 所示。

表 9 - 2　本章所涉行帮公产纠纷的调解情况

调解情况		案卷编号
调解成功		乾 2、嘉 4、嘉 5、嘉 10、道 12、道 16、光 4、光 6
调解失败	调解情节可信	嘉 6、嘉 7、嘉 11、道 1、道 3、道 8、道 10、道 15、道 17、同 2、同 3、光 1、光 13、宣 1、宣 2、宣 3、宣 6
	调解情节值得怀疑	道 5、道 7、道 23、道 25、光 7、光 11
调解结果不详		咸 1、光 2

资料来源：附录 H。

从表 9 - 2 可知，在这些行帮公产纠纷中，真正通过调解得以解决的只有 8 例，仅占不到 1/4。而且除案例"嘉 5"之外，其余都是经过一轮或数轮诉讼，在官府委托专人或施加压力的情况下才调解成功。如案卷"乾 2"中，丝棉行的义冢遭彭正坤侵占，丝棉行将彭告到县衙后，县令委托"厅主张公踏看"，彭才"自知情虚理亏，遂悔前愆，央众求合"。更耐人寻味的是，在一些案例中参与调解的是同一批人，但讼前和讼后的调解效果却迥然不同。如案卷"道 16"中，川北各河船夫因修庙经费问题发生纠纷，在对簿公堂之前，曾"叠投厢长李德钦、蔡宗发并老庙首事刘宗先理算"，但是未能解决问题。而船夫将涉嫌贪污的会首告到县衙之后，县令批示"仍凭厢长首事理令萧登贵算帐寝事"。结果六天后，双方即达成了协议。这种

① 目前，研究清代城市商业纠纷调解的著作如 Madeleine Zelin, "Merchant Dispute Meditation in Twentieth Century Zigong, Sichuan," in Kathryn Bernhardt and Phlip C. Huang, eds., *Civil Law in Qing and Republican China*, Stanford：Stanford University Press, 2004, pp. 249 - 286.

情况类似黄宗智所揭示的"第三领域调解"，即在官方审判与民间调解相互作用的情况下，会使争讼双方更加谨慎地权衡利害关系，或促使亲友邻里更加卖力地调解，从而最终达成和解。① 但与黄氏论断不同的是，这类纠纷在本章所考察的纠纷案例中只是少数，② 多数纠纷即使经过"第三领域调解"仍然无法解决。

就本章所考察的案例而言，纠纷调解失败的原因大致有以下几个。

第一，调解者缺乏震慑双方的威信。此类案例包括"嘉7""嘉11""道3""道5""道7""道10""道15""道17""道23""道25""同2""光7""光11"。在这类案例中，调解者通常是街邻、同行、会众、乡约、保甲等社区组织，在正式提起诉讼前，调解全部失败。当然，在当时的法制环境下，调解失败才会导致诉讼。一定还有相当多的案例经调解纠纷得以成功解决，不至于闹上公堂。但本章所考察的讼前调解失败案例中，明显体现出人们对此类调解的不信任与不看重。如案卷"道7"中，被告方称双方曾有过调解，但是原告方却称这次所谓的"调解"只是"聚多人于三圣殿……百般嘘吓蚁等"。而案例"道10""道23""道25"的情况也基本相同。案例"道3""同2""光7""光11"中双方虽未各执一词，但可以看出调解的力度是很弱的。尤其案卷"光7"中，前后26份诉状，14份口供，仅有两份口供提到"投凭集理""凭帮众说好"，完全看不出调解对解决争端的实际作用。这不由使人怀疑，提及曾有调解是否只是一种诉讼策略，目的是增强己方诉状的说服力并促使法庭受理此案。

即使在得到官府委托的情况下，社区组织的调解仍有可能失败。如案卷"道17"中，铜页行与铜纽扣行因差费问题引发诉讼，知县委托约邻黄桂亭等出面调解，结果却是"横不由剖，凶闹各散"。而案卷"嘉11"中，乡约陈文斗被委托调解染房行的差费纠纷，但是被告方"藐批抗不

① 黄宗智：《清代的法律、社会与文化：民法的表达与实践》，第100～104页。
② 黄宗智考察了清代《宝坻档案》《淡新档案》《巴县档案》中628桩民事纠纷案例，发现"最大数量的档案是停止于知县批说决定受理而饬令发出传讯，然后就没有下文"，他认为"这样的案件里面应该有相当一部分是因为民间的进一步调解，解决了纠纷"。参见黄宗智《清代的法律、社会与文化：民法的表达与实践》，"重版代序"，第7～8页。

从"，致使原告方提出，如果没有县衙的强制性命令，被告方决计不会接
受调解。

　　第二，纠纷激烈，各方难以做出妥协。此类案例包括"道 8""同 3"
"光 2""光 13"，具体情况见表 9 - 3。

表 9 - 3　存在较大争议的行帮公产纠纷概况

案卷编号	所涉行帮	争议资产的性质或数额	争讼时间
道 8	九河靛帮	厘金数千两[1]	道光五年至八年
同 3	下河船帮	兵差半股之半	道光六年
光 2	南阳药栈帮、药材客帮、药材行帮	南阳药栈帮征收每包药材帮费银二分的权利	光绪六年至九年
光 13	大河船帮、盐川船帮	向大河船帮运盐船只征收差费的权利	光绪二十一年四月至二十二年七月

　　注：[1] 周元顺的诉状中提到，靛帮存在争议的公产数额为"厘金约六千余两"，但因为周元
顺是本案的原告，极有可能夸大争议资产的数额，所以本表未采用他所提供的具体数据，而是用
"数千两"以代之。
　　资料来源：附录 H。

　　从表 9 - 3 可以看出，此类案例之所以出现较大的争议，乃是因为牵扯
的都是当时重庆最有实力的行帮，争议的资产数额也相当可观。在利益的驱
使之下，各色人等粉墨登场，致使案情扑朔迷离。如案卷"道 8"中，九河
靛帮的成员为厘金而交相攻击。刘长兴指控前任会首唐象钦贪污，池瑞芳指
控现任会首卢俊荣贪污，周元顺等认定卢俊荣与唐象钦串通一气，卢俊荣却
将贪污的嫌疑通通推到唐象钦身上，并揭发了池瑞芳的勒索情事，而池瑞芳
也毫不示弱地曝出了卢俊荣陷害唐象钦，收买王成、杨清杰的隐情。显而易
见，这个案件中的每个人都觊觎这笔可观的资产，也在谨慎地拿捏最能趋利
避害的言辞，这无疑会使调解陷入泥潭。

　　有的案件则是一波未平一波又起。如案例"光 2"，起初是药栈和外
地药商为分摊诉讼费而进行交涉，但当承担了绝大部分诉讼费的药栈获得
了向外地客商征收"每药一包帮费银二分"的许可后，药材牙行又加入
指控药栈"无课无差，竟敢擅卖大庄客货"，要求官府强制其"请帖改

行，以符定制"。

有的案件则是相同的情况屡次重演。如案卷"光13"中，盐川帮与大河船帮发生了旷日持久的差费争夺，案卷中记载最早的纠纷发生在光绪十六年，之后虽然经过无数次冲突、诉讼、调解，甚至由八省客长主持制定了差费征收办法，但是到光绪二十二年，双方还在为违规征收差费的问题争讼不休。

上述事例说明，与行帮有关的各色人等，绝不愿放弃控制数额可观的行帮公产的机会。在这样的情况下，普通社会力量的调解既无力厘清纠纷的是非曲直，也难以平衡双方的利益诉求。如案例"光13"中，为了平息盐川帮与大河船帮的纠纷，下河六帮会首曾"邀集三河各帮会首等在公所妥议明晰"。但是不到一年，盐川帮又开始向大河帮船只强行征收差费。即便是拥有半官方身份、经常参与商业纠纷调解的八省客长，也很难拿出让双方都信服的解决方案。如案卷"道8"中，靛帮成员纷纷指责八省客长处置不当；案卷"光13"中，盐川帮会首直斥八省客长主持制订的差费征收办法"为祸匪浅，害无止息"。此前的研究强调，清代民事案件的调解"是以妥协而不是以法律为主，它的目的不在于执行国法，而在于维持社会的和睦人情关系"。[1] 但是从上述案例来看，行帮及其成员对公产的重视远大过维持和睦人际关系的愿望，妥协是很难的。

第三，有些行帮在面临公产纠纷时，很难找到可靠的调解渠道。此类案例包括"道1""道2""光1""宣5"。

清代的重庆是一个方兴未艾的移民社会。除了"湖广填四川"的移民浪潮外，兴盛的城市工商业也吸引着结构复杂、流动频繁的外来工商业者群体。他们之中的一部分成功地构建或融入了本地的社会关系网络，但仍有相当数量未能完全被这个社会接纳。其中，船帮就是一个徘徊在社会主流与边缘之间的群体。一方面，他们形成规模庞大的组织，并在地方事务中扮演重要的角色；[2] 另一方面，来去频繁、逐水而居的特征，又往往使他们显得孤立和脆弱。案卷"道1"就讲述了一个这样的故事。道光元年，船户黄崇喜

---

[1]　黄宗智：《清代的法律、社会与文化：民法的表达与实践》，"重版代序"，第8页。

[2]　关于清代重庆船帮的组织与活动，参见邱澎生《国法与帮规：清代前期重庆城的船运纠纷解决机制》，邱澎生、陈熙远编《明清法律运作中的权力与文化》，第275～344页。

无故受到十余名陌生人的殴打，当场吐血昏迷。从船帮会首的诉状中我们得知，歹徒所针对的其实并不是黄崇喜本人，而是企图与他所在的船帮争夺向船户收费的权力。在这种情况下，船帮并没有积极地寻求调解，只是"投陈新甲钟元玉等看明伤痕"后，便将行凶者告到县衙。黄崇喜的兄长在诉状中写道："异地孤民，平遭凶殴，不叩拘究，弟伤沉在船，恐出不测，冤莫可伸。"当然，强调己方的势单力薄不排除是一种诉讼策略，但这寥寥几句勾勒出船帮在这个尚未完全融入的城市中求告无门，只得寄希望于公权力的无奈处境。

在水上的世界，同样飘移无根的还有船帮的竞争者。如案卷"光1"中，叙府船帮首事控告綦江船户罗万兴不交差费。罗万兴则称，他是受了王三才等人的唆使才这样做。而据船帮首事的调查，王三才等人其实是流窜在重庆周边水道上的一股恶势力。对于此类游离的势力，常规的调解渠道基本无能为力，只能诉诸法庭解决纠纷。

除此之外，外地商帮也可能面临调解无门的情况。如案卷"宣5"中，重庆商会占用了夹江花帮早年购置的晒坝。然而为了夺回这块地产，花帮商人并未与重庆商会直接交涉，而是先将此块地产的部分收益捐献给夹江县衙，再由夹江知县移文重庆府，给商会施加压力。花帮商人之所以捐献此地产的部分收益，除了应付新政摊派之外，也因为花帮在重庆的生意早在光绪年间即因"无人赴鄂运花"而衰歇。在这种情况下，商人们能够依赖的社会资源大概已经丧失殆尽，除了动用公权力之外可能已别无选择。

由此可见，在一个移民众多的商业社会中，现有的社会关系网络往往不能够给频繁流动的外来工商业者提供足够的调解资源。本章所引用的案例虽然有限，但其折射的应该是相当数量外来工商业者的处境。

第四，在纠纷各方地位悬殊时，基本上不存在调解的空间。此类案例包括"光8""宣1""宣3""宣6"。

黄宗智指出，清代的民事调解"虽然可以有效地调解地位相当的双方的民事纠纷，但对双方权力地位悬殊的民事纠纷则无能为力"。[1] 清末重庆

---

① 黄宗智：《清代的法律、社会与文化：民法的表达与实践》，第189页。

的行帮公产纠纷充分印证了这一点。但值得强调的是，在这类纠纷中，参与争夺的并不仅是对簿公堂的双方，还包括以隐蔽身份介入的地方官府，也正是官府的特权，使得调解几乎形同虚设。一个典型的案例是"宣3"，此案发生在宣统元年，吴协和指控王和兴等人贪污九门屠帮帮费。在双方相持不下之际，知县委托同行、监保对屠帮账目进行清算。最后，不论是参与查账的人还是知县本人，都承认"三会均无亏空"。但是最终九门屠帮还是要"每年共提银三百两"，"以支持地方公益"。更值得注意的是，附录H中发生在宣统年间的案件，除"宣4"以外，其余全部涉及官府剥夺行帮公产的情节。不管当事人的诉求是否合理合法，不管是否经过调解，地方官府总能在纠纷双方两败俱伤之际渔翁得利。当然，官府这样做也是为新政筹款的沉重负担所迫。[①] 但在数年内反复制造大同小异的案例，也使我们怀疑调解在清代重庆行帮公产纠纷中的真实效用。

综上所述，与普通的民事纠纷相比，清代重庆的行帮公产纠纷似乎更不易用调解的方式解决。因为纠纷各方正处于一个新兴的移民社会和商业城市之中，其有限的民间调解资源难以协调复杂激烈的利益纷争、保护多元化的外来工商业者和满足地方官府的财政需求。在这种情况下，许多纠纷最终闹到官府。那么诉讼能否有效地解决这些纷争呢？请看下一节的论述。

三　法官如何判案？——对诉讼过程的考察

在本章所考察的70个公产纠纷案例中，正式提起诉讼的共有51件，具体情况如表9-4所示。

---

① 从光绪二十九年起，四川新政全面启动。而此时，川省财政一半以上都要用于支持中央和协济他省，川省官员不得不通过扩大税基、增加摊派的方式筹集数额巨大的新政经费。参见何汉威《晚清四川财政状况的转变》，《新亚学报》（香港）第14卷，1984年；何汉威《清末赋税基准的扩大及其局限——以杂税中的烟酒税和契税为例》，《中央研究院近代史研究所集刊》第17期下册，1988年12月；何汉威《清季中央与各省财政关系的反思》，《中央研究院历史语言研究所集刊》第72本第3分，2001年9月。

表 9 – 4　本章所涉行帮公产纠纷的诉讼情况

案件类型			案卷编号
官府受理的案件	有判决结果的案件	一方胜诉	嘉1、嘉6、嘉8、嘉12、道3、道5、道15、道17、道25、咸1、咸2、光3、光7、光8、光9、光10、光11、光12、光13
		双方互有胜负	嘉4、道4、道7、道12、道16、道18、道20、同3、光4、光6
		第三方得利	光7、宣1、宣3、宣6、宣7、宣8
	无判决结果的案件		乾2、嘉3、嘉7、嘉10、嘉11、道2、道6、道8、道10、道19、道23、同2、光1、光2
未知是否受理的案件			道1、道24

资料来源：附录 H。

在这 51 个案例中，有 35 个基本可以确定通过诉讼得到了解决，约占 68.6%。而即便是"无判决结果的案件"，也可能存在三种情况：（1）因官府拖延不决而成为积案；[1]（2）审讯推动了调解进程，使案件得到解决，但当事人没有按要求到衙门销案；（3）案卷散佚，使诉讼结果无法为研究者所知。也就是说，在无判决结果的案件中，很可能也有部分案例通过诉讼得以解决，或至少加快了解决的进度。这种情况与"官府在解决民事、商事纠纷方面消极低效"的传统认识大不相同。[2]那么清代重庆地方官府究竟以怎样的态度处理行帮公产纠纷，又是什么因素推动他们这样做呢？

---

① 瞿同祖提出："（清代）法律规定，属州县司法管辖的民事案件必须在二十日内审结。然而，因为拖延审判没有刑责，许多州县官无视这一期限。"参见瞿同祖《清代地方政府》，范忠信等译，法律出版社，2003，第 197 页。郑秦也认为，"清代州县司法审判事务之繁杂，是前所未有的"，因此"每每有大量积案，亟待清理"。参见郑秦《清代法律制度研究》，中国政法大学出版社，2000，第 132、133 页。

② 自 20 世纪中期至 21 世纪初，中外学者普遍认为中国传统时代的法律是服务于统治利益的，民众的权利与需求并不是其主要的考量。在此方面，表述最完整的是马克斯·韦伯关于"卡迪审判"的论断，即认为中国古代司法是基于自由裁量的，"西方人的观点里应列为最重要事项的诸种私法的规定，却几乎完全没有（有的话，也是间接性的）。真正受到保证的、个人的'自由权'是根本不存在的"（参见〔德〕马克斯·韦伯《中国的宗教——儒教与道教》，康乐等译，广西师范大学出版社，2004，第 157～158 页）。这一论断恰与半个世纪中国法制史研究的主流观点不谋而合。瞿同祖发表于 1947 年的著作也认为，在传统时代的中国"大部分民事、商事都被法律所不过问。故法律不是用来调整人民及人民团体的生活和活动的"（参见《瞿同祖法学论著集》，第 403 页）。斯普林克尔（S. Van der Sprenkel）发表于 1962 年的著作也认为："每当审理在英国可能会算是民事诉讼的案子，州

（一）官府处理行帮公产纠纷的方式

当行帮将公产纠纷诉诸公堂时，无非期待官府认可或保障他们积累、控制公产的权利。而从表9-4所收录的案例来看，在宣统以前，地方官府的确在很多情况下较为认真地对待了这一诉求，具体表现为以下几种处理方式。

第一，在有行帮旧规可循的情况下，遵照旧规处理。此类案例包括"嘉1""嘉12""道3""道5""咸1""光3""光9""光12""光13"。这些案例大多案情简单，纷争相对和缓，且所面临的商业环境未发生明显的变化。如案卷"嘉12"中，牛皮铺主邓洪升状告其所在行帮向其勒索帮费银30两，而行帮首事却证实，这并非勒索，而是行帮为了应付官府差务共同议定的规章，知县随即判令邓洪升"遵规随众"。

对于个别屡次故犯、缠讼不休的疑难案件，这种方法也很奏效。如案卷"光13"记载，光绪十三年至光绪二十二年，大河船帮与盐川帮因差费征收问题至少发生了五次诉讼，每次诉讼的起因，都是盐川帮向大河船帮的上行船只征收差费。更值得注意的是，尽管在这九年之中更换了三任知县，但每次都以盐川帮败诉告终。因为从第一次诉讼起，在任知县就做出了不准盐川帮向大河船帮上行船只征收差费的判决，光绪十七年，更委托八省客长制订了详细的差费征收规则。于是无论谁负责审理此案，都可以同样的原则处理。

但这毕竟是一种简单化的处理方式，很难有效应对情节复杂、内在规则不断变化的案例。如案卷"咸1"中，白花行帮与山货行帮竞争白花贸易的

县官没有多大兴趣在当事人之间维持公正。"（参见〔英〕S. 斯普林克尔《清代法制导论：从社会学角度加以分析》，张守东译，中国政法大学出版社，2000，第86页）德克·布迪（Derk Bodde）与克拉伦斯·莫里斯（Clarence Morris）发表于1967年的著作再次强调，中华帝国的法律"既不维护传统的宗教价值，也不保护私有财产，它的基本任务是政治性的，对社会施加更严格的政治控制"（参见〔美〕D. 布迪、C. 莫里斯《中华帝国的法律》，朱勇译，江苏人民出版社，1995，第7页）。郑秦发表于2000年的著作同样认为"中国传统法律体系中发达的是刑法，民法并不发达……一旦发生了纠纷缺少审理的法律依据"（郑秦：《清代法律制度研究》，第495页）。

垄断经营权和厘金征收权。在诉讼之初，白花帮的汪聚源等拿出了咸丰元年制订的白花行规，证明山货帮无权参与白花贸易，县衙很快做出了"所有白花自应归汪聚源等"的判决。山货帮不服判决，并提出了两点有说服力的理由：一是自嘉庆年间以来，山货帮一直在经营白花贸易，已然形成一种惯例；二是自咸丰六年抽收百货厘金以来，缴纳厘金已成为获取贸易垄断权的重要条件，而山货行的厘金印簿中明确注有"花厘"一项。这就说明，现实的商业运作往往会出现无法预期的变化，使依据旧规做出的判决成为具文。在这种情况下，下面一种处理方式就显得必不可少。

第二，在无行帮旧规可循或旧规不适用的情况下，协助行帮制订新的公产管理规则。此类案例包括"乾2""道4""道7""道12""道18""道20""同3""光4""光12"。下面以案件"光4"为例进行分析，这也是笔者阅读所及耗时最长、影响最大的一个案件。

光绪九年，巴县知县在四川总督丁宝桢的授意下，对大河船帮进行了一次大刀阔斧的整顿，取消了各个船队独立征收、管理差费的权利，改由县衙委任的首事统一负责。这一举措本是为了杜绝各船队在征收差费时的勒索与贪污，却出人意料地引起了一连串错综复杂的纷争。最早挑起讼端的是綦江帮。光绪十三年，他们将负责经收差费的首事张利川告到县衙，称其"立名勒取，伪账奸吞"。自此，綦江帮就开始了旨在夺回差费征收权的诉讼，终于在光绪十四年底获得了独立征收差费一个月的许可。然而纷争并未止息，得到临时征收权的綦江船帮很快又被其余六帮以"滥规霸收"告上法庭。至光绪十五年三月，县衙收回了綦江帮的临时征收权。为了消弭争端，在这一轮诉讼结束之后，知县即委托八省客长制订新的差费征收规则。但这仍不足以平息局面，光绪十五年底至十六年八月，泸州、富顺、合江、纳溪、綦江、叙府、金堂各船队的船户纷纷呈递诉状，要求清查账目，更换参与收费的首事。知县再次委托八省客长处理此事，并制订了更加严格的差费征收办法。

从这个跨度长达十年的案件中可以看到，当时的重庆地方官府对于这桩纠纷是相当关切的。从这个案件的100多份诉状、口供、名单、上下行公文中，时时可以看到知县冗长的批文，如下面一段：

查船帮抽收船钱，前经议定章程，详禀各宪批准，迭次示谕在案。兹据禀诚恐日久弊生，仍蹈前辙，不为无见。如恳再行出示刊碑，永远遵守。至以四贝呈偿还各债，自应一年凭众清算一次。所请有本无利，以还清本银为止，亦属可行，应准照办。惟自光绪八年复收之后，已历三年。究竟各债已还若干，尚欠若干，仰即查算明白，开单呈阅，以备查考，毋稍含混为要。

从这段批文中不难看出，知县不仅了解船帮的差费征收办法，而且努力地通过诉讼协调各方的诉求，使此制度更加合理、有效。涉案各方也体现出对于官府仲裁相当程度的依赖。在此案令人目不暇接的诉状中，无论是船户、首事、地方士绅、普通民众，都很少提到公堂之外的调解与协商，而是直接向官府提出自己的诉求，并大量援引之前官长的判决结果作为证据。

除此之外，地方官府还用"立案"① 的办法确立新的公产管理制度。在本章所考察的案例中，有一些立案是诉讼的结果，如案例"乾 2""嘉 1""咸 1""光 4""光 10""光 12""光 13""宣 2""宣 3"；有一些立案则看不出是否经过诉讼，如案例"乾 1""嘉 2""道 11""道 13""道 14""道 26""道 27""同 4""光 5""光 14"。② 这些案例涉及制造、船运、服务、大宗商贸等多个行业，而且其细节也反映出，立案的确有助于强化公产的管理。如案卷"光 10"中，江南会馆敦谊堂的商人希望出售本堂产业，他们向县衙呈递了一份禀状说明情况，并特别强调："惟田房各契前均批明立案，如不禀请批示，不特买主畏祸不敢成交，恐有会内无聊之徒从中阻挠，

---

① "立案"是传统中国地方政府在行政或司法上界定并保护共同财产的一种做法。邱澎生的研究揭示出，清代江南地区的地方官府在司法实践中不断积累并完善对于商人团体公产立案的经验。请参见邱澎生《由公产到法人——清代苏州、上海商人团体的制度变迁》，《法制史研究》（台北）第 10 期，2006 年。

② 在这些案卷中，只有一份行帮规程或官府文告，说明某一行帮的公产征收和管理办法或官府对此项公产的保护态度。这可能存在两种情况：一是该案卷中只有这一份文书；二是该案卷中还有其他诉讼文书，但因为案卷散佚或整理档案时的人为取舍，研究者能看到的只有这一份文书。若属后一种情况，即很有可能是前文提到的经过诉讼的公产立案；若属前一种情况，则大致可以确定是另一种形式的立案，即行帮在商定公产管理规则后，将其成文副本交由地方官府核验并保存在衙门档案中，以备将来查考。

或借事滋非，后累难防。"这说明，立案在行规之外，为行帮公产提供了一层更具效力的法律保护机制。

第三，援引规条并不能解决所有问题，在一些比较复杂的案例中，承审官员还必须独立判断，做出灵活、变通的处理。一般情况下，他们会谨慎地评估是非曲直，尽量约束行帮或个人借公产之名的敛财、争产行为。此类案例包括"嘉6""嘉7""嘉10""道6""道8""道15""道17""光1""光2""光12"。此处以案件"嘉6"和"光12"为例分析之。

案件"嘉6"涉及的是豆腐摊贩，这可能是当时重庆经营规模最小的商业门类之一。案件的起因是，邹思权等人向摊贩杨高太等索要入行银2两，若不交出，即不许其营业。双方对簿公堂时，充当证人的约邻也言之凿凿地强调，豆腐行早已定有行规，只因杨高太等人拒不服从才挑起讼端。许多证据都对杨高太一方不利，但知县最后还是做出了"日后遇有摆摊卖豆腐或开铺发卖，悉随各便，不得齐行把持"的判决，也就是否认了邹思权等人敛征入行费的诉求。这说明，尽管邹思权一方抬出行规压制杨高太一方，约邻的证言也一边倒地偏袒邹思权一方，知县还是对此案有独立的判断，尽量保护小本经营者不受"把持"之害。

案件"光12"的主角是油漆帮。在这个案卷中，附有一份由该帮成员拟定，提请县衙核可的帮规，共十一条。但非常耐人寻味的是，仅相隔一天，知县对这份帮规的批词却大相径庭。光绪二十一年七月二十五日批词："查阅所议章程，尚无窒碍。惟第四条声叙略欠明晰者，仍遵照前批集众议明，刊刷条规，一体遵行勿替……"光绪二十一年七月二十六日批词："此案选据彭兴泰等呈恳出示，当经批饬集众议明，刊刻原定规条，一体遵办在案。至续议七条，本县并未批准……"

知县态度的遽变，显然有故意抵赖的意味，但细读此案的诉状，就不难看出其中的原委。原来该帮当时已分为两个部分，一部分是铺户，一部分是司友（即散匠）。七月二十五日以油漆帮名义上呈县衙的那份帮规，原来是铺户擅自拟定的，其中完全没有顾及司友的利益，尤其是征收和管理公产的权利。此份帮规上呈后的第二天，司友即联名呈递诉状说明了情况，知县大概此时才明白这份帮规中的玄机，所以在七月二十六日的批文中矢口否认自己昨日的决定。

当然，明察秋毫并不适用于所有的案件。在少数情况下，承审官员会本着息事宁人的宗旨处理问题，致使行帮公产受损。① 如案卷"光6"中，拨船帮为帮费管理而发生纠纷，现任首事丁福星控告前任首事张位卿"权管霸吞钱千余钏"，"夺帐霸管，握帐不算，众债追逼不偿"，而张位卿及帮众梁詹氏等则指控丁福星"负债千余，去正握帐不现，侵侵吞糜费二百余千"。出人意料的是，经过几轮诉讼，双方却在知县的主持下签订了一份合约，其中载明："位卿、福星二人因老情愿辞退不充当首事，彼此凭众交出帐簿"，"帮内前后债帐概由总理挪借，公借公还，与丁、张二人无涉"。从这些语句中可以判断，拨船帮的帮费管理的确存在巨大的漏洞，丁、张二人难辞其咎。但是由于丁、张二人前后管理帮费十余年，其中许多账目已经无从清查，或碍于种种原因不便清查，所以县衙和拨船帮最终将贪污问题和债务问题一笔勾销，由拨船帮承担所有的损失，公款管理从头开始。

在恶势力介入的情况下，承审官员也会做出有损正义的判决。如案卷"光8"中，以陈柏轩为主使的地方恶势力介入了重庆的木桶制造业，不仅垄断了贸易，而且强迫所有匠人向其缴纳入行银，如不服从，即施以暴力，后因殴打糊桶帮的江全美等人被告到县衙。但知县只惩戒了秦国成、黄双喜等从犯，主使的陈柏轩则一直逍遥法外，其勒索帮众的情节也未被追究。

综上所述，在宣统以前，重庆地方官府处理行帮公产诉讼总体来说是有效率的。戴史翠的研究显示，清代重庆地方官处理商业纠纷时，往往通过协商和强制并用的方式，维护既有的社会协议或促成新的社会协议。② 本节中所讨论的绝大部分案件也是如此，不管其审判结果是维持旧规、订立新规，还是在既定规则之外变通处理，几乎都不是官府的恣意裁量，而是尽量协调纠纷各方的利益关系，最终促使人们维护或达成一种共识。这足以反驳此前关于"中国传统法律处理民事纠纷消极、低效、随意"的观点。当然，本

---

① 此类案件包括"嘉4""道16""咸2""光6""光8""光11"。
② 戴史翠：《帝国、知县、商人以及联系彼此的纽带：清代重庆的商业诉讼》，王希主编《中国和世界历史中的重庆——重庆史研究论文选编》，第166~180页。

节中个别案件的处理的确有损公平、正义，但总的来说行帮产权仍然依赖地方官府得到了保护。

（二）官府保护和规范行帮公产的动机

面对这些行帮公产纠纷，除了做出较为妥善的裁决，官府还需拿出很大的耐心，因为此类案件中有相当一部分是一再闹上公堂，具体情况参见表9-5。

表9-5　本章所考察案件的呈控次数

呈控次数	案卷编号
一次	乾2、嘉1、嘉3、嘉7、嘉8、嘉10、嘉11、道2、道6、道16、道17、道23、道24、道25、咸2、同4、光3、光11、宣6、宣7
两次	嘉6、嘉9、嘉12、道1、道3、道7、同1、光1、光6、光8、光9、宣7
三次	嘉4、道4、道5、道10、道18、道19、道20、同2、同3、光12、宣2
四次	道8、道15、咸2、光2、光10
五次及以上	光4、光7、光13、宣1、宣8

注：在大部分诉状中，当事人都会提到此案之前是否经过诉讼，以及当时的承审官员是如何处理的。这就为统计呈控次数提供了可能，也使研究者更清楚地观察在此过程中当事人与地方官府的互动。

资料来源：附录H。

由表9-5可知，本章所考察的大部分案件都经过了两次及以上的诉讼，[1] 而且越到较晚的光绪、宣统时期，缠绵难断的案件越多。那么，地方官府为何会容忍这种"缠讼不休"的做法，并为之投入有限的行政资源呢？根据笔者的观察，至少两个现实的考量驱使官府这样做。

第一，是对司法效率的关注。现有的研究揭示出，清代州县官员在司法实践中有相当务实的一面，因为上级官员可以例行监督他们的司法活动，[2]

---

[1]　经过一次诉讼的案件共20个，经过两次及以上诉讼的案件共33个。但是在仅经过一次诉讼的案件中，也有一部分是因为案卷散佚或选编时的人为取舍，使研究者看不到此前和此后的诉讼过程。如果将这个因素考虑进来，经过两次及以上诉讼的案件应该更多。

[2]　瞿同祖：《清代地方政府》，第193~195页。

他们的考绩、升迁也与处理各类案件的效率直接挂钩。① 而本章所考察案件的当事人，似乎也深谙此中奥秘，常常摆出一副不达目的誓讼不休的架势。如案卷"光4"中，綦江船帮对于大河船帮统一制订的差费征收规则不满，而且认定这一规则是在张利川、洪辉田的挑唆下制订的。于是，綦江帮船户和一批与綦江帮关系密切的商号决定联名控告张、洪二人，船帮首先做出了非常强硬的表态：

> ……刻下遭洪辉田、张利川二人狼狈为奸，乃贪小利之辈。我帮船户何不各船商议，大众齐心，将此二人交差禀县，言伊私抽我帮厘金。其我帮板主酌议数位在渝城与伊质讯，其船我帮出钱另请太公，放上所用之钱，照伊所议抽收。如钱不敷，在渝城义生号支钱缴用，与伊决不干休。其控案之用费，一定有我帮酌议，不得缺少。

这一极具号召力的倡议很快得到积极的回应，诉讼随之开始。最后，知县也不得不承认大河船帮的差费征收的确存在严重的贪污、勒索问题，判令大河船帮的财务收支进行彻底整顿。

还有一些案件，由于情节过于琐细，官府本打算敷衍了事，但当事人却锲而不舍地呈控，最终促使知县做出相对公允的裁决。如案卷"道15"中，割猪匠人练龙贵和牟廷顺发生纠纷。练龙贵指控牟廷顺以维护行规为名，向其勒索5000文的罚款；而牟廷顺则指控练龙贵抢去了他的一份借贷契约。出人意料的是，这样一桩"鼠牙雀角"的纠纷，却在两个月中四次闹上官府。从诉状来看，前三次的处理结果都比较草率：第一次知县斥责了牟廷顺，勒令其结案；第二次则根本未予理会；第三次虽然得到了知县的批词，但似乎没有实质性的意义。而当双方第四次对

---

① 瞿同祖考察了清代官员考绩的具体操作方法，指出"百姓生活安定且地方环境条件在其任职期内有所改善"是州县官员获得升迁的重要条件。参见瞿同祖《清代地方政府》，第60页。黄宗智也十分强调州县官员面临的考绩压力，指出州县官员"受到官僚规则的严格限制"，"其政绩考核取决于他能否限制案件发生数，以及他处理所收案件的效率"。参见黄宗智《清代的法律、社会与文化：民法的表达与实践》，第89～90、174页。

簿公堂时，知县终于做出了一个较为谨慎的、兼顾双方诉求的判决，一方面支持练龙贵拒交入行费，另一方面帮助牟廷顺索回了丢失的借据。可见，当事人的缠讼有时也能对官府形成一种压力，促其更加积极、有效地解决讼端。

在极个别的案件中，行帮为了保全和扩充公产，甚至不惜成为被告。如案卷"宣2"中，李兴发等人状告渠河船帮欠债不还。但反常的是，当船帮首事被县衙传唤时，对原告指控的一切供认不讳，甚至还提供了一份详细的债主名单，罗列了包括原告在内的21名债主，所欠银钱合计3000余两。更出人意料的是，在接下来的案卷中，原告李兴发等人再也没有出现，完全变成了渠河帮与官府之间的交涉。最后官府同意渠河帮向其所辖水道的所有船只征收捐费，作为还债之用。看到这里，读者才基本上理解此案的玄机，其实之前债主提起诉讼，很可能就是由船帮首事一手策划的，因为闹上公堂不仅能使官府了解船帮的债务负担，更能激起知县对地方秩序的忧虑和对自己前程的顾惜，此时船帮顺势提出征收船捐的要求，知县基本上不可能反对。

官府保护行帮公产的第二个考量，在于保证自身的财政收入。此前的研究已经证实，工商业者提供的差务和厘金，是清代重庆地方官府财政收入的主要来源。[①] 而在行帮公产纠纷中，这也成了一个重要的砝码。在许多诉状中，行帮会在醒目的位置写下"多年应差无恙""遵奉宪示抽取厘金，勿敢怠忽"等字句，这无疑是在提醒承审官员，本行帮的公产诉求理应得到重视和支持。在表9-4罗列的49个被官府受理的案件中，有30个可以确定与承差纳厘的行帮有关。[②] 如果卷入纠纷的行帮恰恰是承差纳厘大户，官府更是会高度重视。最典型的案例是"光4"，其中的纠纷复杂而激烈，在长达十年的时间里间歇性地爆发。但因为此案牵涉

---

① 相关研究请参见山本进『明清时代の商人と国家』；刘铮云《官给私帖与牙行应差——关于清代牙行的几点观察》，《故宫学术季刊》（台北）第21卷第2期，2003年；范金民《把持与应差：从巴县诉讼档案看清代重庆的商贸行为》，《历史研究》2009年第3期。

② 包括"嘉1""嘉3""嘉7""嘉8""嘉10""嘉11""嘉12""道2""道4""道5""道6""道10""道12""道16""道19""道20""道25""咸1""咸2""同2""同3""光1""光2""光4""光6""光7""光8""光9""光12""光13"。

当时重庆的差费征缴大户——大河船帮，官府仍然积极地、不厌其烦地介入。

在另一些案件中，深谙官府软肋的行帮甚至会利用差务要挟官府。将这一策略运用得淋漓尽致的莫过于案例"光7"，从表9-6可以看到，毡房帮在前后九轮诉讼中的状词高度雷同。

表9-6 "重庆毡房帮认差案"诉讼概况

诉讼过程	时间	被告人	毡房帮状词	知县批词
第一轮	光绪十四年三月	万洪顺等	现值学宪案临,坐衙行站需毡四百余条,约费百余金,竭力挪垫,原靠收差供认。似此坚藐抗悬,后货效尤,观望不认,万难支应,违误匪轻	令万洪顺等遵断认帮
第二轮	光绪十四年八月	石洪盛	似此抗差估骗,刁恶难容,不禀添究,抗差得势,纷纷效尤,将来差毡势必遗废,无人办理	各家帐目……一并交与新班首事
第三轮	光绪十四年十月	陈永茂	现在考试临迩,不禀唤究,各帮效尤,差务无着	饬陈永茂赶紧照规帮给
第四轮	光绪十四年十一月	华万兴	现届年底,道府恩署均要差毡,伊吞得势,纷纷效尤,差悬无着,情急祸眉	将华万兴械责锁押,赶紧上庄出用认差
第五轮	光绪十五年九月	万盛泰	陷首等府差久悬,挪垫多金,无从出备。不沐作主,效尤愈甚。差费难支,众心难服	饬照规帮给,违即带究
第六轮	光绪十七年八月	商号连云积蔚	不日换季,又要差毡。无资应办,难免违误。惨民等办差生年要用二百余金,并无底金存款,靠收羊毛应差。遭此抗差霸估,害民等垫累难堪,情实莫何	饬照规认给,如违带究
第七轮	光绪十七年十二月	万盛泰	现值年尽岁暮,各衙换毡之时。遭此估霸抗差,民等实难办理	饬照规认给,如违带究
第八轮	光绪十八年闰六月	商号连云积蔚等	现在学宪差临,无资应办,情实艰难。似此复藐串抗,差悬无着,情莫恶何	饬照规认给,如违带究
第九轮	光绪十八年十一月	商号裕和祥	不悬唤究,日后各贩纷纷效尤,差费无出。惨首等挪垫无着,差何由办。恐大差临境,无由措办,赔累非轻	洋毛由渝过道,并不售卖,自应免差

这九轮诉讼发生在四年之中，但毡房帮首事的状词无一例外地重复着同一个套路：一是新一轮差务马上就要来临，可谓是"催"；二是若有人仿效这种做法，今后差毡的供应将越来越难以保证，可谓是"吓"；三是差务繁重，办差过程举步维艰，可谓是"诉苦"。而知县在接到诉状后，也几乎是没有悬念地站在了毡房帮首事一边。唯一的例外是第九次诉讼中，由于英国太古洋行中途介入，审判结果发生逆转。以一个知县的行政经验，一定不难洞察这些状词的雷同与拙劣，但他自始至终都甘愿做一个傀儡，被毡房帮首事牵着走，很显然是被利益驱使。

需要说明的是，在清末新政以前，地方官府在处理行帮公产纠纷时虽然常常为财政利益所挟制，但总的来说索取尚在行帮所能承受的范围之内。在本章所考察的案例中，一些承差纳厘较少的行帮，也可通过司法途径保护公产。但是在光绪二十九年川省新政启动、行政开支剧增的情况下，官府借公产纠纷剥夺行帮公产的情况也越来越严重。附录 H 中发生在宣统年间的案件除"宣 4"之外，其余均涉及此种情节，而"宣 1"是其中最有代表性的一个案例。

宣统元年六月，李泽沛等人指控炭力帮首事侵吞公款 2000 余两，并提议将这笔款项追回后用于设立学堂。县衙受理此案后，即委托五厢监正对炭力帮的公款收支进行核查，没有发现明显的问题。但李泽沛等人却不依不饶，继续呈控。直到宣统二年二月，诉讼案卷中仍然没有显示炭力帮有明显的财务问题，但该帮却不得不答允每年从帮费中拿出 320 钏，资助本地新设立的学校和慈善机构。这个案件的代表性在于，它涉及当时行帮公产纠纷中最常见的三种不寻常的情况。

第一，赢了官司，输了产业。在这个案件的诉讼过程中，原告方一直处于下风，尤其是在官府清查完炭力帮账目后，明确宣布他们之前的控告是子虚乌有，还责惩了为首的李泽沛。但是炭力帮的公产并没有因此而得以保全。宣统元年八月，也就是在双方诉讼最激烈的关头，炭力帮主动提出每年向本地慈善机构——市会捐款 200 钏，显然是为了破财消灾。但是直到半年后炭力帮将捐款的数额提高到每年 320 钏，知县才批准正式结案。这不由得使人怀疑，县衙其实是借诉讼进行敲诈。无独有偶，案卷"宣 3"中的九门屠帮、"宣 6"中的火炮帮、"宣 7"中的米帮、"宣 8"中的拨船主夏聚庆，都有大同小异的遭遇。

第二，行帮对官府的报效由差务变为捐款。与差务相比，捐款显然更加随意。如在炭力帮的案件中，炭力帮一开始希望每年捐 200 钏，但是原告方提出的数额是每年 400 钏，最后协商的结果是每年 320 钏，整个过程就像是在讨价还价，完全不援引任何规则，自然也很难限制官府的再度勒索。

第三，出现了一批专门挑起公产纠纷、从中渔利的人。如案卷"宣 1"中的李泽沛、"宣 3"中的吴协和、"宣 6"中的夏绍卿等，他们都不是行帮的成员，但以兴办公益为名揭发行帮的财务问题，最后就算败诉，也成功地达到了剥夺行帮公产的目的。

综上所述，清末新政是观察清代重庆行帮公产状况的一个分水岭。在此之前，行帮凭借与地方官府的互惠关系，比较有效地利用官府处理公产纠纷；而在此之后，诉讼却成为剥夺行帮公产的途径。情势的突变引人深思。

结论：专制统治与"理性市场"

仔细审视形形色色的案例后会发现，清代重庆行帮公产纠纷是一个"专制统治"和"多元制度变迁"相交织的故事。下面我们就试着游走在这两个维度之间，回答本章开篇所提出的两个问题。

透过"多元制度变迁"的维度我们可以看到，在清末新政以前，许多不寻常的现象正在这个城市的机体中潜滋暗长。尤为显著的有以下两点。

第一，重庆行帮的公产能够得到比较有效的保护。这与"中国传统法律不保护产权关系"的论断截然不同，因为对于地方官府而言，只有妥善处理此类纠纷，才能保证良好的地方秩序和充足的财政收入；尽管法律并未明文规定保护行帮产权，但行帮通过迎合、利用官府的诉求，相当有技巧地促成了许多公产纠纷的解决。此种互动形成了在正式的法律条文之外，有效保护行帮公产的司法经验。这个事实也提醒我们，人们的需求和行为不断地塑造着一个社会的法制环境，在研习律例条文的同时，也应充分关注实践层面的法律。

第二，重庆行帮更倾向于通过诉讼解决公产纠纷。这与官府所期待的

"无讼"形成鲜明对照，也促使我们重新思考清代民事纠纷中调解与诉讼的关系。这种独特现象是清代重庆社会环境的产物：作为在明清易代战争后重建的城市，从事商业纠纷调解的民间力量常常不拥有为普通民众所信服的权威；作为一个移民社会，许多流动人口难以分享这个城市的调解资源；作为一个商业化程度日益提高的城市，越来越多的复杂而激烈的商业纠纷难以通过调解的方式解决。① 由此可见，法律实践取决于具体的历史情境，很难一概而论。在现阶段，通过区域研究揭示法律运作的详细过程，尽可能勾勒出一个"细致的局部"，将有助于修正法制史研究中的"宏大叙事"。

　　然而，从"专制统治"的维度，我们看到的却是一幅没有太多新意的画面。至少在本章所讨论的公产纠纷中，行帮对官府的依赖远远大于它能够对此过程施加的影响。这自然形成了一种危险的关系模式：当地方官府与行帮之间存在互惠关系并有节制地对其进行索取时，会比较妥善、有效地处理行帮公产纠纷；但是当地方官府面临财政窘境且不再看重传统工商业时，就会由保护行帮公产变为杀鸡取卵式地剥夺行帮公产。本章所引用的清末新政之后的案例，即展现了后一种情况。这无疑印证了"专制主义扼杀民间商业"的传统命题。

　　那么如何解释这些既矛盾又共存的现象呢？笔者认为，在许多情况下这并不意味着一种混乱，而恰恰是一种微妙的、变通的制度安排。笔者将这种制度称为"官府掌控下的'理性市场'"。在这个市场中，专制权力可以说是当之无愧的主角，它掌握着生杀予夺的大权。本章中所论及的强行剥夺行帮公产又令行帮无法反抗的地方官府，就是这种权力的缩影。然而在多数情况下，这种专制权力并不像意识形态史学所描述的那样愚昧保守、为所欲为反而它会在整个制度框架中为市场发展留下一个弹性的空间。所以，清代中国许多地区的市场并不缺乏活力，也形成了各类保障商业成长的规则，就效率和运作细节而言，的确称得上是一个"理性市场"。

---

① 步德茂（Thomas M. Buoye）的研究也指出，清代商品经济发展侵蚀了这个社会的道德共识，使得调解在许多情况下难以奏效，越来越多的财产纠纷以暴力告终。参见〔美〕步德茂《过失杀人、市场与道德经济——18 世纪中国财产权的暴力纠纷》，张世明等译，社会科学文献出版社，2008。

但专制制度与"理性市场"并非始终相处默契。在清代重庆的各个商业领域，一个具有普遍性的现象是：当地方经济、社会稳定或扶持某类工商业有利可图时，官府会给予其一定的自主空间，并在适当寻租的同时协助其建立一个良性的市场秩序；但当局势突变导致政策转型或扶持某类工商业的回报降低时，官府就会弃之不顾，甚至刻意摧残。当然，个别地区的情况并不具有理论上的普适性。在不同的经济、社会环境之下，"理性市场"的因素能否在旧制度的母体中别开一番生面？尚在未定之天。就清末重庆而言，新政之后地方官府对传统工商业的催逼和打压固然有相当大的恣意妄为的成分，但同时也是在新政压力下进退失据的不得已之举。若无此一情势逆转，结局也是殊难逆料。①

随着清朝的覆灭，专制统治和"理性市场"在中国的许多地区两败俱伤。回首这段历史，我们有必要给这两种市场现象以公允的评价。在许多情况下，它们并不是优劣立判或者互相抵牾的，而是交织成一种你中有我、我中有你的市场机制。进而言之，制度创新和市场发展之间并不是一种单线的因果关系，新的市场因素往往也要依赖旧制度成长，只是依赖旧制度是有风险的。市场能否在这个复杂的制度环境中巧妙地趋利避害？市场的成长是侵蚀了旧制度，还是强化了旧制度？还需在更多的实证研究中寻找答案。

---

① Eric Jones 认为，清代中国政府的寻租特性，是其未出现突破性经济成长的决定性因素。参见 Eric Jones, *Growth Recurring*, NewYork：Oxford University Press，1988。但是从本章的研究中可以看出，清代重庆地方政府并非始终无节制地寻租，尽管其寻租倾向在清末新政后明显加强，但在很大程度上也是应付形势变迁的进退失据之举。因此，清代政府的确具有寻租的性格，但这是否决定了中国不能出现突破性经济成长，还需以更扎实的实证研究为依据进行商榷。

第十章 殴斗的逻辑

—— 乾隆至同治时期重庆的脚夫组织

同治三年九月，重庆城的茶帮和川帮脚夫为争夺地盘展开了激烈诉讼。双方诉状都极力渲染了殴斗的情节，茶帮指控川帮"多人来行寻凶，抄毁锅槽碗盏"，川帮也说茶帮"多人各执刀棒入行，霸踞蚁等生易"。在接下来的一年半里，两帮越来越深地卷入这场纠纷之中，见于记载的殴斗事件就发生了 11 次。在整个过程中，据说有人身负重伤，有人失踪长达数月，还有人丢掉了性命。这是笔者根据清代《巴县档案》的三个案卷，[①] 大致勾勒出的此案轮廓。然而笔者在阅读案卷的过程中，却产生了三点疑问。

第一，在这三个案件中，两帮都使用了暴力，这符合此前研究者对于清代脚夫的论断，[②] 也印证了夫马进等学者对于同治时期重庆社会"粗野"的观感。[③] 但笔者还是想追问，暴力究竟是内生于脚夫组织的行为方式，还是

---

① 案卷"同 1""同 2""同 4"，见附录 I。

② 全汉昇指出："苦力帮最重要的任务是守着势力范围而作营业上的保护。"（参见全汉昇《中国行会制度史》，食货出版社，1986，第 188 页）。上田信认为明末清初的江南脚夫是"无赖化"的职业，"以暴力作为谋生手段"（参见上田信「明末清初・江南の都市無頼をめぐる社会関係——打行と脚夫」『史学雑誌』90 巻 11 号、1981）。樊树志指出，明清江南各市镇均有脚夫"把持地段，肆行勒索"（参见樊树志《明清江南市镇的实态分析——以苏州府嘉定县为中心》，《学术研究》1988 年第 1 期）。申浩认为："脚夫的职业特征决定了脚夫的行业组织具有严重的暴力倾向。"（参见申浩《对清代以来江南市镇中脚夫群体的考察》，《史林》2008 年第 2 期）李里的研究显示，在整个清代，天津脚行时常因脚价地界纠纷而酿成暴力冲突（参见李里《清代以降天津脚行与政府关系嬗变》，《中国经济史研究》2014 年第 1 期）。

③ 〔日〕夫马进：《中国诉讼社会史概论》，范愉译，《中国古代法律文献研究》第 6 辑，第 73 页。

在特定环境下的适应性策略？

第二，此前一些研究将脚夫视为"无赖"或"流氓"。① 具体地说就是：经常从事扰害社会秩序的暴力行为；脱出既有社会结构之外，难以管束；居留不定；无恒产，亦无恒业。这与笔者在此案中看到的脚夫很不相同。这些脚夫虽然卷入暴力冲突，但时时强调他们的职业是正当的、长久的，与其他生意并无不同。② 这说明，此时的重庆脚夫可能还具有某些复杂而隐秘的特质有待研究者去揭示。

第三，此案诉讼过程中有一个吊诡的现象，那就是一方面两帮脚夫频频提起诉讼，另一方面，地方官府没有做出任何有意义的仲裁或判决。这使笔者感到好奇，此前关于清代重庆商业秩序的研究，大致认为地方官府既有对商业事务的关切，又积累了处理商业事务的经验，③ 但为何面对这桩纠纷时，态度却截然不同呢？

基于上述困惑，笔者决定全面追溯乾隆至同治时期重庆脚夫组织的演变历程，寻找上述问题的答案。

本章使用的是清代《巴县档案》中的诉讼案卷。此前关于明清时期脚夫的研究，大多依据地方志、碑刻、文集、笔记、政书，这些史料通常未能展现特定事件的过程与细节。而《巴县档案》中不仅有丰富的脚力纠纷案卷，而且详细记载了每个案件的前因后果、诉讼过程，能给研究者提供更大的讨论空间。另外，正如上田信所说，此前关于脚夫的研究"多是利用官府或请求官府取缔'无赖'的人所写的东西，因此所展现的形象是有失偏颇的"，④ 而《巴县档案》中有脚夫的诉状、口供，法官的判词，

---

① 上田信「明末清初・江南の都市無頼をめぐる社会関係——打行と脚夫」『史学雑誌』90卷 11 号、1981；郝秉键：《晚明清初江南"打行"研究》，《清史研究》2001 年第 1 期。

② 同治四年茶帮诉状载："各姓祖父各捐资斧承买脚力生意……永为子孙基业。"（参见案卷"同 2"）。

③ 邱澎生：《国法与帮规：清代前期重庆城的船运纠纷解决机制》，邱澎生、陈熙远编《明清法律运作中的权力与文化》，第 275～344 页；戴史翠：《帝国、知县、商人以及联系彼此的纽带：清代重庆的商业诉讼》，王希主编《中国和世界历史中的重庆——重庆史研究论文选编》，第 166～180 页。

④ 上田信「明末清初・江南の都市無頼をめぐる社会関係——打行と脚夫」『史学雑誌』90卷 11 号、1981、29 頁。

客长、街邻等人士的供述等，这些信息必然有助于重构一个更加复杂、丰满的脚夫群像。本章所援引案例，均收入附录 I。

一　既有研究的检讨

2000 年，山本进发表了《清代巴县的脚夫》一文，勾勒了乾隆至道光时期重庆脚夫的组织和经营模式，[①] 至今都是关于清代重庆脚夫最系统的研究。这篇文章的结论是：（1）此一时期的重庆脚夫主要分为"码头脚夫"和"行户脚夫"两类；（2）在此百余年内，脚夫组织不断突破"夫头－散夫"结构，日益复杂多元；（3）自嘉庆时期，相当数量的"管行脚夫"脱离"帮"的辖制，转向"自立化"经营。他们既从事搬运业务，又介入商品贸易，不仅增加了运输成本，也妨碍了商业资本对流通各阶段的"一元化"管理。

上述结论对于笔者帮助甚大，但笔者认为，这项研究也存在四个方面的硬伤：（1）不能仅用乾嘉道时期的案例来说明整个清代的情况。尤其是在清代中后期，重庆的商业环境发生了深刻的变化，[②] 所以乾嘉道时期的情况绝不等同于整个清代的情况。（2）对于乾嘉道时期重庆脚夫帮的分化、演变，叙述相当模糊。文中可见"但这只是一个猜测""西帮、南帮、索帮、杠帮的地盘难以厘清的错综复杂"这样的语句，这说明作者并没有构建起一个完整的事实链条，在此基础上形成的结论也难免偏颇。（3）"行户脚夫突破'帮'的辖制，日益'自立化'"，是这篇文章最重要的结论，但是作者据以立论的只有 7 个片断式的案卷，令人难以信服。（4）论述囿于脚夫本身，与脚夫相关的经济、社会问题较少触及。

上述问题的出现，一个重要的原因在于资料不足。山本氏使用的全部是《清代乾嘉道巴县档案选编》中的案卷，该书是 20 世纪末四川省档案馆对《巴县档案》进行精选和汇编的成果。其中收录的案例很少，且一个案例只

---

① 山本進「清代巴県の脚夫」『明清時代の商人と国家』。

② 清代中后期重庆市场经历了一次转型，关于这次转型肇始于何时，如何渐次展开，人们的观点并不一致，具体研究参见本书第一章。

能选取一至两个情节被严重割裂的诉状。如果仅用这些案例来做研究，得到的结论常有偏颇，甚至与事实完全不符。山本氏的研究完全依赖上述节选本，是因为当时《巴县档案》全宗的查阅还有诸多不便。但正因为如此，今天的研究者才应该依据更完整的卷宗对前辈学者的研究进行修正和完善。笔者在进行此项研究的时候，严格遵循三个原则：（1）尽可能使用《巴县档案》全宗中的完整案卷，实在无法找到完整案卷时才使用节选本中的案卷；（2）尽可能查阅相关的所有案卷，最大限度地掌握史实细节；（3）全面掌握与主题相关的其他文献，并结合既有的清代重庆史研究，以补充档案资料的不足。

直白地说，本章的研究相当于"拼图"工作，即对档案文书中零乱、琐碎的细节进行搜集、比对、甄别，然后按时间和逻辑顺序拼接起来，尽可能讲一个完整的故事。在故事展开的过程中，希望能解开本章开头所提出的疑问。

二　乾隆三十六年至嘉庆十三年——松散、多头的初步整合阶段

乾隆三十六年（1771），巴县知县仲纯信在朝天门码头设置夫头，"凡客货起岸，俱经夫头雇人背送，如有遗失，着落赔偿"。[①] 山本进将此事件视为清代重庆脚夫群体整合的起点，笔者也赞同此说。但山本氏认为设置夫头的目的是"支应兵差，承办各衙门的搬运差务"，[②] 这其实混淆了当时重庆城内三类不同的脚夫。下面分别介绍之。

（一）不承担官差的朝天门码头散夫

在讲述本节的故事之前，有必要解释"差务"和"散夫"两个概念。"差务"是地方官府为维持日常用度和处理公务而向辖区民众征收的钱财、货物与劳役。在咸丰六年以前的重庆，差务是一项重要的商业

---

① 案卷"乾1"。
② 山本进「清代巴県の脚夫」『明清時代の商人と国家』93頁。

调控杠杆，官府惯于以"是否承差"或"承多少差"来厘定工商业者的经营权限。[1]"散夫"从字面上理解似乎是指无组织的、独立承揽业务的脚夫，但事实并非如此。在议立朝天门夫头的案卷中，多次出现"散夫"一词：

> 夫头徐殿扬等：前沐仁宪在马头设□赏示，设立夫头，将散夫清查造册……散夫如有增添，随时开报注册……
>
> 知县仲纯信：嗣后每逢客船装货抵岸，务须经理散夫背运。

由上可知，在此时的语境中，"散夫"其实是指夫头管领的、登记在册的脚夫，只是因为与受雇于牙行、店铺的脚夫（后面将述及）相比，他们的活动范围和业务范围都比较不固定，所以被称为"散夫"。

山本进认为，乾隆三十六年设置朝天门夫头是为了督促散夫承差，但笔者认为这是一种误解。此前的研究已经证明，清代重庆地方官府极其重视差务，[2] 然而在议立朝天门夫头的案卷中，自始至终未曾提到散夫承差的问题。知县反复强调的是"渝城五方杂处，向来客货起岸下船都有乘间拐带之弊"，"脚夫内匪类固多"。颁给夫头的执照中也要求其"不时稽查外来无籍之人"。由此可见，至少在议立朝天门夫头时，夫头的主要职责是稽查流动人口，维持搬运秩序，并非督促散夫承差。

此时的朝天门散夫之所以不承差，应是缘于官府对地方安全的担忧。现有的研究揭示出，乾隆时期的重庆已成为啯噜[3]猖獗之地。两次金川战争期间，川兵被大量抽调到前线，造成地方防务空虚，致使前线溃逃兵卒汇入川

---

① 参见刘铮云《官给私帖与牙行应差——关于清代牙行的几点观察》，《故宫学术季刊》（台北）第 21 卷第 2 期，2003 年；范金民《把持与应差——从巴县诉讼档案看清代重庆的商贸行为》，《历史研究》2009 年第 3 期。

② 参见刘铮云《官给私帖与牙行应差——关于清代牙行的几点观察》，《故宫学术季刊》（台北）第 21 卷第 2 期，2003 年；范金民《把持与应差——从巴县诉讼档案看清代重庆的商贸行为》，《历史研究》2009 年第 3 期。

③ 啯噜是"清初四川移民社会中出现的以外来移民中'不法'分子为主体的、没有明确政治目的，专门从事抢劫、偷窃活动的一种游民结社"。参见吴善中《清初移民四川与啯噜的产生和蔓延》，《清史研究》2011 年第 1 期。

东啯噜。① 在乾隆二十五年至四十九年的《巴县档案》中，笔者找到了 30 个与缉拿"啯匪"明显相关的案卷，这可以说明当时的重庆城正面临巨大的安全隐患。而相比于其他城市空间，码头应该是最令官府头疼之所在。因为其作为南来北往之地，必会招来流窜的啯噜。而散夫作为以中青年男性为主且组织相对松散的群体，不仅可以藏匿啯噜，还极易与其相互转化。正因为如此，官府有时对码头脚夫的行为过度敏感。如乾隆四十六年十月，巴县知县处理了贺万元在朝天门码头强背钱包的案件。但四日后，川东道就责成重庆府和巴县对此案再次"严审"。数日后，川东道又严令巴县知县十日内将主犯"解赴省听候审办"。② 联系乾隆四十六年啯噜大举进攻陕南、川东的事件就不难看出，当时的各级官府其实是将这个案件与啯噜作乱联系在了一起。

综上可以断定，乾隆三十六年四月设置朝天门夫头，更多的是出于监控散夫、防范匪类的考虑，至少在此制度运行之初，其职能是类似于保甲而不是承差。

（二）承担官差的七门脚夫

在乾嘉时期的重庆，真正承担搬运差务的是七门脚夫。所谓"七门"，是指金紫门、储奇门、太平门、东水门、朝天门、千厮门、临江门，包含了当时环绕重庆城、附设水码头的 8 个城门中的 7 个。③ "七门"究竟设于何时，笔者目前未找到确凿证据。但乾隆三十六年的一份差务单记载了七门脚夫承担的差务类型，摘录如下：

一、学宪临考接送行李；一、文武各宪荣任荣升搬运行李；一、春

---

① 参见魏源《圣武记》，中华书局，1984，第 377 页。
② 见案卷"乾 4"。
③ 1891 年重庆开埠之前，这个城市的商业空间集中在今天渝中半岛的中部至东部。由于城市商业高度依赖水运，因此环绕半岛的 8 个城门及附设的水码头成为商品集散之地，形成了以边缘辐射城内的商业格局。参见乾隆《巴县志》卷 2《建制》；蓝勇、彭学斌《古代重庆主城城址位置、范围、城门变迁考——兼论考古学材料在历史城市地理研究中的运用方式》，《中国历史地理论丛》第 31 卷第 2 辑，2016 年 4 月。

　　秋二祭搬运什物；一、盘查仓廒搬运谷石；一、兵□□□□□□□□；
一、背运军米；一、背运硝磺；一、覆舟铜铅；一、皇木过境带缆；
一、凡各衙差务，有票传唤办理明白。①

　　这份差务单几乎涵盖了正常情况下维持地方官府运转所需的各种搬运服
务，然而承担这些差务却绝非易事。如"覆舟铜铅"即是搬运从长江中打捞
起的转运京师的滇铜、黔铅。② 据统计，自康熙六十年至咸丰三年，京运滇
铜至少 64471.75 万斤；③ 自雍正十年至咸丰三年，京运黔铅约为 55751.9 万
斤。④ 而所有的京运铜铅都要在重庆换船转运，但是巴县境内共有险滩 23
处，⑤ 动辄发生沉没铜铅数万斤的水损事故。⑥ 由此可以想见，七门脚夫搬运
覆舟铜铅的负担是相当沉重的。嘉庆十二年，七门脚夫至少承办了三次运铅
差务。五月的一次派夫 630 名，运铅 1284 块；十二月的一次派夫 862 名。⑦

　　"皇木过境带缆"也是一项繁重的差务。据统计，乾嘉道时期清廷共在

---

①　案卷"乾 2"。

②　由于鼓铸铜币和军械的需要，雍正至咸丰年间，清廷从云贵转运大量铜铅到京师。参见严
　　中平《清代云南铜政考》，中华书局，1948；全汉昇《清代云南铜矿工业》，《香港中文大
　　学中国文化研究所学报》1974 年第 1 期；中岛敏「清朝の铜政における洋铜と滇铜」『東
　　洋史學論集』汲古书院，1988；川勝守「清乾隆雲南銅の京運問題」『九州大學文學部東
　　洋史論集』17 号，1989；邱澎生《十八世纪滇铜市场中的官商关系与利益观念》，《中央研
　　究院历史语言研究所集刊》第 72 本第 1 分，2001 年；马琦《国家资源：清代滇铜黔铅开
　　发研究》，人民出版社，2013。

③　根据马琦的研究，康熙六十年至咸丰三年，滇铜平均年产量为 969.5 万斤。所以这些年的
　　滇铜总产量约为 128943.5 万斤。据蓝勇的估计，清代京运滇铜占全省产量的一半以上。所
　　以这些年中，京运滇铜的数量至少为 64471.75 万斤。参见马琦《清代滇铜产量研究——以
　　奏销数据为中心》，《中国经济史研究》2017 年第 3 期；蓝勇《清代滇铜京运对沿途的影响
　　研究——兼论明清时期中国西南资源东运工程》，《清华大学学报》（哲学社会科学版）
　　2006 年第 4 期。

④　根据马琦的研究，自雍正十年至咸丰三年，各省共采买贵州黑白铅 84729.38 万斤，其中京
　　运黔铅占 65.8%，所以此一时段的京运黔铅约为 55751.9 万斤。参见马琦《清代黔铅的产
　　量与销量——兼评以销量推算产量的办法》，《清史研究》2011 年第 1 期；马琦《清代黔铅
　　京运研究》，《中国历史地理论丛》2014 年第 3 辑。

⑤　不著撰人：《铜政便览》，刘兆祐主编《中国史学丛书三编》第 1 辑，据清嘉庆间钞本影
　　印，学生书局，1986，第 253～278 页。

⑥　蓝勇：《清代京运铜铅打捞与水摸研究》，《中国史研究》2016 年第 2 期。

⑦　案卷"嘉 3"。

云贵川采办楠木 3000 根（件/株）。[①] 这些巨楠要在重庆扎筏转运，由于体积特别庞大，每株所需的搬运人夫甚至可达数百名。[②] 乾隆四十七年又一批皇木运抵之时，县衙命朝天、临江、千厮三门每天派脚夫 50 人，东水、太平、储奇、金紫四门每天派脚夫 40 人参与搬运。[③] 也就是说，每天应承此项差务的脚夫达到 310 人。

此外，"背运军米、硝磺" 也是脚夫无可逃避的差务。清廷严禁民间贩运制作火器的原料——硝石、硫黄，[④] 搬运硝磺必须用官府雇募的脚夫。而重庆是当时四川两大硝磺供给地之一，乾隆三十二年至三十三年，平均每月新收硝磺 10400 斤，支出硝磺 3400 斤。[⑤] 在这种情况下，七门的差务负担自然沉重。

同治四年有脚夫提到："乾隆、嘉庆年间，川省世乱，差徭渐多，人人破产倾家以应差费。有业者变产填还，无业者守死待毙，惨难计数。"[⑥] 这段叙述或有夸张，但也绝非毫无事实依据。正是因为差务繁重且频密，所以承差脚夫绝不同于散夫。下面的案例即可帮助我们理解七门脚夫究竟是一些怎样的人。

嘉庆十二年，七门夫头夏方才状告散夫陈绍德，[⑦] 这个案件有几点值得注意。第一，被告陈绍德是定居城内的。夏方才在诉状中提到陈 "在仁和门居住"，这与流移不定的散夫截然不同。第二，夫头们对活动在自己地盘内的脚夫非常熟悉。夏方才不仅知道陈绍德的住处，还知道他逃避稽查的办法。由此可见，七门夫头对脚夫的掌控能力明显大于散夫夫头。第三，七门组织已经建立了监管机制。在引起诉讼的这一次冲突中，发现陈绍德蒙混背货的并不是夫头，而是七门设置的管事陈兴朝。

由此可见，七门组织的设置主要是为了因应繁重、频密的官差。而要完

---

① 周林、张法瑞：《清代皇木采办情况统计》，《收藏》2013 年第 9 期。
② 蓝勇：《明清时期的皇木采办》，《历史研究》1994 年第 6 期。
③ 案卷 "乾 5"。
④ 马建石、杨育棠主编《大清律例通考校注》，中国政法大学出版社，1992，第 591 页。
⑤ 陈显川：《清代金川战争时期巴县社会状况的考察——以巴县档案为中心》，《西南农业大学学报》2011 年第 11 期。
⑥ 案卷 "同 2"。
⑦ 案卷 "嘉 4"。

成这样的任务，脚夫们必须相对稳定地居留在这个城市，形成相对严密的组织，所以七门脚夫与朝天门散夫是截然不同的。

（三）　管行脚夫

在这一时期，还有部分脚夫分散地受雇于牙行、栈房和店铺，时人称为"管行脚夫"。乾隆五十七年，管行脚夫刘文宗自述：

> 昔年蚁等七人去银八十四两，顶朝天坊恒源行抬脚生易，蚁等自行炊食，认房佃租，承办差务，不敢违误，但抬送客货远近脚钱俱有规额，货物交卸蚁等有任。①

从这段叙述来看，管行脚夫的经营类似于个体承包。他们除了协助店铺搬运货物之外，也要承担官差。

另外，管行脚夫此时并未形成常规化的组织，有案例为证。乾隆五十七年，脚夫刘文宗与行主发生纠纷。行主的诉状中提到，与行主发生纠纷后，刘氏与其弟撤走了行内所有脚夫，朝天门其他脚夫也拒绝为该牙行搬运货物。② 嘉庆四年，脚夫谭正禄与行主发生纠纷，谭一边"估伊伙陈毓敬五人，不许抬行货进出"，一边指使其兄率人到码头阻截货船。③ 从这两个案例可以看出，此时的管行脚夫在面对纠纷时还是动用自己的人脉关系来解决，两个案卷中都未出现"帮"或"夫头"这样的字眼，可见此时的管行脚夫还处于松散、组织薄弱的状态。

综上所述，乾隆三十六年至嘉庆十三年前后，重庆脚夫尚处于松散、多头的初步整合阶段，不同群体在人员构成、日常事务、生存状态方面差异甚大，已经实现的整合也更多地依赖官府的行政力量。这一时期见于档案的脚夫殴斗事件仅有两例，④ 殴斗尚未成为重庆脚夫日常化的行为方式。

---

① 案卷"乾7"。
② 案卷"乾7"。
③ 案卷"嘉1"。
④ 案卷"乾4""乾6"。

三 嘉庆十三年至道光元年——复杂化、帮派化、自主化的 重组阶段

（一）重要变化之一：朝天门码头散夫组织基本失效

为监控散夫、清查匪类而设的朝天门夫头，似乎一直没有发挥所预期的作用。笔者查到，乾隆年间有两宗暴力事件涉及朝天门散夫。一宗发生在乾隆五十四年（1789），邓世全叔侄在码头被一群不明来历的脚夫殴打。[1] 另一宗则是前面提到的"贺万元强背钱包案"。然而这两个案件都是涉案人与官府直接交涉，案卷中并未出现"夫头"。嘉庆年间的情形也是如此。嘉庆中期，朝天门等码头聚集了许多难以约束的散夫，偷窃事件频发。[2] 嘉庆二十五年（1820），毗邻朝天门的陕西街也被一群无牌散夫垄断搬运业务长达两个月。[3] 由此可见，许多码头和街区对散夫的监管其实非常松懈，类似于保甲的"夫头－散夫"体制至晚在嘉庆中期就基本失效了。

然而这一时期流动脚夫的数量却有增无减。此前的研究显示，嘉庆时期是重庆市场拓展的重要阶段，[4] 也是外来工商业者流入的一个高峰期。在这些远赴重庆的人之中，包含一个数量可观且相当危险的流民群体。严如熤对这一群体有细致的描述：

---

[1] 案卷"乾6"。

[2] 案卷"嘉2""嘉6"。

[3] 案卷"嘉16"。

[4] 关于此问题，现有研究存在分歧。隗瀛涛认为，开埠前重庆虽是长江上游商品集散中心，但其市场主要为盆地内贸易服务（参见隗瀛涛主编《近代重庆城市史》，第96～114页）。龙登高等学者认为，乾嘉道时重庆已突破内向型的发展模式，崛起为西南最大的流通枢纽城市（参见龙登高《中国历史上区域市场的形成及发展——长江上游区域的个案研究》，《思想战线》1997年第6期；许檀《清代乾隆至道光年间的重庆商业》，《清史研究》1998年第3期）。山本进则认为，一方面，四川这样重要的区域市场不可能是"封闭"的；另一方面，四川18世纪后半期形成了一个有独立性的"区域经济圈"（参见〔日〕山本进《清代社会经济史》，第18～38页；山本進「清代四川の地域経済」『明清時代の商人と国家』11～50頁）。但无论上述哪一种观点，都承认嘉庆时期重庆商业的向好和物流需求的增加。

川江大船载客货由汉阳荆宜而上，水愈急则拉把手（纤夫）愈多。每大船一只载货数百石，纤夫必雇至七八十人……所来拉把手在重庆府河岸各棚待下水重载之雇募，下水重船需水手较上水为少，每只多止三四十人，计重庆所至上水船每日以十船为率，是水手来七八百人，所开下水船每日亦以十船为率，是水手去三四百人。以十日总计，河岸之逗留不能行者常三四千人，月计万矣。此辈初至尚存有上水身价，渐次食完，则卖所穿衣服履物，久之即成精膊溜矣（山中恶少无衣履赤身者谓之精膊溜），弱则为乞丐，强则入啯匪，伙党有力者或负贩佣作。①

由这段记载可知，外来脚夫正是这个群体的一部分，他们与纤夫、水手、啯噜、乞丐一样混迹于社会边缘且常常互相转化。前面提到的嘉庆中期"无聊脚夫"聚集生事的情况，就应该放在这样的背景之下理解。

嘉庆至同治时期的《巴县档案》中，也可以看到流动脚夫引发的各种治安和社会问题，如扰乱搬运秩序。道光元年，徐隆泰提到：

近因朝天门码头，有流痞李尚元、魏不饱伙聚多痞，在于河坎，见有上货之时，恶等将客麻背上河坎；下货之时，由行背运街心，每捆索钱一二文不等，方容夫运，否则不容夫背。且不顾官街行止，又硕雨湿客货，并将捆索私解卖钱……②

又如盗窃。同治六年，八省客长提到：

兹查匪等多人日每不务正业，就于朝天千厮各门各处盘踞，乘民等各帮起下棉花货物，白昼公然窃取，自称"抓絮帮"。尤引诱十余岁小孩在民等起下棉花货物之处立站，伺民等不暇，乘势沿路掏摸。甚至肆行窃取，随窃转递匪党卸开。③

---

① 严如煜：《三省边防备览》卷5《水道》。
② 案卷"道2"。
③ 案卷"同5"。

又如人身伤害。同治九年，保正吴国柱提到：

> 本月廿四日有桶板船一只停靠东水门码头，任散夫等背负起岸，络
> 绎不绝。突有这来不识姓名散夫一人，自负桶板一捆，方上跳板即失足
> 落水，桶板倒船。时船户黄兴顺当用□杆打捞无踪。①

这段叙述的情节过于简单且不合逻辑，结合同治年间重庆脚力业暴力事件
频发的背景，笔者猜测这名脚夫可能死于帮派的暴力。为了不开罪肇事帮
派又省却诸多麻烦，保正将其死亡作为意外事件上报。但无论实情如何，
这个案件都可以证明，势单力孤的流动脚夫自身也容易遭受各种侵害。

在"夫头－散夫"体制基本失效，外来脚夫又持续流入的情况下，清
代中期的重庆为何没有出现严重的治安和社会问题？这就涉及这一时期脚夫
组织的第二个重要变化。

（二）重要变化之二：脚夫组织的严密化和多样化

这一时期脚夫组织的重整可分为两类，一类是官府主导的，另一类是脚
夫自发的。下面分别叙述之。

1. 官府主导的对原有组织的维系与扩充

首先是建立管理行店脚夫的组织。前面提到，在上一个时期，行店脚夫
总体上处于一种松散的状态，到嘉庆中期情况发生了改变。嘉庆十五年，花
行脚夫宁毓济提到：

> 蚁等在朝天坊同人花行内承做脚力生意，照管客货上下背运，如有
> 疏失，责成蚁等赔偿。蚁等间因背运不及，雇倩代背，不惟拥挤争抢滋
> 闹，且多中途透窃。嘉庆十三年经行主等禀请前恩设立夫头，给牌轮
> 背，上下货物钱包，均有议定脚价，以免争竞而杜滋闹。近遭痞徒陈正
> 刚绰号陈花子，仗恃痞恶之势，不循夫头定议，额外估索，滋闹已非一

---

① 案卷"同7"。

次，行客切齿，街邻确证。①

由这段叙述可知，当时花行面临两个问题：一是随着货物数量的增加，需要雇用更多的脚夫；二是新雇的脚夫很难管理。在这种情况下，知县设置了管理朝天门运花脚夫的夫头。

但是要将行店脚夫组织起来却绝非易事。嘉庆十八年，花行主罗大丰等人与脚夫陈秀伦等人发生了诉讼，争议的中心就是如何有效监管脚夫。官府和牙行力主新设夫头，脚夫们却百般不情愿。在诉讼过程中，行主屡次向官府推举自行雇招的夫头，官府也对涉事脚夫做出了"签传严讯，分别递籍管束，如系本地民人，即予枷示"的严重警告。但在脚夫的极力抵制之下，设置夫头的要求最终还是被搁置了起来。②

不仅如此，已经建立的行店脚夫组织也远不能如"七门"那样充分整合。嘉庆十六年的一个案例清晰地反映了这一点。当时朝天门码头聚集了众多外来脚夫，秩序相当混乱，知县令相关人士商议解决办法，"花布帮夫头"武自新为难地提到：

> 蚁等系西黄两帮议举承充夫头，派拨散夫背运西黄两帮花布、行李、钱包，至背运山广各货，□□蚁等派拨，蚁等亦无染手情事。兹奉札谕，蚁等未便隔端邀议。③

这说明当时朝天门行店脚夫虽有组织，却互不统属，背运棉花、棉布的脚夫就很难与背运山货、广货的脚夫统一行动。这个事件的后续发展更加耐人寻味：急于整饬秩序的知县另寻了八名脚夫，希望由他们充当夫头，统管朝天门行店的搬运业务，却遭到其他脚夫和商家的消极抵制。④ 从这个事件可以看出，即便有官府介入，也无法使行店脚夫充分、自然地整合在一起。

---

① 案卷"嘉5"。
② 案卷"嘉12"。
③ 案卷"嘉6"。
④ 案卷"嘉8"。

出于对差务的关注，官府也十分重视"七门"的扩充。下面这个案件展现了七门重整的一个过程。① 嘉庆二十五年，张永昌等散夫进入陕西街营业，两个月后被朝天门夫头池洪才告到县衙。然而在诉讼过程中，池洪才等人的说辞却是前后矛盾的。一开始他们明确提出，之所以状告张永昌等人，是因为陕西街历来不设脚夫组织，无条件为贫苦的外来脚夫提供工作机会，张永昌等人是"垄断把持独吞"。这看似是一个充满正义感的诉求，但实情却并非如此。道光元年，池洪才与其他六门夫头展开了第二轮诉讼。六门夫头提到，池洪才等人已经通过各种办法使张永昌等人分担了朝天门差务，而且张永昌等人也拿到了官府颁发的营业许可（牌轮）。看到这里，笔者才恍然大悟，原来池洪才此前对"把持独吞"的声讨只是为了给散夫施加压力，逼迫其拿出部分收入帮补朝天门差务。而这场诉讼事实上促成了张永昌等对陕西街业务的垄断。地方官府出于对差务的需求，也默许了这种明修栈道、暗度陈仓的做法。这样一来，陕西街散夫被正式纳入七门系统，但直接控制他们的是朝天门夫头而不是官府。

由上可知，这一时期的重庆地方官府从未放弃对脚夫的管控，但收到的效果并不乐观。对于原本就缺乏组织的散夫和行店脚夫，管控措施很难落到实处；而"七门"虽名义上听命于官府，却暗中成为横亘在官府和各街区脚夫之间的寻租势力。

2. 自发脚夫组织——"帮"的出现

山本进认为，乾隆三十六年设置朝天门夫头之时，重庆就有了正式的脚夫帮，② 但笔者认为这个论断并不可信。被山本氏用作论据的是嘉庆二十五年池洪才的供述："晚等自乾隆三十六年间，在朝天门码头背运客货，因金川回兵，仲主给牌设置西南两帮夫头。"③ 但笔者认为，这句话的后半部分并不可信。

第一，从乾隆三十六年至嘉庆二十五年间隔了 49 年，设置夫头事件的亲历者应该大多不在人世或记忆模糊，叙述者完全有可能捏造事实；第二，

---

① 案卷"嘉 16"。
② 山本進「清代巴県の脚夫」『明清時代の商人と国家』93 頁。
③ 案卷"嘉 16"。

笔者查阅的所有乾隆年间案卷中，并无只字提到"西帮"或"南帮"；第三，笔者看到的最早用"帮"指称脚夫组织的案卷，是嘉庆十六年县衙发布的一则示谕，[①] 此时距朝天门设夫头已有 38 年。由此可见，"西南脚夫帮设置于乾隆三十六年"这个说法，类似于考据学中所说的"孤证"[②]，不可轻易采信。而笔者掌握的资料显示，清代重庆脚夫帮的形成其实是一个渐进的过程。

在笔者查阅的案卷中，第一次用"帮"指称脚夫组织是在嘉庆十六年。当时巴县知县正为各码头流动脚夫聚集、秩序混乱大伤脑筋，出面与知县商讨对策的就是"朝天门花布帮夫头"。[③] 此后，各种脚夫"帮"陆续出现在《巴县档案》中。然而在清代的重庆，"帮"作为脚夫组织的代称，在不同时期也有着不同的含义。

在嘉庆中期至道光初期，"帮"实质上是"服务于特定商人群体的脚夫组织"。前面提到的"朝天门花布帮"就属此类。武自新提到：

　　　　缘朝天门码头山广各货历无专管夫头，蚁等系西黄两帮议举承充夫头，派拨散夫背运西黄两帮花布、行李、钱包。[④]

由此可见，这个帮的成立机缘、夫头选任、所搬运的货物种类，都取决于西黄两个商帮。下面笔者将从两个案件入手，具体剖析这一类脚夫组织。这两个案件发生在嘉庆十六年和嘉庆十八年的太平门，卷入纠纷的脚夫们称自己为"西帮"或"南帮"。[⑤] 据此，笔者梳理出两帮的基本情况。

（1）地缘纽带将"西帮""南帮"与特定的商人群体联结在一起。在上述两个案卷中，明确交代了籍贯的西帮脚夫来自甘肃、陕西，南帮脚夫来自湖广。案卷中提到："南脚夫估背六省，西脚夫仅背山陕二省。"笔者推

---

① 案卷"嘉6"。
② 梁启超：《清代学术概论》，上海古籍出版社，1998，第47页。
③ 案卷"嘉6"。
④ 案卷"嘉6"。
⑤ 案卷"嘉9""嘉13"。

测，所谓"六省"应该是指湖广、江西、浙江、江南、广东、福建，与山西、陕西加在一起，正好是与清代重庆商贸往来最多的"八省"。也就是说，脚夫籍贯与商人籍贯有粗略的对应关系。嘉庆十六年一份署名"关允中"的诉状，从商人的视角阐述了这种对应关系的重要性：

> 民等凡货物来渝，起至站房。脚夫在路有无盗窃，惟管店之人是问。管店又寻西脚头清理。皆因西脚夫皆有姓名，不能乘机盗窃。所以西脚夫悉背民等西帮货物，不能外运别帮货物，而他帮脚夫亦不得混运民等货物……若遭南脚夫逞强抢背民等货物，又无名姓，西脚头难认隔省五杂之人，难以稽查清理，民等货物不免借乱盗窃之愆。

这段叙述表明，脚夫需要商人提供稳定的业务来源，商人也需要脚夫提供可靠的搬运服务，地缘纽带则将怀着如此诉求的双方联结在一起。更值得注意的是，这位"关允中"其实并不是普通商人，而是既充当陕西移民领袖，又在"八省"组织中占据一席之地的陕西客长。他为西帮脚夫发声，说明西帮已经被当时重庆的移民社会认可，这正是自发脚夫帮萌生、壮大的重要原因。

（2）"西帮"和"南帮"的分立，到嘉庆中期才成为显著的事实。关于"西帮"和"南帮"的分立究竟出现于何时，两帮人士说法不同。西帮李德世称，乾隆三十六年设置夫头时，西帮就已经存在。南帮谭秉清则称，西帮在嘉庆十三年才与南帮形成抗衡之势。笔者认为，谭秉清的说法更加可信，因为从乾隆时期开始，长江中下游的商人和商帮就开始介入重庆的米谷、杂粮、棉花、药材、山货等贸易。而山陕两省与重庆的贸易往来则比较少，嘉庆六年全城 109 家领帖牙行中，由陕西商人开设的仅有 6 家。[1] 在两个方向贸易量悬殊的情况下，西帮不可能有实力与南帮抗衡。由此可知，"西帮壮大于嘉庆十三年"的说法更接近于事实。

笔者推测真实的情况可能是，在山陕商人尚未充分开拓重庆市场之前，已经有一些来自西部省份的移民在重庆从事脚夫的职业。如甘肃籍脚夫刘复

---

① 《嘉庆六年六月二十四日巴县牙行清单》，《清代乾嘉道巴县档案选编》（上），第 253～256 页。

成供称："乾隆五十二年来渝五福街居住，在三牌坊背脚下力生意。"但在这一阶段，他们应该是与其他省份的脚夫一起工作。随着嘉庆年间重庆市场的拓展，对脚夫的需求增加，且西部和南部省份也有更多的移民到来并加入脚夫的行列，① 脚夫组织既需要也有可能完成一次重整，于是脚夫们逐渐分化为"西帮"和"南帮"。

（3）对于自发形成的脚夫帮，地方官府的态度十分消极。面对自发形成的脚夫帮，官府最大的疑虑莫过于这些新的组织能否承担差务。有的时候，官府把新出现的脚夫组织纳入差务体系之中，如前面提到的"池洪才告张永昌"案。但有的时候，自发脚夫帮长时间地游离于差务体系之外。从西帮与南帮的纠纷中即可看出一些端倪。

初读这两个案卷，笔者十分不解，因为知县明显地处处压制"西帮"。具体事实如下：一是"西帮"提出的诉求合情合理，且请来陕西客长为他们呈情，但知县始终只允许他们搬运山陕布匹、棉花，其余一切货物严禁他们搬运；二是"西帮"和"南帮"都曾主动挑起殴斗，但知县只对西帮脚夫予以责罚。然而仔细分析两帮的由来就会发现，知县之所以这样做，就在于"西帮"不承担差务。

笔者推测，南帮具有双重性质：一方面是南方省份脚夫联合起来抗衡山陕脚夫的组织；另一方面，它仍然是七门组织的一部分。因为前面提到，乾嘉时期，长江中下游的商人在重庆市场占主导地位，为他们服务的脚夫群体应该发展较早。在自发脚夫帮出现之前，这些脚夫最有可能被纳入七门组织。一个有力的证据就是，在嘉庆十二年的一个诉状中署名的一位七门夫头为"谭秉清"，② 而本案中的南帮夫头也名为"谭秉清"。③ 谭秉清也提到："一切货物归蚁背运，差务归蚁应办。只有西号布匹棉花仍归孙大汉背运，并不应差。"联系此时重庆工商业者用"承差"换取经营许可的大背景，笔

---

① 在嘉庆十八年的案卷中，有 5 名甘肃籍脚夫的口供、2 名陕西籍脚夫的口供，除 1 人外，其余都是嘉庆年间来重庆谋生的（参见案卷"嘉 13"）。
② 案卷"嘉 3"。
③ 在"池洪才状告张永昌等一案"中，自称为南帮夫头的池洪才也是朝天门夫头。参见案卷"嘉 16"。

者可以断言，正因为没有承差，西帮才得不到官府公正的对待。

综上所述，地方官府对新生脚夫帮的态度是消极的：一方面默许了差务系统之外的脚夫组织的存在；另一方面仍然用"按承差多少分配垄断权"的老办法，来对待日益复杂化的脚夫群体。这样一来，必然有许多纠纷得不到妥善解决。在这两个案卷中，西帮和南帮不仅发生了频繁的冲突，而且至少有三次升级为殴斗。这说明脚夫帮已经开始用激烈的、绕过官府的方式来解决问题。

四　道光元年至同治十三年——自发脚夫帮强势崛起并相互对抗

（一）乱象丛生的"七门脚夫系统"

前面提到，乾嘉时期，七门组织一直受到地方官府管控，总体来说运转有序。然而在道咸同时期的案卷中，七门的乱象却越来越多，具体表现如下。

1. 官府、差役在办差过程中对脚夫的勒索

道光七年，七门夫头上呈诉状，痛陈办差过程中遭差役勒索的情况：

> 近因差等以蚁等贫贱可欺，遇有差务，不查前案蚁等认办之事，勒令给夫，否则凶凌。甚至每日勒索蚁等拨夫二三十名不等，日则听其驱使，夜则在彼守候。一切饭食，均系蚁等散给。①

其实乾隆五十八年发生过一起相似的诉讼，② 但在那次诉讼中，知县态度鲜明地站在脚夫一边，严令差役不得再度勒索。而在此次诉讼中，七门夫头五个月内六次吁请知县禁止差役勒索，但每次得到的都是"遵照旧章办理"或"毋庸出示"的答复。由此可见，地方官府已经无力（或无意）为应差脚夫提供必要的保护。

----

① 案卷"嘉 16"。
② 案卷"乾 8"。

2. "七门"变异为一种庇护机制

下面笔者用两个案件来说明这个问题。道光十三年，脚夫王朝状告夫头尹正兴。① 尹正兴名义上是千厮门夫头，被推举每日赴县衙承办差务，但他办差的方式比较特别，每月从六门夫头手中领帮差钱，然后自行雇用脚夫完成差务。所以尹正兴实际上是一个差务承包人。他究竟如何获取赴县衙承办差务的资格？他与七门组织究竟有多少关系？这都是成问题的。

第二个案件发生在道光十八年且更富戏剧性。② 号称陕西街夫头的刘移山状告散夫张益元等抢背货物。刘移山不仅自称"认帮各门夫头应办差务"，还出示了证明自己夫头身份的木牌。知县接到诉状后，掌责了张益元等散夫，并令其"嗣后不得违背估背"。可是九月初三日，案情突然反转。陕西街四位铺主状告刘移山不是夫头，而是"外来无艺棍徒"。十月初四日，又有十位铺主参与告状。至此，刘移山不得不供认他的"夫头"身份的确是假的，就连之前出示的木牌也是伪造的。

看到此处可能会产生疑问：为什么知县不核实刘移山的身份呢？事实上，知县根本没有办法核实。因为刘移山之所以敢于冒充夫头并谎称自己承差，就是因为长期以来七门夫头和城内各街区脚夫之间存在这样一种交易，即脚夫交给七门夫头一定数额的"帮差钱"，夫头则允许脚夫在城内特定街区营业。"池洪才诉张永昌案"就隐藏着这样一个事实。虽然七门夫头并没有统领城内脚夫的权力，但出于对差务的需求，地方官府默许了他们的做法。这样一来，在城内各个街区，由谁来担任夫头，这些夫头是否真的"认帮差务"，地方官府根本无从得知。

由此可见，以"差务自理、听命官府"为初衷的七门组织已变异为一种庇护机制。它使得尹正兴们可以疏离组织、自行其是，刘移山们则可以打着组织的旗号蚕食业务空间，而官府也不得不接受"七门"权力悄然坐大的事实。

（二）"差务"杠杆的失灵

前面提到，咸丰六年以前，重庆地方官府惯于用差务杠杆来分配垄断经

---

① 案卷"道 10"。
② 案卷"道 14"。

营权，脚力业也不例外。然而笔者发现，从道光末期开始，差务已经越来越不足以控驭这个日益复杂的行业，上一节中的案例就是有力的证据。但更加严重的是，即使脚夫真实地应差，仍然会陷入难以解决的纷争。兹以木货搬运为例说明这个问题。①

道光十七年，两个脚夫组织为争夺木货搬运权发生了诉讼。一方自称"七门"，另一方自称"三门"。"七门"前文已有交代，毋庸赘述。"三门"则是东水门、千厮门、临江门的一个脚夫组织。由于资料缺乏，无法确知这个组织是何性质。但阅读完冗长的案卷后笔者发现，双方长达四个月的胶着，其实一直都是在协商差务和业务范围。笔者将其协议情况梳理成表 10 - 1。

表 10 - 1　"七门"与"三门"争运木货讼案详情梳理

	时间	七门		三门	
		差务	业务范围	差务	业务范围
诉讼前	嘉庆十三年三月	不详	不详	凡货码头差务，柴码头承认每百夫所帮二十名，以应差务，外六门公议柴码头另帮夫十名，共三十名	圆木、片板、杉方等
	道光元年	不详	不抬寿板烟祚	不详	不详
诉讼中	道光十七年三月	不详	不详	认办各衙差务	背运进城木植
	道光十七年五月	大小木差	拢河停靠木植	不当差	三处木厂木植
	道光十七年六月	皇木过境差使，文武衙门差使	花板、楼板、跳板、寸木、片板	承当文武衙门木植差使	圆木、条木、安居柏木、棺板
	道光十七年七月	皇木过境差使，文武衙门差使	柏木、棺板及客货行李板片	承办文武衙门差使	圆木、条木、花板

由表 10 - 1 可知，"七门"和"三门"都承担一定数量的木差，按照惯例，都有资格获得一部分搬运权。但问题在于，要简明、合理地划定双方的

① 案卷"道 12""道 13"。

差务和业务范围实在是不容易做到的事。表中的六次协议都涉及对差务和业务范围的调整，有时只是微调，要使脚夫们准确记忆每次微调的结果并自觉遵守，几乎是不可能的。加之木货种类繁多，不易区分，更使违规抢运不可避免。更加容易导致混乱的是，东水门、千厮门、临江门是"七门"和"三门"共同的活动空间，所以当木货运到之时，蹲守在码头的脚夫们将纸面协议抛在脑后，抢运对方的货物也是非常自然的事情。

由此可见，差务杠杆其实只适于调控简单的、竞争程度低的商业领域，比如开埠前的重庆中介贸易行业。对于从业者众多、组织复杂、涉及商品种类繁杂的脚力业则很难起到有效控驭的作用。在这种情况下，脚力业开始服膺于新的游戏规则。

（三）　自发脚夫帮的强势崛起与激烈对抗

从道光初年开始，自发脚夫帮渐成重庆脚力行业中最强势的存在。根据相关案卷，笔者对其发展历程和运作模式勾勒如下。

1. 新的帮派取代原有的帮派

在这一时期的案卷中，"西帮"和"南帮"突然消失了，取而代之的是"川帮"和"茶帮"。根据笔者所查阅的案卷，川、茶两帮最早的登场是在道光元年的千厮门。[①] 自此直到同治十三年，与自发脚夫帮相关的 21 个案件中，有 17 个都牵扯到这两个帮派，争议地段包括千厮门、朝天门、东水门、太平门、储奇门附近的许多街区，不仅覆盖了当时重庆最重要的商业空间，而且将嘉庆时期西帮和南帮的活动区域包含在内。

道光初期，县衙频频接到成伙脚夫违规抢运货物的报案，有的明确指出是茶帮所为;[②] 有的则可以推断是川帮寻衅;[③] 还有的虽然看不出肇事脚夫的来历，但可以断定他们不属于任何由官方管控的脚夫组织。[④] 这说明，当

---

① 案卷"道3"。
② 案卷"道3""道4""道5""道6""道9"。
③ 案卷"道1"中，肇事脚夫名为叶松茂、殷大兴，而从案卷"道3"可知，叶松茂、殷大兴其实是川帮夫头；案卷"道2"中，一名肇事脚夫诨名"喂不饱"，在案卷"道18"中也出现了一个诨名"喂不饱"的川帮夫头。
④ 案卷"道8"。

时重庆脚力市场正面临一次洗牌，川帮和茶帮正在努力争占势力范围。因此之故，虽然我们无法确知川帮和茶帮究竟如何取代了西帮和南帮，① 但可以断定，在道光时期，川、茶两帮经历了一个强势崛起的过程，深刻改变了重庆脚力市场的格局。下面笔者分别描摹两帮的发展轨迹。

（1）茶帮——强势占据市场的异乡人。

在诉讼案卷中，茶帮脚夫大多自称为湖南茶陵州人。但事实上，他们还来自湖南攸县和江西永新县。② 李芳廷这样追述"茶帮"的前史：

> 情民帮各姓祖父自清初来渝插业，本境人少地阔，各省客商设立行栈，脚力无人接顶，各姓祖父各拥资斧，承买脚力生意，川省土户不占分厘。凡往来银鞘及督学两宪包扛杂项差务，尽归民帮应办。定规定矩，永为子孙基业。③

这段叙述表明，茶帮其实是管行脚夫的联合组织。前面提到，乾嘉时期官府曾做出努力，但一直未能使管行脚夫整合在一起，然而脚夫们却凭自己的力量做到了这一点。

在笔者阅读的案卷中，茶帮脚夫都特别强调自己管行脚夫的身份。如道光二十九年十余位脚夫同时供称："小的是茶陵州人，平日在渝各药材行背负客货生理。"④ 又如咸丰九年38份茶陵人的口供中，供认自己赴渝充当管行脚夫的有27人，提及自己有亲属、乡邻在重庆开设行店或充当脚夫的有34人。⑤ 还有一些案件中，茶帮脚夫自己也开设行店。⑥ 这就说明，茶帮的

---

① 山本进认为，"南帮"是"茶帮"的前身。但笔者认为两帮只是在籍贯上有部分重合，并没有任何资料可以证明其承继关系，不能武断地将其联系在一起。

② 案卷"道11"中马洪福提到："蚁等系湖南茶陵、攸县，江西永新人，由籍来渝……"案卷"道17"中周廷秀提到："各行栈货物均由茶、永、攸三县民人抬运，多年无素。"

③ 案卷"同2"。

④ 案卷"道17"。

⑤ 案卷"咸1"。这38份口供相似度极高，不排除捏造的可能。但这样的说辞能被录入县衙档案，恰恰说明这样的情况在当时的重庆是极为自然的。

⑥ 案卷"道17"中颜春和提到："情蚁在储奇门开药材铺生理，行栈原有脚力生意。"案卷"同8"中川帮脚夫称："茶帮这尹维德周明时即周驼子们在仁寿宫侧边买铺房二间，估占小的们生意。"

确以行栈、店铺贸易为主要依托。

那么茶帮如何留住和吸纳足够多的成员呢？谭维贞的供状回答了这个问题：

> 小的与谭为平们原各有下力生理在渝各行，俱有顶头银两，家乡亦有田业耕种。每年弟兄叔侄时常更替往来，如冬底回籍到新正初旬约伴来渝。若夏间回籍，到七月中元后约伴来渝，同行或数十人十余人不等。①

从这段叙述可知，在 150 多年前的重庆，已经有定期往返的外来务工人员。正是因为有原籍的"劳动力蓄水池"，茶帮才能够在道咸同时期的重庆劳动力市场上保持优势地位。同治四年川帮夫头提到，茶帮此时控制的牙行有 100 余家，川帮控制的牙行仅 10 余家。② 这个叙述或有夸张，但是茶帮在重庆市场的强势地位应该是可以确定的。正因为如此，当茶帮夫头不满官府的判决时，甚至敢于说出"民帮力夫不下数万人"，"民帮力夫甚众，贤愚不一，恶极仇深，是非难料"的恐吓之语。③

综上所述，茶帮不仅是一个地域性的脚夫帮派，也是一个管行脚夫联合组织。山本进的一个重要研究结论是，从嘉庆时期开始，管行脚夫出现了脱离地域脚夫帮派的"自立化"倾向；④ 而笔者看到的情况却恰好相反，像茶帮这样的脚夫组织之所以能在重庆站稳脚跟，正在于它一方面控制了行店的货物搬运权，另一方面拥有茶、永、攸三县充足的人力资源。与其成长相伴的并不是所谓的"自立化"，而是越来越严格的"地域化"和"集团化"。所以这一时期"帮"的含义变为既从事搬运业务，又控制商业贸易的同乡脚夫联合体。

（2）川帮——异军突起的本地竞争者。

在本节所探讨的时期，川帮是茶帮积怨甚深的竞争者，但川帮每一步的

---

① 案卷"咸 1"。
② 案卷"同 2"。
③ 案卷"同 2"。
④ 山本進「清代巴県の脚夫」『明清時代の商人と国家』91～120 頁。

发展却也都是拜茶帮所赐。

首先，川帮是茶帮一手扶持起来的一个组织。川帮陈学礼曾这样交代川帮的由来：

> 渝城药行茶帮脚力背送行货，茶帮人等背送出街，转倩蚁等背送下河。茶帮背货一包得力钱七八十文，蚁等背货一包得钱二十四文。①

也就是说，正是茶帮的贸易体量和人力需求，为川帮的聚合提供了最初的契机。

道光元年，川、茶两帮第一次出现在同一个讼案中，② 这或许标志着川帮正式形成。但是茶帮此时设置了 4 名夫头管理脚夫，防止偷窃，而川帮却没有夫头。③ 这说明此时川帮的发展还落后于茶帮。道光三年，川帮发生了一次内部纠纷，此时的川帮不仅设置了夫头，还设置了公产账簿。④ 而道光元年至三年正是两帮的第一轮竞争期，可见正是对手的压力催逼着川帮快速成长。此后，川帮和茶帮就投入了长期的、不断升级的对抗之中。川帮尽管起步较晚，但死死咬住、寸步不让，渐成足以与茶帮分庭抗礼的帮派。

2. 川、茶两帮殴斗事件的"深描"

笔者根据目前所掌握的案卷，清理出川、茶两帮之间的 32 次殴斗事件（详见本书附录 J），⑤ 发现这些扰攘纷乱的殴斗事件背后竟然隐藏着一些"程式"。

（1）双方冲突呈间歇性爆发，可一旦爆发，一连串殴斗就会随之而来。从附录 J 可知，川、茶两帮的殴斗集中发生在三个时段：道光元年至二年，

---

① 案卷"道 17"。
② 案卷"道 3"。
③ 负责调解此案的乡约提到，"茶帮力夫背运有年，设有夫头四名经管散夫，挨牌轮背，以做透漏，如有疏夫，责成夫头着落赔偿"；"川帮力夫背运向无夫头"。
④ 案卷"道 7"。
⑤ 笔者用四个标准来甄别真实的殴斗事件：（1）有验伤记录；（2）有调解记录；（3）重要细节也被纠纷对方提及；（4）有第三方人士的目击证词。符合上述标准中的至少两个，才被认定为基本可信的殴斗事件。但即便如此，仍难免误判，所以附录 J 只是尽可能接近事实的一个统计。

道光二十九年至三十年，同治三年至五年。在这三个时段，共发生了 27 次殴斗，最频繁的时候，一个月之内就发生了 4 次。这与粗略浏览档案所得到的印象很不一致。如果仅阅读案卷情节而不建立清晰的时间序列，会觉得两帮脚夫随时可能在下一秒投入打斗，但事实上，绝大部分时间是静默的、无事件的。

尽管如此，冲突还是很容易升级。在附录 J 记录的 32 次殴斗事件中，有 20 次迅速越过争执、挑衅的临界状态，升级为打斗。而且局部冲突极易升级为两帮的对抗。如同治八年两帮发生了诉讼，起因是两个店铺买卖货物，一个店铺雇用茶帮，另一个雇用川帮，当这两伙脚夫狭路相逢时就发生了殴斗。[①] 当时两帮控制的行店有 100 多家，因一家店铺而导致的殴斗无论如何都只能算是局部冲突，但是两帮很快就为此事对簿公堂。又如同治四年十二月，茶帮占据了川帮的部分行铺；次年正月，川帮采取了报复行动；到了二月初六日，茶帮抢劫了川帮的所有行店；二月初七日，川帮则派人围殴了茶帮首事。[②] 整个过程给人的感觉就是，如果被攻击的一方不能给对手以迅速猛烈的还击，就无法向所有帮众交代。这很像社会学所说的"名誉金鱼缸"，即在紧密的社交网络中，人们需要以冲突来打造和维护自己的声誉。[③]

（2）在殴斗的过程中，双方会刻意避免造成严重的伤害。在诉状中，双方会将冲突的场面描述得惊心动魄，如"伊等统痞百余人，各持长矛短刀棍棒蜂拥入行，抄拆房屋，搜人打杀"，"屠殴蚁帮张洪发四人均受重伤"等。[④] 然而笔者查阅了这些案件的所有验伤单，却发现所验之伤都是轻微的木器伤、石块伤、擦伤，甚至是竹扇把戳伤，这说明行凶之人并没有使用锐利的、易造成严重伤害的武器。换言之，殴斗并没有像双方渲染的那样血腥、惨烈。

（3）在冲突有可能失控之时，甚至会出现类似"刹车"的举措。同治

---

① 案卷"同 6"。
② 案卷"同 2"。
③ 参见〔美〕兰德尔·柯林斯《暴力：一种微观社会学理论》，刘冉译，北京大学出版社，2016，第 388 页。
④ 案卷"同 2"。

三年至四年，两帮爆发了新一轮冲突。① 一开始茶帮的攻势非常猛烈，同治四年三月二十四日，茶帮脚夫甚至冲入川帮行店，破坏房屋，抢劫财物，并掳走脚夫余兴顺。然而就在这天之后，茶帮态度迅速软化，不仅再没有斗殴行凶的记录，而且突然十分卖力地为一位名叫"李鸿义"的脚夫求情。李鸿义因参与当日的斗殴被拘押，茶帮夫头先是说他在狱中染病要求保释，后又说他患有精神疾病。更加离奇的是，到五月初一日，保释在外的李鸿义居然死了。

笔者认为，"李鸿义事件"实在是非常可疑，因为在禀报李鸿义死讯的当天，他的家人就以"尸臭水流，难以久停"为由要求免予验尸，而知县当即批准了这一请求。这些反常的情节和令人来不及反应的节奏，使得整件事怎么看都像是茶帮导演的一场戏。它不仅使整个案件迅速尘埃落定，还在冲突渐趋失控之际向川帮传递了某种示弱、求和的信号。而且李鸿义"死"后，原本已呈白热化的两帮冲突竟然真的不了了之。由此可见，川、茶两帮之间的殴斗并不像表面上看起来那样冲动、混乱、莽撞，很多时候其实是有节奏、有分寸、有技巧的集体行动。

3. 官府的退却

与精心算计、粗中有细的脚夫帮相比，地方官府处理脚夫殴斗事件时的表现却是乏善可陈。在附录 J 罗列的 32 个殴斗事件中，官员的批词大多是三种：（1）命令脚夫按旧规处理，停止诉讼；（2）指派乡约或客长进行调解；（3）用"准唤讯"之类的套语表示会继续跟进。但除了道光元年的一桩案件之外，② 其他没有一个案件依赖官府的判决或督促得到解决。当前对于清代基层社会的研究，较多强调"国家的在场"。但是对于川、茶两帮脚夫而言，体会更深的恐怕是"官府的退却"。或许正是这种消极、不作为的态度，鼓励了脚夫以殴斗的方式解决问题。而殴斗和随之而来的缠讼，又使得地方官府进一步退却。夫马进指出，在同治时期的重庆，民众的暴力行为与诉讼社会是相互塑造的。③ 本节的研究完全印证了这个结论。

---

① 案卷"同 1"。
② 案卷"道 1"。
③ 〔日〕夫马进：《中国诉讼社会史概论》，范愉译，《中国古代法律文献研究》第 6 辑，第 73 页。

综上所述，在道咸同时期，从官府的视角来看，重庆脚夫组织已接近失控。具有官方背景的七门脚夫组织腐败低效，职能变异；自发脚夫帮派则行为暴力，难于管控。对于脚夫帮派而言，官府的懈怠固然使他们有了生长的空间，但也逐渐断绝了他们依靠官府治理谋求生存和发展的期待。

结论：作为生存策略的"暴力"

本章讲述了乾隆至同治时期重庆脚夫组织生成、演变的故事。现在笔者回答本章开头提出的三个问题。

第一，乾隆至道光时期的重庆脚夫究竟是一个怎样的群体？我们不妨从纵向和横向分别概括之。从纵向来看，在这103年之中，其发展可划分为三个阶段：乾隆三十六年至嘉庆中期为第一阶段，特点是松散、缺乏自组织能力，易于接受官府管控，殴斗事件极少发生；嘉庆中期至嘉庆末期为第二阶段，特点是地方官府放松管控力度，自发帮派出现并开始用殴斗的方式解决问题；道咸同时期为第三阶段，特点是官府进一步丧失管控脚夫组织的决心和能力，帮派日益坐大并用策略化的殴斗来维护和拓展业务空间。

从横向来看，与"无赖"化的江南脚夫相比，本章中的脚夫并未沉溺于暴力的行为方式，也并未脱出既有社会结构之外，而且川、茶两帮反而更加注重业务的稳定与承继；与清代的天津脚夫相比，[1] 本章中的脚夫没有那样庞大和层级严密的组织，与地方官府之间的合作也没有那么稳定；与清代中晚期的汉口脚夫相比，[2] 本章中的脚夫并未形成那种清晰可见的、赖以巩固城市社区的"共识"。

行文至此笔者发现，要以高度浓缩的、确定性的语句来定义乾隆至同治时期的重庆脚夫群体几乎是不可能的，因为这个群体总在应时而变，既没有一个相对固定的形象，也与学界的既有认知大不相同。之所以如此，是因为

---

[1] Gail Hershatter, *The Workers of Tianjin, 1900 - 1949*, California: Stanford University Press, 1986, pp. 115 - 139；李里：《清代以降天津脚行与政府关系嬗变》，《中国经济史研究》2014 年第 1 期。

[2] 〔美〕罗威廉：《汉口：一个中国城市的冲突和社区 (1796～1895)》。

本章所研究的是一个正在生成和调适中的社会群体，这个群体既未定型，也没有宿命般的演变路径。本章讲述的故事更像历史人类学家所说的"结构过程"，即：

> 个人透过他们有目的的行动，织造了关系和意义（结构）的网络，这网络又进一步帮助或限制他们作出某些行动，这是一个永无止境的过程。[1]

在这个"结构过程"中，决定性的要素包括政治军事（金川战争、啯噜作乱）、官府治理（差务体制、司法审判、夫头体制）、商业环境（市场拓展、商人商帮）、移民历程（外来脚夫、外来工商业者、本地移民社会）。脚夫正是利用这些要素灵巧、动态地选择组织结构和行为方式，官府和地方社会也是利用这些要素与脚夫合作、博弈，并不断重新定义脚夫的社会角色。由于探讨的时段有限，这个"结构过程"之后是否还有"再结构"的过程，本章无法回答。但在历史的长镜头中观察社会群体如何一步步蜕变，理解人们如何利用既有的政治、经济、文化资源形塑日常生活的万象百态，似乎是一个更加有趣的尝试。

本章试图回答的第二个问题是：对于脚夫群体而言，暴力究竟是内生的行为方式，还是一种适应性策略？笔者认为，至少就本章的研究对象而言，暴力更像是脚夫的一种适应性策略。尽管他们行为粗野，档案中也充斥着他们的暴力记录，但在清晰的时间序列下能看到，这个群体在乾嘉时期长达70多年的时间里是不太暴力的。直到道光以后，由于官府的不作为和帮派兴起，其暴力倾向才越来越明显。这种印象和实际间的落差，促使笔者对"区域暴力问题"的研究取径进行反思。

以往对"区域暴力问题"的研究，几乎都是从"某个地区存在暴力问题"这个逻辑终点出发，从特定历史时空中寻找通向这个终点的原因或机制。正如罗威廉所说："我想知道为什么中国的某些地区会呈现出异乎寻常

---

[1] 萧凤霞：《廿载华南研究之旅》，《清华社会学评论》2001年第1期。对于"结构过程"更具体的论述，请参见刘志伟《地域社会与文化的结构过程——珠江三角洲研究的历史学与人类学对话》，《历史研究》2003年第1期。

的暴力倾向……为什么在这些地方，采用暴力方式解决问题似乎是一种习以为常的选择？"① 这样的研究被明确的问题意识指引，但也可能使研究者只聚焦于那些与暴力直接相关的因素，其他事实却或多或少被忽略或低估了。这很像罗志田先生所说的"倒放电影"倾向：

　　　　无意中会"剪辑"掉一些看上去与结局关系不大的"枝节"。其结果，我们重建出的历史多呈不断进步的线性发展，而不是也许更接近实际历史演变那种多元纷呈的动态情景。②

　　本章选择了从"脚夫组织演变"的角度迂回地观察暴力问题，结果意外地发现暴力既不是人们最初的选择，也不是最优的选择。写作过程中笔者常常会想："如果地方官府更称职一些，如果湖广的劳动力有更多地方可去，这个城市的搬运业还会呈现出这样的暴力情形吗？"虽然历史不能假设，但假设一些完全可能出现的情况会让我们看到，今天被视为"注定"的现象，或许并不是历史进程唯一合理的终点。因此暂时忽略历史的定局，去描摹人们选择的过程，会使我们对"区域暴力问题"做出更具张力的阐释。

　　本章希望回答的第三个问题是：如何看待地方官府在此过程中的作为？笔者认为这个问题可以用"职能弱化"四个字来回答，这也是重庆脚夫暴力倾向不断加重的主要原因。在此 103 年中，官府先是放弃了对散夫的管控。嘉庆以后，"七门"也接近失控。在官府退却的同时，地域性帮派崛起并坐大。由于公权力的退缩，这些帮派只能用殴斗这种高风险、高代价的方式来维护利益、提出诉求。面对殴斗和随之而来的缠讼，官府进一步退却。这就是隐藏在脚夫殴斗事件背后的另一个重要逻辑。当然，笔者并非不切实际地期待彼时的重庆地方官府承担起更多的管理、服务职能，而是想要说明：一个无政府的市场不可能有真正的自由和秩序，一个传统的政府也难以应对商品经济带来的复杂的利益格局。

---

① 〔美〕罗威廉：《红雨：一个中国县域七个世纪的暴力史》，李里峰等译，中国人民大学出版社，2014，第 2 页。

② 罗志田：《民国史研究的"倒放电影"倾向》，《社会科学研究》1999 年第 4 期。

第十一章 产权的嬗变

——乾隆至同治时期重庆的"脚力生意"

笔者生长在重庆，自小深知"棒棒"对于重庆城市景观和市民生活的意义。[1] 在阅读清代《巴县档案》时笔者发现，清代的重庆城同样吸纳着数量可观的脚夫，而且还形成了一个十分特殊的"管行脚夫"群体，他们绝不似此前研究所描述的"流氓"或"无赖",[2] 而是努力使自己的工作长久化、稳定化和产业化。在许多案卷中，管行脚夫们频繁地提到"脚力生意"这个词，许多纠纷也呈现了"脚力生意"转让和交易的细节。这些事实让笔者对清代重庆脚力业的产权安排产生了莫大的好奇。

时至今日，"产权"（property rights）已成为不同学科研究者共享的研究范式。新制度经济学较早提醒人们关注，在交易费用为正的世界中，人们对资源的占有和使用会受到妨害，所以需要制定一套社会关系和行为规范来界定人与人之间的权、责、利关系。[3] 因此之故，产权理论成为新制度经济

---

① 此方面的研究和纪实作品包括秦洁《重庆"棒棒"：都市感知与乡土性》，三联书店，2015；何苦执导《最后的棒棒》（纪录片），独立制作，2015 年。

② 乾隆至同治时期的重庆脚夫虽然也有某种程度的暴力倾向，但在创设有利于长久、稳定经营的脚力业制度环境方面，却与"流氓化"的脚夫截然不同。

③ 新制度经济学家对"产权"做出了一些经典定义。阿尔钦（A. A. Alchain）提出："产权是一个社会所强制实施的选择一种经济品的使用的权利。"（参见阿尔钦《产权：一个经典注释》，〔美〕R. 科斯等《财产权利与制度变迁——产权学派与新制度学派译文集》，第 166 页）登姆塞茨（H. Demsetz）认为："产权是一种社会工具，其重要性就在于事实上它们能帮助一个人形成他与其他人进行交易时的合理预期。"（参见登姆塞茨《关于产权的理论》，〔美〕R. 科斯等《财产权利与制度变迁——产权学派与新制度学派译文集》，第 97 页）

学重要的分支。但是新制度经济学的产权理论建立在一系列前提假设的基础上，如私有财产、市场的正常运行、基本稳定的法律和社会秩序。所以当面对明清以降的中国历史和社会时，新制度经济学就常常显得解释力不足。①

在新制度经济学力所不逮之处，中国研究者开始用更宽广的思路解析本土的产权现象，由此引出了"集体产权"①、"象征产权"②、"非正式产权"③、"二元整合性产权"④、"社会合约性产权"⑤、"关系产权"⑥、"复合产权"⑦ 等多种解说思路。这些研究多采用社会学思维，将产权视为广泛"嵌入"社会关系和基层社会组织的制度安排，探讨了在私有制所占比重有限、市场发育相对不足，产权的法律体系有待完善且处于剧烈转型期的现当代中国，产权的广泛存在、复杂样貌和动态微妙的界定过程。在明清社会经济史领域，产权研究则集中在地权⑧、

———————————

　　埃瑞克·菲吕博顿等认为："产权指的是人们所接受的、由物的存在引起的、与物的使用有关的人与人之间的行为关系。"（参见 Eric G. Furubobotn & Rudolf Richter《新制度经济学：一个评价》，〔德〕埃瑞克·G. 菲吕博顿等编《新制度经济学》，第 2 页）由上述定义可知，新制度经济学家所定义的 property rights，并不限于其字面意义"财产权利"，还指一套社会关系和行为规范。

① 周其仁：《中国农村改革：国家与土地所有权关系的变化——一个经济制度变迁史的回顾》，见氏著《产权与制度变迁：中国改革的经验研究（增订本）》，北京大学出版社，2004。

② 张小军：《象征地权与文化经济：福建阳村的历史地权个案研究》，《中国社会科学》2004 年第 3 期。

③ Yusheng Peng, "Kinship Networks and Entrepreneurs in China's Transitional Economy," *American Journal of Sociology*, Vol. 109, No. 5, Chicago University Press, 2004.

④ 张静：《二元整合秩序：一个财产纠纷案的分析》，《社会学研究》2005 年第 3 期。

⑤ 折晓叶、陈婴婴：《产权怎样界定——一份集体产权私化的社会文本》，《社会学研究》2005 年第 4 期。

⑥ 周雪光：《"关系产权"：产权制度的一个社会学解释》，《社会学研究》2005 年第 2 期。

⑦ 张小军：《复合产权：一个实质论和资本体系的视角——山西介休洪山泉的历史水权个案研究》，《社会学研究》2007 年第 4 期。

⑧ 从 20 世纪上半叶至今，关于明清地权的研究成果大致可以分为三类：第一，利用经济学的原理和工具，对地权制度与资源配置和经济运行展开分析。此方面的综述论文和代表性研究成果请参见黄英伟《历史上的地权：研究现状与趋势》，《经济学动态》2014 年第 12 期；龙登高《地权市场与资源配置》，福建人民出版社，2012。第二，利用社会学和人类学的视角研究"嵌入"社会关系和社会组织中的地权。综述论文和代表性研究成果包括：陈峰《社会史论战与现代中国史学》，博士学位论文，山东大学，2005；南开大学历史系中国古代史教研组编《中国封建社会土地所有制形式问题讨论集》，三联书店，1962；傅衣凌《明清封建土地所有制论纲》，中华书局，2007；刘志伟《地域空间中的国家秩序——珠江三角洲"沙田－民田"格局的形成》，《清史研究》1999 年第 2 期；David Faure, *The Structure of Chinese Rural Society：Lineage and Village in the Eastern New Territories*, Hong Kong：Oxford University Press, 1986；柯志明《番头家：清代台湾族群政治与熟番地权》，台北：中研院社会学研究所，2001。第三，依据土地契约和诉讼档案研究地权的建构和运行实态。相关研究参见〔美〕曾

水权①、工商业产权②几个主题。

本章中的"产权"是指围绕着脚力生意的获取、转让、经营和金融职能而形成的一整套制度安排，是市场因素与非市场因素、脚夫与周遭社会持续互动的产物。前半部分借鉴经济学的思路，关注人们怎样通过经济机制，构建对资源（或"经济品"）占有和使用的经济制度；后半部分则加入社会学的关怀，重视非经济因素对产权的影响，尤其是产权在人际互动之中的演化。下面也将在这两重问题意识下展开。当然，在清代文献中并无"产权"一词，表达财产权利的常见概念是"业"。寺田浩明和李力认为，"业"的概念有两个关键点：一是从财产中获取收益；二是整个社会对这种做法的理解和尊重。③ 这两个要点分别对应了本章"产权"概念的经济学维度和社会学维度，虽然笔者怀疑在清代中国不同时空、不同经济领域的人们对"业"的理解是否如此一致，但至少前人对"业"的解释与本章的"产权"概念并不冲突。

基于上述考量，笔者选择了"产权"作为统摄本章的核心概念，目的是将本章的论述放在一个宽广的讨论平台之中，展开以"小历史"回应"大问题"的尝试。

一　"管行脚夫"与"脚力生意"的产权交易细节

"管行脚夫"是指稳定地服务于牙行、栈房和店铺的脚夫。"脚力生意"

小萍等编《早期近代中国的契约与产权》；林文凯《清代土地法律文化——研究取径与理论进展的评析》，《法制史研究》2006 年第 10 期；仲伟民、王正华《契约文书对中国历史研究的重要意义——从契约文书看中国文化的统一性与多样性》，《史学月刊》2018 年第 5 期。

① 森田明、孙登洲：《中国水利史研究的近况及新动向》，《山西大学学报》2011 年第 3 期；张俊峰：《明清中国水利社会史研究的理论视野》，《史学理论研究》2012 年第 2 期。

② 代表性研究成果参见 Kenneth Pomeranz, "Traditional Chinese Business Forms Revisited: Family, Firm, and Financing in the History of the Yutang Company on Jining, 1756 – 1956," *Late Imperial China*, Vol. 18, No. 1, 1997；邱澎生《从公产到法人——清代苏州、上海商人团体的制度变迁》，《法制史研究》2006 年第 10 期；科大卫《皇帝和祖宗：华南的国家与宗族》，卜永坚译，江苏人民出版社，2009；〔美〕曾小萍《自贡商人：近代早期中国的企业家》，董建中译，江苏人民出版社，2014；〔美〕曾小萍等编《早期近代中国的契约与产权》。

③ 〔日〕寺田浩明：《权利与冤抑——清代听讼和民众的民事法秩序》，王亚新等译，清华大学出版社，2012，第 86 页；李力：《清代民法语境中"业"的表达及其意义》，《历史研究》2005 年第 4 期。

是指管行脚夫所从事的、为特定行铺搬运货物的工作。此前对清代重庆脚夫的研究，将管行脚夫的发展划分为三个阶段。第一阶段：乾隆三十六年至嘉庆十三年，管行脚夫分散地栖身于各行店，未形成常规化的组织。第二阶段：嘉庆十三年至道光元年，地方官府试图建立一些管行脚夫组织，但这个群体还是无法充分、自然地整合在一起。第三阶段：道光元年至同治十三年，许多管行脚夫加入了强势崛起的脚夫帮派——"川帮"和"茶帮"，并参与了两帮之间长期的竞争，这种竞争频繁升级为暴力冲突。

由此可见，在本章所考察的历史时段，"管行脚夫"并不是一个一成不变的群体，而是经历了由松散到组织化、由弱势到强悍、由分散经营到帮派联合的演变历程。但是在笔者所查阅的《巴县档案》案卷中，脚力生意的产权交易却有一些相对固定的做法，下面分别叙述之。

（一）顶（或"顶打"）

在涉及脚力生意产权交易的档案文书中，"顶"和"顶打"是出现频率极高的词，它可以指脚力生意的获取。如：

> 昔年蚁等七人去银八十四两，顶朝天门恒源行抬脚生易。①
> 小的们祖父先年费银多金，顶打福盛行脚力生意全股。②

道光三年脚夫谭成盛的诉状清楚地描述了这个交易的过程：

> 蚁等与彭芳宗等七人，先年在信德麻行内承做管行下力生意，照管客货。至嘉庆二十四年帖主杨洪辉改开洪胜麻行，仍系蚁等七股照旧承做，取去蚁等押扛银一百五十两。洪辉凭彭行健等立有收约，注明行贸发达停歇，无论上交下接，银两永无退还。此后随帖随主，永远蚁等七

---

① 《朝天坊脚夫刘文宗为人运货不给足银钱卷》（乾隆五十七年），《巴县档案》缩微胶卷，案卷号：清 6－01－03001。
② 《本城民刘宗智等具禀力夫谭瑞林等违规恃强霸踞民等栈行生意案》（道光十六年），《巴县档案》缩微胶卷，案卷号：清 6－07－00832。

股管行，杨姓不得招添股份，亦不得加增银两。①

从这段叙述可知，在这项交易中，脚夫所获得的权利类似于清代农地租佃中基于押租制的永佃权。② 一方面脚夫要向行主缴纳一笔押金，之后即可永久经营此项脚力生意，行主既不能驱逐和另募脚夫，也不能干预脚夫的日常经营；另一方面，脚夫所获得的只是脚力生意的经营权和收益权，他们不能自行招募脚夫和收取押金，所以其权利类似于佃权而不是所有权。而且脚夫们也普遍将这种交易理解为"押租"，将押金称为"押扛银"③、"押钱银"④、"顶价银"⑤、"顶头银"⑥，这也与当时各地对押租金的称谓一致。⑦

在押租制中，除了押金之外，还有正租。对于承顶了脚力生意的管行脚夫而言，类似于"正租"的开支也是存在的，那就是支应官府差务的劳役和费用。在清代的重庆，领帖的官立牙行是官府差务的主要提供者。⑧ 而事实上，牙行把一部分差务转嫁给了管行脚夫。正如脚夫刘文宗所说："蚁等自行炊食，认房佃租，承办差务，不敢违误。"⑨ 脚夫刘宗智也提到："银鞘

---

① 《谭成盛等人告状》，《清代乾嘉道巴县档案选编》（下），第19页。
② 由押租制向永佃权的转变，请参见杨国桢《明清土地契约文书研究》，中国人民大学出版社，2009，第91~99页；赵冈《永佃制研究》，中国农业出版社，2005，第16~19页。
③ 道光三年谭成盛提到："取去蚁等押扛银一百五十两"，"谭成盛等人告状"。《清代乾嘉道巴县档案选编》（下），第19页。
④ 道光十七年阳福顺提到："小的们出过押钱银两"，"阳福顺等供状"。《清代乾嘉道巴县档案选编》（下），第26页。
⑤ 道光十二年曾学贵提到："当日得受顶价老银六十两"，"曾学贵出顶约"。《清代乾嘉道巴县档案选编》（下），第23页。
⑥ 咸丰九年谭维贞提到："小的与谭为平们原各有下力生理在渝各行，俱有顶头银两"，"黔江递解湖南来川下力营生之谭维贞等回巴县讯明保释卷"。《巴县档案》缩微胶卷，案卷号：清6-18-00303。
⑦ 江太新：《清代前期押租制的发展》，《历史研究》1980年第3期。
⑧ "差务"是地方官府为维持日常用度和处理公务而向辖区民众征收的钱财、货物和劳役。在咸丰六年以前的重庆，地方官府主要依靠官立牙行提供差务。相关研究参见刘铮云《官给私帖与牙行应差——关于清代牙行的几点观察》，《故宫学术季刊》（台北）第21卷第2期，2003年；范金民《把持与应差——从巴县诉讼档案看清代重庆的商贸行为》，《历史研究》2009年第3期。
⑨ 《朝天坊脚夫刘文宗为人运货不给足银钱卷》（乾隆五十七年），《巴县档案》缩微胶卷，案卷号：清6-01-03001。

及学制两大宪差务并费多金。"① 虽然我们不清楚管行脚夫究竟要承担多少差费和劳役，但差费和劳役作为脚夫帮助牙行承担的一项常规性支出，其实就类似于押租制中的正租。

在脚夫辞去脚力生意的时候，理论上可以要求行主退还押金。如乾隆五十七年脚夫刘文宗与行主发生纠纷，行主退还刘文宗顶银 84 两，刘文宗辞去脚力生意。② 但在笔者所查阅的案卷中，这种情况仅此一例，其余案例都是由前任脚夫将生意转顶给后任脚夫。这就涉及了"顶"的另一层含义——脚力生意的转让。下面是一则相关的契约：

> 立出加补生意文约人刘凤章同孙刘元生刘道生。情因戊寅年将朝天门正街上裕丰行今改聚发花行脚力生意六股内，将本己一股顶于谭光业弟兄名下承接为业。彼日得受红钱三十六千文正，今因急迫无奈，只得祖孙商议复请中证谭克和向到谭光业表兄名下，加补红钱八千文正，二共新老钱四十四千文正。彼日随约交清明白，并未短少个文。其生意凭中言定，自癸巳年起横直招牌③十年为满，额满之日仍凭刘凤章祖孙以

---

① 《本城民刘宗智等具禀力夫谭瑞林等违规恃强霸踞民等栈行生意案》（道光十六年），《巴县档案》缩微胶卷，案卷号：清 6 - 07 - 00832。
② 《本城民刘宗智等具禀力夫谭瑞林等违规恃强霸踞民等栈行生意案》（道光十六年），《巴县档案》缩微胶卷，案卷号：清 6 - 07 - 00832。
③ 在一些脚力生意产权交易契约中，出现了"横直招牌"一词［《孙氏出顶约》《曾学贵出加顶价约》《谭辉尊等出顶约》，《清代乾嘉道巴县档案选编》（下），第 22、23、24 页］，说明"横直招牌"是脚力生意产权交易的一个考虑因素。但是笔者目前查阅的《巴县档案》案卷中，并未看到对"横直"一词的解释，也没有任何一个案例提到了"横招牌"或"直招牌"。笔者目前只能对这个概念做一些推测。"横直招牌"应该是指脚夫为之服务的牙行的招牌，其含义可能有三种：一是招牌悬挂的方式，即横着悬挂或竖着悬挂。但是这种解释太过表面化，以明确交易双方责、权、利为目的的契约，也不大可能强调此种细节。二是指牙行的经营者变更。此前的研究已经证明，清代重庆牙行倒闭的情况十分常见，许多牙行倒闭后，原有行房会入驻新的牙行，使用不同的招牌。所以强调"挂横直招牌"，可能是指不管牙行由谁来经营，怎样更换招牌，管行脚夫都可以稳定经营。三是指不同类型的牙行招牌。在《巴县档案》中可以看到，牙行可以分为两类：一是合法的，即与官府颁授的牙帖相吻合，牙行也按照官府要求完成了验帖、换帖手续，这样的牙行招牌是完全没有争议的；二是不合法的，这些牙行的经营者或没有牙帖，或持过期的牙帖，或私自租赁、转让牙帖，这些都是不符合法律和地方官府规定的，然而这些牙行有时也能挂自己的招牌［参见《康正光等作成约》，《清代乾嘉道巴县档案选编》（上），

照新老纸约收赎，钱到纸发，二家无阻，其生意并无勒写准执债项等情，倘有刘姓已在未在人等，无干谭姓之事，一概有刘凤章祖孙承耽。所顶所加，二家甘愿，恐口无凭，立加补字一纸交与谭光业收执为据。①

　　中证：谭克和　彭可廷

　　在见：王锡荣　谭伦五　谭达文　谭达元

　　行内伙计：尹显宗　谭达茂　谭光辉

　　代笔：尹洪春

　　　　　　　　　道光癸巳十三年五月二十二日

　　　立出加补生意文约人刘凤章同孙刘元生刘道生①

　　这份契约中有三点值得关注。第一，脚力生意的所有者（行主）完全不参与此项交易。后任脚夫将顶银交与前任脚夫即可，与谁进行交易、顶银数额多少完全由脚夫们自行议定。第二，类似于"活卖"的交易。这份契约中明确规定了脚力生意的收赎期限，起初是16年，即将期满时又延长了10年，这很像地权交易中的"活卖"。② 但是与同类交易相比，这份契约的收赎期限特别长，此类交易的收赎期限大部分在4~8年。还有一些脚力生意转让契约并未设置收赎年限，这有可能意味着出顶人已放弃了收赎的诉求，形成类似"绝卖"的交易。但是因为缺乏后续的纠纷案卷，所以尚不

第358、367页]。这样的招牌存在合法性的争议。所以强调"挂横直招牌"，可能是指不管牙行的合法性是否存在问题，只要它仍在开设，管行脚夫就可以入行经营脚力生意。总而言之，"横直招牌"应该是笼统指代牙行经营，不管它是否更替，是否合乎国家法律和地方规定，只要能够正常经营，管行脚夫就可以承揽它的脚力生意。而且笔者认为，"横直"是当时重庆的一个方言词语，是"不论""不管""不考虑复杂情况"的意思。在《巴县档案》的其他案卷中，也可以看到"横直"一词，如"不由分说，横直勒搕""横直卡掯""横直估霸"等，似乎也都有"不管不顾"的意思。因此，笔者认为，引文中的"横直"不是一种商业惯例，而是方言。在契约中引入"横直招牌"条款，是为了排除牙行易主或牙行自身合法性问题对脚力生意的影响。

① 《王锡荣等为具禀刘星一飐觑妄争朝天门裕丰花正油行脚力生意股权案》（道光二十二年），《巴县档案》缩微胶卷，案卷号：清6-07-00837。

② 关于清代地权交易中的"绝卖"与"活卖"，参见龙登高《地权市场与资源配置》，第56~57页。

能确定未规定收赎年限的契约是否真的意味着脚力生意的永久性转让。[①] 第三，出现了"找价"的情况。在这项交易中，承顶人共支付了两次顶价钱。第一次是原价 36000 文，第二次是找价 8000 文。此外，也有多次找价和找价数额比较悬殊的情况。如夏余发在道光十年以银 100 两顶入贺云 1 股脚力生意，贺妻于道光十六年和道光十九年两次向夏余发找价，第一次要求的数额是制钱 8000 文，第二次要求的数额则高达银 30 两。[②] 这必须要结合买卖双方的关系以及当时的制度环境进行分析，但遗憾的是，这个案卷提供的情况还不足以展开这种分析。

杨国桢指出，佃农为获得永佃权付出了代价，当然不会白白将田退还给业主，而是要通过各种"私相授受"的交易获得一定的补偿。地主通常只能接受这种既成的事实。[③] 本章所探讨的脚力生意的转让契约中，也反映了几乎完全相同的情况。由此可见，"顶"所包含的产权关系，几乎可以视为基于押租制的永佃权在城市脚力业中的翻版。

（二）　股

在与脚力生意相关的契约和诉讼案卷中可以看到，绝大多数脚夫不会独立承顶一个行铺的全部脚力生意，而是先将脚力生意拆分成若干股，然后由脚夫们分顶其中的 1 股或几股。表 11 - 1 呈现了一些行铺的分股情况。

表 11 - 1　《巴县档案》所载行铺脚力生意分股情况

单位：股

案卷（或契约）名称	时间	共有股数	交易股数	每股价格	行铺类型	收赎年限	出处
朝天坊贺开才等以管脚力生意遭造假倍谋平分生意控陈文明等互控	乾隆二十六年	7	无	银 10 两	不详	无	川档,清 6 - 10 - 00913

① 龙登高指出，虽然绝卖意味着原主不能回赎和找价，但事实上原主央求找价的现象仍不时可见。乾隆时期还曾规定，即使绝卖也可以找价。参见龙登高《地权市场与资源配置》，第 57 页。

② 《贺王氏诉状》，《清代乾嘉道巴县档案选编》（下），第 27 页。

③ 杨国桢：《明清土地契约文书研究》，第 106～113 页。

案卷（或契约）名称	时间	共有股数	交易股数	每股价格	行铺类型	收赎年限	出处
朝天坊脚夫刘文宗为人运货不给足银钱卷	乾隆五十七年	7	无	银 12 两	山货	不详	川档，清 6 - 01 - 03001
杨文献告状	嘉庆七年		1	银 100 两	不详	不详	选编（下），第 17 页
王锡荣等为具禀刘星一觊觎妄争朝天门裕丰花正油行脚力生意股权案	嘉庆二十三年	7	1	钱 36000 文，找价 8000 文	棉花	初约 16 年，复约 10 年	川档，清 6 - 07 - 00837
王复兴出顶约	道光六年	6	0.5	银 60 两	糖	8 年	川档，清 6 - 07 - 00832
谭世龙转顶约	道光七年	不详	1	银 90 两	糖	4 年	川档，清 6 - 07 - 00832
谭世龙出顶约	道光七年	8	0.8	银 72 两	糖	4 年	川档，清 6 - 07 - 00832
刘廷兴等合伙约	道光九年	2	无	银 100 两	糖	无	选编（下），第 21 页
尹礼龙转顶约	道光十一年	8	0.5	银 50 两	糖	4 年	川档，清 6 - 07 - 00832
曾学贵加顶价约	道光十二年		0.5	银 45 两，找价 15 两	糖	初约 3 年，复约 8 年	川档，清 6 - 07 - 00832
谭辉尊出顶约	道光十二年	8	1	银 132 两	糖	8 年	川档，清 6 - 07 - 00832
贺王氏诉状	道光十九年		1	初银 100 两，初次找价 8000 文，二次找价银 30 两	不详	初约 6 年，后约贺王氏子成人取赎	选编（下），第 27 页

在表 11 - 1 所提供的个案中，① 行铺的脚力生意一般会分为 6 ~ 8 股，但仅有 2 股的情况也存在。乾隆时期的每股交易价格低至银 10 两，嘉庆时

---

① 需要说明的是，表 11 - 1 收录的是笔者目前找到的所有涉及脚力生意分股和股权交易的案例。制作这个表格的目的是，令读者清楚这些数据的分布和数值，也便于读者查找原文。但由于这些数据数量太少，分布极不均衡，所以基本不具有统计意义。笔者依据这些数据做了一些尝试性的判断，诚然不够准确，期待更深入的研究给予修正。

期，至少糖行的脚力生意价格达到每股银 100 两上下。若收赎年限较长，价格会相对高一些；反之，价格较低，而且每次交易都未超过 1 股。笔者推测，这一方面是因为脚夫的财力有限，每次只能进行数额较小的交易；另一方面也有脚夫分散风险的考虑，因为一些脚夫同时拥有多个行铺的脚力生意，如道光年间的谭志彬就同时拥有天顺麻行、福临糖行的 2 股脚力生意，① 嘉庆年间的彭龙云则拥有两个牙行、三个栈房的 6 股脚力生意。② 这样一来，当一个行铺生意清淡或停摆时，另一个行铺或许还能正常经营。

道光九年的一份契约中清楚地展现了这种基于"股"的合伙是怎样开展的：

> 立出合约人刘廷兴、吴其昭，二人情投意合，每人名下出本银一百两正，伙同开设同兴号捆缚糖包、糖桶生意。所赚之利，二股均分，折则二股均认。其有牌名原系吴刘二姓公同出银承顶，衙门承认差务只用刘姓一姓。嗣后吴姓不做，刘姓将吴姓原顶一半银两找出，生意归刘姓一人承佃；刘姓不做，吴姓将刘姓一半银两找出，生意归吴姓一人承做。倘二人不做，公项银两均分，不得借称刘同兴牌名执拗，两无异言。自今之后，二人同心协力，各秉天良，如少资本，公借公还。今欲有凭，立此合约二纸各执张为据。
>
> 　　凭邻佑　刘崇荣　娄兴川　杜合顺
>
> 　　　　　　　　　　　　　　　　道光九年七月初七日
>
> 　　　　　　　　　　　　　　立合约人刘廷兴　吴其昭③

由这则契约可知，刘、吴二人的合作包括"承揽业务"和"支应差务"两个方面。当然，仅凭他们二人可能无法完成业务和差务所涵盖的全部搬运工

---

① 《西水坊孀妇童陈氏禀谭富赊乘兄故霸吞脚力钱等夺生意一案》（道光二十八年），《巴县档案》缩微胶卷，案卷号：清 6 - 10 - 07847。

② 《本城千厮坊彭光贤具告彭龙云将谦顺脚力股权抬高价格赎买一案》（嘉庆二十三年），《巴县档案》缩微胶卷，案卷号：清 6 - 06 - 07093。

③ 《刘宏道出顶约》，《清代乾嘉道巴县档案选编》（下），第 21 页。

作，所以他们也许会另雇脚夫。① 业务收入扣除差务支出，再扣除雇请帮工的费用之后，才是二人可以均分的利润。在上面一则契约中，吴、刘二人还申请了一个"同兴号"的牌名，其中蕴含着管行脚夫与官府和社会的多种关系，也是经营和管理脚力生意的工具。②

　　既有的研究显示，在近代法律移植之前，中国社会已经发展起独特的"合伙"观念和相当定型的商业合伙习惯。共同投资、共同经营、分享利润、分担亏损、股份合作、资产管控与运作是其中重要且常见的制度安排。③ 从"股"的视角我们可以看到，乾嘉道时期的重庆脚力生意虽然规模有限、结构简单，但已具备了那个时代商业合伙最常见的外观与机制。

①　道光六年王复兴出顶脚力生意的契约中写道："自顶之后，任凭谭姓雇人进行承做。"（参见《本城民刘宗智等禀力夫谭瑞林等违规恃强霸踞民等栈行生意卷》，《巴县档案》缩微胶卷，案卷号：清6-07-00832）又如嘉庆十五年管行脚夫宁毓济提到："蚁等间因背送不及，雇倩代背。"（参见《朝天坊陈正刚具禀宁毓济等不给蚁脚钱反将蚁殴伤一案》，《巴县档案》缩微胶卷，案卷号：清6-05-05295）

②　在清代重庆脚力生意中，"牌"的演变有一个过程。它最早出现于嘉庆中期，由巴县知县颁发给一部分脚夫，目的是扼制散夫、确定行业规则、维持搬运秩序 [参见《朝天坊陈正刚具禀宁毓济等不给蚁脚钱反将蚁殴伤一案》（嘉庆十五年），《巴县档案》缩微胶卷，案卷号：清6-05-05295；《本城叶松茂等告谭月华率多人将蚁等殴伤一案》（道光元年），《巴县档案》缩微胶卷，案卷号：清6-12-10847]。承担官府差务是脚夫获得"牌"的最重要条件 [参见《本城叶松茂等告谭月华率多人将蚁等殴伤一案》（道光元年），《巴县档案》缩微胶卷，案卷号：清6-12-10847；《东水坊夫头刘移山具禀张义元等霸背客货并逞凶一案及吕一美具禀刘移山假冒夫头把阻背运客货卷》（道光十八年），《巴县档案》缩微胶卷，案卷号：清6-07-00834]。领牌脚夫虽然只是一个人，但是他可以凭借雇人，形成类似于企业的经营单位。脚夫还渐渐地使用"牌"来进行产权交易。如在这个案例中，此"牌"最初的主人是周恒泰，周恒泰凭借此牌与其他脚夫合伙承包了一个店铺的脚力生意，他的份额是一股。后来周恒泰退出经营，将此牌顶给刘宏道，刘宏道又将此牌顶给刘廷兴、吴其昭。这块"牌"经历了合伙、租赁两种产权交易。在这些交易中，"牌"也被称为"牌名""招牌"。此时"牌"不仅是经营权的象征，也变成了产权（权力束）的象征。由此可见，在清代重庆脚力生意中，"牌"最初是官府颁发给脚夫的经营凭证，也是脚夫承差的依据，后来逐渐承载起围绕脚力生意形成的各种关系和交权交易，并成为脚力生意的最小经营单位，也是经营和管理脚力生意的工具。

③　彭久松、陈然：《中国契约股份制概论》，《中国经济史研究》1994年第1期；刘秋根：《中国古代股份制经济制度研究的回顾与展望》，《中国史研究动态》1996年第8期；李力：《清代民间契约中关于"伙"的概念与习惯》，《法学家》2003年第6期；谢晶：《"合伙"词义考释：兼谈法律移植中域外制度与本土概念内涵错位的困境》，《商事法论集》2015年第1期。

（三）短租

虽然"顶"可以使脚夫长期、稳定地租赁脚力生意，但仍有一些脚夫选择短期租赁。下面一则契约记载了这样一桩交易：

> 情于道光九年腊月内，与朱姓合伙租到周义合名下捆缚糖包招牌一块，当交押租老银一百两正，同贸一载。因生意清淡，朱姓不愿此贸，凭众算明，王姓一人承领所有租银一百两，原约存于朱姓。外周姓长支银五十两未算，今刻下王姓除付下应找朱姓银一百五十两，因措办不及，故请牌主周姓一力承担，期限年内其本利王姓一并缴还。如过期无银，任凭周姓将招牌收回另租，不得异言，恐口无凭，特立限约为据。
>
> 　凭证：周正大　刘大刚　尹大海
>
> 道光十一年二月二十七日
>
> 立出限约人王灿奎①

从这份契约可以看出，短租与顶打有相似之处，即承租脚夫要向前任脚夫（牌主）缴纳押金，其数额也相当于这份脚力生意的顶价，承租脚夫可以得到证明产权转让的契约。但不同的是，在顶打交易中，后任脚夫缴纳顶银后即可成为牌主，在约定时间里可以不受干扰地转顶这份脚力生意。而短租交易中，承租脚夫得到的只是脚力生意的经营权和收益权，处置权始终由牌主掌握。而且承租脚夫还要额外向牌主缴纳一笔租金，即这份契约中提到的"长支银五十两"。由此可见，与顶打交易相比，短租交易获取的权利更少，付出的代价却更高，或许这正是较少脚夫选择短租的原因。

但是短租的优势在于可以随时退出，比如这份契约中，朱姓承租人只经营了一年便辞贸不做，合伙人和牌主也退还了他缴纳的押金和部分租金。所以与顶打相比，短租更有利于规避生意萧条、投资决策转变、转顶困难等情况所带来的风险。

---

① 《王灿奎限约》，《清代乾嘉道巴县档案选编》（下），第21～22页。

（四）抵押与借贷

道光十二年，韩瑞龙因欠银 1000 两，被债主李益陵告到县衙。知县最初的审理结果是：韩瑞龙筹现银 400 两交还李益陵，余银 600 两"将韩瑞龙源顺行、资生行脚力生意六股交与李益陵经办力钱，俟满六百两之数，再将生意退于瑞龙收管"。但是韩瑞龙不愿接受这个安排，后经协商达成一个协议：李益陵义让银 250 两，韩瑞龙筹现银 600 两交还李益陵，并用自己的 2 股脚力生意做抵押，向康正光等三人借银 150 两，共凑足银 750 两还清债务。①

这个案例清晰地反映了脚力生意与金融市场的"互嵌"。知县的判决意见，其实是用脚力生意的收益来偿还借款；而后来达成的协议，则是用脚力生意作为借贷的信用担保。这说明脚力生意已经成为一种保障信用、防范风险的金融工具。娄敏的研究指出，在清代和民国的土地押租市场中，以地租偿还借款和以土地作为借款的安全保障，是十分常见的现象。之所以如此，乃是因为押租市场的风险小于金融市场的风险。② 对于乾隆至道光时期重庆的金融市场，目前还缺乏足够的研究，但是脚力生意与现金借贷的捆绑至少可以说明两个问题：第一，脚力生意已经成为一种相对稳定的、值得信赖的产权；第二，土地押租制与金融市场的微妙关系，也被一定程度地复制到了脚力生意产权交易之中。

（五）信托

道光二十八年孀妇童陈氏在诉状中讲述了这样一个故事，她的女儿嫁与谭志彬为妻，育有一女，名为寅秀。谭志彬拥有天顺麻行脚力生意 0.25 股、福临糖行脚力生意 0.5 股。后来童陈氏的女儿和谭志彬相继去世，童陈氏承担起了抚育寅秀的责任。为了保证寅秀的生活和日后的嫁奁，谭志彬将这两份脚力生意的契约交由童陈氏保存，其收益也由童陈氏代为支配。③ 在这个

---

① 《李益陵允让约》《韩瑞龙抵借银约》，《清代乾嘉道巴县档案选编》（下），第 22～23 页。
② 娄敏：《信用、风险与土地市场：民国时期押租制度再研究——以江津县债务类司法档案为核心》，《史林》2018 年第 2 期。
③ 《本城西水坊孀妇童陈氏禀谭富贻乘兄故霸吞脚力钱等夺生意一案》（道光二十八年），《巴县档案》缩微胶卷，案卷号：清 6－10－07847。

案例中，谭志彬、童陈氏和寅秀实际上就是信托关系中的委托人、受托人和受益人。

　　以往的研究较少从信托的角度解释传统社会的经济、社会制度，① 但类似于信托的财产制度的确在明清时期广泛存在。② 这个案例的独特之处在于说明了在清代中期，信托制度的参与者不仅是拥有大宗资产的商人、宗族，以及操持公共事业的官僚、士绅，也包括像谭志彬这样资产微薄、汲汲于养家糊口的底层工商业者。

　　综上所述，乾隆至同治时期重庆管行脚夫普遍遵行的产权安排类似于一个"大杂烩"，既灵活套用了那个时代地权交易的重要制度，又深度复制了商业贸易中至关重要的产权规则，不论是乡村居民还是城市工商业者，都可以在这套制度中找到自己熟悉的部分。可见，这些由乡村移居城市的管行脚夫，广泛地采择了他们所能接触到的各种制度资源，以构建一套杂糅的、服务于自身特殊需求的产权安排。但是我们看到的仅是这套产权制度如何借助市场得以运转，却未论及那些在市场之外同等重要的制约因素。下面从行店、宗族和帮派三个角度来观察脚夫们如何编织、利用和受制于这套制度。

二　"行脚之争"中的依凭与陷阱

　　按照契约的规定，脚夫在缴纳顶打和短租的银钱之后，就可以在约定的时间内稳定地经营脚力生意。但真实的情况是，脚夫与牙行主之间常常因产权发生纠纷。为了便于叙述，我们将此类纠纷称为"行脚之争"。下面是一

---

①　法制史研究者通常认为，信托制度渊源于英国 14 世纪衡平法，其他国家一般通过法律移植来建立信托制度，中国传统社会也不存在与之相近的制度因素。参见夏阳《洋商挂名道契与近代信托制度的实践》，《比较法研究》2006 年第 6 期。

②　明清时期的宗族资产和慈善资金的运作，存在与信托相似的做法（参见科大卫《皇帝和祖宗：华南的国家与宗族》，第 218～232 页；郑振满《明清福建家族组织与社会变迁》，湖南教育出版社，1992，第 257～271 页；〔日〕夫马进《中国善会善堂史研究》；梁其姿《施善与教化：明清时期的慈善组织》，河北教育出版社，2001）。曾小萍还直接将自贡盐商的资产管理方式称为"宗族信托伞""宗族信托基金"。参见〔美〕曾小萍等主编《早期近代中国的契约与产权》，第 221～222 页。

个典型案例。

道光十六年，福盛牙行倒闭，房主将铺面转租给柽懋牙行，新行主带来了自己招募的管行脚夫，原本为福盛行服务的管行脚夫刘宗志等人面临失业。在这种情况下，刘宗志等脚夫将行主和新来的脚夫告到了官府。[①] 案情的是非曲直暂且不谈，从上述情节中我们可以看到脚夫接手脚力生意后面临的风险：一是在约定经营期限内牙行倒闭；二是在约定的经营期限内，脚夫遭到行主的驱逐。前一类风险比较容易规避。在脚夫签订的契约中一般都会特别注明，经营期限是以此铺面的实际开业时间为准，歇业或倒闭的时间不计算在内。[②] 后一类风险则常常引发脚夫和行主之间的激烈纠纷，本案即是其中一例。

从行主的立场来看，在特定情况下撤换脚夫是情理之中的选择。因为管行脚夫既要搬运货物、分担牙行差务，还要负责赔还损坏、丢失的货物。如果脚夫难以约束甚至蓄意生事，牙行的贸易和信誉自然会受影响。所以在牙行易主之时最容易发生行主驱逐脚夫的争端，因为新任行主很难信任那些素昧平生的脚夫，当然，在合作一段时间之后，行主也会起意撤换行为不端的脚夫。如乾隆五十七年，行主江其焕因脚夫刘文宗等"屡行不法，因争脚钱殴伤买客何恒顺"而要求其辞退生意；[③] 道光十七年，油行户熊永安也起意驱逐"不听约束，不慎重客货"的脚夫江仪盛等。[④]

然而站在管行脚夫的立场来看，行主驱逐脚夫却是违约行为。刘宗志的诉状中写道：

---

① 《本城民刘宗智等具禀力夫谭瑞林等违规恃强霸踞民等栈行生意案》（道光十六年），《巴县档案》缩微胶卷，案卷号：清6-07-00832；《刘宗智等为脚夫背运客货生理有他不密其等背运上控吴远材一案》（道光十六年），《巴县档案》缩微胶卷，案卷号：清6-17-20305。

② 道光十二年曾学贵出顶约中即约定，此项脚力生意的出顶期限"以挂横直招牌为率。倘有行主停歇，日后仍照横直招牌年月补足"。《本城民刘宗智等具禀力夫谭瑞林等违规恃强霸踞民等栈行生意案》（道光十六年），《巴县档案》缩微胶卷，案卷号：清6-07-00832。

③ 《朝天坊脚夫刘文宗为人运货不给够足银反行将伊冤控屈责事控何恒顺》（乾隆五十七年），《巴县档案》缩微胶卷，案卷号：清6-02-03001。

④ 《油行户熊永安为恶夫把持害行害商事具告脚夫江仪盛等浸漏客油等一案》（道光十七年），《巴县档案》缩微胶卷，案卷号：清6-07-00535。

　　情蚁等顶打福盛行脚夫，百余年来不分行栈，见货食力，前后约费一千二百余金，顶约抄粘。其银鞘及学制两大宪差务并费多金。今正该行歇业，有桎懑行之脚夫谭瑞林等乘伊行主吴远才接开，闯入背运货物……

　　在这段叙述中，刘宗志既没有提到他们与新任行主的过节，也没有提到他们是否胜任这项工作，而是特别强调他们为获取这份脚力生意而缴纳的顶打银，以及多年来的差务开支。在他们看来，这就是在牙行屡屡易主的情况下他们仍然坚守不出的最重要依据，而审理这个案件的两任知县都支持了他们的主张。这就是当时重庆脚力业普遍实行的"随店不随主"惯行，即牙行经营者不管如何变更，管行脚夫始终保持不变。

　　从保障商业效率的角度观之，这样的安排自然不明智。但是从永佃权的角度思考，这样的安排却容易理解。因为通过"顶"的交易，脚夫获得的是脚力生意的永佃权。尽管经过私相授受的转顶，实际经营脚力生意的或许不是签订原始契约的脚夫，但在约定的经营期限内，他们仍然完整地享有持续经营、抵制行主单方面解约的权利。所以缴纳顶银越多的脚夫越难以驱逐出行。如共缴顶银 1200 两的刘宗志等脚夫最终打赢了官司，赶走了新任行主自行招募的脚夫；[1] 仅缴纳顶银 12 两的刘文宗，在退还顶银的前提下辞退了生意；[2] 而未缴顶银的江仪盛，则只能接受"不听约束，听行主逐出"的强制性约定。[3]

　　"随店不随主"复制了永佃制的形式，但从深层逻辑来分析，这种惯行却是为了解决当时重庆贸易中一些非常现实的问题。

　　首先，是脚夫难以约束的问题。在乾隆中期，一部分服务于牙行、店铺的脚夫是由行店主雇用的。乾隆三十六年，巴县设立朝天门散夫夫头时，巴

[1] 《本城民刘宗智等具禀力夫谭瑞林等违规恃强霸踞民等栈行生意案》（道光十六年），《巴县档案》缩微胶卷，案卷号：清 6-07-00832。
[2] 《朝天坊脚夫刘文宗为人运货不给够足银反行将伊冤控屈责事控何恒顺》（乾隆五十七年），《巴县档案》缩微胶卷，案卷号：清 6-02-03001。
[3] 《油行户熊永安为恶夫把持害行害商事具告脚夫江仪盛等浸漏客油等一案》（道光十七年），《巴县档案》缩微胶卷，案卷号：清 6-07-00535。

县衙门发布的示谕中提到：

> 照得渝城五方杂处，向来客货起岸下船，都有乘间背匪拐带之弊。不但脚夫内匪类固多，即各行店伙房小厮，亦皆无籍之徒。今本县设立夫头，凡客货起岸，俱经夫头雇人背送。如有遗失，着落赔偿。至各行站发货下河，如自雇伙房背运者，若有遗失，应惟本店是问。[①]

这段材料中的"伙房"，又被称为"伙夫"。他们是牙行、店铺自行雇用的，所以伙夫很可能是"伙计脚夫"的简称。但是这些自雇的伙夫很难管理，因为他们大多是未定居的外来移民，常有偷窃货物的事情发生，甚至有可能混入流窜的"啯噜"，令地方官府和行店主十分头疼。

为了确立脚夫的信用，行店主开始与脚夫建立类似于"押租制"的关系。在脚夫承担一个牙行、店铺的搬运业务之前，他要向行店主缴纳一笔押金，此后还要定期缴纳类似于押租制中"正租"的差费、劳役。对于脚夫来说，搬运不再是一份仅供糊口的、可以随时放弃的工作。基于那些已经付出的"沉没成本"，他必须一定程度地约束自己的行为，不能过分破坏搬运秩序，不能轻易变换工作，更需谨慎处理与行店主之间的关系。所以到乾隆末期时，脚夫"顶打"脚力生意的案例就出现在档案之中。

其次，是行店经营不稳定的问题。前面的研究已经证明，清代重庆许多牙行、店铺经营者都是未定居的外来移民，行店的倒闭和易主十分频繁。在这种情况下，脚夫获得永佃权几乎成为必然。试想，在行店主去留不定，行店随时可能歇业的情况下，没有脚夫愿意与其签订长期的合作契约。因此，赋予脚夫不受牙行经营权变动影响的、永久性的经营权，实际上是对脚夫所面临风险的一种防范和补偿。这就使得在面对初来乍到、立足不稳的行主时，脚夫可能拥有更大的谈判权。在前面提到的案例中，面对行主的指控，脚夫都会及时而强硬地加入讼战之中。而且每一桩"行脚之争"讼案中，行主面对的都不是单个脚夫，而是拥有该行脚力生意股份的所有脚夫（6~8人）。在

---

① 《乾隆三十六年四月二十四日巴县示谕》，《清代巴县档案汇编·乾隆卷》，第262页。

这些脚夫背后，往往还有一个更大的关系网络。如乾隆五十七年的刘文宗和嘉庆四年的谭正禄，都曾纠合同业小团伙对抗行主。① 而刘宗志等脚夫打赢了官司之后，其同乡还联名要求知县发布示谕"永杜随帖随主之弊"。②

由此可见，"随店不随主"的惯行其实是基于对行店主和脚夫的利益、实力、信用综合考量而形成的制度安排。当然，在行主驱逐脚夫的纠纷中，脚夫也并非有恃无恐，下面一个案例即可为证。

嘉庆四年，行主官广聚和管行脚夫谭正禄展开了诉讼。但反常的是，双方诉状所讲的似乎是完全不同的事。官广聚一再控诉谭正禄不服管束，殴打行主、客商；而谭正禄则指控官广聚侵吞了他们辛苦挣来的力银。③ 官广聚的诉状充斥着"恶焰滔天""凶横殴辱"等套语，令人感觉夸张空洞；谭正禄的诉状中则清楚地叙述了官广聚欠银几何、如何偿还、谁可为证等细节，似乎更加可信。但承审知县却明显更加支持官广聚。在诉讼渐落下风之时，谭正禄做了一个不明智的决定，他邀集谭宗成等人到码头阻拦客船卸货。知县得知此消息后，立即拘押了谭宗成并驱散了码头闹事的脚夫。三天后，谭正禄签下结状，整个案件戛然而止，但被官广聚侵占的力银似乎并没有归还。④

在这个案件中，脚夫既输了官司，也蚀了钱财，最重要的原因就在于他们扰乱社会秩序、挑战官威的行为踩到了官府绝不允许民众触碰的红线。行主官广聚似乎深知这一点，所以他的诉状始终回避债务问题而突出脚夫的蛮横行为，并不时抛出"大干法纪""惩刁除恶"等词。这一诉讼

---

① 《朝天坊脚夫刘文宗为人运货不给够足银反行将伊冤控屈责事控何恒顺》（乾隆五十七年），《巴县档案》缩微胶卷，案卷号：清6-02-03001；《本城行户官广聚具告谭正禄扛脚夫不听使唤恶逆凶殴民一案》（嘉庆四年），《巴县档案》缩微胶卷，案卷号：清6-05-04974。

② 《刘宗智等为脚夫背运客货生理有他不密其等背运上控吴远材一案》（道光十六年），《巴县档案》缩微胶卷，案卷号：清6-17-20305。

③ 谭正禄在诉状中提到："朝天门行众原议有成规，验货包之轻重开力银三分五分一钱不等。买卖客商所开力银，均系行主蚁等照货扣存，收入伊柜。每年三节，行主陆续给偿。"这段叙述的疑点在于，脚夫的收入本不丰厚，何需行主代为保管？但笔者认为这种关系其实是押租制的一种变体。可能在接手这项生意的时候，脚夫没有能力一次性支付押金，所以脚夫和行主就达成了协议，用脚夫的力银作为押金。但这样一来，脚夫能否按时拿到力银，全凭行主的意愿与诚信。于是，行主和脚夫之间就形成了一种类似于押租但又对脚夫不利的产权关系。

④ 《本城行户官广聚具告谭正禄扛脚夫不听使唤恶逆凶殴民一案》（嘉庆四年），《巴县档案》缩微胶卷，案卷号：清6-05-04974。

策略加上谭正禄等人冲动的行为，终使本来赢面较大的脚夫输掉了诉讼。

　　由此可见，"随店不随主"虽然有着与永佃制相似的外观，却在更大程度上是城市商业的产物。它既是对脚夫的效用、风险、收益的一种权衡，也折射出行店主与脚夫之间的相互牵制。只要脚夫不做出危及统治秩序的行为，其相对独立的、稳定的经营权能够得到司法体系的认可和保障。在本节中，脚夫以独立经营者的面貌出现，其所争夺和维护的产权也类似于私有产权。但是当他们置身于宗族和帮派之中，还能以这样的姿态去面对产权问题吗？下面探讨这个问题。

三　"私产"抑或"族产"

　　曾小萍指出，在近代化开始之前的中国，与财产拥有相关的基本单位是"家"（household），而不是"个人"（individual）。[①] 近三十年的研究，也越来越多地揭示出清代宗族[②]作为控产组织的一面。然而已有的研究较多关注宗族对共有资产的管控，[③] 宗族如何参与资本需求较大的企业、商号的运作，[④] 宗族如何主导大规模的农田垦殖和区域开发。[⑤] 但是，作为仅拥有少量资

---

① Madeleine Zelin, Jonathan K. Ocko, Robert Gardella, eds., *Contract and Property in Early Modern China*, Stanford: Stanford University Press, 2004, p. 5. 这里的 household 是广义的以亲属关系组织起来的社会群体，而不仅指核心家庭。

② 本节中"宗族"借用郑振满的定义，即"分居异财而又认同于某一祖先的亲属团体或拟制的亲属团体"。参见郑振满《明清福建家族组织与社会变迁》，第 20 页。

③ 郑振满的研究指出，明清之际，福建民间已形成了代代提留族产的习俗，宗族逐渐变为致力于族产管理与运作的经济实体。参见郑振满《明清福建家族组织与社会变迁》，第 257～271 页。

④ 这方面的代表论著包括曾小萍对清代自贡制盐企业的研究（〔美〕曾小萍：《自贡商人：近代早期中国的企业家》）、彭慕兰对济宁玉堂酱园的研究（Kenneth Pomeranz, *Traditional Chinese Business Forms Revisited: Family, Firm, and Financing in the History of the Yutang Company on Jining, 1756–1956*）、科大卫对清代华南宗族经商的研究（科大卫：《皇帝和祖宗：华南的国家与宗族》，第 266～274 页）等。

⑤ 在清代珠江三角洲沙田开发和台湾的移民垦殖过程中，宗族都在很大程度上发挥了融资、界定产权、重整社会秩序以保障产权稳定的作用。代表论著包括刘志伟《地域空间中的国家秩序——珠江三角洲"沙田－民田"格局的形成》，《清史研究》1999 年第 2 期；Johanna M. Meskill, *A Chinese Pioneer Family: The Lins of Wufeng Taiwan, 1729–1895*, Princeton: Princeton University Press, 1979；许雪姬《台湾家族史研究的回顾与展望——以雾峰林家的研究为例》，"台湾史研究暨史料整理成果研讨会"论文，南投，1998。

本、微薄产业的城市底层劳动者，管行脚夫与宗族也存在着复杂的产权纠葛。

在清代的重庆，一个走街串巷、靠临时雇募为生的脚夫，可能是孤身赴渝的"无籍之人"，甚至暴毙于街头水畔都无人识其来历，[1] 但是其却要为自己编织一个复杂的社会关系网络。咸丰九年，酉阳州兵丁截获了60名过境的湖南茶陵州人，并对他们逐一讯问，其中有27人供认自己赴渝充当管行脚夫，而且每个人都有亲属在重庆开设行店或担任管行脚夫。[2] 这27份供词高度雷同，不免有捏造之嫌。但是这样的说辞被录入县衙档案，恰恰可以证明宗族关系普遍存在于管行脚夫群体之中。

管行脚夫所置身的宗族与常见的宗族形态有所不同，笔者将其称为"跨地域再生式宗族"。所谓"再生"，是指移民来到重庆后，按照原籍宗族的样式重新建立宗族组织。但是由于经济实力不足、立足未稳、工商业流动性大等原因，这些新建立的宗族可能在相当长的时段里是功能不全、因陋就简、缺乏长远打算的。《巴县档案》中保存了一份宣统元年千厮坊李氏倡修宗祠的文书，其中透露出，这个宗族从乾隆年间便有成员陆续赴重庆经商营贸，但直到宣统元年都没有建起宗祠，年节之时只能在湖广会馆中借地举办聚会和仪式。[3] 笔者在查阅文献和田野调查的过程中，也从未在清代重庆城的范围内看到宗祠的记载或遗址。这说明，清代重庆城中"再生式宗族"的建设是缓慢且不易的。所谓"跨地域"，是指原籍和重庆的两套宗族组织同时运作，族人同时属于两个宗族组织，原籍宗族有权干涉或遥控重庆宗族的事务。那么，这样的宗族会怎样看待其成员所经营的脚力生意？

首先，管行脚夫所属的宗族也极力维护和践行"产不出户，先尽房族"

---

① 《东水坊保正吴国柱等禀不知名力夫因上船失足落水淹死一案》（同治九年），《巴县档案》缩微胶卷，案卷号：清6－23－01823。

② 《黔江递解湖南来川下力营生之谭维贞等回巴县讯明保释卷》（咸丰九年），《巴县档案》缩微胶卷，案卷号：清6－18－00303。

③ 《渝城千厮坊职员李秉武等拟修李氏宗祠具状请示立案卷》（宣统元年），《巴县档案》缩微胶卷，案卷号：清6－54－00661。

的原则。① 许多脚力生意的转让契约中都会特别交代，"尽问亲疏人等，无人承接"，以及"某姓亲属人等，已在未在无得异言"。这就说明，尽管转让契约上的业主是有名有姓的个人，而且在一般情况下管行脚夫也可以处置自己名下的脚力生意，但是宗族对脚力生意仍然拥有某种程度的所有权。下面一个案例也说明，契约中那些有关亲族购买权的交代绝不是流于形式的虚言。

嘉庆二十三年，脚夫彭龙云决定回乡，但是他手中的 6 股脚力生意却令他惹上了一场官司。彭龙云本想将此 6 股生意转顶给外姓人，但是被族人彭光贤告到官府。彭光贤声称，这 6 股生意本是自家仆人彭辅章挣下，现在应由他赎回接管。② 在此桩讼案中，彭氏宗族的角色颇值得玩味。

一方面，彭氏宗族积极介入调解和仲裁，极力达成双方都能接受的产权分割方案。在诉讼兴起之初，双方分歧明显、争执不下。彭光贤坚称 6 股生意都是自家仆人挣下，所以他们有权全部赎回，而彭龙云却矢口否认。经过宗族的三次调解终于澄清，这 6 股脚力生意中仅有谦顺行的 1 股是彭辅章挣下的，其余 5 股均是彭龙云的经营所得。最后双方达成了协议，谦顺行的 1 股生意由彭光贤原价赎回，附属于谦顺行的利川栈、复太栈的脚力生意也由彭光贤接管，但是彭光贤必须支付 15000 文的补偿金，而致和行与万宗栈的脚力生意则与彭光贤无关。对于彭龙云来说，这样的解决方案虽然令他的利益受损，但还是将脚力生意的原有部分和升值部分做了清楚切割，保住了他

---

① "产不出户，先尽房族"是明清宗族与其成员之间最基本也是最重要的产权约定，法制史研究者称之为"亲族先买权"。杨国桢指出，明清时期"私人的土地权利受到乡族共同体的限制和支配……往往不得乡族同意，私人难以处分其土地"（参见杨国桢《明清土地契约文书研究》，第 12 页）。对于这种制度的成因与合理性的分析，请参见赵晓力《中国近代农村土地交易中的契约、习惯与国家法》，《北大法律评论》1998 年第 2 期；梁治平《清代习惯法：社会与国家》，第 60～63 页。

② 《本城千厮坊彭光贤具告彭龙云将谦顺脚力股权抬高价格赎卖一案》（嘉庆二十三年），《巴县档案》缩微胶卷，案卷号：清 6-06-07093。既有研究证明，明清时期许多地区蓄奴之风盛行，奴仆的类型和境遇也因地区而有所不同（参见叶显恩《明清徽州农村社会与佃仆制》，安徽人民出版社，1983；黄淑娉、龚佩华《广东世仆研究》，广东高等教育出版社，2001）。而向清代重庆城输出大量脚夫的湖广地区，也是奴仆制普遍存在的地区（参见〔美〕罗威廉《红雨：一个中国县域七个世纪的暴力史》，第 116～122 页）。有一些奴仆可以陪同主人外出经商（参见傅衣凌《明清社会经济史论文集》，人民出版社，1982，第 315 页）。但是像本案中的彭辅章这样独自赴渝并置下产业的个案，在以往的研究中还未被提及过。

的一部分产业。

另一方面，彭氏宗族始终主导着这 6 股脚力生意的归属。在整个诉讼过程中，彭氏宗族始终坚持"赎者加增，索者减让"，却从未提及将生意转让外人的可能性。在双方僵持不下的时候，一位族人还从原籍带信来渝，质问"赎续凭侄家庭长幼指而目之，何得外人？"并要求彭龙云将生意"稳住勿移"。最后，虽然族众公认致和行、万宗栈的脚力生意与彭光贤的房支无关，但是仍然议定其"不能顶打别人"。这样一来，彭龙云的所有脚力生意都被牢牢地固着在宗族之内。

宗族介入脚力生意的第二个可能的影响，是宗族内部产权交割的模糊化。本章第一节所提及的产权交易案例，大多要借助明晰的契约。然而这些交易是发生在无亲族关系的个人之间，宗族成员之间的产权交割却可能是含混不清的。下面是一个典型案例。①

嘉庆十三年，陈金武代已故的堂叔陈继舜偿还了 100 两银的债务。作为补偿，陈氏宗族将陈继舜名下的 1 股脚力生意交给陈金武管理，还签订了两份契约以确保产权的顺利交割。但五年之后，陈金武还是被婶母陈王氏和胞弟陈金义以"霸占生意"为由告到官府。陈王氏和陈金义的诉状有意回避关键情节，前后矛盾，显系诬告。但是这个案子还是反复呈控，迁延了接近半年。为什么在宗族公议且立约为凭的情况下，陈金武的产权还是会遭到质疑呢？答案就在这份生意产权交割的细节之中。

在陈氏宗族与陈金武订立的契约中的确写明陈金武可以"进行管理生意"，但是所谓"管理"其实是一个颇具深意的辞令。它意味着陈金武可以经营这份脚力生意，但是因为他没有与行主建立押租关系，所以就没有长驻店内、免受驱逐的权利，也不能转让和处置这份脚力生意。而且陈氏宗族在契约中还特别强调，这份生意的原主陈秀美再次来渝的时候，陈金武必须将生意归还给陈秀美。由此可见，就这份脚力生意而言，陈金武的产权是脆弱的和不完整的。正是这两份契约，埋下了日后这场诉讼的伏笔。然而这两份

---

① 《廉里九甲陈王氏告陈金太等霸占氏脚行生忌鲸吞银两分文不给并持刀行凶案》（嘉庆十八年），《巴县档案》缩微胶卷，案卷号：清 6-06-07088。

契约中为什么将这桩产权交割定义为"管理"，而不是更常见、更具行业共识的"顶"或"租"？笔者认为，这其实就是刻意制造一个模糊、有争议的产权状态，令陈金武不能长久保有这份脚力生意。

这样的安排并不是刻意坑害陈金武，其实在这个案件中，所有产权交割都处于暧昧不明的状态。这份生意最初的业主是陈秀美，陈秀美回乡后，陈继舜接管了这份生意，在案卷中的表述是"秀美请继舜进行代做"，陈继舜去世后，陈金武继续经营；在宗族契约中的表述是"锦武侄进行管理生意"，陈金武的表述是"将大有行生意抵当于蚁"，而陈王氏的表述则是"雇夫侄与氏经理"。令人更加费解的是，陈金武接手生意之后，他的胞弟陈金义即参与进来，后来还成为控告陈金武的主力。但是所有人的诉状和供词中都没有交代，陈金义究竟为何有资格介入这份生意。这样看来，族人之间的脚力生意产权交割竟是一笔糊涂账。

何以如此呢？沟口雄三曾指出，在中国的宗族社会里"族内的'公'（共同扶助、均等地分配和分担）受到特别重视，不允许突出私有意识"。[①]但笔者认为，这种完全诉诸文化的解释显得过于抽象，有两个解释更加切合本章的语境。

第一，管行脚夫所属的宗族能够防止资产外流，却难以面对个体成员之间纷繁复杂的产权纠葛。在笔者查阅的案卷中，同宗族的管行脚夫一旦发生产权纠纷，都会"投鸣族众理剖"，但族众只能帮助厘清产业的由来与归属，却无力提供让纠纷双方都服从的解决方案，更不可能设计出像"顶"那样规范化的族内产权交易制度，以明晰程序、消弭争端。所以就会产生像"管理"这样责权不清的交易术语。

第二，族人之间的"互惠"行为。前面已经提到，本章所关注的管行脚夫，相当一部分是尚未定居的外来移民。尽管他们已在重庆置下产业，但是年老体衰、生意淡薄、家庭变故，甚至农忙时节的到来都会令他们（如陈秀美、彭龙云）做出返乡的决定。然而考虑到自己或家人重返此地的可能性，在回乡之前将脚力生意彻底转让出去或许并不是明智的决定，所以一些脚夫

---

① 〔日〕沟口雄三：《中国的公与私·公私》，郑静译，三联书店，2011，第287~288页。

会把自己的生意交给其信赖的族人打理（如陈秀美将生意交与陈继舜），以便返渝之日重新接手。被托付的一方虽然承担了"守产"的责任，但也能以较低成本占有脚力生意的收益，还增进了与族人之间的感情。这样一来，具有"道义经济"色彩的"代管""代做"就成为部分脚夫非常自然的选择。但由于时过境迁，在渝族人和原籍族人的疏离在所难免，如詹姆斯·斯科特（James Scott）所描述的那种共识性的、得失守恒的互惠关系并不容易维持。[①]比如陈王氏和陈金武，他们都有意无意地忘记了围绕这份生意的多个"代做"约定，而把自己视为排他的产权持有者，由此产生了难解的纠纷。

宗族的控产努力有时还会因执行力的欠缺而打折扣。如道光四年陈氏宗族[②]与贺氏兄弟展开诉讼，争夺陈尊美遗留下来并由贺氏管理数十年的脚力生意。陈氏族人签署的结案状中写道：

> 姑念贺刘氏并无子女，仍将脚力生意归刘氏承管度日，蚁等不得争占。俟刘氏物故后，脚力二股归还蚁等管理。[③]

这样一来，陈氏宗族貌似夺回了陈尊美名下的脚力生意，但贺氏仍然可以继续经营。而在贺刘氏过世之后，贺氏兄弟会不会如约归还生意，还存在很大的不确定性。这就意味着，这次诉讼只是令双方将纠纷暂时搁置起来，除了一个名义上的产权确认，陈氏宗族其实什么也没有得到。这大概是因为，这次诉讼是由湖广原籍的陈氏宗族遥控身在重庆的几位族人进行，虽然其提出的"产不出户"诉求得到承审官员的支持，但在诉讼后的产权移交环节，远在数千里之外的宗族很难有效地传递信息、部署人手与贺氏交涉，所以就造成了"打得赢官司，改变不了现状"的尴尬局面。

综上所述，宗族内的产权交易与市场上的产权交易遵循着截然不同的逻

---

① 〔美〕詹姆斯·C. 斯科特：《农民的道义经济学：东南亚的反叛与生存》，程立显等译，译林出版社，2001，第 35 页。

② 正是前面"陈金武案"中的陈氏宗族。

③ 《朝天坊贺开才等以管脚力生意遭造假倍谋平分生意控陈文明等互控》（道光四年），《巴县档案》缩微胶卷，案卷号：清 6 - 10 - 00913。

辑。市场上的交易注重价值衡量、便利产权流动，既使管行脚夫成为独立的经营者，又令这些资产微薄的人面对不可知的竞争。而宗族内的产权交易将集体利益置于个人得失之上，以亲族关系冲淡利益诉求，并以产权的稳固化为最终目的，一定程度上充当着宗族和个人产业的安全屏障，但也因挤压个人利益和交易手段的粗疏而引发诸多争端。但总的来说，宗族对脚力生意产权的控制是温和的、有协商空间的。

四 产权博弈中的帮派与个人

科大卫指出，在明清时代的贸易和市场中，存在着一个广阔的庇护网络。[①] 前面提到的宗族即可视为一种庇护机制，但清代重庆的工商业移民宗族在控驭族众、制订交易规则方面力有不逮，所以其提供的庇护常常是有限的和不确定的。对于管行脚夫来说，更加强势且必须接受的庇护机制是帮派。

在清代重庆的脚力业，帮派是后来才出现的一个现象。从乾隆中期开始，重庆地方官府就面临着如何有效控驭和组织城内脚夫的问题。因为在金川鏖战之际，既要调遣脚夫运送军事物资，又要严防身有勇力、流移不定的脚夫被裹挟为匪。为此，重庆地方官府先后设置了朝天门散夫夫头、七门脚夫组织，对脚夫实行人身、差务两手控制。然而到嘉庆时期，官府逐渐放松了对个体脚夫的人身管控。道咸同时期，七门组织也逐渐混乱和寻租化，越来越难以承担"以差务制驭脚夫"的职能。这样一来，官府在人身管控和差务博弈两条线上全面退却。在官府退却的空间里，脚夫帮派悄然崛起。从嘉庆中期开始，越来越多的脚夫脱离官府的辖制，投身于帮派之中。由此可见，帮派是由政府权力缺位和脚夫势力成长共同促成的。脚夫们希望通过帮派来管理、代表和庇护自己。

在乾隆至同治时期的《巴县档案》中，出现较多的脚夫帮派是嘉庆中后期的西帮、南帮，以及道咸同时期的川帮、茶帮。其中川帮、茶帮可以确定是由管行脚夫组成的帮派，亦是本节叙述的重点。

① 科大卫：《近代中国商业的发展》，周琳、李旭佳译，浙江大学出版社，2010，第 92~98 页。

自川帮和茶帮兴起以后，档案中的管行脚夫形象骤变。他们所热衷的似乎只有一件事，就是与敌对帮派打架斗殴、争抢地盘。据笔者的不完全统计，从道光元年至同治十二年，川、茶两帮共有 31 次殴斗事件被记录在案。这些殴斗事件常见的套路是，一帮脚夫突然闯入另一帮脚夫经营的行店，伤人劫财，破坏房屋，而被侵犯的一方迅速展开反击。数轮较量之后，一方向官府提起诉讼。经过一系列司法程序，双方达成协议。在新的协议之中，双方的地盘一定会发生或隐或显的调整。由此可见，这些看似暴力混乱、基于私人恩怨的殴斗，其实是两帮之间策略性、集体性的产权争夺。经过五十多年的拉锯，朝天门、千厮门、东水门、太平门、储奇门周边的许多街区的行店，要么更换了管行脚夫，要么自觉地依附于某一帮派以寻求庇护，其范围几乎囊括了当时重庆城最重要的商业空间。因此我们可以断定，在道咸同时期，重庆城内脚力生意的产权经历了一次深度洗牌。

前面提到，至少在嘉庆时期，管行脚夫扰乱社会秩序的群体行为还会受到地方官府严厉的处罚，而道咸同时期为何地方官府会坐视这种明火执仗的暴力行为？这当然和同治时期重庆暴力风气加剧有一定的关系，[1] 但更加直接的原因是，川、茶两帮抓住了一个与地方官府暗通款曲的好时机。咸丰六年，为了提供协济周边省份和围剿地方叛乱的饷银，重庆地方政府开始向工商业者抽收厘金，其中每年 50000 两左右的老厘银全部下放给牙行和行帮代征。川帮和茶帮作为管行脚夫的联合组织，也获得了代收厘金的委托。然而自此之后，脚力生意的产权规则就彻底改变了。

同治十一年，茶帮首事谭福泰等状告本帮脚夫阳树福，诉状里有这样的陈述：

> 查阳树福等四人各租包公款生意一股，年认厘银二十四两以备应差之需。其余三人均认给，惟阳树福霸吞不给。况伊原系租包生意，并非

---

① 〔日〕夫马进：《中国诉讼社会史概论》，范愉译，《中国古代法律文献研究》第 6 辑，第 1～74 页。

当买别情，伊何霸吞三载分厘不给？①

从这段叙述可以看出，脚夫所经营的已经由私人性质的"脚力生意"变成了"公款生意"。这一转变包含着诸多深意：第一，脚夫向官府提供的不再是差务，而是官府迫切以求的厘金；第二，厘金由脚夫帮代为征缴。这样一来，脚夫不再像应差时期那样与官府直接接触，脚夫帮成为脚夫与官府之间的中介。

既然脚夫帮的存在直接关涉厘金的收数，那么地方官府就必须默许甚至纵容他们的蛮横行为。因此在涉及脚夫帮派殴斗的案卷中，承审官员面对双方的告诉，大多给予"准唤讯""遵照旧规处理""勿渎"这类敷衍性的批词。在笔者阅读所及，很少有脚夫帮殴斗案件依赖官府的判决或督促得到解决。② 而且这种做法也完全有可能是官府控驭脚夫帮派的一种策略。因为既然脚夫帮有存在的必要，那么让两个帮派长期斗而不破、相互牵制，既能保证官府的厘金收入，也能形成某种对地方治理有利的"均势"。

然而脚夫帮的野心绝不止于赢得几次街头殴斗，他们最终的目的，是要取代牙行成为脚力生意的出租人。既然脚夫帮有能力将脚力生意"化私为公"，也成功地转变为"公"的代理人，还以暴力化的组织裹挟了相当数量的脚夫，那么从源头上控制脚力生意的产权就成为既可欲又可求之事。在宣统时期的案卷中，千厮门牙行的搬运业务已变成"茶帮各姓牌主轮股生贸"，从事搬运业务的脚夫必须向这些"牌主"缴纳租金。③ 这可以证明，通过明（帮派殴斗）暗（与官府结盟）两手策略的并用，此时的脚夫帮派已主导了脚力生意的产权，成为脚力市场的垄断者。

在脚夫帮强势垄断的同时，基于市场交易的私人产权逐渐被侵犯和否

---

① 《阳树福包租重庆千厮门茂兴行脚力生意不给厘金并霸吞租银被控案》（同治十一年），《巴县档案》缩微胶卷，案卷号：6-27-08906。

② 道光二年、道光二十九年、同治五年，在巴县知县的主持下，川帮和茶帮先后三次达成划界协议，并以"合同约"和官府告示的形式令两帮脚夫周知。这三个协议在数年内缓和了川、茶两帮的冲突，但是当两帮的力量对比和地盘诉求发生改变时，他们会毫不犹豫地推翻之前的协议，开启新一轮的暴力角逐。

③ 《渝城千厮门力帮为争运棉纱互控案》（宣统二年），《巴县档案》抄件，宣财五，搬运7。

定。受冲击最大的自然是行店主，以及曾付出资金顶打或租赁生意的管行脚夫。同治三年，川、茶两帮正处于新一轮的激斗之中，9 名牙行主先后向县衙呈递诉状，讲述其行内脚力生意一夜之间暴力易主的情形。行主杨广顺的诉状中写道：

> 行内原雇川帮力夫管理客货，突遭茶陵恶棍杨坤兴盛等平白估霸脚力生意捏控在案，尤支党恶多人凶将川帮力夫逐外，恶等痞踞行内滋祸……本月十七，胆敢藐法局、串党羽。谭麻子私窃客货当归，交外班力夫唐老大背逃。①

这位行主完全不信任茶帮脚夫，但是茶帮脚夫驱逐其店内原有的脚夫已成既定事实。更令他遭受损失的是，在类似于永佃制的脚力生意顶打交易之中，行主本是脚力生意的出租者，拥有相当于"田面权"的脚力生意产权，但是随着茶帮脚夫的暴力入驻，他与前任脚夫的产权契约以及他的产权尽数化为乌有。然而 9 位行主的激愤控诉，并未得到官府实质性的回应。

与杨广顺们有着相似遭遇的还有付出资产获取脚力生意，却有意或无意地站到帮派对立面的脚夫。同治五年，川、茶两帮经过一年多的殴斗和讼战，终于达成了新的划界协议。然而脚夫余兴顺等人却向县衙呈递诉状，表达了他们对这个结果的强烈不满。他们提到，"蚁等自咸丰初年先后来城，各将银钱在储奇门顺城街买当顶打各行管货轮子生意"，然而两个帮派的新协议却将他们经营多年的生意划给了茶帮，使他们失去了赖以维生的产业。如果时间倒退二十年，余兴顺们的诉求应该能得到官府的正面回应，但这份诉状的批词却是："川茶两帮之案业经讯明断结，出示晓谕在案。尔等何得违断翻渎，实属不合，不准。"② 这就意味着此前基于市场交易的脚力生意产权，遭遇了官府和帮派的双重否定。

---

① 《储奇坊川茶力夫廖锡九杨坤山等为争夺生意地界斗殴案》（同治三年），《巴县档案》缩微胶卷，案卷号：清 6 - 27 - 08568。

② 《本城周恒升与茶帮李芳廷等人因争运客货地界构讼》（同治四年），《巴县档案》缩微胶卷，案卷号：清 6 - 27 - 08592。

余兴顺的经历绝非个案。在川帮和茶帮订立的数份划界协议中，[①] 都有"将某地归与某帮承做"的语句。也就是说，这些地段内的他帮脚夫或无帮脚夫通通会被驱逐，只是这些被剥夺了产业的脚夫恐怕连告状的勇气都没有。这样一来，脚夫若想继续从事这一职业，就必须加入某一帮派并绝对服从其调遣，不管是进驻或退出某家牙行，还是在街头流血殴斗。只有将自己的得失进退与帮派捆绑在一起，才有获得产权的资格。

以上便是道咸同时期脚夫帮的产权博弈。作为社会组织，宗族和帮派在介入产权争夺时都会在一定程度上侵犯和否定私人产权。但是相比而言，宗族的角色是温和的，其控制力和行动力都较为有限；而帮派的角色则是强势的和不容挑战的，依靠暴力和政治资源的加持，它近乎完全推翻了基于市场交易的产权规则。自从帮派崛起后，重庆脚力业逐渐进入暴力和垄断相辅而行的新阶段。

结论：商业化移民社会中的竞争性产权

本章勾勒了乾隆至同治时期重庆脚力生意产权由市场化、契约化、私人化转向暴力化、垄断化、集团化的历程。具体地说，乾嘉时期，市场化、契约化的产权交易相当活跃，依此途径获取的产权具有私人产权的特质。在这一时期，尽管一些宗族也介入脚力生意产权交易，但其手段比较温和，控制力也比较有限。咸同时期，随着地域性脚夫帮派的崛起，暴力成为夺取和守护脚力生意唯一有效的途径，两大强势帮派成为脚力业的垄断者，私人产权逐渐被侵犯和否定。而道光时期则是一个兼具上述两种情形的过渡阶段。

本章的前两节偏重于"市场"的视角。乾嘉时期，重庆脚力市场的参与者的确灵活借鉴了土地产权和商业产权中合理、有效且具有可操作性的部分，构建起一套能够应对诸多情况的产权制度。这套制度大体上能够支持公平、自由的交易，使资产微薄且多为外来移民的脚夫，也能够在这个城市拥

---

① 三份划界协议均参见《本城周恒升与茶帮李芳廷等人因争运客货地界构讼》（同治四年），《巴县档案》缩微胶卷，案卷号：清 6 - 27 - 08592。

有属于自己的产业。由此也不难看出，本章所论及的这些脚夫并不是赤贫的、游走于社会边缘的"流氓"或"无赖"，反而是有创业、创制能力的市场行动者。这基本印证了前辈学者对于帝制晚期产权制度的乐观评估。①

本章的后两节切换到"社会"的视角。卡尔·波兰尼认为，完全自由、自发调节的市场是不存在的，它始终与政治、文化和社会网络缠结在一起。② 本章所讨论的产权现象亦是如此，即便是从事底层职业的脚夫们，也在努力构建赖以支撑其产权制度的社会关系网络。但是他们置身于其中的，是一个重建之中的移民社会，许多人（包括脚夫）都是初来乍到或缺乏长久打算的移民。所以与定居社会相比，其社会网络并不完整和稳固。因此在产权博弈中，暴力化的帮派和寻租化的政治权力更易占据上风。

除了上述与既有学术理论相对接的地方，这个产权个案还可提供以下讨论。

第一，在特定的历史场域中，市场机制可能是脆弱的。在《大转型：我们时代的政治与经济起源》一书中，波兰尼反复强调市场的扩张性与破坏性，甚至使用了"市场控制下的经济所带来的邪恶影响"③、"荒凉的悲惨泥沼"④ 等文学性语言来描述市场经济带来的社会悲剧。然而这多是基于对工业革命前欧洲的观察，在同时期的中国，市场机制却可能是整个经济社会链条上相当脆弱的一部分。在本章中，如果把整个脚力生意产权体系比喻成一堵墙的话，那么市场机制就是这堵墙上最容易被抽走的那一块砖。宗族、行帮和地方官府都可以动用自己所掌握的资源，给脚力生意的市场机制带来暂时性或毁灭性的打击。

第二，对"社会保护"的过高期待，同样是一种"乌托邦"。在《大转型：我们时代的政治与经济起源》一书中，波兰尼将自我调节的市场视为

① 曾小萍指出："在现代化早期的中国产权体制以一套复杂的机制运作。这套机制包括可以分割的父系继承、女子较弱的继承权、家庭而非个人的财产所有权，广泛的使用合同来确立产权及其转移，以及国家与准国家组织尽力使这些权利得以实现。"（参见〔美〕曾小萍《早期近代中国的契约与产权》，第31页）这能够代表相当多研究者对于清代产权制度的认识。

② 〔英〕卡尔·波兰尼：《大转型：我们时代的政治与经济起源》。

③ 〔英〕卡尔·波兰尼：《大转型：我们时代的政治与经济起源》，第80页。

④ 〔英〕卡尔·波兰尼：《大转型：我们时代的政治与经济起源》，第103页。

"彻头彻尾的乌托邦"，[①] 并认为基于传统的、非市场关系的"社会保护运动"方能抵抗市场经济的固有威胁。然而，波兰尼对于"社会"或"社会组织"的认识却加入了太多浪漫的想象。

社会组织也有其特殊的利益诉求，所以不可能期待他们在任何时候都是良善的"保护者"。如本章中的宗族和帮派，他们的确使势单力孤的脚夫得到庇护，但也同样会为了私利而掠夺、侵吞个体脚夫的产权。这个时候，他们显然是"破坏者"而不是"保护者"，他们参与的产权博弈也并不一定会带来均衡。

另外，本章中的"社会组织"也绝不那么单纯。比如脚夫帮派，表面上看是脚夫自发结成的行业组织，但是仔细的文献爬梳却告诉我们，这些帮派之所以能强势崛起，一个关键的因素是向地方官府输送了利益，由此得到官府的扶持和纵容。而《巴县档案》中的八省客长、行帮等具有鲜明社会性格的组织，也都具有或隐或显的官方背景，这样的"社会组织"显然不可能如波兰尼所设想的那样拥有独立的社会保护理想和行动能力。所以，至少在帝制中国的历史语境中，抛开国家视角去谈论"社会保护"是太过理想化的。

第三，地方官府治理能力不足，在很大程度上导致了本章所讲述的产权悲剧。从本章所使用的案卷来看，重庆地方官府大致呈现出两个特征：一是消极，在一般情况下，对民间形成的产权规则基本不予干预。这当然有促进自生自发的经济制度的正面意义，但在自生自发的产权规则不足以解决问题的时候，也看不到官府必要的制度供给。二是逐利。这在帮派崛起和成为脚力市场垄断者的过程中体现得尤其明显。因此，清代道咸同时期重庆脚力业私人产权的消亡，不仅是一个强凌弱、众暴寡的过程，更是一段暴力依附于权力窒息市场的历史。

综上所述，乾隆至同治时期重庆的脚力生意产权可以概括为"商业化移民社会中的竞争性产权"。具体地说，一个日渐商业化的社会催生了产权交易的市场机制，移民社会则决定了产权制度如何与周遭环境互动。而

---

① 〔英〕卡尔·波兰尼：《大转型：我们时代的政治与经济起源》，第4页。

"竞争"的实质比较复杂，表面上看，个体脚夫、宗族、帮派、地方官府都参与了产权博弈，但契约维系的私人产权最终不敌帮派和政治权力的联手侵吞。由此可见，在本章的产权个案中，"市场"的视角和"社会"的视角都有其洞察力，但也都存在认识上的盲点。在近代转型开始前的中国社会，政治权力才是理解经济制度最有效的切入点。经济制度的构建和维护不能由"市场"或"社会"一力承担，政府的制度供给以及对权力滥用的防范都是必不可少的。

结　语

　　本书研究了自乾隆至宣统时期重庆传统商业制度中比较重要的三个方面——中介贸易制、八省客长制和行帮制，希望能够从其发展和变动的过程中，揭示出清代重庆商业运作的内在逻辑。基于此前数章的专题研究，笔者从四个方面对全书的内容和观点做一个总括式的提炼。

一　清代重庆传统商业制度的阶段性特征

　　从乾隆至宣统时期，重庆传统商业制度的发展和变动大致可以分为三个阶段。①

　　第一阶段：生发及稳定期，时间大约为乾隆初期至道光时期。对于有法律明文规定的商业制度（如官牙制）来说，这一阶段是其付诸实践并渐趋稳定的时期；对于地方社会独有且没有法律规定的制度（如八省客长制、行帮制）来说，这一阶段是其萌生并基本成型的时期。在这一阶段，官牙制的样式比较接近于清代立法者对其的规划，八省客长制和行帮制则体现出初创时期的种种特征。就八省客长制而言，其组织结构比较松散，遴选程序

---

　　① 需要说明的是，由于商业制度的发展和演变是一个渐进的过程，而且各种商业制度的演进不可能完全同步，因此在划定各个时段的上限和下限时，只能交代一个比较有弹性的时间范畴，如"道光时期""光绪中期"等。这是因为在这段时间之内，商业运作的外部环境发生了显著的变化，从而引起商业制度随之进行重大的调整。但是具体到每种商业制度而言，其变动的发生或早或晚，速度或快或慢，不可一概而论。

尚未规范，职责范围大多局限于移民团体内部的商业事务；就行帮制而言，则正处于由"行"到"帮"的演进过程，许多行帮经历了最初的松散、自发或受行政命令支配的阶段，开始向复杂化、帮派化、自主化的方向发展。

在这一阶段，地方官府通过差务与商人或行帮建立互惠关系，对于与差务无关的商业事务或工商业者群体，大体上采取消极应对或不干预的态度，这当然会带来监管不力和商业发展缺乏行政、司法保障的问题，但也意外地使许多行业或工商业者群体获得了较为宽松的成长空间。

第二阶段：成熟及创新期，时间大约为咸丰中期厘金抽收至光绪中期重庆开埠。在这一阶段，官立牙行和一部分栈房、私人经纪承担起厘金抽收的任务，引发了中介贸易领域大规模的淘汰和重组。一些与厘金抽收密切相关的贸易门类成长迅速，从总体上朝着集中化、规范化、组织化的方向发展。与此同时，八省客长制也进入了其最完备的发展阶段。其组织结构日趋严密，遴选程序日趋规范，还涌现出一批精明强干的核心人物。八省组织不仅在越来越多的经济事务中发挥着主导作用，更广泛地介入了地方的政治和社会事务，为官民双方所仰赖。就行帮制而言，由"行"到"帮"的变化已经基本告一段落，相当一部分行帮拥有了复杂的组织结构和多元化的人员构成，逐渐摸索出一套行之有效的处理业务问题的原则和技巧，并发展起服务于行帮公共利益的资产控制机制。但也有个别行业组织走得更远一些（如脚夫帮），他们在实力壮大的同时，逐渐规避甚至蔑视官府的管控，开启了暴力化、高内耗的竞争模式。

在这一阶段，地方官府与工商业者群体的关系总体呈良性状态，商人团体被赋予更多的权限和责任。为了确保稳定的财政收入，官府密切关注大规模行帮组织的发展状况，并动用公权力保障其所设计的市场秩序。正因为如此，传统商业制度总体上运行良好，并体现出明显的创新。但是在个别从业者众多、人员构成复杂、业务散碎、监管难度大的行业（如脚力业），已经出现了管控乏力、官府权力退却的情况。

第三阶段：困顿及衰歇期，时间大约为光绪中期重庆开埠至宣统三年清朝灭亡。在这一阶段，重庆的市场格局变得越来越复杂，商业政策和地方官府的职能也开始发生"近代化"的转变。然而传统工商业的境遇却急转直下：牙行、栈房和私人经纪被排除在厘金征收之外，同时又在贸易方面受到洋行、大商号和公司的排挤；在商会成立之后，八省组织也悄然退出了重庆的政治、经济和社会生活；行帮则一方面要应对进口商品和近代工商业的竞争，另一方面又屡屡卷入与官府的公产纠纷，成为官府索取新政经费的对象。正因为如此，重庆商人团体与官府的关系迅速疏离，在过去一个多世纪中发展起来的传统商业制度也随之陷入难以为继的困境。

　　总而言之，从乾隆至宣统时期，重庆的传统商业制度经历了一个"抛物线"式的发展历程。那么，这样一个历程与商业制度和参与这个制度运作的人有什么关系呢？

二　贯穿本书的关键线索——以差（厘）驭商

　　笔者始料未及的是，在探讨官牙制、八省客长制和行帮制（脚夫帮派可以视为一种特殊形式的行帮）这几类制度的过程中，牵出了一条关键性的线索——差务（或厘金）。在晚清重庆开埠之前，官立牙行之所以能够保有本地市场的垄断资格，最重要的原因就是官立牙行先是承担了相当份额的官府差务，咸丰六年以后，又通过代收厘金与官府建立起相当稳固的互惠关系；八省客长虽然不直接向地方官府输送差务和厘金，但是他们在制订与修改商业规程和参与商业纠纷调处时，通常要优先考虑官府的差务征派和厘金征收；行帮可以自发地产生，但也只有在供给差务、完纳厘金的前提下，才能成为一个在区域社会中被认可的组织，其制订的行帮规程才能够得到官府的背书，其利益和诉求才能得到比较认真的对待。当然，道咸同时期的脚夫帮派凭借暴力至上的行为逻辑，逐渐摆脱了差务与厘金的羁绊，这的确是一个罕见的例外。

　　从字面上看，"以差（厘）驭商"似乎有着官府下达命令、工商业者被动服从的意味。但实际上，这是一套有张力的互动策略，参与其中的官商双方都有自己精明的盘算。

　　第一，"以差（厘）驭商"并不见得是坏事。

　　在前面的章节中多次提到，以"当差"为由向工商业者索取钱物，是

《大清律例》明文禁止的。强制工商业者纳厘虽算不得"违法"行为，但也一直被后来的研究者诟病。因为抽取商业的利润来填补官府财政，很自然地令人联想到行政权力蛮横干预市场，甚至是破坏社会公正的巧取豪夺。在本书所讲述的清代重庆市场故事中，这样的情况并不罕见，那些因差务、厘金拖累而倒闭的牙行、店铺，那些因未当差纳厘而被排斥在市场之外或在商业诉讼中蒙冤受屈的人，那些被官府巧言令色地剥夺公产的行帮，都是权力寻租和市场缺乏公平交易规则的明证。

　　但是从另一个角度来看，"以差（厘）驭商"也促成了政府和工商业者之间的互动与合作。魏斐德（Frederic Wakeman，Jr.）曾指出："明清商业的成功不会自动带给商人社会安全。财富的确可以购买政治影响力，但是它不能命令官员服从。"① 因此，工商业者必须从体制或体制的空隙中寻找赖以存活的机会或制度杠杆，而"以差（厘）驭商"正是其中之一。我们其实可以将"当差"和"纳厘"看作是工商业者的付费行为，购买的就是地方官府所提供的行政和司法服务。因为在地方财政经费匮乏、地方官府自身尚且难以为继的情况下，不能期待他们在地方事务上真正有所作为。因此，"当差"和"纳厘"虽然违背国法或有悖社会伦理，但在彼时却是将商业维持下去的现实之选。从前面章节的叙述中可以看到，在清末新政以前，重庆工商业者对这类需索多数情况下是比较配合的，甚至还千方百计地加入这个利益输送体系。而地方官府在一百多年的时间里，一直拿捏着一个既向工商业者伸手，又不超出他们总体承受限度的需索标准，说明他们与工商业者之间存在着某种默契，而且他们的确需要工商业者所提供的钱财、货物和劳役。

　　由此可见，"当差"和"纳厘"实际上是把不以保障工商业发展为要务的地方官府拉入市场的游戏之中，从而形成与正统意识形态和政策取向不同，但又在事实上不可或缺的商业制度。

　　第二，在市场结构比较简单、工商业者的议价能力稍低于地方官府时，"以差（厘）驭商"的做法最为适用。

　　尽管官商双方都能从"以差（厘）驭商"的规则中获益，但是官府

① 〔美〕魏斐德：《中华帝制的衰落》，邓军译，黄山书社，2010，第43页。

是这个游戏的主导者。工商业者当差纳厘的形式、数额多数时候取决于官府的诉求，甚至哪些工商业者有资格加入这个游戏，也常常是操之于官府之手。所以，官府有时会面临提高需索的诱惑，甚至有可能将"需索"变为"勒索"。本书中工商业者与官府之间的差务纠纷大多有此背景，而清末新政之后，以"捐款"名目侵吞私人工商业者（或行帮）资产的案例，则是"需索"变为"勒索"的确证。在这样的情况下，工商业者大体上有三种选择。

（1）议价能力远远低于官府的，只能选择退出这个游戏，因为官府不断提高的需索标准，迟早会将他们压垮。咸丰年间大量倒闭的官立牙行，以及新政之后大量破产、转行的工商业者和行帮都属于这种情况。

（2）议价能力与官府相当甚至高于官府的，可以选择独立生存。如道光之后的脚夫帮派，他们在结成势力较大的帮派之后，越来越疏远他们一度参与其中的差务和厘金体制，主要依靠暴力震慑竞争对手、谋求生存。但是在发生诉讼和严重的纠纷时，他们也不可能期望官府的有效介入。当然，为了达成某些重要的目标，他们也有能力收买官府，如"李鸿义死亡案"中的茶帮，但据笔者目前查阅的档案，这种情况尚属个案。

（3）议价能力稍低于官府的，最有可能接受这个游戏规则。因为一方面他们的实力还不足以自谋生存，留在原有体制内是风险较小的选择；另一方面，他们有一定的议价能力，可以与官府的需求达成一种动态的平衡。重庆开埠之前的一部分官立牙行、晚清新政之前的一部分行帮，以及八省客长所代表的移民商人群体就属于此类。

较为简单的市场结构也是"以差（厘）驭商"得以实现的前提条件。最明显的例证就是第二章中对于清代江南中介贸易体系和重庆中介贸易体系的比较。江南的中介贸易体系是从明代后期发育起来的，体量庞大、结构复杂、人员众多。地方官府若通过这个体系征派差务、抽收厘金，很容易出现顾此失彼、挂一漏万的情况。所以乾隆以后，江南地区牙行承差的现象已不多见。而清代重庆的中介贸易体系则是在明清易代之后重新建立的，从一开始就在地方官府的管控之中，而且由于清初地方经济的残破，市场的发育还需要一个过程。所以在相当长的时间里，重庆的中介贸易体系结构相对简单，体量相对较小。于是官府就可以对这个体系进行有效监控，并利用其当差纳厘。另一个例证是本书提到的脚夫组织。在乾嘉时期，重庆城的码头脚夫是要承担官府差务的，而且地方官府督促成立"七门"等脚夫组织，就是为了让他们更高效地当差纳厘。然而从道光末期开始，随着脚夫的数量越来越多，人员构成越来越复杂，让他们一体、有序地当差纳厘变得越来越不现实。因此，咸同时期的重庆地方官府，只能默认脚夫组织逐步脱出"以差（厘）驭商"的体制。

由此可见，"以差（厘）驭商"其实是探究清代重庆市场最关键的线索。它将官府和工商业者联结在一起，将不同的商业门类、不同的工商业者群体联结在一起。在清代大部分时间的重庆市场中，在服务于各种具体行业的商业制度中，都可以真切地看到它贯穿其中。尽管在最初推行此种做法时，官府和工商业者都未必有太过复杂的考量。但是在运行的过程中，它不仅筛选出有经营实力与合作意愿的工商业者，还容纳了市场参与者的各种诉求，以及官商双方精明的利益权衡，从而成为一个广泛适用的互动合作机制。由于与《大清律例》的条文相违背，也由于便利了官府向工商业者摊派、索取，它必然面临道德上的非难。但是在当时，这应该是一个立足现实，而且大体上能够被接受的市场方案。

那么为什么这样一套机制仍然阻止不了晚清重庆传统工商业的衰颓呢？笔者认为原因有二。

其一，在这套机制中，官商双方的利益平衡需要精心维持。作为主导的且掌握行政权力的一方，官府更是要谨慎地自我约束。从前面几章的叙述中可以看到，在清末新政之前，官府在向工商业者索取的同时，大体上能够顾及工商业者的承受能力；然而在新政启动之后，由于时势所迫，官府对于工商业者予取予求、过度剥夺的情况越来越严重，终于使许多商人和行业走向末路。"商"且不存，谈何"驭商"？

其二，这套机制无法驾驭开埠以后的重庆市场。前面提到，这套机制最适用于相对简单的市场结构。然而1891年重庆开埠之后，新的资本、新的经营方式、新的商品和商人群体逐渐注入这个市场，官府再难以像清初地方市场复苏时那样，从源头上控驭工商业者和主要的贸易门类。工商业者在有了更多市场机会与议价能力的情况下，也不一定愿意留在原有的体制中。当然，本书中所展现的故事是，传统工商业者并没有那么快就脱离"以差（厘）驭商"的旧体制，反而是地方官府在时势变换中方寸大乱，主动背弃了传统工商业者。

基于"以差（厘）驭商"这个视角，我们也充分地体认到什么叫作"活"的制度。它是众人参与设计和博弈的结果，而不以任何个人、组织的意志为转移，所以不到这个历史结构终结之时，人们永远不知道它会运行出什么样的结果。合理、合法、初衷甚为"良善"的制度（如清末新政），有可能带来灾难性的后果；而既不合理，又不合法，且饱受道德诟病的制度（如工商业者当差、应值、纳厘），却有可能为市场和工商业者提供难得的发展契机。在一种经济、社会生态中平滑运行的"制度"，在另一种经济、社会生态中可能会滞碍难行、步履维艰。所以，所谓"制度"从不是一套既定的"游戏规则"，而是一个不断变动、延展的"因果之网"。这样一来，制度史研究一方面要不断地去追踪那些倏忽闪现、稍纵即逝的事实，另一方面要试图获得一个跳出经验事实的视角，所以常常顾此失彼，一说即成错。而"以差（厘）驭商"这个论断，就是在繁多、杂乱、变动的经验事实中不断提炼出来的。它是否能够揭示清代重庆商业制度和市场的深层逻辑，还需要更多实证研究的检验。

三　地方官府在城市商业中的角色——看得见的手

在过去的一个世纪之中，"传统时代中国政府的商业政策和现实作为"，是中国史研究者高度关注的一个问题。关于中国古代社会性质的论战，关于中国封建社会长期延续问题的论战，关于资本主义萌芽问题的论战，都或多或少地涉及这一问题。[①] 在国内学术界，一个比较有共识的结论是"重农抑

---

① 　赵世瑜、邓庆平：《二十世纪中国社会史研究的回顾与思考》，《历史研究》2001 年第 6 期；李伯重：《回顾与展望：中国社会经济史学百年沧桑》，《文史哲》2008 年第 1 期；魏明孔、丰若非：《改革开放 40 年中国经济史研究的回顾与展望》，《中国经济史研究》2018 年第 5 期。

商"。① 虽然研究者们的具体观点有所不同，② 但基本上都认为"抑商"是中国传统时代的主流意识形态和政策导向，商业基本上被认为是农业社会中的破坏性异己力量，必须加以抑制和打击。国外学者也同样关注这个问题，他们的论述更多地基于社会科学的概念和视角，而且比较避免使用"重农抑商"这样高度概括的、定性化的论断，但是他们所提出的"国家统治能力不足""农业帝国的政治经济体制"等解释，③ 似乎还是"重农抑商"较为改进的版本。

研究者之所以很难跳出给传统中国政府"挑毛病"的写作方式，有着相当复杂的原因，如对近代中国未曾顺利完成经济社会转型的疑惑、特定时期内"以论代史"的研究风气等，但笔者认为，一个很重要的原因在于资料的不具体。回顾上述研究我们可以发现，研究者们使用的大多是在时空上跳跃性极大的（虽然数量可能并不少）、浅层描述性的、同质化程度比较高的史料。这样一来，研究者对具体问题的认识可能会停留在抽象化的、印象化的层面，甚至容易导致对资料不适当的去取。

20 世纪 90 年代末，随着对传统经济的再评价和区域史研究的兴起，传统市场（尤其是明清时期市场）的蓬勃发育逐渐被勾勒出来，研究者必须要回答的是：如果至少近五百年来，中国的商业和市场不是那么停滞落后，那么政府究竟做了些什么？而不断发掘的官府档案、民间文献则为研究者提供了越来越精细的材料。这些材料通常体量较大，能够覆盖一个中长时段，包含许多可以被放置到微观历史坐标中的个案，还可以呈现历史的深层结构和动态变化。这样一来，"政府"就不再是一个抽象的概念，而是一个深嵌于地方社会之中，有着独特的任务、资源、施政风格甚至是生命周期的行政机构，它复杂的行动，以及隐藏在行动之下未必言明的逻辑都可能被看到。

---

① 王大庆：《1980 年以来中国古代重农抑商问题研究综述》，《中国史研究动态》2000 年第 2 期。

② 许多研究者认为，所谓"重农抑商"其实是不彻底的，可能是抑私商，不抑官商；抑商人，不抑商业；抑小商人，不抑大商人；抑奢侈品生产买卖和商业投机，不抑正常商业活动；或官方意识形态抑商，民间实为尊商；等等。参见王大庆《1980 年以来中国古代重农抑商问题研究综述》，《中国史研究动态》2000 年第 2 期。

③ 王国斌：《农业帝国的政治经济体制及其在当代的遗迹》，邱澎生译，〔加〕卜正民、〔加〕格力高利·布鲁主编《中国与历史资本主义——汉学知识的系谱学》，第 251～299 页。

而本书的研究也是基于一套相对完整的州县档案，去观察社会和市场发展进程中的政府角色。

设身处地地想，清代重庆地方官府面对的是一个在中国历史上从未有过的城市。这是一个在战争的废墟上重新建立的城市，它几乎没有世居人口和比较成型的社会组织，不管是工商业者还是普通的城市居民，绝大部分是来此地讨生活的移民，而且这个城市也不见得是他们最终的落脚之处。使情况变得更加复杂的是市场的发展。因为重庆是长江上游最重要的水路交通枢纽，在区域分工和全国市场体系逐渐联通的情况下，它成了这一波商业发展潮流中的前沿之地。人口、货物、资金、信息不断地汇聚到这个城市，其中的一部分又通过它流转到更远的目的地。由此可见，17~18世纪深刻影响中国历史进程的三件大事——明清易代、人口迁徙、商品经济发展，都深刻地烙印在这个新生的城市机体之中，使得这个城市的成长路径从一开始就不遵循常经定轨。然而这样一个缺乏初始秩序、社会构成复杂、流动性极强、商业职能越来越凸显的城市究竟要怎样治理呢？在没有多少现成经验可以拿来就用的情况下，一切只能靠摸索。因此我们看到，地方官府在商业事务中一直在尝试扮演不同的角色。

第一个角色，控制者。通过前面几章的叙述可以看到，每当这个城市中出现一个新的行业或工商业者群体时，地方官府都会努力地把他们编入易于控制的组织或系统之中：从事中介贸易的商人需要领取官颁牙帖，才能正当营业；移民工商业者遴选出的八省客长，在咸丰之后与官府走得越来越近，光绪时期甚至已类似于官府的雇员；自发成立的行帮需要到官府申报备案，制订行业规程才能得到官府的认可，发生纠纷时才能诉诸司法程序；就连道光之后桀骜凶暴、极难管控的脚夫帮派，也是发端于官府督导设置的"七门脚夫组织"。

对形形色色的工商业者进行分类、造册登记和管控，实在不是一件容易的事情。但是对于彼时的重庆地方官府而言，又不得不这样做。一方面，这是一个缺乏基层社会组织（如宗族、民间会社、保甲等）的新兴城市，也是一个应接不暇的城市：各路移民持续涌入，周边地区的匪徒、秘密社会不定期地袭扰，各种工商业者群体和行业渐次发育。在这种情况下，如果不用行政手段对民众进行大致的摸排和约束，如果不迅速地对各种新生因素进行整理和消化，整个社会秩序不堪设想。另一方面，地方官府自身也需要维持下去。在治理任务异常繁剧，而地方财政经费又极其匮乏的情况下，它必须为自身的存续寻找物资、财力和人力的支撑。所以，从城市工商业中汲取资源就成为一个十分合理的选择，于是引出了地方官府的下一个角色。

第二个角色，汲取者。关于这一点，在分析"以差（厘）驭商"时，已经做了详细的铺垫，此处不再赘述。笔者还想强调的是，所谓"汲取"其实有着两面意义，比较显见的一面是权力寻租，对工商业者提出"需索"，甚至在非常时期升级为"勒索"。在前面的几章中，这样的事例相当多见。正如王家范先生所说："国家不吃亏，这是一条雷打不动的基本原则。"① 然而更隐讳的一面是，在持续的"需索"之中，工商业实际上已经成为地方财政的重要支柱。为了保证自身的存续，地方官府必须对城市工商业采取一定的保育措施，同时还要与工商业者协商与合作。

第三个角色，合作者。在前面的几章中，我们常常可以看到地方官府姿态柔软的一面。当牙行为地方官府当差纳厘时，官府就必须保证他们的经营权利。而且牙行承担繁重的厘金征收任务的 49 年，恰恰是官府对牙行的监管比较严格、重庆城中介贸易运作最为规范的时段；八省客长制订商业规程、调处商业纠纷的活动，越是贴近地方官府的利益和诉求，越能够得到官府的积极回应。在利益攸关的时刻，官府甚至会直接与各方协商。行帮的情况比较特殊，像川帮、茶帮那样放弃与官府合作，凭借团体暴力独立面对市场竞争的个案固然存在，但更多的是依靠官府的认可建立和维系组织，依靠司法诉讼保全和扩充辛苦积累的公产。

透过这些个案我们可以看到，清代重庆地方官府对商业事务不仅关心，而且相当清楚什么样的事情应该怎样做，在处理具体问题的过程中，体现出现实的、变通的、关注各方利益诉求的风格。由此可见，清代重庆地方官府也有可能成为市场保全的力量，它能够做到许多工商业者力所不及的事情。只是要让它扮演这样的角色，需要一些前提。

① 王家范：《中国历史通论》，华东师范大学出版社，2000，第 203 页。

在政府襄助工商业发展这个问题上，学界存在两种迥然不同的判断。一种是怀疑，如王家范先生所说：

> 帝国时代有些市场交易是假性的"商品经济"，即如棉业卖方、买方的行为大都出于国家财政赋税的变相诱导，体现了国家权力这只"有形的手"对市场的扭曲。①

另一种是过分地肯定，如陈亚平的论断：

> 巴县的商人组织就是在这样的环境下发展起来的，他们的历史实践反映了其谋求官府的认可，与官府相互依存的一面，也透露出他们对城市公共生活的秩序理想。同样，官府也期待他们的支持，允许城市商人寻找和构建自由发展的公共空间，使他们在这个社会秩序中占据着特殊的位置，为城市社会秩序建设发挥不可取代的作用。②

前一种论断忽视了变化的可能性。就算官府参与市场的初衷是满足自己的财政需求甚至是贪欲，但是与市场和商人群体的接触，完全可能让官员们重新认识市场的意义，改变思考和处理问题的方式。因为任何一对关系都是交互的，而不大可能是完全单向的。而后一种论断则太过理想化，如果清代重庆官府与工商业者之间真的如此和谐、默契，那么地方官府作为控制者和剥夺者的一面又当如何解释呢？

第四个角色，失败者。本书所呈现的地方官府的所作所为时常带有悲剧的意味。它竭尽全力地控制各个市场领域，但是市场的发展却催生出越来越复杂的事物和职业群体，令其顾此失彼；它在财政和资源极其匮乏的情况下勉力支撑，却最终没有熬过晚清新政这一轮更加严酷的考验；它参与了本地市场的培育，也并非没有保全市场的意愿，但最终与整个传统工商业决裂。

---

① 王家范：《中国历史通论》，第195页。
② 陈亚平：《寻求规则与秩序：18~19世纪重庆商人组织的研究》，第280页。

在本书所关注的一百多年里，它一直在追赶时代的变化，却最终被时代无情地抛下。

本书讲述的是商业和市场的故事，但是似乎地方官府才是这个舞台上更抢眼的主角。几乎所有重要商业制度的厘定、所有职业群体的市场境遇，都与地方官府的参与和决策紧密相关。所以，地方官府实际上充当着这个市场上"看得见的手"，这个市场的运行是由商品经济发展的内在需求与国家权力机构的决策和行为共同驱动的，而且在某些行业和某些时段，后者可能更加重要。因此，在理解清代重庆市场时，随时应该有一个"政治经济"的思维底色。①

在进行此项研究的过程中，笔者真切地察觉到，要对清代重庆地方官府做一个高度概括的定性化结论，其实是不可能的。如果说它有"抑商"的倾向，似乎并不错。因为它的确有权力寻租、剥夺工商业者财富、干扰市场秩序的行为；但与此同时，它也有对商品经济开明和理解的一面，至少在清末新政之前，它参与塑造了相对平稳的市场秩序。而真实的世界不就是这样吗？复杂的现实从各个不同的方向拉扯着做决定的人，新的事物总是要从旧的结构中生长出来，所以在任何社会机体中都有看似矛盾的东西交错在一起。总结历史经验和概括模式固然重要，但任何经验和模式一旦被凝练到简洁的概念和论断之中，就丧失了它原本的活性和张力，使我们"一说即成错"。同等接纳概念的洞察力和现实的复杂性，才能更加接近历史的真相。

如果一定要提炼清代重庆地方官府的市场治理经验，那可能就是"抛开经验，应时而变"。在本书所讨论的一百多年时间里，清代重庆市场经历了两次重大的变化：第一次是清代中期国内市场体系的形成，第二次是重庆开埠以后的市场"近代化"转型。在同样没有现成经验可参照的情况下，重庆地方官府相对从容地应对了第一次考验，一定程度上抛开了"农业帝

---

① "政治经济"（political economy）是一个社会科学概念，与中文语境中的"政治经济学"有所不同。王国斌曾解释这个概念的含义："我们的研究的过程中，有时要考虑政治决策对市场的企业的影响，有时要考虑到经济对政治的制约。但是从本质上说，我们所定义的'政治经济'对'政治'和'经济'有着同等的关注，注重揭示其复杂的缠结与互动。"参见〔美〕王国斌、〔美〕罗森塔尔《大分流之外：中国和欧洲经济变迁的政治》，周琳译，江苏人民出版社，2018，第 3 页。

国"体制的局限，① 开始关注商业、参与市场。然而在面临第二次考验的时候，由于过分急于求成，因此忽略了市场的真实状态，伤害了百余年市场进程中培育的传统工商业者群体。由此可见，所谓的"经济社会转型"应该是自然"长"出来的，绝不是强行"掰"过来的。对于今日的人们而言，清代重庆地方官府的成与败自然没有那么重要，但是可以借助这段历史体会历史与现实的"无常"，理解变通的无处不在，谨慎拿捏"变"的节奏。

四　怎样理解清代重庆的"市场"——一个暂时没有答案的反思

当研究进行及此，笔者并没有云开雾散、豁然开朗的感觉，反而在心中升起了更多的困惑。其中最令笔者不安的，是如何更加准确、实证化地对清代重庆市场进行评估。

20 世纪 90 年代，中国经济史学界出现了一个重大的争论，议题是：在西方经济势力和市场体制全面影响中国之前，中国的市场究竟是彼此孤立、低效停滞的，还是渐趋整合、有效运作的？不论是国内学界还是国外学界，都有一批研究者立场鲜明地拥护其中一种观点。② 在对开埠前的清代重庆市场进行评估时，研究者们也显示出同样的分歧。隗瀛涛先生所率领的"近代重庆城市史"课题组，是改革开放后重庆历史研究最早的开拓者，在这一课题的最终研究成果《近代重庆城市史》一书中，他们提出：

> 四川又由于地理的阻隔，处于相对独立的经济区域，因而商业市场主要是为盆地内部商品交易服务。在这个环境里，重庆所扮演的也仍然是传统的川东区域商业中心的角色，它所进行的与外部省区的商品交流，不论是种类还是数量，也只是作为区域内部商品交易的补充，并没

---

① 关于农业帝国的体制框架，王国斌曾有非常详细的阐述，请参见王国斌《农业帝国的政治经济体制及其在当代的遗迹》，邱澎生译，〔加〕卜正民、〔加〕格力高利·布鲁主编《中国与历史资本主义——汉学知识的系谱学》，第 251～299 页。
② 李伯重：《中国全国市场的形成：1500～1840 年》，《清华大学学报》（哲学社会科学版）1999 年第 4 期。

有居于主导地位。①

到了 20 世纪 90 年代末，具有挑战意义的观点开始出现。林成西、许檀、龙登高等学者关于清代中期重庆市场的研究，都特别强调其流通枢纽、转口贸易和与区域外市场紧密联结的一面。② 许檀曾这样概括乾嘉道时期的重庆市场：

> 乾隆—道光年间重庆已发展成为一个颇具规模的商业城市。凭借其优越的地理位置，该城的流通所及不仅可达四川本省各府以及相邻的湘鄂陕豫、云贵、西藏等省，而且远及江浙闽广，成为长江上游和西南地区最大的流通枢纽城市。以外来客商的经营活动为中心，形成了一整套商业、服务业的体系，构成重庆城市经济的主体，并左右着本城大部分居民的生计。③

这样一来，开埠前的重庆市场发育究竟处于怎样的状态，就成为一个悬而未决的问题。平心而论，这两种分歧显著的观点背后，其实隐含着一些相似的研究路径。

第一，主要依靠定性分析。一个市场的贸易体量究竟有多大，究竟是外向还是内向，与周边市场或外部市场究竟有多大程度的整合，是可以通过定量研究来揭示的。④ 然而上述研究更多地利用描述性史料得出结论，

---

① 隗瀛涛主编《近代重庆城市史》，第 130 ~ 131 页。

② 林成西：《清代乾嘉之际四川商业重心的东移》，《清史研究》1994 年第 3 期；龙登高：《中国历史上区域市场的形成及发展——长江上游区域的个案研究》，《思想战线》1997 年第 6 期；许檀：《清代乾隆至道光年间的重庆商业》，《清史研究》1998 年第 3 期。

③ 许檀：《清代乾隆至道光年间的重庆商业》，《清史研究》1998 年第 3 期。

④ 目前已有许多学者利用清代粮价来研究市场整合程度，相关研究成果和研究方法请参见吴承明《利用粮价变动研究清代的市场整合》，《中国经济史研究》1996 年第 2 期；颜色、刘丛《18 世纪中国南方市场整合程度的比较——利用清代粮价数据的研究》，《经济研究》2011 年第 12 期；潘彩虹、穆崟臣《21 世纪以来清代区域粮价研究新进展》，《古今农业》2017 年第 3 期。除粮价以外，其他商品价格、商品贸易量、关税数据、货币金融数据、生活水平数据等也可以反映一个市场的发育程度。这些方面的研究较为分散，故不逐一列举。

虽有统计，但所依赖的数据并不系统，因此容易陷入性质上的争论，难以把双方看到的事实放到同一个更加精细化、可比化的框架中进行相对客观的评估。

第二，都存在一定程度的问题先行。仔细阅读上述研究论著会发现，观点截然不同的双方利用的很多材料却是相同或相似的。[1] 造成这种情况的一个重要原因在于，双方处于截然不同的问题脉络之中。隗瀛涛先生更关注城市近代化问题，并将其视为城市史研究的基本线索。[2] 因此，他的关注点更多地落在开埠以后的重庆，开埠以前的重庆则某种程度上成为"近代化"的对照物。许檀等学者的关注点则全在开埠以前的重庆，背后的问题意识是对传统经济和市场的重新评估。因此，他们的研究会更多地看到传统市场的活力、变动和内在关联，而忽略了一些区域性的历史脉络和滞碍市场发育的因素。

由此可见，前辈学者的艰辛探索为我们开辟了研究道路，廓清了许多问题，但要真正认清这个城市和这个市场，仍有很长的路要走。笔者这样说，没有任何对前辈学者的不敬与苛责之意，而是希望借此反思支配着本项研究的一些"底层思维架构"。笔者是在20世纪90年代末开始接受专业化的历史教育，在教科书上看到的是明清经济社会的停滞落后、传统与近代化之间的冲突，以及百余年来中国人在"发展"和"命运"问题上的极大焦虑。然而笔者自主阅读的第一本经济史著作却是贡德·弗兰克的《白银资本：重视经济全球化中的东方》，[3] 那种对中国传统经济激进却极具感染力的重新评估，令年轻且渴望新知刺激的笔者兴奋不已。在后来的学习和研究过程中，笔者接触到了更多对传统经济重新评估的研究论著，也在不断发掘的碑

---

[1] 在《近代重庆城市史》一书中，有许多篇幅都涉及开埠以前重庆市场的体量扩充和外向特征，如"形成了以重庆为枢纽的商业贸易网络。川江主要支流嘉陵江、沱江、岷江流域都是粮、棉、糖、盐产区，汇流而下，集中重庆再转运汉口。重庆是长江东西贸易主干道的起点，又是长江上游商品集散中心，从而大大增强了商品吞吐量和城市的经济吸引力和辐射能力，并通过长江交通主干道与全国范围的流通网络连接了起来"（参见隗瀛涛主编《近代重庆城市史》，第20~21页）。这些内容放在许檀等学者的研究论著中也完全可以兼容。

[2] 隗瀛涛主编《近代重庆城市史》，第12页。

[3] 〔德〕贡德·弗兰克：《白银资本：重视经济全球化中的东方》，刘北成译，中央编译出版社，2000。

刻、档案、契约、商业文书等多元史料中看到了一个体量庞大、运作有序、蓬勃生长的清代市场。正因为如此，笔者兴冲冲地开始了对清代重庆市场的研究。而对明清中国经济和市场的重新评估，可以说是笔者最重要的"底层思维架构"。

在过去十几年的研究历程中，笔者看到的情况比想象中更加生动、复杂。就像这本书中反复出现的那些主题：繁多且不断变化的贸易门类，来自不同区域的结构复杂的商人群体，适应不同行业需要的多元化的商业制度，商人与商人之间、商人与地方官府之间的互动机制，在这种机制之下商业制度的持续生成与调整，不同的行业群体在市场变动中的分分合合，市场和社会环境如何影响工商业者的行为方式，区域市场的生长历程，等等。但是如今笔者反而对清代重庆市场产生了新的疑惑：这个市场真的贴合自己十年前开始此项研究时的"底层思维架构"吗？

从现在的研究结果来看，似乎有一部分是符合的，但有一部分存在疑问：如果清代重庆市场达到了"长江上游流通枢纽"的体量，那么为什么其中介贸易和一些重要的贸易门类规模还很有限且始终难以摆脱地方官府的掌控？[①] 如果这是一个越来越具有外向特征的市场，那么信用与合作更多地局限于地域工商业者群体的事实，会不会影响这个市场与外部市场的联结与整合？换句话说，这个市场与外部市场的整合度究竟有多大？如果说大宗转口贸易决定着这个市场的兴衰，那么这个市场的资本是怎样构成和流动的？我们在档案中看到的那么多小本经营的工商业者（如脚夫、小商贩），究竟与这个体量和辐射力日渐增加的市场是什么关系？如果说清代重庆已经成为一个"商业城市"，那么它在结构、规模、全国市场体系中的层级地位，甚至城市外在气质上与同样被定位为"商业城市"的苏州、广州、汉口等如何比拟？这些目前难以回答的问题催促我们向两个方向努力。

第一，做更加精细化、实证化的研究工作。由于笔者的能力和时间所限，本书的研究缺失了两个重要的部分，即金融市场和盐业贸易，而这两个

---

① 一个明显的反例，就是清代江南的中介贸易因规模庞大、结构复杂，官府一直难以有效控驭。参见本书第二章的相关讨论。

部分恰恰是探究这个市场的体量和结构的重要依据，也涉及市场运作中更细微、更专业化的层面。此外，市场体量、市场整合程度、资本的量级和流动方式，其实也可以通过量化研究来展现。如果说我们之前的工作是在上一代学者的指引下，找到了中国传统市场研究的新视角、新材料、新问题，那么下一步的工作应该是由定性化到定量化，由印象化到清晰化，由泛化到具体化，这不仅是对个案研究的更高要求，也是借由探讨市场的存在状态，不断检视和修正我们最重要的研究立足点。

第二，敢于承认问题的另一面。近二十年来，研究者们更加关注的是揭示传统时代市场的活力、效率与制度创新，但是其结构性的问题、其在发展过程中遇到的滞碍因素却较少被谈及。然而这两个方面其实并不是矛盾的，表面上看，谈市场的问题和局限，似乎又回到了20世纪90年代以前的研究结论，但实质上是有所不同的。在充分地理解了传统市场的成就、能量之后，再回过头去看它的问题，就会更谨慎地把握论述的分寸，更加准确地辨识发展的动力和问题的症结。更加重要的是，只有从不同的侧面观察同一个研究对象，才能展现出相互缠结、相互嵌入、复调的历史进程。就和任何复杂的有机体一样，其内部都是各种因素的制衡与并存，任何因素都不是绝对的好或绝对的坏，而是整个平衡系统中的一环。所以，如果说"传统经济再评价"帮我们找到了清代市场研究的"新大陆"，那么接下来我们应该把"新大陆"和"旧大陆"的资源连通起来，重新刻画更加复杂、更加接近历史实态的"市场"样貌。

在研究进行到尾声的时候，突然发现长期以来赖以展开研究的立足点竟然是成问题的，这应该不是一个常见的情况。但是或许正因为本项研究触及了清代重庆市场的一些微妙、隐秘的层面，才会引出上述种种疑惑。上面提到的问题，大部分是本项研究未来得及处理的，也有一些是笔者在努力地做却未必做得很成功的。那么就将这些遗憾记录在这里，作为本书的一个开放性结论吧！

附录 A 《巴县档案》中与外来工商业者相关的部分案卷（乾隆至宣统时期）

说明：

1. 本附录是对第一章"1-4清代重庆的工商业移民"部分的补充。该章节中所出现的《巴县档案》案卷，除脚注中特别标明的外，其余均来自本附录。其在正文中的编号与本附录中的编号一致。

2. 本附录对于所有案卷的编号，由一个汉字和一个数字组成。汉字代表该案件发生时在位皇帝年号的简称，如乾隆时期即为"乾"，嘉庆时期即为"嘉"，以此类推；数字代表该案卷在本附录中的次序，如乾隆时期的第一个案卷即为"乾1"，嘉庆时期的第一个案卷即为"嘉1"，以此类推。

3. 为节省篇幅，本附录中的案卷出处均采用了原始文献的简称，其中，"汇编"指代四川省档案馆编《清代巴县档案汇编·乾隆卷》，档案出版社，1991；"选编"指代四川大学历史系、四川省档案馆编《清代乾嘉道巴县档案选编》（上），四川大学出版社，1989；"川档"指代四川省档案馆藏《巴县档案》缩微胶卷，全宗号：清6；"川大档"指代四川大学历史文化学院藏《巴县档案》抄件。

编号	时间	案卷名称	案卷出处	工商业者籍贯	经营门类	经营方式
乾1	乾隆四十四年	合州甘王奇等禀状	选编，第328页	合州	竹木	个体行商
乾2	乾隆四十七年	杨东来告状	汇编，第270页	叙府	姜黄	个体行商
乾3	乾隆五十二年	吕声良禀状	选编，第419页	合州	花生	个体行商
乾4	乾隆五十七年	索金满告李正万勒索押佃银案	汇编，第256页	陕西	汤丸铺	个体铺户
乾5	乾隆五十七年	三楚会首欧鹏飞等禀状	汇编，第267页	三楚	不详	不详
乾6	乾隆六十年	胡文选供词	汇编，第271页	顺庆	烟叶	个体行商
嘉1	嘉庆五年	夏正顺告状	选编，第388页	江西	杂货	个体坐贾
嘉2	嘉庆五年	马天育告状	选编，第389页	陕西	草帽	个体行商
嘉3	嘉庆六年	巴县告示	选编，第238页	大河	靛	个体行商
嘉4	嘉庆六年	浙江会馆碑文	选编，第251页	浙江	瓷器	在帮铺户
嘉5	嘉庆六年	八省客长禀状	选编，第253页	江西、湖广、福建、江南、陕西、广东、保宁	牙行	个体铺户
嘉6	嘉庆七年	楚黄机房永定章程	选编，第241页	湖北	丝织	个体工匠
嘉7	嘉庆七年	本城民方曰贵禀曾义和等一局伙吞帝主会公项会银两案	川档，清6-03-00312	湖广	棉花	个体铺户
嘉8	嘉庆九年	八省局绅公议大河帮差务条规	选编，第403~404页	大河沿线	木船运输	在帮船户
嘉9	嘉庆十年	湖北民毛思贵具告谢大顺等盗卖麦子故意将蚁船只搽漏希图船沉麦流等情	川档，清6-06-07605	湖北	麦子	个体行商
嘉10	嘉庆十一年	马乾一告状	选编，第339页	不详	棉花	个体铺户
嘉11	嘉庆十一年	秦玉顺告状	选编，第362页	贵州	笋子	个体行商
嘉12	嘉庆十一年	杨永顺告状	选编，第420页	綦江	杂货	个体行商
嘉13	嘉庆十三年	刘志成告状	选编，第339页	陕西	棉花	个体坐贾

续表

编号	时间	案卷名称	案卷出处	工商业者籍贯	经营门类	经营方式
嘉14	嘉庆十四年	黎德茂等供状	选编，第363页	贵州	笋子	个体行商
嘉15	嘉庆十四年	江清供状	选编，第339页	湖广	棉花	个体行商
嘉16	嘉庆十四年	千厮坊陈尚盛以修会馆估出钱不允统朋凶殴控徐正朝等	川档，清6-06-05262	湖南	屠猪	个体铺户
嘉17	嘉庆十四年	湖广船户陈文明具告王在贵等寻蚁勒讹并不由分说将项朝贵殴伤一案	川档，清6-05-05269	湖广	木船运输	在帮船户
嘉18	嘉庆十六年	朱清顺告状	选编，第350页	屏山	靛	个体行商
嘉19	嘉庆十六年	唐长发等供状	选编，第350页	江津	靛	个体行商
嘉20	嘉庆十八年	千厮坊行户叶恒裕告阳明元等背客货案	川档，清6-06-07087	湖南	货物搬运	在帮脚夫
嘉21	嘉庆十八年	千厮坊行户罗大丰等具控脚力夫陈秀伦等背运各行棉花多索力钱案	川档，清6-06-07089	湖南	货物搬运	在帮脚夫
嘉22	嘉庆十八年	巴县张志德无力开设磁器牙行把持滋事追帖斥革一案	川档，清6-03-00325	湖广	瓷器	个体铺户
嘉23	嘉庆十八年	本城行户李星聚告余正兴等私卖磁器浮价取用等情	川档，清6-03-00324	江西	瓷器	个体行商
嘉24	嘉庆十八年	湖北黄州卫运军廖祖忠等意图脱伍等情事移巴县协究审案卷	川档，清6-03-00297	湖北	不详	不详
嘉25	嘉庆十九年	太平门夫头谭秉清告李德世等违断强背杂货等情案	川档，清6-06-07091	陕西、湖广	货物搬运	在帮脚夫

编号	时间	案卷名称	案卷出处	工商业者籍贯	经营门类	经营方式
嘉26	嘉庆二十年	重庆府札	选编，第420页	江苏、浙江	瓷器、杂货	不详
嘉27	嘉庆二十四年	杨耕万告状	选编，第421页	湖北	检修船只	个体工匠
嘉28	嘉庆二十四年	朱万顺告状	选编，第421页	湖北	棉花	个体铺户
道1	道光元年	千厮坊周朝富等以估夺所背货物违断估抢生忌控陈恒泰等	川档，清6-11-09779	湖南	货物搬运	行帮脚夫
道2	道光元年	本城黄崇贵告李加谟平白统瘃殴伊弟一案	川档，清6-06-10826	不详	木船运输	在帮船户
道3	道光四年	朝天坊贺开才等以管脚力生意遭造假倍谋平分生意控陈文明等互控	川档，清6-11-09913	湖南	货物搬运	夫头
道4	道光六年	谢常明等人供状	选编，第352页	合江	靛	个体行商
道5	道光七年	王三兴等告状	选编，第387页	陕西	磨房	个体铺户
道6	道光七年	傅如松告状	选编，第342页	陕西	棉花	个体行商
道7	道光七年	赵松牲告状	选编，第343页	湖北	棉花	个体行商
道8	道光七年	饶希圣告状	选编，第344~345页	江西	布	个体铺户
道9	道光八年	綦江县民周元顺等具禀卢俊荣等借补修梅葛庙为名从中侵吞金事	川档，清6-07-00591	大河	靛	在帮行商
道10	道光十年	陈铺诉状	选编，第343页	夹江	棉花	个体行商
道11	道光十一年	孀妇刘龚氏具告朱奇等故乱开设染房程规诓奇生息一案	川档，清6-07-00525	不详	染房	铺房工匠
道12	道光十四年	雷德兴禀状	选编，第356页	璧山	染房	铺房工匠
道13	道光十四年	刘长泰禀状	选编，第423页	湖南	木船运输	在帮船户

编号	时间	案卷名称	案卷出处	工商业者籍贯	经营门类	经营方式
道 14	道光十八年	黄仕顺等供状	选编，第 357~358 页	綦江、江津、合江	靛	个体行商
道 15	道光十八年	千厮坊阳秀明告阳启发霸做民行脚力生意期满不交一案	川档，清 6-12-10380	湖南	货物搬运	夫头
道 16	道光十九年	千厮坊叶正顺等具告散夫彭仕龙等将伊栈棉花私吞卖银一案	川档，清 6-12-10409	湖南	货物搬运	在帮脚夫
道 17	道光十九年	廖吉顺供状	选编，第 343 页	福建	棉花	个体铺户
道 18	道光二十一年	广扣帮公议章程	选编，第 242~243 页	广东	制纽扣	在帮工匠
道 19	道光二十一年	本城康维新具告陈益茂违规屡讨帮费不给等情一案	川档，清 6-12-10477	江西	锡	在帮铺户
道 20	道光二十四年	龚三福等哀状	选编，第 348~349 页	不详	打线	个体工匠
道 21	道光二十四年	本城莫信成告姚金贵违规私造广扣理反凶伤案	川档，清 6-12-10601	广东	制纽扣	在帮工匠
道 22	道光二十四年	本城陈德昌开设铜钮扣告黄恒顺把阻来卖铜页之人不许在城出售案	川档，清 6-12-10585	不详	制铜页	个体工匠
道 23	道光二十五年	各船帮常差、兵差抽取清单	选编，第 417~418 页	小河、下河一线	木船运输	在帮船户
道 24	道光二十六年	本城楚黄机房职员汪正兴等为工人抗违八省酌议勒要工资银抵合钱交换率提高并停工打伤愿上工之人与职员事禀熊上元等	川档，清 6-15-17190	湖北	丝织	个体工匠

编号	时间	案卷名称	案卷出处	工商业者籍贯	经营门类	经营方式
道25	道光二十八年	宗义先等禀状	选编，第337页	江西	金银首饰	铺房工匠
道26	道光二十八年	重庆府禀	选编，第310页	江西	铜铅	个体铺户
咸1	咸丰五年	下河船帮会首张大福具告归州帮船户柳万和等违抗协同船帮会首办理兵差船支不办一案	川档，清6-22-08935	下河一线	木船运输	在帮船户
咸2	咸丰九年	黔江递解湖南来川下力营生之谭维贞等回巴县讯明保释卷	川档，清6-18-00303	湖南	大多从事货物搬运	行帮脚夫
咸3	咸丰十一年	宜昌帮会首闫大槐告毛开源等费入缴蚁额外垫钱查照问规挪垫银两如数算给案	川档，清6-22-08953	湖北宜昌	木船运输	在帮船户
同1	同治六年	下河首事胡元圃等禀王大兴借差霸收吞川帮船户差钱一案	川档，清6-23-01010	大河一线	木船运输	在帮船户
光1	光绪五年	卖帮杜恒顺等以脚夫不守旧规损人利己害人不浅协恳作主示禁	川档，清6-44-26196	嘉定、叙府、泸州	棉花	在帮行商
光2	光绪六年	重庆药帮谢宝树等控药行陈泰来私设分局案	川大档，光财二，行帮134	不详	药材	在帮行商
光3	光绪八年	叙府船帮首事刘正顺等控罗万兴抗差案	川大档，光财二，行帮136	綦江	木船运输	在帮船户
光4	光绪九年	黄亿隆与刘天宝各开栈药材生贸之纠纷互控一案	川档，清6-44-26400	碧口、略阳	药材	在帮行商

编号	时间	案卷名称	案卷出处	工商业者籍贯	经营门类	经营方式
光 5	光绪九年	令狐顺兴与赵德顺等人因绸帮公所帐目不清互控一案	川档，清 6 - 44 - 26422	贵州	府绸	在帮行商
光 6	光绪十三年	工吏职员及智一甲汪世芳等禀请示谕出簿募化培修老鼓楼九龙滩王爷庙以杜侵吞滋扰卷	川档，清 6 - 31 - 01981	合州	木船运输	在帮船户
光 7	光绪十四年	金紫坊王渭川等伙立酒房控刘德顺假冒图名以劣印坛发卖知觉理部不交假记案	川档，清 6 - 44 - 26828	浙江	酒房	个体工匠
光 8	光绪十四年	浩大生永为买花银拖骗不给控万昌行一案	川档，清 6 - 44 - 26794	陕西	棉花	个体行商
光 9	光绪十四年	太平坊刘敬海与王炳鉴以欺拿贸银拒交银帐和辞职为分控捏遭银提等互控	川档，清 6 - 44 - 26798	陕西	杂货	个体铺户
光 10	光绪十五年	黔丝商张裕顺告罗祥发丝店私设大秤案	川大档，光财二，匹头 8	贵州	丝	个体行商
光 11	光绪二十二年	重庆丝绦帮罢市卷	川大档，光财二，行帮 143	成都	丝绦杂货	在帮铺户
光 12	光绪二十八年	渝城举人肖元丰等禀请招勇保卫商号卷	川档，清 6 - 31 - 01733	合州、遂宁、绵州、中江、彰明、三台、江油、射洪	棉纱、药材、匹头、水丝	在帮行商
光 13	光绪三十三年	金堂木船业成立金内帮揽载公所	川大档，光财二，行帮 126	金堂、内江	木船	在帮船户

编号	时间	案卷名称	案卷出处	工商业者籍贯	经营门类	经营方式
宜1	宣统元年	湖北铜铅商清平会屈兴隆恒控告屈茂先募卖会房案	川大档，宣财二，商会与商帮4	湖北	铜铅	在帮行商
宜2	宣统元年	渝城糖帮首事唐荣发等禀巴县驳船帮敖恒泰等估要糖船由千厮门改泊朝天门勒抽钱文请讯案	川大档，宣财五，水道52	内江	糖	在帮行商
宜3	宣统二年	渝城千厮门力帮为争运棉纱互控案	川大档，宣财五，搬运7	湖南茶陵	货物搬运	在帮脚夫

附录 B　《巴县档案》中与中介贸易纠纷相关的部分案卷（乾隆至道光时期）

说明：

1. 本附录是对第二章的补充。该章中所使用的《巴县档案》案卷，除脚注中特别说明的外，其余均来自本附录。

2. 本附录对于案卷的编号方式与附录 A 相同。

3. 为节省篇幅，本附录以及正文表格中的案卷出处，均采用了原始文献的简称。缩写方式与附录 A 相同。

4.《清代乾嘉道巴县档案选编》一书中，往往将同一个案件的往来文书拆分开。因此本附录在收录这些条目时，将属同一案件的合并在一起，并重新命名。这些案件合并后的编号和在该书中的条目名如下。

乾 6：《乾隆五十九年五月二十六日屈绍祖禀状》至《乾隆五十九年十月廿九日丝行户屈绍组等禀》。

嘉 1：《嘉庆二年八月陈正书禀状》至《嘉庆二年八月十九日陈正书禀状》。

嘉 6：《嘉庆十年四月五日刘万盛领状》至《嘉庆十年八月初五日刘源盛等禀状》。

嘉 15：《嘉庆十四年十一月刘明玉息状》至《嘉庆十四年十一月初四日张志德禀状》。

道 3：《道光五年五月初九日贺正兴禀状》至《道光六年六月二十三日萧东初等禀状》。

道8：《道光十年十一月十一日王金美等供状》至《道光十年十一月十四日黄资生结状》。

道12：《道光十三年巴县告示》至《道光十三年九月初二日杨问陶禀状》。

道14：《乾隆五十八年正月二十五日巴县申》至《嘉庆十三年八月十二日刘合顺等结状》。

道22：《道光二十年三月二十六日巴县札》至《道光二十年八月十日巴县告示》。

编号	案卷名称	时间	案卷出处
乾1	刘起龙等供词	乾隆二十八年	汇编，第269~270页
乾2	甘王奇等禀状	乾隆四十四年	选编，第328页
乾3	杨东来告状	乾隆四十七年	汇编，第270~271页
乾4	林文敷禀状	乾隆五十年	选编，第349~350页
乾5	李全盛拐骗方豫泰行棉花案	乾隆五十九年	汇编，第268~269页
乾6	丝行户屈绍祖禀状	乾隆五十九年	选编，第347页
嘉1	木行承办差务	嘉庆二年	选编，第322页
嘉2	秦广泰禀状	嘉庆五年	选编，第385页
嘉3	陈国伦以私开竹行夺行霸占买卖控揭广发	嘉庆五年	川档，清6-05-04608
嘉4	本城渔行户赵杨（扬）玉禀报杨鼎丰违例将鱼货入山货发卖案	嘉庆五年	川档，清6-05-04611
嘉5	陈大丰等告状	嘉庆九年	选编，第338页
嘉6	铁行户刘源盛等承办差务案	嘉庆十年	选编，第297页
嘉7	马乾一等告状	嘉庆十一年	选编，第339页
嘉8	大昌花行郑殿飓欠西黄两帮客帐银案	嘉庆十一年	川档，清6-05-04651
嘉9	秦玉顺告状	嘉庆十一年	选编，第362页
嘉10	巴县申详行户赵杨玉为垄断把持乱行事具控杨鼎丰等一案	嘉庆十二年	川档，清6-03-00317
嘉11	重庆府批准赵杨玉开设鱼行而山货行杨鼎丰仍把持垄断鱼市一案	嘉庆十二年	川档，清6-05-04669
嘉12	刘志成告状	嘉庆十三年	选编，第339页
嘉13	周德文供状	嘉庆十四年	选编，第363页

续表

编号	案卷名称	时间	案卷出处
嘉 14	黎德茂等供状	嘉庆十四年	选编，第 363 页
嘉 15	张志德禀状	嘉庆十四年	选编，第 371 页
嘉 16	朱清顺告状	嘉庆十六年	选编，第 350 页
嘉 17	巴县张志德无力开设磁器牙行把持滋事追帖斥革一案	嘉庆十八年	川档，清 6 - 03 - 00325
嘉 18	本城行户李星聚告余正兴等私卖磁器浮价取用等情	嘉庆十八年	川档，清 6 - 03 - 00324
嘉 19	千厮坊行户叶恒裕告阳明元等背客货纠纷案	嘉庆十八年	川档，清 6 - 06 - 07087
嘉 20	千厮坊行户罗大丰等具控脚力夫陈秀伦等北运各行棉花多索力钱案	嘉庆十八年	川档，清 6 - 06 - 07089
道 1	巴县告示	道光二年	选编，第 347 ~ 348 页
道 2	南纪坊刘顺运具禀杨洪辉藐违私顶私租杂粮行帖案	道光三年	川档，清 6 - 07 - 00516
道 3	铜铅行与金钩匠讼案	道光五年至六年	选编，第 313 ~ 315 页
道 4	谢常明等人供状	道光六年	选编，第 352 页
道 5	傅如松告状	道光七年	选编，第 342 ~ 343 页
道 6	赵松牲告状	道光七年	选编，第 343 页
道 7	陈镛诉状	道光十年	选编，第 343 页
道 8	王金美等供状	道光十年	选编，第 304 ~ 305 页
道 9	余魁顺禀状	道光十一年	选编，第 356 页
道 10	慈里二甲何双发告何大汉冒充牙行无帖取用勒要银两案	道光十二年	川档，清 6 - 12 - 10163
道 11	陈文斗等禀状	道光十二年	选编，第 385 页
道 12	铜铅行为货不投行禀请作主	道光十三年	选编，第 315 页
道 13	陈世明禀状	道光十三年	选编，第 384 页
道 14	周悦来等为油不投行恳请作主	道光十三年	选编，第 382 页
道 15	孔茂公控曾恒太因民买卖牛皮坐贸遭不来投行一案	道光十四年	川档，清 6 - 12 - 10216
道 16	朝天坊韩永盛等与行户孔茂公以挂牌发卖牛皮牛胶暗中承认军务包装火药互控案	道光十五年	川档，清 6 - 12 - 10247
道 17	陈宏盛等系开铺代客买卖牛皮伙办军装牛皮禀孔茂公不交差费	道光十五年	川档，清 6 - 12 - 10249

编号	案卷名称	时间	案卷出处
道 18	本城邱大川等告黄仕顺运靛到外发卖其违章程以势压人屡吞靛包逞横案	道光十七年	川档,清 6 - 12 - 10353
道 19	黄仕顺等供状	道光十八年	选编,第 357 ~ 358 页
道 20	廖吉顺诉状	道光十九年	选编,第 343 页
道 21	江津民刘廷秀具禀米粮行商刘文远等违规多取行用及把持行市减给行价案	道光二十年	川档,清 6 - 07 - 00583
道 22	布行户康维新要求土布铺帮差案	道光二十年	选编,第 345 ~ 346 页
道 23	本城康维新具告陈益茂违规屡讨帮费不给等情一案	道光二十一年	川档,清 6 - 12 - 10477
道 24	魏丹庭禀状	道光二十一年	选编,第 343 ~ 344 页
道 25	杨问陶禀状	道光二十一年	选编,第 309 页
道 26	工书肖静亭禀控布行户康维新等抗不帮差案	道光二十年至二十二年	川档,清 6 - 07 - 00547
道 27	刘长兴禀状	道光二十三年	选编,第 360 页
道 28	重庆府禀	道光二十八年	选编,第 310 页
道 29	杂粮行户刘文远等禀恳出示严禁大小两河米贩沿江贩卖米谷等情	道光二十九年	川档,清 6 - 07 - 00567

附录 C 《大清律例》中与商业中介制度相关的条文

说明：

1. 本附录是对第二章"清代'市廛律'针对上述两类纠纷的条文及意义"一部分的补充。这部分所引用的《大清律例》条文，除脚注中特别说明的外，其余均出自本附录。其在正文中的编号与本附录中的编号一致。

2. 本附录分为"律文"和"例文"两部分。每一律例条文的编号由一个汉字和一个数字组成。若该条文为律文，则简称为"律"；若该条文为例文，则简称为"例"。数字代表该条文在本附录中的次序。若为本附录收录的第一条律文，则为"律 1"，以此类推；若为本附录收集的第一条例文，则为"例 1"，以此类推。

3. 本附录中所收录的律文出自《大清律例》，田涛、郑秦点校，法律出版社，1999；例文出自薛允升著述，黄静嘉编校《读例存疑重刊本》，台北：成文出版社有限公司，1970。

律文

所属篇目	内容	修订时间	编号
户律·课程·沮坏盐法律	凡客商(赴官)中买盐引勘合，不亲赴场支盐，中途增价转卖，以致(转卖日多，中买日少，且诡冒易滋，因而)沮坏盐法者，买主、卖主各杖八十，牙保减一等，(买主转支之)盐货，(卖主转卖之)价钱，并入官。其各(行盐地方)，铺户转买(本主之盐)而拆卖者，不用此律	仍明律，顺治三年添入小注	律 1

续表

所属篇目	内容	修订时间	编号
户律·课程·舶商匿货律	凡泛海客商舶（大船）船到岸，即将货物尽实报官抽分。若停塌沿港土商牙侩之家不报者，杖一百。虽供报而不尽实，罪亦如之。（不报与不尽之）货物并入官。停藏之人同罪。告获者，官给赏银二十两	仍明律，顺治三年添入小注	律2
户律·市廛·私充牙行埠头律	凡城市乡村诸色牙行，及船（之）埠头，并选有抵业人户充应，官给印信文簿，附写（逐月所至）客商船户住贯姓名、路引字号、物货数目，每月赴官查照。（其来历引货，若不由官选）私充者，杖六十，所得牙钱入官。官牙、埠头容隐者，笞五十，（各）革去	仍明律，顺治三年添入小注	律3
户律·市廛·市司评物价	凡诸物（牙）行人评估物价，或以贵（为贱），或以贱（为贵），令价不平者，计所增减之价，坐赃论。（一两以下，笞二十，罪止杖一百，徒三年）。入己者，准窃盗论，（查律坐罪），免刺	仍明律，顺治三年添入小注	律4
户律·市廛·把持行市律	凡买卖诸物，两不和同，而把持行市，专取其利，及贩鬻之徒，通同牙行，共为奸计，卖（己之）物以贱为贵，买（人之）物以贵为贱者，杖八十	仍明律，顺治三年添入小注	律5
户律·市廛·私造斛斗秤尺律	（一）凡私造斛斗秤尺不平，在市行使，及将官降斛斗秤尺作弊增减者，杖六十，工匠同罪。 （三）其在市行使斛斗秤尺虽平，而不经官司较勘印烙者（印系私造），笞四十	仍明律，顺治三年添入小注	律6

例文

所属篇目	内容	修订时间	编号
户律·仓库上·多收税粮斛面律	在京在外并各边，一应放粮草去处，若职官子弟、积年光棍、跟子买头、小脚歇家、跟官伴当人等，三五成群，抢夺筹斛，占堆行概等项，打搅仓场，及欺陵官攒，挟诈运纳军民财物者，杖罪以下于本处仓场门首枷号一个月发落，徒罪以上与再犯杖罪以下免其枷号，发附近充军，干系内外官员，题参交部议处	前明问刑条例，乾隆五年修改，嘉庆十九年改定	例1
户律·仓库上·隐匿费用税粮课物律	石坝、大通桥设立经纪剥船，转运京仓粮米。仓场及坐粮厅各差妥役沿闸稽查，如剥船回空，搜查无米藏匿者，其挈欠仍责经纪赔补，若船底搜出有米藏匿，即将挈欠之米，令船户代役照数摊赔，枷责革役，其失察之经纪一并责惩	雍正三年定例	例2

续表

所属篇目	内容	修订时间	编号
户律·仓库上·私借钱粮律	府、州、县春间借出仓谷，秋收后勒限征比，务于十月中全完，造具册收送户部查核。如有绅衿，及牙行、蠹役将家人、佃户姓名影射，零星领出入己，积至二三石者，绅衿斥革，牙行、蠹役枷号一个月，责四十板，俱照追入仓。其代为造册之乡保地方，有无受赃，分别治罪，该管官司不行揭参，交部议处	雍正五年定例，乾隆五年改定	例3
户律·课程·盐法律	凡伪造盐引印信，贿嘱运司吏书人等，将已故并远年商人名籍中盐来历，填写在引，转卖诓骗财物，为首者，依律处斩外，其为从，并经纪牙行店户，运司吏书一应知情人等，但计赃满数应流者，不拘曾否支盐出场，俱发边卫充军	前明问刑条例，雍正三年增入	例4
户律·课程·盐法律	各处盐场无籍之徒，号称"长布衫""赶船虎""光棍""好汉"等项名色，把持官府，诈害客商，犯该徒罪以上，及再犯杖罪以下者，俱发边卫充军	前明问刑条例，咸丰二年改定	例5
户律·课程·私茶律	凡兴贩私茶潜往边境，与外国交易，有在腹里，贩卖与来京回还外国人者，不拘斤数，连知情歇家、牙保，发烟瘴地面充军。其在西宁、甘肃、河州、洮州、四川、雅州贩运者，虽不入番，一百斤以上，发附近，三百斤以上，发边卫，各充军。不及前数者，依律拟断，仍枷号两个月。文武官员纵容弟男、子侄、家人、军伴人等兴贩，及守备、把关、巡捕等官，自行兴贩私茶通番者，发边卫。在西宁、甘肃、河、洮、雅州贩卖至三百斤以上者，发附近，各充军	前明问刑条例，雍正三年修改，乾隆三十二年改定	例6
户律·课程·匿税律	京师及在外税课司局、批验茶引所，但系纳税去处，皆令客商自纳。若权豪无籍之徒，结党把持，拦截生事，搅扰商税者，徒罪以上，枷号两个月，发附近边卫充军；杖罪以下，照前枷号发落	乾隆五年改定	例7
户律·课程·人户亏兑课程律	在京在外官员眷口船只过关，除无货物，照常验收，胥吏人等，毋得任意需索。外如有奸牙地棍假称京员科道名帖，或京员子弟执持父兄名帖讨关夹带货物，希图免税者，该管关员即行查拿究治，如该管在员不行详查，及明知瞻循，照例议处	乾隆五年定例	例8
户律·市廛·私充牙行埠头律	凡客店，每月置店簿一本，在内赴兵马司，在外赴有司署押讫，逐日附写到店客商姓名、人数、起程月日，各赴所司查照。如有客商病死，所遗财物，别无家人亲属者，官为见数，移召其父兄、子弟，或已故之人嫡妻，识认给还；一年后，无识认者，入官	系明令，乾隆五年改定	例9

续表

所属篇目	内容	修订时间	编号
户律·市廛·私充牙行埠头律	凡在京各牙行领帖开张，照五年编审例，清查换帖。若有棍徒顶冒朋充，巧立名色，霸开总行，逼勒商人不许别投，拖欠客本，久占累商者，问罪枷号一个月，发附近充军。地方官通同徇私者，一并议处	康熙四十五年定例，咸丰二年改定	例10
户律·市廛·私充牙行埠头律	京城一切无帖铺户，如有私分地界，不令旁人附近开张；及将地界议价若干，方许承顶，至发卖酒斤等项货物车户，设立名牌，独自霸揽，不令他人揽运，违禁把持者，枷号两个月，杖一百	雍正十三年定例	例11
户律·市廛·私充牙行埠头律	各处关口地方，有土棍人等，开立写船保载等行，合伙朋充，盘踞上下；遇有重载雇觅小船起剥，辄敢恃强代揽，勒索使用，以致扰累客商者，该管地方官查拿，照牙行无籍之徒用强邀截客货例，枷号一个月，杖八十	雍正十三年定例，乾隆二十一年增定	例12
户律·市廛·私充牙行埠头律	各衙门胥役，有更名捏姓兼充牙行者，照更名重役例，杖一百，革退。如有诓骗客货，累商久候，照棍徒顶冒朋充霸开总行例，枷号一个月，发附近充军。若该地方官失于觉察，及有意徇纵，交部分别议处；受财故纵，以枉法从重论	乾隆五年定例，咸丰二年改定	例13
户律·市廛·把持行市律	凡外国人朝贡到京，各铺行人等，将不系应禁之物入馆，两平交易；染作布绢等项，立限交还。如赊买及故意拖延骗勒远人，至起程日不能清还者，照诓骗律治罪，仍于馆门首枷号一个月，若不依期日，及诱引远人潜入人家，私相交易者，私货各入官，铺行人等以违制论，照前枷号	明问刑条例，清初删改，嘉庆六年改定	例14
户律·市廛·把持行市律	甘肃、西宁等处遇有番夷到来，所在该管官司，委员官关防督查，听与军民人等两平交易。若势豪之家，主使弟男、子侄、家人，将远人好马、奇货包收，逼令减价以贱易贵；及将一切货物头畜拘收，取觅用钱，方许买卖者，主使之人问发附近地方充军；听使之人，减主使一等；委员知而不举，通同分利者，参问治罪	前明问刑条例，雍正三年修改，乾隆五年改定	例15
户律·市廛·把持行市律	各处客商辐辏去处，若牙行及无籍之徒用强邀截客货者，不令有无诓赊货物，问罪，俱枷号一个月。如有诓赊货物，仍追比完足发落。若追比年久，无从赔还，累死客商者，发附近充军	前明问刑条例，雍正三年改定	例16

续表

所属篇目	内容	修订时间	编号
户律·市廛·把持行市律	内府人员家人，及王贝勒贝子公大臣官员家人，领本生意，霸占要地关津，倚势欺陵，不令商民贸易者，事发，将倚势欺陵之人，拟斩监候。如民人借贷王以下大臣官员银两，指名贸易，霸占要地关津，恃强贻累地方者，亦照此例治罪。又内府人员家人及王以下大臣官员家人，指名倚势，网收市利，挟制有司，干预词讼，肆行非法。该主遣去者，本犯枷号三个月，鞭一百；本犯私去者，照光棍例治罪；王贝勒贝子公失察者，俱交与该衙门照例议处；管理家务者，革职；大臣官员失察者，亦俱革职。不行察拿之该地方文武官，交该部议处	康熙六年定例，雍正三年修改，乾隆五年改定	例17
户律·市廛·把持行市律	牙行侵欠控追之案，审系设计诓骗，侵吞入己者，照诓骗本律计赃治罪；一百二十两以上，问拟满流，追赃给主；若系分散客店，牙行并无中饱者，一千两以下，照例勒追，一年不完，依负欠私债律治罪；一千两以上，监禁严追，一年不完，于负欠私债律上加三等，杖九十。所欠之银，仍追给主。承追之员，按月册报巡道稽查，逾限不给者，巡道按册提比。如怠忽从事，拖延累商者，该巡道据实揭参，照事件迟延例论处。有意徇纵者，照徇情例，降二级调用；如有受财故纵者，计赃从重，以枉法论	乾隆二十三年定例	例18
户律·市廛·把持行市律	大小衙门公私所需货物，务照市价公平交易，不得充用牙行，纵役私取。即有差办，必须秉公提取，毋许借端需索。如有纵役失察，交部分别议处。其衙役徒牙行及无籍之徒用强邀截客货者，不论有无诓赊货物例，枷号一个月，杖八十；如赃至三十五两者，照枉法赃问拟，所得赃私货物，分别给主入官	乾隆元年定例	例19
兵律·关津·私出外境及违禁下海律	凡外国贡船到岸，未曾报官盘验，先行接买番货，及为外国收买违禁货物者，俱发边卫充军	前明旧例，乾隆三十二年改定	例20
兵律·关津·私出外境及违禁下海律	凡商人有携带引茶货物在喀什葛尔等处与私越进卡之布鲁特交易换货物，或相买卖者，除违禁军器硝黄实犯死罪外，余俱发遣边远充军。如系私茶即照兴贩私茶与外国交易例发烟瘴充军。知情容留之歇家，说合之牙保，各与本犯同罪，货物入官。如商人携货私越卡上及越卡进内交易之布鲁特，俱发云贵两广烟瘴地方充军	道光十年定例	例21

所属篇目	内容	修订时间	编号
刑律·盗贼中·窃盗律	凡店家、船户有行窃商民，及纠合匪类窝赃朋分者，除分别首从计赃，照常人科断外，仍照捕投行窃例，各加枷号两个月	乾隆二年定例，嘉庆十三年改定	例22
刑律·诉讼·告状不受理律	每年四月初一日至七月三十日，时正农忙，一切民词，除谋反、叛逆、盗贼、人命及贪赃坏法等重情，并奸牙铺户骗劫客货，查有确据者，俱照常受理外，其一应户婚、田土等细事，一概不准受理；自八月初一日以后方许听断。若农忙期间，受理细事者，该督抚指名题参	康熙二十七年定例，乾隆五年改定	例23
刑律·诈伪·私铸铜钱律	私铸当十铜大钱照私铸铜钱例分别定拟，如经纪牙行人等于交易时不照钱面数目字样，任意折减，及与铺户人等通同舞弊，减成定价，甚至造言煽诱抗不收，使将为首阻挠者杖八十，徒二年枷号两个月，随同附和者杖六十，徒一年，加枷号一个月，均先于犯事地方枷号示众，满日起解	同治九年定例	例24

附录 D 《巴县档案》关于官立牙行的
部分案卷（道光至光绪）

说明:

1. 本附录是对第三章的补充。该章中所使用的《巴县档案》案卷，除脚注中特别说明的外，其余均来自本附录。其在正文中的编号与本附录中的编号一致。

2. 本附录对于案卷的编号方式与附录 A 相同。

3. 为节省篇幅，本附录以及正文表格中的案卷出处，均采用了原始文献的缩写，缩写方式与附录 A 相同。

编号	时间	案卷名称	案卷出处
道 1	道光十二年	朝天坊熊恒广以把持货物不容另售事控洪生等	川档, 清 6 - 12 - 10161
道 2	道光二十年	工书肖静亭禀控布行户康维新等抗不帮差案	川档, 清 6 - 07 - 00547
咸 1	咸丰八年五月	重庆府札饬巴县抽取厘金以备采买积储及巴县示谕卷	川档, 清 6 - 18 - 00916
咸 2	咸丰九年六月	重庆药厘局申报抽收洋药厘金数目以及征收洋药厘金章程告示等情卷	川档, 清 6 - 18 - 00929
同 1	同治三年至七年	巴县据禀示谕严禁贩私奸商不投行私串过秤发卖漏税和饬差查拿奸商以及丝行户张来顺等禀郑金顺曹二等违示漏厘一案	川档, 清 6 - 23 - 00820
同 2	同治八年九月	渝城厘金局移请传讯本城行户罗天锡等禀甘义和等故违前断贩靛来城又不入行私卖及永泰正瞒漏厘金一案	川档, 清 6 - 23 - 00933
同 3	同治九年	渝城商民不遵委员抽厘新章力夫游民打毁厘局及巴县奉札查拿卷	川档, 清 6 - 23 - 00885

编号	时间	案卷名称	案卷出处
同4	同治十二年六月	保甲厘金各局八省客商执事金含章等禀请示谕药行药栈投行发卖按章照价完厘以免讼端不断卷	川档，清 6 - 23 - 00829
同5	同治十二年	巴县据药行杨万利等禀请示谕严禁查拿药材不投行买卖私相交易希图漏厘卷及郑兴成等具禀岳义兴等估霸药材生意要罚银扯货不还一案	川档，清 6 - 23 - 00904
光1	光绪元年至二年	职员李永焘等控告回民金含章侵吞保甲团练经费一案	川档，清 6 - 31 - 01351
光2	光绪六年	药帮整顿厘金章程	川大档，光财三，厘金 1
光3	光绪六年	重庆药行药栈互争贸易权案	川大档，光财二，行帮 69
光4	光绪六年	重庆药帮谢宝树等控药行陈泰来私设分局案	川大档，光财二，行帮 134
光5	光绪九年	黄亿隆与刘天宝各开栈药材生贸之纠纷互控一案	川档，清 6 - 44 - 26400
光6	光绪十一年七月	川东道为严禁偷漏糖厘事札巴县文	川大档，光财三，厘金 35
光7	光绪十三年十月	巴县丝行请赏示严禁私丝上市禀	川大档，光财三，厘金 18
光8	光绪十五年十月	山广乾芳药材首事王日升以私漏凭获事具告胡腾蛟一案	川档，清 6 - 44 - 26891
光9	光绪十六年	渝城老厘局整顿厘务行文巴县事	川大档，光财三，厘金 2
光10	光绪十八年	王寅亮控陈仁义公偷漏药厘案	川大档，光财三，厘金 72
光11	光绪十九年	老厘局为丝行请求严禁黑经纪人从中作成事移巴县文	川大档，光财三，厘金 69
光12	光绪二十年四月	川东道札发李恒山漏厘案	川大档，光财三，厘金 5
光13	光绪二十一年三月	老厘总局移送拖欠厘金案	川大档，光财三，厘金 4
光14	光绪二十二年八月至九月	川东道札饬巴县查讯裕和源瞒漏厘金一案	川档，清 6 - 23 - 02372
光15	光绪二十五年	老厘局为天冬碙（银）砂帮整顿厘务事行巴县文	川大档，光财三，厘金 58
光16	光绪二十六年	巴县审讯磁器口船帮会首姬长发偷漏厘金案	川大档，光财三，厘金 77
光17	光绪二十七年	白花帮请求免厘案	川大档，光财三，厘金 15
光18	光绪二十七年	厘金包税人刘裕丰等禀为积劳需奖事	川大档，光财三，厘金 14
光19	光绪二十七年	老厘局为渝城各行帮欠厘事移巴县文	川大档，光财三，厘金 39
光20	光绪三十年	渝城新老厘三卡原委积弊收数比较情形禀	川大档，光财三，厘金 11

编号	时间	案卷名称	案卷出处
光 21	光绪三十年三月	道府县会示商民定期抽收旱挑百货厘金卷	川大档, 光财三, 厘金 62
光 22	光绪三十年四月	老厘局移黄懋斋偷漏麻厘案	川大档, 光财三, 厘金 59
光 23	光绪三十一年七月	八省首事职员代光灿等禀恳将保甲存留改名为保甲积谷水会军装局状	川档, 清 6 - 31 - 01042
光 24	光绪三十四年	巴县丝线帮首事张铨兴控牙侩王必生重抽厘金案	川大档, 光财三, 厘金 87

附录 E　嘉庆至光绪时期重庆牙业行帮帮规辑录

说明:

1. 本附录是对第四章"代收厘金的牙行出现了联合的趋势"部分的补充。

2. 本附录中,白花帮帮规来自《白花行户汪聚源等具禀黄泰茂违示挽越隐漏厘金案》,四川省档案馆藏《巴县档案》缩微胶卷,案卷号:清 6 – 18 – 00909;南阳药栈帮帮规来自《黄亿隆与刘天宝各开栈药材生贸之纠纷互控一案》,四川省档案馆藏《巴县档案》缩微胶卷,案卷号:清 6 – 44 – 26400。

3. 严格地说,南阳药栈帮的成员是私人栈房而不是官立牙行。但是由于药材栈房也向官府缴纳厘金,因此其从事中介贸易的资格在同治年间已经得到官府的承认,又由于其组织方式与牙业行帮并无明显区别,故其帮规也可以视为牙业行帮的帮规。

嘉庆十六年白花行规

查渝城各行并无红白花专帖,向系山广两行任从花客投行发卖,断令仍照旧规,不得把持垄断,取具遵结,详复前来,据以除批准立碑外,合行出示晓谕,为此示仰渝城三牌坊太平朝天千厮山广两行以及买卖客商人等知悉,嗣后红白花客抵渝,任客投行发卖,毋许阻挡把持,以致拖累客本,倘敢不遵,一经本府查出或被告发,定照把持行市例究不贷,各宜凛遵。

道光二十二年白花行规

当思清源，必塞其流，守旧以归划一。渝城各行代客买卖原有一定之规，惟我白花行交易客事重大，责有专任，历经前宪示禁照，然抑且悉凭八省逐年整理，俾免混淆，不至搀越，由来远矣。近因日久弊生，习焉不察，竟有以行规为具文，任竟废弛。第恐紊乱规款，耽误客事，是以请凭八省客长会同西黄两帮值年买卖客商，重整旧规，不追既往，以儆将来。嗣后凡我等代客售货之行，务须各安各业，以免争竞，设客以货易货，各归各行过秤，以杜搀越笺夺之弊端，且违前宪及八省妥议之章程，庶行规整肃，乐利靡涯矣，将行规列后。

一、谨遵八省公所议定章程，凡渝城专卖白花之行已凭八省领取较准公秤者，听客自便，至未经请领公秤之行，断不许用行主私制之秤吊花，至乱行规，违者议罚。

一、渝城□□白花行生意重大，公事费用冗繁，凡有新开行面专卖白花者，公议出上行入帮银壹百两以作行帮历年整理行规一切费用，毋得推诿，其原主歇业复开之行不在议内。

一、议白花帮代客买卖，客本累万盈千，行主各有专任之责，不得搀越笺夺至误客事。

一、渝城乃万商云集之区，客货名目固多，而代客买卖之行亦复不少，凡凭客商以货易货，各归各行，其平秤银色行用各按旧规不得紊乱。

道光二十二年千厮朝天白花行公立

咸丰元年白花行规

当谓有行无规，则遇事易起争端；有规不整，则日久难免废弛。惟我白花行帮向无专帖，却有专任，所有一切行规前人既斟酌尽善，后人宜恪守勿失，溯自嘉庆二十二年立建八省公所以来，凡凭八省客长西黄两帮值年买卖客商公议成规，叠经前各宪示谕，刊碑垂久，原与渝城山广各行区分畛域，

□无搀越，以免争竞，贻误公事。兹于道光三十年整理银规，道宪审讯断具结立案，外帮不得混淆侵夺，仍照旧规，各归各行，各安各业。但我帮因此讼费甚巨，公用倍繁，除将道宪示定银色立碑外，自应重整旧规，仍以每年春秋二季整理，共守勿替，庶几同力同心，可大可久矣。

今将八省西黄两帮值年向定章程胪列于后。

一、白花行生意重大，公用冗繁，凡有新开行面专卖白花者，公议上行入帮出银一百五十两，以作行帮历年整规等费，勿得推诿，其曾经入帮歇业复开之行不在此列。

一、花平砝码及吊花针秤俱系八省花帮值年公用较准，凡新开花行应照公平砝码较置，并由公所给秤编号登簿，以便稽核，未入花帮各行公所不得给秤，各行亦不得私自制秤，致酿争端，违者议罚。

一、每月二十六日白花行所领公秤俱赴公所较制，免致轻重（中间数字不清）十七年起改归画一，故秤概废不用，嗣后逐月较制（后数十字不清）。

一、白花一项客本累万盈千，行户责任非小，不惟外帮不许搀越贻误客事，即已入帮领秤开行者，亦须任客投行，听其自便以免垄断把持之弊，违者公罚。

一、渝城乃万商云集之区，货物众多，行亦不少，然各有专责，毋相侵夺，或有以花易货、以货易花者不能不听客便，但各归各行过秤，免致争竞，其平色行用亦各照旧规不得紊乱。

□店寄花，恐有在途遗失，船户脚力虚短花斤，客用店秤自较亦属常情，但不得私相授受，花店擅用私秤过吊，违者议罚。

以上各条历经八省客长西黄两帮值年买卖客商公同妥议，其余各有定规，我同行等务须永远持循，勿或违背，则同人有功，咸沾乐利矣。

咸丰元年三月朝天千厮白花行公立

光绪九年南阳药栈帮永定章程条规

盖闻凡事豫则立，不豫则紊，此言洵不诬也。渝城各帮均有成规，豫立章程，永定不紊，惟我南阳药栈自同治十二年因外帮各客号卖货，被行帮以偷漏厘金朦禀株我药栈在内，各受累数十金不等。沐姚□宪札委前李主会同三局八省官绅妥议定案，光绪六年行帮朦禀庄主请示药尽入行，栈帮只准堆店饭食，不许对手买卖，自会纳厘估抬，□□□□□等货又株裕源店在案，激客帮上控，督辕批□□□□行栈各札委一人互查，本帮另请妥人收缴厘金，发领循环印簿，由此拖累客栈两帮共用费一千余金无偿，始议客栈药包帮费七年，客帮控首发县经国主叠讯断明，两帮和好，书立合约各执，除客帮帮费一百八十两外，尚欠各栈垫项三百余金，外债银七百余两。添议各栈每包帮费银二分以作每年还帐祀神及查厘人工口食公用，俟有余作为神会底金，再议停止，是以爰集阖帮妥议章程八条，以垂久远，凡我同人，互相恪守，幸无阳奉阴违，致干公罚。则神胥庆矣，是为序，今将妥议章程条规列左。

一、议凡新开南阳药栈者上庄银二十两正，改一字者减半，不得徇情额外短少。

一、议凡客货来渝堆佃饭食，原有旧规，任客投店，不得闻夺争起，图售取用，倘有阳奉阴违者，查出罚戏一台，治酒四席。

一、议凡药来栈发售，公秤过吊，不得擅用大秤明堆暗叫，违者罚戏一台，治酒四席。

一、议凡碧略二帮药材拢渝无论起落何店，均应每药一包帮费银二分，不得以多报少，查出罚戏一台，治酒四席。

一、议□工学徒不准透漏客货及私扯亏用等弊，查出轻则革逐，重则禀官究治。

一、议每年兴立财神药王王爷三会祀神，治酌演戏各用均在帮费内提办。

一、议灶工火夫及管货人等不准透漏客货拿获轻则议罚，重则送官究治。

一、议凡客栈售货厘金照实上纳，不得隐匿，查出禀局究治。

一、增议凡上庄及出力之人每逢会期将死姑姓名填入亡人碑化□烧包以垂永远。

附录 F 《巴县档案》中与八省客长相关的部分案卷

说明：

1. 本附录是对第五章、第六章的补充。这两章中所使用的《巴县档案》案卷，除脚注中特别说明的外，其余均来自本附录。其在正文中的编号与本附录中的编号一致。

2. 本附录对于案卷的编号方式与附录 A 相同。

3. 为节省篇幅，本附录中的案卷出处均采用了原始文献的缩写，缩写方式与附录 A 相同。"川大档，选辑"指四川大学历史系编《四川大学历史系档案资料选辑丛刊：1760～1937 年四川商业》，未刊。

编号	时间	案卷名称	案卷出处
乾 1	乾隆年间	龚三福等哀状	选编，第 348～349 页
乾 2	乾隆二十三年	巴县申文及清册	汇编，第 314～321 页
乾 3	乾隆二十八年	贩锡客商状告行户私改公秤案	川大档，选辑
乾 4	乾隆三十六年	巴县设立夫头案	汇编，第 261～263 页
乾 5	乾隆五十六年	巴县告示	选编，第 344 页
乾 6	乾隆五十九年	八省会首禀状	汇编，第 330～331 页
嘉 1	嘉庆五年	夏正顺告状	选编，第 388 页
嘉 2	嘉庆六年	巴县告示	选编，第 238 页
嘉 3	嘉庆六年	重庆府谕八省客长确查渝城有帖行户多少系何省何行等情卷	川档，清 6 - 03 - 00311
嘉 4	嘉庆六年	浙江会馆碑文	选编，第 251 页
嘉 5	嘉庆七年	楚黄机房永定章程	选编，第 241 页

编号	时间	案卷名称	案卷出处
嘉6	嘉庆七年	本城民方曰贵禀曾义和等一局伙吞帝主公会公项会银两案	川档,清6-03-00312
嘉7	嘉庆九年	三河船帮差务章程清单	选编,第402页
嘉8	嘉庆九年	八省局绅公议大河帮差务条规	选编,第403页
嘉9	嘉庆十四年	朝天坊池洪才告岑教顺等胆违旧规统众凶拥上舡霸夺搬运客货等案	川档,清6-06-07076
嘉10	嘉庆十四年	千厮坊陈尚胜以修会馆估出钱不允统朋凶殴控徐正朝等	川档,清6-06-05262
嘉11	嘉庆十五年	千厮门山货行与广货行争卖红白花和布匹互控案	川档,清6-05-04886
嘉12	嘉庆十六年	仁里一甲王瑞丰等为阻不容等拨装货物具告秦海等	川档,清6-06-07083
嘉13	嘉庆十八年	巴县张志德无力开设磁器牙行把持滋事追帖斥革一案	川档,清6-03-00325
嘉14	嘉庆十八年	千厮坊行户叶恒裕告阳明元等背客货纠纷案	川档,清6-06-07087
嘉15	嘉庆十八年	千厮坊行户罗大丰等具控脚力夫陈秀伦等北运各行棉花多索力钱案	川档,清6-06-07089
嘉16	嘉庆十九年	太平门夫头谭秉清告李德世等违断强背杂货等情案	川档,清6-06-07091
道1	道光元年	千厮坊周朝富以估夺所背货物违断估抢生忌控陈恒泰等	川档,清6-11-09779
道2	道光三年	谭志隆诉状	选编,第351页
道3	道光五年	邓怀义禀	选编,第411页
道4	道光八年	綦江县民周元顺等具禀卢俊荣等借补修梅葛庙为名从中侵吞金事	川档,清6-07-00591
道5	道光九年	潘万顺等禀状	选编,第353页
道6	道光九年	池才顺等禀状	选编,第354页
道7	道光九年	汪锦华禀状	选编,第391页
道8	道光十四年	孔茂公控曾恒太因民买卖牛皮坐贸遭不来投行一案	川档,清6-12-10216
道9	道光十九年	千厮坊叶正顺等具告散夫彭仕龙等将伊栈棉花私卖吞银一案	川档,清6-12-10409
道10	道光二十年	工书肖静亭禀控布行户康维新等抗不帮差案	川档,清6-07-00547
道11	道光二十五年	八省客民禀状	选编,第416页

编号	时间	案卷名称	案卷出处
道12	道光二十五年	洪豫章等禀状	选编,第416~417页
道13	道光二十五年	巴县告示	选编,第417页
道14	道光二十五年	小河船首李廷泰等禀请批委八省请示定立差规卷	川档,清6-07-00556
道15	道光二十五年	八省客民等禀恳巴县示谕大小下河船帮差仍照前规永定章程革除弊端卷	川档,清6-07-00820
道16	道光二十六年	本城楚黄机房职员汪正兴等为工人抗违八省酌议勒要将工资银抵合钱交换率提高并停工打伤愿上工之人与职员事禀熊上元等	川档,清6-15-17190
道17	道光二十八年	重庆府禀	选编,第310页
咸1	咸丰五年	八省首事关允中等具禀各坊保正曾洪兴等亏空夫马厘金钱文案	川档,清6-18-00905
咸2	咸丰六年	白花行户汪聚源等具禀黄泰茂违示搀越隐漏厘金案	川档,清6-18-00909
咸3	咸丰十一年	渝城廿三坊厢绅士商民等禀请饬保甲局清算历年来抽厘劝捐银两收支帐目以免缠讼一案	川档,清6-18-00147
咸4	咸丰十一年	重庆厘局程益轩擅罚漏厘侵入私囊招摇舞弊递解回原籍严加管束卷	川档,清6-23-00077
同1	同治六年	下河首事胡元圃等禀王大兴借差霸收吞川帮船户差钱一案	川档,清6-23-01010
同2	同治七年	职员彭光大为乱规差徭繁杂事禀呈抄粘八省协议点锡暂行帮差条规恳照规帮差卷	川档,清6-23-00828
同3	同治七年	重庆府奉札抄发滩规章程灭除滩害卷	川档,清6-23-00992
同4	同治七年	奉各宪札知川东道遵札筹款开凿险滩并妥议章程请示遵办卷	川档,清6-23-00971
同5	同治十二年	巴县据药行杨万利等禀请示谕严禁查拿药材不投行买卖私相交易希图漏厘卷及郑兴成等具禀岳义兴等估霸药材生意勒要罚银掯货不还一案	川档,清6-23-00904
同6	同治十二年	保甲厘金各局八省客商执事金含章等禀请示谕药行药栈投行发卖货按章照价完厘以免讼端不断卷	川档,清6-23-00829
同7	同治五年至十三年	渝城筹款举办粥厂拟定章程搭蓬施粥等卷	川档,清6-23-01264

续表

编号	时间	案卷名称	案卷出处
同8	同治九年至十三年	各宪札饬办捐输以接济军饷及巴县办理捐输和申解捐输银两等情卷	川档,清6-23-00867
光1	光绪元年	朝天坊周万发等因滥规漏厘税控明兴发一案	川档,清6-44-26016
光2	光绪元年	职员李永焘等控告回民金含章侵吞保甲团练经费一案	川档,清6-31-01351
光3	光绪四年	江西会馆为争做首士互控案	川大档,光社会,帮会4
光4	光绪五年	卖帮杜恒顺等以脚夫不守旧规损人利己害人不浅协恳作主示禁各守旧规	川档,清6-44-26196
光5	光绪八年	川东道札饬巴县重庆粥厂经费由道库新厘项下支用停止募捐各厂总绅委员由道宪札委执事散绅由该县札委	川档,清6-34-06535
光6	光绪九年	巴县札委八省首事及商人绅粮等筹议经费在金紫临江朝天门设粥厂施粥及劝办赈济卷	川档,清6-34-06533
光7	光绪九年	光绪九年至十年重庆船帮	川大档,光财二,行帮124
光8	光绪九年	黄亿隆与刘天宝各开栈药材生贸之纠纷互控一案	川档,清6-44-26400
光9	光绪十年	巴县示谕筹建捐渝城施粥厂搭盖棚经费卷	川档,清6-34-06534
光10	光绪十二年	朝天门搬运工先年经八省客商公议定案条规卷	川大档,光财二,行帮144
光11	光绪十二年	陈美英任重庆八省首士福建省客长案	川大档,光财二,行帮141
光12	光绪十五年	黔丝商张裕顺告罗祥发丝店私设大秤案	川大档,光财二,匹头8
光13	光绪十七年	至善堂职员赖振义等具禀陈合太擅将善款巧立名目乘便营私肥己恳整顿至善堂条款卷	川档,清6-34-06519
光14	光绪十八年	江南会馆争做首士客长及财务互控案	川大档,光社会,帮会12
光15	光绪二十一年	重庆府札饬巴县传集八省绅商等议明重抽酒厘章程卷	川档,清6-23-03550
光16	光绪二十二年	巴县国令出示严禁重庆船帮违规收取帮费案	川大档,光财三,行帮11
光17	光绪二十四年	八省首事汤廷玉等禀请辞职卷	川档,清6-33-04611
光18	光绪二十七年	八省首事江安等具禀代恳详抽派渝城烟馆捐作团练费	川档,清6-31-01337

编号	时间	案卷名称	案卷出处
光 19	光绪三十一年	八省首事职员代光灿等禀恳将保甲存留改名为保甲积谷水会军装局状	川档,清 6 - 31 - 01042
宣 1	宣统元年	湖北铜铅商清平会屈兴隆恒控告屈茂先募卖会房案	川大档,宣财二,商会与商帮 4
宣 2	宣统三年	八省分会牒呈巴县给分董协董委任状一切照章办理文	川档,清 6 - 54 - 00927

附录 G 《巴县档案》中与行帮组织结构和规程制订相关的部分案卷

说明：

1. 本附录是对第七章、第八章的补充。这两章中援引的《巴县档案》案卷，除脚注中特别说明的外，其余均来自本附录。其在正文中的编号与本附录中的编号一致。

2. 本附录对于案卷的编号方式与附录 A 相同。

3. 为节省篇幅，本附录采用原始文献的缩写，缩写方式与附录 A 相同。

编号	时间	案卷名称	案卷出处
乾 1	乾隆二十年	阉术公规	选编，第 233 页
乾 2	乾隆三十六年	巴县设立夫头案	汇编，第 261~263 页
乾 3	乾隆五十八年	丝行公地义冢碑序	选编，第 250~251 页
嘉 1	嘉庆年间	渝城弹新花铺公议单	川档，清 6-03-00358
嘉 2	嘉庆元年	胰染绸绫布匹头绳红坊众艺师友等公议章程	选编，第 236~237 页
嘉 3	嘉庆四年	本城行户官广聚具告谭正禄杜脚夫不听使唤恶逆凶殴民一案	川档，清 6-05-04974
嘉 4	嘉庆七年	本城民方曰贵禀曾义和等一局伙吞帝主会公项银两案	川档，清 6-03-00312
嘉 5	嘉庆八年	巴县传案	选编，第 402 页
嘉 6	嘉庆八年	巴县告示	选编，第 402 页
嘉 7	嘉庆九年	三河船帮差务章程清单	选编，第 402~403 页
嘉 8	嘉庆九年	大小两河各帮船首认办差事单	选编，第 403 页
嘉 9	嘉庆九年	八省局绅公议大河帮差务条规	选编，第 403~404 页

编号	时间	案卷名称	案卷出处
嘉10	嘉庆十年	胡起先等禀存打帐钩之郑老么违规乱打造铜瓢发卖硬不上会应差一案	川档,清6-03-00315
嘉11	嘉庆十年	本城邹思权告杨高太摆摊发卖踊塞街道卷	川档,清6-05-04645
嘉12	嘉庆十年	王开连以船帮运米被光华之船退转损覆舟认赔舟不赔控赖福川等互控	川档,清6-06-07067
嘉13	嘉庆十一年	大河帮会首杨大顺等禀船户张云龙等在帮乘迈痞索案	川档,清6-06-07068
嘉14	嘉庆十一年	刘化呈等告快役庞玉冒充井河帮船首一案	选编,第405页
嘉15	嘉庆十三年	大河叙府帮船首杨登朝具禀伊帮船首该伊承充卷	川档,清6-06-07073
嘉16	嘉庆十四年	朝天坊池洪才告岑教顺等胆违旧规统众凶拥上舡霸夺搬运客货等案	川档,清6-06-07076
嘉17	嘉庆十四年	湖广船户陈文明具告王在贵等寻蚁勒讹并不由分说将项朝贵殴伤一案	川档,清6-05-05269
嘉18	嘉庆十四年	朝天储奇两党花轿铺互控案	选编,第394~395页
嘉19	嘉庆十五年	本城弹花行户梁续兴等具告王德顺等恃强滥规沿街弹卖新棉花一案	川档,清6-03-00321
嘉20	嘉庆十六年	本城太平坊谭秉清与杨麻子等因争背客货互控各情一案	川档,清6-005-04761
嘉21	嘉庆十八年	千厮坊行户叶恒裕告阳明元等背客货纠纷案	川档,清6-06-07087
嘉22	嘉庆十八年	千厮坊行户罗大丰等具控脚力夫陈秀伦等北运各行棉花多索力钱案	川档,清6-06-07089
嘉23	嘉庆十九年	太平门夫头谭秉清告李德世等违断强背杂货等情案	川档,清6-06-07091
嘉24	嘉庆二十四年	覃清国具禀夏朝希斋规抗不缴庄银并遇差躲公不办一案	川档,清6-03-00346
嘉25	嘉庆二十五年	翠微坊邓洪升具告罗裕珍等串搨勒银以及巴县具告各皮铺遵照旧章捐资生息认备军需毋抗违乱讼扰	川档,清6-03-00347
道1	道光元年	本城黄崇贵告李加谟平白统痞朋殴伊弟一案	川档,清6-06-10826
道2	道光元年	千厮坊周朝富以估夺所背货物违断估抢生忌控陈恒泰等	川档,清6-11-09779
道3	道光元年	赖豫泰等告船夫朱老满等勒银修庙案	选编,第407~408页
道4	道光元年至二年	板箱铺整理行规案	选编,第323~324页

编号	时间	案卷名称	案卷出处
道5	道光五年	小河船首候尚忠禀大河船首谢再提等紊乱船规勒收帮费一案	川档,清6-07-00796
道6	道光五年	陈金全徐双发因做园桶互控案	选编,第325~326页
道7	道光五年	湘乡帮与宝庆帮因码头铺房地基互控案	选编,第410~411页
道8	道光六年	大河各帮船首王廷贵等呈造轮流值日承办差事表禀请存案卷	川档,清6-07-00799
道9	道光七年	渝城磨房与烧饼铺互控案	选编,第387~388页
道10	道光八年至十年	綦江县民周元顺等具禀卢俊荣等借补修梅葛庙为名从中侵吞金事	川档,清6-07-00591
道11	道光十年	书办陈廷辉等告刘玉等搕索花轿案	选编,第395~396页
道12	道光十一年	孀妇刘龚氏具告朱奇等故乱开设染房程规诓奇生息一案	川档,清6-07-00525
道13	道光十五年	乡城公议割猪章程	选编,第233~234页
道14	道光十五年	拨船帮与王麻子等人互控案	选编,第413~414页
道15	道光十六年	打铜锁匠人状告铺户案	选编,第316~317页
道16	道光十七年	大河帮船户袁顺等举签黄洪顺承充船首案	川档,清6-07-00810
道17	道光十七年	东水厢夫头王元太等违规估背抬客货木植一案	川档,清6-07-00833
道18	道光十八年	黄仕顺等供状	选编,第357~358页
道19	道光十九年	千厮坊叶正顺等具告散夫彭仕龙等将伊栈棉花私卖吞银	川档,清6-12-10409
道20	道光二十一年	广扣帮公议章程	选编,第242~243页
道21	道光二十二年	永生帮顾绣老板师友公议条规	选编,第234页
道22	道光二十二年	黄裕成与谢永兴因贩卖纽扣互控案	选编,第243~244页
道23	道光二十三年	练龙贵与牟廷顺因割猪互控案	选编,第234页
道24	道光二十三年	川北各河船夫设新兴会案	选编,第415~416页
道25	道光二十四年	本城莫信成告姚金贵违规私造广扣理反凶伤一案	川档,清6-12-10601
道26	道光二十四年	本城陈德昌开设铜钮扣铺告黄恒顺把阻远来卖铜页之人不许在城出售案	川档,清6-12-10585
道27	道光二十四年	本城夏德顺告周牛勒去钱文屡次把阻停贸手艺生理等情	川档,清6-12-10581
道28	道光二十四年	打草纸帮诉讼案	选编,第246~248页

编号	时间	案卷名称	案卷出处
道29	道光二十五年	八省客长等禀恳巴县示谕大小下河船帮差仍照前规永定章程革除弊端卷	川档,清6-07-00820
道30	道光二十五年	本城民段永清等具禀砖瓦铺王合顺等违规讹派别上行银两并借差勒索等情案	川档,清6-07-00652
道31	道光二十五年	小河船首李廷泰等禀请批委八省请示定立差规卷	川档,清6-07-00556
道32	道光二十六年	大小河各船帮举签认充会首承办差务卷	川档,清6-07-00822
道33	道光二十七年	本城监生李如松等具告董云磬等违烟铺行规私造烟担沿街上叫卖诓夺铺户买卖一案	川档,清6-07-00562
道34	道光二十七年	印书匠人何升海与杨长应等互控	选编,第389~390页
道35	道光二十八年	宗义先等禀状	选编,第337页
道36	道光二十八年	茶担行李和顺与张万元互控案	选编,第374~375页
道37	道光二十八年	江松亭等诉状	选编,第377页
道38	道光二十九年	渝城男工顾绣老板师友公议条规	选编,第235~236页
道39	道光三十年	冰橘糖房规条	选编,第245~246页
道40	道光三十年	太平坊张永顺告滥规违议把持不许招徒不给伙食钱案	川档,清6-12-10794
咸1	咸丰五年至八年	重庆府札饬严禁估借估夺货物和逼债及巴县奉札示谕严禁卷	川档,清6-18-00022
咸2	咸丰六年	白花行户汪聚源等具禀黄泰茂违示搀越隐漏厘金案	川档,清6-18-00909
咸3	咸丰十一年	宜昌帮会首闫大槐告毛开源等费入不缴蚁额外垫钱查照旧规挪垫银两如数算给案	川档,清6-22-08953
咸4	咸丰十一年	三河会首马正泰等禀明封号兵船迎接骆大人来川实难承办卷	川档,清6-18-01072
同1	同治三年	巴县据遂河五帮首事船户黄元兴等禀恳示谕各帮船户船只各码头不得紊乱旧规以杜争竞以免藏奸案	川档,清6-23-01014
同2	同治三年至七年	巴县据禀示谕严禁贩丝奸商不投行私串过秤发卖漏税和饬差查拿奸商以及丝行户张来顺等禀郑金顺曹二等违示漏厘一案	川档,清6-23-00820
同3	同治六年	下河首事胡元圃禀王大兴借差霸收吞川帮船户差钱一案	川档,清6-23-01010
光1	光绪四年	川东道严禁船户盗卖白花帮货物告示	川大档,光财二,总则26

编号	时间	案卷名称	案卷出处
光 2	光绪五年	买帮杜恒顺等以脚夫不守旧规损人利己害人不浅协恳作主示禁各守旧规	川档,清 6 - 44 - 26196
光 3	光绪六年	重庆药帮谢宝树等控药行陈泰来私设分局案	川大档,光财二,行帮 134
光 4	光绪八年	叙府船帮首事刘正顺等控罗万兴抗差案	川大档,光财二,行帮 136
光 5	光绪九年	黄亿隆与刘天宝各开栈药材生贸之纠纷互控一案	川档,清 6 - 44 - 26400
光 6	光绪九年	令狐顺兴与赵德顺等人因绸帮公所帐目不清互控一案	川档,清 6 - 44 - 26422
光 7	光绪九年至十年	重庆船帮专案	川大档,光财二,行帮 124
光 8	光绪十一年	杨松茂开铺各销均难发卖不与之事与阚炳南互控案	川档,清 6 - 44 - 26581
光 9	光绪十一年	轿东帮内控一案	川档,清 6 - 44 - 26570
光 10	光绪十二年	重庆朝天门搬运工人先年经八省客商公议定案条规卷	川大档,光财二,行帮 144
光 11	光绪十三年	工吏职员及智一甲汪世芳等禀请示谕出簿募化培修老鼓楼九龙滩王爷庙以杜侵吞滋扰卷	川档,清 6 - 31 - 01981
光 12	光绪十四年	巴县丁福星等控经营拨搬帮差务张位卿夺帐霸营亏吞案	川档,清 6 - 06 - 26795
光 13	光绪十四年	太平坊刘敬海与王炳鉴以欺拿贸银拒交银帐和辞职为仇控捏遭银提等互控	川档,清 6 - 44 - 26798
光 14	光绪十四年	储奇坊张洪发以夺人生贸借名开庄控廖廷华一案	川档,清 6 - 44 - 26813
光 15	光绪十四年至十八年	重庆毡房帮认差案	川大档,光财二,行帮 132
光 16	光绪十五年	重庆白披桶糊桶两帮维护帮规案	川档,清 6 - 44 - 26859
光 17	光绪十五年	山广乾芳药材首事王日升以私漏凭获事具告胡腾蛟一案	川档,清 6 - 44 - 26891
光 18	光绪十六年	大河七帮船首罗炳盛等控毛祥瑞滥规案	川大档,光财二,行帮 120
光 19	光绪十八年	江南会馆敦谊堂首事朱成词□法荣等为争做首事客长并会馆财务互控及该馆首事议定之会馆管理章程案	川大档,光社会,帮会 2
光 20	光绪十九年	渝五花帮帮内为帮金互控案	川大档,光财二,行帮 110
光 21	光绪二十一年	油漆铺帮规	川大档,光财二,行帮 119
光 22	光绪二十一年至二十二年	大河七帮与盐川帮争收船差钱纠纷案	川大档,光财三,行帮 121

编号	时间	案卷名称	案卷出处
光 23	光绪二十二年	重庆市丝绵帮罢市卷	川大档，光财二，行帮 143
光 24	光绪二十三年	川东道札巴县据渝城各帮首事等议规恳请禁止船户盗买盗卖一案拟就告示饬张贴卷	川档，清 6 - 32 - 03642
光 25	光绪二十八年	渝城举人肖元丰等禀招勇保卫商号卷	川档，清 6 - 31 - 01733
光 26	光绪三十三年	金堂木船业成立金内帮揽载公所	川大档，光财二，行帮 126
光 27	光绪三十三年	京缎帮职商张义生禀控信义昌洋行管事违义独霸收两仪货银恳唤追卷	川档，清 6 - 32 - 02424
光 28	光绪三十三年	毛葛巾帮公司职商振华公司廖坤三为保商事禀请立案定立规章	川大档，光财二，近代工业 7
光 29	光绪三十三年	川东道札巴县据渝城各帮首事等议规恳请禁止船户盗买盗卖一案拟就告示饬张贴卷	川档，清 6 - 32 - 03642
宣 1	宣统元年	渝城炭力帮临江千厮厢董家嘴首事廖维轩等自愿认捐三码头年捐恳示众照旧规办理不得借捐索需文	川档，清 6 - 54 - 01491
宣 2	宣统元年	监生李泽沛等禀恳将临江炭力帮所抽之钱提作办学经费及巴县札委炭帮首事等情卷	川档，清 6 - 54 - 01621
宣 3	宣统元年	巴县炭力帮监正杨吉三监生李泽沛等与监生熊大祥等为帮费帐目互控案	川大档，宣财五，搬运 1
宣 4	宣统元年	监生李泽沛等禀控渝城炭力帮首事熊大祥等侵吞炭轮款案	川大档，宣财五，搬运 10
宣 5	宣统元年	渠河帮镇江寺公所债务纠纷案	川大档，宣财五，水道 9
宣 6	宣统元年	蔑席帮首事刘洪发等禀控刘立生等藐违章规恳请严究等情卷	川档，清 6 - 54 - 01679
宣 7	宣统元年	渝城朝天门码头索帮毛远臣等禀控杠帮王树堂等争运货物文	川大档，宣财五，搬运 9
宣 8	宣统元年	渝城糖帮首事唐荣发等禀巴县驳船帮敖恒泰等估要糖船由千厮门改泊朝天门勒收钱文请讯究案	川大档，宣财五，水道 52
宣 9	宣统元年至二年	监生李泽沛等与炭力帮首士蓝祥杰等为帮费事互控案	川大档，宣财五，搬运 4
宣 10	宣统元年至二年	重庆九门屠帮帮费使用案	川大档，宣财二，手工业 41
宣 11	宣统二年	南纪门米帮财神会董刘铺等具禀将余款暂立简易学堂禀请立案	川档，清 6 - 54 - 01590
宣 12	宣统二年	重庆府札巴县准嘉定府移开据花帮议乐将李仲连私卖三县花帮在渝公产银捐作郡城女学经费饬出示严禁以杜朦卖等情	川档，清 6 - 54 - 01651

编号	时间	案卷名称	案卷出处
宣 13	宣统二年	渝城千厮门力帮为争运棉纱互控案	川大档,宣财五,搬运 7
宣 14	宣统二年	渝城洪岩厢千厮门炭力帮首事何玉顺等禀巴县请求减捐市会钱或各衙杂派钱卷	川大档,宣财五,搬运 8
宣 15	宣统二年	炭力帮首廖维轩等认缴市会劝学会年捐文	川档,清 6–54–01943
宣 16	宣统二年	重庆火炮帮基金被提做团练及学费案	川大档,宣财二,手工业 33
宣 17	宣统二年	渝城驳船帮运输纠纷案	川大档,宣财五,水道 12
宣 18	宣统三年	药帮职商熊永泰行等及花帮职商罗万安等为再恳免验费禀巴县	川大档,宣财二,商会与商帮 3

附录 H 《巴县档案》中与行帮公产相关的 部分案卷

说明：

1. 本附录是对第九章的补充。该章中援引的《巴县档案》案卷，除脚注中特别说明的外，其余均来自本附录。其在正文中的编号与本附录中的编号一致。

2. 本附录对于案卷的编号方式与附录 A 相同。

3. 为节省篇幅，本附录以及正文表格中的案卷出处，均采用了原始文献的缩写，缩写方式与附录 A 相同。

4. 案件"宣 1"在《巴县档案》原文中被分为 7 个独立的案卷，诉讼时间前后相差数月，但是其诉讼缘由和涉案各方基本上没有改变。因此，本附录将这些案卷合并为一个案件，并重新命名。原案卷按时间先后分别为：

《渝城炭力帮临江千厮厢董家嘴首事廖维轩等自愿认捐三码头年捐恳示众照旧规办理不得借捐索需文》，川档，清 6 – 54 – 01491。

《监生李泽沛等禀恳将临江炭力帮所抽之钱提作办学经费及巴县札委炭帮首事等情卷》，川档，清 6 – 54 – 01621。

《巴县炭力帮监正杨吉三监生李泽沛等与监生熊大祥等为帮费帐目互控案》，川大档，宣财五，搬运 1。

《监生李泽沛等禀控渝城炭力帮首事熊大祥等侵吞炭轮款案》，川大档，宣财五，搬运 10。

《监生李泽沛等与炭力帮首士蓝祥杰等为帮费事互控案》，川大档，宣财五，搬运 4。

《渝城洪岩厢千厮门炭力帮首事何玉顺等禀巴县请求减捐市会钱或各衙杂派钱卷》，川大档，宣财五，搬运 8。

《炭力帮首廖维轩等认缴市会劝学会年捐文》，川档，清 6 - 54 - 01943。

编号	时间	案卷名称	案卷出处
乾 1	乾隆二十年	阉术公规	选编，第 233 页
乾 2	乾隆五十八年	丝行公地义冢碑序	选编，第 250～251 页
嘉 1	嘉庆年间	渝城弹新花铺公议单	川档，清 6 - 03 - 00358
嘉 2	嘉庆元年	胰染绸绫布匹头绳红坊众艺师友等公议章程	选编，第 236～237 页
嘉 3	嘉庆四年	本城行户官广聚具告谭正禄杜脚夫不听使唤恶逆凶殴民一案	川档，清 6 - 05 - 04974
嘉 4	嘉庆七年	本城民方曰贵禀曾义和等一局伙吞帝主会公项银两案	川档，清 6 - 03 - 00312
嘉 5	嘉庆十年	胡起先等禀存打帐钩之郑老么违规乱打造铜瓢发卖硬不上会应差一案	川档，清 6 - 03 - 00315
嘉 6	嘉庆十年	本城邹思权告杨高太摆摊发卖踊塞街道卷	川档，清 6 - 05 - 04645
嘉 7	嘉庆十一年	大河帮会首杨大顺等禀船户张云龙等在帮乘迈痞索案	川档，清 6 - 06 - 07068
嘉 8	嘉庆十一年	刘化呈等告快役庞玉冒充井河帮船首一案	选编，第 405 页
嘉 9	嘉庆十三年	大河叙府帮船首杨登朝具禀伊帮首该伊承充卷	川档，清 6 - 06 - 07073
嘉 10	嘉庆十四年	朝天储奇两党花轿铺互控案	选编，第 394～395 页
嘉 11	嘉庆二十四年	覃清国具禀夏朝希紊规抗不缴庄银并遇差躲公不办一案	川档，清 6 - 03 - 00346
嘉 12	嘉庆二十五年	翠微坊邓洪升具告罗裕珍等串搕勒银以及巴县告各皮铺遵照旧章捐资生息认备军需毋抗违乱讼扰	川档，清 6 - 03 - 00347
道 1	道光元年	本城黄崇贵告李加谟平白统痞朋殴伊弟一案	川档，清 6 - 06 - 10826
道 2	道光元年	赖豫泰等告船夫朱老满等勒银修庙案	选编，第 407～408 页
道 3	道光元年至二年	板箱铺整理行规案	选编，第 323～324 页
道 4	道光五年	小河船首候尚忠禀大河船首谢再提等紊乱船规勒收帮费一案	川档，清 6 - 07 - 00796
道 5	道光五年	陈金全徐双发因做园桶互控案	选编，第 325～326 页

编号	时间	案卷名称	案卷出处
道 6	道光五年	湘乡帮与宝庆帮因码头铺房地基互控案	选编，第 410～411 页
道 7	道光七年	渝城磨房与烧饼铺互控案	选编，第 387～388 页
道 8	道光八年至十年	綦江县民周元顺等具禀卢俊荣等借补修梅葛庙为名从中侵吞金事	川档，清 6-07-00591
道 9	道光十年	书办陈廷辉等告刘玉等搕索花轿案	选编，第 395～396 页
道 10	道光十一年	孀妇刘龚氏具告朱奇等故乱开设染房程规诓奇生息一案	川档，清 6-07-00525
道 11	道光十五年	乡城公议割猪章程	选编，第 233～234 页
道 12	道光十九年	千厮坊叶正顺等具告散夫彭仕龙等将伊栈棉花私卖吞银一案	川档，清 6-12-10409
道 13	道光二十一年	广扣帮公议章程	选编，第 242～243 页
道 14	道光二十二年	永生帮顾绣老板师友公议条规	选编，第 234 页
道 15	道光二十三年	练龙贵与牟廷顺因割猪互控案	选编，第 234 页
道 16	道光二十三年	川北各河船夫设新兴会案	选编，第 415～416 页
道 17	道光二十四年	本城陈德昌开设铜钮扣铺告黄恒顺把阻远来卖铜页之人不许在城出售案	川档，清 6-12-10585
道 18	道光二十四年	本城夏德顺告周牛勒去钱文屡次把阻停贸手艺生理等情	川档，清 6-12-10581
道 19	道光二十四年	打草纸帮诉讼案	选编，第 246～248 页
道 20	道光二十五年	本城民段永清等具禀砖瓦铺王合顺等违规讹派别上行银两并借差勒索等情案	川档，清 6-07-00652
道 21	道光二十五年	小河船首李廷泰等禀请批委八省请示定立差规卷	川档，清 6-07-00556
道 22	道光二十六年	大小河各船帮举签认充会首承办差务卷	川档，清 6-07-00822
道 23	道光二十七年	印书匠人何升海与杨长应等互控	选编，第 389～390 页
道 24	道光二十八年	宗义先等禀状	选编，第 337 页
道 25	道光二十八年	茶担行李和顺与张万元互控案	选编，第 374～375 页
道 26	道光二十九年	渝城男工顾绣老板师友公议条规	选编，第 235～236 页
道 27	道光三十年	冰桔糖房规条	选编，第 245～246 页
咸 1	咸丰六年	白花行户汪聚源等具禀黄泰茂违示搀越隐漏厘金案	川档，清 6-18-00909
咸 2	咸丰十一年	宜昌帮会首闫大槐告毛开源等费入不缴蚁额外垫钱查照问规挪垫银两如数算给案	川档，清 6-22-08953

编号	时间	案卷名称	案卷出处
咸 3	咸丰十一年	三河会首马正泰等禀明封号兵船迎接骆大人来川实难承办卷	川档,清 6 - 18 - 01072
同 1	同治三年	巴县据遂河五帮首事船户黄元兴等禀恳示谕各帮船户船只各码头不得紊乱旧规以杜争竞以免藏奸案	川档,清 6 - 23 - 01014
同 2	同治三年至七年	巴县据禀示谕严禁贩丝奸商不投行私串过秤发卖漏税和饬差查拿奸商以及丝行户张来顺等禀郑金顺曹二等违示漏厘一案	川档,清 6 - 23 - 00820
同 3	同治六年	下河首事胡元圃等禀王大兴借差霸收吞川帮船户差钱一案	川档,清 6 - 23 - 01010
同 4	同治七年	本城夏石城等禀恳示禁永德会人等不得私收佃钱及将公项铺房私行当卖及会祭之期毋许酗酒肆闹一案	川档,清 6 - 23 - 00356
光 1	光绪八年	叙府船帮首事刘正顺等控罗万兴抗差案	川大档,光财二,行帮 136
光 2	光绪九年	黄亿隆与刘天宝各开栈药材生贸之纠纷互控一案	川档,清 6 - 44 - 26400
光 3	光绪九年	令狐顺兴与赵德顺等人因绸帮公所帐目不清互控一案	川档,清 6 - 44 - 26422
光 4	光绪九年至十年	重庆船帮专案	川大档,光财二,行帮 124
光 5	光绪十三年	工吏职员及智一甲汪世芳等禀请示谕出簿募化培修老鼓楼九龙滩王爷庙以杜侵吞滋扰卷	川档,清 6 - 31 - 01981
光 6	光绪十四年	巴县丁福星等控经营拨搬帮差务的张位卿夺帐霸营亏吞案	川档,清 6 - 06 - 26795
光 7	光绪十四年至十八年	重庆毡房帮认差案	川大档,光财二,行帮 132
光 8	光绪十五年	重庆白披桶糊桶两帮维护帮规案	川档,清 6 - 44 - 26859
光 9	光绪十六年	大河七帮船首罗炳盛等控毛祥瑞滥规案	川大档,光财二,行帮 120
光 10	光绪十八年	江南会馆敦谊堂首事朱成词□法荣等为争做首事客长并会馆财务互控及该馆首事议定之会馆管理章程案	川大档,光社会,帮会 2
光 11	光绪十九年	渝五花帮帮内为帮金互控案	川大档,光财二,行帮 110
光 12	光绪二十一年	油漆铺帮帮规	川大档,光财二,行帮 119
光 13	光绪二十一年至二十二年	大河七帮与盐川帮争收船差钱纠纷案	川大档,光财三,行帮 121

编号	时间	案卷名称	案卷出处
光 14	光绪三十三年	金堂木船业成立金内帮揽载公所	川大档，光财二，行帮 126
宣 1	宣统元年至二年	炭力帮公产案	见附录 H"说明"
宣 2	宣统元年	渠河帮镇江寺公所债务纠纷案	川大档，宣财五，水道 9
宣 3	宣统元年至二年	重庆九门屠帮帮费使用案	川大档，宣财二，手工业 41
宣 4	宣统二年	南纪门米帮财神会董刘镛等具禀将余款暂立简易学堂禀请立案	川档，清 6 - 54 - 01590
宣 5	宣统二年	重庆府札巴县准嘉定府移开据花帮议乐将李仲连私卖三县花帮在渝公产银捐作郡城女学经费饬出示严禁以杜朦卖等情	川档，清 6 - 54 - 01651
宣 6	宣统二年	重庆火炮帮基金被提做团练及学费案	川大档，宣财二，手工业 33
宣 7	宣统二年	重庆米亭子神农会债务纠纷案	川大档，宣财二，手工业 51
宣 8	宣统三年	渝城驳船帮运输纠纷案	川大档，宣财五，水道 12

附录 I 《巴县档案》中与乾隆至同治时期重庆脚夫组织相关的案卷

说明：

1. 本附录是对第十章的补充。该章中所使用的《巴县档案》案卷，除脚注中特别说明的外，其余均来自本附录。其在正文中的编号与本附录中的编号一致。

2. 本附录对于案卷的编号方式与附录 A 相同。

3. 为节省篇幅，本附录采用原始文献的缩写，缩写方式与附录 A 相同。

编号	案卷名称	时间	案卷出处
乾 1	朝天门码头徐殿扬等遵示认充夫头案	乾隆三十六年	川档，清 6-01-00129
乾 2	七门码头认办差务单	乾隆三十六年	选编，第 1 页
乾 3	巴县谕：现进剿小金川需用火药、军装，各铺店栈房派夫抬送毋得观望卷	乾隆三十七年	川档，清 6-01-00119
乾 4	札饬查拿不法脚夫贺万元等把持滋事案	乾隆四十六年	川档，清 6-01-00077
乾 5	为押运楠木进京接护皇筏等事巴县奉差承办差务卷	乾隆四十七年	川档，清 6-01-00163
乾 6	南川县邓世全告罗姓勒要脚夫银钱不遂反将民叔殴伤一案	乾隆五十四年	川档，清 6-01-01426
乾 7	朝天坊脚夫刘文宗为运货不给够足钱文将伊冤控屈责事控何恒顺	乾隆五十七年	川档，清 6-02-03001
乾 8	巴县告示	乾隆五十八年	选编，第 2 页

编号	案卷名称	时间	案卷出处
嘉1	本城行户官广聚具告谭正禄扛脚夫不听使唤恶逆凶殴民一案	嘉庆四年	川档,清6-05-04974
嘉2	本城乡约陈合兴禀请南纪厢等处码头无籍痞徒揽背客货一案出示晓谕	嘉庆十年	川档,清6-06-08183
嘉3	本城七门夫头罗岐山等禀恳给力钱一案	嘉庆十二年	川档,清6-06-08265
嘉4	夫头夏方才等告陈绍德等违规乱背货物并逞凶一案	嘉庆十二年	川档,清6-03-00488
嘉5	朝天坊陈正刚具禀宁毓济等不给蚁脚钱反将蚁殴伤一案	嘉庆十五年	川档,清6-05-05295
嘉6	本城各码头脚夫不听使并强抢搬运东西一案	嘉庆十六年	川档,清6-05-04746
嘉7	巴县候补州正堂为剥船拢岸各货应由各行栈码头专管夫头派拨一事札文朝天门码头	嘉庆十六年	川档,清6-05-04745
嘉8	各行帮头人妥议朝天门码头搬运条规禀呈县衙札谕施行	嘉庆十六年	川档,清6-03-00475
嘉9	本城太平坊谭秉清与杨麻子等因争背客货互控各情一案	嘉庆十六年	川档,清6-05-08440
嘉10	张文佳具告马年忘等霸码头估背民等西帮客货一案	嘉庆十七年	川档,清6-04-03449
嘉11	千厮坊行户叶恒裕告阳明元等背客货纠纷案	嘉庆十八年	川档,清6-06-07087
嘉12	千厮坊行户罗大丰等具控脚力夫陈秀伦等背运各行棉花多索力钱案	嘉庆十八年	川档,清6-06-07089
嘉13	太平门夫头谭秉清等告李德世等违断强背杂货等情案	嘉庆十九年	川档,清6-05-04761
嘉14	朝天坊池洪才告岑教顺胆违旧规统众凶拥上舡霸夺搬运客货一案	嘉庆二十四年	川档,清6-06-07076
嘉15	巴县索杠两帮立出永定章程合同约	嘉庆二十四年	川档,清6-03-00504
嘉16	本城夫头夏芳才池洪才等为抗差不办等事互控一案	嘉庆二十五年至道光十年	川档,清6-07-01137
道1	本城叶松茂等告谭月华率多人将蚁等殴伤一案	道光元年	川档,清6-12-10847
道2	本城谭克和告李尚元勒取背夫钱反行凶霸占麻捆堆等	道光元年	川档,清6-12-10855
道3	千厮坊周朝富等以估夺所背货物违背估抢生忌控陈恒泰等	道光元年	川档,清6-11-09779
道4	本城王清等告陈泰恒等为争背货物纠众违霸案	道光二年	川档,清6-15-17008
道5	千厮坊陈泰恒负力苦度生为争背货物告王清一案	道光二年	川档,清6-15-17009

续表

编号	案卷名称	时间	案卷出处
道6	茶帮陈太恒与下河川帮王清等为争背棉花客货事互控一案	道光二年	川档,清6-07-00828
道7	千厮坊王清具存叶松茂屡欺辱民凶将帮内账本私窃一案	道光三年	川档,清6-16-19252
道8	临江坊魏文朝告尹西狗统多人朋殴伤陈宗华等情案	道光四年	川档,清6-12-11007
道9	铺民姚万森等具禀茶帮脚夫违禁估背钱包恳请示禁案	道光六年	川档,清6-07-00829
道10	本城王朝喊控夫头尹正兴估骗工钱不给案	道光十三年	川档,清6-06-07074
道11	刘宗智等为脚夫背运客货生理有他不密其等背运上控吴远材一案	道光十六年	川档,清6-17-20305
道12	东水厢夫头王太元等违规估背抬客货木植一案	道光十七年	川档,清6-07-00833
道13	本城夫头夏方才等告王泰元等在码头争背木花板一案	道光十七年	川档,清6-15-01708
道14	东水坊夫头刘移山具禀张义元等霸背客货并逞凶一案及吕一美具禀刘移山假冒夫头把阻背运客货卷	道光十八年	川档,清6-07-00834
道15	本城夫头彭仕龙禀泰老幺行窃民请帮背的棉花一案	道光二十五年	川档,清6-14-15649
道16	仁和坊朱国发等人充当茶帮夫头背运客货应办差务遭散夫刘快生等人不依程规肆行滥背害该等人不能收取厘金填还帐等情告刘快生等人	道光二十九年	川档,清6-12-10755
道17	本城陈学礼告周大癫子等为争背客货起衅肆闹凶殴等情案	道光二十九年	川档,清6-15-17234
道18	重庆千厮门水巷子力夫川帮陈浩然和叶林富互相控告霸踞夫头侵吞公款	道光三十年	川档,清6-11-08021
咸1	黔江递解湖南来川下力营生之谭维贞等回巴县讯明保释卷	咸丰九年	川档,清6-18-00303
同1	储奇坊川茶力夫廖锡九杨坤山等为争生意地界斗殴案	同治三年	川档,清6-27-08568
同2	本城周恒升等与茶邦李芳廷等人因争运客货地界构讼	同治四年	川档,清6-27-08592
同3	本城川帮脚力李大成、贺洪顺等人为争地界构讼	同治五年	川档,清6-27-08638

续表

编号	案卷名称	时间	案卷出处
同4	千厮坊杨谭氏以夫生花铺遭茶帮滋祸,路过被痞拳打凶伤诬押难甘之情控李春发等一案	同治五年	川档,清6-27-09477
同5	八省客民江安等禀朝天门抓拿帮明司盘查暗通窃匪串党公窃私偷棉花协恳示禁严拿及巴县示谕卷	同治六年	川档,清6-23-00314
同6	仁和坊药行力夫贾恒春等与茶帮聚盛奎等为争运货构讼案	同治八年	川档,清6-27-08768
同7	东水坊保正吴国柱等禀不知名力夫因上船失足落水淹死一案	同治九年	川档,清6-23-01823
同8	仁和坊贾恒春控尹维德恃众凶横霸占脚力生意理斥反凶伤及讯结	同治十三年	川档,清6-30-16862

附录 J 道光至同治年间"茶帮"与"川帮"殴斗的部分案情

说明:

1. 本附录是对第十章的补充。

2. "案卷编号"对应附录 I 中"案卷名称"编号。

序号	时间	案情	争议地界	案卷编号
1	道光元年四月	因争背恒丰店货物斗殴	千厮门	道1
2	道光元年六月	茶帮入川帮店铺强背货物并恐吓	千厮门	道3
3	道光二年	川帮与茶帮抢背货物	千厮门	道6
4	道光六年二月	茶帮至曾广源钱铺抢背货物并恐吓	千厮门	道9
5	道光二十九年	刘快生等抢背茶帮货物并斗殴	三牌坊、顺城街	道16
6	道光二十九年三月	川帮抢运货物,川帮四人被殴伤	浙江馆晒厂、仁寿宫晒厂、建丰栈、恒盛德、古冈栈	道17
7	道光二十九年闰四月	茶帮脚夫多人执械驱赶川帮脚夫	顺城街宏昌、万盛、万春栈	道17
8	道光二十九年六月	川帮抢运悦兴钱店货物,并出言恐吓	仁和坊	道17
9	道光二十九年六月	川帮多人围殴茶帮夫头颜春和	三牌坊	道17

序号	时间	案情	争议地界	案卷编号
10	道光二十九年十一月	川帮欲夺三牌坊两处号栈货物	三牌坊	道17
11	道光三十年三月	川帮争背货物，并恐吓茶帮	三牌坊	道17
12	咸丰十一年三月	茶帮聚众争夺信诚行搬运权	三牌坊	道17
13	同治三年八月	茶帮杨坤山率多人入行，驱逐川帮脚夫	储奇门	同1
14	同治三年八月	茶帮杨坤山等入廖锡九行驱逐川帮脚夫	储奇门	同1
15	同治三年八月	茶帮杨坤山等入永义行抢夺生意	储奇门	同1
16	同治三年九月	川帮谭国瑞等入行寻凶，破坏店面	储奇门	同1
17	同治三年十月	川帮入茶帮行店，抢劫财物	不详	同1
18	同治四年二月	川帮周恒升等驱赶茶帮力夫，并抢劫	羊子坝	同2
19	同治四年三月	茶帮入冯兴发行内驱逐川帮脚夫，破坏店面，抢劫财物	储奇门	同1
20	同治四年三月	茶帮入广顺行抢夺生意，将三人殴伤，并掳走余兴顺，破坏店面，抢劫财物	储奇门	同1
21	同治四年三月	茶帮李芳廷统领多人与川帮斗殴，将王顺兴等三人捉至长沙公所	不详	同2
22	同治四年四月	茶帮周广兴等统领多人来川帮地盘闹事	不详	同2
23	同治四年四月	川帮卢镜铨统等各行搂打，抢劫财物	不详	同2
24	同治四年十二月	（川帮说）茶帮霸占三街各行不交，不准川帮入；（茶帮说）川帮执械驱赶茶帮脚夫并抢劫店铺	羊子坝顺城街曹家巷各城门正街	同2
25	同治五年正月	川帮周恒升等入茶帮行内闹事	不详	同2

续表

序号	时间	案情	争议地界	案卷编号
26	同治五年二月	茶帮多人入川帮行内殴斗,破坏店面,抢劫财物,打伤四人	不详	同 2
27	同治五年二月	川茶两帮殴斗,打伤差役罗恺	不详	同 2
28	同治五年二月	川帮将茶帮首事杨瑞福殴伤	不详	同 2
29	同治五年八月	川帮殴伤立碑石匠	不详	同 4
30	同治八年三月	茶帮抢运货物并殴伤川帮李志心	仁和坊	同 6
31	同治十年正月	茶帮脚夫殴伤川帮禹邦连	羊子坝	同 4
32	同治十二年十一月	川茶两帮争运货物	刁家巷	同 8

参考文献

一 史料

1. 原始文献

《四川官报》光绪三十年。

《大清律例》，田涛、郑秦点校，法律出版社，1999。

不著撰人：《铜政便览》，刘兆祐主编《中国史学丛书三编》第1辑，据清嘉庆间钞本影印，学生书局，1986。

曹仁虎等奉敕撰《皇朝文献通考》，上海图书集成局铅印本，1901。

道光《江北厅志》，《中国地方志集成·四川府县志辑5》，巴蜀书社，1992。

道光《綦江县志》，道光六年刻本。

刘衡：《蜀僚问答》，官箴书集成编纂委员会编《官箴书集成》第6卷，黄山书社，1997。

雷梦麟撰《读律琐言》，怀效锋、李俊点校，法律出版社，1999。

马建石、杨育棠主编《大清律例通考校注》，中国政法大学出版社，1992。

民国《巴县志》，1939年刻本。

乾隆《巴县志》，乾隆二十六年刻本。

嘉庆《巴县志》，嘉庆二十五年刻本。

四川大学历史文化学院藏《巴县档案》抄件。

四川省档案馆藏《巴县档案》缩微胶卷，全宗号：清6。

咸丰《阆中县志》，咸丰元年刻本。

薛允升著述，黄静嘉编校《读例存疑重刊本》，台北：成文出版社有限公司，1970。

〔美〕威廉·埃德加·盖洛：《扬子江上的美国人——从上海经华中到缅甸的旅行记录》，晏奎、孟凡君、孙继成译，山东画报出版社，2008。

魏源：《圣武记》，中华书局，1984。

严如煜：《三省边防备览》，来鹿堂刊本，1830。

周询：《蜀海丛谈》，巴蜀书社，1986。

2. 史料汇编

重庆中国银行编《四川省之山货》上卷，中国银行总管理处经济研究室，1934。

中国民主建国会重庆市委员会、重庆市工商业联合会文史资料工作委员会编《重庆工商史料》第1、3辑，重庆出版社，1982、1984。

合川政协文史资料研究委员会编《合川文史资料选辑》第10辑，1993。

江津县政协文史资料委员会编《江津文史资料选辑》第3辑，1985。

苏州博物馆等合编《明清苏州工商业碑刻集》，江苏人民出版社，1981。

鲁子健：《清代四川财政史料》（上、下），四川省社会科学院出版社，1984。

四川大学历史系编《四川大学历史系档案资料选辑丛刊——1760~1937年四川商业》第3册，未刊本。

四川大学历史系、四川省档案馆编《清代乾嘉道巴县档案选编》（上），四川大学出版社，1989。

四川大学历史系、四川省档案馆编《清代乾嘉道巴县档案选编》（下），四川大学出版社，1996。

四川省档案馆编《清代巴县档案汇编·乾隆卷》，档案出版社，1991。

四川省档案馆编《清代巴县档案整理初编·司法卷》（乾隆朝、嘉庆朝、道光朝），西南交通大学出版社，2018。

王纲编《大清历朝实录四川史料》上卷，电子科技大学出版社，1991。

中国民主建国会重庆市委员会、重庆市工商业联合会文史资料工作委员会编《重庆工商史料》第1、3辑，重庆出版社，1982、1984。

二　研究论著

1. 中文文献

〔美〕D. 布迪、C. 莫里斯：《中华帝国的法律》，朱勇译，江苏人民出版社，1995。

〔美〕R. 科斯等：《财产权利与制度变迁——产权学派与新制度学派译文集》，刘守英等译，上海三联书店，1991。

〔英〕S. 斯普林克尔：《清代法制导论——从社会学角度加以分析》，张守东译，中国政法大学出版社，2000。

〔俄〕阿·科尔萨克：《俄中商贸易关系史述》，米镇波译，社会科学文献出版社，2010。

〔德〕埃瑞克·G. 菲吕博顿等编《新制度经济学》，孙经纬译，上海财经大学出版社，1998。

敖天颖：《清季劝业道及劝业员初探》，硕士学位论文，四川大学，2004。

〔美〕步德茂：《过失杀人、市场与道德经济——18世纪中国财产权的暴力纠纷》，张世明等译，社会科学文献出版社，2008。

〔加〕卜正民、〔加〕格力高利·布鲁主编《中国与历史资本主义——汉学知识的系谱学》，古伟瀛等译，新星出版社，2005。

曹树基：《中国人口史》第5卷《清时期》，复旦大学出版社，2001。

常建华：《日本八十年代以来的明清地域社会研究述评》，《中国社会经济史研究》1998年第2期。

陈宝良：《中国的社与会》，浙江人民出版社，1996。

陈春声:《从地方史到区域史——关于潮学研究课题与方法的思考》,《"区域社会史比较研究"中青年学者学术讨论会论文集》,太原,2004。

陈峰:《民国史学的转折:中国社会史论战研究(1927~1937)》,山东大学出版社,2010。

陈锋:《20世纪的晚清财政史研究》,《近代史研究》2004年第1期。

陈国栋:《清代前期的粤海关与十三行》,广东人民出版社,2014。

陈孔立:《清代台湾移民社会研究》,九州出版社,2003。

陈显川:《清代金川战争时期巴县社会状况的考察——以巴县档案为中心》,《西南农业大学学报》2011年第11期。

陈亚平:《咸同时期的巴县"绅商"》,《近代史学刊》第4辑,华中师范大学出版社,2007。

陈亚平:《18~19世纪的市场争夺:行帮、社会与国家——以巴县档案为中心的考察》,《清史研究》2007年第1期。

陈亚平:《清代巴县的乡保客长与地方秩序——以巴县档案史料为中心的考察》,《太原师范学院学报》2007年第5期。

陈亚平:《清代商人组织的概念分析——以18~19世纪重庆为例》,《清史研究》2009年第1期。

陈亚平:《清代巴县的乡保、客长与"第三领域"——基于巴县档案史料的考察》,中南财经政法大学法律文化研究院编《中西法律传统》第7卷,北京大学出版社,2009。

陈亚平:《寻求规则与秩序:18~19世纪重庆商人组织的研究》,科学出版社,2014。

陈忠平:《明清时期江南市镇的牙人与牙行》,《中国经济史研究》1987年第2期。

〔美〕道格拉斯·诺斯:《新制度经济学及其发展》,路平、何玮译,《经济社会体制比较》2002年第5期。

戴史翠:《帝国、知县、商人以及联系彼此的纽带:清代重庆的商业诉讼》,王希主编《中国和世界历史中的重庆——重庆史研究论文选集》,重庆大学出版社,2013。

邓建鹏：《健讼与息讼——中国传统诉讼文化的矛盾解析》，许章润主编《清华法学》第 4 辑，清华大学出版社，2004。

邓小南：《走向“活”的制度史——以宋代官僚政治制度史研究为例的点滴思考》，《浙江学刊》2003 年第 3 期。

邓小南：《祖宗之法：北宋前期政治述略》，三联书店，2006。

戴一峰：《论晚清的子口税与厘金》，《中国社会经济史研究》1993 年第 4 期。

邓晓：《重庆老城码头研究》，《重庆社会科学》2007 年第 9 期。

邓亦兵：《清代前期内陆粮食运输量及变化趋势——关于清代粮食运输研究之二》，《中国经济史研究》1994 年第 3 期。

窦季良：《同乡组织之研究》，正中书局，1946。

〔日〕渡边信一郎、宫泽知之、足立启二：《日本关于前近代中国经济史的研究》，《中国经济史研究》1987 年第 2 期。

樊树志：《明清江南市镇的实态分析——以苏州府嘉定县为中心》，《学术研究》1988 年第 1 期。

樊树志：《明清江南市镇探微》，复旦大学出版社，1990。

方行：《清代前期江南的劳动力市场》，《中国经济史研究》2004 年第 3 期。

范金民等：《明清商事纠纷与商业诉讼》，南京大学出版社，2007。

范金民：《应差与把持：从巴县诉讼档案看清代重庆的商贸行为》，《历史研究》2009 年第 3 期。

〔美〕费正清、刘广京编《剑桥中国晚清史（1800～1911 年）》下卷，中国社会科学出版社，2006。

〔日〕夫马进：《中国善会善堂史研究》，伍跃等译，商务印书馆，2005。

〔日〕夫马进：《中国诉讼社会史概论》，范愉译，中国政法大学法律古籍整理研究所编《中国古代法律文献研究》第 6 辑，社会科学文献出版社，2013。

〔日〕夫马进：《清末巴县“健讼棍徒”何辉山与裁判式调解“凭团理剖”》，瞿艳丹译，中国政法大学法律古籍整理研究所编《中国古代法律文献研究》第 10 辑，社会科学文献出版社，2016。

傅衣凌：《明清时代商人及商业资本》，人民出版社，1956。

傅衣凌：《明代江南市民经济初探》，上海人民出版社，1957。

傅衣凌：《明清社会经济史论文集》，人民出版社，1982。

傅衣凌：《明清社会经济变迁论》，人民出版社，1989。

傅衣凌：《明清时代江南市镇经济的分析》，《历史教学》1964 年第 50 期。

傅衣凌：《明清封建土地所有制论纲》，中华书局，2007。

苟德仪：《清代川东道的辖区与职能演变——兼论地方行政制度中道的性质》，《中国历史地理论丛》2008 年第 3 期。

苟德仪：《川东道台与地方政治》，中华书局，2011。

〔日〕沟口雄三：《中国的公与私·公私》，郑静译，三联书店，2011。

高海燕：《近代外国在华洋行、银行与中国钱庄》，《社会科学辑刊》2003 年第 2 期。

高寿仙：《关于日本明清社会经济史研究的学术回顾——以理论模式和问题意识嬗变为中心》，《中国经济史研究》2002 年第 1 期。

〔德〕贡德·弗兰克：《白银资本：重视经济全球化中的东方》，刘北成译，中央编译出版社，2000。

〔日〕贵志俊彦：《日本中国城市史研究与评析》，汪寿松译，《城市史研究》1998 年第 1 期。

郝秉键：《晚明清初江南"打行"研究》，《清史研究》2001 年第 1 期。

何刚：《"革命"与"学术"的双重变奏——中国社会史论战研究 80 年》，《党史教学与研究》2011 年第 2 期。

何国卿、张湖东、张婷婷：《"中西经济大分流：历史比较与分析"国际学术研讨会纪要》，《中国经济史研究》2012 年第 4 期。

何汉威：《晚清四川财政状况的转变》，《新亚学报》（香港）第 14 卷，1984 年。

何汉威：《清末赋税基准的扩大及其局限——以杂税中的烟酒税和契税为例》，《中央研究院近代史研究所集刊》第 17 期下册，1988 年。

何汉威：《清季中央与各省财政关系的反思》，《中央研究院历史语言研究所集刊》第 72 本第 3 分，2002 年。

何烈：《清咸、同时期的财政》，台湾编译馆中华丛书编审委员会，1981。

何亚莉：《二十世纪中国古代盐业史研究综述》，《盐业史研究》2004年第2期。

胡谦：《清代民事纠纷的民间调处研究》，博士学位论文，中国政法大学，2007。

胡铁球：《"歇家牙行"经营模式的形成与演变》，《历史研究》2007年第3期。

华友根：《薛允升的律学研究及其影响》，《政治与法律》1999年第3期。

黄淑娉、龚佩华：《广东世仆制研究》，广东高等教育出版社，2001。

黄英伟：《历史上的地权：研究现状与趋势》，《经济学动态》2014年第12期。

黄宗智主编《中国研究的范式问题讨论》，社会科学文献出版社，2003。

黄宗智：《清代的法律、社会与文化：民法的表达与实践》，上海书店出版社，2007。

黄宗智：《法典、习俗与司法实践：清代与民国的比较》，上海书店出版社，2007。

季卫东：《调解制度的法律发展机制》，强世功编《调解、法制与现代性：中国调解制度研究》，中国法制出版社，2001。

贾锡萍：《近期中国城市史研究博士论文摘要》，《城市史研究》2000年第1期。

贾锡萍：《近期中国城市史研究博士论文摘要（二）》，《城市史研究》2000年第2期。

江太新：《清代前期押租制的发展》，《历史研究》1980年第3期。

〔英〕卡尔·波兰尼：《大转型：我们时代的政治与经济起源》，冯钢、刘阳译，浙江人民出版社，2007。

科大卫：《中国的资本主义萌芽》，陈春声译，《中国经济史研究》2002年第1期。

科大卫：《皇帝和祖宗：华南的国家与宗族》，卜永坚译，江苏人民出版社，2009。

〔美〕柯文：《在中国发现历史——中国中心观在美国的兴起》，林同奇译，中华书局，2002。

〔美〕柯文：《历史三调：作为事件、经历和神话的义和团》，杜继东译，江苏人民出版社，2000。

柯志明：《番头家：清代台湾族群政治与熟番地权》，台北：中研院社会学研究所，2001。

〔美〕兰德尔·柯林斯：《暴力：一种微观社会学理论》，刘冉译，北京大学出版社，2016。

赖惠敏：《清代巴县县署档案：乾隆朝（1736～1795）司法类》，《近代中国史研究通讯》（台北）第 28 期，1999 年。

赖惠敏：《从高朴案看乾隆朝的内务府与商人》，《新史学》（台北）第 13 卷第 1 期，2002 年。

赖惠敏：《山西常氏在恰克图的茶叶贸易》，《史学集刊》2012 年第 6 期。

赖骏楠：《清末四川财政的"集权"与"分权"之争：以经征局设立及其争议为切入点》，《学术月刊》2019 年第 8 期。

蓝勇：《明清时期的皇木采办》，《历史研究》1994 年第 6 期。

蓝勇：《清代四川土著和移民分布的地理特征研究》，《中国历史地理论丛》1995 年第 2 期。

蓝勇等编著《巴渝历史沿革》，重庆出版社，2004。

蓝勇：《清代四川移民会馆名实与职能研究》，《中国史研究》1996 年第 4 期。

蓝勇：《清代滇铜京运线路考释》，《历史研究》2006 年第 3 期。

蓝勇：《清代京运铜铅打捞与水摸研究》，《中国史研究》2016 年第 2 期。

蓝勇、彭学斌：《古代重庆主城城址位置、范围、城门变迁考——兼论考古学材料在历史城市地理研究中的运用方式》，《中国历史地理论丛》2016 年第 2 期。

冷东：《20 世纪以来十三行研究评析》，《中国史研究动态》2012 年第 3 期。

〔美〕李·麦萨克编《中国城市史英文出版论著目录（1990～1996年）》，任云兰译，《城市史研究》1997 年第 1 期。

李伯重：《中国全国市场的形成：1500～1840 年》，《清华大学学报》（哲学社会科学版）1999 年第 4 期。

李伯重：《回顾与展望：中国社会经济史学百年沧桑》，《文史哲》2008 年第 1 期。

李伯重：《十九世纪初期中国全国市场：规模与空间结构》，《浙江学刊》2010 年第 4 期。

李伯重：《"大分流"之后加州学派的二十年》，《读书》2019 年第 1 期。

李陈顺妍：《晚清的重商主义》，《中央研究院近代史研究所集刊》第 3 期上册，1972 年。

李根蟠：《"中国传统经济再评价"讨论和我的思考》，《中国经济史研究》2005 年增刊。

李金铮：《借贷关系与乡村变动：民国时期华北乡村借贷之研究》，河北大学出版社，2000。

李金铮：《民国乡村借贷关系研究——以长江中下游地区为中心》，人民出版社，2003。

李军、刘洋、袁野：《"中国传统经济再评价"第 2 次研讨会会议纪要》，《中国经济史研究》2002 年第 4 期。

李里：《清代以降天津脚行与政府关系嬗变》，《中国经济史研究》2014 年第 1 期。

李力：《清代民法语境中"业"的表达及其意义》，《历史研究》2005 年第 4 期。

李力：《清代民间契约中关于"伙"的概念与习惯》，《法学家》2003 年第 6 期。

李清瑞：《乾隆年间四川拐卖妇人案件的社会分析：以巴县档案为中心的研究（1752～1795）》，山西教育出版社，2011。

李荣忠：《清代巴县衙门书吏与差役》，《历史档案》1989 年第 1 期。

李世平：《四川人口史》，四川大学出版社，1987。

李英明：《中国研究：理论与实际》，台北：三民书局股份有限公司，2007。

廖斌、蒋铁初：《清代四川地区刑事司法制度研究》，中国政法大学出版社，2011。

廖声丰：《清代常关与区域经济》，博士学位论文，上海师范大学，2006。

梁凤荣：《论我国古代传统的司法调解制度》，《河南大学学报》2001年第4期。

梁启超：《清代学术概论》，上海古籍出版社，1998。

梁其姿：《施善与教化：明清时期的慈善组织》，河北教育出版社，2001。

梁勇：《近代四川桐油外销与市场整合》，《重庆三峡学院学报》2004年第1期。

梁勇：《清代重庆八省会馆初探》，《重庆社会科学》2006年第10期。

梁勇：《重庆教案与八省客长：一个区域史的视角》，《社会科学研究》2007年第1期。

梁勇：《清代四川客长制研究》，《史学月刊》2007年第3期。

梁勇：《清末"庙产兴学"与乡村权势的转移——以巴县为中心》，《社会学研究》2008年第1期。

梁勇：《清代州县财政与仓政关系之演变——以四川为例》，《中国社会经济史研究》2008年第4期。

梁勇：《清代四川的土地清丈与移民社会的发展》，《天府新论》2008年第3期。

梁勇、周兴艳：《晚清公局与地方权力结构——以重庆为例》，《社会科学研究》2010年第6期。

梁勇：《清代四川移民史研究的回顾与前瞻》，《西华师范大学学报》（哲学社会科学版）2011年第4期。

梁勇：《团正与乡村社会的权力结构——以清代中期的巴县为例》，《中国农史》2011 年第 2 期。

　　梁勇：《从〈巴县档案〉看清末"庙产兴学"与佛教团体的反应》，《宗教学研究》2011 年第 4 期。

　　梁勇：《移民、国家与地方权势——以清代巴县为例》，中华书局，2014。

　　梁治平：《变迁中的传统：法不等于法律》，《读书》1993 年第 8 期。

　　梁治平：《清代习惯法：社会与国家》，中国政法大学出版社，1996。

　　林成西：《清代乾嘉之际四川商业重心的东移》，《清史研究》1994 年第 3 期。

　　林端：《中国传统法律文化："卡迪审判"或"第三领域"？——韦伯与黄宗智的比较》，中南财经政法大学法律文化研究院编《中西法律传统》第 6 卷，北京大学出版社，2008。

　　林红状：《明清及近代牙行研究综述》，《历史教学》（高教版）2008 年第 12 期。

　　林秀静：《清代中期重庆牙行组织的结构与演变》，硕士学位论文，台湾暨南国际大学，2005。

　　林文凯：《清代土地法律文化——研究取径与理论进展的评析》，《法制史研究》2006 年第 10 期。

　　凌鹏：《清代巴县农村的租佃实态——"抗租""骗租"与"主客关系"》，中国政法大学法律古籍整理研究所编《中国古代法律文献研究》第 10 辑，社会科学文献出版社，2016。

　　凌鹏：《中国传统地方治理的复杂结构——以清代咸丰朝巴县档案为例》，《社会治理》2019 年第 2 期。

　　凌鹏：《习俗、法规与社会——对清代巴县地区"减租"习俗的法律社会史研究》，《四川大学学报》2020 年第 1 期。

　　刘爱新：《网络化市场中介：近代广西经纪业（1885～1956 年）》，博士学位论文，厦门大学，2008。

　　刘重日、左云鹏：《对"牙人"、"牙行"的初步探讨》，《文史哲》1957 年第 8 期。

刘福森：《劝学所探析》，硕士学位论文，河北师范大学，2008。

刘建生等：《晋商研究述评》，《山西大学学报》（哲学社会科学版）2004 年第 6 期。

刘君：《清前期巴县城市工商业者差役初探》，《历史档案》1991 年第 2 期。

刘君：《清代巴县档案编研工作概述》，《历史档案》1995 年第 2 期。

刘敏：《论传统调解制度及其创造性转化——一种法文化学分析》，《社会科学研究》1999 年第 1 期。

刘秋根：《中国古代股份制经济制度研究的回顾与展望》，《中国史研究动态》1996 年第 8 期。

刘艳芳：《我国古代调解制度解析》，《安徽大学学报》2006 年第 2 期。

刘铮云主编《明清档案文书》，台北：台湾政治大学人文中心，2012。

刘铮云：《官给私帖与牙行应差——关于清代牙行的几点观察》，《故宫学术季刊》（台北）第 21 卷第 2 期，2003 年。

刘志伟：《地域空间中的国家秩序——珠江三角洲"沙田－民田"格局的形成》，《清史研究》1999 年第 2 期。

刘志伟：《地域社会与文化的结构过程——珠江三角洲研究的历史学与人类学对话》，《历史研究》2003 年第 1 期。

龙登高：《中国历史上区域市场的形成及发展——长江上游区域的个案研究》，《思想战线》1997 年第 6 期。

龙登高：《中西经济史比较的新探索——兼谈"加州学派"在研究范式上的创新》，《江西师范大学学报》（哲学社会科学版）2004 年第 1 期。

龙登高：《地权市场与资源配置》，福建人民出版社，2012。

楼茜：《明清江南地区的牙人与牙行》，硕士学位论文，华东师范大学，2008。

娄敏：《信用、风险与土地市场：民国时期押租制度再研究——以江津县债务类司法档案为核心》，《史林》2018 年第 2 期。

卢汉超：《美国的中国城市史研究》，《清华大学学报》2008 年第 1 期。

吕平登：《四川农村经济》，商务印书馆，1944。

吕实强：《重庆教案》，《中央研究院近代史研究所集刊》第 3 期下册，1972 年。

〔美〕罗伯特·C. 埃里克森：《无需法律的秩序——邻人如何解决纠纷》，苏力译，中国政法大学出版社，2003。

〔美〕罗威廉：《汉口：一个中国城市的商业和社会（1796～1889）》，江溶、鲁西奇译，中国人民大学出版社，2008。

〔美〕罗威廉：《汉口：一个中国城市的冲突和社区（1796～1895）》，鲁西奇、罗杜芳译，中国人民大学出版社，2008。

〔美〕罗威廉：《红雨：一个中国县域七个世纪的暴力史》，李里峰等译，中国人民大学出版社，2014。

罗玉东：《中国厘金史》上册，商务印书馆，1936。

罗志田：《民国史研究的"倒放电影"倾向》，《社会科学研究》1999 年第 4 期。

罗志田：《发现在中国的历史——关于中国近代史研究的一点反思》，《北京大学学报》（哲学社会科学版）2004 年第 5 期。

马琦：《清代黔铅的产量与销量——兼评以销量推算产量的办法》，《清史研究》2011 年第 1 期。

马琦：《国家资源：清代滇铜黔铅开发研究》，人民出版社，2013。

米镇波：《清代中俄恰克图边境贸易》，南开大学出版社，2003。

米镇波：《清代西北边境地区中俄贸易：从道光朝到宣统朝》，天津社会科学院出版社，2005。

〔苏〕米·约·斯拉德科夫斯基：《俄国各民族与中国贸易经济关系史（1917 年以前）》，宿丰林译，社会科学文献出版社，2008。

南京大学历史系中国古代史教研室编《中国资本主义萌芽问题讨论集续编》，三联书店，1960。

南开大学历史系中国古代史教研组编《中国封建社会土地所有制形式问题讨论集》，三联书店，1962。

潘彩虹、穆鉴臣：《21 世纪以来清代区域粮价研究新进展》，《古今农业》2017 年第 3 期。

潘宇：《中国古代民事调解制度的文化解析》，《北华大学学报》2008年第2期。

彭久松、陈然：《中国契约股份制概论》，《中国经济史研究》1994年第1期。

秦洁：《重庆"棒棒"：都市感知与乡土性》，三联书店，2015。

邱捷：《晚清广东的"公局"——士绅控制乡村基层社会的权力机构》，《中山大学学报》2005年第4期。

邱澎生：《商人团体与社会变迁：清代苏州的会馆公所与商会》，博士学位论文，台湾大学，1995。

邱澎生：《由市廛律例演变看明清政府对市场的法律规范》，台湾大学历史系编《史学：传承与变迁学术研讨会论文集》，台湾大学，1998。

邱澎生：《十八世纪滇铜市场中的官商关系与利益观念》，《中央研究院历史语言研究所集刊》第72本第1分，2001年。

邱澎生：《由公产到法人——清代苏州、上海商人团体的制度变迁》，《法制史研究》（台北）2006年第10期。

邱澎生：《当法律遇上经济——明清中国的商业法律》，台北：五南图书出版股份有限公司，2008。

邱澎生、陈熙远编《明清法律运作中的权力与文化》，台北：中研院、联经出版事业股份有限公司，2009。

邱澎生：《会馆、公所与郊之比较：由商人公产检视清代中国市场制度的多样性》，林玉茹主编《比较视野下的台湾商业传统》，台北：中研院台史所，2012。

全汉昇：《中国行会制度史》，食货出版社，1978。

全汉昇：《清代云南铜矿工业》，《香港中文大学中国文化研究所学报》1974年第1期。

瞿同祖：《瞿同祖法学论著集》，中国政法大学出版社，1998。

瞿同祖：《清代地方政府》，范忠信等译，法律出版社，2003。

任云兰：《近年来有关中国城市史英文学位论文目录》，《城市史研究》1997年第1期。

桑兵：《治学的门径与取法——晚清民国研究的史料与史学》，社会科学文献出版社，2014。

森田明、孙登洲：《中国水利史研究的近况及新动向》，《山西大学学报》2011 年第 3 期。

〔日〕森正夫：《日本 80 年代以来明清史研究的新潮流》，栾成显译，《史学集刊》1993 年第 4 期。

〔日〕寺田浩明：《清代民事审判：性质及意义——日美两国学者之间的争论》，《北大法律评论》1998 年第 2 期。

〔日〕寺田浩明：《权利与冤抑——清代听讼和民众的民事法秩序》，王亚新等译，清华大学出版社，2012。

〔日〕山本进：《清代社会经济史》，李继锋等译，山东画报出版社，2012。

〔日〕山田贤：《移民的秩序——清代四川地域社会史研究》，曲建文译，中央编译出版社，2011。

师呐：《略论中国近代股份制企业中的专利制》，《广西教育学院学报》2004 年第 4 期。

〔美〕施坚雅：《中国农村的市场和社会结构》，史建云、徐秀丽译，中国社会科学出版社，1998。

〔美〕施坚雅主编《中华帝国晚期的城市》，叶光庭等译，中华书局，2000。

石涛、毛阳光：《"中国传统经济再评价"研讨会纪要》，《中国经济史研究》2002 年第 1 期。

史明正：《西文中国城市史论著分类要目》，范瑛译，《城市史研究》2005 年第 1 期。

史玉华：《清代州县财政与基层社会——以巴县为个案》，博士学位论文，上海师范大学，2005。

〔日〕寺田浩明：《超越民间法论》，吴博译，谢晖、陈金钊主编《民间法》第 3 卷，山东人民出版社。

宋永娟、贾海燕：《"中国传统经济再评价"第三次学术研讨会纪要》，

《中国经济史研究》2004 年第 3 期。

苏力：《二十世纪中国的现代化和法治》，《法学研究》1998 年第 1 期。

苏力：《"海瑞定理"的经济学解读》，《中国社会科学》2006 年第 6 期。

苏力：《制度是如何形成的》，北京大学出版社，2007。

苏亦工：《明清律典与条例》，中国政法大学出版社，2000。

孙家红：《〈大清律例〉百年研究综述》，《法律文献信息与研究》2008 年第 1 期。

孙明：《局绅的生涯与人生意态——以清末四川团练局绅为重点》，《北京大学学报》2018 年第 1 期。

孙圣民：《历史计量学五十年——经济学和史学范式的冲突、融合与发展》，《中国社会科学》2009 年第 4 期。

申浩：《对清代以来江南市镇中脚夫群体的考察》，《史林》2008 年第 2 期。

〔日〕水羽信男：《日本的中国近代城市史研究》，《历史研究》2004 年第 6 期。

唐莹莹、陈星言：《从法律的视角看"潜规则"》，《法律适用》2005 年第 5 期。

田永秀：《桐油贸易与万县城市近代化》，《文史杂志》2001 年第 1 期。

王笛：《清代重庆移民、移民社会与城市发展》，《城市史研究》第 1 辑，天津教育出版社，1989。

王笛：《跨出封闭的世界——长江上游区域社会研究（1644～1911）》，中华书局，1993。

王笛：《晚清长江上游地区公共领域的发展》，《历史研究》1996 年第 1 期。

王大纲：《从窃案来看清代四川重庆的社会变迁（1757-1795）》，硕士学位论文，台湾暨南国际大学，2012。

王大庆：《1980 年以来中国古代重农抑商问题研究综述》，《中国史研究动态》2000 年第 2 期。

王尔敏：《中国近代思想史论》，华世出版社，1977。

王纲：《清代四川史》，成都科技大学出版社，1991。

〔美〕王国斌、〔美〕罗森塔尔：《大分流之外：中国和欧洲经济变迁的政治》，周琳译，江苏人民出版社，2018。

王家范：《中国历史通论》，华东师范大学出版社，2000。

王克强：《从赵尔巽档案看清末四川禁烟》，《清史研究》2003 年第 2 期。

王晓秋：《1990 年以来以日文发表的清史研究成果综述》，国家清史编纂委员会编《清史译丛》第 1 辑，中国人民大学出版社，2004。

王雪梅：《清末四川的劝业活动》，《四川师范大学学报》1996 年第 1 期。

王业键、黄国枢：《十八世纪中国粮食供需的考察》，中研院近代史研究所编印《近代中国农村经济史论文集》，1989。

王璋：《近十年晋商研究综述》，《中国城市经济》2011 年第 15 期。

王振先：《中国厘金问题》，商务印书馆，1925。

王志强：《非讼、好讼与国家司法模式》，吴佩林、蔡东洲主编《地方档案与文献研究》第 1 辑，社会科学文献出版社，2014。

魏明孔、丰若非：《改革开放 40 年中国经济史研究的回顾与展望》，《中国经济史研究》2018 年第 5 期。

〔德〕马克斯·韦伯：《中国的宗教——儒教与道教》，康乐等译，广西师范大学出版社，2004。

隗瀛涛、周勇：《重庆开埠史》，重庆出版社，1983。

隗瀛涛主编《重庆城市研究》，四川大学出版社，1989。

隗瀛涛主编《近代重庆城市史》，四川大学出版社，1991。

隗瀛涛主编《近代长江上游城乡关系研究》，天地出版社，2003。

〔美〕魏斐德：《中华帝制的衰落》，邓军译，黄山书社，2010。

吴昌稳：《从受协到承协——咸丰年间四川财政地位的转换》，《历史教学》2008 年第 16 期。

吴承明：《利用粮价变动研究清代的市场整合》，《中国经济史研究》

1996 年第 2 期。

吴承明：《中国的现代化：市场与社会》，三联书店，2001。

吴承明：《经济史理论与实证：吴承明文集》，刘兰兮整理，浙江大学出版社，2012。

吴海波：《二十世纪以来明清盐商研究综述》，《盐业史研究》2007 年第 4 期。

吴吉远：《清代地方政计的司法职能研究》，中国社会科学出版社，1998。

吴康零主编《四川通史》第 6 册，四川大学出版社，1994。

吴奇衍：《清代前期牙行制试述》，中国社会科学院历史研究所清史研究室编《清史论丛》第 6 辑，中华书局，1985。

吴佩林：《清代县域民事纠纷与法律秩序考察》，中华书局，2013。

吴善中：《清初移民四川与啯噜的产生和蔓延》，《清史研究》2011 年第 1 期。

夏阳：《洋商挂名道契与近代信托制度的实践》，《比较法研究》2006 年第 6 期。

谢晶：《"合伙"词义考释：兼谈法律移植中域外制度与本土概念内涵错位的困境》，《商事法论集》2015 年第 1 期。

夏明方：《十八世纪中国的"现代性建构"——"中国中心观"主导下的清史研究反思》，《史林》2006 年第 6 期。

夏明方：《一部没有"近代"的中国近代史——从"柯文三论"看"中国中心观"的内在逻辑及其困境》，《近代史研究》2007 年第 1 期。

萧凤霞：《廿载华南研究之旅》，《清华社会学评论》2001 年第 1 期。

谢放：《关于近代中国城市史研究的几个问题》，《城市史研究》第 3 辑，天津教育出版社，1990。

谢放：《近代重庆城市兴起的原因初探》，《城市史研究》第 3 辑，天津教育出版社，1990。

谢放：《清前期四川粮食产量及外运量的估计问题》，《四川大学学报》1999 年第 6 期。

〔美〕熊存瑞：《近年来西方学术界对 1644 年以来中国古代城市史研究概述》，宋文峰译，《城市史研究》1997 年第 1 期。

〔美〕熊存瑞：《古代中国城市研究的新成果》，蔡云辉译，《城市史研究》2005 年第 1 期。

熊月之、张生：《中国城市史研究综述（1986~2006）》，《史林》2008 年第 1 期。

徐畅：《"合会"述论》，《近代史研究》1998 年第 2 期。

徐新吾主编《江南土布史》，上海社会科学院出版社，1992。

徐毅：《晚清上海的厘金制度与地方社会——以咸丰朝为背景》，《中国社会科学院研究生院学报》2007 年第 6 期。

许涤新、吴承明主编《中国资本主义发展史·中国资本主义的萌芽》，人民出版社，1985。

许檀：《清代乾隆至道光年间的重庆商业》，《清史研究》1998 年第 3 期。

许檀：《清代前期流通格局的变化》，《清史研究》1999 年第 3 期。

许檀：《明清时期城乡市场网络的形成及意义》，《中国社会科学》2000 年第 3 期。

许雪姬：《台湾家族史研究的回顾与展望——以雾峰林家的研究为例》，"台湾史研究暨史料整理成果研讨会"论文，南投，1998。

荀颖：《清代州县诉讼内调解模式探析》，硕士学位论文，西南政法大学，2009。

严奇岩：《论近代四川的山货及山货经济》，《西南师范大学学报》2005 年第 6 期。

颜色、刘丛：《18 世纪中国南北方市场整合程度的比较——利用清代粮价数据的研究》，《经济研究》2011 年第 12 期。

严中平：《清代云南铜政考》，中华书局，1948。

杨国桢：《明清土地契约文书研究》，中国人民大学出版社，2009。

杨建庭：《税关与商品流通——乾隆时期江苏税关研究》，博士学位论文，南开大学，2009。

杨林：《关于巴县档案起始时间》，《历史档案》1990 年第 3 期。

杨联陞：《传统中国政府对城市商人的统制》，段昌国译，费正清主编《中国思想与制度论集》，台北：联经出版事业公司，1981。

叶显恩：《明清徽州农村社会与佃仆制》，安徽人民出版社，1983。

游时敏：《四川近代贸易史料》，四川大学出版社，1990。

〔美〕曾小萍等编《早期近代中国的契约与产权》，李超等译，浙江大学出版社，2011。

〔美〕曾小萍：《自贡商人：近代早期中国的企业家》，董建中译，江苏人民出版社，2014。

〔日〕滋贺秀三等著，王亚新、梁治平编《明清时期的民事审判与民间契约》，法律出版社，1998。

张安福：《"中国传统经济再评价"第四次学术研讨会纪要》，《中国经济史研究》2005 年第 1 期。

张丽蓉：《长江流域桐油贸易格局与市场整合——以四川为中心》，《中国社会经济史研究》2003 年第 2 期。

张小军：《历史的人类学化和人类学的历史化——兼论被史学"抢注"的历史人类学》，《历史人类学学刊》第 1 卷第 1 期，2003 年。

张小军：《象征地权与文化经济：福建阳村的历史地权个案研究》，《中国社会科学》2004 年第 3 期。

张小军：《复合产权：一个实质论和资本体系的视角——山西介休洪山泉的历史水权个案研究》，《社会学研究》2007 年第 4 期。

张永海、刘君：《清代川江铜铅运输简论》，《历史档案》1988 年第 1 期。

〔美〕詹姆斯·C. 斯科特：《农民的道义经济学：东南亚的反叛与生存》，程立显等译，译林出版社，2001。

赵冈：《永佃制研究》，中国农业出版社，2005。

赵世瑜、邓庆平：《二十世纪中国社会史研究的回顾与思考》，《历史研究》2001 年第 6 期。

赵世瑜：《明清史与近代史：一个社会史视角的反思》，《学术月刊》

2005 年第 12 期。

赵世瑜：《结构过程·礼仪标识·逆推顺述——中国历史人类学研究的三个概念》，《清华大学学报》（哲学社会科学版）2018 年第 1 期。

赵晓华：《中国资本主义萌芽的学术研究与论争》，百花洲文艺出版社，2004。

赵秀玲：《论清代知府制度》，《清史研究》1993 年第 2 期。

折晓叶、陈婴婴：《产权怎样界定——一份集体产权私化的社会文本》，《社会学研究》2005 年第 4 期。

郑备军：《中国近代厘金制度研究》，中国财政经济出版社，2004。

郑起东：《清末“振兴工商”研究》，《近代史研究》1988 年第 3 期。

郑秦：《清代法律制度研究》，中国政法大学出版社，2000。

郑维宽：《论清代重庆在川东经济中心地位的形成》，《西南师范大学学报》（哲学社会科学版）1998 年第 3 期。

周邦君：《晚清四川鸦片贸易及其相关问题研究》，《成都理工大学学报》2007 年第 1 期。

周琳：《重庆开埠前川东地区的商品市场》，《西南大学学报》2009 年第 4 期。

周琳：《书写什么样的中国历史？——“加州学派”中国社会经济史研究述评》，《清华大学学报》（哲学社会科学版）2009 年第 1 期。

周琳：《中国史视野中的“公共领域”》，《史学集刊》2009 年第 5 期。

周其仁：《产权与制度变迁：中国改革的经验研究（增订本）》，北京大学出版社，2004。

周雪光：《“关系产权”：产权制度的一个社会学解释》，《社会学研究》2005 年第 2 期。

周勇、刘景修译编《近代重庆经济与社会发展（1876～1949）》，四川大学出版社，1987。

周勇主编《重庆：一个内陆城市的崛起》，重庆出版社，1989。

周勇主编《重庆通史》，重庆出版社，2002。

仲伟民：《资本主义萌芽问题研究的学术史回顾与反思》，《学术界》

2003 年第 4 期。

仲伟民、王正华：《契约文书对中国历史研究的重要意义——从契约文书看中国文化的统一性与多样性》，《史学月刊》2018 年第 5 期。

朱诚如、王天友编《明清论丛》，紫禁城出版社，2004。

朱英：《中国行会史研究的回顾与展望》，《历史研究》2003 年第 2 期。

张静：《二元整合秩序：一个财产纠纷案的分析》，《社会学研究》2005 年第 3 期。

张钧：《法律多元理论及其在中国的新发展》，《法学评论》2010 年第 4 期。

张俊峰：《明清中国水利社会史研究的理论视野》，《史学理论研究》2012 年第 2 期。

张利民：《近代中国城市史论著索引（论文部分）》，《城市史研究》1996 年第 1 期。

张利民：《近代中国城市史论著索引（著作部分）》，《城市史研究》1997 年第 1 期。

张渝：《清代中期重庆的商业规则与秩序：以巴县档案为中心的研究》，中国政法大学出版社，2010。

郑振满：《明清福建家族组织与社会变迁》，湖南教育出版社，1992。

2. 英文文献

Bernhardt, Kathryn and Huang, Philip C. C., eds., *Civil Law in Qing and Republican China*, Stanford：Stanford University Press, 2004.

Dykstra, Maura, "Beyond the Shadow of the Law：Firm Insovency, State Building, and the New Policy Bankruptcy Reform in Late Qing Chongqing," *Frontiers of History in China*, Vol. 8, No. 3, 2013.

Faure, David, *The Structure of Chinese Rural Society：Lineage and Village in the Eastern New Territories*, Hong Kong：Oxford University Press, 1986.

Faure, David, "The Local Official in Commercial Litigation in Early Nineteenth-Century China," *University of Tokyo Journal of Law and Politics*, Vol. 1, 2004.

Hershatter, Gail, *The Workers of Tianjin, 1900 – 1949*, California：Stanford

University Press, 1986.

Huang, Philip C. C., "Development or Involution in Eighteenth Century Britain and China? A Review of Kenneth Pomeranz's *The Great Divergence: China, Europe, and the Making of the Modern World Economy*," *The Journal of Asian Studies*, Vol. 61, No. 2, 2002.

Javers, Quinn, *Conflict, Community, and the State in Late Imperial Sichuan: Making Local Justice*, New York: Routledge, 2019.

Jones, Eric, *Growth Recurring*, New York: Oxford University Press, 1988.

Kapp, Robert A., *Szechwan and the Chinese Republic, Provincial Militarism and Centrial Power, 1911 – 1938*, New Haven and London: Yale University Press, 1973.

Karasawa, Yasuhiko etc., "Qing County Archives in Sichuan: An Update from the Field," *Late Imperial China*, Vol. 26, No. 2, 2005.

Kaske, Elisabeth, "Taxation, Trust, and Government Debt: State-Elite Relations in Sichuan, 1850 – 1911," *Modern China*, Vol. 45, No. 3, 2019.

Lee, James, Campbell, Cameron, and Feng, Wang, "Positive Checks and Chinese Checks?" *The Journal of Asian Studies*, Vol. 61, No. 2, 2002.

Robert Brenner and Christopher Isett, "England's Divergence from China's Yangzi Delta: Property Relations, Microeconomics, and Patterns of Development," *The Journal of Asian Studies*, Vol. 61, No. 2, 2002.

Mann, Susan, *Local Merchants and the Chinese Bureaucracy, 1750 – 1950*, Stanford: Stanford University Press, 1987.

Meskill, Johanna M., *A Chinese Pioneer Family: The Lins of Wufeng Taiwan, 1729 – 1895*, Princeton: Princeton University Press, 1979.

Peng Yusheng, "Kinship Networks and Entrepreneurs in China's Transitional Economy," *American Journal of Sociology*, Vol. 109, No. 5, Chicago University Press, 2004.

Pomeranz, Kenneth, "Beyond the East-West Binary: Resituating Development Paths in the Eighteenth Century World," *The Journal of Asian Studies*, Vol. 61,

No. 2, 2002.

Pomeranz, Kenneth, "Traditional Chinese Business Forms Revisited: Family, Firm, and Financing in the History of the Yutang Company on Jining, 1756 – 1956," *Late Imperial China*, Vol. 18, 2000.

Rankin, Mary B., *Elite Activism and Political Transformation in China Zhejiang Province, 1865 – 1911*, Stanford, California: Stanford University Press, 1986.

Reed, Bradly W., *Talons and Teeth: County Clerks and Runners in the Qing Dynasty*, Stanford: Stanford University Press, 2000.

Reed, Bradly W., "Gentry Activism in Nineteenth Century Sichuan: The Three Fees Bureau," *Late Imperial China*, Vol. 20, No. 2, 1999.

Reed, Bradly W., "Money and Justice: Clerks, Runners, and the Magistrate's Court in Late Imperial Sichuan," *Modern China*, Vol. 21, No. 3, 1995.

Schoppa, R. Keith, *Chinese Elites and Political Change: Zhejiang Province in the Early Twentieth Century*, Cambridge, Massachusetts and London, England: Harvard University Press, 1982.

Carol H. Shiue, Wolfgang Keller, "Markets in China and Europe on the Eve of the Industrial Revolution," *The American Economic Review*, Vol. 97, No. 4, 2007.

Skinner, G. William, "Chinese Peasants and the Closed Community: An Open and Shut Case," *Comparative Studies in Society and History*, Vol. 13, No. 3, 1971.

Skinner, G. William, "Presidential Address: The Structure of Chinese History," *The Journal of Asian Studies*, Vol. 44, No. 2, 1985.

Sommer, Matthew H., *Sex, Law, and Society in Late Imperial China*, Stanford: Stanford University Press, 2000.

Strand, David, *Richshaw Beijing City People and Politics in the 1920s*, Berkeley Los Angeles & London: University of California Press, 1989.

Van Dyke, Paul A., *Merchants of Canton and Macao, Politics and Strategies in Eighteenth-Century Chinese Trade*, Hong Kong: Hong Kong University Press, 2011.

Wang Yeh-Chien, "Secular Trends of Rice Price in the Yangzi Delta, 1638 – 1935," in Tomas G. Rawski, Lillian M. Li, eds., *Chinese History in Economic Perspective*, Berkeley: University of California Press, 1992.

Wyman, Judith, "The Ambiguities of Chinese Antiforeignism: Chongqing, 1870 – 1900," *Late Imperial China*, Vol. 18, No. 2, 1998.

Zelin, Madeleine, "The Right of Tenants in Mid-Qing Sichuan: A Study of Land-related Lawsuits in the Baxian Archives," *The Journal of Asian Studies*, Vol. 45, No. 3, 1986.

Zelin, Madeleine, *The Merchants of Zigong: Industrial Entrepreneurship in Early Modern China*, New York: Columbia University Press, 2005.

3. 日文文献

山本進『明清時代の商人と国家』研文出版、2002。

上田信「明末清初・江南の都市無頼をめぐる社会関係——打行と脚夫」『史学雑誌』90 巻 11 期、1981。

中島敏「清朝の銅政における洋銅と滇銅」『東洋史學論集』汲古书院、1988。

川勝守「清乾隆雲南銅の京運問題」『九州大學文學部東洋史論集』17 号、1989。

三　影像作品

何苦执导《最后的棒棒》（纪录片），独立制作，2015 年。

后　记　站在"平行世界"的出口

　　2007 年 12 月，我第一次走进四川省档案馆，去查阅一部名为《巴县档案》的清代文献。在那个时候，我对《巴县档案》可以说一无所知，只是想碰碰运气，看看能不能从中找到一个博士学位论文选题。没有想到的是，我一读到这些案卷就被深深地吸引了。那里面的内容实在太丰富了，那些故事也出乎意料的精彩。更令我莫名惊喜的是，这个所谓的"巴县"原来就是我从小生活于其中的城市——重庆，有些时不时从字里行间跳出来的地名、方言，对我来说是那么的熟悉和亲切，就好像在一个看似完全不可能的时间、空间遇到了久违的故人一样。那时我就非常确信，我即将开始写的博士学位论文一定与《巴县档案》有关。

　　如今，14 年过去了，《巴县档案》早已成为我赖以生存的学术之根。它陪伴我完成了博士阶段的学业，继而又陪伴我在北京、广州、香港、成都之间辗转。当然，它还陪伴我走过了十年的职业历程，一起经历了一轮接着一轮的困难、挑战、迷惑、探索、自我修复和成长。在这 14 年中，我与这些案卷相处的时间，甚至比与家人相处的时间还要多。

　　在这 14 年里，我常常觉得自己生活在两个各自延伸的"平行空间"。在那个众所周知的空间里，我和每个人一样经历着柴米油盐、劳碌奔波，不断地切换着老师、朋友、母亲等不同的身份；但是在另一个隐秘的空间里，我自得其乐地做着一个穿越者和观察者，《巴县档案》中那些五花八门的案件和形形色色的人物，都是我随时可以造访的"朋友"。只不过这些"朋友"是沉默的，你得学会它们的语言，并且心无旁骛地和它们待在一起，它们才会与你分享自己的故事。有人说，一个演员可以用一生的时间经历许许多多的人生，历史学家又何尝不是呢？当我们踏着文献铺就的幽微小径进入一个又一个豁然开朗的历史空间，我们的生命就开始经历戏剧性的冒险，就好像千与千寻走进了汤屋，爱丽丝掉进了兔子洞。所以只要人类尚有追问过往、超越物理空间局限的精神需求，历史研究就不会失落。

因为各种原因，这本书写得非常非常慢。虽然早在2010年提交博士学位论文时，它的雏形就已经基本具备，但是仍有许多新的资料需要增补，许多案卷需要精细地筛选和分析，许多理论问题需要重新消化和思考，现在呈现给读者的字句也都经历了反复的斟酌和修改。当然，更多的时候则是因为应接不暇的教学工作和日常琐事，我不能全力投入于写作之中。虽然从事学术职业的女性大多面临着这样的困扰，但是我应该是特别跟不上这种多头并进的生活和工作节奏。所以这本书从最初酝酿到最终完成，我已由青春韶华步入了不惑之年。在这14年中，我无数次地希望这本书能够快些完成，但是如今站在这个"平行世界"的出口，心中竟有一种"空叫禾樵客，烂柯不知归"的怅然若失之感。我想，这种微妙的兴奋和失落早晚还是会牵引着我，踏入下一个隐藏着秘密和挑战的"平行世界"。

在这本书终于完成的时候，有太多美好的回忆存于我心。那些牵着我、拽着我、撑着我一路走来的家人、师长和朋友，我该怎样记录对你们的感谢呢？

引领我走上明清史研究之路的，是吉林大学的梁希哲老师和王剑老师。我本科第一堂明清史专业课就是王剑老师讲授的，那时总觉得每一节课的内容都那么丰富和有趣，整堂课不停地记笔记都不觉得辛苦。梁希哲老师是我的第一位硕士导师，也是我有幸遇到的最温厚慈祥的长者。在研究生入学之前，梁老师就给予我很多的教导和鼓励。然而就在我研究生入学的那一天，梁老师因病猝然离世，留下难以弥合的思念和遗憾。梁老师去世后，王老师在我最迷茫无措的时候接纳了我。虽然那三年也是他最忙碌的时候，但是王老师仍然带给我们精彩的课程，不仅帮助我打下了扎实的明清史知识基础，还全力支持我进行中国社会经济史的探索。另外，也非常感谢吉林大学图书馆古籍部的老师们，他们专业又热情的帮助，为我打开了隐藏在古籍中不可思议的新世界。还有在图书馆中结识的伙伴张涵、王力春，他们的友情令那段与古籍为伴的日子更加愉悦和丰盈。

在清华读博士的四年中，我又幸运地遇上了许多对我影响至深的老师。我的导师李伯重先生以宽广的学术视野、严谨的学风、扎实的研究享誉国内外学界。李老师的课堂就像一个宽广的知识跑马场，他带领着我们在其中驰骋，也不断鼓励我们拓宽自己知识和能力的边界。我现在还会不时地翻看李老师逐字逐句为我批改的博士论文初稿，我现有的研究习惯、写作风格和研究理念，很多都是在那个时候成形的。李老师对我的学业要求非常严格，但又给我留下充分的自主空间。从博士学位论文选题到职业生涯的重大抉择，他都是在倾听和充分讨论的基础上，对我的选择给予尊重和支持。我的执拗给老师带来过很多麻烦，只愿我未来所行和所选能不负老师的关爱与期待。还有温和而渊博的邱澎生老师，一直是我从事《巴县档案》研究和法制史研究的引路人，在北京、香港、台北、成都、重庆、上海的每一次相遇，邱老师都带给我新的视野和启发。仲伟民老师既帮我打开全球史的学术视角，手把手地教我如何应对学术发表，又常常像兄长一样耐心倾听，排难解惑。龙登高老师不管我做得怎样，总是给予我很多的鼓励和认可，他澎湃的学术激情，不断拓宽研究领域的自信心和好奇心，以及对现实经济和社会的关注一直深深地感染着我。陈争平老师帮助我将经济史的知识结构延伸到晚清和民国。张小军老师妙趣横生的人类学课程，让我学会了用另一种思维方式去解析史料、面对生活。

我还要衷心地感谢香港利希慎基金会，令我有机会去香港中文大学做为期半年的访学。这可能是我有生以来最美好的一段日子，可以在依山面海的图书馆中尽情阅读，可以游历香港的山海街巷。还有许多志趣相投的朋友终日相伴，他们是马树华、周惊涛、马金生、孙扬、张生、承红磊、蒋宝麟，这一段友谊是我学术之路上最美好的回忆。当然，还有在东坪洲邂逅的学术前辈刘蜀永老师，十几年来一直关心和指导着我。香港中文大学的卜永坚老师、梁元生老师、苏基朗老师，一直那么热情地关照着我们几个素不相识的后辈！

　　在过去十年的学术职业历程中，我要特别感谢的是中山大学的刘志伟老师，四川大学的罗志田老师、李德英老师、原祖杰老师、陈廷湘老师、姜莉老师、李建艳老师，以及加州大学洛杉矶分校（UCLA）的王国斌老师。是这些前辈和同事帮助我融入陌生的环境，为我提供各种必不可少的支持和指引，让这项研究能在教学和日常琐事的夹缝中，在屡屡受挫的情况下最终得以完成。

　　此外，还要感谢我的好友夏薇、于孟洲夫妇，赖敏、罗英杰夫妇在我2008年、2009年赴成都查阅资料的时候，热情地为我提供住处，照料我的生活。感谢我在清华大学的好友杨兴业、范伟伟、张娟娟、姚永辉、赖钰匀、张黎、梁晨、张天虹，因为有了他们的陪伴，我从来没有觉得写博士学位论文是一件辛苦的事。感谢学友吴佩林老师、梁勇老师、杨松涛老师，我的所有研究，他们总是那个最能够理解的人。感谢学友张世慧，为我提供了许多《巴县档案》案卷。感谢重庆自然博物馆的张颖老师，带领我们进行田野调查，并帮助我修正了第十章的部分内容。感谢我的学生马冉、吴佳音、李静、张颖、杨玥希、宁浩、王玉珏帮助我搜集案卷、校订文稿，本书的第十一章其实是与马冉合作的成果。感谢社会科学文献出版社的李丽丽、陈肖寒、李蓉蓉三位编辑老师，在这本书漫长而曲折的出版过程中，他们给予了专业高效、不离不弃的帮助，订正了书中的许多错漏。

　　最后，还要感谢我的家人。我已过世的姥爷苏成，是我人生路上第一个启蒙者。至今我还记得双目近乎失明的姥爷斜倚在炕上，一遍一遍地告诉我，要做有学问的人，要去看更大的世界。当时只是有口无心地应承，但这信念的种子却真的在我心中深深种下，如今已是枝繁叶茂。如果能看到这本书的出版，他一定会非常开心吧！还要感谢我的父亲周福荣、母亲苏秀英。从小我就不是一个特别听话的孩子，倔强、急躁、惹是生非、我行我素、偏科，都曾经令他们十分困扰。但即便是在我学业表现最差的时候，他们也从来没有放弃过我，反而总是在力所能及的范围内为我提供最大限度的帮助和最好的教育条件。他们不太理解学习历史意味着什么，或许也曾担心这个专业能不能糊口，但是只要我愿意，他们就坚定地支持我继续走下去。近些年，听到太多同龄人艰难求学的故事，我才猛然醒悟，原来我人生前三十年的岁月静好，都是因为有父母在我看不见的地方默默担当。这些年，年过六旬的他们又从重庆迁徙到成都，照料着我们一家三口，让我能够专心教书、做研究。如果这世上真有助人梦想成真的"阿拉丁神灯"，我想那大概就是父母的样子吧！当然，还要感谢我的先生张宏伟，他是一位优秀的科学家，我们从事着完全不同的研究，但却是最懂得对方的朋友，也是最坚定地和对方站在一起的人。这本书几乎就是我们共同成长、携手突围的见证。

　　我也希望将这本书作为一个特殊的礼物送给我的女儿张若霖，未来的某一天她或许会理解，每个人都有着与生俱来的缺点，但同时也是独一无二的珍贵，所以永远不要放弃追寻人生的意义，永远不要停止让自己变得更好！

2021 年 5 月 19 日于成都

图书在版编目（CIP）数据

商旅安否：清代重庆的商业制度/周琳著 . -- 北
京：社会科学文献出版社，2021.8（2022.1 重印）
ISBN 978 - 7 - 5201 - 8604 - 9

Ⅰ.①商…　Ⅱ.①周…　Ⅲ.①商业史 – 重庆 – 清代
Ⅳ.①F727.719

中国版本图书馆 CIP 数据核字（2021）第 124972 号

商旅安否：清代重庆的商业制度

著　　者／周　琳

出 版 人／王利民
责任编辑／李丽丽　陈肖寒
文稿编辑／李蓉蓉
责任印制／王京美

出　　版／社会科学文献出版社·历史学分社（010）59367256
　　　　　 地址：北京市北三环中路甲 29 号院华龙大厦　邮编：100029
　　　　　 网址：www. ssap. com. cn
发　　行／市场营销中心（010）59367081　59367083
印　　装／唐山玺诚印务有限公司

规　　格／开　本：787mm × 1092mm　1/16
　　　　　 印　张：30　字　数：475 千字
版　　次／2021 年 8 月第 1 版　2022 年 1 月第 2 次印刷
书　　号／ISBN 978 - 7 - 5201 - 8604 - 9
定　　价／158.00 元

本书如有印装质量问题，请与读者服务中心（010 - 59367028）联系